Biblical Placename Dictionary

圣经
地名词典

白云晓　编译

中央编译出版社

序　言

（一）本书是根据拙编《圣经新约地名词典》与《圣经旧约地名词典》修订而成的一本辞书。在西方国家的著作中，常常不加注释地引用圣经里的原句，因而涉及到一些古代的地名。这些地名的希伯来原文和希腊文原文都有各自的词义，或者暗示它与某些人物事件的特殊关系，故此编译本书，供各界读者参考使用。

（二）本书共收入圣经中常见地名约 400 个，并以这些地名为纲目，说明其地名的原文意义，介绍某些近代译名或其他名称，简述必要的地理资料，列举圣经中有关的主要章节记载，叙述该地与圣经中其他地方、人物、事件的关系，以便读者对这一地名有较全面的了解。

（三）本书附有简易的示意地图 104 幅，对本书中的每一个地名，都注明了它在某图中的位置，便于读者查找参阅。对圣经记述的与某些重要事件、人物、迁移、战役有关的若干地名，则特别展示一图，以便读者一目了然。

（四）大约 10 年前开始编译本书部分书稿时，所参考的重要资料之一乃是 1925 年出版的《圣经百科全书》(International Standard Bible Encyclopedia)。后来编译工作时断时续，书稿且须修订充实，因而最近又参考了下列书籍：

（1）*Atlas of the Bible Lands* (by Harry Thomas Frank)

(2) *Bible Atlas* (by Yohanan Aharoni and Michael Aviyonah)

(3) *The Geography of the Bible* (by Denis Baly)

(4) *New Bible Dictionary* (by J.D.Douglas etc.)

(5)《简明不列颠百科全书》

(6)《中国大百科全书》(世界地理卷)

(7)《中国大百科全书》(宗教卷)

(8)《圣经(启导本)》

(9)《圣经人地名意义汇编》(陈瑞庭编著)

(五)本书的附图并不是精确的地理图,而只是简单的示意图。在绘制或选用一些示意地图时,发现有两点情况是需要说明的:

(1)有些地名虽是圣经中重要的村镇,但其地区却很小,又因历史的变迁,该处早已成为无人居住的荒地,所以其确切的地址很难查考。其中有些地方的遗址尚有些考古学者的论证为据,但有些地方的旧址,许多资料都坦率申明乃是推断而来的。对这些村镇或城市的所在地,本书绘制或选用的示意图中亦难有新颖的见解。

(2)有些地名各种资料的图示及论述多有出入。甚至在同一本名家的参考书中,对同一地名的位置,即有前后两种不同的绘示或介绍。本书对这些所见不同的地名位置,只有根据圣经记载并参考各家所长而重新绘制。

(六)本书编译者的水平有限,参考书籍又很不足。书中缺点、错误实属难免,恳请各界读者不吝赐教,给予指正。

编译者

2001年12月

目　录

使用说明

（一）本书引用圣经各卷的略语缩写如下：

汉语经卷名称	略　语	英语经卷名称	略　语
旧约圣经			
1.创世记	（创）	Genesis	（Gen.）
2.出埃及记	（出）	Exodus	（Ex.）
3.利未记	（利）	Leviticus	（Lev.）
4.民数记	（民）	Numbers	（Num.）
5.申命记	（申）	Deuteronomy	（Deut.）
6.约书亚记	（书）	Joshua	（Josh.）
7.士师记	（士）	Judges	（Judg.）
8.路得记	（得）	Ruth	（Ruth）
9.撒母耳记上	（撒上）	Ⅰ Samuel	（Ⅰ Sam.）
10.撒母耳记下	（撒下）	Ⅱ Samuel	（Ⅱ Sam.）
11.列王纪上	（王上）	Ⅰ Kings	（Ⅰ Kgs.）
12.列王纪下	（王下）	Ⅱ Kings	（Ⅱ Kgs.）
13.历代志上	（代上）	Ⅰ Chronicles	（Ⅰ Chr.）
14.历代志下	（代下）	Ⅱ Chronicles	（Ⅱ Chr.）
15.以斯拉记	（拉）	Ezra	（Ezra）
16.尼希米记	（尼）	Nehemiah	（Neh.）
17.以斯帖记	（斯）	Esther	（Esth.）
18.约伯记	（伯）	Job	（Job）
19.诗篇	（诗）	Psalms	（Ps.）
20.箴言	（箴）	Proverbs	（Prov.）

21.传道书	(传)	Ecclesiastes	(Ecc.)
22.雅歌	(歌)	Song of Songs	(Song)
23.以赛亚书	(赛)	Isaiah	(Is.)
24.耶利米书	(耶)	Jeremiah	(Jer.)
25.耶利米哀歌	(哀)	Lamentations	(Lam.)
26.以西结书	(结)	Ezekiel	(Ezek.)
27.但以理书	(但)	Daniel	(Dan.)
28.何西阿书	(何)	Hosea	(Hos.)
29.约珥书	(珥)	Joel	(Joel)
30.阿摩司书	(摩)	Amos	(Amos)
31.俄巴底亚书	(俄)	Obadiah	(Obad.)
32.约拿书	(拿)	Jonah	(Jon.)
33.弥迦书	(弥)	Micah	(Mic.)
34.那鸿书	(鸿)	Nahum	(Nah.)
35.哈巴谷书	(哈)	Habakkuk	(Hab.)
36.西番雅书	(番)	Zephaniah	(Zeph.)
37.哈该书	(该)	Haggai	(Hag.)
38.撒迦利亚书	(亚)	Zechariah	(Zech.)
39.玛拉基书	(玛)	Malachi	(Mal.)

新约圣经

1.马太福音	(太)	Matthew	(Mt.)
2.马可福音	(可)	Mark	(Mk.)
3.路加福音	(路)	Luke	(Lk.)
4.约翰福音	(约)	John	(Jn.)
5.使徒行传	(徒)	Acts	(Acts)
6.罗马书	(罗)	Romans	(Rom.)

7.哥林多前书	（林前）	Ⅰ Corinthians	（Ⅰ Cor.）
8.哥林多后书	（林后）	Ⅱ Corinthians	（Ⅱ Cor.）
9.加拉太书	（加）	Galatians	（Gal.）
10.以弗所书	（弗）	Ephesians	（Eph.）
11.腓立比书	（腓）	Philippians	（Phil.）
12.歌罗西书	（西）	Colossians	（Col.）
13.帖撒罗尼迦前书	（帖前）	Ⅰ Thessalonians	（Ⅰ Thes.）
14.帖撒罗尼迦后书	（帖后）	Ⅱ Thessalonians	（Ⅱ Thes.）
15.提摩太前书	（提前）	Ⅰ Timothy	（Ⅰ Tim.）
16.提摩太后书	（提后）	Ⅱ Timothy	（Ⅱ Tim.）
17.提多书	（多）	Titus	（Tit.）
18.腓利门书	（门）	Philemon	（Phlm.）
19.希伯来书	（来）	Hebrews	（Heb.）
20.雅各书	（雅）	James	（Jas.）
21.彼得前书	（彼前）	Ⅰ Peter	（Ⅰ Pet.）
22.彼得后书	（彼后）	Ⅱ Peter	（Ⅱ Pet.）
23.约翰壹书	（约壹）	Ⅰ John	（Ⅰ Jn.）
24.约翰贰书	（约贰）	Ⅱ John	（Ⅱ Jn.）
25.约翰叁书	（约叁）	Ⅲ John	（Ⅲ Jn.）
26.犹大书	（犹）	Jude	（Jude）
27.启示录	（启）	Revelation	（Rev.）

（二）圣经章节表示法举例：

（1）“约翰福音第三章第十六节”可缩写为“约 3:16”。

（2）“罗 12:1”表示“罗马书第十二章第一节”。

（3）“太 6:9—13”表示“马太福音第六章第九节至第十三节”。

圣经地名条目目录

（以首字汉语拼音为序）

A

B

D

E

F

G

H

J

K

L

M

N

P

Q

S

T

W

X

Y

A

埃及　　　（**Egypt**）

1.地名原意："双重难关"、"科普特人之地(Coptic Land)"。

2.其他名称：古时又名**卡米特**(**Kamt**)，意思是"黑色土地"。

3.所在位置：见附录第2图第四行第1格。

4.地理情况：

1)圣经中论到的埃及基本上相当于现今的埃及地区。

2)埃及古时又叫卡米特(Kamt)，意思是"黑色的土地"。

3)圣经中提到埃及与埃及人等有关词语共700多次。由此可见，以色列人与早期基督徒的福音工作都和埃及有较多的关系。

4)埃及境内的尼罗河，发源于南方的埃塞俄比亚(即圣经中提到的埃提阿伯)。尼罗河下游入海处形成了肥沃的三角洲，也有利于古代文化的发展，使埃及成为世界文明古国之一。

5)有些圣经学者认为：洪水之后，挪亚的儿子含的某些后代即散居在北非、东非一带。例如：埃及又曾被称为"含地"，古埃及的语言被称为"闪—含语"。含的儿子古实可能即是东非古实人的先祖。含的孙子示巴的后裔可能即是东非与阿拉伯半岛上的示巴人。而有人认为埃及王曼斯即是含的另一个儿子麦西。(参看创10:6—20)

6)考古学家在一位名叫巴巴(Baba)的埃及人坟墓中发现了一块石碑。碑文上刻写着有关遍地饥荒的记载。1912年毕特利富棱德爵士在埃及的安城发掘出约瑟的宰相府废墟。而圣经记述埃及王曾把安城祭司的女儿给约瑟为妻,并且封立约瑟为宰相,命他储备粮食度过了罕见的荒年。(创 41:42—57)两者相互吻合。

7)历史记述,耶稣降生前埃及曾几经兴衰。耶稣降生时埃及已沦为罗马帝国统治下的一个省。耶稣受难后约 300 年,罗马帝国一反过去逼迫教会的做法,由安抚笼络,进而干预利用。罗马宣布基督教为国教后,举凡罗马属地的居民形式上大多参加基督教礼仪而成为教徒,埃及的亚历山太(Alexandria)且成为当时政教混合组织的活动中心之一。

8)但在公元 4 世纪以前,纯正的基督福音即源源不断地传入埃及,使许多埃及人虔诚地信奉耶稣为救主,成为真实的基督信徒。4 世纪中叶,埃及当地语言受希腊语的影响而形成科普特语(Coptic Language)。当时已有人译出了科普特文译本圣经,在埃及各地教会中广泛使用。

9)公元 639—642 年,阿拉伯人征服了埃及,伊斯兰教传入该地。现今埃及人大多信仰伊斯兰教。但仍有一些人信奉基督。

5.圣经记载:

1)耶稣降生前约 2000 年时,以色列人的宗祖亚伯拉罕曾因饥荒一度下到埃及,但不久即又离开该地。(创 12:10—20)

2)约瑟曾被他同父异母的哥哥们卖到埃及,屡经磨炼之后,约瑟却成为埃及的宰相,储备了大量的粮食,使当代人度过了荒年。由于当时的饥荒甚重,约瑟的父亲以色列带领全家到埃及去寄居,他们的后代即是以色

列人。（创 37—47 章）

3）以色列人在埃及居住 400 年后，人口生养众多，极其强盛。因此埃及王法老便吩咐埃及人奴役苦待以色列人。（出 1:1—14）摩西出生于一个以色列人的家庭。但出生后却被埃及王法老的女儿所收养。然而摩西坚信以色列人所敬奉的独一真神，他“长大了就不肯称为法老女儿之子。他宁可和神的百姓（以色列人）同受苦害，也不愿暂时享受罪中之乐。他看为基督受的凌辱，比埃及的财物更宝贵。”（来 11:24—26）摩西终于率领以色列人出离了埃及。（出 2:1—12:41）后来以色列人在迦南地区（现今的巴勒斯坦）建立了以色列国。（撒上 10:17—24）

4）其后，当所罗门作以色列国王的时候，曾娶了埃及王的一个女儿作妻子。（王上 3:1）圣经上说，所罗门年老的时候，因为异族妃嫔的诱惑而在耶和华之外又去随从假神，（王上 11:3—4）以致耶和华神向他发怒。（王上 11:9—10）

5）当以色列北方的异族侵占以色列和犹大地区时，有些以色列人想求助于埃及。先知耶利米曾预言，那些迁去埃及定居的，将来必遭患难。（耶 44:7—9）先知以赛亚则说：“祸哉，那些下埃及求帮助的，是因仗赖马匹……却不仰望以色列的圣者，也不求问耶和华。”（赛 31:1）

6）当年埃及王法老尼哥进攻亚述，犹大王约西亚却去抵挡法老尼哥。结果法老尼哥在米吉多杀死了约西亚。（王下 23:29）

7）耶稣刚降生不久的时候，罗马帝国分封的王希律要杀害他。耶稣的母亲马利亚和她的丈夫约瑟,曾带着婴儿耶稣暂时到埃及避难。(太 2:13—15)但不久即从埃及出来,回到了以色列地区。(太 2:19—21)圣经上说这是要应验先知何西阿的预言:神从埃及召出他的儿子来。(太 2:15;何 11:1)

8)司提反殉道前在最后一次讲道中,也曾提到以色列人寄居埃及,(徒 7:15)遭受苦难,(徒 7:34)神曾差派摩西把以色列人领出了埃及的苦境。(徒 7:35—36)但是以色列人却弃绝耶和华神,心里归向埃及,(徒 7:39)因此以色列人受到了神的刑罚。(民 14:26—33)

9)希伯来书的作者说:"如今耶稣所得的职任是更美的。"并且说:"主指责他的百姓(以色列人)说:'日子将到,我要与以色列家和犹大家另立新约。不像我拉着他们祖宗的手,领他们出埃及的时候与他们所立的约。因为他们不恒心守我的约。'"同时又说:耶稣便是这个更美的新约的中保。(来 8:6—9)

埃及河(或尼罗河、尼罗河分流、埃及小河)　(River of Egypt)

1.地理情况及所在位置:

1)对于圣经中提到的古埃及河,现今有三种不同的见解:

①认为古埃及河即是尼罗河。其位置请参看附录三第2图第四行第1格。

②认为古埃及河乃是尼罗河的东部支流培琉喜阿河(Pelusiac)。埃及古代名城培流喜阿姆(Pelusium)的遗址正当尼罗河最东边的入海口。坚持这一说法的学者认为古埃及河或即指这一地带。其位置请参看附录三第2图第三行第1格中歌珊以西的河流。

③认为古埃及河即是埃及小河,埃及小河的位置请参

看附录第36图第四行第1格。

2)主张古埃及河乃是尼罗河东部支流的学者们认为:耶和华应许亚伯拉罕后裔之地,乃是从埃及河直到伯拉大河。(创15:18)以色列人后来曾居住在歌珊地带共430年之久。(创47:6;出12:37—40)而歌珊地带恰在尼罗河最东边的入海口处沿河区域。(请参看附录三第2图、第6图中歌珊及安城的所在地。)因此推论古埃及河乃是尼罗河东部的支流。

3)主张埃及河即是埃及小河的学者们认为:所罗门极盛时期的以色列国疆域,乃是"从哈马口直到埃及小河"。(王上8:65,请参看附录三第39图。)先知论到以色列人的全部居住之地,也是"从(伯拉)大河直到埃及小河"(赛27:12)。故此认为古埃及河即是埃及小河。

2.圣经记载:

1)埃及河乃是耶和华应许亚伯拉罕后裔的南部边界。(创15:18)

2)先知以西结曾预言埃及河边的埃及人将遭遇患难,以致人烟稀少。本来埃及于公元前600余年时曾称霸于世,当时的埃及王法老尼哥曾远征到伯拉大河去攻击亚述,途中杀了犹大王约西亚。(王下23:29)埃及王由亚述回军时又囚禁了犹大新王约哈斯,另立犹大王约雅敬作为傀儡。(王下23:33—35)公元前590—565年间先知以西结预言说,巴比伦的刀必临到埃及,他们必使埃及的骄傲归于无有……并且预言说由于埃及人死伤甚众,以至于无人行经埃及河,致使埃及河清彻见底,像油一样平静地缓慢流动,遍地荒废凄凉。(结32:11—14)巴比伦击败埃及后(王下24:7,参看附录三第 64 图④—⑤),波斯又强大起来,统占了埃及等国(代下 36:20,23;请参看附录三第 65 图)。

埃及小河　　（**The Brook of Egypt**）

1.其他名称:

1)古时也叫**西曷河**。(书 13:2)

2)或即现今的**埃阿里斯溪谷**(**Wadi el-Arish**)。

2.所在位置:附录三第 36 图第四行第 1 格。

3.地理情况:埃及小河乃是埃及东北边境上一条南北流向的沙溪。一般历史学者认为,此河乃是古时埃及与以色列的分界线。埃及小河南端起源于西乃半岛高原,北向流经沙漠地带,在迦萨以南约 150 里处泄入地中海。西乃半岛上,类似这样的沙溪,通常仅是干涸的水道。所以埃及小河全长虽有 420 里,却只有在雨水较大时,才会形成水势甚急的河流。

4.圣经记载:

埃及小河乃是以色列人的南部边界。圣经中共有 7 次提到埃及小河,多与以色列的疆域有关,这些经文是:

1)民 34:5　　2)书 15:4　　3)王上 8:65

4)王下 24:7①　　5)代下 7:8　　6)赛 27:12

7)结 47:19

埃提阿伯　　（**Ethiopia**）

1.地名原意:"黑"。

2.其他名称:即今埃塞俄比亚。

3.所在位置:附录三第 1 图第四行第 2 格的古实所在地。

4.地理情况:

---

① 此处经文乃是说明古时埃及统占以色列人之地。

1)埃提阿伯是新约圣经中的希腊语译文,(徒 8:27)而在旧约圣经中,希伯来文称它为“古实”。(赛 18:1)旧约共有 42 处论及古实、古实河和古实人。

2)耶稣降生前约 2000 年时,埃及一度统占了古实,所以有人认为埃提阿伯是埃及境内南部的荒芜地带。实际上它是在埃及境外南方的一片贫困地区。当地天气干旱,不少地方会连续数月滴雨不落。这在古时以农为主的居民来说实属困难。

3)在耶稣降生前后,当地中北部建立了王国。农业、畜牧业也有发展。公元 4—6 世纪时,基督的福音迅速而广泛地传入该地。公元 7 世纪时又传入了伊斯兰教。据统计,1980 年时,约有 57% 的埃塞俄比亚人在宗教信仰方面仍属于基督教中的某些教派,其中当有不少真正的信徒。

5.圣经记载:

司提反殉道后,腓利曾到撒玛利亚去宣讲基督,(徒 8:1—5)使许多“撒玛利亚人领受了神的道”。(徒 8:6—14)正当那里福音兴旺的时候,“有主的一个使者对腓利说:‘起来,向南走,往那从耶路撒冷下迦萨的路上去。’那路是旷野。”(徒 8:26)这一旷野山路离撒玛利亚城约有二百里左右,是通往非洲的要道。腓利走到那里以后,遇见“一个埃提阿伯人,是个有大权的太监,在埃提阿伯女王干大基的手下总管银库,他上耶路撒冷礼拜去了,现在回来,在车上坐着,念先知以赛亚的书。”(徒 8:27—28)这个太监虽然去做礼拜,却不明白耶稣的救恩,于是他便请腓利上车,和他一起坐车,向腓利请教。腓利就根据太监所念的那段经文,对他传讲耶稣受难正像被杀的赎罪羔羊一样。“二人正往前走，到了有水的地方。太监说：‘看哪！这里有水，我受洗有什么妨碍呢？’腓利说：‘你若是一心相信就可以。’他回答说：‘我信耶稣基督是神的儿子。’于是吩咐车站住，腓利和太监二人同下水里去，腓利就给他施洗。”以后，这个在埃提阿伯有大权的太监便欢欢喜喜地走路回非洲去了。（徒 8:30—39）在这以先，虽然也有来自非洲的人听过福音，（徒 2:10—41）但这个埃提阿伯女王的银库总管，却是圣经记载的第一个受洗之后又去到非洲不毛之地的人。（徒 8:27—28）

哀嫩　　（Aenon）

1.地名原意：“泉水”或“赞美”。

2.所在位置：附录三第 80 图第四行第 4 格。

3.地理情况：哀嫩靠近耶路撒冷，在耶路撒冷以北约 100 余里。位于约旦河西。因为临近水源，所以当地溪流较多。

4.圣经记载：

被称为耶稣的“开路先锋”的约翰，曾在旷野传道说：“天国近了，你们应当悔改！”那时便有许多人“到约翰那里，承认他们的罪”（太 3:1—6），约翰便在哀嫩的溪水中给他们施洗。（约 3:23）

艾　　（Ai）

1.地名原意：“一片废墟”、“守望者保护之地”。

2.其他名称：

1)**亚叶（Aiath）**。（赛 10:28）

2)**亚雅（Aija）**。（尼 11:31）

3)今称**泰勒（Tyler）**。

3.所在位置：附录三第 14 图第三行第 3 格。

4.地理情况：

1)艾城是古时迦南的战略名城,位于伯特利东南约6里。该城正当古时大道要冲,其最高之处可以望见约旦河平原,甚至可以远眺盐海。

2)公元前3000年时已有人居住于艾城。但公元前2000年时该城被毁。其后该地又重新建城。因此约书亚进入迦南后,此城乃是必争之地。

3)以色列人攻占艾城后,该城又被焚毁。在约书亚书写进入迦南的历程时,艾城仍是一片荒地。(书8:28)

4)由于艾城的地形地势在古时十分重要,后人再次重建该城,当地附近且成为亚述王屯储军需物资之地。(赛10:28)

5)但艾城的遗址,现已荡然无存。有些考古学家认为,伯特利(即现今以色列与约旦有领土争议的拜占廷)附近,其铜器时代的遗址即是当年艾城的所在地。该地遗迹面积广阔,被称为泰勒。经1933—1935年的挖掘,该处已发现一所古庙,或即是古时迦南人祭拜偶像之地。①

5.圣经记载:

1)亚伯拉罕初到迦南时,先在示剑地方为耶和华筑坛献祭。后来到了艾城与伯特利中间,便支搭帐棚,为耶和华筑了第二座祭坛。(创12:5—8)其后亚伯拉罕躲避饥荒,一度下到埃及。当他从埃及又返回到艾城与伯特利中间时,在他从前支搭帐棚、筑坛献祭的地方,再次求告耶和华的名。(创13:1—4,请参看附录三第2图的说明④、⑤两条)

---

① 此处资料参见《简明不列颠百科全书》第1卷,第230页。

2)后来,亚伯拉罕的孙子雅各(即以色列)全家寄居到埃及的歌珊地区。(创46:28—47:6)430年后摩西带领以色列人出离了埃及,(出12:40—51)约书亚又率领以色列人进入迦南。(书3:10—17)以色列人因遵行耶和华的吩咐,一举占领了耶利哥,但在初次攻打艾城时,却由于亚干犯罪取用了不当贪爱的物件,竟败退了下来。(书7:1—6,19—22)

3)以色列人对付罪行之后,再次攻打艾城。约书亚先选了3万人在艾城的后面埋伏,又挑了约5000人埋伏在艾城的西面,即艾城与伯特利的中间。约书亚则率领其余军兵从北边向艾城进攻。当艾城的王与其军民倾城出战的时候,约书亚却装作战败而逃。艾城与伯特利的迦南人紧追约书亚等以色列人不舍,以色列的伏兵即趁虚进入艾城。约书亚回军与伏兵夹击艾城人,尽灭其众,并且将艾城焚毁。(书8:1—28)

4)先知以赛亚提到亚述王曾来到亚叶,并在附近一带屯放军用物品。亚叶即是艾城。(赛10:28)

5)尼希米书中提到的亚雅,也是艾城。(尼11:31)

安 **(On)**

1.地名原意:"方尖塔"、"力量"、"太阳"、"恶毒"。

2.其他名称及含义:

1)希腊人称之为"**希吕波立(Heliopolis)**",意思是"太阳城",因为安城人祭拜太阳神。

2)耶利米称之为"**伯示麦(Bethshemesh)**",意思是"太阳神的殿"。(耶43:13)

3)以赛亚则称之为"**灭亡城(The City of Destruction)**",取

意是说拜偶像的必将灭亡。①（赛 19:18）

4)以西结书中称之为“**亚文**②（**Aven**）”。(结 30:17)

3.所在位置:附录三第 8 图第四行第 1 格。

4.地理情况:

1)安城是埃及的古城,位于尼罗河东的沙洲上。其遗址约 36 平方里,在现今的开罗城东北 30 里处,距离尼罗河仅约 10 里。

2)古时安城人祭拜太阳神。当地的太阳神庙中附有祭司培养院和医药学校。当时人们认为安城祭司乃是埃及人中知识最渊博的学者,因此古代到埃及去求学的希腊哲学家等人士,都要到安城的祭司培养院或医药学校去访问就读。有人认为,埃及法老把安城祭司的女儿赐给约瑟为妻,也是对约瑟的推崇和笼络。

5.圣经记载:

约瑟被他的同父异母的哥哥们卖到了埃及,作了 13 年的奴隶和囚犯后,法老封立约瑟为宰相,并且把安城祭司的女儿亚西纳赐给约瑟作妻子。亚西纳给约瑟生了两个儿子,即是玛拿西和以法莲,神使约瑟在他受苦的地方昌盛。(创 41:39—52)约瑟深信耶和华神定会引领以色列人回到神应许亚伯拉罕之地,所以他临终前立下遗命,定要以色列人把自己的骸骨搬回迦南地。(创 50:24—25)

---

① 也有些新译本把此处经文中的“灭亡城”译为“太阳城”(The City of the Sun),因为希伯来文“太阳”与“灭亡”两词字母几乎相同。

② 在希伯来文中,“安”与“亚文”两词字母完全相同,只是音符稍有区别。

后来摩西带领以色列人出埃及时，路途虽多艰辛，却仍带着约瑟的骸骨起程。（出 13:19）以色列人进入迦南后，最终把约瑟的骸骨埋于示剑。（书 24:32）

安东尼亚楼　　　（**Tower of Antonia**）

1.其他名称：译作安东尼堡。

2.所在位置：附录三第 71 图第二行第 3 格。

3.地理情况：

位于耶路撒冷圣殿的西北方，即是圣经使徒行传中所说的“营楼”，因为该楼乃是罗马在耶路撒冷的军营堡垒。

4.圣经记载：

保罗曾被关押在这一营楼中。保罗原是和犹太教大祭司等人共同逼迫基督徒的人。后来保罗信奉耶稣并且热诚传扬耶稣是救主，故此激起反对耶稣的犹太祭司们的愤怒。犹太人在圣殿中拿住保罗想杀害他。当时营楼中带兵的千夫长，在混乱中便把保罗带进了安东尼亚营楼内。（徒 21:27—34）后来保罗被准予站在营楼的台阶上向犹太人分诉，实际上乃是向犹太人传讲耶稣是救主，同时说明自己是无辜而被拘捕的。（徒 21:39—22:21）

安提阿　　　（**Antioch**）

原意是“追逐反抗者”。

圣经中记述有两个安提阿城：

Ⅰ **叙利亚的安提阿城**（请参看附录三第 98 图第二行第 4 格。）

Ⅱ **彼西底的安提阿城**（请参看附录三第 98 图第一行第 2 格。）

今分述如下：

Ⅰ.古叙利亚地区的安提阿，保罗曾长期居住此地，并常从此地外出布道。

1.地理情况:安提阿另有译名叫“**安条克**”或“**安蒂奥克**”。本来是叙利亚的一座城市。有人认为即是现今属于土耳其的**安塔基亚**市(**Antakiyeh**),位于土耳其境内沿地中海临近叙利亚的地方。安提阿在耶路撒冷北方约近1000里,距地中海约50里,原是海陆通商要地。耶稣降生前64年,罗马元帅庞培(Pompey)攻克该城,设立叙利亚省,而以安提阿为省会,当时规模仅次于罗马和亚历山太两城,乃是罗马帝国的第三大城市。福音传到当地后安提阿教会非常兴旺。公元70年时,耶路撒冷被毁,安提阿一度成为东方教会的中心。

2.圣经记载:

1)司提反殉道以后,“那些因司提反的事遭患难四散的门徒,直走到腓尼基(现在的黎巴嫩一带),和居比路(现在的塞浦路斯),并安提阿(当时在叙利亚境内)。他们不向别人讲道,只向犹太人讲。”但有些人,“他们到了安提阿,也向希利尼人传讲主耶稣。主与他们同在,信而归主的人就很多了。”(徒11:19—21)

2)安提阿信从耶稣的人数很多,“这风声传到耶路撒冷教会人的耳中,他们就打发巴拿巴出去走到安提阿为止。”他到了那里“劝勉众人,立定心志,恒久靠主。”“于是有许多人归服了主。”(徒 11:22—24)

3)巴拿巴又往大数去找到保罗,带着保罗到了安提阿。他们和教会一同聚集,教训许多人。耶稣基督

的门徒被称为“基督徒”,就是从安提阿开始的。(徒 11:25—26)

4)安提阿的教会曾主动捐献钱财,无条件地馈赠给耶路撒冷一带的圣徒,并派巴拿巴和保罗送往耶路撒冷。(徒 11:29—30)

5)保罗第一次外出各地传道,乃是从安提阿起程,(徒 13:1—3)又回到安提阿居住了较短暂的时间。(徒 14:24—28)

6)保罗第二次外出传道时间更长一些,也是从安提阿起程,(徒 15:35—41)再回到安提阿住了些日子。(徒 18:19—23)

7)保罗第三次外出传道仍是从安提阿出发的。(徒 18:23)

8)彼得(又称为矶法)曾来到安提阿,但有些地方作得不当。保罗曾在安提阿当面指出彼得的过失。(加 2:11—14)

9)安提阿教会虽然兴旺,但是却出了一个异端分子尼哥拉。尼哥拉原是安提阿人,曾在耶路撒冷被选为执事。(徒 6:2—5)后来尼哥拉堕落成为一派异端的首领,(启 2:6)并且扰乱了其他地方的教会。(启 2:15)

Ⅱ.彼西底的安提阿,是保罗外出布道时多次经过的地方。

1.地理情况:它位于彼西底省和弗吕家省的交界处。相当于现今土耳其的中心地带。耶稣降生后的一段时间,它属于加拉太省,是罗马统治时期的军政要地。有军用大道连接其他地区,交通比较方便。当年保罗便沿着这些大道到各地去传道。保罗几次外出布道,经常路过此地。有考证认为此城遗址现在土耳其**雅瓦斥镇**(**Yalvatch**)附近。

2.圣经记载:

1)保罗第一次外出布道来到安提阿时(徒13:13—14),曾到犹太人聚集的会堂里去宣讲说:神为人“立了一位救主,就是耶稣”。(徒13:14—23)过了7天,安提阿“合城的人,几乎都来聚集,要听神的道”。(徒13:44)保罗放胆讲道后,“于是主的道,传遍了那一带地方”。(徒13:46—49)只是有些犹太人却挑唆另外一些人,逼迫保罗等人,把他们赶出了安提阿。(徒13:50)但保罗到其他地方传道后,归途中不避艰险又到安提阿去坚固门徒的信心。(徒14:21—22)其后经过了彼西底、旁非利亚回到了叙利亚的安提阿,即保罗曾长期工作过的地方。(徒14:24—26)

2)保罗第二次外出布道时,曾经路过弗吕家、加拉太一带地方。(徒16:6)安提阿是当地交通中心,保罗必会经过此地。(参看附录三第99图)

3)保罗第三次外出布道时,又“挨次经过加拉太和弗吕家地方,坚固众门徒。”保罗第一次在安提阿布道时几乎全城的人都曾去听道。由此推论,保罗第三次布道在路经加拉太、弗吕家两地区时,不可能绕过安提阿这一交通要道而不去看望当地信徒。(徒18:23,参看附录三第100图。)

4)保罗在自知即将殉道之前,曾写信劝勉他带领的青年传道人提摩太要努力宣道,并且提到保罗在安提阿所受的逼迫苦难,激励提摩太。(提后3:10—12)

安提帕底　　（Antipatris）

1.地点原意："背叛祖国"、"代替其父"。

2.所在位置：附录三第80图第六行第2格。

3.地理情况：安提帕底镇位于撒玛利亚境内。南距耶路撒冷约126里，北距该撒利亚约78里。

4.圣经记载：

当年犹太人因为嫉恨保罗，曾在耶路撒冷的圣殿中拿住保罗。犹太人正要杀死保罗的时候，却被罗马的驻守官兵把保罗关进了营楼。（徒21:27—34）但是犹太人中有40个人"同谋起誓说：'若不先杀保罗，就不吃不喝。'"他们拟订了诡计，设下了埋伏，想在官兵押解保罗的路上，突然谋杀保罗。（徒23:12—15）当地驻兵的军官得知他们的密谋后，认为保罗有罗马的国籍，又没有什么该死该绑的罪名，而且按当时的法律也是不能任意杀死一个罗马人的，（徒23:25—30）于是这个军官便急忙派了200个步兵和70个马兵，于当夜9点立即出发，把保罗由耶路撒冷连夜护送到该撒利亚的巡抚那里听候审断。（徒23:23—24）兵丁们带着保罗一夜之间走了一百多里来到了安提帕底。第二天又让马兵护送了70余里到了该撒利亚。这才使得保罗免于被犹太人杀害。（徒23:31—32）在圣经中只有在这里提到安提帕底一次，但是却可看出保罗当时危急的处境和转危为安的过程。正如保罗日后在他的书信中所说的："似乎要死，却是活着的。似乎受责罚，却是不至丧命的。似乎忧愁，却是常常快乐的。"（林后6:9—10）

暗妃波里　　（Amphipolis）

1.地名原意："河流环绕之城"。

2.其他名称：近代译名为"**安菲波利斯**"。

3.所在位置:附录三第99图第一行第1格。

4.地理情况:它位于马其顿,在腓立比西南近100里处。相当于现今希腊境内的东北部。距爱琴海约10余里,仍有古代防御工事和罗马水道工程的遗迹。

5.圣经记载:

保罗和西拉二人由腓立比往帖撒罗尼迦去布道时,曾经过这个地方。(徒17:1)

B

巴比伦(城)　　(Babylon)

1.地名原意:"混乱"或"巴力的大门"。

2.所在位置:附录三第2图第三行第4格。

3.地理情况:它是古代巴比伦国的都城,地当现今的伊拉克境内。公元前2000多年时就有记载在此城地区建造巴别塔。伯拉河(即幼发拉底河)流经此城,附近土地肥沃,是古代文化发源中心之一。巴比伦王尼布甲尼撒时期的巴比伦城已占地一万公顷,是当时世界上最大的城市。但该城现已成为一片废墟。近代伊拉克中部的巴比伦省内,尚有古代巴比伦城的遗址。目前伊拉克正对这座城市加以修复。

4.圣经记载:

1)洪水以后,挪亚的曾孙宁录开始建造巴别城(即巴比伦)。(创10:8—10)

2)挪亚的后代"在地上分为邦国。那时天下人的口音言语都是一样。他们往东边迁移的时候,在示拿地遇见一片平原,就住在那里。"(创10:32—11:2)示拿地区乃是当年宁录建造巴别的地方。(创 10:9—10)这些后来住在示拿的人们竟想建造一座城和一座塔,塔顶通天,为要传扬他们的名。耶和华神在那里变乱了他们的口音,使他们的言语彼此不通,使他们从那里分散在全地上。所以那座城叫巴别,巴别乃是“变乱”的意思。(创 11:3—9)

3)后来巴比伦王尼布甲尼撒在位时,多次攻打耶路撒冷,把犹大人掳到巴比伦去作奴隶,最后放火焚烧耶路撒冷,犹大国从此灭亡。(王下 24—25 章,36 章;结 12:13,17:12)

4)犹大人被掳到巴比伦作奴隶之后,在流离困苦的生活中,还时而受到巴比伦人的戏耍,他们竟叫这些犹大人唱赞美耶和华的圣歌来供他们取乐,因此这些犹大人就更加思念耶和华往日对他们的眷顾,更加思念当年在耶路撒冷城中锡安山上敬拜耶和华的圣会。那时有人曾写过一些动人的诗篇。例如:

我们[①] 曾在巴比伦的河边坐下,
一追想锡安就哭了。
我们把琴挂在那里的柳树上。
因为在那里掳掠我们的要我们唱歌,
抢夺我们的要我们作乐,
说:“给我们唱一首锡安歌吧!”
我们怎能在外邦唱耶和华的歌呢?!
耶路撒冷阿! 我若忘记你,
情愿我的右手忘记技巧。

---

① 和合本圣经旧版本作“他们”,欠妥。应译作“我们”。

我若不记念你，若不看耶路撒冷过于

我所最喜乐的，

情愿我的舌头贴于上膛。（诗 137:1—6）

5）先知以赛亚和耶利米等人都曾预言巴比伦必要灭亡。公元前 606—561 年是巴比伦的极盛时期。但先知们早就预言说：因为巴比伦人的骄奢淫逸和拜假神的罪，巴比伦的荣华必像所多玛、蛾摩拉二城倾覆一样，成为荒场，无人居住。这些预言，在公元前 536 年波斯王古列进攻巴比伦时，果然应验。现在往昔的世界第一大城已荡然无存，只有它的遗址供后人寻思。（赛 13 章，14:1—23，46:1—2，47 章；耶 50—51 章；诗137:8）

6）使徒约翰曾叙述他见到的异像说："那大城裂为三段，列国的城也都倒塌了。神也想起巴比伦大城来，要把那盛自己烈怒的酒杯递给它。"（启 16:19）约翰又说他在异象中看见一位天使，那位天使"大声喊着说：'巴比伦大城倾倒了，倾倒了，成了鬼魔的住处，和各样污秽之灵的巢穴。'"（启 18:1—2）

巴别　　（Babel）

1．地名原意："变乱"、"混乱"、"巴力的大门"。

2．其他名称：即后来的**巴比伦城**。

3．所在位置：附录三第 66 图第四行第 3 格中巴比伦的位置。

4．地理情况：

1）巴别乃是示拿平原上的一座城。（示拿的所在位置请参看附录三第 1 图第二行第 3 格。）示拿一带后来成为巴比伦建国的基地。巴别即是后世的巴比伦城。

2）考古学家发现，巴比伦（即古时巴别）一带，古代多有沥青。其遗址附近且发现有许多古代人用来集会的庙塔

(Ziggurates)。这些庙塔是层层升高的建筑物,每层之间都有阶梯可以攀登,高度犹如山丘。有些圣经学者认为,圣经中记述的巴别塔可能即是类似这种庙塔的建筑。但建塔人既想要使“塔顶通天”,巴别塔自当远远高于考古挖出的庙塔遗迹。

5.圣经记载:

洪水之后,宁录在示拿建国,并且往亚述去建造了尼尼微等城。(创 10:8—12)其后,他们又在巴别用烧透的砖块作石头,用沥青柏油当灰泥,想要建城建塔,使塔顶通天,为要显扬他们自己的名声。耶和华察看到他们的所作所为,认为他们乃是要与耶和华神相争相抗,于是耶和华变乱了人们的口音,使他们的言语不通而停工,遂分散在全地上。所以那座城名叫“巴别”,而希伯来文中,“巴别”乃是“变乱”的谐音。(创 11:1—9)

巴旦亚兰　　(Paddan-aram)

1.地名原意:“亚兰平原”、“亚兰台地”、“高昂的赎价”。

2.其他名称:

1)简称**巴旦**。(创 48:7)

2)有时意译为“**亚兰平原**”。

3.所在位置:附录三第 2 图第一行第 3 格。

4.地理情况:巴旦亚兰是伯拉大河上游的一片平原。位于大马色东北,乃是米所波大米平原的北部地区。哈兰即是巴旦亚兰的一个重要城市。

5.圣经记载:

1)亚伯拉罕蒙耶和华神呼召,离开本地本族到迦南地去时,他首先离开米所波大米的吾珥,途经巴旦亚兰的哈兰,并曾在那里暂时居住。(徒 7:2—4;创 11:31)后来

又从哈兰起身到了迦南。(创 12:1—5,请参看附录三第 2 图说明①、②、③各项)

2)亚伯拉罕老年间,差遣他的老仆人为他的儿子以撒到本地本族去娶亲。老仆人到了米所波大米,为以撒娶回来利百加。(创 24:1—67)利百加即是住在巴旦亚兰的彼土利的女儿,是拉班的妹妹。(创 25:20)

3)以撒和利百加的儿子雅各,为了躲避他哥哥以扫的恼怒,便听从父母的话,前往巴旦亚兰的哈兰去,到母舅拉班的家中去居住。(创 27:41—28:5)

4)雅各在巴旦亚兰的哈兰,为母舅拉班前后工作了 20 年。(创 31:41)他娶了拉班的女儿利亚和拉结为妻,并且在巴旦亚兰生儿养女。(创 29:16—30:24,46:15)雅各后来被耶和华改名叫以色列。(创 32:28)雅各 12 个儿子的后裔便是以色列人。(出 1:1—9)

5)雅各在巴旦亚兰时起初并未想到与利亚成婚,(创 29:16—25)但婚后利亚却为雅各生养了利未、犹大等人。(创 29:34—35)利未乃是摩西的祖先。(出 2:1—10)犹大乃是大卫的祖先。(太 1:3—6)而且耶稣的养父约瑟也是属于大卫一族一家的人。(路 2:4)

6)雅各后来离开了巴旦亚兰又回到了迦南。(创 31:17—18,33:18)雅各回迦南后,神再次向他显现,并且赐福与他。(创 35:9)

巴户琳　　(Bahurim)

1.地名原意:“低地”、“青年”。

2.所在位置:附录三第 37 图第四行第 1 格。

3.地理情况:巴户琳是一个小村庄,在耶路撒冷以东的橄榄山附近,位于耶路撒冷去耶利哥的大路上。

4.圣经记载：

在巴户琳发生过几件令人深思的事件：

1)扫罗王使已嫁给大卫的女儿米甲改嫁后，米甲又与其后夫在巴户琳离别重新成为大卫的妻室。

①当非利士的巨人歌利亚向以色列人骂阵时，扫罗王曾说若有人能杀死歌利亚，就把自己的女儿给他为妻。(撒上 17:25)后来大卫击杀了歌利亚(撒上 17:9—51)，又杀了 200 个非利士人作为聘礼而娶了扫罗王的女儿米甲，米甲深爱大卫。(撒上 18:20—28)

②扫罗嫉妒大卫，派人到大卫的住处去杀害大卫。米甲却在深夜里把大卫从窗户中缒到屋外，救了大卫的性命。(撒上 19:11—12)

③大卫被扫罗逼走逃亡之后，扫罗便将自己的女儿米甲给了帕提(即帕铁)为妻。(撒上 25:44)

④大卫历经苦难后，在希伯仑被众人拥立为犹大人的王，且将治理全以色列。那时大卫向扫罗的儿子、当时的以色列王伊施波设提出，应当把米甲归还自己为妻。(撒下 2:11，3:8—14)

⑤伊施波设不敢拒绝大卫的要求，便派人把米甲从她的后夫帕提那里带走，送往希伯仑。帕提深爱米甲，便一直跟着她，一面走一面哭，哀哀地相送。到了临近伊施波设统辖的便雅悯边界巴户琳时，伊施波设的元帅押尼珥叫帕提回去，帕提无奈而归。(撒下 3:15—16)

⑥米甲重新成为大卫的妻室后，曾因大卫迎接耶和华的约柜时与以色列众人一起欢呼跳舞而轻视大卫。

大卫反驳了米甲的一些讽刺话。米甲终生未曾生育。(撒下 6:12—23)

2)大卫逃避叛乱的儿子押沙龙时,在巴户琳忍受了示每的谩骂侮辱。

①大卫在耶路撒冷成为犹大和全以色列的王之后(撒下 5:5)曾犯罪又娶了拔示巴为妻。此事耶和华甚不喜悦。他说:"我必从你家中兴起祸患攻击你。"(撒下 11:1—27,12:11)

②其后大卫的儿子押沙龙叛乱,一时之间势派甚大,大卫带着全家人和众臣仆仓惶逃出耶路撒冷,急忙过了汲沦溪,一面走一面哭,蒙头赤脚地上了橄榄山。(撒下 15:12—30)当大卫走到橄榄山东侧的巴户琳时,扫罗家族的示每出来,在大卫对面的山坡上,一面走一面骂,并且用石头和土灰投掷大卫等人。大卫的臣仆气忿地要去杀死示每,但大卫却劝阻说:"我亲生的儿子尚且寻索我的性命,何况这便雅悯人(示每)呢? 由他咒骂吧! 因为这是耶和华吩咐他的,或者耶和华见我遭难,为我今日被这人咒骂,就施恩与我。"(撒下 16:5—14)

③大卫平息了押沙龙的叛乱返回耶路撒冷时,示每在大卫未到巴户琳之前,就趟过约旦河去迎见大卫,俯伏认罪。大卫的臣仆再一次要杀死示每,但大卫却宽恕了他。(撒下 19:15—23)

④大卫死后,示每因为违背所罗门的命令,终于被杀。(王上 2:36—44)

3)押沙龙叛乱时,两个给大卫报信的人在巴户琳躲过追捕,使大卫及时离开险境。

①押沙龙叛变后，大卫和跟随他的家属及臣仆一路逃跑，十分疲乏。当他们还在约旦河西岸休息的时候，押沙龙已率叛逆大军进入了耶路撒冷。两者相距仅约数十里，大卫的处境已极其危险。(撒下 16:14—15)

②大卫的谋士亚希多弗已归附了押沙龙，他请求押沙龙由他挑选 12000 精兵，连夜追杀大卫，使全国归顺押沙龙。(撒下 17:1—3)

③大卫的朋友户筛装作投降押沙龙，(撒下 15:32—37，16:15—19)他劝告押沙龙说，亚希多弗这次的计谋不妥。因为大家都知道大卫是个英雄，他身边的部属也都勇敢善战。现在他们心中正十分恼怒，如同被人抢走了熊崽的母熊，必会拚命地争战。一旦少数追兵被杀，人们就会认为押沙龙一派的人失败了。户筛劝告押沙龙，要从最北部到最南方，把所有的以色列人都召集到一起。待军兵如同海边的积沙那样众多时再与大卫决战。这样必将以多胜少，确保万无一失。(撒下 17:6—13)

④户筛又立即找到那时忠于大卫的祭司撒督和亚比亚他二人，叫他们打发人去，把亚希多弗急欲进军的险情和自己的缓兵之计急速告诉大卫，劝说大卫“今夜不可住在旷野的渡口，务要过河，免得王和跟随他的人都被吞灭。”(撒下17:15—16)

⑤祭司撒督的儿子亚希玛斯和亚比亚他的儿子约拿单，(撒下 15:36)在押沙龙的叛乱中不敢进城怕人看见，而是等候在城外。有一个使女出城来，把户筛的话告诉了亚希玛斯和约拿单二人，他们便去给大卫报信。(撒下 17:17)

⑥但是当时恰好有一个少年人看见了他们，就去告诉了押沙龙。约拿单和亚希玛斯急忙跑到巴户琳某人的家里。那人的院中有一口井，他们下到井里，那人的妻子把井盖好，又在上面铺上了碎麦秸。押沙龙所派的追捕人员来到了巴户琳，搜查到那一家的时候，却找不到约拿单和亚希玛斯，这些追捕的人便回耶路撒冷去了。约拿单和亚希玛斯从井里出来，立即到大卫那里去报告险情。于是大卫等人连夜过河，到了天亮的时候，没有一个人未过约旦河。（撒下 17:18—22）

⑦由于耶和华定意破坏希亚希多弗的计谋，要降祸于押沙龙，押沙龙决定采用户筛的谋略。（撒下 17:14）亚希多弗一看押沙龙不肯依从自己的谋算，知道必会失败，便归回自己的家乡，留下遗言，上吊而死。（撒下 17:23）

⑧正是因为两个报信的人在巴户琳的井中未曾遭难，大卫便得以早脱险境，到了玛哈念，重整军旅。（撒下 17:27—18:4）押沙龙战死后，（撒下 17:15）大卫返回耶路撒冷时，乃是在吉甲附近渡回约旦河西岸的。（撒下 19:15）大卫等人，从该处去往耶路撒冷时，很可能会再次经过巴户琳。（撒下 20:2—3）

巴兰（旷野）　　　（Paran）

1.地名原意："洞穴地区"、"装饰"。

2.所在位置：附录三第 11 图第二、三行第 3 格。

3.地理情况：巴兰旷野地势较高，地域也较辽阔。由于旷野之间的界限难于划分，又因古代地名历时太久更难找确据，故此各家对巴兰旷野的图示也略有出入。但根据圣经记述，可知巴兰旷野下列几点情况：

1)南方与西乃旷野和哈洗录相邻。(民 10:12,12:16)

2)北方与别是巴旷野相接。(创 21:14—21)

3)东方与西珥山相连。(申 33:2)

4)西方与书珥旷野相近。(创 25:17—18)

5)加低斯即在巴兰旷野之内。(民 13:26)

6)加低斯又在寻的旷野，从而说明寻的旷野乃是巴兰旷野的一部分。(民 20:1，参看民 13:26。)

4.圣经记载：

以色列人出了埃及到达加低斯巴尼亚之后，因为听信 10 个报恶信的探子，向神发怨言，故此被神刑罚，飘流旷野 38 年，大多都是在巴兰旷野绕行。(民 13:1—14:31;申 2:14)

巴力夏琐　　(Baal-hazor)

1.地名原意："巴力树"、"夏琐的主人"、"号筒的主"、"划地为主"。

2.其他名称：**帖尔阿书尔(Tell Asur)**。

3.所在位置：附录三第 37 图第三行第 1 格。

4.地理情况：巴力夏琐乃是押沙龙的牧人为他剪收羊毛之地。该地靠近以法莲，在伯特利东北约 12 里。

5.圣经记载：

大卫的妻妾较多，子女成群，(代上 3:1—9;申 17:17)他们未能遵行耶和华的话，子女间发生了奸淫、仇杀事件。而仇杀一事正是在巴力夏琐发生的，此事的前后经过如下：

1)大卫的长子暗嫩，恋爱同父异母的妹妹他玛的美貌，甚至忧思成病。暗嫩有一个为人狡猾的朋友向他献计：叫暗嫩装病，以便骗请他玛来给他料理饮食。(撒下 13:1—5)

2)于是暗嫩装病躺卧不起。当大卫来看暗嫩的时候,暗嫩趁机请求大卫叫他玛来服事他的饮食。大卫毫未察觉暗嫩的诡计,便同意叫他玛到暗嫩的屋里去为他预备食物。(撒下 13:6—7)

3)他玛去到暗嫩的住处为暗嫩烤饼。但是把饼烤熟之后,暗嫩却叫他的仆役们都出去,让他玛把饼拿进他的卧房亲手递给他吃。他玛未曾警觉这一恶意,以至遭受强暴而失身。(撒下 13:8—14)

4)随后,暗嫩却又极其恨恶他玛,他命令他的仆人们将他玛赶出门外。他玛在悲痛中被她同母所生的哥哥押沙龙问明了真情原委。押沙龙劝慰他玛不要声张此事,但他因此事对暗嫩却极其痛恨。(撒下 13:15—22)

5)大卫听见这一丑事后非常恼怒。然而他对这样一件大事竟未作任何处理。(撒下 13:21)两年之后,押沙龙在巴力夏琐欢庆剪获羊毛时,按惯例要邀请亲朋贵友来参加宴会。押沙龙再三请求大卫叫暗嫩等众弟兄都到场欢饮,却趁机在巴力夏琐的盛宴上,杀死了暗嫩。(撒下 13:23—29)

巴末　　　(Bamoth)

1.地名原意:"高地"。

2.其他名称:**巴末巴力**(书 13:17),意为"巴力的高处"。

3.所在位置:附录三第 12 图第一行第 3 格。

4.地理情况:巴末是以色列人绕行旷野后,进入迦南前,曾经宿营的一片高地。位于亚嫩河以北,盐海以东。巴末的东北即是尼波山与毗斯迦山。

5.圣经记载:

1)以色列人进入迦南以前,经过巴末地带到达毗斯迦山顶之后,与亚摩利人争战,杀了希实本王西宏,夺取了他的城邑。其后又杀了巴珊王噩,也夺取了他的城邑。(民21:19—35;申2:24—3:10,请参看附录三第12图的说明⑬及第13图中以色列人攻取希实本、以得来及巴珊的示意)后来又起行,在摩押平原,约旦河东,对着耶利哥安营。(民22:1)

2)摩押王巴勒因为以色列人数众多而非常惧怕。于是召请术士巴兰来咒诅以色列人。巴勒领着巴兰到了“巴力的高处”,使巴兰观看以色列营的边界。经文中所说的“巴力的高处”便是“巴末巴力”也就是巴末。(民22:41)

3)巴兰叫摩押王在巴末那里① 筑了坛,本是要遵照巴勒之意诅咒以色列人的。但神却使他的诅咒变为对以色列人的祝福。(民23:1—12;尼13:2)

巴珊　　(Bashan)

1.地名原意:“贫瘠之地”、“他们的耻辱”、“多产”、“沉睡者”。

2.所在位置:附录三第12图第一行第4格。

3.地理情况及其他资料:

1)巴珊在迦南东北部地区。地处约旦河东的北部。古时曾建有巴珊国,其国家灭亡之后,当地仍称为巴珊。该地区土地肥沃,盛产橡树,(结27:6;赛2:13)牧草茂密,牛羊成群。(诗22:12;申32:14)历史资料曾介绍该处谷果丰裕,乃是罗马帝国称霸时的粮仓之一。耶

---

① 根据民22:41的记载,可知民23:1中所说的“这里”乃是指“这一高地”,即巴末。

稣在世时，这一地区正由罗马皇帝任命的希律家族管辖。

2)公元635年之后，巴珊日趋凋敝，其地约在现今叙利亚的亚德拉省内。

4.圣经记载：

1)以色列人进入迦南前，曾与巴珊王在以得来争战。巴珊王噩被击杀之后，以色列人占有了他管辖的城邑。(民21:33—35，参看第13图)这些城邑后来分给以色列的玛拿西半个支派为业。(书13:29—30，请参看第15图“东玛拿西”所得之地①)

2)以色列建国又分裂为南北两国后，北国以色列王亚哈最后与亚兰王作战身亡。巴珊一带乃渐归亚兰国统辖。(王上22:1—37，对照参看附录三第50图说明③；王下10:32—33)

3)其后以色列王耶罗波安二世又收回了巴珊地带。圣经上说："他收回以色列边界之地，从哈马口直到亚拉巴海。"这一地区即包括了巴珊一带。(王下14:23—25，参看附录三第55图说明②)

---

① 有些资料有不同的图示：

〈1〉有人认为，巴珊王噩乃是巴珊南方诸城的一个王。以色列人所取得的巴珊城邑，仅属巴珊王噩的辖地，而“巴珊全地”也是仅指“巴珊王噩的全地”。故此有些图示中，东玛拿西的业地乃是约旦河、雅博河、雅穆河三河之间的地区，仅占有巴珊南部疆域。

〈2〉也有的图示，东玛拿西的业地西界约旦河，南临雅博河，东部的边界由雅博河上游北上；但到了雅穆河上游时，未划北部边界，似在说明北方边界不详。

4)后来亚述国强盛起来，攻击以色列遍地，掳走以色列人，灭了以色列国。原属以色列的巴珊地区，当即纳入亚述的版图。(王下 17:5—6,23，请参看附录三第 58、59 两图)

5)以色列的诗人在诗歌中，常常讲述耶和华顾念以色列人战胜巴珊王噩一事。(诗 135:11,136:20)

6)以色列的诗歌里且有诗句说："巴珊大力的公牛四面困住我"，用来预示耶稣受难时，那些把他钉死在十架上的人是何等的凶恶。(诗 22:12)

7)先知那鸿则用巴珊树林的衰残来说明，耶和华若究察罪孽，是无人能站立得住的。(鸿 1:4)

拔摩　　　(Patmos)

1.地名原意："我的死伤"。

2.其他名称：今译作"**帕特莫斯**"岛。

3.所在位置：附录三第 103 图第三行第 2 格。

4.地理情况：拔摩是爱琴海中靠近土耳其半岛的一个小岛，长约 30 里，宽约 18 里。岛上遍地岩石，当年十分荒凉，乃是流放囚犯之地。岛上草木很少，但却有棕树生长。该岛隔海与以弗所、士每拿、撒狄等地遥遥相望。近者仅距离二百余里，远者也不过数百里。

5.圣经记载及有关资料：

1)根据某些历史资料记述，约在公元 80 年后到公元 96 年期间，当罗马皇帝第二次迫害基督徒时，耶稣的门徒约翰老年间曾被流放在拔摩岛十余年之久。圣经记载，在这一海岛上，神曾把以后将要发生的事启示给约翰，而在他离开拔摩岛后，便写下了启示录。(启 1:1,1:9)据考证，约翰福音和约翰壹、贰、叁书也是他离开拔摩以后书写的。

2)约翰在拔摩海岛上时，常常想念对岸以弗所、士每拿、别迦摩、推雅推拉、撒狄、非拉铁非、老底嘉等教会的圣徒。他在写给这7个教会的书信(即启示录)中说："我约翰就是你们的弟兄，和你们在耶稣的患难、国度、忍耐里一同有分。"(启1:9，参看启1:4)

3)当约翰十余年生活在孤苦的拔摩海岛上时，岛上的棕树，当会时时提醒约翰回忆当年耶稣骑驴进入耶路撒冷之际，欢呼的人群"拿着棕树枝、出去迎接"耶稣的情景。(约12:13)棕树枝常被用来表示欢庆。(利23:40)约翰也注意到，将来各国、各族、各方的众圣徒身穿白衣站在宝座前向神欢呼的时候，这些人手中也是拿着棕树枝的。(启7:9)在四福音中，只有约翰特别提到人群拿着棕树枝欢呼耶稣进入耶路撒冷。其他三卷福音书都未提及棕树枝一事。说明约翰在拔摩的苦难之中仍常能想到圣徒欢乐的时日。(参看路19:36—38；可11:8—10；太21:8—10)

本都　　(**Pontus**)

1.地名原意："海边的城"。

2.所在位置：附录三第78图第一行第4—5格。

3.地理情况：本都是罗马帝国在小亚西亚半岛上设立的一个省。位于黑海南岸，南面与加拉太省毗连，西面与庇推尼省比邻。相当于现今土耳其境内屈雷山脉以北地区，乃是介于山、海之间的狭长平原。当地土壤肥沃，森林茂密。

4.圣经记载：

1)耶稣复活升天后，五旬节到了，门徒们在耶路撒冷聚会的时候，圣灵从天降临，他们被圣灵充满，用别国的语言，讲论神的道。当时有来自本都等15个地区的虔诚犹太人到耶路撒冷来守节，他们听见门徒用他们的乡谈说话，就非常惊奇。（徒2:1—2）那一天领受基督救恩的人就受了洗，门徒约添了3000人。（徒2:41）有些圣经学者认为，这3000个新信徒中便有来自本都等地的犹太人。他们守节之后回归到自己居住的本地区时，便是当地最早的基督徒。

2）以制造帐棚为业并且曾和保罗同住作工的亚居拉，便是生在本都的犹太人。（徒18:2—3）

3）早在使徒时代，福音已在本都地区传扬开来。所以使徒彼得写信给分散在小亚西亚五省的众教会时，首先便提到了居住在本都的信徒。（彼前1:1）虽然不知道是谁在那里广传福音，但这些不知名的福音使者的工作果效，却是永不朽坏、永不衰残、永存在天上的。（彼前1:4）

4）历史资料记述，本都各地教会虽曾经历了一些苦难，但在耶稣降生后100余年时，福音已更加兴旺。

比东　　（**Pithom**）

1.地名原意："篱笆"、"窄路"、"完整的口"、"东（Tum）的房屋"。（"东"是古代当地人所祭拜的一种偶像。）

2.其他名称：

1）比东另有新译名叫**皮索姆**。

2）罗马帝国时期称它叫**以罗**（**Ero**）。

3）有人认为比东城处于歌珊地带，所以也叫**歌珊城**。（创46:28）

4）比东旧址处现被称为**特尔·玛斯苦他**（**Tell-maskhuta**）。

3.所在位置：附录三第11图第二行第1格。

4.地理情况：

1)比东是古埃及歌珊地带的一座积存货物的城市，位于尼罗河下游之东。近代考古学家在特尔·玛斯苦他挖掘出比东的旧址。从当地挖出的石碑碑文上看来，该城的修建时期正是埃及法老虐待以色列人的年代。

2)该城附近且挖掘出一所古代当地偶像“东”的庙宇。在庙宇的东北，有一个巨大的地下室。地下室内又隔成许多方室。方室之间无门可通，显示方室都是从上方出入的。考古学者根据当地的拉丁碑文，考证出这一地下室即是古代埃及法老的物资仓库或军用粮仓。

3)该地下室的墙壁厚达3米，都是用近似土坯的粗砖砌成的。粗砖的外面又涂有一层稍薄的胶泥。所用的粗砖有的掺有杂草，有的却没有杂草，恰与圣经记述的情况吻合。① (参看出5:6—14)

4)历史记述，波斯攻占埃及后，波斯王大流士② 一世修建了一条由尼罗河通往红海的运河。比东即成该运河南岸的一个城市。由尼罗河通往红海的运河，从现今的埃及首都开罗(Cairo)起始，一直通航到现今苏彝士运河上的伊斯梅利亚市(Ismailia)。而比东的旧址，即在现今的伊斯梅利亚市以西的不远之处。

5.圣经记载：

古时以色列人下到埃及以后，他们生养众多，极其强盛。

---

① 古时埃及制砖，近似中国农村制作土坯，乃是在泥中调入杂草或禾秸，做成砖坯形状，然后晒干使用，加入草秸，乃是为使砖坯更加黏牢坚固。

② “大流士(Darius)”为近代译名，圣经中译作“大利乌”。

因此埃及王法老便叫埃及人苦待以色列人，强迫他们作苦工，把他们看做奴隶，甚至叫督工的人既不给他们草秸，又要他们自找杂草和泥，且要做出同样数量的砖来。(出 5:6—14)法老强使以色列人修建了两座屯积货物或粮食的"积货城"。其中一座名叫兰塞，另一座即是比东。只是埃及人越苦害这些以色列人，他们却越发人丁兴旺起来。(出 1:1—12)

比哈希录　　(Pi-hahiroth)

1.地名原意："苇塘"、"草场"、"贮水地带"、"峡口"、"忿怒的燃烧口"。

2.所在位置：附录第 11 图第二行第 1 格。

3.地理情况：比哈希录的原址现在已很难查考。根据圣经记载，它乃是以色列人出离埃及时过红海前最后的一个宿营地。它和巴力洗分、密夺两城都相距不远。但是这三个城市的确切地址，各家的推论却多有差别。圣经中所说的红海，其范围与现在的红海：悬殊很大。古时红海仅指亚喀巴湾、苏彝士湾及苏彝士运河附近的湖泊沼泽地区。而以色列人过红海后走了三天到达了玛拉。(出15:22—23)根据圣经所记的这一行程计算，比哈希录等地当在现今苏彝士运河以西数十里之内的地区，而当年以色列人过红海之处，当是现在苏彝士湾北方的苦湖一带。

4.圣经记载及有关资料：

1)犹太历正月十五日，就是逾越节的次日，以色列人这些昔日的奴隶，在埃及人面前昂然无惧地从兰塞起行，经过比东，疏割到了以倘。(民 33:1—6)

2)从以倘本来有条很近的经过非利士地即到迦南的海边通道。(请参看第 11 图第一至二行第 2—3 格)但是该通道都有埃及驻军防守。耶和华神恐怕以色列人遇到与埃及大军的争战而后悔,便引领以色列人绕道而行,走红海旷野的道路。(出 13:17—18)

3)因此,以色列人虽然已经到了以倘(出 13:20),耶和华却又吩咐以色列人转回到比哈希录安营。(出14:1—2)

4)埃及法老的追兵临近以色列人时,耶和华神使红海的水干了。以色列人遵照耶和华的吩咐,从比哈希录起程步行走过了红海。而法老的军兵,耶和华却把他们推翻在海中。(出 14:5—31,参看附录三第 11 图说明中①、②、③、④各条内容)

比拉迦谷　　(Valley of Beracah)

1.地名原意:"福分"、"祝福"、"称颂"。

2.所在位置:附录三第 51 图第二行第 2 格。

3.地理情况:比拉迦谷在希伯仑到耶路撒冷的大道上。

4.圣经记载:

犹大的第 4 代国王约沙法,由于东方各族人入侵,便在耶路撒冷求告耶和华。其后东方各族人互相残杀。约沙法获胜之后,犹大众人在比拉迦谷齐声歌颂耶和华。(代下 20:1—26,请参看附录三第 51 图的说明。)

比逊　　(Pishon)

1.地名原意:"满溢"、"畅流"、"增加"、"喷出"。

2.其他名称:有人认为,比逊河即是现今的**卡仑河(Karun)**。

3.所在位置:附录三第 1 图第二行第 4 格中卡仑河的位置。

4.地理情况:卡仑河(或即古时的比逊河),乃是由玛代山流入波斯湾的一条河流。地当现今伊朗的西部。名城阿巴丹(Abadan)即在该河泄进波斯湾入海口百余里处。

5.圣经记载:

耶和华在东方的伊甸立了一个园子，把亚当夏娃安置在那里。有河从伊甸流出来滋润那个园子，从那里分为四道，第一道河名叫比逊，在那里有金子、珍珠和红玛瑙。（创 2:8—12）洪水之后，圣经中即再未提到比逊河，因此其确切地址不详。

彼西底　　（Pisdia）

1.地名原意："公理的劝导"。

2.所在位置：附录三第 98 图第一行第 1—2 格。

3.地理情况：当年彼西底地区原属加拉太省，后来又和附近一些地区合并为独立的彼西底省。安提阿即成为彼西底的省城。彼西底相当于现今土耳其境内**阿克谢希尔**以南地带。历史记述，古时当地居民尚武好斗，甚至希腊亚历山大皇帝进攻彼西底时，也曾遭到当地人的抵抗袭扰。其后该地处于希腊或罗马的统治之下，常有偷盗抢劫事件发生。保罗等人当年传道，时须经过此地，必然经历许多艰难。

4.圣经记载：

1）保罗第一次外出传道时，曾和巴拿巴二人由别加出发，经过彼西底，到了该地的安提阿城。（徒 13:14）

2）保罗第一次外出传道返回的旅途中，从路司得、以哥念启程再次到了彼西底的安提阿。（徒 14:21）

3）保罗多次外出传道，屡屡经过彼西底的安提阿。（参看本书"安提阿"条）保罗说他"屡次行远路，遭江河的危险、盗贼的危险"。（林后 11:26）有人认为保罗所说的"盗贼的危险"，指的即是多次路过彼西底的艰险经历。

毕示大　　（Bethesda）

1.地名原意："慈悲处所"。

2.所在位置：附录三第 71 图第一行第 4 格。

3.地理情况:毕示大是耶路撒冷城内一个水池的名字。位于耶路撒冷的东北部,靠近羊门。池水游动的时候可以治病。

4.圣经记载:

“在耶路撒冷,靠近羊门有一个池子,希伯来话叫作毕示大,旁边有五个廊子。里面躺着瞎眼的、瘸腿的、血气枯干的许多病人等候水动,因为有天使按时下池子搅动那水,水动之后,谁先下去,无论害什么病就痊愈了。在那里有一个人,病了三十八年。耶稣看见他躺着,知道他病了许久,就问他说:‘你要痊愈吗?’病人回答说:‘先生,水动的时候,没有人把我放在池子里;我正去的时候,就有别人比我先下去。’耶稣对他说:‘起来,拿你的褥子走吧!’那人立刻痊愈,就拿起褥子来走了。……后来耶稣在殿里遇见他,对他说:‘你已经痊愈了,不要再犯罪,恐怕你遭遇的更加利害。’”(约 5:2—14)

庇哩亚　　(Beroea)

1.地名原意:“浸水”、“被宰杀”。

2.所在位置:附录三第 99 图第一行第 1 格。

3.地理情况:庇哩亚是马其顿西南部的一个城市,在帖撒罗尼迦西面约 150 里。相当于现今的希腊境内。在罗马统治时期,马其顿被划分为 4 个区,庇哩亚一带乃是其中的一个区。

4.圣经记载:

1)保罗第二次外出布道时,他和西拉二人一度被下在腓立比的监牢里。他们被释放后,又到帖撒罗尼迦去传讲耶稣乃是世人的救主。(徒 16:12—17:3)由于犹太人聚众闹事反对保罗,当地的门徒们“随即在夜间打发保罗和西拉往庇哩亚去。”那地方的人喜欢接受真道，“他们中间多有相信的。又有希利尼尊贵的妇女，男子也不少。”但帖撒罗尼迦的犹太人又赶到庇哩亚，耸动搅扰众人。当时信徒们只好又送保罗往海边去，并从海边又把保罗送到了雅典。只是西拉和提摩太都留在庇哩亚，继续帮助当地的信徒。（徒 17:5—15）

2)保罗最后一次到耶路撒冷去，曾带着马其顿等地圣徒的捐献，要馈赠给耶路撒冷的贫苦圣徒。（徒 24:17；罗 15:25—26）去耶路撒冷之前，保罗在马其顿，“走遍了那一带地方，用许多话劝勉门徒”。那一带地方当也包括庇哩亚在内。（徒 20:1—2）和保罗同去的庇哩亚人所巴特，可能即是庇哩亚教会差派的赠款代表，足见这时庇哩亚的圣徒已经逐渐增多，且有爱心顾念别处的教会事工了。（徒 20:4）

庇推尼　　（Bithynia）

1.地名原意：“激烈冲动”。

2.其他名称：今译为“**比希尼亚**”。

3.所在位置：附录三第 78 图第一行第 4 格。

4.地理情况：庇推尼位于小亚西亚西北部，地处黑海沿岸，使徒时代是罗马统治下的一个省，庇推尼境内多有山岭狭谷，地势非常险要，罗马皇帝底俄克利田（Diocletian）曾把本省的大城尼可米太（Nicomedia）定为东都。

5.圣经记载及历史记述：

1)保罗第二次外出布道时，曾与西拉和提摩太想要往庇推尼去传道，但耶稣的灵却阻止他们，他们便离开亚洲的每西亚、特罗亚等地，而进入欧洲的马其顿去传讲福音。（徒 16:7—12）

2)耶稣的灵虽不许保罗去庇推尼传道，而使他到欧洲去传扬救恩，但却并非弃绝庇推尼人。耶稣升天时曾嘱咐门徒说："你们往普天下去，传福音给万民听。信而受洗的必然得救。"(可 16:15—16)后来"门徒出去，到处宣传福音。主和他们同工，用神迹随着，证实所传的道。"(可 16:20)有些门徒便曾到庇推尼去宣讲基督的救赎，使庇推尼的一些人也悔改成为基督徒。所以彼得写信给小亚西亚半岛的圣徒时，提到了庇推尼的蒙耶稣的宝血拯救、藉着圣灵成为圣洁的信徒们。(徒前 1:1)圣经没有讲明谁去庇推尼传道作工，但这一节经文却显明了他们的劳苦并未徒然。(林前 15:58)

3)历史记述公元 111—113 年间，罗马的法律学家伯力尼(Pliny)作庇推尼的总督。当时该地区信徒甚多且常遭逼迫。伯力尼奏告罗马皇帝，称誉基督徒的品德行为，从而缓解了逼迫，保护了基督教会。

庇耳拉海莱　　(Beer-lahai-roi)

1.地名原意："永生上主顾念我的井"。

2.所在位置：附录三第 4 图第四行第 1 格。

3.地理情况：庇耳拉海莱原是旷野中的一个水泉，后来以撒也曾在这一地区居住，此地在从别是巴去往埃及、书珥道路旁的旷野中，位于加低斯的西方。

4.圣经记载：

1)亚伯拉罕的妻子撒莱把她的使女、埃及人夏甲给了亚伯拉罕为妾。但夏甲怀孕后竟轻视主母撒莱，撒莱便苦待夏甲，夏甲沿着通往书珥和埃及的大道，逃向了自己的故乡。耶和华的使者在书珥路上的旷野水泉旁遇见了夏甲，叫她仍要回到她的主母撒莱那里，并且说耶和华要使她的后裔繁多，她将生一个儿子，名叫以实玛利。他必住在众弟兄的东边。夏甲就称那对她说话的耶和华为看顾人的神。因而说："在这里我不是也看见了那顾念我的了吗?"(创 16:13 原文新译)所以那口井便叫庇耳拉海莱[①]。夏甲听从了耶和华使者的话，又回到了主母撒莱那里，给亚伯拉罕生下了以实玛利。(创16:1—16)

2)亚伯拉罕的儿子以撒早先曾在庇耳拉海莱居住或牧放牛羊。一天傍晚他正在田间默想的时候，亚伯拉罕的老仆人为以撒带来了利百加给他为妻。(创 24:62—67，请参看附录三第 5 图说明⑥)"那时以撒已经迁移到庇耳拉海莱的旷野，住在迦南南部。"(创 24:62 原文新译)

3)亚伯拉罕死了以后，神赐福以撒，以撒在靠近庇耳拉海莱的地方居住。(创 25:11，请参看附录三第 5 图说明⑧)

4)有些圣经学者推论，以撒和利百加乃是住在庇耳拉海莱时，得到了双生儿子以扫和雅各的。因为：

①创 25:11 的经文原意是："亚伯拉罕死后，神赐福给他的儿子以撒。以撒住在庇耳拉海莱附近。"(新译文)此处并非是说亚伯拉罕死后，以撒才住在庇耳拉海莱附近。以撒早就在庇耳拉海莱住过。(创24:62)

②亚伯拉罕在希伯仑又娶了一妾，(代上 1:32)并且生有子孙。(创 25:1—4)以撒在他的生母撒拉死后，他和利百加夫妻二人，未见有与亚伯拉罕同居一城的经文记载。只有在亚伯拉罕死后，圣经才记载说：他

---

① 希伯来文"庇耳"的原意是"井"，"拉海莱"的原意是"永生上主眷顾我"。

的两个儿子以撒、以实玛利把他埋在希伯仑的麦比拉洞里。(创 25:8—9)

别是巴　　　(Beer-sheba)

1.地名原意:"誓约井"、"七井"。

2.其他名称:也被译作**别示巴**,近代译名为**贝尔谢巴**。

3.所在位置:附录三第4图第三行第2格。

4.地理情况:

1)别是巴在犹大南地的旷野地区,靠近非利士人居住的地方,东北距希伯仑约90里。因为亚伯拉罕、以撒曾在此处掘井,并且和非利士人的基拉耳王立约,因此当地被称为"誓约井",其希伯来语是"别是巴"。

2)现今的贝尔谢巴(即别是巴),乃是以色列盖夫地区的中心城市和南部区首府。1982年统计约有11万人。

5.圣经记载:

1)当亚伯拉罕寄居在非利士人之地时,曾到别是巴挖了一口井,而当地人霸占了它。当地的王亚比米勒看出亚伯拉罕所作的事都有神的保佑,便与亚伯拉罕起誓立约,要互相厚待。亚伯拉罕并且在别是巴栽了一棵垂丝柳树,在那里求告耶和华的名。(创 21:22—33)亚伯拉罕在别是巴曾居住一些时日。(创 22:19,参看第4图说明③、⑤)

2)有一天,亚伯拉罕的妾、埃及人夏甲所生的儿子以实玛利,取笑撒拉所生的儿子以撒。①因此亚伯拉罕的妻子

---

① 此处系根据古本圣经的新译。创 21:9 的经文可以译作:"当时,撒拉看见埃及人夏甲给亚伯拉罕所生的儿子,取笑撒拉的儿子以撒。"

撒拉定要夏甲母子二人从家中出去。夏甲带着年约15岁[①]的儿子以实玛利离开亚伯拉罕后,他们在别是巴的旷野走迷了路,所带的水也用尽了。母子二人便相对而坐,放声大哭。这时耶和华的使者向夏甲显现,应许以实玛利的后裔要成为大国。神使夏甲的眼睛明亮,她就看见了一口水井,便去用皮袋盛满了水给以实玛利喝。其后以实玛利住在巴兰的旷野,夏甲从埃及给他娶了一个妻子。(创 21:9—21)

3)以撒因为饥荒也曾一度到非利士人的地方去寄居,渐渐地到了别是巴,耶和华在别是巴向以撒显现,以撒就在那里筑坛求告耶和华的名。当地非利士人的王也来和以撒起誓立约,就在那一天,以撒的仆人来向以撒告知挖井的事说:已经得到水了。他就给那口井起名叫"示巴"。因此那座城便叫做别是巴[②]。(创 26:1—33,请参看附录三第 5 图说明②、④、⑪各项)

4)雅各曾跟随他的父亲以撒到别是巴居住过。(创 26:23)当他骗得长子的名分后,为了躲避他的哥哥以扫,便由别是巴出发到哈兰去娶妻。(创 28:10)其后,雅各又回到迦南。当他老年间下埃及度荒时,路经别是巴曾向神献祭,神在别是巴向雅各显现说要使雅各(即以色列)的后裔在埃及成为大族。(创 46:1—4,请参看附录三第 7 图说明④、⑤、⑯各项)他们下埃及之后,以色

---

① 参看创 17:25,创 21:8—10 等处记载可知,当时以实玛利约有15岁了。

② 希伯来文"别"的原意是"井","示巴"(或译作"是巴")的原意是"誓约"。

列人在埃及生养众多。(出 1:1—12)他们住在埃及共有 430 年,而从埃及出来的时候,除了妇女和孩子,步行的男子即有 60 万人。(出 12:37—41)

5)撒母耳年纪老迈时,曾立他的两个儿子在别是巴作士师(审判官)。但是他的儿子不遵行撒母耳所遵行的真道,他们贪图财利,收受贿赂,屈枉正直。(撒上 8:1—3)。当时的士师并不是世袭的制度。(参看士师记)而且在撒母耳年少时,作祭司的老以利也曾有两个不肖的儿子为非作歹。(撒上 2:22—24)那时,神曾亲自向少年撒母耳说过,因为以利知道自己的儿子作孽,自招诅咒,却不禁止他们,故此神要刑罚以利的全家。但在几十年之后,当撒母耳步入老年时,竟把自己两个败坏的儿子立为士师,实为失当。(撒上 3:11—13)

6)先知以利亚,在迦密山使以色列人重新认识到惟有耶和华是真神,同时杀了巴力的众先知。因此祭奉巴力的王后耶洗别定意要杀害以利亚。当以利亚逃避耶洗别时,曾到过别是巴的旷野,甚至在罗腾树下求死。那时耶和华的使者向以利亚显现,使他重新得力量,奔向神的山,即是何烈山。(王上 19:1—8,请参看第 48 图说明⑥、⑦、⑧各项)

7)古时以色列的南部国界即在“别是巴”一带,而其北部国界则在“但”这一地区。圣经中论到全以色列时,常提到“从但直到别是巴”。(撒下 3:10,17:11 等多处经文)或是说“从别是巴直到但”。(代上 21:2 等处经文)

8)别是巴是耶和华先后向多人显现的地方。但因以色列人硬着心祭拜偶像,却受到了先知阿摩司的责备。(摩 5:5)

别加　　　(Perga)

1.地名原意:“卫城”。

2.其他名称:今译名为**佩尔吉**。

3.所在位置:附录三第98图第二行第2格。

4.地理情况:别加原来是罗马统治时期所属旁非利亚省的一个重要海港,距海岸约30余里,从别加出发的船只,可以通过格斯得河(Cestris),经过亚大利进入地中海。当年别加乃是海陆交通要道。相当于现今土耳其境内**安塔利亚(Attalia)**港的北部。安塔利亚即是亚大利。由于公元1084年亚大利被定为省城,别加的海运乃为亚大利所取代。

5.圣经记载:

1) 保罗、巴拿巴、马可等人第一次外出布道时,曾“从帕弗开船,来到旁非利亚的别加。”那称呼马可的约翰却在别加离开保罗和巴拿巴,回耶路撒冷去了。(徒13:13)

2)在马可离开别加的前后,显然由于保罗等人的传道,别加已经有人要悔改而相信基督。故此,当保罗和巴拿巴离开别加到别处去传讲福音后,在返回的路途中,他们又“来到旁非利亚,在别加讲了道”。(徒14:24—25)

3)正是由于马可从别加的离去,便导致了保罗第二次外出布道时,与巴拿巴意见不一。保罗本想与巴拿巴“回到从前宣传主道的各城,看望弟兄们景况如何。巴拿巴有意要带称呼马可的约翰同去。但保罗因为马可从前在旁非利亚离开他们,不和他们同去作工,就以为不可带他去。于是二人起了争论,甚至彼此分开。巴拿巴带着马可,坐船往居比路去。保罗拣选了西拉……

走遍叙利亚、基利家坚固众教会。"(徒 15:36—41)

别迦摩　　　(**Pergamos**)

1.地名原意:"高地"、"大结合"。

2.其他名称:现在叫做**伯迦玛**(**Bergama**)。

3.所在位置:附录第 103 图第二行第 2 格。

4.地理情况:

别迦摩位于小亚西亚的每西亚境内,相当于现今的土耳其西部,该城西距地中海仅 40 余里。罗马统治时期别迦摩一度是亚西亚省的省会,当时曾以美术文学著称。城内有 4 座著名庙宇,其中丢斯的庙坛高达 4 丈,是古代世界奇观之一。

5.圣经记载及有关记述:

1)使徒约翰写给亚西亚教会的书信(启示录)中,把别迦摩列为亚西亚的 7 个教会之一。(启 1:11)

2)历史记述,罗马逼迫基督教会时,第一个被杀害的基督徒安提帕便是在别迦摩殉道的。圣经记载神称赞别迦摩教会的话说:"当我忠心的见证人安提帕在你们中间、撒但所住的地方被杀之时,你还坚守我的名,没有弃绝我的道。"(启 2:12—13)有人认为,此处经文中所说的"有撒但座位之处"、"撒但所住的地方",指的即是该城受假神的影响较大。

3)别迦摩的信徒中,"有人服从了巴兰的教训","也有人照样服从了尼哥拉一党人的教训",因而受到了神的责备。(启 2:14—15)巴兰被彼得列在假先知之中,(彼后 2:15,参看彼后 2:1)尼哥拉一党人的行为也是神所恨恶的。(启 2:6)所以神警戒别迦摩的这些信徒应当及时悔改。(启 2:16)

波斯　　(**Persia**)

1. 地名原意:"马的土地"。

2. 其他名称:

1)古波斯国又称为**爱珥亚拿**(**Airyana**)。

2)今称**伊朗**(**Iran**)。

3)波斯最初建国之地约在今伊朗高原的**法尔斯**(**Fars**)、**波西斯**(**Persis**)、**波斯巴利**(**Persepolis**)一带,古时这一地区,圣经称之为**以拦**(**Elam**)。

4)波斯极盛时占有中亚、北非以及东欧部分地区,历史上称之为**波斯帝国**。

3. 所在位置:附录三第1图第二行第4格以拦附近地区,及第65图中所示波斯帝国版图。

4. 地理情况:

1)波斯是现今伊朗高原西南部的古代国家。该处沿波斯湾一带地势甚低,气候炎热,离海湾较远处则地形较高,然而高原中却多水道,所以很多地方土地肥沃,出产富足。但是临近沙漠处则因缺水而影响了当地的农产。

2)公元前500余年时,波斯王古列(Cyrus,今译作居鲁士),先后打败了玛代[①]、亚述、巴比伦等当时的强国而称雄于世。

3)古列死后,他的儿子冈比西斯二世(Cambyses Ⅱ)继位,征服了埃及。冈比西斯死后,大利乌一世(Darius Ⅰ,今译作大流士一世)夺取政权。他继续征战,扩大领土。西到东欧的马其顿,东到中亚的印度河,连同北非的吕彼亚(Lybia,即今利比亚)一带,尽皆纳入波斯帝国的版图。

---

①. 玛代(Media),或译作米底、米底亚。

4)波斯帝国时期的几位国王，多与犹大人归回耶路撒冷重建圣殿有关。[①]他们是：

①古列(Cyrus，公元前538—529)；

②冈比西斯[②](Cambyses，公元前529—522)；

③大利乌一世(Darius Ⅰ，公元前521—485)；

④亚哈随鲁[③]一世(Ahasuerus Ⅰ，公元前485—465)；

⑤亚达薛西一世[④](Artaxerxes Ⅰ，公元前465—425)；

⑥亚哈随鲁二世(Ahasuerus Ⅱ，公元前424)；

⑦大利乌二世(Darius Ⅱ，公元前424—405)；

⑧亚达薛西二世[⑤](Artaxerxes Ⅱ，公元前405—358)。

5)公元前330年，希腊的亚历山大大帝战败波斯。波斯帝国的领土基本上都完全变成了希腊的疆域。(请参看附录三第75图)

6)公元后7世纪时，信仰伊斯兰教的阿拉伯人统治了古波斯(今伊朗高原)一带。其后列强交相争夺此地，至

---

① 许多圣经学者认为，记述犹大人重建耶路撒冷和圣殿的以斯拉记第4章第6—23节，乃是把后来所发生的事件插入到前面来叙述的。另外，波斯历代诸王多有名字相同的，历史上有时注明一世或二世，但圣经中并未记出一世或二世的区别，因此各家解释有些出入。其详细解说，本书从略。

② 圣经中未曾记有冈比西斯此人。有人认为拉4:7、11、23所记的亚达薛西，乃是冈比西斯的另一个名字。但有人认为此说论据不足。

③ 有考证认为亚哈随鲁一世即是薛西斯一世(Xerxes Ⅰ)。

④、⑤ 有些学者认为，是亚达薛西一世批准以斯拉、尼希米回国的，因他的继母是王太后犹太人以斯帖。有些学者则认为以斯拉、尼希米回国可能在亚达薛西二世在位年间。

1925年建立了以巴列维为国王的波斯王国。1935年改称伊朗。1979年国王被迫出国,即建立了伊朗伊斯兰共和国。

5.圣经记载:

旧约以斯拉记、尼希米记、以斯帖记各卷经文所记的事件,都发生在波斯帝国几代国王年间。犹大人等被掳到巴比伦等地之后70年,波斯王古列下诏通告全国,使犹大人等归回耶路撒冷重新修建圣殿。(拉1:1—11)那些早先移居到撒玛利亚及犹大地区的外族人,他们既祀拜自己信奉的偶像,又表示也敬拜耶和华。如今犹大人等回国建殿,这些外族人先是要求和犹大人等联合起来共同建造圣殿,但建殿的犹大人以及其他支派的以色列人,拒绝了他们参与建殿的圣工。(拉4:1—3)于是这些外族人便用各种方法阻挠建殿的工作。他们先后在几位波斯王在位时,或贿赂官吏,或奏告国王,说一旦犹大人重建耶路撒冷完毕,即会背叛波斯。由于移居到以色列地区的外族人的干扰,以色列族中犹大等各支派的人们的建城建殿工作,遇到了许多的困难,直至被迫停工。亚哈随鲁王时,波斯各地的犹大人一度且有灭族的危险,当时的波斯王后、犹大女子以斯帖,冒死进见亚哈随鲁王,乃使犹大人转危为安。犹大等各支派的以色列人,先后在所罗巴伯、以斯拉、尼希米等人的率领下,终于重新修整了耶路撒冷的城墙和圣殿,并且恢复了敬拜耶和华的盛会。(详细过程参见以斯拉记、尼希米记、以斯帖记。)

伯巴拉　　(Beth-barah)

1.地名原意:“可以涉水而过的地方”、“渡口”、“进餐之处”。

2.所在位置:附录三第21图第四行第2格。

3.地理情况:伯巴拉的确切位置不详。但圣经记载基甸追击米甸人时,曾差遣人到以法莲山地,要求以法莲支派的人一起攻击米甸人,并且要"争先把守约旦河渡口,直到伯巴拉"。由此可知,伯巴拉必是位于以法莲东方的约旦河西岸上的一个渡口。

4.圣经记载:

以色列的士师基甸,以精选的300人,(士7:7)战胜了米甸13.5万人的大军,(士8:10)并且由以法莲支派的人把守约旦河边的伯巴拉等渡口,截断了米甸人渡河逃跑的归路。米甸人初战时被杀的有12万人。很可能都是在伯巴拉等渡口被堵截消灭的。(士7:24—25,8:10)

伯大尼 (**Bethany**)

1.地名原意:"苦难之处"、"无花果之家"或"枣园"的意思。

2.其他名称:另有译名叫"**贝瑟尼**"。

圣经中有两个伯大尼:

Ⅰ.**橄榄山旁的伯大尼**(参看附录三第80图第七行第3格)

Ⅱ.**约旦河外的伯大尼**(参看附录三第80图第七行第4格)

今分述如下:

Ⅰ.橄榄山旁的伯大尼

1.位置:伯大尼乃是一个小村庄,离耶路撒冷约6里,在耶路撒冷到外地的大路上。圣经记载耶稣曾在伯大尼使死去的拉撒路复活,后来这一村庄被称为**拉撒路里**,延续至今。现在橄榄山的东南坡上,仍存有这一小村的旧址,人口约3000余人。该村在1949—1967年时属约旦管辖。曾有许多基督徒来此地瞻仰。

2.圣经记载:

1)伯大尼的马大、马利亚、拉撒路姐弟三人是耶稣素日所喜爱的门徒。有一次耶稣到了伯大尼，马大把他接到家里。她妹妹马利亚在耶稣脚前安静地坐着听他讲道。马大伺候的事多，心里忙乱，想请耶稣吩咐马利亚来帮助她。耶稣对她说："马大，马大！你为许多的事思虑烦扰，但是不可少的只有一件，马利亚已经选择那上好的福分，是不能夺去的。"（路10∶38—42）

2）伯大尼的拉撒路患病后，他的姐姐马大和马利亚曾打发人去请耶稣。耶稣说："这病不至于死，乃是为神的荣耀，叫神的儿子因此得荣耀。"耶稣在所住的地方（约旦河外）又停留了两天，便过河到伯大尼去。在路上耶稣知道拉撒路已经死了，便对门徒们说："我们的朋友拉撒路睡了，我去叫醒他。"耶稣到了拉撒路的坟墓那里，那坟墓是个洞，有一块石头挡着墓门。耶稣叫人把石头挪开。拉撒路的姐姐马大对耶稣说："主啊，他现在必是臭了。因为他死了已经四天了。"耶稣说："我不是对你说过，你若信，就必看见神的荣耀吗？"人们把石头挪开之后，耶稣举目望天祷告，祷告完了，就大声呼叫说："拉撒路出来！"那拉撒路就复活出来了。那些来看望马利亚的犹太人，看见耶稣所行的神迹，就多有信他的。（约 11∶1—45）

3）逾越节前六天，即耶稣受难前一周的礼拜五，他又一次来到伯大尼。在那里，门徒在被耶稣治好麻疯病的西门家中预备筵席，马大、马利亚、拉撒路都在席中。马利亚趁耶稣坐席的时候，拿出一瓶极贵重的真哪哒香膏来，打破玉瓶，把膏浇在耶稣的头上，用膏抹耶稣的脚，又用自己的头发去擦，屋里就满了膏的香气。那个将要出卖耶稣的犹大生气地说：何必这样枉费香膏呢？这香膏可以卖30两银子周济穷人。耶稣却说："她在我身上作的是一件美事。因为常有穷人和你们同在，要向他们行善，随时都可以。只是你们不常有我。她所作的是尽她所能的。她是为我安葬的事，把香膏预先浇在我身上。我实在告诉你们，普天之下，无论在什么地方传这福音，也要述说这女人所作的以为纪念。"（约12:1—8；可14:3—9）有许多犹太人知道耶稣在伯大尼，就来到那里，不但要见耶稣，也是要看看他从死里所复活的拉撒路，好些犹太人因此相信了耶稣是他们的救主。（约12:9—11）

4）耶稣受难前的那个礼拜天，（再过五天就是耶稣被钉十字架的日子），耶稣是从伯大尼进入耶路撒冷的。他先打发两个门徒往对面村子牵来一匹驴驹。耶稣骑在上面，在人群的欢呼声中，进了耶路撒冷城。前行后随的人都喊着说："和散那！奉主名来的，是应当称颂的。"（和散那原有求救的意思，在此乃是称颂的话。）（可11:1—11；路19:28—40）耶稣入城后，进了圣殿，"赶出殿里一切作买卖的人，推倒兑换银钱之人的桌子和卖鸽子之人的凳子。对他们说，经上记着说：'我的殿必称为祷告的殿。你们倒使它成为贼窝了。'在殿里有瞎子、瘸子到耶稣跟前，他就治好了他们。"（太21:12—14）到了晚上，耶稣便和12个门徒出城，在伯大尼住宿。（太21:17；可11:11）

5)耶稣受难前的最后几天,耶稣每日在殿里教训人,每夜都出城到伯大尼去住宿。(路 21:37;可 11:19)

6)耶稣从死里复活以后,也是在伯大尼的对面升天的。升天之前,他多次向门徒显现,“开他们的心窍,使他们能明白圣经。又对他们说:“照经上所写的,基督必受害,第三日从死里复活。并且人要奉他的名传悔改赦罪的道,从耶路撒冷起直传到万邦。”(路 24:45—47)耶稣复活后,“将自己活活地显给使徒看,四十天之久。”(徒 1:3)耶稣又“领他们到伯大尼的对面,就举手给他们祝福。正祝福的时候,他就离开他们,被带到天上去了。”(路 24:50—51)

Ⅱ.约旦河外的伯大尼

1.位置:这一伯大尼在圣经古卷中叫做伯大巴喇。伯大巴喇的意思是“渡口之屋”。关于它的地理位置,多数学者认为它在距离耶利哥不远的约旦河东岸。①

2.圣经记载:

1)施洗的约翰曾经在伯大尼为耶稣作见证说:“我给他解鞋带也不配。”(约 1:27—28)

2)次日,约翰看见耶稣来到他那里,就说:“看哪!神的羔羊,背负世人罪孽的……我曾看见圣灵仿佛鸽子从天降下,住在他的身上。”(约 1:29—32)

3)再次日,施洗约翰的两个门徒信从了耶稣。这两个门徒中有一个人是安得烈,安得烈便找到自己的哥哥彼得,领他也信从了耶稣。以后耶稣又选召了腓

---

① 也有少数人认为此地在约旦河上游,是距离加利利不远的一个东岸渡口。

力和拿但业作门徒。这几个人都是耶稣在伯大尼或伯大尼附近呼召的。(约 1:35—51,请参看附录三第 82 图)

伯大巴喇　　(Bethabara)

地名的意意是过渡之地"或"用餐之地"。伯大巴喇即是约旦河东的伯大尼。请参看约 1:28 小字注释,参阅本书"伯大尼"条。

伯法其　　(Bethphage)

1.地名原意:"鲜无花果之家"。

2.所在位置:附录三第 80 图第七行第 3 格。

3.地理情况:它是位于耶路撒冷东边、挨近橄榄山的一个村庄。在耶路撒冷到耶利哥的路上。圣经上常把伯法其和伯大尼同时并称。

4.圣经记载:

耶稣受难前骑驴进入耶路撒冷时,便是在伯法其和伯大尼打发门徒牵来驴驹,而后又在人群的欢呼中进城的。(可 11:1—11;太 21:1;路 19:29)

伯和仑　　(Beth-horon)

1.地名原意:"穴洞房屋"、"空虚之地"。

2.所在位置:附录三第 14 图第三行第 2 格。

3.地理情况:伯和仑是位于以法莲与便雅悯交界处的两个村镇,即上伯和仑与下伯和仑。两村相距 6 里,上村高于下村约 240 米,皆属于以法莲地区。下伯和仑在耶路撒冷西北约 36 里,控制着从地中海西岸到约旦河的交通要道,也是南北要冲的关隘。因此成为历代以来兵家争战之地。自从约书亚进军迦南之后,迦南、以色列、非利士、埃及、叙利亚、罗马以及十字军等各族各国军旅,经常行经此地，直到公元300、400年之前，伯和仑才逐渐衰落。

4.圣经记载：

1)上、下伯和仑乃是以法莲的孙女儿(即雅各的曾孙女儿)舍伊拉修建的。(代上7:23—24)

2)约书亚战败亚摩利的5个王之后，曾追击他们的军兵，经过伯和仑的上坡路，当亚摩利的军兵逃跑在伯和仑下坡的时候，耶和华从天上降下大块的冰雹，砸在亚摩利人的身上。甚至被冰雹打死的比以色列人所杀的还要多。(书10:9—11，请参看附录三第14图中的⑤，由基遍攻向伯和仑的图示)

3)非利士人到密抹入侵以色列时，曾分兵三队向东、西、北三方攻击以色列人。其中向西侵袭的一队，即是往伯和仑方向进攻的。(撒上13:5，17—18，请参看附录三第27图及其说明⑧)

4)所罗门王时多有内政及边防的建设。他修建或加固了许多城邑，其中便有下伯和仑作为驻防城。(王上9:17，参看附录三第39图中耶路撒冷西北方的伯和仑。)

5)当埃及王示撒进攻犹大时，不仅攻入了耶路撒冷等地，根据考古资料，伯和仑等城当亦落入埃及人手中。①(代下12:2—5)

伯拉(大)河　　(Euphrates)

1.地名原意："多结果实"、"丰饶"、"突进"。

2.其他名称：

---

① 根据考古学者发现的碑文记述，示撒由耶路撒冷向东北攻到毗努伊勒，向西北直攻到米吉多等地，伯和仑位于耶路撒冷和米吉多之间，必难幸免。请参看第43图及注。

1)旧约亦称**大河**(出 23:31)。

2)今译为**幼发拉底河**。

3.所在位置:附录三第2图第二行第3格。

4.地理情况:

1)伯拉河是亚洲西部最主要的河流,全长5340里,与底格里斯河(圣经译为希底结河)并称西亚两大著名河流。沿岸土地肥沃,是重要的农产区,也是古代文化发源地之一。

2)伯拉河起源于亚西亚的山地(今土耳其境内)。它先向地中海方向流往叙利亚平原,又折往东南经过迦勒底(即巴比伦一带,今伊拉克境内),最后汇入波斯湾。

3)旧约圣经记载亚伯拉罕曾离开迦勒底(古巴比伦地区,参看附录三第1图第二行第3格),先到了伯拉河上游东岸的哈兰。(创 11:31,参看附录三第2图第一行第3格)又从哈兰渡过伯拉河进入迦南(今巴勒斯坦)。迦南当地人称呼亚伯拉罕是"渡河而来的人"。古时"希伯来"一词的原意乃是"渡河"、"越过",故此亚伯拉罕被称为"希伯来人"。(创14:13)

4)希伯来人在古迦南初建以色列国时,其极盛时代的东北地区国境即以伯拉大河为界。(王上 4:21)那时的以色列东北地区在古代称为亚兰,后来被称为叙利亚(请参看附录三第1图第二行3格),即现今的叙利亚领土。

5.圣经记载:

1)亚伯拉罕曾离开迦勒底,先到达伯拉大河上游东岸的哈兰,又从哈兰渡过伯拉大河而进入迦南。因此当地人称其为"渡河而来的人"。又因古时"渡河"一词的语音近似"希伯来",所以亚伯拉罕及其后代即被称为"希

伯来人”。(创14:13)

2)古代以色列国极盛时期的东北边界即是伯拉大河。(王上 4:21)

3)有 4 条河从亚当夏娃居住的伊甸流出来滋润那园子,伯拉大河即是其中的一条。(创 2:7—14)

4)圣经也记述了挪亚的后代形成了不同的邦国,且曾在此河附近发生过战争。例如,琐巴王为了巩固在伯拉大河地区的统治,曾与以色列王大卫争战。大卫取胜后即在当地设有营防。(代上 18:3—6)

5)先知耶利米曾预言埃及王法老尼哥将与巴比伦王在伯拉大河激战,并将以失败而告终。(耶 46:1—2)

6)启示录预言,捆绑在伯拉大河的 4 个使者将被释放。伯拉大河将干如平地,要给众王预备道路,他们将聚集争战。(启 16:12—14)

伯利恒 (**Bethlehem**)(常指犹太地的伯利恒)

1.地名原意:“粮仓”。

2.其他名称:

1)**以法他**。(创 35:19)

2)**大卫的城**。(路 2:4)

3.所在位置:附录三第 25 图第四行第 4 格。

4.地理情况及有关资料:

1)犹大地的伯利恒也叫以法他。(创 35:19)北距耶路撒冷约 15 里,高出海面约 750 米。它位于犹大的山区,却又在交通大道之旁,故此十分险要。

2)伯利恒的土壤肥沃,适于农作物生长。当地现在仍有一个小山坡名叫“**波阿斯禾场**”,即是当年波阿斯堆放麦子的地方。(得 3:7)波阿斯乃是大卫王的曾祖父。

耶稣的家谱中也曾提到过波阿斯。(太 1:1—6)

3)伯利恒的郊区,直到盐海(即死海)的西岸,遍地皆是青草。且有两条溪流汇入盐海,可谓山明水秀。大卫幼年时正是在这里牧放羊群。(撒上 16:11,17:15)

4)伯利恒乃是耶稣降生的地方。有些资料① 记述此地说:伯利恒镇内的耶稣降生之处,已于公元 2 世纪由查士丁认定,后来由罗马皇帝君士坦丁一世的母亲海伦娜建立了圣诞堂。该堂是现存的最古老的基督徒聚会堂所之一。若干年来,这一城镇成为许多基督徒的灵修之地。哲罗姆曾在这里建立了一座"隐修院",并且在此地把旧约译成了拉丁文本。1923—1948 年间此镇属巴勒斯坦托管地。阿以战争后,此地于 1950 年划归约旦的古兹省。1967 年的六日战争后,划入以色列所辖的约旦河西岸地区。现在此城是与耶路撒冷联系密切的农产品集镇,也是许多基督徒前来瞻仰和旅游的胜地,它并与拜特贾拉和拜特胡萨尔两地结为联合城市。联合城市的人口约有 2.7 万人。

5.圣经记载:

1)古时雅各(即以色列)带着他的妻子拉结等人,从伯特利起行,到伯利恒(即以法他)去。路途上拉结临产十分艰难。她生下便雅悯后便死去了。雅各把她的遗体埋葬在伯利恒的道旁,并且在她的坟上竖立了一块墓碑,以示记念。(创 35:16—20)以色列人(即雅各的后裔)十分珍视这一墓地。至少约 900 年后到建立以色列国时期,拉结的坟墓仍被以色列人保留着,并且是一

① 此段资料请参看《简明不列颠百科全书》第 2 卷,第 19 页。

个有名的胜地。(撒上 10:1—2)

2)路得本是祭拜假神的摩押地区的女子,她的丈夫死在摩押之后,路得却愿跟着信奉真神耶和华的孤苦婆母拿俄米,回到拿俄米的故土伯利恒去过艰苦的生活。路得对她的婆母说:"你的国就是我的国。你的神就是我的神。你在哪里死,我也在哪里死,也葬在那里。"她们二人最后定居在伯利恒。(得 1:16—18)路得信靠耶和华神的虔诚与孝敬婆母的美德,被伯利恒的富户波阿斯十分敬重,多方关照。(得 2:1—16)后来波阿斯在伯利恒娶了路得为妻。他们的曾孙即是大卫。(得 4:13—22)

3)以色列人所敬重的国王大卫出生在伯利恒(撒上 17:12),所以伯利恒也被称做"大卫的城"。(路 2:4)大卫幼年时,即在伯利恒郊外的草地上牧放羊群。(撒上 16:11,17:15)当神厌弃了以色列的第一个国王扫罗时,先知撒母耳奉神差遣到了伯利恒,用膏油膏立了大卫,预示他将要继承扫罗作以色列人的王。(撒上 16:1—13)

4)和大卫一起患难与共争战多年的 3 名大将亚比筛、约押、亚撒黑,都是大卫在伯利恒的亲戚。(代上 2:3—16)亚撒黑死后即葬在伯利恒。(撒下 2:32)

5)大卫与非利士人作战时,大卫在山寨,非利士人的营房即安在伯利恒。(撒下 23:13—14)那时大卫思念故乡,很想能喝到伯利恒城门旁的井水。于是便有 3 个勇士,闯过了非利士人的营盘,从伯利恒城门旁的井中打了水来,献给大卫。但是大卫却不肯喝。大卫祷告神说:"耶和华啊! 这三个人冒死去打水,这水好像他们的血一般,我断不敢喝!"大卫把水当做了祭物献在耶和华的面前。由此可见大卫和他的战士们的关系是何

等亲切，也可看出他们向神的敬虔。(撒下 23:13—17)

6)以色列王国分裂为以色列和犹大南北两国之后，犹大王罗波安为了抵御以色列，便加固修筑伯利恒等城。(代下 11:5—6)

7)耶稣降生前约 700 年时，先知弥迦便预言，将有一位为神掌权的天国君王在伯利恒降生。而且说这位君王的根源从亘古、从太初就有。(弥 5:2)

8)以色列人和犹大人相继亡国、被掳又归回故土时，有些人便居住在伯利恒城。(拉 2:21；尼 7:26)

9)耶稣降生前，犹太人居住的地区已成为罗马的属地。罗马皇帝亚古士督曾有旨意下来，叫罗马领土内的所有人民都各归各城去报名上册登记户口。那时耶稣的母亲马利亚作为一个童贞女已经由圣灵怀了孕。她的未婚夫约瑟按照天使的指示也已把马利亚娶了过来，只是没有和她同房。由于约瑟本是大卫一族一家的人，便和马利亚从他们二人的居住地拿撒勒起身，到故乡大卫的城伯利恒去报名上册。那时马利亚的身孕已经很重了，但客店里又没有地方，产期到了，便在马棚里生了头胎的儿子，用布包起来放在马槽里。(路 2:1—7)马利亚和约瑟遵照天使的吩咐，给婴儿起名叫耶稣。(耶稣本是希伯来文的译音，原意乃是“神是拯救”，因为天使曾预言说：“他要将自己的百姓从罪恶里救出来。”)马太福音记述说：“这一切的事成就，是要应验主藉先知(以赛亚)所说的话，说：必有童女怀孕生子，人要称他的名为以马内利。”(“以马内利”译出来就是“神与我们同在”。)(太 1:18—25)后世人们规定把 12 月 25 日作为纪念耶稣降生的“圣诞节”，只是此事圣经并无记载。后世并且决定把耶稣降生的当年定为公历的元年①。

10)耶稣降生的当天夜晚,"在伯利恒之野地里有牧羊的人,夜间按着更次看守羊群。有主的使者站在他们旁边,主的荣光四面照着他们。牧羊的人就甚惧怕。那天使对他们说:'不要惧怕,我报给你们大喜的福音②,是关乎万民的。因今天在大卫的城里,为你们生了救主,就是主基督。你们要看见一个婴孩,包着布,卧在马槽里,那就是记号了。'忽然有一大队天兵,同那天使赞美神说:'在至高之处荣耀归于神,在地上平安归于他所喜悦的人'。众天使离开他们升天去了。牧羊的人彼此说:'我们往伯利恒去,看看所成的事,就是主所指示我们的。'他们急忙去了,就寻见马利亚和约瑟,又有那婴孩卧在马槽里。即然看见,就把天使论这孩子的话传开了。"(路2:8—17)

11)耶稣降生在伯利恒时,正当希律被罗马皇帝分封为犹太人居住地区的王。"有几个博士从东方来到耶路撒冷,说:'那生下来作犹太人之王的在哪里?我们在东方看见他的星,特来拜他。'希律王听见了就心里不安。耶路撒冷合城的人也都不安。他就召齐了祭司长和民间的文士,问他们说:'基督(救主)当生在何处?'他们

---

① 某些学者考证,当初订立公历元年时,在年代上略有误差。大约是把耶稣降生后三五年内某年误定作了公历元年。

② 和合本圣经此处所译的"报给……信息"一词,其希腊文原意为"宣布好消息"或"传讲好信息"。这一词语在其他许多经文中,例如路3:18、路4:18、路4:43等处,都译作"传福音"。

回答说：'在犹太的伯利恒。因为有先知记着说：犹大地的伯利恒啊，你在犹大诸城中并不是最小的。因为将来有一位君王要从你那里出来，牧养我以色列民。'"当下希律就差博士往伯利恒去寻访那个婴孩，并且要求他们找到之后来给希律报信。博士们到伯利恒找到了婴孩耶稣和马利亚，就俯伏拜那小孩子，并且向他献上了黄金、乳香、没药等礼物。(太 2:1—11)

12)博士们拜见圣婴耶稣后，"因为在梦中被主指示，不要回去见希律，就从别的路回本地去了。"他们去后，天使指示约瑟说希律企图杀害耶稣，叫他带着耶稣和马利亚逃往埃及。约瑟一家逃去埃及后，希律发现自己被博士愚弄，就十分恼怒，差人把伯利恒四境两岁以里的男孩全都杀害了。这就应验了先知耶利米的话："在拉玛听见号啕大哭的声音，是拉结哭她儿女，不肯受安慰，因为他们都不在了。"(太 2:12—18)耶利米预言中所说的拉结，乃是以色列人的宗祖雅各(即以色列)的妻子。拉结死后正是埋葬在伯利恒的。(创 35:19，关于耶稣降生于伯利恒又逃往埃及的经历，请参看附录三第 81 图。)

6.西布伦的伯利恒：是拿撒勒西北约 20 里处的一个村镇，请参看附录三第 80 图第三行第 3 格拿撒勒的所在地。以色列人进迦南后，各支派按着宗族分地，西布伦人分到的地界中便有伯利恒。(书 19:15)在士师时代，伯利恒人以比赞作以色列的士师 7 年，死后也葬在伯利恒。(士 12:8—10)

伯利合　　(Beth-rehob)

1.地名原意："街道之家"、"开阔的家舍"。

2.其他名称:**利合**。

3.所在位置:附录三第36图第二行第3格。

4.地理情况:伯利合是亚兰地区的一片土地,靠近约旦河上游,在哈马的西南,而在但的东北。伯利合北邻琐巴人居住之地,南方不远即是玛迦。伯利合区域内有一伯利合城,乃是亚兰的一个城镇,但是其确切位置,至今尚未能考证断定。

5.圣经记载:

1)以色列人出离埃及到了巴兰的旷野之后,耶和华晓谕摩西,要从以色列的12个支派中各选一个首领,派遣这12个人前往迦南去窥探当地各方面的情况。这12个探子在迦南地窥探了40天,他们由巴兰旷野北上,从寻的旷野,到了伯利合(即利合),直到北方的哈马口,走遍了迦南地。然后回到了加低斯,把窥探的结果,向摩西和以色列全会众回报。(民13:1—26)

2)以色列人进入迦南以后,12个支派各自分得了一些地业。其中,但支派的人分得了濒临地中海的约帕一带地区。(书19:40)然而,亚摩利人却强迫但支派的人住在山地,不容他们下到平原。(士1:34)因此但支派的人只有北上寻找可居之地。(士18:1)后来,他们占取了拉亿城,并且把它改名叫"但"。但城(即是原来的拉亿)乃是"和伯利合同在一个山谷的城镇"。(士18:27—28,部分语句系根据原文的新译文。)

3)当年亚扪人的王拿辖死后,其子哈嫩继位,大卫王为了和亚扪人友好相处,曾派使臣去慰问刚刚丧父的哈嫩。不意哈嫩却偏听亚扪某些首领的妄论,认为大卫的使臣乃是来窥探虚实,意在攻占该地,哈嫩竟把大卫的使臣剃去一半胡须，割掉半截衣服使他们受辱而归。此后，哈嫩自知已与大卫结怨，就从伯利合、琐巴、玛迦、陀伯等处招募雇佣了一些军兵来与大卫争战，结果以失败而告终。（撒下 10:1—19）

伯墨哈　　（Beth-merha）

1.地名原意："远离之处"。

2.所在位置：附录三第 37 图第三行第 1 格中耶路撒冷的所在位置，及该图说明②。

3.地理情况：伯墨哈在耶路撒冷郊外的边远处，靠近耶路撒冷城东的汲沦溪，在耶路撒冷和橄榄山之间，有些圣经新译版本中，没有译出伯墨哈这一地名，而是译作"在城郊边远之处"，或"在城郊最后一座房子"。

4.圣经记载：

大卫的儿子押沙龙叛变之后，大卫急忙逃出耶路撒冷城外，到了伯墨哈就停了下来。① 伯墨哈虽是一个很小的所在，但大卫却在这里作短暂的停留，聚集了一些甘心与他同生共死的人们。（撒下 15:13—21）

伯毗珥　　（Beth-peor）

1.地名原意："孔隙所在"、"破口之处"。

2.其他名称：**巴力毗珥（Baal-peor）**，意思是"巴力（所趁的）孔隙"。

3.所在位置：附录三第 13 图第三行第 3 格。

---

① 撒下 15:17 的经文，圣经和合本译作"就住下了"，欠妥。另有汉语新译本作"就停了下来"。有的英语古译本作"tarried in Bethmerhak（在伯墨哈逗留了一下）"。也有英语新译本作"Stopped at the last house（在最后的一座房子停留下来）"。

4.地理情况:伯毗珥是摩押地的一个城镇。位于约旦河东,在尼波山与毗斯迦山之北,靠近毗珥山,与耶利哥城隔河相望。

5.圣经记载:

1)当年,以色列人曾在伯毗珥对面的谷中安营。(申3:29)巴勒则领着巴兰上到毗珥山,窥望旷野中以色列人的营地。(民23:28—24:2)后来巴兰教导巴勒(启2:14),使摩押女子引诱以色列人淫乱,并且跪拜她们的偶像,使以色列人犯罪而受到神的刑罚。(申4:3,参看民25:1—9)

2)摩西老年间,在伯毗珥对面的谷中,再次向以色列人陈明神的法度、律例、典章。(申4:44—46)

3)摩西死后,即安葬于伯毗珥对面的谷中。(申34:6)

伯赛大　　（Bethsaida）

1.地名原意:“捕鱼之乡”或“撒网之地”。

2.其他名称:也被叫作“**阿拉拉挤**”(**al-Araj**)

3.所在位置:附录三第80图第二行第4格。

4.地理情况:

1)本书认为圣经中所提的伯赛大,乃是位于约旦河流入加利利海之处、跨越约旦河两岸的城镇。其境界由加利利海的东北岸向南延伸到加利利海的东岸旷野。由于加利利海及其海滩一带属于加利利地带,所以伯赛大有时也称为加利利的伯赛大。伯赛大的旷野青草繁密,沿海则是渔民捕鱼之地。

2)许多学者对伯赛大的考证论述各有所见:

①第一种论述认为有两个伯赛大城:一个在约旦河流入加利利海处的东北岸,另一个则在加利利境内另

一较远地区。持这一论点的学者又有两种见解：

A.圣经中提到的伯赛大，指的都是约旦河东的伯赛大，并非意指加利利的另一个伯赛大。

B.圣经中提到的伯赛大，乃是分别指的两处伯赛大。

②第二种论述，认为圣经中提到的两个伯赛大实际上只是一处。只因它跨越了约旦河两岸，有少部地区在约旦河西岸，故此有时被称为加利利的伯赛大。

③第三种论述约同于第二种论述，且认为加利利海本属于加利利境界。因此其东岸海滩仍应属于加利利，所以有时称为加利利的伯赛大并无不可。

④本书综合第②、③两点论述，认为如本词条第1)、第2)两点所说的地理情况，则圣经中的记载当尽可解释清晰。

5.圣纪记载：

1)耶稣的门徒彼得、安得烈、腓力都是伯赛大人。(约1:44)据学者考证，伯赛大内住有希利尼(希腊)人，腓力这个名字便是希利尼文。很可能腓力通晓希利尼话，所以有些希利尼人想要见耶稣时，便先找到了伯赛大的腓力。(约12:20—21)

2)伯赛大和迦百农紧紧相邻(请参看附录三第80图第二行第4格)。彼得和安得烈虽然是伯赛大人，(约1:44)但是住处却距离迦百农的会堂很近[①]，所以耶稣带着雅各、约翰一出迦百农会堂，便进了彼得和安得烈的家。(可1:29，参看可1:21)

---

① 另有学者认为，可能彼得由伯赛大迁来迦百农居住。

3)耶稣听到施洗的约翰被杀之后，就退到伯赛大的野地[①]里去。(太 14:9—13;路 9:10)但众人听见后，就从各城里步行跟着耶稣到了旷野。(太 14:13;路 9:11)于是耶稣便向他们讲论神国的道。日头快要平西的时候，(路 9:12)耶稣叫众人坐在草地上。(约 6:10)耶稣显出神迹，用五个饼两条鱼使 5000 人得以吃饱。(路9:13—17)

4)五饼二鱼使 5000 人吃饱的神迹之后，耶稣便叫门徒上船先渡到对岸的伯赛大。[②]而他自己叫众人散开之后，便上山去祷告。到了晚上，耶稣便在海面上走到门徒们的船上，渡海来到革尼撒勒地方上岸。(可 6:45—53)

5)后来，耶稣在伯赛大，又医好了一个被人带来的瞎子。(可 8:22—26)

6)但耶稣警戒伯赛大人说："伯赛大啊！你有祸了。因为在你们中间所行的异能，若行在推罗、西顿，他们早已披麻蒙灰坐在地上悔改了。当审判的日子，推罗、西顿所受的，比你们还容易受呢！"(路 10:13—14)耶稣在伯赛大行了许多神迹，而许多伯赛大人却不肯悔改，一方面是因为只求神迹不重救恩，正如耶稣所斥责的："一个邪恶、淫乱的世代求神迹。"(太 16:4)另一方面乃是有人以信耶稣为得利的门路，正如耶稣所说的："你们找我，并不是因见了神迹，乃是因吃饼得饱。"(约 6:26)

---

① 多数学者认为，此地乃是加利利海东北沿岸的海边野地。

② 对岸的伯赛大，即伯赛大在约旦河西的地区。地处加利利海西北岸上的革尼撒勒地方。

伯珊　　　　（**Beth-shan，Beth-shean**）

1.地名原意："安全的家舍"、"精明人的家"。

2.其他名称：

1)**伯善**。

2)**西拖波利**（**Scythopolis**）。

3.所在位置：附录三第32图第三行第3格。

4.地理情况：伯珊即是伯善。（撒上31:12；王上4:12）乃是属于玛拿西支派的一个城镇。位于加利利海之南，在耶斯列谷连接约旦河的地区，因此形成为耶斯列谷东南端的咽喉要道。古时由埃及通往大马色，伯珊也是其间的交通重镇。新约时代伯珊被称为**西拖波利**（或译作**西提波里**）。

5.圣经记载：

1)以色列人进入迦南后，玛拿西支派分得了伯珊（即伯善）等城邑。（书17:11）但是并没有赶出当地的居民，及至以色列人强盛了起来，就使原住在伯珊等城的迦南人服苦作工。（士1:27—28）

2)以色列于古时建国后，其第一代国王扫罗背逆耶和华，逼走了大卫，后来非利士人入侵，扫罗终于在基利波山阵亡。非利士人割下他的头来，把他的尸身钉在了伯珊城墙上，以显耀他们的胜利。（撒上31:1—10，参看附录三第32图）

伯善　　　　（即是**伯珊**，请参看上列"伯珊"条。）

伯示麦　　　　（**Beth-shemesh**）

同名叫伯示麦的有四处：

Ⅰ.**迦南地的伯示麦**，是圣经中多次提到的一个城镇。

Ⅱ.**以萨迦的伯示麦**，是以萨迦东界的一个城邑。在他泊山

与约旦河之间。乃是以色列人进入迦南后以萨迦人分得的地业。(书 19:17—23)

Ⅲ.**拿弗他利的伯示麦**,是拿弗他利分得的地业。(书 19:32—38)但是拿弗他利支派分取此城之后,并未赶出当地的居民。拿弗他利人即住在该地的迦南人中间,而伯示麦的居民便成了劳苦服役的人。(士 1:13)

Ⅳ.**埃及的伯示麦**。(耶 43:13)因为埃及的安城人祭拜太阳,伯示麦的原意又是"太阳神的殿"。所以有人认为埃及的伯示麦即是埃及的安城。关于安城的情况,请参看本词典"安"这一词条。

以上第Ⅱ.Ⅲ.Ⅳ三地的伯示麦情况从略,现重点介绍**迦南的伯示麦**于下。

1.地名原意:"太阳之家"、"日宫"、"太阳神的殿"。

2.其他名称:**伊珥示麦**(**Ir-shemesh**),意为"太阳城"。

3.所在位置:附录三第 16 图第四行第 1 格,另见于第 25 图中⑧。

4.地理情况:迦南的伯示麦位于梭烈谷中,在犹大边界,靠近非利士人居住的地区。

5.在历史上的归属转移:

1)伯示麦原来本是犹大支派分得的地业。(书 15:1—10)

2)由于犹大支派分地较大,因此伯示麦乃被转交给但支派,改名为伊珥示麦,而成为但支派的地业。(书 19:40—41)

3)其后,利未人分地时,伯示麦又被分给了利未人。(书 21:1—3,16)

4)后来,当以色列与犹大联合王国分裂为南、北两国时,伯示麦又归属于犹大国。(王下 14:11)

5)但是,以色列、犹大、非利士三方时常在伯示麦一带争战。当犹大国日渐衰弱时,伯示麦即被非利士人侵占。(代下 28:18)

6.圣经记载:

1)当年以色列人尚未建国之前,非利士人战败了以色列人,掳走了耶和华的约柜。(撒上 4:10—11)非利士人先把耶和华的约柜运到亚实突,放到了非利士的假神大衮庙中。但大衮的偶像竟仆倒在约柜前面,甚至偶像的头和手都折断了,亚实突人也长了恶疮。(撒上 5:1—6)其后,耶和华的约柜被运到非利士的任何地方,当地人都遭受到耶和华的刑罚。(撒上 5:7—12)这样,耶和华的约柜被掳到非利士 7 个月之后,非利士人决定把约柜送回到以色列人的伯示麦去。当时伯示麦人十分欢喜,当天便向耶和华献上了燔祭和平安祭。但是,由于有些伯示麦人违背了不准观看圣所及约柜的命令,(民 4:20)他们竟然擅观约柜,因而被耶和华击杀了 70 人。(撒上 6:19)后来约柜又由伯示麦送到了基列耶琳,过了 20 年,以色列人尽都仰望、倾向耶和华。(撒上 7:1—2,请参看附录三第 25 图及其说明)

2)犹大的第 9 代国王亚玛谢战胜了外族以东人之后,心高气傲,即想和以色列王约阿施争战。约阿施原曾劝告他在本国内安居,不要自取祸患,但是亚玛谢不肯听从,执意要使两国的军兵相见于战场。结果,亚玛谢在伯示麦一败涂地而被约阿施擒获,成为高傲人的警戒。(王下 14:7—13,请参看附录三第 54 图及其说明)

伯特利　　（**Bethel**）

圣经中同名叫伯特利的地方有两处：

Ⅰ.**犹大地的伯特利**。（撒上30:27）此城又名**比土力**。（书19:4，有的英语圣经音译作**Bethul**）亦即**彼土利**。（代上4:30，有些英语圣经音译作**Bethuel**）犹大地的伯特利确址已不详。

Ⅱ.**耶路撒冷以北的伯特利**。

1.地名原意："神的家"、"上主之室"、"神殿"。

2.其他名称：

1）早先，迦南人称之为"**路斯**（**Luz**）"。（创28:19）

2）**伊勒伯特利**（**El-Bethel**）。（创35:7）

3）遗址现名"**巴亭**（**Beitin**）"。

4）又称"**拜占廷**（**Byzantine**）"①。

5）也有论证说即是现今以色列的**泰勒**。

3.所在位置：附录三第15图第三行第2格。

4.地理情况：伯特利位于耶路撒冷以北约36里，在示罗之南，东距艾城仅约数里。从出土文物中可以证实，圣经记载以色列人初进迦南时，用伏兵攻取艾城的事件，即在伯特利不远之处。

5.圣经记载：

1）亚伯拉罕遵从耶和华的呼召，离开本地本族父家，千

---

① 《简明不列颠百科全书》认为，伯特利即是现今以色列所占据的一度属约旦领土的拜占廷。（见该书第1卷，第230页"艾"条。）但这一拜占廷与历史上的拜占廷帝国起源地并非一个地方。后者乃是在亚欧交界之处。该地原是古代希腊在博斯普鲁斯海峡西岸的一个殖民地。两者相距甚为遥远。

里迢迢来到迦南之后，先在示剑为耶和华筑坛。继而来到伯特利东边的山，支搭帐棚，又为耶和华筑坛，求告敬拜耶和华。（创 12:1—8）其后遭遇饥荒一度下到埃及。不久返回伯特利从前支搭帐棚的地方，也就是起先筑坛的地方，又在那里求告敬拜耶和华。（创 13:1—4，以上行程请参看附录三第 2 图）

2）亚伯拉罕的侄儿罗得，由于贪爱世上的牛群羊群和平原的牧草，竟硬着心肠离开了亚伯拉罕。罗得从伯特利往东迁移，渐渐挪移帐棚，最后到了罪大恶极的所多玛城。（创 13:5—13，请参看附录三第 3 图说明①）

3）雅各骗取了长子的祝福之后，为了躲避他的哥哥以扫的怨恨报复，便孤身一人从别是巴逃往巴旦亚兰去。路上经过伯特利地带时，因为太阳落了，便拾起一块石头，枕在头下躺卧而睡。夜里他梦见一个顶天立地的梯子。梯子上有神的使者上去下来，耶和华站在梯子以上，应许雅各把他躺卧之地赐给他的后裔。耶和华并且说，地上的万族都要因雅各的后裔而得福。雅各睡醒之后，清早起来便给那地方起名叫伯特利。伯特利就是“神殿”的意思。（创 28:10—19）20 年后，雅各带着他的全家妻室子女，浩浩荡荡地从巴旦亚兰返回迦南时，再次来到了伯特利筑坛，同时向他的家中人述说神的恩典。耶和华在伯特利再次向雅各显现赐福与他，并且给他改名叫以色列。（创 35:1—15，关于雅各前后两次来到伯特利的路程，请参看附录三第 7 图及其说明⑤、⑬。）

4）士师时代，女先知底波拉的家即在伯特利附近。她把巴拉召到伯特利，叫巴拉整兵攻打耶宾王的将军西西拉。在巴拉的请求下，女先知底波拉和巴拉一同离开伯特利去召聚军兵，终于战胜了西西拉和耶宾王。（士 4:4—24）

5）由于便雅悯支派中一些匪徒的淫行，以色列众支派曾联合起来与便雅悯人争战。那时耶和华的约柜正在伯特利。以色列人常到伯特利来求问耶和华。争战之后，便雅悯全支派的人，几乎完全灭绝。（士 20:18—48）

6）先知撒母耳每年都要巡行到伯特利等地，审判以色列人。（撒上 7:16）

7）以色列与犹大分裂之初，北国的以色列王耶罗波安暂时定都在示剑，耶罗波安恐怕北国的以色列人到南国犹大的耶路撒冷圣殿去敬拜神，他便铸造了两个金牛犊。把它们一个安放在伯特利，一个安放在更北方的但城。耶罗波安迷惑百姓说，他所造的金牛犊即是率领以色列人出离埃及的神，引诱百姓们就近在伯特利祀拜金牛犊。耶罗波安并且在邱坛那里建殿，把不属利未人的凡民立为祭司。这样便使历代的以色列王都陷在拜偶像的大罪之中。（王上 12:25—33）

8）那时，有一个神人奉耶和华的差遣，来到伯特利斥责耶罗波安，当时耶罗波安正站在邱坛旁要烧香。神人显出神迹，使耶罗波安的手一度枯干。他并且预言说，将来大卫的家族中，即南国犹大的王室中，必生出一个儿子，名字叫约西亚，他必将伯特利的邱坛祭司杀死在邱坛上，将来邱坛上面还要焚烧人的骨头。但是这位神人,后来竟听从了一个只循世俗人情甚且口出谎言诓哄他的老先知,却违背了耶和华的吩咐,因而这位神人在离开伯特利回去的路上被狮子咬死。(王上 13:1—32)

9)耶罗波安以后约 300 年时,犹大王约西亚将伯特利的邱坛都拆毁焚烧,打碎成灰,又将邱坛的祭司杀在坛上,并且在坛上烧人的骨头。这完全应验了当年那位神人的预言。(王下 23:15—20)

10)先知阿摩司曾一再斥责伯特利祀立偶像的罪恶,预言神必将刑罚。(摩 3:14,4:4,5:5,9:1)

伯亚文 **(Beth-sven)**

1.地名原意:“空虚之家”、“偶像之家”、“罪恶之家”。

2.其他名称:原文作“**亚文(Aven)**”。

3.所在位置:附录三第 27 图第三行第 2 格。

4.地理情况:伯亚文在伯特利东南,密抹之西,靠近艾城旷野,乃是便雅悯北界的一个镇。当地人崇拜偶像,故此被称为“偶像之家”,希伯来话即叫“伯亚文”。

5.圣经记载:

1)当年非利士人大举入侵以色列,由 3 万辆战车组成的大军深入到伯亚文东边的密抹安营。以色列人见自己危急窘迫,便藏躲在山洞、丛林、石穴、井坑等隐密处。只有 600 左右的以色列人战战兢兢地跟随着扫罗王迎战。扫罗的儿子约拿单认为,耶和华使人得胜不在乎人多人少。约拿单以奇兵出袭非利士人,非利士人在慌乱中竟自相残杀因而大败。那些原来投靠了非利士人为他们效劳的希伯来人,现在却反转过来,追随扫罗和约拿单与非利士人争战。那些原来躲藏起来的以色列人，如今也纷纷出来一起击打非利士人，以色列人乘胜追杀非利士人先到了伯亚文，后来又直追到亚雅仑。（撒上 13:5—14:31；这一历史战役的过程请参看附录三第 27 图的说明⑤—⑫）

2)由于伯亚文祭拜偶像，先知何西阿警戒这一罪恶说：“伯亚文的邱坛就是以色列取罪的地方，必被毁灭。荆棘和蒺藜必长在他们的坛上。他们必对大山说：‘遮盖我们！’对小山说：‘倒在我们身上！’”（何 10:8）

部丢利　　（Puteoli）

1.地名原意：“硫磺温泉”。

2.所在位置：附录三第 101 图第一行第 1 格。

3.地理情况[①]：部丢利是当年意大利的一个海口。位于现今的那不勒斯湾南岸，和那不勒斯城相去不远，距罗马约有 420 里。此海口修建于公元前第 6 世纪，当年由埃及和东方乘船到意大利去的客商都须在这里登陆。

4.圣经记载：

保罗当年被押送到罗马去的时候，曾在部丢利上岸，并且在部丢利见到了一些基督徒。这些基督徒邀请保罗等人在部丢利停留了 7 天。以后保罗等人便又去往罗马。（徒 28:13—14）

D

答比匿　　（Tahpanhes）

1.地名原意：“此地为首领”、“你要用哀怜充满了手”。

---

① 本段资料见于《圣经百科全书》（地名部），第 935 页。

2.所在位置:附录三第64图第四行第1格。

3.地理情况:答比匿是埃及东部的一个大城,也是从埃及通向迦南和亚述的一个重镇。位于尼罗河下游最东一个支流的东岸,靠近入海之处。公元前568年巴比伦王进攻埃及,答比匿应是首当其冲的城市。

4.圣经记载及历史记述:

1)犹大国被巴比伦灭亡之后,巴比伦王指派基大利作为犹大地区的省长,基大利安抚犹大残军的军官们说,只要顺服巴比伦,就可以安然无虑。但其中一个军官以实玛利却伙同他人杀死了基大利。(王下25:22—25)以实玛利等人逃奔到亚扪人那里。(耶41:15)当时在犹大人中居首的约哈难等人,深怕巴比伦王来报复屠杀,又不顾先知耶利米的劝告,竟带着耶利米等犹大人逃到了埃及的答比匿去避难。(耶43:5—7,参看附录三第64图说明⑫)

2)先知耶利米到了答比匿于公元前626—586年间预言说:巴比伦王尼布甲尼撒必要来进攻埃及,同样地杀伤掳掠。(耶43:8—11)耶利米并且论到逃到埃及答比匿等地的犹大人说:由于犹大人祭拜了假神,所以耶和华神才刑罚他们,即或是逃到埃及避难的犹大人,神也同样向他们降灾。(耶44:1—3)神怎样刑罚耶路撒冷的犹大人,也照样刑罚在埃及地的犹大人。(耶44:13)

3)历史记述,数十年后巴比伦王尼布甲尼撒果然再次侵入埃及。

大海　　(**The Great Sea**)

1.其他名称:

1)**地中海(Mediterranean Sea)**。

2)**海**。(民 13:29;徒 10:6)

3)**西海**[①]。(申 11:24;珥 2:20)

4)**非利士海**,意指非利士地沿海一带。(出 23:31)

2.所在位置:附录三第 1 图第二行第 1—2 格。

3.地理情况:大海即是地中海,长 6600 里,由西西里到非洲间最窄处其宽度仍约 240 里,面积共 300 万平方里。大海对迦南的沿岸气候影响很大,夏季天气炎热,清晨时海风吹到迦南中部的山岭地带。傍晚山风下来即成为凉爽的空气。沙仑沿海一带的平原,景色优美,花草树木无不宜人。

4.圣经记载:

1)以色列的业地,西边即以大海为界。(民 34:6)

2)约帕乃是进入大海的重要海口,约拿逃避耶和华之命,即是由约帕坐船而西去他施的。(拿 1:3)

3)先知书中曾多次提到大海。(赛 23:4,60:5;耶 31:35;结 47:10;但 7:2)

大河　(**The River**)

[参看本书"**伯拉(大)河**"条]

大玛努他　(**Dalmanutha**)

1.地名原意:"微薄之分"、"暗中的谗言"。

2.所在位置:附录三第 80 图第三行第 4 格抹大拉的位置。

3.地理位置:大玛努他在加利利海的西岸,位于提比哩亚以北约 10 里。参看太 15:39 和可 8:10 两处圣经记述可知,大玛努他即在**马加丹**附近。而多数学者认为,马加丹乃是**抹大拉**的另一名称。

---

① 珥 2:20 中的东海即指死海或盐海,西海即大海或中地中海。

4.圣经记载:

耶稣来到加利利海边,有许多人也到了他那里,求耶稣给他们治病,耶稣就治好了他们。但众人已经3天和耶稣同在一起,也没有吃的了。耶稣便用7个饼几条小鱼,使4000人吃饱,还剩下零碎装了7个筐子。众人散后,耶稣和门徒就上船,来到大玛努他境内。(可8:10,参看太15:39)

大马色 (**Damascus**)

1.地名原意:"审判官"。

2.其他名称:即现今的**大马士革**。

3.所在位置:附录三第36图第二行第3格。

4.地理情况及旧约圣经记载:

1)大马色在黑门山东面的山坡上,乃是现今叙利亚的首都大马士革。

2)大马色高出海面约700米。古时城中有亚罢拿河,城南不远有法珥法河,(王下5:12)土地肥沃。大马色自古也是通商交通的中心,有3条大道连接各地。(请参看附录三第79图)

①向西南延伸的大道可到地中海海岸的推罗,再沿着海岸南行经过该撒利亚、约帕、迦萨通往埃及。

②向南途经盐海(死海)东方各地而通往亚拉伯。

③向东经过沙漠地带可通往古代巴比伦地区。

3)大马色的历史悠久,旧约圣经曾有多处记述了它的兴衰。历史资料也说明了大马色屡次被埃及人、亚述人、波斯人侵占的史实。公元前333年希腊皇帝亚历山大征服了叙利亚,大马色开始受到希腊文化的影响。公元前64年,大马色又被罗马攻占。耶稣降生后福音传入了大马色。罗马人以基督教为国教时,大马色的信徒日渐增多。公元后635年阿拉伯人占领此城后，自661年至750年时，大马色定为阿拉伯帝国倭马亚王朝的京都。该城的倭马亚清真寺，即是由原来的基督徒礼拜堂改建而成的。十字军东征战争中，大马色成了阿拉伯人与十字军争夺之地。13世纪之后，大马色又一度毁于蒙古人的入侵。自公元1516年起更被土耳其侵占了400年。1920年则被法国占领。1946年叙利亚独立后，定为首都。现在的大马士革(即大马色)不仅是叙利亚国内的交通中心，也是国际空运的重地。有铁路通往约旦与霍姆斯等地。霍姆斯乃是与约旦、伊拉克、科威特等国货运的转运点。

4)如今市区分为旧城区与新市区，1982年时统计，市区人口共约103万余人。新城相当繁华，旧城则多有古迹。旧城内由东北到西南有一条街道，即是使徒行传中记述的"直街"。(当年保罗曾住在直街的犹大家中)

5)亚伯拉罕抢救他的侄儿罗得时，曾追赶以拦王等人的退军，直到大马色旁边的何把。(创14:14—15，参看附录三第3图说明④的标志)

6)大卫曾战败大马色的亚兰人，并且在大马色设立驻防营地。(撒下8:5—6)

7)后来利逊在大马色作了亚兰王。(王上11:23—25)

8)犹大的第3代国王亚撒曾用圣殿和王宫的金银，贿请大马色的亚兰王便哈达攻击以色列。北国以色列许多城邑都遭受到他的蹂躏。(王上15:18—20，请参看附录三第46图说明②、③、④)

9)以色列的第7位国王亚哈曾三次与大马色的亚兰王争战。亚哈一再战胜亚兰王时，竟把亚兰王放走。第三

次作战时，亚哈即在战场上身亡。（王上 20:1—43，22:1—40，请参看附录三第 50 图及其说明）

10）先知以利沙曾到大马色预言哈薛将作亚兰王，并且说哈薛会苦待以色列人。（王下 8:7—15）其后哈薛果然作王，大肆攻击以色列人和犹大人。（王下 10:32—33，12:17—18，请参看附录三第 53 图及其说明）

11）以色列的第 13 位国王耶罗波安二世曾一度收复大马色。（王下 14:28，请参看附录三第 55 图说明①）

12）犹大的第 12 代国王亚哈斯背逆耶和华，大马色的亚兰王与以色列王共同去围攻耶路撒冷，并且出兵攻取了原属犹大国辖治的以拉他。（王下 16:5—6，请参看附录三第 57 图说明②—④，⑤—⑥）

13）犹大王亚哈斯四面受敌，求助于亚述。亚述王攻占了亚兰人的大马色。亚哈斯到大马色去会见亚述王，竟把大马色的神坛图样带回，在耶路撒冷按图建坛，代替圣殿的祭坛。（王下 16:7—18，请参看第 58 图说明①—④）

14）先知以赛亚、以西结、阿摩司等人都曾论述到大马色。（赛 7:8；结 27:18；摩 1:3—5）

5. 新约圣经记载：

1）使徒时代，大马色已经住有许多犹太人，且有许多犹太人信奉了基督。（徒 9:2）

2）扫罗（即保罗）不仅在耶路撒冷“向主的门徒口吐威吓凶杀的话”，而且扫罗还向大祭司求得了文书，要到大马色去搜捕信徒，把这些门徒押解到耶路撒冷去加以迫害。扫罗快到大马色的时候，“忽然从天上发光，四面照着他。他就仆倒在地，听见有声音对他说：‘扫罗，扫罗！你为什么逼迫我？’他说：‘主啊！你是谁？’主说：‘我就是你所逼迫的耶稣。’”其后，扫罗眼睛暂时失明，被人领进大马色，住在大马色直街犹大的家里。在大马色有个信徒名叫亚拿尼亚，他不避危险去找到扫罗，把手按在保罗身上说：“向你显现的主，就是耶稣，打发我来，叫你能看见，又被圣灵充满。”扫罗立时眼睛就能看见，起来受了洗。以后扫罗便在大马色犹太人聚集的各会堂里宣讲耶稣的救恩。因此大马色的犹太人要杀害扫罗，扫罗便离开了大马色。（徒 9:2—25）

3）以后扫罗改名叫保罗，在多次证道时都提到了他在大马色的经历。（徒 22:6—16，26:12—18）

大数　　（**Tarsus**）

1.地名原意：“羽翼”，“浅篮子”。

2.其他名称：现今的大数译名为“**塔尔苏斯**”①。

3.所在位置：附录三第 97 图第一行第 2 格。

4.地理情况：

1）大数是小亚西亚东南居奴士（Cydnus）河畔的一个有名的城市，现在土耳其境内。距离地中海约 32 里，是当年基利家省的省会。那时城外 10 余里处，河流扩展成湖，可以停泊船只。陆路上经基利家山隘，又有通往各地的大道，因此成为政治、商业、文化中心。

2）公元前 850 年以前，大数城被亚述王所占据。亚述衰落后，又成波斯的属地。公元前 333 年，希腊皇帝亚历山大攻占此地后，又从此地进攻波斯。公元前 104 年，成为罗马的领土，定为省城，使城内居民都享有罗马的

---

① 译名“塔尔苏斯”，乃见于《简明不列颠百科全书》第 7 卷，第 592 页。另有资料认为大数的新译名为“特骚士”，但其出处不详。

公民权。亚古士督大帝时,大数成为文化名城,当地有著名的学校,且有各种学派的学术活动。声望之高,一度超过了雅典和亚历山大。保罗出生在此城,因此获有罗马公民权。保罗自幼受此城的文化影响,其本人也是博学多识的。因此保罗不仅可以在雅典和当地有名的学派辩论,(徒 17:16—18)甚至他的讲道竟使雅典亚略巴古的官长信从了基督。(徒 17:19—34)由于大数当年的学术声望,所以保罗说他出生于大数,"并不是无名小城的人。"(徒 21:39)

3)现在"塔尔苏斯"市(即古时大数)仍是农业和纺织业中心。近代统计人口约 57000 余人。

5.圣经记载:

1)保罗出生在大数,且成长在该城。(徒 22:3)因为大数人都有罗马公民权,所以保罗说他生来就是罗马人,(徒 22:28)为他以后的传道工作提供了一些方便。(徒 22:25—29,16:37—38)

2)保罗早期在耶路撒冷未信耶稣之前,当他反对基督时,曾有一定的权势。(徒 26:9—11)当他悔改并成为基督徒之后,在他又到耶路撒冷传讲基督时,有些犹太人却想要杀他。(徒 9:28—29)因此耶路撒冷的圣徒便把保罗送回他的故乡大数。(徒 9:30)保罗这样被人认为一无所成地归来,难免要受到家人乡邻的冷落。但保罗在大数几年间所受的熬炼,却使他在其后的福音工作中,"以纯洁、知识、忍耐、仁慈,更藉着圣灵、真挚的爱、真理的信息,和神的大能",来表明自己是"神的仆人"。(林后 6:6—7 新译文,参看林后 6:4)

3)保罗在大数经受了数年的造就之后,巴拿巴前往大数

寻访保罗,并且邀请保罗同去安提阿。保罗从此开始了长期的福音工作。(徒 11:25,参看其后的各章)

但　　(Dan)

1.地名原意:“审判官”。

2.其他名称:

1)**拉亿**。(士 18:29)

2)**利善**。(书 19:47)

3.所在位置:附录三第 15 图第一行第 3 格。

4.地理情况:但城是迦南地最北面的城邑,原名叫拉亿。以色列人进入迦南后,但支派的人分得了靠近地中海的约帕附近地业。(书 19:40,参看附录三第 15 图)然而当地的亚摩利人却强迫但支派的人住在山地,不容他们到平原上来。(士 1:34)因此但支派的人北上寻找居住之地。(士 18:1)其后,但支派的人占取了拉亿,即把它改名叫但城。(士18:27—28)

5.圣经记载:

1)当年,亚伯拉罕为了抢救侄儿罗得,曾经追赶以拦王基大老玛等人的军队,先追到但,又追过了大马色,救回了罗得,追回了他的财物,以及妇女和其他被掳去的人。(创 14:14—16,请参看附录三第 3 图说明④的路线)

2)但城原名拉亿也叫利善,只是“但人的地界,越过原得的地界。因为但人上去攻取利善,用刀击杀城中的人,得了那城,住在其中,以他们先祖但的名,将利善改名为但。”(书 19:47)

3)以色列古时建国的疆城,最南的城邑是别是巴,最北的城邑即是但城。圣经中论到以色列全境时,常说“从但直到别是巴”,(撒下 3:10,17:11)或“从别是巴直到但”。(代上 21:2,代下 30:5;请参看附录三第 10 图)

4)以色列分裂为南北两国之后,北国以色列的王耶罗波安,恐怕北国的以色列人到南国的耶路撒冷圣殿去敬拜耶和华,便铸造了两个金牛犊,叫以色列人就近祭拜。这两个金牛犊一个安置在伯特利,另一个即安置在但,从此使北国的以色列人陷入极深的罪恶之中。(王上 12:26—30)

5)以色列国巴沙作王时,犹大的第 3 代国王亚撒贿请亚兰王便哈达进攻以色列。便哈达即攻陷但城等地。(王上 15:16—20,请参看附录三第 46 图及其说明②、③、④)其后,以色列国王耶罗波安二世收复了(但城及其以北的)大马色、哈马地区。(王下 14:28,请参看附录三第 55 图)以色列的第 18 位国王比加年间,亚述王从东方进攻以色列北方各地。但城以西诸城尽被攻陷,当地的以色列人也被掳到了亚述。(王下 15:29,请参看附录三第 58 图说明⑤)

得撒　(Tirzah)

1.地名原意:“愉快”。

2.所在位置:附录三第 47 图第三行第 3 格。

3.地理情况:得撒在耶路撒冷以北将近 100 里处。风景十分秀丽,甚至名闻遐迩。雅歌中即有这样的诗句说:“你美丽如得撒,秀美如耶路撒冷”。(歌 6:4)得撒原来是有迦南人在其间作王的一座城邑。后来约书亚率领以色列人进入迦南,击杀了迦南的诸王,其中便有得撒王。这些迦南诸王的属地,即分给了以色列的各支派为业。(书 12:7,24)

4.圣经记载:得撒是北国以色列数代的首都。

1)以色列与犹大联合王国分裂后,北国以色列第一代的国王耶罗波安,先是建都于示剑,不久又建毗努伊勒为都城。(王上 12:25)后来则迁到得撒为首都。耶罗波安和他的儿子拿答,先后都是在得撒作王的。(王上 14:17—20)

2)耶罗波安王朝传到第二代拿答时,拿答即被叛臣巴沙杀害,巴沙篡位后仍以得撒为国都。(王上 15:27,33)

3)巴沙死后,他的儿子以拉继续在得撒作王。(王上 16:8)

4)巴沙篡位后,他的王朝也仅传了两代。巴沙的儿子以拉又被军权在握的大臣心利谋杀篡位,王都仍在得撒。(王上 16:8—15)

5)心利篡位后,作王仅只 7 天,那时以色列的军民拥立元帅暗利作以色列王。暗利率军围困了得撒,心利乃在居住不过 7 天的王宫中,放火自焚而死,暗利便于得撒登基作王。(王上 16:15—23)

6)暗利成为以色列的国王以后,购买了撒玛利亚山,在山上建造了撒玛利亚城,乃由得撒迁都到撒玛利亚。(王上 16:24—28)(关于以色列国数次迁都的情况,请参看附录三第 47 图及其说明。)

附:以色列国后来历代国王被杀害篡位的情况:

〈1〉暗利的儿子亚哈敬拜巴力,亚哈的儿子亚哈谢和约兰相继作王。但约兰及亚哈的全家都被耶户杀死,耶户作了以色列的王。(王下 9—10 章,请参看附录三第

52图及其说明)

〈2〉耶户家族连续五代作以色列王,到撒迦利雅作王时,被沙龙杀死篡位。(王下15:8—10)

〈3〉沙龙作王以后,米拿现由得撒到撒玛利亚,把沙龙杀死而篡位。(王下15:14)

〈4〉米拿现相传仅两代,他的儿子比加辖作王时被比加杀死篡位。(王下15:25)

〈5〉比加被何细亚杀死篡位。(王下15:30)

〈6〉何细亚作王仅9年,即被亚述王囚禁起来。当时的京城撒玛利亚被攻陷,以色列人被掳到亚述,以色列国从此灭亡。(王下17:1—6)

低加波利　　　(Decapolis)

1.地名原意:"十城之区"。

2.其他名称:现今的译名是"**德卡波利斯**"。

3.所在位置:附录三第80图第四行第5—6格。

4.地理情况:低加波利是位于加利利与撒玛利亚以东的一片地区。从黑门山的东南方,沿约旦河谷以东,直到比利亚北部。是大马色和亚拉伯之间通商必经之地。当年曾是科埃来叙利亚10个城邦的联盟,所以被称为"低加波利"(十城之区)。

5.圣经记载:

1)耶稣刚开始传道的时候,走遍了加利利各地,当时有许多人从加利利、耶路撒冷、低加波利、约旦河外来跟着他。(太4:25)

2)在格拉森有一个被鬼附着的人,极其痛苦,耶稣治好了他的病。他就在低加波利一带"传扬耶稣为他作了何等大的事,众人就都希奇"。(可5:1—20)

3)耶稣从推罗经西顿、低加波利来到加利利海,治好了一个耳聋舌结的病人。(可 7:31—37)

东海 **(The East Sea)**

圣经中提到的东海即是**盐海**(**Salt Sea**)。或称做**死海**(**Dead Sea**)。请参看本书中的"**盐海**"条。

髑髅地 **(The Place of the Skull)**

(请参看"各各他"条)

杜拉 **(Dura)**

1.地名原意:"周围"、"住所"、"城垣"、"营垒"。

2.所在位置:附录三第 66 图第四行第 3 格巴比伦所在地。

3.地理情况:圣经记述巴比伦王尼布甲尼撒在杜拉平原曾立了一座 27 米高的金像。有的考古学者考证说,该杜拉平原即在巴比伦城内。① 而且有人认为该平原即是巴比伦塔与尼布甲尼撒王宫之间的平地。② 公元 1854 年,考古家奥波特(Oppert)于该处发现了一个巨大的雕像底座,认为可能便是当年尼布甲尼撒所立金像的残余部分。

4.圣经记载:

巴比伦王尼布甲尼撒造了一个巨大的金像,立在杜拉平原,并要为它举行开光之礼。尼布甲尼撒为此召聚了各部门各省的官员来,同时下令说,奏乐声一响,大家都须俯伏跪拜所立的金像。凡不跪拜的,必立时被扔在火窑

---

① 有人认为,杜拉原意"城垣",即是指巴比伦城。

② 考古学者发现,尼布甲尼撒王宫遗址,在巴比伦城内的伯拉河旧河床的东岸,靠近挖掘出的北城墙遗迹处。而巴比伦塔遗址则在巴比伦废墟城中央。甚至有人认为巴比伦塔即是当年的巴别塔。

中。那时，有3个被派管理巴比伦省事务的犹大人，他们的名字叫沙得拉、米煞、亚伯尼歌。他们因为信奉耶和华为独一无二的真神，不肯跪拜偶像，当即被捆绑起来，扔在火窑之中。因为火窑甚热，那抬沙得拉、米煞、亚伯尼歌的人，都被火焰烧死了。但是火窑之中却见有4个人行走，第四个人看来好像是神子。尼布甲尼撒急忙请沙得拉、米煞、亚伯尼歌从火窑中出来。却见这三个人，除了捆绑他们的绳子被烧掉以外，他们的身体、头发、衣裳毫无损伤，也没有火燎的气味。于是尼布甲尼撒说："沙得拉、米煞、亚伯尼歌的神是应当称颂的。他差遣使者救护倚靠他的仆人，他们不遵王命，舍去己身，在他们神以外不肯事奉敬拜别神，现在我降旨，无论何方何国何族的人，谤渎沙得拉、米煞、亚伯尼歌之神的，必被凌迟。"尼布甲尼撒并且提升了他们三个人的职位。（但 3:1—30）

多珥　　（**Dor**）

1.地名原意："世代"、"居住"。

2.其他名称：

1）多拉（**Dora**）

2）近译作**多尔**。

3.所在位置：附录三第32图第二行第1格。

4.地理情况：多珥是古时迦南在地中海边上的一个港镇。位于迦密山的南方，多珥的遗址在该撒利亚以北约24里。多珥盛产贝类，是推罗人用来制造紫色染料的原料。原来一度是古时以色列的属地，后来，先后被亚述、波斯、罗马攻占。耶稣降生前，在马克比治理下的犹太国短期独立时代，被称为多拉。后来此地逐渐衰落。20世纪时一再挖掘，发现遗址中有古港、圆形剧场、堡垒、礼拜堂等古迹。

5.圣经记载:

1)以色列人进入迦南后,多珥被分为玛拿西的地业。(书17:11)但迦南人仍住于该地。(士1:27)

2)以色列建国后,多珥是所罗门王的一个属地。(王上4:11)

多利买　　(Ptolemais)

1.地名原意:"多沙之地"、"热沙滩"。

2.其他名称:

1)今译作"**托勒密**"。

2)也被称为"**托尔梅塔**"。

3)古名"**亚柯(Acco)**",今仍有人沿用这一名称。

3.所在位置:附录三第80图第二行第3格。

4.地理情况:多利买是腓尼基海滨的重要城镇。在地中海东岸。乃是位于推罗城南方的一个海口。

5.圣经记载:

保罗第三次外出布道,最后要去耶路撒冷时,从推罗来到多利买,并且和那里的信徒一起住了一天,再上该撒利亚,去到耶路撒冷。(徒21:7)

多坍　　(Dothan)

1.地名原意:"双井"、"两蓄水池"、"双重律令"、"两种病症"。

2.其他名称:近译作**多森**。

3.所在位置:附录三第8图第三行第3格。

4.地理情况:多坍是示剑与撒玛利亚北方数十里的一个镇。在迦密山与基利心山之间。古时当地既有适宜放牧的草场,又是由约旦河东的基列通往海滨、去向埃及的通商大道。

5.圣经记载:

1)当年雅各的儿子们曾在示剑和多坍牧放羊群。雅各叫他心爱的儿子约瑟去看望约瑟的哥哥们。但是,约瑟的哥哥们几乎把约瑟杀害在多坍。后来,他们把约瑟卖给了过路的商人。约瑟即被商人从多坍带到了埃及为奴隶。(创 37:12—36)13 年以后,约瑟成为埃及的宰相。(创 41:39—44)约瑟的哥哥们到埃及去买粮度荒时,弟兄们才流泪痛哭地相认。(创 45:1—15)其后,雅各全家下到埃及居住,度过了荒年。(创 46:8—28,请参看附录三第 8 图说明③、④)

2)当年亚兰王与以色列人争战。由于先知以利沙帮助以色列王,亚兰王的计谋屡屡不能得逞,于是亚兰王派遣大军夜间围困多坍,要捉拿以利沙,以利沙的仆人十分惧怕,以利沙便祷告神,神就使他的仆人看见满山有火车火马围绕着以利沙保护他。以利沙又求神使亚兰人的眼目昏迷,就把这些亚兰人领到以色列的都城撒玛利亚而把他们围困起来。以色列王要击杀这些被困的亚兰人,以利沙劝说以色列王用饮食款待这些亚兰人,并且把他们遣送回他们的本国去。从此,有一段时期,亚兰军兵不再侵犯以色列的境地。(王下 6:8—23,请参看附录三第 49 图说明⑭、⑮)

E

厄巴大　　(Gabbatha)

1.地名原意:“高地”、“高起”、“小丘”。

2.其他名称:**“铺华石处”**

3.所在位置:附录三第 92 图第二行第 1 格。

4.地理情况:"厄巴大"乃是希伯来文的译音,意指希律王宫前的空地,即"铺华石的高处"。希律宫前的空地。

5.圣经记载:

犹太人捉拿耶稣后,将他从该亚法处解送到彼拉多那里。其后彼拉多将耶稣鞭打了,兵丁用荆棘冠冕戴在他头上,给他穿上紫袍,又用手掌打他。犹太人喊着说:"钉他十字架"。彼拉多带耶稣出来,到了一个地方,名叫铺华石处,希伯来话叫厄巴大,就在那里坐堂审问耶稣。(约19:1—13)

蛾摩拉　　　　(Gomorrah)

1.地名原意:"淹没"、"废墟"、"束缚"。

2.所在位置:附录三第3图第三行第2格。

3.地理情况及圣经记载:

蛾摩拉常与所多玛相提并论,现已毁灭。其旧址当在盐海南端的水底。圣经记载耶和华神因为蛾摩拉罪恶甚重,曾将硫磺与火,降到所多玛与蛾摩拉,当地遂完全毁灭。(创18:20,19:24—28)其详细情况请参看本词典中的"所多玛"条。

俄斐勒　　　　(Ophel)

1.地名原意:"肿胀"、"小土岗"、"土地的凸出处"。

2.其他名称:或即是**大卫城**,又名"**锡安的堡垒**"。

3.所在位置:附录三第69图第二行第3格。

4.地理情况:俄斐勒在耶路撒冷城内。有人认为俄斐勒地段便是原来的大卫城,也就是"锡安的堡垒"①。(撒下5:7,请对比参看附录三第67、68两图)另有人认为俄斐

---

① 撒下5:7的经文中所提到的"锡安的保障",原意乃是"锡安的堡垒"。

勒所指的，乃是原来的大卫城北部，位于圣殿南面的东山上。（请参看附录三第69、70两图的对应位置。）

5.圣经记载：

1)犹大的第11代国王约坦在耶和华面前行正道，并且加固、扩建了俄斐勒一带的耶路撒冷城墙。（代下27:3—6）

2)犹大的第14代国王玛拿西被亚述的将帅掳到巴比伦去以后，他在急难的时候，极其自卑地恳求耶和华，耶和华使玛拿西又归回了耶路撒冷，仍坐王位，玛拿西这才知道惟独耶和华是神。此后，玛拿西在大卫城外，从谷内基训西边，直到鱼门口，建筑了高大的城墙，环绕俄斐勒，加强了耶路撒冷的防御力量。同时又清除外邦人的神像与耶和华殿中的偶像，吩咐犹大人事奉耶和华。（代下33:11—16）

3)犹大人亡国被掳到巴比伦之后，到了波斯兴起的时候，又得以先后归回耶路撒冷。尼希米回到耶路撒冷重建城垣时，毗大雅和提哥亚人又修建了俄斐勒附近的城墙。（尼3:25—27）

F

腓立比　　（Philippi）

1.地名原意："腓立的城"或"爱马"。

2.其他名称：**"菲利皮"**。另有新名**"菲利普阿"**。

3.所在位置：附录三第99图第一行第2格。

4.地理情况：

1)此城是马其顿东北部的一个城市。离海港尼亚波利只有 27 里，离暗妃波里约 100 里。

2）腓立比古时被称为葛勒尼弟（Crenides），早在公元前 7 世纪时此城已经建成。公元前 359 年，马其顿皇帝腓立普二世扩建这一城市，并以自己的名字命名它为“腓立比”。公元前 146 年之后，罗马帝国又把马其顿划为自己的一个行省，而把腓立比作为罗马的驻防城市。

3）现在的菲利普阿（即古时的腓立比）在现今希腊的卡瓦拉州境内。

5. 圣经记载：

1）保罗第二次外出传道时曾见到异象，在异象中，有一个马其顿人呼求保罗到欧洲的马其顿去，传福音给那里的人听。（徒 16:9—10）于是保罗就从亚洲的特罗亚坐船出发，第二天到了尼亚波利，从那里来到腓立比，就是马其顿的第一个城，在那里住了几天。（徒 16:11—12）

2）由于保罗的证道，居住在腓立比的妇女吕底亚首先全家信奉基督而受洗。在她的家中便形成了腓立比的教会。（徒 16:13—15）

3）保罗在腓立比从一个使女的身上赶出了附在她身上的鬼。因此使她的主人们无法因她的法术再得财利。她的主人们便揪住保罗和保罗的同伴西拉，把他们带到官长那里。官长吩咐人打了他们许多棍，就把他们下在监里，两脚上了刑具。约在半夜，保罗和西拉祷告唱诗赞美神，忽然地大震动，监牢的门都开了，众囚犯的锁链也都松开了。保罗传福音给狱卒，狱卒的全家都信了神，得到了救恩的喜乐。（徒 16:16—34）

4）到了天亮，官长释放了保罗和西拉。他们出了监，先到

吕底亚的家中去,劝慰那里的信徒,然后就离开了腓立比。(徒 16:35—40)

5)保罗第三次外出传道从马其顿返回亚西亚时,又到过腓立比。再从腓立比坐船去到特罗亚。(徒 20:5—6)

6)保罗曾接受过腓立比教会无条件的馈赠。在帖撒罗尼迦和罗马,保罗都曾接到过腓立比教会的供给。(林后 11:9;腓 2:25,4:16—18)但是保罗从未接受过腓立比教会的指示或差派。他说他乃是"基督耶稣的仆人"。(腓 1:1)

7)腓立比教会是保罗在欧洲建立的第一个教会。他非常关心那里的信徒。新约腓立比书就是保罗被囚于罗马时写给腓立比圣徒的书信。(腓 1:1)

腓尼基　　　(Phoenicia)

1.地名原意:"棕树之乡"。

2.所在位置:附录三第 104 图第三行第 3 格。

3.地理情况:

1)古时的腓尼基地区包括了迦南、西顿等地。(创 10:19,创 49:13)耶稣降生后,新约圣经中提到的腓尼基,指的乃是推罗、西顿的境界。(太 15:21;可 7:24;路6:17)推罗今译作"**提尔**",西顿今译作"**赛达**"。据考证,新约记述的腓尼基,约相当于现今的**黎巴嫩**以及黎巴嫩与叙利亚、以色列毗邻的地区。

2)腓尼基当地的农作物,经常不足供给本地居民的需用,因此常须邻境相助。(徒 12:20,参看王上 5:11。)

3)古代腓尼基的语言属于闪族语系。腓尼基语的 22 个字母表,早在公元前 15 世纪时已在当地居民中使用。语言学者大多认为希腊字母即来源于腓尼基字母,其后又影响了西方的各种语言文字。

4)历史记述,古代腓尼基人曾与以色列人多有贸易往来。(王上 5:10,9:10—14)公元 8 世纪后,该地曾先后被亚述、新巴比伦、波斯和罗马占领。耶稣降生时,腓尼基乃是罗马帝国的属地。

4.圣经记载:

1)司提反殉道后,遭患难四散的门徒走到腓尼基、居比路和安提阿,继续传讲基督的道。(徒 11:19)

2)保罗第一次外出布道归来,最后回到了安提阿。有些犹太信徒和保罗、巴拿巴争论,外邦信徒要不要像犹太人那样遵守传统的割礼。于是保罗、巴拿巴二人受了安提阿教会的委托,经过腓尼基、撒玛利亚到了耶路撒冷,与那里的使徒和长老一同交谈。在那次会议上,确立了外邦信徒不需要受割礼的决定。(徒 15:1—11)

3)保罗第三次外出传道结束后,决意回耶路撒冷。就在米利都离别了众人,开船去到哥士,第二天到了罗底。从那里到帕大喇,遇见一只船,要往腓尼基去。就上船往叙利亚去,在推罗上岸和那里的门徒住了七天。(徒 21:1—4)

非拉铁非　　　(Philadelphia)

1.地名原意:“兄弟之爱”。

2.其他名称:今名叫“**阿拉舍希尔**”(**Alashehir**)。

3.所在位置:附录三第 103 图第二行第 2 格。

4.地理情况:非拉铁非是古时小亚西亚的一个城市。在撒狄东南约 50 里,南距老底嘉约 100 余里。现在土耳其境内。城区于公元前 189 年建成,是当地平原十城之一,也叫“低加波利”。(“低加波利”的意思即是“十城之区”。)耶稣降生前后，此城住有许多犹太人，所以城内建有犹太人聚会的会堂。现在该地仍存有非拉铁非古城的一部分。

5.圣经记载：

非拉铁非是亚西亚7个教会中的一个。（启1:11）圣灵曾感动使徒约翰写信给这七个教会。（启1:10）其中论到非拉铁非教会说："我知道你的行为，你略有一点力量，也曾遵守我的道，没有弃绝我的名。看哪！我在你面前给你一个敞开的门，是无人能关的。那撒但一会的，自称是犹太人，其实不是犹太人，乃是说谎话的。我要使他们来在你脚前下拜，也使他们知道我是已经爱你了。你既遵守我忍耐的道，我必在普天下人受试炼的时候，保守你免去你的试炼。我必快来，你要持守你所有的，免得人夺去你的冠冕。……"（启3:7—13）

非利士　　　（Philistia）

1.地名原意："迁居"、"陌生陆地"、"滚动"。

2.其他名称：另有译名为**腓力斯**。

3.所在位置：附录三第39图第三行第1格。

4.地理情况：

1)非利士乃是非利士人（Philistine）入居迦南南部沿海地区之后而命名的。非利士人本来是含的后裔。（创10:6,13—14；代上1:8,11—12）他们原来居住在迦斐托岛。圣经译名为革哩底岛，即现今的克里特岛。（请参看附录三第1图第二行第2格迦斐托所在地。）其后，非利士人由迦斐托岛迁出。（耶47:4；摩9:7）他们先后曾侵扰迦南、叙利亚沿海的一些城市，并且在约帕和迦萨间的海岸一带定居。因此当地即被称为非利士。

2)非利士人曾在该地建国称王。但地区甚小，南北长约

100—120里，东西宽仅50—60里。当地土地肥沃，然而沿海之处沙丘较高，不宜耕种，全境南部地势高于北部约30米。因为北部冬季雨水较多，洼地山谷即成河流，所以该处村镇多建于高地。而南部地区，因为地高缺水，所以居民多在低处定居以便取水，故此形成为山谷地带的村落。

3)非利士人长期垄断着炼铁技术，不肯传授以色列人，因此以色列人时常受到非利士人的制约。考古学者曾在非利士的遗址中，挖出许多公元前1000多年时的铁器。但在迦南其他地区却未曾发现同一时期的铁制品。1927年，考古家彼利(Petrie)在非利士发现了古时造剑用的煅烧炉。该炉就当代的技术标准而论，被考证认为是比较先进的。

4)根据圣经及考古发掘出的碑文记载，非利士人祭拜偶像大衮，(撒上5:2)也祭拜亚斯他录。(撒上31:10)非利士临近海边，大衮可能即是非利士人崇奉的“水神”或“鱼类之主”。亚斯他录乃是迦南各族人认为掌管生育的女神。他们祭拜亚斯他录的方式非常下流。有人把亚斯他录称为“淫奔猥秽的女神”。圣经中说，迦南地的神乃是以色列人的网罗。(士2:3)

5)古时非利士人与以色列人屡屡争战。但到公元前数百年间，由于亚述、埃及、巴比伦、波斯、希腊、罗马等国先后争雄称霸于世，非利士和以色列都曾相继沦为上述强国的藩属或领土。

5.圣经记载：

1)以色列进入迦南后攻占了许多城邑，但是非利士的全境及其5个名城却未能占领。(书13:1—3)

2)参孙降生时,非利士人欺压以色列人已有40年。(士13:1)参孙勇力过人,曾一再杀伤非利士人。(士14:19,15:14—15)但是由于参孙迷恋一个女人大利拉①而被非利士人捉去剜了双眼叫他在监牢中推磨。(士16:4—21)古时推磨通常是女奴干的粗重工作,(出11:5)② 现在竟叫参孙推磨,对他乃是极大的羞辱。后来,当非利士人聚集在大衮庙中戏耍参孙的时候,参孙求告耶和华神再给他一次力量,他推倒了庙柱,使庙宇倒塌,与众多的非利士人同归于尽。(士16:23—30,请参看附录三第23图说明③—⑩)

3)耶和华的约柜一度被非利士人掳去,由于耶和华降灾于非利士人,过了7个月,非利士人只好把约柜送还给以色列人。(撒上4:1—7:2,请参看附录三第25图)

4)撒母耳作士师的时候,曾制伏了非利士人。(撒上7:10—14)

5)扫罗作以色列王的初期,非利士人由30000辆战车组成了入侵大军,一直进逼到以色列的腹地伯亚文,而跟随扫罗出战的以色列人才只有600人,更因非利士人素日不让以色列人学会炼铁技能,就是连以色列人平时使用的锄、犁等农具都须到非利士去请他们修理。所以这次两军对垒时,只有扫罗和他的儿子约拿单有刀枪,其他的以色列军兵只能用三齿叉、斧子等物作兵

---

① 有人认为大利拉很可能即是亚斯他录庙里的娼妓之流的人物。

② 和合本圣经出11:5中的经文"磨子后的婢女",另有新译文为"在磨房里作奴工的婢女"。

器出战。然而约拿单却倚靠耶和华,用奇兵战胜了非利士人。(撒上 13:5—14:23;请参看本书“伯亚文”条,及附录三第 27 图的说明⑤—⑫)

6)后来非利士人再次入侵,非利士的巨人歌利亚全身披挂,天天骂阵,以色列人都不敢出战。少年大卫倚靠耶和华,却用机弦甩石打入歌利亚的额内,割了他的头,使以色列人打败了非利士人。(撒上 17:1—53,请参看附录三第 30 图)

7)其后,非利士人曾侵入到基伊拉。大卫当时被扫罗逼迫,正在逃亡期间,但仍去打退了非利士人,解救基伊拉人。(撒上 23:1—5)

8)大卫被扫罗处处追逼无奈时,曾到非利士的迦特王那里去寄居避难。(撒上 27:1—4)

9)扫罗逼走了大卫之后,非利士人又一次侵入到基利波山地。扫罗和他的 3 个儿子都战败而死。非利士人割下扫罗的头来,到非利士四境传报这一消息;又把扫罗的军装放在非利士人的亚斯他录庙里,显耀他们的胜利;并且把扫罗的尸身钉在了伯珊的城墙上。(撒上 31:1—10)

10)大卫作以色列和犹大王的初期,非利士人企图来消灭大卫。大卫在巴力毗拉心和利乏音谷,先后两次战败了非利士人。(撒下 5:17—25,请参看附录三第 35 图及其说明③—⑨)

11)所罗门作王时,非利士成为以色列的藩属而向他称臣进贡。(王上 4:21)

12)所罗门王死后不久,非利士人驻兵于基比顿,以色列与非利士的战争又频频发生。(王上 15:27,16:15)

13)犹大的第 4 代国王约沙法遵行耶和华的道,国势增强,非利士人曾来进贡。(代下 17:10—11)犹大王乌西雅(代下 26:5—6)、希西家(王下 18:8)等人,都曾与非利人交战。

14)先知书中也曾多次提到非利士地与非利士人。(赛 2:6;结 25:15;摩 6:2;番 2:5;亚 9:6)

非尼基　　(Phenice)

1.地名原意:"棕树"。

2.所在位置:附录三第 101 图第三行第 2 格。

3.地理情况:非尼基是希腊南端革哩底岛(即现今的克里特岛)的一个海口,是船只避风的地方。

4.圣经记载:

保罗被押送到罗马去时,乘船途中经过佳澳港口。保罗认为当时已不适合继续航行,就劝阻众人,惟怕会遇到危险。但是押送他的军官和船主等人,都不信从保罗所说的,想要开船尽可能赶到非尼基去过冬。那时微微起了南风,他们以为得意,就起锚前行。但不多几时,狂风大作,全船几乎遇难。(徒 27:8—20)

弗吕家　　(Phrygia)

1.地名原意:"晒焦之地"、"不毛之地"。

2.其他名称:现今译名为"**弗里吉亚**"。

3.所在位置:附录三第 99 图第一行第 3 格。

4.地理情况:弗吕家原是小亚西亚中部的一个古代国家。地处高原,且多山脉。罗马帝国统治时期,它仅是一个地区名称。在使徒时代,希拉波立、歌罗西、老底嘉、彼西底的安提阿都在弗吕家境内,约相当于现今土耳其的安纳托利亚高原以南地区。

5.圣经记载：

1)五旬节时，有虔诚的犹太人从天下各国来到耶路撒冷，其中便有来自弗吕家的人。(徒 2:5—10)那时圣灵降临，使徒们高声传道，那一天门徒约添了 3000 人。(徒 2:14—41)这 3000 信徒中，便可能有弗吕家等地的人。这些信徒回到自己原来所居住的地方，福音也便带到了那些地方。

2)保罗周游布道时，曾经经过弗吕家、加拉太一带地方。(徒 16:6)

3)保罗第三次外出布道时，又“挨次经过加拉太和弗吕家地方，坚固众门徒。”(徒 18:23)

G

该撒利亚 (**Caesarea**)

1.地名原意：“该撒的城”或“割开”。

2.所在位置：附录三第 80 图第四行第 2 格。

3.地理情况：

1)它是位于撒玛利亚西部海滨的一个港口城市。在地中海沿岸。地当迦密山以南约 65 里，约帕以北约 90 里，东距耶路撒冷约 150 余里。在罗马统治时期，该撒利亚曾是巴勒斯坦的省会，罗马派驻该地区的巡抚即驻扎于此地。故此该撒利亚也是当时的交通、政治、军事要地。

2)此城原是个多民族混居的城市，常有民族矛盾，甚至引起战争。公元约 640 年，阿拉伯人攻占此地。中世纪时又毁于十字军东征的战争中，遂成一片泥沙地带。

但其遗址,现已为考古学家发现并挖掘出来。原城高大,城内且有圣殿、剧场、沟渠等遗迹。据考证,许多古迹乃是大希律作王时所修建的。大希律为人奸诈凶残,当初修建圣殿等处所,只是为了讨好犹太人。耶稣降生时他曾欺骗博士,让博士们找到耶稣后报信给他,以便杀害耶稣。及至发现博士找到耶稣后,乃直接归回东方并未报信给他,希律便勃然大怒,杀尽了耶稣降生之地的男婴。(太 2:1—16)人称希律为人无道,他所经营的业绩也已成为一片废墟,仅供游人慨叹而已。

4.圣经记载:

1)福音是先传入撒玛利亚地区,而后又传到该撒利亚去的。司提反殉道后,耶路撒冷的教会大遭逼迫。门徒都分散到各地去居住并在当地传道。(徒 8:1—4)耶路撒冷教会的执事腓利到了撒玛利亚城,使当地许多人接受了福音。(徒 8:5—12)以后使徒彼得、约翰也到了撒玛利亚城,并在撒玛利亚地区的许多村庄传扬福音。(徒 8:14—25)腓利离开了撒玛利亚城,曾往通向迦萨的旷野,向一个非洲的太监传道。最后便沿途传道到了该撒利亚。(徒 8:26—40,本段内关于腓利与彼得的行程,请参看附录三第 96 图)

2)腓利到了该撒利亚后,即居住在该城作教会工作,并传讲福音。(徒 21:8)

3)保罗初信基督之后,曾到耶路撒冷,想与他过去屡次加以逼迫的基督徒交谈。后来便在耶路撒冷放胆宣讲耶稣乃是世人的救主。但有些犹太人想要杀害保罗,耶路撒冷的信徒便把保罗送到了该撒利亚,并由该撒利亚转回保罗的故乡大数。(徒 9:26—30)

4)“在该撒利亚有一个人,名叫哥尼流。”(徒 10:1)哥尼流乃是意大利兵营中的一个小军官。他打发人到约帕去,把彼得请到该撒利亚自己的家中来讲道,他的全家和许多亲友便都接受了耶稣的救恩,形成了该撒利亚的教会。这乃是以色列人以外的早期建立的外族教会。从此福音即传往世界各地、各族、各方。(徒 10:1—11:18;彼得初期的传道行程,请参看附录三第 96 图)

5)大希律的儿子、希律亚基帕一世,在耶路撒冷杀了雅各,囚禁了彼得,后来彼得被天使救了出来,希律亚基帕一世便残酷地杀死了看守彼得的人。这个希律后来离开犹太,住到了该撒利亚。(徒 12:1—19)希律在该撒利亚作威作福,自高自大。他窃取神的荣耀,把自己的讲论当做神的声音。“所以主的使者立刻罚他,他被虫所咬,气就绝了。”该撒利亚本是大希律建造的,他的儿子却暴死于该城。(徒 12:1—24)

6)保罗第二次外出传道返回安提阿时,在该撒利亚下船登陆,又往耶路撒冷看望当地的教会,其后回到安提阿。这是圣经所记述的保罗又一次来到该撒利亚。(徒 18:22)

7)保罗第三次外出传道返回时,再一次来到该撒利亚,并且在当地教会的传道人腓利的家中住了些日子。(徒 21:8—10)当地及外地的信徒都明知保罗若再去耶路撒冷,必会遇见苦难,便流泪痛哭地苦苦劝阻他。但是保罗却说:“我为主耶稣的名,不但被人捆绑,就是死在耶路撒冷,也是愿意的。”其后又过了几日,有几位该撒利亚的信徒,愿意陪伴保罗同去耶路撒冷迎接患难。这时的该撒利亚信徒,已由腓利、彼得传道时初信福音,进而成为能同福音使者同甘共苦的圣徒。(徒 21:10—16)保罗从该撒利亚到了耶路撒冷,果然无故被人抓住殴打,几乎被人扯碎,(徒 21:30,31—32,23:10)终于被关锁在营房之内,(徒 23:10)险些被人谋杀。(徒 23:12—15)

8)后来保罗又被押送到该撒利亚去受审,(徒 23:23,33)长期被监禁起来。(徒 24:27)该撒利亚的信徒便常去看望并供养他。(徒 24:23)

9)保罗被关押在该撒利亚,(徒 25:4)先后受到了罗马巡抚腓力斯(徒 23:26)、非斯都(徒 25:6)和亚基帕王二世的审问。(徒 25:13,23)但保罗在该撒利亚受他们审问的时候,一方面申诉自己的无辜,一方面也借此机会向他们讲明基督的福音,(徒 24:24—25)甚至劝他们相信、接受基督的救恩。(徒 26:27—29)最后,保罗也是从该撒利亚被押送到罗马去的。(徒 27:1)

该撒利亚腓立比　　(Caesarea Philippi)

1.地名原意:"割开"。

2.其他名称:现今名叫"**班尼亚**"。

3.所在位置:附录三第 80 图第一行第 5 格。

4.地理情况:它位于约旦河发源地的东侧,在黑门山脚下。该城南、北、东三面环山,西方则面对约旦上游的溪流。旧址在叙利亚与黎巴嫩的交界处,现在仍残存有它的城墙。但该地已成为荒凉的村庄,名叫班尼亚。

5.圣经记载:

耶稣在世时宣讲天国的道理,使贫穷人有福音可听,却对假冒为善的宗教上层人士法利赛人等多次指责。因此多次引起当代人的议论:这位耶稣到底是谁?有一次"耶稣到了该撒利亚腓立比的境内,就问门徒说:'人说我人子是谁?'他们说:'有人说是施洗的约翰,有人说是以利亚,又有人说是耶利米或是先知里的一位。'耶稣说:'你们说我是谁?'西门彼得回答说:'你是基督,是永生神的儿子。'"(太 16:13—16)当耶稣见到他的门徒对他认识这样清楚之后,"从此耶稣才指示门徒:他必须上耶路撒冷去,受长老、祭司长、文士许多的苦,并且被杀,第三日复活。"耶稣在该撒利亚腓立比和门徒们的谈话,形成了他传道行程的一个转折点。(太 16:21)

橄榄山　　(Mount of Olives)

1.所在位置:附录三第 92 图第二行第 2 格。

2.地理情况:此山在耶路撒冷东面。向南延伸,长约 6 里。橄榄山的主峰,远远高出耶路撒冷城。从约旦河东数十里外,即可遥遥望见橄榄山顶。橄榄山西侧,即是汲沦溪。伯大尼、伯法其都是橄榄山的山村。客西马尼园乃是橄榄山西侧山脚下的一个园子。橄榄山经常遭受猛烈的西北风吹袭,甚至树干都倾向于东南。而耶稣受难前的一周期间,却常是在这里的村庄住宿,在山下的园内祷告。

3.圣经记载:

1)当年以色列的王大卫,由于他的儿子押沙龙背叛他,他便带着全家和臣仆,逃出耶路撒冷,过了汲沦溪。"大卫蒙头赤脚上橄榄山,一面上一面哭,跟随他的人,也都蒙头哭着上去。"(撒下 15:13—23,30)

2)耶稣受难前,他和门徒快到耶路撒冷的时候,先到了橄榄山。耶稣在那里骑上驴,在人群的欢呼声中,进入了耶路撒冷。(太 21:1—11)

3)耶稣受难前一周,耶稣每日在殿里教训人。每夜出城

到橄榄山的伯大尼去居住。(路 21:37,参看可 11:11—12)

4)耶稣受难前三天[1],他在橄榄山上,面对圣殿坐着。(可 13:3)"门徒暗暗地来说:'请告诉我们,什么时候有这些事?你降临和世界的末了,有什么预兆呢?'"耶稣在橄榄山上,向门徒们预言了将来的预兆,并且用许多比喻,教训门徒。(太 24:3—25:46)

5)耶稣受难的前一天晚上,和门徒们共进逾越节的晚餐后,"他们唱了诗,就出来往橄榄山去。"(太 26:30)夜晚在山下的客西马尼园中,耶稣三次俯伏在地,恳切地祷告。(太 26:36—44)祷告之后,即被犹大带了人来把耶稣捉去而受难。(太 26:47—50)

6)耶稣复活之后,他带着门徒再一次来到橄榄山的伯大尼对面,就举手为门徒们祝福。正祝福的时候,耶稣就离开他们,被带到天上去了。(路 24:50—51)耶稣升天之后,门徒们从橄榄山上下来,便回耶路撒冷去聚集祷告。(徒 1:12,14)

高大　　(Cauda)

1.地名原意:"可悲"。

2.所在位置:附录三第 101 图第四行第 2 格。

3.地理情况:高大岛是革哩底岛(即现今的克里特岛)西南的一个小岛。有人认为高大岛即是现在的**加大多斯**岛。

4.圣经记载:

保罗被囚送往罗马的途中,到了革哩底的佳澳之后,保罗

---

① 耶稣受难在礼拜五,本段引述的在橄榄山上的讲论在礼拜二,即受难前三天。

曾劝众人暂时不要继续前行，以免遇到危险。但是众人不肯听从，开船后不久，即遇上了狂风。先是贴着高大岛背风航行，后来就只好任凭船只随风飘去了。（徒27:14—17）

哥拉汛　　（Chorazin）

1.地名原意："秘密"。

2.所在位置：附录三第80图第二行第4格。

3.地理情况：哥拉汛是位于加利利海边的一个城镇。在迦百农以北约6里。该地现已比较冷落，但还残存有一些断墙荒井供人抚今忆昔。

4.圣经记载：

耶稣在世时，曾在一些城镇中行了许多异能神迹，但那些城的人终不悔改，其中便有哥拉汛城的人。那时耶稣责备他们说："哥拉汛哪！你有祸了！……因为在你们中间所行的异能，若行在推罗、西顿，他们早已披麻蒙灰悔改了。但我告诉你们，当审判的日子，推罗、西顿所受的，比你们还容易受呢！"（太11:20—22）

哥林多　　（Corinth）

1.地名原意："装饰"、"饱足"。

2.其他名称：现在的译名叫"**科林斯**"。

3.所在位置：附录三第99图第二行第1格。

4.地理情况：

1)哥林多古城位于哥林多地峡上，即在现今的伯罗奔尼撒半岛毗连巴尔干半岛的蜂腰地段。地处雅典以西约160里，离东海岸的坚革哩约25里，离西海岸仅约4里，是海陆交通要道。

2)哥林多在公元前8世纪时已是商业和制造业中心。公元前338年后,哥林多成为列强争夺之地。公元前146年该城被罗马军人摧毁。公元前44年,罗马皇帝重建此城,使它成为罗马帝国在亚该亚的驻防要地,哥林多再次成为当时的政治、经济、文化中心。当年,保罗和亚居拉、百基拉同在此城制造帐棚以供养自己,宣讲福音,恰当哥林多盛极一时的年代。

3)哥林多自中世纪晚期以后再次开始衰落。公元1458年,土耳其攻占此地,哥林多竟一度沦为一个乡镇。1858年古城因地震损毁,又重建新城。1896年开始发掘古城遗址,证实古城哥林多曾有许多宏伟的建筑物。现今的新城名叫科林斯,在古城哥林多东北约10里,有公路直通雅典。几度兴衰之后,科林斯在地理位置上已失去了它以前那样的重要性。

5.圣经记载:

1)保罗第二次外出布道时,离了雅典,来到哥林多,遇见了从罗马来的亚居拉和百基拉夫妇,就投奔了他们。保罗和他们同住作工,并且宣讲福音,他竭力证道,使"许多哥林多人听了,就相信受洗。"保罗在那里停留了一年半之久,建立了哥林多教会。(徒18:1—11)

2)保罗到过哥林多三次(林后12:14):

①第一次到哥林多建立了哥林多教会。(徒18:1—11)

②第二次到哥林多可能是在第三次布道途中,停留在希腊的3个月期间。(徒20:1—3)

③第三次到哥林多去是在哥林多后书中提到的。(林后13:1)

3)保罗给哥林多教会写过三封信:

①第一次写信是在书写哥林多前书以先。(林前5:9)

②第二次写的信即是哥林多前书。(林后 1:1—2)

③第三次写的信乃是哥林多后书。(林后 1:1)

4)亚波罗曾到哥林多帮助过当地的信徒。(林前 3:6,参看徒 19:1)

5)提摩太曾到哥林多帮助过当地的信徒。(林前 4:17)

6)提多曾到哥林多帮助过当地的信徒。(林后 7:13—15)

7)有些圣经学者认为,下列经卷都是保罗在哥林多书写的:

①罗马书

②帖撒罗尼迦前书

③帖撒罗尼迦后书

④提多书

哥士　　(**Cos 或译作 Coos**)

1.地名原意:"山峰"、"国家的牢房"。

2.其他名称:现在的名字叫做"**司炭久**"(**Stanchio**)。或译作"**科斯**"。

3.所在位置:附录三第 100 图第三行第 3 格。

4.地理情况:哥士是个小海岛。位于小亚西亚的西南方。该岛长约 60 里,宽约 18 里。岛上产有酒、麦、丝、绸等物。当时乃是商业中心,岛上住有许多犹太人。[①] 又有资料[②] 认为:此岛现名译作科斯,虽与土耳其隔海遥遥相望,但却属于希腊领土。岛上的首府被称为科斯市,据 1981 年统计,全岛 2 万余人,半数住在科斯市中。

5.圣经记载:

---

① 本段前一部分资料见于《圣经百科全书》(地名部),第 875 页。

② 此资料见于《简明不列颠百科全书》第 4 卷,第 710 页。

保罗第三次外出布道,在返回的路上,自米利都往叙利亚去的时候,曾路经哥士向耶路撒冷而去。(徒 21:1,参看徒 20:17—38,徒 21:2—4)

歌罗西　　(Colossae)

1.地名原意:"惩罚"、"怪异"。

2.所在位置:附录三第 78 图第二行第 4 格。

3.地理情况①:

1)歌罗西是小亚西亚半岛上弗吕家境内的一个城市。位于以弗所去伯拉河的大道上,在老底嘉、希拉波立、彼西底的安提阿诸城之间。西距老底嘉约 30 里,北距希拉波立近 40 里,乃是古时的交通要地。

2)此城住有许多犹太人,此处教会初建时,与以巴弗和提摩太在当地的工作有很大的关系。但当地人却崇拜天使,对信徒也不无影响。公元前 481 年波斯王薛西一度占领歌罗西,公元前 401 年波斯王古列又进军此地。后来老底嘉、希拉波立相继兴盛,歌罗西即日渐衰落。公元 12 世纪时,该城教会被土耳其人破坏,该城也成为废墟。现在土耳其境内当地还有当年礼拜堂的遗迹。其他古迹也有所发现。

4.圣经记载:

1)和保罗同作传道工作的以巴弗,曾在歌罗西教会的初建时期传讲福音。故此推论,歌罗西教会可能是以巴弗建立的。保罗曾对歌罗西的圣徒说:"这福音传到你们那里,也传到普天之下,并且结果增长……正如你们从我们所亲爱、一同做仆人的以巴弗所学的。他为你

---

① 本段资料见于《圣经百科全书》(地名部),第 908 页。

们作了基督忠心的执事。他把你们因圣灵所存的爱心告诉了我们。”(西 1:6—8)保罗又说:以巴弗“常为你们竭力地祈求,愿你们在神一切的旨意上,得以完全,信心充足,能站立得稳。他为你们和老底嘉并希拉波立的弟兄多多地劳苦。这是我可以给他作见证的。”(西 4:12—13)

2)五旬节的时候,可能有一些歌罗西人从弗吕家到过耶路撒冷,五旬节的 3000 名新信徒中也可能有歌罗西人。(徒 2:10,2:41)

3)有人认为,保罗第二次外出布道时,曾经经过弗吕家一带的地方。(徒 16:6)第三次外出布道时,又挨次经过弗吕家地方,坚固众圣徒。(徒 18:23)保罗在以弗所住的前两年之间,“叫一切住在亚西亚的,无论是犹太人,是希利尼人(即希腊人)都听见主的道。”(徒 19:1,10)而歌罗西城即在亚西亚的弗吕家境内,因此推论,保罗可能到过歌罗西传道。而歌罗西书 2 章 1 节中的叙述,并不足以说明保罗未曾去过歌罗西。(参看西2:1)保罗曾为歌罗西受苦,并以此为乐,(西 1:24)并请歌罗西的圣徒纪念保罗受的囚禁。(西 4:18)保罗曾替许多人向歌罗西教会问安,并且打发一些人到歌罗西去,从此看来,保罗和歌罗西教会的感情是相当密切的。(参看西 4:7—17)

4)以巴弗被称为歌罗西那里的人。(西 4:12)阿尼西母也被称为歌罗西那里的人。(西 4:9)阿尼西母曾是腓利门的奴仆,当然腓利门也是歌罗西那里的人。(参看门 10—12)

5)保罗曾特意警戒歌罗西教会,严防敬拜天使的邪说。

（西 2:18）

6）使徒时代，新约圣经还没有全部书写汇集成经卷。信徒们聚会时，常常传阅或诵读使徒们的书信。因此保罗请歌罗西教会和老底嘉教会，交换书信，交替诵读。（西 4:16）

歌珊 （**Goshen**）

圣经中同名叫歌珊的地方有三处：

Ⅰ.**埃及地的歌珊**，以色列人曾寄居于此地 400 余年。

Ⅱ.**犹大南境的歌珊**，位置不详，乃是约书亚进迦南初期攻占之地。（书 10:41，11:16）

Ⅲ.犹大山地西南的一个镇，位置不详，乃是犹大支派所得之地。（书 15:51）

今把**埃及地的歌珊**介绍于下：

1.地名原意："边疆"、"拉近"、"吸引靠近"。

2.其他名称：

1）**兰塞**。（创 47:11，参看创 46:34）

2）**琐安**。（诗 78:12）

3）或译作"**坷山**"。

4）近译作"**戈申**"。

3.所在位置：附录三第 6 图第四行第 1 格。

4.地理情况：

1）歌珊地在埃及尼罗河的三角洲上，离安城不远，土地肥沃富庶，适宜畜牧，至今仍富饶如昔。

2）歌珊乃是雅各（即以色列）到埃及去度荒寄居的地方。该地区也叫兰塞。（创 47:6，11）后来雅各的后代以色列人生养众多，并且日益强盛。埃及王法老便苦待以色列人，叫他们修建了两座积货城，其中一座即是兰塞城,(出 1:11)历史记述埃及王兰塞二世(Ramses Ⅱ)[①] 的宫殿即在此地。故此其后便逐渐以兰塞为地名而代替了歌珊。

5.圣经记载:

1)雅各全家初到埃及的时候,由于雅各的儿子约瑟正帮助埃及度过饥荒,所以埃及的法老,便叫雅各全家住在全国最好的地方歌珊地。(创 47:6)

2)数百年后,埃及有位新王登基,他对约瑟的功绩毫无所知,便指派监工的人,强迫以色列人服苦作工,如同奴隶。(出 1:7—14)后来摩西率领以色列人出离埃及,即是从歌珊地的兰塞城一带出发启程的。(出 12:37,请参看附录三第 11 图说明①)

格拉森　　(Gerasa)

1.地名原意:"末后的报酬"。

2.其他名称:

1)今译作"**克扎(Kerza)**"。

2)也叫"**克撒(Kersa)**"或"**格吉撒**"(**Gergesa**)"[②]。

3.所在位置:附录三第 80 图第三行第 5 格。

4.地理情况:有资料[③] 认为格拉森乃是加大拉境界的一个特别的村庄,而格拉森在加大拉城北,接近加利利海。该村南边紧靠海岸处,即是下临深海的山崖。现在该处尚

---

① Ramses Ⅱ,近代译名为"拉美西斯二世"。

② 两处资料皆见于 *Halley's Bible Handbook* 一书中马可福音第 5 章第 1—15 节注释。

③ 两处资料皆见于 *Halley's Bible Handbook* 一书中马可福音第 5 章第 1—15 节注释。

有克扎(即格拉森)的遗址。

5.圣经记载:

耶稣和门徒渡海来到格拉森① 人的地方。一下船遇见一个被鬼附着的人从坟地里出来。没有人能制伏他。耶稣吩咐那鬼从那人身上出来,那人的病就被治好了。鬼被赶进猪群,使两千头猪闯下山崖,投在海里淹死了。(可 5:1—13)那个被治好的人,就在低加波利传扬耶稣为他作了何等大的事。(可 5:20)

革哩底 (**Crete**)

1.地名原意:“说谎”、“肉体的”。

2.其他名称:

1)今译作“**克里特**”。

2)又名“**干地亚(Candia)**”。

3.所在位置:附录三第 101 图第四行第 2 格。

4.地理情况:

革哩底是希腊东南的一座海岛,现属希腊,使徒时代属于罗马。它位于爱琴海和地中海的连接之处。岛上多山,但平原地带土地肥沃,人烟稠密,是地中海上第四大岛。

5.圣经记载:

1)保罗在提多书中曾说他把提多留在革哩底,是要提多把“没有办完的事都办整齐”,并在各城设立长老。(多 1:5)提多书是保罗第一次被囚于罗马得到释放后,在第二次被囚之前书写的,显然那时革哩底各地已经建立了教会。

---

① 马太福音第 8 章第 28 节说耶稣来到加大拉人的地方,意指属于加大拉一带的乡村。格拉森即是当地的这一乡村。

2)革哩底教会的建立,可能出于下列情况:

①五旬节时,有些革哩底的犹太人到耶路撒冷去守节。其中有人听到使徒讲道而悔改信主。这些人把福音带回革哩底,从而形成了革哩底的教会。(参看徒2:5—42)

②保罗第二次外出传道时,曾在哥林多住了一年零六个月,将神的道教训当地圣徒。(徒18:1—11)以后到了以弗所,起先一连三个月劝化众人,(徒19:1—8)前后共在当地传道三年之久,(徒20:31)使主的道大大兴旺。(徒19:20)哥林多、以弗所都离革哩底不远。(参看99图)那时有可能或是藉着某些信徒,或是藉着保罗一次未经记载的游行布道而开始了革哩底的教会工作。

③保罗被押送到罗马的途中,曾经坐船贴着革哩底的沿岸航行,到达了该岛的佳澳。保罗曾劝船上众人留在该处过冬。但押送囚犯的军官及船主却执意到革哩底的非尼基过冬。他们开船不久,遇到了大风,全船几乎丧命。(徒27:7—15)所以,这时的保罗是很难在岛上传道并建立教会的。

④保罗到达罗马第一次被囚又获释放之后,很可能带着提多到革哩底传道而建立了该岛的教会。但保罗又有事工因而离开革哩底。故此保罗把提多"留"在革哩底,把"没有办完的事"办理完毕。(多1:5,参看附录三第102图,本书同意这一推论)

3)保罗对提多讲到革哩底人的谎言等恶行时,认为应当严严地责备。(多1:12—13)

4)保罗后来又打算让亚提马或推基古去到革哩底接替提

多的工作。(多 3:12)

革尼撒勒　　　(Gennesaret)

1.地名原意:“竖琴”、“王子的花园”。

2.其他名称:现今叫“**金诺萨**(Ginnosar)”。

3.所在位置:附录三第 80 图第二行第 4 格沿海岸边之地。

4.地理情况:革尼撒勒指的乃是加利利西北岸边的地区。长约 9 里,宽约 3 里。在迦百农的西南方。当地盛产果树。

5.圣经记载:

耶稣在加利利传道的时候,来到该地。有许多人带着病人来求耶稣医治,耶稣就治好了他们。(太 14:34—36;可 6:53—56)

革尼撒勒湖　　　(Lake of Gennesaret)

1.地理情况:即**加利利海**,参看“加利利海”条。

2.圣经记载:

“耶稣站在革尼撒勒湖边,众人拥挤他,要听神的道。”他见有两只船在海边上,有一只船是彼得的。耶稣就上了他的船,请他把船撑开,稍微离岸,耶稣就坐下,从船上教训众人。讲完了,就对西门说:“把船开到水深之处,下网打鱼。”彼得他们下了网,圈住了许多鱼,网险些裂开。彼得等人都非常惊讶。耶稣对彼得说:“从今以后,你要得人了。”彼得等人就撇下所有的跟从了耶稣。(路 5:1—11)耶稣受难后,五旬节时彼得等人一次讲道,信徒便新添了 3000 人。(徒 2:41)再一次讲道,信徒又添了 5000 多人。(徒 4:4)

革尼土　　　(Cnidus)

1.地名原意:“年纪”、“时代”、“激怒”。

2.所在位置:附录三第 101 图第三行第 3 格。

3.地理情况:它位于小亚西亚西南部的海滨。与哥士岛隔海相望,相距仅30里。

4.圣经记载:

保罗被囚送往罗马的途中,曾坐船经过此地。(徒27:7)

各各他 (Golgotha)

1.地名原意:"头颅"、"髑髅"。

2.所在位置:附录三第92图第一行第1格。

3.地理情况:

1)"各各他"系希伯来文的译音。原意是"头骨"或"头盖骨",作为地名即译为"**髑髅地**"。它由希伯来文意译成希腊文,再由希腊文音译成英语乃是"Calvary"。汉语译文中,有的把它音译作"**卡洼利**",也有的译作"加略(山)"。但汉语圣经则意译为"髑髅地"。

2)此地被称为"髑髅地"的原因可能有两点:

①该处本是一个小山头,乃是个刑场。山上常能见到零散的髑髅,故此得名。

②当年这一小山的地形或山上巨石的形状即如人的头骨,因而得名。

3)各各他在耶路撒冷的旧城之外,(来13:12)与旧城相距不远,(约19:20)离大道较近,(参看太27:39)乃是从乡间到耶路撒冷的必经之路。(可15:21)

4.圣经记载:

1)耶稣被捉拿之后,兵丁鞭打他、戏弄他,犹太人喊着要钉他十字架。彼拉多就将耶稣交给了他们,他们强迫耶稣背着自己的十字架,要把他带到各各他去,把他钉十字架。(约19:1—17)

2)当时"有一个古利奈人西门,就是亚力山大和鲁孚的父亲,从乡下来,经过那地方。"兵丁就强迫西门代替耶稣背着他的十字架,到了各各他。(可15:21—22)这位为耶稣背过十字架的西门的妻子,和他的儿子鲁孚都成为很好的信徒,保罗写信时还特意地问候她们。(罗16:13)

3)耶稣在各各他被钉在十字架上之后,为钉他的人们祷告说:"父啊!赦免他们,因为他们所作的,他们不晓得。"(路23:34)耶稣被钉的时候,约在上午9点。(可15:25)

4)在各各他和耶稣一同钉十字架的,还有两个强盗,一个在左边,一个在右边。(路23:33)其中有一个强盗讥诮耶稣说:"你不是基督吗?可以救自己和我们吧?"另一个强盗就马上责备他说:"你既是一样受刑的,还不怕神吗?我们是应该的。因我们所受的,与我们所作的相称。但这个人(耶稣),没有作过一件不好的事。"他便求告耶稣说:"耶稣啊!你得国降临的时候,求你记念我。"耶稣对他说:"我实在告诉你,今日你要同我在乐园里了。"(路22:39—43)

5)耶稣在各各他的十字架上受苦共约有6个小时之久。后来一段时间,从正午约至下午3点,遍地都黑暗了。圣殿里的幔子从上到下裂为两半。耶稣大声喊着说:"父啊!我将我的灵魂交在你手里。"说了这话,气就断了。(路23:44—46)

6)当时有个人名叫约瑟,也是耶稣的门徒,只因为怕犹太人,就暗暗地作门徒。(约19:38)约瑟求准彼拉多,便领去耶稣的身体。又照着犹太人的规矩,把耶稣的身体用细麻布加上香料裹好,就近把耶稣安放在约瑟自

己的新坟墓里。这个坟墓就在各各他山的一个园子中。(约 19:38—42,参看太 27:60)

姑珥　　(Gur)

1.地名原意:“寄居”、“小犬”。

2.所在位置:附录三第 52 图第三行第 1 格。

3.地理情况:姑珥是靠近以伯莲的一个地名。在耶斯列、撒玛利亚、米吉多 3 个城邑的中间。

4.圣经记载:

犹大的第 6 代国王亚哈谢本是敬畏耶和华的大卫的后代。但是他却娶了祭拜巴力的以色列王亚哈的女儿为妻,并且作耶和华认为是恶的事。亚哈谢不自量力,竟与亚哈的儿子约兰一起去与当时非常强盛的亚兰王作战。结果,约兰负伤归回耶斯列治病,亚哈谢又到耶斯列去慰问约兰。(王下 8:27—29)正当这时,以色列的大臣耶户起来反对亚哈家族。耶户射杀了约兰之后,亚哈谢遂即逃跑。但耶户把他追到姑珥的坡上,便击伤了亚哈谢。当亚哈谢逃到米吉多时,这个与恶人不分彼此的人,终于死在了那里。(王下 9:21—27)

姑珥巴力　　(Gur-baal)

1.地名原意:“巴力的住处”。

2.所在位置:可能在附录三第 55 图第四行第 3 格之处。

3.地理情况:姑珥巴力在犹大地东南方的沙漠之中,是亚拉伯人居住的地区,但其确切位置已不可考。

4.圣经记载:

犹大的第 10 代国王乌西雅登基时,年仅 16 岁,他作耶和华眼中看为正的事,耶和华就使他亨通。他战胜非利士人,拆毁了非利士的一些名城,乌西雅并且出击住在姑珥巴力的亚拉伯人。由于耶和华的帮助，当时乌西雅的名声传到远方，国势也很强盛。（代下 26:3—15，请参看附录三第 55 图④及其说明。）

古利奈　　（**Cyrene**）

1. 地名原意："墙"、"管束至上"。

2. 其他名称：

   1）古时另有译名为"**库瑞涅**"。

   2）现译为"**昔兰尼**"。

   3）如今只遗有"**舍哈特**"村。

3. 所在位置：附录三第 104 图第三行第 1 格。

4. 地理情况：古利奈是北非的一个城市。地当埃及以西，现今在利比亚境内，离地中海约 30 里。该地土质良好，农产富饶。耶稣降生前后，古利奈已为罗马帝国领土。该城现在已是一片废墟。旧址上只遗有一个**舍哈特**村，地位苏尔萨港西南 25 里处。

5. 圣经记载：

   1）耶稣受难前背着十字架去往各各他的路上，"有一个古利奈人西门，从乡下来，他们就抓住他，把十字架搁在他身上，叫他背着跟随耶稣。"（路 23:26；可 15:21；太 27:32）

   2）耶稣复活升天后，门徒在五旬节的时候，聚集在耶路撒冷。当时也有靠近古利奈的吕彼亚（即现今利比亚）一带地方的犹太人来守节。他们听到使徒们为耶稣作的见证，可能有人接受了福音，又返回自己原来居住的地方，把福音的种子也带到了当地。（徒 2:10，2:37—41）

   3）司提反殉道后，门徒四散到安提阿等地传福音。有古

利奈人来到安提阿宣讲耶稣的救恩,(徒 11:20—21)路求就是其中的一个。(徒 13:1)

古实 (Cush)

圣经中同名叫古实的地方有两处:

Ⅰ.**埃及南方的古实**。

Ⅱ.**基训河旁的古实**。其确切位置已难查考。大约在伯拉大河与希底结河两大流域附近。圣经记载洪水之前,有基训河环绕古实全地。基训河乃是滋润伊甸园的四条河流之一。但洪水之后,圣经再未记载此处的基训河与古实地。(创 2:13)

今把埃及南方的古实简介如下:

1.地名原意:“黑”。

2.其他名称:

1)**埃提阿伯**。

2)**埃塞俄比亚**。

3.所在位置:附录三第 1 图第四行第 2—3 格。

4.地理情况:

1)古实原是一个人名,乃是挪亚的孙子,含的儿子。(创 10:6)古实的后代被称为古实人。(代下 12:3)古实人居住的地方便被称作古实地。(结 29:10)古实乃是希伯来文。新约时代按希腊语即改叫埃提阿伯。(Ethiopia,徒 8:27,请参见经文中的小字)

2)古实在非洲东部的尼罗河上游,当地天气干旱缺雨,古时比较贫瘠。旧约中共有 40 余处提到古实、古实人、古实河等。

5.圣经记载:

1)犹大的第 3 代国王亚撒,做耶和华眼中看为善看为正的事，国中太平，诸事亨通。后来，古实王谢拉率领大军百万，深入到玛利沙来攻击犹大人。当时犹大国只有50余万军兵。亚撒呼求耶和华“帮助软弱的胜过强壮的”。耶和华使犹大人战败古实人，亚撒的军兵一直追赶他们到了基拉耳。（代下14:1—13，请参看附录三第45图及其说明）

2)古实又叫埃提阿伯。使徒时代，腓利曾经在旷野引领了一个埃提阿伯的太监，接受了基督的救恩。（徒8:26—39，参看“埃提阿伯”条）

H

哈腓拉　　（Havilah）

1.地名原意：“环行”、“痛苦”。

2.所在位置：附录第1图第二行第3格。

3.地理情况：哈腓拉幅员十分辽阔，[①] 根据圣经记述，洪水前后，它的东方临近比逊河（即现今的卡仑河）区域。（创2:11）它的西方临近迦南。（创25:18）由此可见，哈腓拉当在亚拉伯的中部，而东西延伸较为遥远。

4.圣经记载：

以色列建国初期，扫罗王常常攻打国境四周的仇敌。（撒上14:47—48，请参看附录三第28图）那时先知撒母耳对扫罗传述耶和华的话说，先前以色列人出埃及的时候，亚玛力人曾无故地攻击以色列人，所以叫扫罗去攻打亚玛力人，以绝后患。扫罗战胜亚玛力人后，从哈腓拉一直追

---

① 请参看和合本圣经后面附录的“挪亚后裔分居地图”。

赶他们到埃及前面书珥的旷野。(参看附录三第29图说明①)扫罗擒获了亚玛力王亚甲,却未遵从耶和华的话行事,因而遭到了耶和华的厌弃。(撒上15:2—26)

哈基拉 (Hachilah)

1.地名原意:"暗色"、"暗山"。

2.所在位置:附录三第31图第二行第3格。

3.地理情况:圣经记述,哈基拉山乃是大卫在逃避扫罗的追逼时一度藏身之地。它的确切位置,至今尚无定论。但哈基拉肯定在西弗旷野,(撒上26:1—3)也离玛云较近。(参看撒上23:19,24—26)而且,扫罗寻索大卫时,先在隐基底与大卫相遇。(撒上第24章)其后大卫即转向玛云旷野[①],(撒上25:1—3)不久即栖身于哈基拉山。由此可见,哈基拉山当在西弗、玛云、隐基底三处之间,如本书第31图所示。

4.圣经记载:

大卫在隐基底的洞中仅只割下了扫罗的衣襟,本已显明了他并无伤害扫罗之意。(撒上24:1—22)但是当大卫栖居在哈基拉山时,扫罗却又率兵去寻索大卫,安营在哈基拉山旁的道路上,大卫窥见扫罗睡觉的营帐,便在夜间带着他的战将亚比筛潜入扫罗的营房。那时他们发现扫罗正在沉睡,他的枪就插在头旁的地上,亚比筛想要用枪刺死扫罗。大卫却劝阻了他,仅只把扫罗头旁的枪和水瓶带走。由于耶和华使扫罗及其军兵都沉沉而睡,大卫与亚比筛得以安然回到自己的营地。大卫站在山顶上,大

---

① 撒上25:1处的经文,和合本圣经译作"巴兰的旷野"。希腊文的七十士译本作"玛云的旷野"。

声呼叫并斥责扫罗的战将,说未能保护好扫罗的安全,并且拿出扫罗的枪来,再一次向扫罗表明自己并无伤害扫罗之意。扫罗也由哈基拉山退军而回。(撒上第 26 章)但扫罗仍有搜捕大卫之心。大卫深怕扫罗再次加害自己,遂逃出以色列境,而到迦特去请求寄居。扫罗得知这一消息后,才不再寻索大卫。(撒上 27:1—4)后来非利士人犯境,扫罗战败而亡,连自己的尸身都被敌人钉在城墙上示众。(撒上 31:8—10)后人评论说,若是当年扫罗在哈基拉能受到感动而回心转意,若是大卫能像先前那样仍是扫罗部下领军的官长(参看撒上 18:5),大卫既曾多次战败非利士人,扫罗何致会败在非利士人手下,落得这样悲惨的结局。(参看撒上 17:49—52,18:27,23:1—5)

哈兰　　(Haran)

1.地名原意:“山居者”、“多山”。

2.所在位置:附录三第 2 图第一行第 3 格。

3.地理情况:哈兰是古叙利亚东北部的一个城市。位于伯拉大河(即幼发拉底河)上游的东岸。在吾珥西北将近 2000 里。在迦南东北约 1300 里。是古代军事和商业重镇。至今尚存有它的遗址。

4.圣经记载:

1)古时亚伯兰(即亚伯拉罕)和他的妻子撒莱与侄儿罗得等人,离开了迦勒底的吾珥,要绕行 3000 余里,往迦南地去。他们先走到哈兰,就住在那里。(创 11:31)以后又从哈兰起身,渡过伯拉大河(即幼发拉底河),进入了迦南。(创 12:4—5)

2)亚伯拉罕老年时,曾请他的老仆人到亚伯拉罕的本地本族去,为自己的儿子以撒娶妻。他的老仆人到了拿鹤的城，为以撒娶来了利百加。(创 24:1—67)利百加本来和她的哥哥拉班等人同住在一起。(创 24:28—30)圣经又记述说拉班住在哈兰。(创 27:43)因此一般学者都认为“拿鹤的城”即是“哈兰”。

3)以撒和利百加的小儿子雅各骗取了长子的位分，雅各的哥哥以扫想要日后杀死雅各。故此利百加劝告雅各，逃往哈兰他舅舅拉班那里住些日子。(创 27:30—45)雅各步行约 1300 里去往哈兰，(创 28:10)雅各为了娶拉班的女儿拉结为妻，前后为拉班工作了 14 年。(创 29:18—30)雅各的妻妾共为他生了 12 个儿子。雅各曾被神改名叫以色列，他的后裔即是以色列族。雅各的 12 个儿子的后代即是以色列人的 12 个支派。

4)当犹大王希西家在位时，亚述王的使者说，亚述曾毁灭了一些城邑，其中便有哈兰。(赛 37:9—12)

5)哈兰人早与推罗城有通商关系。(结 27:25)

6)司提反殉道前，在犹太公会当众申诉时，也提到了亚伯拉罕一度住在哈兰，又从哈兰去到迦南这一史实。(徒 7:2—4)

哈列　　　(Hereth)

1.地名原意：“刀割”、“丛林”。

2.所在位置：附录三第 31 图第二行第 2 格。

3.地理情况：哈列是犹大境内的一片森林，靠近亚杜兰洞和基伊拉城。

4.圣经记载：

大卫逃避扫罗的逼迫时，曾一度藏身在亚杜兰洞。他的弟兄和他父亲的全家也都到了他那里。后来约有 400 个困苦人投奔了他，大卫便作他们的领袖。不久，大卫把父母送到了摩押王那里寄居，摩押乃是大卫的曾祖母路得的故乡①。其后，先知迦得劝告大卫不要住在山寨。大卫便和跟随他的400人都进入了哈列森林里去栖身。(撒上22:1—6，请参看附录三第31图说明⑥—⑧)

哈律(泉)　　(Harod)

1.地名原意："颤抖"。

2.所在位置：附录三第20图第二行第2格。

3.地理情况：哈律本是一处泉水的名称，后来形成为地名。哈律泉(Spring of Harod，或 Well of Harod)在基利波山北面的山岩下，泉水洁丽而景色幽雅。西距耶斯列城仅约3里，东向流入伯珊的狭谷中，至今哈律泉仍是宜于旅游之地。

4.圣经记载：

1)当年在士师时代，曾有米甸等东方军队约13.5万人②入侵以色列，进驻到耶斯列平原。(士6:33)以色列一方只有3.2万人跟随基甸。基甸处处倚靠耶和华，便在哈律泉旁安营准备作战。然而耶和华却认为以色列人数太多，他叫基甸宣告于众：凡是胆怯惧怕的可以离开阵地回去。于是有2.2人退去，只剩下了一万人去迎战东方的13.5万人，两军人数似更悬殊。但是耶和华认为以色列的人数还是太多，便叫基甸带着这一万人到哈律泉去喝水，以便试验他们。当时两军对阵，相

---

① 路得原是摩押女子。(得1:4)路得与波阿斯结婚后，他们的曾孙即是大卫。(得4:21—22)

② 米甸等东方军队共约13.5万人。圣经记载，战争接近末期时，他们已经被杀的约有12万，剩下的约有1.5万人。(士8:10)可知总数当是大约13.5万人。

距很近,战事随时都可触发。大多数的以色列军兵见到泉水,竟俯伏于地,不顾一切地跪下喝水。只有300战士警惕地站在那里,用手捧着水喝。耶和华命令基甸只留下这300名精选的士兵作战,遣散了其他的9700人。结果,耶和华神使这300精兵大胜东方的13.5万人。米甸的两个王也被以色列人俘获。(士7:1—8:12,请参看附录三第20、21两图及其说明)

2)扫罗阵亡之前,非利士人入侵到书念。(撒上28:4)扫罗率领以色列军在耶斯列的哈律泉安营对垒。(撒上29:1)扫罗本来曾屡次战胜过非利士人。(撒上13:1—14:46,请参看附录三第27图及说明;撒上14:47,请参看附录三第28图⑥;撒上17:1—52,请参看附录三第30图及说明)但是这次看见非利士人却心中发颤而惧怕。(撒上28:5)当扫罗求问耶和华得不到回答时,他并未知罪悔改而迫切地恳求耶和华神,反而违背神的诫命,竟去求助于一个交鬼的妇人。(撒上28:5—8)其后,扫罗兵败,惨死于阵上。在同一个哈律泉旁的两次战事、两种结果,常使后人追思不已。(撒上31:1—3,参看附录三第32图及其说明)

哈马　　　(**Hamath, Hamah**)

1.地名原意:"要塞"、"怒气的包围"。

2.所在位置:附录三第39图第一行第3格。

3.地理情况:哈马是古代的名城,在大马色以北约300余里,位于奥朗特河(Orontes River)东岸。哈马国曾是古时以色列的领土或藩属。亚兰人强盛时则据有大马色和哈马等地。其后,哈马的兴衰变化即混入亚兰的历史中。古亚兰的所在地今属叙利亚。至今,哈马城仍是叙利亚国哈马省的省会，并且是农产品的集市中心，当地花卉也很出名。1981年统计，哈马城人口约17万余人，哈马省约七十余万人。

4.圣经记载：

1)洪水之后，挪亚的儿子含生了迦南等人。(创10:6)迦南的后代被称为迦南人，迦南人的各部族分地而居，其中哈马部族居住之地即称为哈马。(参看创10:15—18)

2)以色列人出埃及后，摩西派遣12个探子去窥探迦南。这些探子从迦南南方寻的旷野出发，直到迦南最北部的哈马口，走遍了迦南全地。(民13:1—25)耶和华晓谕摩西说，耶和华赐给以色列人地业的南界是埃及小河，北界即是从何珥山到哈马口的东方。(民34:1—8)圣经上提到的“从哈马口直到埃及小河”，即是意指以色列的全境。(王上8:65)

3)大卫王杀败琐巴王时，哈马王曾派遣他的儿子向大卫献上金银器皿，问安祝福。(撒下8:3—11)那时这一小王国哈马已成为以色列的附庸。(请参看附录三第36图)

4)所罗门王占领了哈马和琐巴地区，并且修建了哈马境内所有的储存货物的城市。(代下8:3—4，请参看附录三第39图)

5)古时以色列国势削弱时，许多边远的附庸和属地渐渐背离以色列。但到北国的以色列王耶罗波安二世时，又收回了哈马等边界之地。(王下14:28，参见附录三第55图②)

6)后来，亚述王攻取了哈马，(参看王下18:34，19:13)又攻陷了撒玛利亚。(王下17:6)亚述王把一些以色列人迁移到哈马居住，(赛11:11)又把一些哈马人等迁入到

撒玛利亚,因此使撒玛利亚人的信仰、人种、血统日益复杂混乱。(王下 17:24)

7)埃及的法老尼哥,曾把犹大的第17代国王约哈斯锁禁在哈马地区,另立约雅敬作犹大王。他又把约哈斯带到埃及,犹大的国势日益衰败不堪。(王下 23:33—34)

8)先知耶利米、以西结都曾提到过哈马。(耶 49:23;结 48:1)

哈米吉多顿　　(Armageddon 或 Harmagedon)

1.地名原意:"屠杀的山"。

2.所在位置:附录三第79图第二行第2格米吉多的位置。

3.地理情况:哈米吉多顿位于加利利境内,即古时的**米吉多城**。它在拿撒勒西南约30余里,是迦密山区的入口,靠近撒玛利亚,乃是古代的交通要道,也是历代军事必争之地。

4.圣经记载:

1)士师时代,迦南诸王曾在米吉多与以色列人争战而大败。(士 5:19)

2)犹大王亚哈谢伤亡在米吉多。(王下 9:27)

3)犹大王约西亚与埃及王法老尼哥在米吉多交战,约西亚被杀于此地。(王下 23:29)

4)先知撒迦利亚预言:"耶路撒冷必有大大的悲哀,如米吉多平原之哈达临门的悲哀。"(亚 12:11)

5)启示录预言说:"鬼魔的灵施行奇事,出去到普天下众王那里,叫他们在神全能者的大日聚集争战。……那三个鬼魔便叫众王聚集在一处,希伯来话叫做'哈米吉多顿'。"(启 16:16)

哈洗录　　(Hazeroth)

1.地名原意:"乡村"、"包围"。

2.所在位置:附录三第11图第四行第3格。

3.地理情况:哈洗录在西乃旷野与亚喀巴湾之间,位于西乃山东北约100里处。

4.圣经记载:

1)以色列百姓出埃及后在旷野中行进,从基博罗哈他瓦走到哈洗录,就住在哈洗录。(民11:35)

2)摩西的姐姐米利暗与哥哥亚伦在哈洗录曾毁谤摩西,因他娶了古实女子为妻。耶和华所见了就在云柱中降临,站在会幕门口,召亚伦和米利暗出来,指责他们毁谤神的仆人,并使米利暗患大麻疯。亚伦向摩西认了罪,摩西哀求耶和华医治米利暗,这样米利暗被关锁在营外七天。百姓因此没有往前行路,直等到把米利暗领回营来。其后百姓从哈洗录起行,又在巴兰的旷野安营。(民12章)

何把　　　(Hobah)

1.地名原意:"隐匿处"、"充满深情"。

2.其他名称:有人认为即是"**帖尔·埃勒撒利黑(Tell el-Salihiye)**"。

3.所在位置:附录三第3图第一行第2格。

4.地理情况及有关资料:何把乃是以拦等四王战胜所多玛等五王之后,退军经过之地。何把的确切位置各家说法不一。有的学者认为[1],何把在大马色西北约180里处。另有学者认为,当时以拦等米所波大米地区的四个王,他们退军的路线只能由大马色向东北方向后撤,再返回他

[1] 参见《圣经百科全书》(*The International Standard Bible Encyclopedia*),第867页。

们的本土。故此推论何把不可能竟在大马色的西北方。近来有考证认为①,何把即是大马色东北方 40 里处的帖尔·埃勒撒利黑地区。

5.圣经记载:

罗得离别亚伯兰以后住在平原,渐渐挪移帐蓬到所多玛。以拦等四王与所多玛、蛾摩拉等五王在西订谷摆阵交战。所多玛和蛾摩拉王战败逃跑,四王就把所多玛和蛾摩拉所有的财物、粮食都掳了去。当时亚伯兰的侄儿罗得正住在所多玛,他和他的财物也同被掳去。亚伯兰听见他侄儿罗得被掳,就率领 318 个壮丁在夜间杀败敌人,直"追到大马色左边的何把,将被掳掠的一切财物夺回来,连他侄儿罗得和他的财物以及妇女人民也都夺回来。"(创 14:1—16)

何珥山　　　(Hor)

圣经中有两个地方同名叫何珥山。

Ⅰ.以东地边界上的何珥山:

1.地名原意:"山"、"祖先"。

2.其他名称:**"摩西拉(Moserah)"**。(申 10:6)

3.所在位置:附录三第 12 图第三行第 2 格。

4.地理情况:何珥山在以东的西部边界上。其确切位置尚无定论,但必定是在加低斯的东方,或稍偏东北的方向。

5.圣经记载:

以色列人从寻的旷野加低斯起行,到了以东边界的何珥山。耶和华在这山上"晓谕摩西、亚伦说:'亚伦要

① 参见《新圣经词典》(*New Bible Dictionary*)英文本,第 486 页。

归到他列祖那里，他必不得入我所赐给以色列人的地，因为在米利巴水你们违背了我的命。你带亚伦和他儿子以利亚撒上何珥山，把亚伦的圣衣脱下来，给他儿子以利亚撒穿上，亚伦必死在那里归他列祖。'摩西就照耶和华所吩咐的行，三人当着会众的眼前上了何珥山。"亚伦就死在何珥山顶。亚伦死后，以色列人又从何珥山起行。（民 20:22—28，请参看附录三第12 图说明②）

Ⅱ.迦南地北境上的何珥山

1.所在位置：附录三第 39 图第一行第 2 格。

2.地理情况及圣经记载：何珥山濒临地中海，在哈马的西方，圣经记载耶和华赐给以色列人的迦南地业，其北界乃是从地中海起，划到何珥山，再划到哈马口及其东方的一些地带。（民 34:1—9）

何珥玛　　（Hormah）

圣经中同名叫何珥玛的地方有两处。

Ⅰ.加低斯与何珥山北方的何珥玛：

1.地名原意："毁坏"、"毁灭"、"荒凉"。

2.所在位置：附录三第 11 图第一行第 4 格。

3.地理情况及有关资料：何珥玛地区位于迦南的南部。在加低斯与何珥山以北。地当盐海的西南方。圣经记述以色列人曾先后两次在何珥玛与迦南人交战。第一次作战时，以色列人凭血气之勇，由加低斯冒然出战而失败。第二次作战时，以色列人大多已是在旷野几十年的磨炼中成长起来的新一代。他们安营于何珥山时，因倚靠耶和华而战胜了迦南人。

4.圣经记载：

1)摩西率领以色列人至巴兰旷野安营，打发12个探子去窥探迦南地。这12个人回来后，除了迦勒与约书亚外，都回报那地的恶信，以致全会众向摩西发怨言，使耶和华发怒说：凡被数点从20岁以外向我发怨言的，必不得进入应许之地。“这些报恶信的人都遭瘟疫死在耶和华面前。”“当摩西将这些话告诉以色列众人，他们就甚悲哀。”他们说：“我们有罪了，情愿上耶和华所应许的地方去。”但摩西警告他们不要上去，因他们不跟从耶和华，耶和华就不在他们中间了，恐怕他们上去被仇敌杀败。他们却不听，擅敢上山顶去。“然而耶和华的约柜和摩西没有出营。于是亚玛力人和住在那山上的迦南人都下来击打他们，把他们杀退了，直到何珥玛。”（民14:36—45，参看附录三第11图说明⑭—⑮）

2)以色列人绕行旷野38年以后，他们全会众从加低斯起行到了何珥山。“住南地的迦南人亚拉得王，听说以色列人从亚他林路来，就和以色列人争战，掳了他们几个人。以色列人向耶和华发愿说：‘你若将这民交付我手，我就把他们的城邑尽行毁灭。’耶和华应允了以色列人。”“他们就把迦南人和他们的城邑尽行毁灭。那地方的名便叫何珥玛。”（民21:1—3，请参看附录三第12图说明②、③）

Ⅱ.洗革拉南方的何珥玛：

1.地名原意：“毁灭”、“忠诚”。

2.其他名称：**洗法**（士1:17）。

3.所在位置：附录三第31图第四行第2格。

4.地理情况及有关资料：何珥玛是迦南地比梭溪旁的一

个城镇。原属犹大支派。(书 15:21,30)后来改属于西缅支派。(书 19:1,4)

5.圣经记载:

1)以色列人进入迦南后,在约书亚年纪老迈时,他们还有许多未得之地。(书 13:1)约书亚死后,耶和华吩咐犹大支派先去与迦南人争战。(士 1:1—2)犹大支派的人对他们的弟兄西缅支派的人说:"请你们同我们到我们拈阄分得的地方去,一起和迦南人争战。以后我们也同你们到你们拈阄分得的地方去(争战)。"于是西缅支派的人便和他们一起去(争战)。(士 1:3 新译文)犹大支派的人攻取了耶路撒冷、希伯仑。(士 1:8—10)犹大支派和西缅支派的人又一同击杀了住在洗法城的迦南人,将城尽行毁灭,于是那城的名字便叫"何珥玛(意思是毁灭)"。(士 1:17)

2)大卫逃避扫罗的追逼时,曾用从亚玛力人手中夺取的掠物当做礼物,送给支持他的犹大长老和人民。其中便有住在何珥玛的犹大人。(撒上 30:26—31)

何烈(山)　(Horeb, Mount)

1.地名原意:"干旱之地"、"不毛之地"、"浪费者"。

2.其他名称:

1)**神的山**。(出 3:1)

2)**西乃山**。(出 18:5,19:11)

3.所在位置:附录三第 11 图第四行第 3 格。

4.地理情况:何烈山在现今的西奈半岛南部。共有三个山峰,其中最高的摩西峰将近 2300 米。许多信奉基督的教派以及犹太教、伊斯兰教等都以此山为圣山。加他林

(Catharine)修道院即建立在东山坡上。院内的图书馆藏有希腊文、叙利亚文、阿拉伯文等多种文字的古代抄写书卷。近100年左右,不少学者从这里发现到四、五世纪时的新、旧约抄本,并把某些抄本转存到英国博物院与德国莱比锡大学图书馆内。现今何烈山与西奈(即古西乃)半岛都属埃及领土,成为世界著名的旅游胜地,也是一些人的朝圣之地。

5.圣经记载:

1)耶和华曾在何烈山呼召摩西去率领以色列人出离埃及。摩西为其岳父牧羊时,有一日到了神的山就是何烈山。耶和华的使者从荆棘里火焰中向摩西显现,告诉摩西他所站之地为圣地。并说:"我是你父亲的神,是亚伯拉罕的神、以撒的神、雅各的神。"耶和华说:"我的百姓在埃及所受的困苦,我实在看见了,所发的哀声我也听见了。""我下来是要救他们脱离埃及人的手,领他们出了那地,到美好宽阔流奶与蜜之地。"故此耶和华要打发摩西去见法老,并将神的百姓以色列人从埃及领出来。(出 3:1—10)

2)以色列人遵照耶和华的吩咐,按着站口到了利非订安营,百姓没有水喝就与摩西争闹,并发怨言试探耶和华。他们几乎要拿石头打死摩西,摩西就呼求耶和华。"耶和华对摩西说:'你手里拿着先前击打河水的杖,带领以色列的几个长老,从百姓面前走过去,我必在何烈的磐石那里站在你面前,你要击打磐石,从磐石里必有水流出来使百姓可以喝。'""摩西就在以色列的长老眼前这样行了。"(出 17:1—6)

3)"以色列人出了埃及地以后满了三个月的那一天,就来到西乃的旷野。”耶和华从西乃山（即何烈山）呼唤摩西，叫他告诉以色列人说：“我向埃及人所行的事，你们都看见了，且看见我如鹰将你们背在翅膀上带来归我。如今你们若实在听从我的话，遵守我的约，就要在万民中作属我的子民，因为全地都是我的。你们要归我作祭司的国度，为圣洁的国民。”（出 19:1—6）耶和华叫摩西和百姓自洁、预备好了，到第三天耶和华在众百姓眼前降临在西乃山上，并召摩西上到山顶。摩西将神吩咐的一切话告诉百姓。“众百姓见雷轰、闪电、角声、山上冒烟，就都发颤，远远的站立，对摩西说：‘求你和我们说话，我们必听，不要神和我们说话，恐怕我们死亡。’”“耶和华对摩西说：‘你要向以色列人这样说，你们自己看见我从天上和你们说话了，你们不可作什么神像与我相配。’”（出 19:7—11，20:1，18—23）耶和华从火焰中对以色列百姓说话，颁布了十条诫命，使百姓只听见声音却没有看见神的形象，免得百姓仿造神像来拜。摩西在离世前又再三嘱咐以色列民说：“你们要分外谨慎，因为耶和华在何烈山，从火中对你们说话的那日，你们没有看见什么形象，惟恐你们败坏自己，雕刻偶像。”（申 4:12，15—16）

4）摩西在何烈山上四十昼夜，耶和华神晓谕摩西律例典章。（出 24:18）然后把两块法版交给他，上面的十条诫是神亲自用指头写在石版上的。“百姓见摩西迟延不下山，就大家聚集到亚伦那里对他说：‘起来，为我们作神像，可以在我们前面引路。’”亚伦将百姓拿来的金环铸了一只牛犊，并筑坛献祭，（出 32:1—6；诗 106:19）以致惹耶和华神向百姓发烈怒，要将他们灭绝。摩西便为百姓恳求耶和华,才使神不把所说的祸降于百姓。后来摩西下山手里拿着神写的那两块法版,看见金牛犊、又看见人跳舞,就发烈怒把两块版扔在山下摔碎了,又"将他们所铸的金牛犊用火焚烧,磨得粉碎,撒在水面上,叫以色列人喝。"并且聚集了忠于耶和华的利未人,照耶和华以色列的神所说的,叫他们在营中往来,在拜牛犊的百姓中杀死约3000人。第二天,摩西又恳求耶和华神,赦免他们的罪,方得到神的应许,继续引领他们往迦南去。(出32:7—35)

5)耶和华吩咐摩西,再凿出两块石版和先前摔碎的一样,"摩西就凿出两块石版和先前的一样。清晨起来,照耶和华所吩咐的上西乃山去,手里拿着两块石版。耶和华在云中降临,和摩西一同站在那里,宣告耶和华的名。"说:"耶和华是有怜悯、有恩典的神,不轻易发怒,并有丰盛的慈爱和诚实。""耶和华说我要立约,要在百姓面前行奇妙的事。"(出34:1—10)摩西下山后,把这两块石版放在约柜里。"约柜里惟有两块石版,就是以色列人出埃及地后,耶和华与他们立约的时候,摩西在何烈山所放的。"(王上8:9;代下5:10)以色列民进迦南之前,摩西在约旦河东又嘱咐百姓说:"耶和华我们的神在何烈山与我们立约,这约不是与我们列祖立的,乃是与我们今日在这里存活之人立的。"(申5:2—3)

6)先知以利亚率百姓杀了事奉巴力的450个先知后,听说亚哈王的妻子耶洗别要杀他,就起来逃命,在旷野的一棵罗腾树下坐在那里求死,就躺在树下睡着了。天使两次拍他起来吃饭,并说:"你当走的路甚远。""他就起来吃了喝了,仗着这饮食的力,走了四十昼夜,到了神的山，就是何烈山。"他就住在山洞中。耶和华的话临到他，叫他回去从旷野往大马色去，并告诉他说："我在以色列人中为自己留下七千人，是未曾向巴力屈膝的，未曾与巴力亲嘴的。"(王上 19:1—18)

赫(人)　　(Hittite)

1.地名原意："恐惧"、"恐怖"。

2.其他名称：今译作"**赫梯(人)**"。

3.所在位置：附录三第 2 图第一行第 2 格。

4.地理情况：

1)圣经记述赫族人乃是挪亚的重孙赫的后代。(创 10:1,6,15)赫人居住的区域广阔，自迦南北方直到伯拉大河上游一带。哈马和迦基米施等重要城邑都属赫人之地。

2)赫人以山、川、日、月、雷、雨、风、云等事物为神明而加以祭拜。其国王不仅是政法军事上的专断者，而且还自命为神明的代理人，因此信奉耶和华为独一真神的以色列人，和赫人之间，在信仰上处处难以相容。

3)公元前 1320—1294 年间，赫人王国与埃及为了争夺亚兰(即叙利亚)，曾进行了一次古代史上最大的战争，被称为卡叠什战役。其后赫人与埃及订立和约。公元前 717 年，亚述王攻占了迦基米施，赫国也即灭亡。现在该地区分别为属于叙利亚和土耳其的领土。

5.圣经记载：

1)希伯仑也曾有赫人居住过。亚伯拉罕在希伯仑所买的麦比拉洞，即是从赫人手中购得的。(创 23:1—20)

2)以撒和雅各，都是在本乡本族的女子中娶妻的。(创 24:1—4,28:1—4)但是以扫却娶了两个赫人的女子为

妻。她们常使以扫的父母心里愁烦。(创 26:34—35)

3)摩西差遣 12 个探子窥探迦南地时,曾发现有赫人住在迦南的山地。(民 13:29)其后约书亚率领以色列人进入迦南后,赫族等人曾力图抵抗约书亚。(书 9:1—2)当约书亚与北方的夏琐王作战时,赫族人等也曾帮助夏琐王出战,但都被约书亚打败于米伦湖边。(书 11:1—9)

4)以色列人各支派分得迦南为地业之后,竟住在赫人、迦南人等异族中间。这些不曾知道与迦南人争战的以色列的后代,竟与异族子女联姻,并且还事奉他们的偶像。所以耶和华的怒气向以色列人发作,使他们受到异族的辖制,直到以色列人呼求耶和华的时候,耶和华才为他们兴起了一位士师俄陀聂,使他战胜了异族人。(士 3:1—11)

5)所罗门王也曾娶了赫人等许多外族的女子为妃嫔,违背了耶和华的教导,干犯了神的震怒。(王上 11:1—9,参看申 17:17)

6)但是,赫人中也有弃绝偶像、敬奉耶和华的人,被大卫杀害的乌利亚便是这样的一个赫人①。(撒下 11:3)乌利亚的妻子拔示巴曾被大卫召进宫去同房而怀了孕。大卫为了掩饰这一罪行,便从战场上召回乌利亚来,劝诱他回家洗脚安睡。但是乌利亚认为,按惯例,在出战时神的约柜当时正安放在战地的帐棚里,出征的将士军兵们也都在田野间安营,而自己岂可回家吃喝与妻

---

① “乌利亚”这一名字的原意乃是“耶和华是我的光”,或“神的亮光”。

子同房呢？所以他一直和大卫的仆人在宫门外同住，也不肯回家住宿。当大卫打发乌利亚重返战地去的时候，大卫给元帅约押写了封信，叫乌利亚亲手带去，信中说："要派乌利亚前进，到阵势极险之处，你们便退后，使他被杀。"大卫竟是这样用诡诈的方法，杀害了极其忠心的乌利亚，而娶了他的妻子拔示巴。后来大卫虽然向神认罪而不至于死，但是大卫的罪恶却不能不受到神的刑罚。（撒下 11:14—12:14）

黑门山　　　（Hermon，Mount）

1.地名原意："高峰"、"热心致力"。

2.其他名称：

1）**西连（Sirion）**。（申 3:9）

2）**示尼珥（Senir）**。（申 3:9）

3）**西云山（Sion）**。（申 4:48）

4）今译作"**赫尔蒙（山）**"。

3.所在位置：附录三第 10 图第一行第 4 格。

4.地理情况：它在黎巴嫩和叙利亚的边界上，位于大马士革以西。为地中海东岸的最高点，海拔将近 3000 米，南北蜿蜒 60 余里。山上终年积雪，山坡土壤肥沃，山脚下为约旦河两条主要源头的发源地。该山在巴勒斯坦地区被以色列人尊为圣山。罗马皇帝君士坦丁声称信奉基督之后，此山更被当做圣地。1967 年 6 月的阿、以战争之后，其西坡与南坡约 100 平方公里的地区，被划入以色列占据的戈兰高地。

5.圣经记载：

1）黑门山原为巴珊王噩的属地（书 12:5）约书亚率领以色列人战胜迦南人时，已杀了巴珊王噩，夺取了黑门

山。(书 12:1)

2)大卫的诗歌赞美黑门山说:

看哪!

弟兄和睦同居,

是何等的善,何等的美!

这好比那贵重的油浇在亚伦的头上,

流到胡须,又流到他的衣襟。

又好比黑门的甘露降在锡安山。

因为在那里有耶和华所命定的福,

就是永远的生命。(诗 133:1—3)

3)以色列人的其他诗歌中,对黑门也多有歌颂、赞美的词句。(诗 89:12;歌 4:8)

4)耶稣曾带着门徒彼得、雅各、约翰暗暗地上了高山。他在山上改变了形象。一般学者认为,这一高山即是黑门山。(太 17:1—8)

红海 (**Red Sea**)

1.地名原意:"芦苇之海"、"结束"。

2.其他名称:**芦苇海**(**Sea of Reeds**)。

3.所在位置:附录三第 11 图第二至第四行第 1—4 格。

4.地理情况:

1)其位置请参看附录三第 104 图第四行第 2—3 格。

2)对经中所提的红海与现今的红海区域不同。古时的红海所指的乃是现在的亚喀巴湾、苏伊士湾、红海北部以及苏伊士运河地带的湖泊等水域。

3)当地被称为红海,可能有下列几点原因:

①岸上多有红土;

②居民皮肤棕红;

③海藻在部分地区呈现绛红色；

④希伯来人因该地芦苇丛生，故称之为“芦苇之海”；

⑤此地是亚、非两洲陆路交通的咽喉。早在开凿苏伊士运河以前,该处即是由红海通向地中海的要地。

5.圣经记载：

1)摩西遵照神的命令,率领以色列人离开埃及,到了红海边上,埃及法老的军兵在后面紧紧追赶以色列人。以色列人举目看见埃及人赶来,就向耶和华哀求。这时神使海水分开,以色列人下海走干地到了对岸。埃及的军兵也下海追去,但神却叫海水合上,淹没了埃及全军。那时摩西和以色列人向耶和华唱诗赞美他。摩西的姐姐米利暗带着众妇女击鼓跳舞,应声歌颂耶和华。(出 14:8—15:21)

2)以色列的诗人曾作诗纪念这一神迹说：

我们的祖宗在埃及不明白你(神)的奇事,
不纪念你丰盛的慈爱,
反倒在红海行了悖逆。
然而(神)他因自己的名拯救他们,
为要彰显他的大能。
并且斥责红海,海便干了。
他带领他们经过深处,
如同经过旷野。
他拯救他们脱离恨他们人的手,
从仇敌手中救赎他们。
水淹没他们的敌人,
没有一个存留。

那时他们才信了他的话，
歌唱赞美他。(诗 106:7—11)

3)先知以赛亚也在诗歌中提及以色列人过红海一事。他说：

耶和华的膀臂啊！
兴起！兴起！
…………
使海与深渊的水干涸，
使海的深处变为赎民经过之路的
不是你吗？
耶和华救赎的民必归回，
歌唱来到锡安。(赛 51:9—11)

4)以色列的所罗门王曾在红海边上制造船只，对外航行通商。(王上 9:26—28)

5)司提反殉道前，最后一次申诉讲道时，也提到了以色列人过红海的奇事神迹。(徒 7:36)

6)保罗说："弟兄们！我不愿意你们不晓得，我们的祖宗从前都在云下，都从海中经过。都在云里、海里受洗……。"保罗认为此处显明以色列人经过红海，即是预示一次洗礼。(林前 10:1—2)

7)希伯来书的作者说：以色列人"因着信，过红海如行干地。埃及人试着要过去，就被吞灭了。"(来 11:29)

J

汲沦溪　　　(Kidron, The Brook)

1.地名原意："黑溪"、"污浊溪"。

2.其他名称：

1)又称“**约沙法谷**(**Valley of Jehoshaphat**)”。

2)今称“**隐纳溪谷**(**Wadi en-Nar**)”。

3.所在位置:附录三第69图第三行第4格。

4.地理情况:汲沦溪发源于耶路撒冷以北的高山上。水流向南经过耶路撒冷城东与橄榄山之间的狭谷,在耶路撒冷的东南方与欣嫩谷相会,然后泄入盐海。汲沦溪在干旱缺雨之时可以徒步蹚过,甚至成为空谷。但溪水涨溢时,则须通过圣殿东南方的古桥跨越此溪。

5.圣经记载:

1)大卫逃避他的儿子押沙龙的叛乱时,乃是经过汲沦溪,而逃进橄榄山的。(撒下15:16—23)

2)犹大的第13代国王希西家时,将耶路撒冷祭拜偶像的祭坛等物尽都除去,抛在汲沦溪中。(代下29:16,30:14)希西家死后,他的儿子玛拿西作王,又重新修筑了巴力的祭坛,制作木偶,敬拜天上的万象。(代下33:1—3)玛拿西的儿子亚们继续祭祀偶像,而且所犯的罪越犯越大,最后被他的臣仆杀死。(代下33:21—24)亚们的儿子约西亚作王时,再一次清除偶像及其祭物,把它们在汲沦溪旁烧掉。(王下23:4—6)又拆毁打碎假神的祭坛,把灰倒在汲沦溪中。(王下23:12)

4)耶稣被卖的那一夜,过了汲沦溪,进了客西马尼园祷告。不久,犹大便带着兵丁来捉拿了耶稣。(约18:1—12)

基阿　　(**Chios**)

1.地名原意:“开”。

2.其他名称:今译作“**希阿斯**”。

3.所在位置:附录三第100图第二行第2格。

4.地理情况:它是爱琴海中的一个岛屿,长约100里,宽约60里。距士每拿约36里,气候温和宜人。

5.圣经记载:

保罗最后一次到耶路撒冷时,坐船经过此岛。(徒20:15)

基比顿　　(Gibbethon)

1.地名原意:"高"、"傲慢"。

2.所在位置:附录三第16图第三行第1格。

3.地理情况:基比顿原来是但支派境内靠近海边平原上的一个城邑,后来分给利未人为业。

4.圣经记载:

1)以色列按支派分地业时,从但支派的地业中,把基比顿和属城的效野给了利未人。(书21:23)后来此地又被非利士人占据。(请参看附录三第47图)

2)以色列王耶罗波安的儿子拿答,行耶和华眼中看为恶的事。在拿答和以色列众人正围困基比顿时,巴沙背叛拿答,在非利士的基比顿杀了拿答,篡了他的位。(王上15:25—28)

3)24年后,巴沙的儿子以拉,在得撒登基作以色列王,他的大臣心利背叛他,将他杀死,并篡了王位。心利在得撒作王七日,那时以色列民正安营围攻非利士的基比顿,听说心利背叛,又杀了王,以色列人当日就立元帅暗利作以色列王。暗利率领以色列人从基比顿上去,围困得撒。心利见城破失,就放火焚烧宫殿,并自焚而死。(王上16:8—18)

基比亚　　(Gibeah)

圣经中同名叫基比亚的地方有三处。

Ⅰ.便雅悯的基比亚

1.地名原意:“山”

2.其他名称:

1)**神的山**[①]。(撒上 10:5)

2)其遗址今名“**塔勒富勒**”。

3.所在位置:附录三第 25 图第三行第 4 格。

4.地理情况及有关记述:基比亚是便雅悯境内的一座小城,在耶路撒冷以北约 12 里,位于通往伯特利及北方城镇的大道上。有时此地被称为“便雅悯的基比亚”。(撒上 13:2)有时它又被称为“扫罗住的基比亚”。(撒上 11:4)扫罗的家乡即在此地。(撒上 10:26)扫罗作王之后,也经常住在基比亚城。(撒上 15:34,22:6,23:19)基比亚乃是扫罗战胜非利士人的一个重要基地。(撒上 13:2,15)但因扫罗生前谋害基遍人,要灭绝他们。所以扫罗死后,基遍人乃把扫罗的 7 个子孙吊死在基比亚的山上。(撒下 21:1—9)

5.圣经记载:

1)当以色列中没有王的时候,各人任意而行。以色列人攻讨基比亚城,追杀便雅悯人,几乎使以色列中缺了一个支派。起初,基比亚城中的匪徒要污辱一个过路的利未人,房主不得已把那个利未人的妾交出去,被匪徒们凌辱强奸致死。那利未人就把她的尸身切成 12 块,使人拿着传送到以色列全地。于是以色列众人聚集在米斯巴[②] 耶和华神面前,彼

---

① 撒上 10:5 中所提到的“神的山”,有人译为“神的基比亚”。

② 米斯巴距离基比亚仅约 20 里许,请参看附录三第 25 图。

此联合如同一人，准备攻击基比亚，因为基比亚人在以色列人当中作了一件凶淫丑恶的事。攻城之前，以色列众支派打发人去，要使便雅悯支派“将基比亚的那些匪徒交出来，好治死他们，从以色列中除掉这恶。便雅悯人却不肯听从他们弟兄以色列人的话”。（士 19 章，20：11—13）他们反而从各城里出来，聚集到基比亚与以色列人打仗。另外还有基比亚人的 700 精兵。他们在基比亚的郊野交战。战争的头一日和第二日，以色列人被杀败阵。他们在耶和华面前哭号、求问。耶和华应允说：“我必将他们交在你们手中。”（士 20：28）第三日，以色列人设计诈败，引诱便雅悯人离城后，以色列的伏兵便急忙闯进基比亚，用刀杀死全城的人，并在城内放火。便雅悯人惊惶往旷野逃跑，被以色列人包围杀死，只剩下 600 战士逃到临门磐。以色列人虽打了胜仗，却为以色列中缺了一个支派而后悔，又为这些剩下的便雅悯人无妻而担忧。他们查出基列雅比人没有上米斯巴到耶和华面前，遂攻打基列雅比，找到了 400 个未嫁的处女，把她们带到迦南地，并叫仅剩的便雅悯人回来，把这些基列雅比的女子给他们为妻。（士 20—21 章）

2）扫罗未作王时住在基比亚。（撒上 10：26，11：4）扫罗作王以后，也常住在此城。（撒上 13：15，15：34，22：6，23：19）

3）在约书亚时代，基遍人曾与以色列民立过和约。扫罗作王时背了约，谋害基遍人。耶和华因这流人血的罪，使大卫王年间有一连 3 年的饥荒。基遍人要

大卫王把扫罗的子孙7人交给基遍人。然后把他们吊死在扫罗的家乡基比亚的山上。（撒下21:1—9）

4）亚述王曾入侵犹大国，进军到基比亚一带。他们经过米矶仑，安放辎重于密抹，过了隘口，直到迦巴住宿，使近在咫尺之间的基比亚人惊惧而逃。[①]（赛10:28—29）

Ⅱ.**犹大山地的基比亚**：乃是一个城镇，在希伯仑南方。（书15:57）

Ⅲ.**以法莲境内的基比亚**[②]：亚伦的儿子以利亚撒即葬于此地。（书24:33）

基遍 **（Gibeon）**

1.地名原意："小山"、"属于山"、"山域"。

2.其他名称：今名"**吉卜**"或"**阿及**"(**el-jib**)。

3.所在位置：附录三第14图第三行第2格。

4.地理情况：基遍乃是古时迦南的大城，如同当时城邦之国的都城一般。（书10:2）此城在耶路撒冷西北约20里处，附近有橄榄树林和地下泉水，东距艾城不远。经考古学者证实，基遍古时制酒业相当发达，确属一座规模较大的古城，1956年时，美国的普瑞查德（Pritchard）教授在这一地区挖掘出一个巨大的岩石水池，据考证认为，即是当年有名的基遍池。（请参看本书"希利甲哈素琳"条，及该词

---

① 借助于附录三第26图可以看出：基比亚、密抹、米矶仑、隘口、迦巴，都是相距不过数十里，甚至是十几里之内的城镇。

② 书24:33中，和合译本所译的"以法莲山地……的小山"，原文直译当是"以法莲的基比亚"。

条页末的脚注。)

5.圣经记载:

1)基遍乃是迦南地的希未人居住之地。(书 11:19)本来耶和华很早就曾吩咐以色列人,要把希未人等除灭净尽,不可和他们立约。(申 7:1—2)后来约书亚占领了耶利哥,除了喇合一家,耶利哥人尽被杀灭。其后又攻取了艾城,除灭艾城人。基遍人恐怕自己也将灭绝,乃设诡计,装作极远之地而来的使者,要与约书亚订立和约。以色列人没有求问耶和华,就被骗与他们起誓立了约。过了 3 天,才知道他们是近在基遍的人,乃是住在以色列人中间的。虽然以色列人因为已经起过誓立了约,只好容许基遍人存活下来,但是由于他们的欺骗行径,却被咒诅定罪,成了为以色列的会众及耶和华的祭坛劈柴挑水的人。(书 9:3—21)

2)耶路撒冷等城的 5 个亚摩利王,因为基遍的居民与以色列人立了和约,这 5 个亚摩利王就联合起来攻打基遍。基遍人求救于约书亚,约书亚不背前约而来帮助基遍人。耶和华将五王的众军交在约书亚的手中,神从天上降下大冰雹来打在亚摩利人的身上。“被冰雹打死的,比以色列人用刀杀的还多。”当耶和华将亚摩利人交付以色列人的日子,约书亚就祷告耶和华,在以色列人眼前说:“日头啊,你要停在基遍。月亮啊,你要止在亚雅仑谷。于是日头停留,月亮止住,直等国民向敌人报仇。”“日头在天当中停住,不急速下落,约有一日之久。在这日以前,这日以后,耶和华听人的祷告,没有像这日的,是因耶和华为以色列争战。”(书 10:1—14,请参看附录三第 14 图)

3)扫罗的父母原来曾居住在基遍。(代上 8:29)后来,在扫罗作王前后,扫罗则经常住在基比亚。(撒上 10:26,11:4,13:15,15:34,22:6)在扫罗作王期间,他背离了以色列人与基遍人所立的约,而想杀灭基遍人。故此,当扫罗死后,在大卫作王时,耶和华使以色列人遭受了 3 年饥荒。大卫求问耶和华之后,召了基遍人来,问他们怎样才可以赎罪。在基遍人的要求下,扫罗的 7 个子孙被基遍人吊死在基比亚的山上。(撒下 21:1—9)

4)扫罗的儿子伊施波设作以色列王、大卫作犹大王时,他们两家的将帅军兵曾在基遍池旁相遇,先是双方各派出 12 个人来搏斗决胜,继之则两家全军混战。结果,伊施波设的元帅与军兵战败而逃。(撒下 2:1—19,请参看本书“希利甲哈素琳”条,并参看附录三第 33 图及说明①—③)

5)大卫曾战胜非利士人,并追赶他们从基遍直到基色。(代上 14:16,参看附录三第 35 图及说明⑨)

6)押沙龙叛变其父大卫后,亚玛撒被押沙龙立为元帅。(撒下 17:25)当大卫重整军旅,在他的元帅约押率众出战叛军的时候,大卫仍有爱怜逆子之心,当众嘱咐约押等人,不可加害押沙龙。但在押沙龙战败,他的长发被树枝绕住仍然活着的时候,约押竟刺死了押沙龙。(撒下 18:5—15)押沙龙死后,大卫立亚玛撒为元帅代替了约押。(撒下 19:13)后来在平定示巴的叛乱时,约押与亚玛撒在基遍相会,约押假装要与亚玛撒亲嘴,就用右手抓住亚玛撒的胡子,左手用刀刺入亚玛撒的肚子,杀死了亚玛撒。(撒下 20:8—10)

7)所罗门初登王位时,因为还没有为耶和华建造圣殿,百姓们仍旧在邱坛上献祭。有一次,所罗门王到基遍在极大的邱坛上献祭时,耶和华向他显现,对他说:“你愿我赐你什么,你可以求。”所罗门只求智慧,可以判断众民,能辨明是非。“所罗门因为求这事就蒙主喜悦。”神不但赐他智慧,连他没有求的富足、尊荣也赐给他,是列王中没有一个能比的。(王上 3:4—14)

8)跟随所罗巴伯从巴比伦被掳之地归回耶路撒冷的以色列人中,有基遍人 95 名。(尼 7:6—8,25)基遍人也曾帮助修建被毁的耶路撒冷城墙。(尼 3:7)

基博罗哈他瓦　　(Kibroth-hattaavah)

1.地名原意:“贪婪的坟墓”。

2.所在位置:附录三第 11 图第四行第 3 格。

3.地理情况:基博罗哈他瓦是以色列人离开西乃山后,在旷野中沙漠地带上的一个宿营地。

4.圣经记载:

以色列人在旷野中前行,耶和华从天上降吗哪养活他们,他们中有些人大起贪欲之心,厌弃住在他们中间的耶和华,试探神说,“谁给我们肉吃呢?我们记得在埃及的时候,不花钱就吃鱼。”“现在我们的心血枯竭了,除这吗哪以外,在我们眼前并没有别的东西。”他们各在各家的帐棚门口哭号说:“我们在埃及很好。”“我们为何出了埃及呢?”耶和华的怒气便大发作,虽赐他们肉吃,却使他们心灵软弱并击杀他们。耶和华使风刮起,把无数的鹌鹑从海面刮来,飞散在营的四围,多得周围约有一天的路。“百姓起来,终日终夜并次日一整天捕取鹌鹑。”“为自己摆列在营的四围,肉在他们牙齿之间尚未嚼烂,耶和华的怒气就向他们发作,用最重的灾殃击杀了他们。那地方

便叫作基博罗哈他瓦，因为他们在那里葬埋那起贪欲之心的人。”（民 11:4—34）

基顿 （**Gidom，Chidon**）

汉语圣经中把两处发音近似的地方都译成了基顿，它们是：

Ⅰ.**米斯巴东方的基顿（Gidom）**

1.地名原意：“砍下”。

2.所在位置：附录三第 25 图第三行第 4 格。

3.地理情况：基顿是一个村镇，在基比亚与临门之间。在米斯巴及伯特利东方约 10 里处。

4.圣经记载：

便雅悯的基比亚匪徒，在以色列中行了凶淫丑恶的事。以色列众支派打发人去要便雅悯人把基比亚的匪徒交出来，但便雅悯人不肯。于是便雅悯人与以色列人在基比亚前摆阵，战事凶猛。耶和华使以色列人杀败便雅悯人。以色列人追赶他们追到基顿，又杀了他们 2000 人。那日便雅悯死了共有 25000 人。（士 20:12—48）

Ⅱ.**乌撒被击杀之地基顿（Chidon）**

1.地名原意：“标枪”、“矛”、“盾”。

2.其他名称：

1）**拿艮（Nacon）**。（代上 13:9）

2）**毗列斯乌撒（Perez-Uzzah）**，意思是“乌撒的干犯”或“乌撒的惩罚”。

3.所在位置：附录三第 25 图第三行第 4 格中拿艮所在的位置。

4.地理情况：基顿是一个打麦场地的名字，在基列耶琳和耶路撒冷之间。可能在靠近耶路撒冷西边不远之处。

5.圣经记载：

在扫罗年间，以色列人没有在神的约柜前求问神。大卫作王以后，与首领们商议决定把神的约柜运回来。"大卫率领以色列众人上到巴拉，就是属犹大的基列耶琳。""将神的约柜从亚比拿达的家里抬出来，放在新车上，乌撒和亚希约赶车。""到了基顿的禾场，因为牛失前蹄，乌撒就伸手扶住约柜而。耶和华向他发怒，因他伸手扶住约柜而击杀他，他就死在神面前。大卫因耶和华击杀乌撒心里愁烦，就称那地方为毗列斯乌撒。"（代上 13:1—11）

基拉耳　　（Gerar）

1.地名原意："暂停之地"、"寄居地"、"反刍"、"拽去"。

2.其他名称："**帖尔耶米（Tell Jemmeh）**"。

3.所在位置：附录三第 4 图第三行第 2 格。

4.地理情况：基拉耳是非利士平原上的一个城镇，在迦萨南方偏西约 27 里。20 世纪 30 年代时，考古学者弗林德·彼特瑞（W. M. Flinders Petrie）发现了此地的出土文物与古迹，证明公元前 2000 年前后（恰当亚伯拉罕在世时期），基拉耳的农作物相当丰裕。

5.圣经记载：

1)亚伯拉罕向南地迁去，曾寄居在加低斯和书珥中间的基拉耳。他在此居留的时候，称他的妻撒拉为妹子，他以为这地方的人不惧怕神，会因他妻子的缘故杀他。撒拉也确实是他同父异母的妹子，后来才作了他的妻。基拉耳王亚比米勒差人把撒拉接了去，还没有亲近她，神在梦中告诉他，撒拉是亚伯拉罕的妻子，神拦阻基拉耳王没有犯罪得罪神，并把撒拉归还亚伯拉罕。（创 20:1—13）

2)按圣经记载的顺序看来,撒拉老年间生了以撒,又赶走了使女夏甲,都是在基拉耳发生的事。(创 21:1—14,请参看附录三第 4 图说明②)

3)亚伯拉罕的儿子以撒时代,迦南南地又有饥荒,以撒就往非利士人的基拉耳去并住在那里。他心里想,恐怕基拉耳人为他妻子利百加的缘故杀他,因她容貌俊美。基拉耳人问他,便说那是我的妹子。险些使基拉耳人陷在罪里。(创 26:1—11)

4)以撒住在基拉耳,耶和华赐福给他,他就昌大成了大富户。非利士人嫉妒他,把他父亲在世时所挖的井都填满了土,以撒就离开那里住在基拉耳谷。以撒的仆人又重新挖井,得了活水井。基拉耳的牧人与他们多次发生争竞。后来以撒离开那里上别是巴去。(创 26:12—23,请参看附录三第 5 图说明⑨)

基立溪　　(Cherith, The Brook)

1.地名原意:"峡"、"开凿"、"壕沟"。

2.所在位置:附录三第 48 图第二行第 3—4 格。

3.地理情况;基立溪是约旦河东方流入约旦河的一条小溪。溪水南岸即是先知以利亚的故乡提斯比,地处基列境内。

4.圣经记载:

以色列王亚哈行耶和华眼中看为恶的事,比他以前的列王更甚。先知以利亚向亚哈王宣布神的刑罚。"这几年我若不祷告,必不降露不下雨。"这使当地有三年半干旱无雨的灾害。"以利亚照着耶和华的话,去住在约旦河东的基立溪旁,乌鸦早晚给他叼饼和肉来,他也喝溪里的水。"直到溪水干了,耶和华又引导他往别处去并供养他。(王上 16:29—33,17:1—6)

基利波(山)　　(Gilboa, Mount)

1.地名原意:"沸泉"、"涌出"。

2.所在位置:附录三第10图第二行第3格。

3.地理情况:基利波山在耶斯列平原之南,长约24里,宽约10里左右,高约500米。此山自西北而走向东南,在约旦河与基顺河之间,乃是两条河流的分水岭。山势西坡倾斜,而东北两侧则崎岖难行。当年扫罗王即战死于此地。

4.圣经记载:

扫罗作王时代的最后一次战争在基利波。"非利士人聚集来到书念安营,扫罗聚集以色列人在基利波安营。"扫罗虽屡经战事,这次却看见非利士的军旅就惧怕,心中发颤。扫罗求问耶和华,耶和华却不回答他。于是扫罗改了装去找交鬼的妇人,希望能召已死的先知撒母耳来。撒母耳对扫罗说:"耶和华已经离开你。""已经从你手里夺去国权","必将你和以色列人交在非利士人的手中。"并预言说他和他的众子必死。(撒上28:3—19)"非利士人与以色列人争战,以色列人在非利士人面前逃跑,在基利波有被杀仆倒的。"非利士人紧追扫罗和他儿子们,就杀了扫罗的3个儿子。扫罗被弓箭手追上射伤甚重,为了免受那些未受割礼的人刺他、凌辱他,扫罗就自己伏在刀上死了。这样,扫罗和他3个儿子都战死在基利波山上。(撒上31:1—8,请参看附录三第32图)

基利心(山)　　(Gerizim, Mount)

1.地名原意:"荒地","多岩石"、"割下者"。

2.其他名称:

1)**祝福之山**。

2)今译作"**盖里济姆**"。

3.所在位置:附录三第10图第三行第2格。

4.地理情况:

1)基利心山位于示剑之南,与示剑北方的以巴路山遥遥相对。基利心山海拔880余米,林木茂盛,众树丛生,但也有荆棘野草间杂其中。①

2)撒玛利亚人从被掳之地归回撒玛利亚地区之后,即在基利心山上另外建造了圣殿,以便与耶路撒冷对立。公元前129年时,该殿被毁,但撒玛利亚人仍以基利心山为圣山②,甚至有些撒玛利亚人,至今仍在基利心山上守节。

5.圣经记载:

1)以色列人在过约旦河进入迦南地之前,摩西将耶和华神的话吩咐以色列百姓:"你们过约旦河,到了耶和华你神所赐给你的地,当天要立起几块大石头,墁上石

---

① 有的圣经学者认为,基甸的儿子约坦,在基利心山上所讲的"众树要拥立一树为王"的寓言,便是就地取材于山上的众多树木的。(士9:7—21)

② 古时撒玛利亚人受耶罗波安制造金牛犊对抗耶路撒冷的影响,他们认为耶和华乃是取用基利心的泥土造的亚当。他们认为基利心山不仅是亚伯献祭之处,也是洪水之后挪亚献祭之处。甚至他们认为亚伯拉罕献以撒,雅各梦见天梯后献祭也都在此处。尽管上述见解在摩西五经中没有记载,或者恰与摩西五经所记不符,但是撒玛利亚人一方面承认摩西五经,一方面又坚持必须在基利心山向神敬拜。而犹太人却认为须在耶路撒冷向神敬拜。新约圣经中记载耶稣曾对一个撒玛利亚的妇人说:"你们拜父,也不在这山上,也不在耶路撒冷……神是灵,所以拜他的,必须用心灵和诚实拜他。"(参见约4:21—24)

灰,把这律法的一切话写在石头上。"(申 27:2—3)"要将祝福的话陈明在基利心山上,将咒诅的话陈明在以巴路山上。"(申 11:29)

"当日摩西嘱咐百姓说,你们过了约旦河,西缅、利未、犹大、以萨迦、约瑟、便雅悯六个支派的人都要站在基利心山上为百姓祝福。流便、迦得、亚设、西布伦、但、拿弗他利六个支派的人都要站在以巴路山上宣布咒诅。"(申 27:11—13)

约书亚带领以色列民进迦南攻取艾城后,"在以巴路山上,为耶和华以色列的神筑一座坛。"并"将摩西所写的律法抄写在石头上。"以色列众人"都站在约柜两旁,在抬耶和华约柜的祭司利未人面前,一半对着基利心山,一半对着以巴路山,为以色列民祝福,正如耶和华的仆人摩西先前所吩咐的。""随后约书亚将律法上祝福咒诅的话,照着律法书上一切所写的都宣读了一遍。"(书 8:30—34)

2)基甸(耶路巴力)有 70 个亲生的儿子,他的妾也给他生了一个儿子,名叫亚比米勒。在其父基甸死后,亚比米勒雇了些匪徒,杀死了基甸的 70 个儿子,只剩下基甸的小儿子约坦躲藏起来,幸免被杀。示剑人和米罗人立亚比米勒为王。有人将这事告诉约坦,他就去站在基利心山顶上,向众人大声宣讲了一个众树要拥立一树作王的寓言。大意是说,当一些多结善果的树木被请作王时,它们都不肯作众树的王。它们认为自己怎能停止不结荣神益人的果子,而飘摇在众树之上呢?但是当众树请荆棘作王的时候,荆棘欢然接受,并且威胁众树要服在它的荫下,不然荆棘就要起火,直到烧灭利巴嫩的香柏树。约坦并且在基利心山上引申这一寓言，咒诅示剑人等拥立亚比米勒必有恶果。亚比米勒管理以色列人3年之后，示剑人以诡诈对待亚比米勒(士9:1—23)。亚比米勒率军攻取了示剑，杀了其中的居民，放火烧了示剑人的藏身之地，但在亚比米勒进攻另一城镇提备斯时，却死在该城的楼门之下。约坦的咒诅果然都归到了他们的身上。(士9:44—57)

基利家　　(**Cilicia**)

1.地名原意："滚"。

2.其他名称：今译作"**西利西亚**"。

3.所在位置：附录三第78图第二行第4—5格。

4.地理情况：在耶稣降生前后，基利家乃是罗马帝国的一个省。它东面与叙利亚接壤，西面与旁非利亚为邻，南方面临地中海，北方则为加拉太和加帕多家，是从亚西亚到叙利亚去的必经之地。基利家西部多山，东部则为平原，其首府大数即在东部地区。公元前14世纪时，基利家东部原是独立地区，其后则相继为亚述、波斯、希腊等国统治。公元前1世纪时，罗马的大将庞培占领此地。公元964年时，基利家的东部又为阿拉伯人占领。后来屡遭列强争夺。终于在1515年成为土耳其的领土。

5.圣经记载：

1)使徒保罗生于基利家的省城大数。(徒21:39,22:3,23:34)

2)司提反殉道前，曾与来自基利家等地犹太会堂的人们辩论。但"司提反是以智慧和圣灵说话，众人抵挡不住。"(徒6:8—10)

3)保罗最初在耶路撒冷传道时，犹太人想要杀害他，他便回到了基利家的大数。(徒9:28—30)并且在基利家境

内,“传扬他原先所残害的真道”。(加 1:21—23)

4)后来保罗、巴拿巴、西拉等人,带着耶路撒冷教会的书信,同往基利家等地,去看望当地的信徒。(徒 15:22—25)

5)保罗第二次外出布道时,他和西拉走遍了基利家,坚固众教会。(徒 15:41)

6)保罗在耶路撒冷无故被犹太人捉拿以后,他以一个罗马人的公民权,向罗马巡抚要求上告于该撒(罗马皇帝)。(徒 26:30—32)因此他被押解,乘船去罗马。该船沿着亚西亚一带地方的海边走,经过了基利家前面的海,或许保罗得以遥望自己的家乡。(徒 27:1—5)

基列　　(Gilead)

圣经中同名叫基列的有三处:

Ⅰ.约旦河东的基列

1.地名原意:“多岩石”、“见证之堆”。

2.其他名称:

1)阿拉伯语叫“**解列(Jalad)**”。

2)新约时该地称为“**低加波利(Decapolis)**”,意为“十城之区”。

3.所在位置:附录三第 13 图第二至三行第 3 格。

4.地理情况:基列乃是从摩押平原北界、盐海的北端,直到雅穆河之间的山地。雅博河由中间自东而西把基列分为南北两部分,此地树林闻名于世。且出产乳香、橄榄、葡萄。境内可作耕种之地较少,但青草甚多,适宜牧放牛羊。基列山、基列城都在这一地区。先知以利亚的故乡提斯比,即在基列的基立溪南方。(参看附录三第 48 图。)古时的基列约相当于现今约旦的西北部。

5.圣经记载：

1)雅各给他的舅舅工作20年后，不辞而别，离开巴旦亚兰地区返回迦南。拉班从后追赶，在基列山追上了雅各。（创31:22—23）后来双方立约而别。（创31:43—55）

2)以色列人进迦南之前，便攻占了基列，把南半部给了流便、迦得两个支派，把北半部分给了玛拿西支派。（书13:15—31，请参看附录三第15图）

3)士师时代，亚扪人入侵基列。耶弗他杀败亚扪人，攻取了20个城镇。（士10:6—17，11:1—33；请参看第22图）

4)扫罗王死后，扫罗的元帅押尼珥拥立扫罗的儿子伊施波设在玛哈念作以色列王，治理基列等地。玛哈念即在基列境内。（撒下2:8—9，请参看附录三第33图说明①，及附录三第34图说明①）

5)大卫的儿子押沙龙叛变大卫之后，大卫逃到玛哈念整军作战，后来押沙龙战死于基列境内的树林中。（撒下第15—18章，请参看附录三第37图说明⑥—⑨）

6)亚哈王时，亚兰人占据了基列的拉末。亚哈意欲夺回基列的拉末时，许多奉迎亚哈的先知，顺口向他说吉言。惟独米该雅预言此战亚哈必将阵亡。亚哈十分恼怒直言的先知米该亚，竟把他下在监里受苦。结果亚哈终于在基列拉末战死。（王上22:3—38，请参看附录三第50图说明③）

Ⅱ.约旦河西的基列山

1.所在位置：附录三第58图第三行第2格。请对照参看附录三第20图第二行第2格哈律泉所在位置。

2. 地理情况：此山在耶斯列平原附近，靠近摩利岗，在哈律泉旁。

3. 圣经记载：

1)基甸率领3.2万以色列人，安营在哈律泉旁，要与13.5万米甸人等作战时，耶和华认为以色列人数过多，叫基甸向以色列人宣告：凡是惧怕胆怯的，可以离开哈律泉旁的基列山，退下战场去。于是有2.2万人离去，只剩下了1万人。其后，又从其中精选出300人，打败了米甸等军兵13.5万人。（士7:1—23，这一争战全过程请参看附录三第20、21两图）

2)以色列的第18代国王比加年间，亚述王攻取了以云、夏琐、基列等地，长驱直入，侵占了拿弗他利全地，并且把当地的居民掳到了亚述。这乃是以色列人初次被掳。（王下15:29，参看附录三第58、59图）以色列到其第19代王何细亚时，即被亚述灭亡。

Ⅲ. **约旦河东的基列城**：此城在基列地区之内。先知何西阿说，基列城乃是"作孽之人的城，被血沾染，强盗成群，……祭司结党"，是施行杀戮和邪恶的。（何6:8—9）

基列拉末　　(**Ramoth-Gilead**)

1. 地名原意：基列意为"多岩石"、"见证之堆"。拉末意为"高地"、"珊瑚"。

2. 其他名称：**"基列的拉末"**。

3. 所在位置：附录三第72图第二行第3格。

4. 地理情况：基列拉末是约旦河东的一座大城。属于原来的基列境界，故名基列拉末或基列的拉末。此城处于由大马色通往盐海（即死海）东方的大道上。（请参看附录三第72图）当以色列人与大马色的亚兰王争战的时候，此地遂成为军事要地。

5.圣经记载：

1)摩西在约旦河东，曾分定3座逃城。其中即有为迦得人分得的基列拉末。(申4:41—43)约书亚率领以色列人进入迦南后，又把基列拉末这座逃城和属城的郊野，分给了利未支派米拉利的子孙。(书21:34—38；代上6:80，请参看附录三第16图)

2)亚兰国常与以色列国争战，占据了基列拉末。以色列王亚哈对臣仆说："你们不知道基列的拉末是属我们的吗？我们岂可静坐不动，不从亚兰王手里夺回来吗？"犹大王约沙法去会见以色列王亚哈时，亚哈问他说："你肯同我去攻取基列的拉末吗？"约沙法对以色列王说："你我不分彼此，我的民与你的民一样，我的马与你的马一样。"约沙法并且对亚哈说："请你先求问耶和华。"于是亚哈王招聚了善于媚世取宠说吉言的先知约有400人，"问他们说：'我上去攻取基列的拉末可以不可以'他们说：'可以上去，因为主必将那城交在王的手里。'"但是另有刚正直言的先知米该雅却说：这乃是耶和华使谎言的灵进入那些先知的口，引诱亚哈王上基列拉末去阵亡，因为耶和华已经命定降祸于亚哈王。(王上22:1—23；代下18:2—22)以色列王亚哈和犹大王约沙法不听米该雅的直言警戒，到了基列的拉末以后，亚哈改装上阵，却被一人随便开弓恰巧射入他的甲缝里。亚哈王受了重伤，勉强站在车上抵挡亚兰人。到了晚上他就死了，葬在撒玛利亚。有人把他的车洗在撒玛利亚的池旁，狗来舔他的血，正如耶和华藉先知以利亚所说的话。(王上22:29—28；代下18:28—34，

请参看附录三第50图及说明③)

3)犹大的第4代国王约沙法与以色列的恶王亚哈“不分彼此”,曾与亚哈一起出战到基列拉末。11年后,约沙法的孙子亚哈谢登基作了犹大王。亚哈谢乃是恶王亚哈的外孙,他仿效亚哈一家的恶行,听从亚哈一家人的谋算,同以色列王亚哈的儿子约兰,又往基列的拉末去与亚兰人争战。约兰在战争中受了伤,便只好回到耶斯列城去医治所受的伤。而亚哈谢却到耶斯列城去看望约兰。这样,亚哈谢便在耶斯列遇害而导致死亡。(代下22:2—7)

4)先知以利沙曾吩咐一个年轻的先知,往基列的拉末去寻找耶户,膏他作以色列王。那少年先知到了那里,将瓶里的膏油倒在耶户的头上对他说,“耶和华以色列的神如此说:‘我膏你作耶和华民以色列的王,你要击杀你主人亚哈全家,我好在耶洗别身上伸我仆人众先知和耶和华一切仆人流血的冤。亚哈全家必都灭亡。’”(王下9:1—8)耶户从基列拉末出去,在耶斯列人拿伯的田地那里,开弓射死约兰。又叫人把亚哈的妻子耶洗别从窗户中扔下来,狗在耶斯列的田间吃她的肉。正应验了耶和华对亚哈家所说的预言。当耶户在耶斯列射杀约兰时,亚哈谢因去看望约兰也正在当地,而且还和约兰一起出迎耶户,所以当耶户射死约兰之后,便也击伤了亚哈谢。亚哈谢逃到米吉多后,即死在那里,成为与恶人同谋合伙者的警戒。(王下9:11—37,请参看附录三第52图及其说明①、②)

基列雅比　　(Jabesh-Gilead)

1.地名原意:“干”、“堆积见证”、“多岩石”。

2. 所在位置：附录三第32图第四行第4格。

3. 地理情况：基列雅比是约旦河东基列地区的一个城镇。从约旦河西岸即可望见此镇。这一城镇旁边有一条很小的溪流泄入约旦河，溪水也叫雅比。由基列雅比的西北方渡过约旦河，仅约40余里即到伯珊。

4. 圣经记载：

1)士师时代，以色列各支派的军兵，为了一利未人的妾在便雅悯地基比亚被强奸致死，就与便雅悯人争战。以色列支派中的基列雅比的人未加入与便雅悯人的争战，以致全族被杀，仅留有400个未嫁处女的活命，后来把她们嫁给剩余的便雅悯人为妻。（士19—21章）而扫罗王乃是这些便雅悯人的后代，所以他和基列雅比人是有血缘关系的。（撒上9:1—2）

2)扫罗初为王时，亚扪王拿辖围攻基列雅比，雅比人要求立和约服事亚扪人，但拿辖王要剜每个雅比人的右眼，以此凌辱以色列人才肯立约。扫罗听见此事后数点30万以色列人，3万犹大人，分为三队攻入亚扪人的营地击杀了他们，解救了雅比人。（撒上11:1—11，参看附录三第26图说明）

3)扫罗及3个儿子在基利波山战死后，他们的尸身被非利士人钉在伯珊的城墙上。基列雅比居民中的勇士们，走了一夜路到了伯珊，将扫罗和他儿子的尸身从城墙上取下，送到雅比那里，用火烧了，将他们的骸骨葬在雅比的垂丝柳树下。（撒上31:11—13；代上10:11—12，请参看附录三第32图说明⑧、⑨）

4)大卫得知埋葬扫罗的是基列雅比人，就差人向基列雅比人表达谢忱，也为此厚待他们。（撒下2:4—6）之后，

大卫将扫罗和他儿子约拿单的骸骨,迁葬在便雅悯的洗拉,扫罗父亲基士的坟里。(撒下 21:12—14)

基列亚巴　（**Kiriath-Arba**）

1.地名原意:"亚巴之城"、"四之城"。

2.其他名称:**希伯仑**。(创 23:2;书 14:15)

3.所在位置:附录三第 3 图第三行第 1 格中希伯仑所在的位置。

4.地理情况与圣经记载:见本书"希伯仑"条。

基列耶琳　（**Kiriath-jearim**）

1.地名原意:"树林之城"、"市镇之城"。

2.其他名称:

1)**巴拉**(代上 13:6),意为"属于巴力"。

2)**基列巴力**(书 15:60),意为"巴力城"。

3)**巴拉犹大**(撒下 6:2,参看撒上 7:1),意思是"犹大的主人"。

3.所在位置:附录三第 14 图第三行第 2 格。

4.地理情况:基列耶琳原是迦南地基遍的 4 个联合城镇之一。由于基遍人与以色列人立了和约,以色列人乃和平占领该城。(书 9:17)基列耶琳在耶路撒冷的西北方,后来分给了犹大支派作为他们的地业。(书 15:1,60)

5.圣经记载:

1)非利士人和以色列人打仗,以色列人战败,神的约柜被掳去。非利士人把神的约柜抬进他们的假神大衮庙里,耶和华重重地惩罚非利士人。非利士人遂将神的约柜送回到以色列境内的伯示麦。车到了伯示麦人约书亚的田间就站住了,利未人将约柜放在一块大磐石上。耶和华因伯示麦人擅观他的约柜而击杀他们 70

人,他们打发人去见基列耶琳的居民,让他们把约柜接去。(撒上 6:1,10—21)基列耶琳人就下来,将耶和华的约柜接去,放在山上亚比拿达的家中。约柜在基列耶琳历 20 年之久,以色列全家都倾向耶和华。(撒上 7:1—2,请参看第 25 图及说明。)到大卫在耶路撒冷作王时,他与以色列的首领商议,并聚集利未人,要把神的约柜从基列耶琳运来。只因他们未照耶和华的吩咐用杠抬,而照非利士人的做法把约柜放在新车上。到了基顿(即拿艮)的禾场,因牛失前蹄,赶车的人乌撒伸手扶住约柜,而遭耶和华击杀。(代上 13:1—10)

2)犹大的第 18 代国王约雅敬登基后,作耶和华眼中看为恶的事。当时,有基列耶琳人示玛雅的儿子乌利亚,奉耶和华的命说预言,照先知耶利米的一切预言攻击耶路撒冷城和犹大。约雅敬王就想要把他治死,乌利亚就逃往埃及,但约雅敬打发人从埃及将乌利亚捉回杀死。(耶 26:20—23)

3)后来,巴比伦王尼布甲尼撒上来攻击约雅敬,将他带到巴比伦去。此后犹大人三次被掳到巴比伦,耶路撒冷城墙被拆毁,耶和华的圣殿被焚烧,这就应验耶和华藉耶利米所说的话,直到满了 70 年。(耶 29:10)到波斯王古列元年,耶和华激动古列的心,“使他下诏通告全国”,要“在耶路撒冷重建耶和华以色列神的殿”。古列王并且说:只有耶和华是神。凡作他子民的可以上去,剩下的人要用金银财物牲畜帮助他们。于是犹大和便雅悯的族长并祭司利未人都起来,上耶路撒冷去建造耶和华的殿。(拉 1:1—6)从前被掳到巴比伦的犹大人,同着所罗巴伯回耶路撒冷的会众共有 42360 名。

其中有基列耶琳人、基非拉人、比录人共743名。(拉2:25)

基色 (Gezer)

1.地名原意:"一份"、"陡峭"。

2.其他名称:

1)**迦萨拉(Gazera)**。

2)另译作"**盖泽尔**"。

3)今译作:"**泰勒盖泽尔**"。

3.所在位置:附录三第16图第三行第1格。

4.地理情况:基色是迦南的一个城邑。位于基比顿和亚雅仑中间偏北之处。从挖掘出的文物看来,此城历史悠久,当年城墙高大,建有宫室,且有迦南的偶像、庙宇和邱坛。此外还有巨大的隧道和水池,足证古代曾是比较繁华的一座迦南王城。但数千年来,此城屡次兴建,屡被摧毁,乃逐渐被瓦砾堆没,其最深处已埋入地下约有10米之多。现今此地名叫泰勒盖泽尔,在以色列境内的拉姆拉附近。

5.圣经记载:

1)以法莲子孙所得的地业,其中即有基色。但"他们没有赶出住基色的迦南人,迦南人却住在以法莲人中间,成为作苦工的仆人。"(书16:9—10)

2)非利士人听见大卫作了以色列王,就来寻索大卫。大卫求问耶和华,就遵着耶和华所吩咐的去行,攻打非利士人,从迦巴直到基色。(撒下5:17—25;代上14:8—16,请参看附录三第35图说明⑦—⑨)

3)先前,埃及王法老曾上来攻取基色,并用火焚烧,杀了城内居住的迦南人,将城赐给他女儿所罗门的妻作妆衮。后来，所罗门在建造宫殿和耶路撒冷城墙的同时，也建造了基色作为驻防城。（王上 9:16—17，请参看附录三第 39 图）

基述　　（**Geshur**）

1. 地名原意"桥"、"傲慢的旁观者"。
2. 所在位置：附录三第 36 图第二行第 2 格。
3. 地理情况：基述是亚兰人的一个小国。位于约旦河上游的东岸，在玛迦的西南方。
4. 圣经记载：

大卫曾娶过许多妻子，其中有一个名叫玛迦，乃是基述王的女儿。玛迦在希伯仑为大卫生了一个儿子名叫押沙龙。（撒下 3:2—3）后来，玛迦又生了一个女儿名叫他玛。但他玛竟被大卫另一个妻子所生的儿子暗嫩所奸污。他玛的胞兄押沙龙乃杀死暗嫩，而逃往基述，在那里住了 3 年。其后大卫想念儿子押沙龙，准许押沙龙回来。押沙龙由基述回到耶路撒冷后，先是住在自己的家里两年，后来即设法又拜见其父大卫王，取得了大卫的宽恕。但是不久，押沙龙即笼络民心而背叛了大卫。（撒下 13—15 章）

基顺（河）　　（**Kishon，River**）

1. 地名原意："弯曲的"、"硬地"、"使入陷阱者"。
2. 所在位置：附录三第 19 图第三至四行第 1—2 格。
3. 地理情况：基顺河在迦南地区，是仅次于约旦河的第二条重要河流。此河从耶斯列平原流向西北，在迦密山北面，经过窄小的峡谷而注入地中海，由于河道弯曲，所以名叫"基顺"（意即"弯曲"）。河中多有淤滩，两岸崎岖难行。下游的河滩之畔，生长有棕树。山崖下的水边则有深茂的丛林。干旱季节，上游甚至干涸见底。但水涨之时，因为沙滩的阻滞，竟能泛滥于耶斯列平原，使附近成为一片泥泞的沼泽。圣经记述，当年西西拉率领铁车900辆与以色列人争战时，竟致全军覆没，西西拉只身下车逃跑。而以色列人于该次战役胜利之后，他们的赞歌中曾有“基顺古河把敌人冲没”的诗句，足证基顺河的水势与该次胜利有关。

4. 圣经记载：

1) 以色列人立王前的士师时代，曾因行耶和华眼中看为恶的事，而被交在迦南王耶宾的手中。耶宾甚至派他的将军西西拉，率领大军进驻于基顺河南岸的夏罗设，近在以色列的腹地，成为以色列人的威胁。“他大大欺压以色列人二十年，以色列人就呼求耶和华。”当女先知底波拉作士师时，耶和华神叫她召巴拉去与耶宾王的将军西西拉作战。耶和华并应许说：“我必使耶宾的将军西西拉率领他的车辆和全军往基顺河到你那里去，我必将他交在你手中。”(士 4:1—7)但因巴拉坚持要求底波拉与他同去，说“你若不同我去，我就不去。”耶和华因巴拉不相信神的话，而使巴拉得不着荣耀。他攻打并杀败了敌军，惟有迦南王的将军西西拉只身逃跑。耶和华使他死在一个名叫雅亿的妇人手中。底波拉和巴拉作歌说：“基顺古河把敌人冲没，我的灵啊，应当努力前行。”(士 4:8—5:21，请参看附录三第19图及说明⑦—⑫)

2) 当亚哈作以色列王时，他离弃耶和华的诫命，娶了西顿王的女儿耶洗别为妻，并随从她去拜假神巴力，惹动耶和华神的怒气。耶洗别又杀害耶和华的先知。因此耶和华使以色列遭灾三年半不降雨。(王上 16:29—33，17:1)后来，耶和华的话临到先知以利亚说：“你去，使亚哈得见你,我要降雨在地上。”以利亚就去见了亚哈王,他召聚以色列民和耶洗别所供养事奉巴力的400个先知,在迦密山上分坛献祭。耶和华神降火烧了以利亚的祭物显出神迹来。“众民看见了,就俯伏在地说‘耶和华是神,耶和华是神。’”以利亚对他们说:“拿住巴力的先知,不容一人逃脱。”众人就拿住他们,以利亚带他们到基顺河边,在那里杀了他们。以利亚祷告耶和华,天就降下大雨。(王上18章,参看附录三第48图说明④、⑤)

基训　　　(Gihon)

圣经中同名叫基训的有两处。

Ⅰ.**伊甸园的基训河**

1.地名原意:“河流”、“发出”、“飞溅”。

2.其他名称:或即现今的**迪亚拉河(Diyala)**。

3.所在位置:附录三第1图第二行第3格中迪亚拉河的位置。

4.地理情况:圣经中只在创世记里提到过基训河一次,洪水以后,一直再未提到此河,因此关于它的地理情况很难查考。传统的论述认为基训河是非洲尼罗河上游东边的一条支流,因为这一支流靠近古实地区。但有不少新的资料认为,圣经中提到的基训河边的古实,并不是非洲的古实,而是希底结河(今底格里斯河)东边的一个地区。故此认为基训河乃是现今波斯湾北方的米所波大米(今美索不达米亚)区域的一条河流①。另有资料则推论,基训河可能即是现今巴格

① 参见《圣经(启导本)》第32页注解。

达东北方的迪亚拉(Diyala)河①。

5.圣经记载：

耶和华神在东方的伊甸立了一个园子，把所造的人安置在那里。“有河从伊甸流出来滋润那园子。从那里分为四道。”“第二道河名叫基训，就是环绕古实全地的。”(创 2:8—13)

Ⅱ.耶路撒冷的基训泉

1.地名原意：“喷出”、“飞溅”。

2.其他名称：**童女泉(Fountain of the Virgin)**。

3.所在位置：附录三第 69 图第三行第 3 格。

4.地理情况：基训泉乃是耶路撒冷城东汲沦溪上游的一个水源，距离耶路撒冷东南的隐罗结只有 1 里左右。基训泉水可由天然暗道流入城内供人饮用。当年大卫攻取耶路撒冷时，他的战将约押，即由此暗道进入耶布斯人的堡垒，从而被提升为元帅。(代上 11:4—6，参见撒下 5:6—8)后来，在犹大国第 13 代的国王希西家时，亚述王西拿基立侵入犹大，定意攻打耶路撒冷。希西家便堵塞了基训等处的泉源及暗道，意在断绝敌人的水源。另外却开凿隧洞作为水道，把基训泉水引入城西的西罗亚池，以便贮水备用。(代下32:1—4,30)现今在希西家修凿的水道中，仍有流水可见。

5.圣经记载：

1)大卫晚年时，本已定意立所罗门继续他的王位，只是尚未晓谕众人。(王上 1:17,20)大卫的儿子亚多尼雅却自以为：押沙龙死后，他在众弟兄们当中年

---

① 参见《新圣经词典》第 420 页。

纪最大,将来必会作王。因此亚多尼雅出入气派很大,而大卫又未加管束。(王上 1:5—6)有一天,亚多尼雅邀请了他的众多弟兄和王室的重臣,在隐罗结旁欢宴,惟独没有邀请所罗门以及忠于大卫的臣僚。大卫得知这一消息后,便召见了祭司撒督、先知拿单和大将比拿雅,使他们率领众人,护送所罗门骑着大卫的骡子,直到基训泉,在那里拥立所罗门登基作王。当时人群在基训泉高声吹号,又吹笛欢呼:"愿所罗门王万岁!"那时,在仅有 1 里之远的隐罗结旁,亚多尼雅请客的筵宴刚刚完毕,大家听见所罗门在基训泉被立为王的欢呼声,又听说大卫已经为此称颂耶和华,认同了所罗门的王位,亚多尼雅等人便都惊惧而散。(王上 1:9—49)

2)希西家王时曾"塞住基训的上源,引水直下,流在大卫城的西边"。(代下 32:30)

3)希西家的儿子玛拿西作王时,曾"在大卫城外从谷内基训西边,直到鱼门口建筑城墙,环绕俄斐勒,这墙筑得甚高"。(代下 33:14)

基伊拉　　(Keilah)

1.地名原意:"堡垒"、"使懦弱者被疏远"。

2.所在位置:附录第 31 图第二行第 2 格。

3.地理情况:基伊拉是犹大高原上的一个城邑(书 15:33,44)高出海面约 400 余米。此城镇距离亚杜兰不远。

4.圣经记载:

当大卫逃避扫罗的寻索追逼,隐藏在犹大地区的哈列丛林中时,有人告诉大卫,非利士人攻击基伊拉城,抢夺当地的庄稼。大卫遵照耶和华的指示,率领着跟随他的困苦人,杀败非列士人,解救了基伊拉的居民。但这样却暴露了大卫即在基伊拉城。当扫罗得知这一消息后,便招聚部属要去攻打基伊拉。大卫听说扫罗要往基伊拉来剿灭全城,又从神得到启示,深知基伊拉人将会背弃大卫而把他交给扫罗,于是大卫便和跟随他的人起身逃出了基伊拉,躲进西弗旷野的山地里。(撒上 23:1—13,请参看附录三第 31 图说明⑧—⑩)

吉珥　　(Kir)

1.地名原意:"要塞"、"墙"、"城"。

2.所在位置:附录第 64 图第二行第 3 格中尼尼微所在的位置。

3.地理情况:吉珥曾是圣经中多次提到的地方。亚述国灭亡亚兰国之后,即把亚兰都城大马色的居民掳到了吉珥,足证吉珥是亚述城邑或省区。有的学者认为,吉珥的原意是"要塞"或"城市",乃是意指亚述的首都尼尼微[1]。

4.圣经记载:

1)先知阿摩司曾在亚兰人非常强盛、屡次侵犯以色列时预言说,亚兰的首都大马色人三番四次的犯罪,神必不免去他们应受的刑罚,因为他们曾用打粮食的铁器[2]酷待基列人。但耶和华却要降火在亚兰王哈薛[3]的家中,

---

① 参见《圣经(启导本)》第 604 页。

② 打粮食的铁器,本是古时的农具。乃是在木板之下装有铁齿,使牲畜拖拉着它辗过稻谷或麦穗,以便脱去谷壳或禾秸。很可能亚兰人曾用这种器具辗压过基列人。

③ 哈薛与便哈达作亚兰王时,经常侵犯外族。他们在位时约在公元前 842—775 年间,其权势极盛一时。

烧灭哈薛的儿子便哈达[1] 的宫殿,耶和华要剪除他们掌权的人,亚兰人必被掳到吉珥去。(摩 1:3—5)[2]

2)亚哈斯作犹大的第 12 代国王时[3] 差遣使者去请亚述王援助,救他脱离亚兰王和以色列王的攻击,并把耶和华殿里和王宫府库里的金银都送给亚述王为礼物。亚述王应允了他,就上去攻打大马色,并杀了亚兰王,把居民掳到吉珥。(王下 16:5—9)当时亚兰曾一再侵犯以色列和犹大两国,却在以色列和两国之前,先被亚述灭亡。(参看附录三第 61 图说明①)

吉珥哈列设　　　(Kir-hareseth)

1.地名原意:"陶土的堡垒"、"摩押的坚固要塞"[4]。

2.其他名称:今名"**克腊克(或克拉克,Kerak)**"。

3.所在位置:附录三第 49 图第四行第 3 格。

4.地理情况:吉珥哈列设是摩押的首都。位于盐海南端的东方,在由大马色通向以旬迦别(亚喀巴湾北岸)的南北大道上。(请参看附录三第 72 图)古时盐海南部曾发生一次强烈的地震,至今仍存有因地震而燃烧的沥青残渣。该城名为吉珥哈列设,很可能是因其城墙中带有沥青或烧炼的陶土而得名。

5.圣经记载:

1)以色列的第 9 位国王约兰在位时,差人去见犹大王和

---

① 哈薛与便哈达作亚兰王时,经常侵犯外族。他们在位时约在公元前 842—775 年间,其权势极盛一时。

② 阿摩司书约写于公元前 755 年。

③ 亚哈斯作王时约在公元前 741—前 726 年。

④ 有人认为,吉珥哈列设的含义中有"沥青要塞"之意。

以东王，要一同去攻打摩押王。他们绕行了7日，因无水喝，求助于先知以利沙。耶和华的灵降在以利沙身上，施行神迹，使三王的军民牲畜有水喝，并将摩押人交在他们手里。"以色列人往前追杀摩押人，直杀入摩押境内，拆毁摩押的城邑，各人抛石填满一切美田，塞住一切水泉，砍伐各种佳树，只剩下吉珥哈列设的石墙；甩石的兵在四围攻打那城，摩押王见阵势甚大，难以对敌，就率领七百拿刀的兵，要冲过阵去到以东王那里，却是不能；便将那应当接续他作王的长子，在城上献为燔祭。"（王下3:24—27）

2）先知以赛亚预言摩押的倾覆时说："我们听说摩押人骄傲，是极其骄傲；听说他狂妄、骄傲、忿怒，他夸大的话是虚空的。因此，摩押人必为摩押哀号，人人都要哀号；你们摩押人要为吉珥哈列设的葡萄饼哀叹，极其忧伤。"（赛16:6—7）

3）先知耶利米预言摩押必受惩罚："摩押的灾殃临近，他的苦难速速来到。凡在他四围的和认识他名的，你们都要为他悲伤。""因此，我要为摩押哀号，为摩押全地呼喊；人必为吉珥哈列设人叹息。"（耶48:16—17:31）

吉甲　　(Gilgal)

1.地名原意："滚"、"滚去"、"轮"。

2.其他名称：或即现今的"**卡巴·埃尔·马夫谢废墟（Khirbet el-Mafier）**"。

3.所在位置：附录三第14图第三行第3格。

4.地理情况：吉甲在盐海北方的约旦河西岸，隔河与什亭相对，距离耶利哥仅约9里。吉甲乃是以色列人过约旦河、进入迦南后的第一个宿营地。其后，约书亚有很长一段时间即以吉甲为根据地，而出击攻占其他各城。

5.圣经记载：

1)约书亚率领以色列民即将进入迦南时，以色列人都离开什亭，来到约旦河，就住在那里，等候过河。耶和华叫约书亚吩咐抬约柜的祭司，"到了约旦河的水边上，就要在约旦河水里站住。""抬约柜的祭司要走在百姓前头"。当祭司们到了约旦河，"脚一入水，那从上往下流的水，便在极远之地，撒拉但旁的亚当城那里停住，立起成垒；那往亚拉巴的海，就是盐海，下流的水全然断绝。""抬耶和华约柜的祭司在约旦河中的干地上站定，以色列众人都从干地上过去。""百姓从约旦河里上来就在吉甲，在耶利哥的东边安营。"他们从约旦河中取来了12块石头，约书亚把它们立在吉甲。这些石头是为了告诉他们的子孙，以色列人曾走干地过了这约旦河。因为耶和华神在以色列人前面，使约旦河的水干了，等着他们过河来，如同神从前使以色列人过红海走干地过去一样。"要使地上万民都知道耶和华的手大有能力"，也要使以色列百姓永远敬畏耶和华神。(书3—4章)

2)百姓过了约旦河，约书亚在吉甲按耶和华的吩咐，第二次给以色列人行割礼。因为以色列人出埃及后，在旷野的路上所生的众民，都没有受过割礼。"国民都受完了割礼，就住在营中自己的地方，等到痊愈了。耶和华对约书亚说：'我今日将埃及的羞辱从你们身上滚去了。'因此那地方名叫吉甲。"(书5:2—9)

3)"以色列人在吉甲安营。正月十四日晚上，在耶利哥的平原守逾越节。"次日，他们就吃了那地的出产。他们遵照耶和华先前的吩咐，吃了无酵饼和烘的谷。(利2:14,

23:5—6)“第二日吗哪就止住了,以色列人也不再有吗哪了。那一年他们却吃迦南地的出产。”(书 5:10—12)

4)基遍的居民听见了约书亚杀灭耶利哥和艾城众人的事,就设诡计,假充远方人的使者,拿着旧口袋,穿着旧鞋及旧衣服,并带着长了霉的干饼,到吉甲营中见约书亚,说他们是从远方来的,要和以色列人立约。以色列人受了他们些食物,并没有求问耶和华,约书亚就与他们讲和立约,并且起誓应允不杀害他们。(书 9:3—15)

5)当 5 个亚摩利王攻打基遍时,基遍人就打发人往吉甲的营中去见约书亚,请求他的帮助。于是约书亚和他一切的兵丁、勇士都从吉甲上去,猛然临到亚摩利人那里。耶和华使他们在以色列人面前溃乱。耶和华听了约书亚的祷告,使日头在天空停住不急速下落约有一日之久。因耶和华为以色列争战,约书亚就在基遍大大的杀败亚摩利人,并夺了他们的地。其后,约书亚和以色列众人又回到吉甲的营中。(书 10:1,15:42—43)

6)当年窥探迦南的探子、犹大人的族长迦勒,来到吉甲见约书亚,求他将耶和华当年应许给他的山地给他,因为他专心跟从耶和华,并相信耶和华必照所应许的与他同在,他就能把亚纳族人赶出去。于是约书亚为迦勒祝福,并将希伯仑给他为业。(书 14:6—14)

7)先知撒母耳平生作以色列的士师,他每年到伯特利、吉甲、米斯巴巡行,并在这几处审判以色列人。(撒上 7:16)

8)由于以色列人的一再坚持请求,先知撒母耳在吉甲招聚以色列人,正式宣告以色列人建国,并且认同扫罗为以色列王。(撒上 11:14—15)但是撒母耳同时对以色列人说:“其实,耶和华你们的神是你们的王。”因此以色列请求立王的事,乃是在耶和华面前犯了大罪。撒母耳又说:"你们虽然行了这恶,却不要偏离耶和华,只要尽心事奉他。……耶和华既喜悦选你们作他的子民,就必因他的大名不撇弃你们。……你们若仍然作恶,你们和你们的王必一同灭亡。"(撒上 12:12—25)

9)早先,撒母耳膏扫罗为王之后,曾对他说:"你当在我以先到吉甲,我也必下到那里献燔祭和平安祭,你要等候七日,等我到了那里,指示你当行的事。"(撒上 10:1—8)但是,"扫罗照着撒母耳所定的日期等了七日,撒母耳还没有来到吉甲。"扫罗就勉强献上燔祭。刚献完燔祭,撒母耳就到了。"撒母耳对扫罗说:'你作了糊涂事了①,没有遵守耶和华你神所吩咐你的命令。若遵守,耶和华必在以色列中坚立你的王位,直到永远。现在你的王位必不长久。'"(撒上 13:8—14)

10)扫罗王战胜以色列的宿敌亚玛力人之后,又一次违背了耶和华的命令。他竟怜惜亚玛力王亚甲不肯杀灭他,也爱惜他们上好的牛羊,不肯灭绝。因此"耶和华的话临到撒母耳说:'我立扫罗为王,我后悔了,因为他转去不跟从我,不遵守我的命令。'撒母耳便甚忧愁,终夜哀求耶和华。撒母耳清早起来,迎接扫罗。有人告诉他扫罗到了迦密,在那里立了纪念碑,又转身下到吉甲。"撒母耳到了扫罗那里,责备他不听从耶

---

① 按照以色列人的律例,献祭的圣事活动,应由祭司负责主持。扫罗虽然是国王,但只是国家行政元首,却不能擅自主持或指挥敬拜耶和华的事工。扫罗理应通晓这一道理,但却明知故犯,实际上是轻视耶和华律法的罪行。

和华的命令。扫罗为自己辩白说，他自己实在听从了耶和华的命令，只是“百姓却在所当灭的物中取了最好的牛羊，要在吉甲献与耶和华。”撒母耳说：“耶和华喜悦燔祭和平安祭，岂如喜悦人听从他的话呢？听命胜于献祭，顺从胜于公羊的脂油，背逆的罪与行邪术的罪相等；顽梗的罪与拜偶像的罪相同。你既厌弃耶和华的命令，耶和华也厌弃你作王。”扫罗虽说自己有罪，但他并无悔改的行动，只求撒母耳在以色列人面前抬举他。撒母耳在吉甲耶和华面前将亚玛力王亚甲杀死，便回自己的故居去了，他直到死的日子，再没有见扫罗，但他常为扫罗忧伤。（撒上15章）

11)“耶和华要用旋风接以利亚升天的时候，以利亚与以利沙从吉甲前往。”以利沙跟随先知以利亚到了伯特利、耶利哥，总不离开他。最后以利沙跟随他到了约旦河边。“以利亚将自己的外衣卷起来用以打水，水就左右分开，二人走干地而过。过去之后，以利亚对以利沙说：‘我未曾被接去离开你，你要我为你作什么只管求我。’以利沙说：‘愿感动你的灵加倍地感动我。’”“他们正走着说话，忽有火车火马，将二人隔开，以利亚就乘旋风升天去了。”以利沙看见以利亚离去，自己十分悲伤难舍。之后，他拾起以利亚身上掉下来的外衣打约旦河的水，水也左右分开，以利沙就过河回来了。那些年轻的先知们看见就说：“感动以利亚的灵感动以利沙了。”此后，先知以利沙大有能力，行了许多神迹奇事。（王下2章）

12)先知何西阿宣告耶和华对以色列的审判说：“耶和华说：‘他们一切的恶事都在吉甲，我在那里憎恶他们，因他们所行的恶,我必从我地上赶出他们去,不再怜爱他们,他们的首领都是悖逆的。以法莲受责罚,根本枯干,必不能结果。即或生产,我必杀他们所生的爱子。我的神必弃绝他们,因为他们不听从他;他们也必飘流在列国中。'”(何 9:15—17)

13)先知阿摩司呼吁以色列悔改时说:“耶和华向以色列家如此说:‘你们要寻求我,就必存活,不要往伯特利寻求,不要进入吉甲,不要过到别是巴;因为吉甲必被掳掠,伯特利也必归于无有。要寻求耶和华就必存活。'”(摩 5:4—6)

14)先知弥迦责备以色列人忘记神恩,说:“我的百姓啊,你们当追念摩押王巴勒所设的谋,和比珥的儿子巴兰回答他的话,并你们从什亭到吉甲所遇见的事,好使你们知道耶和华公义的作为。”(弥 6:5)

加大拉　　(Gadara)

1.地名原意:“陌生人来”

2.其他名称:现今遗址叫做“**乌姆盖斯**”。

3.所在位置:附录第 80 图第三行第 5 格。

4.地理情况:加大拉在加利利海东南约 18 里。其地界直到加利利海岸,格拉森等乡镇都在它的境内。该处古时是以色列国的属地。以色列灭亡后,亚述、巴比伦、波斯、希腊先后入据该地。耶稣降生前后,当地是罗马帝国的领土,属于低加波利(今后“德卡波利斯”,即“十城联盟”)中的一个城市。公元 7 世纪时,阿拉伯国家攻占此地,其后又几经列强争夺,居民日益稀少,现在已成废墟。经考古挖掘,发现当地原有一座长方形的犹太人会堂,三座大剧院,且有柱廊、庙宇等遗址。

5.圣经记载：

耶稣来到加大拉(境内的格拉森)人的地方，遇见有被鬼附的人，就把鬼赶出来，治好了被鬼附的人。(太 8:28—32；可 5:1；路 8:26)

加低斯　　　(Kadesh)

1.地名原意："神圣"、"分开"。

2.其他名称：

1)**加低斯巴尼亚**。

2)又称"**安密巴(Enmishpat)**"，(创 14:7)意思是"审判泉"。

3)也叫**米利巴(Meribah)**。(民 20:13—14)

3.所在位置：附录第 11 图第二行第 3 格。

4.地理情况：

1)加低斯所指称的不同范围与地点：

(1)作为城镇，被称为加低斯城。(民 20:16)

(2)作为旷野，被称为加低斯旷野。(诗 29:8)

(3)作为水泉，被称为米利巴加低斯的水。(结 47:19，48:28)

2)加低斯位于寻的旷野中。(民 20:1)不少学者认为，寻旷野乃是巴兰旷野北部的一个组成部分。所以圣经上也称它叫"巴兰旷野的加低斯"。(民 13:26)

3)加低斯在以东的边界上。(民 20:14—16)从西乃山(即何烈山)经过西珥山到加低斯，共有 11 天的路程。(申 1:2)

4)加低斯距离亚伯拉罕长期居住的希伯仑，只不过 200 余里，距离以撒、雅各居住过的庇耳拉海莱、别是巴等地，仅只有几十里或百余里。(请参看附录三第 4 图)

5.圣经记载：

1)以拦王基大老玛等四王,曾长驱远征到加低斯一带。其后他们又返回到盐海南端的西订谷,便在那里与所多玛等五王交战。(创 14:5—9,请参看附录三第 3 图说明②)

2)亚伯拉罕的妾夏甲,因为她的主母撒莱苦待她而出走逃跑。在加低斯附近见到了耶和华的使者。(创 16:6—14)

3)亚伯拉罕迁往南地去时,也曾寄居在加低斯和书珥之间的基拉耳。(创 20:1)

4)以色列人出离埃及后,曾在加低斯安营。(民 13:3,6)摩西从 12 个支派中各派一个族长作为探子去窥探迦南地。他们窥探希伯仑等迦南全地。40 天后,回到了加低斯,向摩西、亚伦和以色列会众回报迦南地的情况。其中有 10 个探子说迦南乃是吞吃居民之地,那里的城邑坚固,迦南人身量高大,远比以色列人强壮,因此不能进攻迦南。但另两个探子即犹大支派的族长迦勒和摩西的助手约书亚,却极力地对以色列会众说,迦南乃是极美的流奶与蜜之地,因为有耶和华同在,也不要怕那地方的居民。但是由于 10 个探子所报的恶信,以色列人大发怨言,甚至要另立一个首领,再回到为奴之地的埃及去;而且还要打死迦勒和约书亚。因此耶和华责罚以色列人说:凡 20 岁以上向神发怨言的以色列人,必不得进入迦南,而将死在旷野,惟有迦勒和约书亚才能进迦南去。并且特别称赞迦勒,说他另有一个心志,专一跟从耶和华神。耶和华发怒使那 10 个探子死在耶和华面前,并且说以色列人的儿女必在旷野飘流 40 年。(民 13:25—14:38)本来加低斯已是迦南南端之地。然而那些 20 岁以上的以色列人,竟不信耶和华的权能，而怨天尤人，以致失去了近在眼前的福乐之地。约40年后，约书亚率领以色列人，由约旦河东进入迦南，又攻到了加低斯。（书10:41）犹大支派的老族长迦勒那时已经85岁了，他去到吉甲，与约书亚重提当年在加低斯的往事，即分得了他曾窥探过的希伯仑为业。（书14:6—14，参看民13:22）而犹大支派的地业却直“到寻旷野的最南端”。（书15:1，根据原文新译）加低斯当然也在这一疆域之中。（参看民20:1）

5）当年以色列人未进迦南之前，他们在加低斯，先是对耶和华神失去信心，丢弃了及时进入迦南的时机。其后又不听摩西的劝阻，竟想凭着血气之勇去与迦南人和亚玛力人争战。当耶和华的约柜和摩西并没有出营的时候，以色列人擅自出战，因而被迦南人和亚玛力人战败于何珥玛，又退回到加低斯。（民14:39—45，申1:41—46，请参看附录三第11图说明⑭—⑮）

6）可拉党的背叛（民16:1—50）与亚伦的杖开花，（民17:1—13）这两件事也都发生在加低斯附近一带。

7）以色列人绕行旷野多年之后，又回到了加低斯。摩西的姐姐米利暗即死在这里。（民20:1）

8）当以色列人停留在加低斯的时候，由于没有水喝，会众又向摩西、亚伦争闹。耶和华本来晓谕摩西“招聚会众，在他们面前吩咐磐石发出水来”。但摩西、亚伦招聚会众到了磐石前面，摩西却说：“你们这些背叛的人听着！难道我竟是应该叫磐石流出水来给你们喝的吗？”① 于是摩西举手用杖击打磐石两下，就有许多水

① 括号内的直接引语，乃是根据民20:10意译的新译文。

流了出来。但是耶和华对摩西、亚伦说:“因为你们不信我,不在以色列人眼前尊我为圣,所以你们必不得领这会众进我所赐给你们的地去。”(民 20:2—12)不久,亚伦即死于何珥山。(民 20:23—29)摩西虽然率领以色列人已经到达了约旦河东岸,迦南美地已经隔河可望了,但是却死在了摩押地区。(申 34:1—5)

加低斯巴尼亚 （**Kadesh-Barnea**）

1.地名原意:“神圣”、“逃亡者的沙漠”、“游荡之子被分开”。

2.其他情况:加低斯巴尼亚即是**加低斯**,请参看上述“加低斯”条。

加各 （**Karkor**）

1.地名原意:“挖掘”、“基础”、“除根”、“深地层”、“打下来”。

2.其他名称:或即**卡卡**(**Karkar**)。

3.所在位置:附录三第 21 图第四行第 4 格。

4.地理情况:加各在约旦河东,位于约比哈的东南方。

5.圣经记载:

士师时代,以色列人被交在米甸人手里 7 年。他们呼求耶和华,神就吩咐士师基甸去攻打米甸人,仅用 300 人呐喊吹角。耶和华使米甸全营的人用刀互相击杀,以色列人追赶杀败他们,基甸和跟从他的 300 人虽然疲乏,还是追赶米甸人的两个王西巴和撒慕拿。跟随他们的军队都在加各,约有 15000 人。已经被杀的约有 120000 拿刀的。基甸由挪巴和约比哈东边从住帐棚人的路上去,杀败了米甸人的军兵,并捉住米甸的二王西巴和撒慕拿,惊散全军。(士 8:4—12,请参看附录三第 21 图及说明⑪)

加拉太 （**Calatia**）

1.地名原意:“高卢族地”。

2.其他名称:**“加拉提亚”**。

3.所在位置:附录三第78图第二行第4格。

4.地理情况:加拉太是相当于小亚西亚半岛中部的一个区域,在现今的土耳其境内。约在公元前280年间,欧洲的高卢族数万人占有此地。希腊文中,“高卢族人”或“高卢之地”即称为“加拉太”。由于历史上的战事频仍,加拉太的境界多有变易。罗马统治时期,加拉太成为罗马的一个省份。当时,以哥念、路司得、特庇、彼西底的安提阿诸城皆在加拉太省内。

5.圣经记载:

1)保罗第一次外出布道的地方大多都在加拉太。约在公元45—48年间,保罗在加拉太建立了下列教会:

①彼西底的安提阿教会。(徒13:14—49)

②以哥念教会。(徒14:1)

③路司得教会。(徒14:8—21)

④特庇教会。(徒14:20—21)

保罗和巴拿巴并在加拉太许多地方传讲福音。(徒14:6—7)

2)保罗第二次外出布道时,又经过了加拉太一带的地方,约在公元50年。(徒16:6)

3)保罗第三次外出布道,又挨次经过加拉太地方,坚固众圣徒,约在公元54年。(徒18:23)

4)保罗曾写信给加拉太各教会,讲述保罗自己曾逼迫残害教会,(加1:13)又悔改、奉献、蒙召而传讲福音;(加1:4,10,15—16)讲述因信称义的道理以及十字架的救恩和功效。(加3:11,24,5:24)其写加拉太书的时间,约在公元57年。

5)保罗论到捐献钱财、帮助圣徒一事,曾劝勉哥林多的信徒,要按照加拉太众教会所领受的去作。(林前 16:1)

加利利　　　(Galilee)

1.地名原意:"周围"、"环行"。

2.所在位置:附录三第 80 图第二至三行第 3—4 格。

3.地理情况及有关资料①:

1) 加利利是古代巴勒斯坦最北部的地区，相当于现今以色列的北部。长约 180 里，宽约 75 里。其沿加利利海边的地带，土地肥沃，山明水秀，风景宜人，也是古代通商要地。古时该地即分为上、下加利利两部分,如今仍有上、下加利利之分。上加利利多有狭谷、隘路、山峰。下加利利则多丘陵低地。目前上加利利的首府是采法特(Zefat)。下加利利的首府即是拿撒勒(Nazareth)。

2)古时以色列人进入迦南(巴勒斯坦)时,迦南人曾在加利利地区防御固守。约书亚攻取迦南后,仍有一些迦南人留居于加利利。公元前 10 世纪,大卫和所罗门在位时,加利利属于古以色列的领土。以色列分裂为南、北两国后,加利利仍受以色列(北国)统治。公元前 700 年时,以色列(北国)亡于亚述,加利利地区许多以色列人也被掳到亚述。波斯称霸于世时,波斯王古列元年,被掳去的犹太人得以归回故里,但加利利居民混杂,当地犹太人仍为数不多。耶稣降生以前,加利利已隶属于罗马帝国。

---

① 本段资料见于《简明不列颠百科全书》第 4 卷,第 260 页,《圣经百科全书》(地名部),第 870 页。

3)耶稣降生前后，希律家族统治加利利等地区的情况：

①耶稣降生时，大希律被分封为犹太地区的王[①]。（太2:1）

②耶稣全家到埃及避难时，大希律死去。（太2:19）

③耶稣一家由埃及返回以色列地时，大希律的儿子希律亚基老作了犹太王，耶稣全家便往加利利去了。（太2:22）希律亚基老在公元6年被罗马皇帝废弃。

④耶稣一家定居加利利的拿撒勒时，（太2:23）大希律的另一个儿子希律安提帕作加利利分封的王。（路3:1）

⑤耶稣受难前被罗马巡抚彼拉多审问时，彼拉多听说耶稣是加利利人，属于希律安提帕统治之地，便把耶稣送往希律安提帕处受审。（路23:6—12）

⑥耶稣受难后，希律安提帕被废去王位，流放外地而死。大希律的孙子，希律亚基帕一世成为分封的王。那时希律亚基帕一世下手苦害教会中的几个人，刀斩了耶稣的门徒雅各。但不久希律亚基帕一世即被虫咬死。（徒12:1—2，20—23）

⑦其后大希律的曾孙，希律亚基帕二世继续被分封为王。使徒保罗便曾被希律亚基帕审问过。（徒25:13—26:32）

4)加利利是耶稣传道的主要地区之一，圣经记载的名城迦百农、哥拉汛、伯赛大、拿撒勒、迦拿、拿因、米吉多

---

① 罗马帝国统治时期，罗马皇帝在犹太等较小地区设立的统治者，称为“分封的王”。（参看路3:1）

(即哈米吉多顿)都在加利利境内。

5)加利利地区古时还出现过许多名人。例如:以色列人的士师以比赞、以伦、陀拉;士师时代的将军巴拉;先知约拿、以利沙、何西阿等人。耶稣的12个门徒也大多是加利利人。

6)公元636年后,加利利被阿拉伯国家征服,其后即穷困不堪。1882年以后,以色列人在加利利建立了一系列的居民点。1947年联合国制定了对巴勒斯坦地区的分治方案,拟将加利利各地分别划归以色列人和巴勒斯坦人。但1948—1949年阿以战争后,以色列人占领了加利利全境。至今该地区仍在争议中。

4.圣经记载:

1)加利利许多地区原属以色列人拿弗他利支派分占之地。(书19:32—39,请参看附录三第15图,对比第80图第二至三行第3—4格)

2)以色列王所罗门为了建造圣殿,曾请推罗王资助他香柏木、松木和金子。同时把加利利的20座城邑给了推罗王。(王上9:10—11)

3)以色列王比加年间,亚述王攻占了加利利和拿弗他利全地,并且把这些地方的居民掳到了亚述。(王下15:29)

4)耶稣的母亲马利亚是加利利的拿撒勒人。(路1:26—27)马利亚的丈夫约瑟也是拿撒勒人。(路2:4)耶稣虽然降生在伯利恒,但是自幼生长在加利利的拿撒勒。(太2:21—23;路2:39)

5)耶稣选召的门徒多是加利利人。(可1:16—20;太4:18—22;约1:43—44)

6)耶稣 30 岁以前居住在加利利。30 岁时出来传道(路 3:23),大部分时间仍是在加利利医病、赶鬼、行神迹、教训门徒和众人。(参看四福音。耶稣在加利利及其他地区传道所到之地,请参看附录三第 83—90 图。)

7)耶稣在加利利诸城中传道很久,但当地人仍不肯悔改。所以耶稣预言哥拉汛、伯赛大、迦百农诸城都将毁灭。(太 11:20—24)

8)耶稣在加利利预言他要被交在人手里,他们要杀害他,第三日他要复活。(太 17:22—23)

9)耶稣在十字架上受难时,有些妇女远远地观看。这些人"就是耶稣在加利利的时候,跟随他、服事他的那些人"。(可 15:41;路 23:49)

10)耶稣被埋葬在坟墓中时,"那些从加利利和耶稣同来的妇女,跟在后面,看见了坟墓,和他的身体怎样安放。"(路 23:55)过了安息日①,在礼拜日清晨,那些从加利利来的妇女买了香料,要去膏耶稣的身体。但天使告诉她们说:耶稣已经复活了。(可 16:1—3;太 28:1—6)天使并且对那些妇女说:"你们可以去告诉他的门徒和彼得说:'他在你们以先往加利利去。在那里你们要见他。'"(可 16:7)后来保罗传讲耶稣复活的时候说:"那从加利利同他上耶路撒冷的人多日看见他,这些人如今在民间是他的见证。"(徒 13:31)

11)使徒时代,加利利有些地方已经建立了教会,而且"他们凡事敬畏主,蒙圣灵的安慰,人数就增多了。"(徒 9:31)

---

① 安息日即是礼拜六。礼拜日是每周的第一日。

加利利海　　(Sea of Galilee)

1.其他名称:加利利海在新约中又名“**提比利亚海**”[今译作“**太巴列海**(**Sea of Tiberias**)”],或“**革尼撒勒湖**”。在旧约中则叫“**基尼烈湖**”[今译作“**金奈勒特湖**”(**Lake of Chinnereth**)]。加利利海形状如同梨,也像一个竖琴,而希伯来文“基尼烈”即是竖琴的意思。

2.所在位置:附录三第80图第二至三行第4格。

3.地理情况:

1)加利利海在加利利省东部。其西北岸边即是革尼撒勒地区的草原。西南岸上又有提比哩亚城镇。它的不同名称即是由此而来。圣经中“湖”和“海”常可并用,故此可称它为“湖”,也可称之为“海”。

2)加利利海长约40余里,宽约20余里。它的水源来自黑门山的清泉,又从约旦河向南流出,实际上是一片淡水湖。而且湖水不断地更新,岸边草木繁茂,风平浪静时,湖中映照着白云、蓝天、青山、绿树,风景十分宜人。但水面低于地中海约200余米。一旦西风吹来,被东岸的山林挡住,即会形成狂风怒浪。

3)加利利海中鱼种繁多,沿岸居民多以捕鱼为业。其沿岸城市名称也多与鱼业有关,例如迦百农意为“鱼库”,提比哩亚意为“鱼厂”。加利利海中有一种特殊的鱼,牙齿锋利,能咀嚼硬物,口中有一小囊,可存食用之物,以便随时充饥。圣经记载彼得曾钓上一条鱼来,从鱼的口内取出了一块钱,交纳了丁税。(太17:27)有些注释认为的或即这一鱼类。

4)犹太历史学家记述,加利利海岸上曾有哥拉汛、伯赛大、迦百农等9座城镇。但现在仅有提比哩亚(即太巴列城）延续至今。其他城邑已皆成废墟，只有考古学家尚能发现一些遗址。

4.圣经记载：

1）耶稣当年在迦百农行了神迹以后，许多法利赛人和希律一党的人要杀害耶稣。耶稣和门徒便退到加利利的海边去。但是却有许多困苦人从加利利跟随地。还有许多人听见他所作的大事，就从犹太、耶路撒冷、以土买、约旦河外、推罗、西顿、低加波利来到他那里，他就治好了许多人。（可 3:5—10；太 4:25，请参看附录三第 14 图）

2）有一天晚上，耶稣在加利利海边上了船，要门徒们把船渡到那边去。也有别的船和他们同行。海里忽然起了暴风，甚至船被波浪掩盖，耶稣却睡着了。门徒叫醒了他，说："主啊！救我们，我们丧命啦！"耶稣醒了，斥责风和海，风和海就平静了。众人希奇说："这到底是谁？连风和海也听从他了。"（可 4:35—41，参看太 8:23—27）

3）有一次耶稣叫门徒上船先渡到那边去，他自己上山去祷告。到了晚上，只有他一人在那里。那时船在海中，因风不顺，被波浪摇撼。夜里四更天，耶稣在海面上走，往门徒那里去。门徒看见，以为是个鬼怪，便喊叫起来。耶稣说："你们放心，是我，不要怕。"彼得要求耶稣应允他从水面上走到耶稣那里去，但彼得在海面上行走时，只因风大而害怕，几乎沉下去。耶稣伸手拉住他。他们上了船，风就住了。船上的人都敬拜耶稣说："你真是神的儿子了。"（太 14:22—23）

4）在靠近迦百农的海边，彼得遵照耶稣的吩咐，从海中钓上一条鱼来，并从鱼的嘴中，取出了一块钱，交纳了丁

税。(太 17:24—27)

5)耶稣复活后,在海边向门徒们显现,3 次垂问彼得:"你爱我吗?"并嘱托彼得牧养羊群(即看顾信徒)。(约 21:1—19)

加略　　　(Kerioth)

1.地名原意:"城"、"村"、"建筑物"。

2.所在位置:附录第 80 图第九行第 3 格。

3.地理情况:

1)圣经中有两个加略,一个在新约,另一个在旧约。新约中提到的加略在犹太南部。

2)旧约中提到的加略乃是摩押的一个城镇。(耶 48:24)

4.圣经记载:

1)出卖耶稣的犹大或即生于新约中所提的加略。犹大和他的父亲西门都被称为加略人。(太 26:14,10:4;约6:71)。

2)旧约中所提的加略筑有堡垒,(耶 48:41)且建有宫室。(摩 2:2)

加帕多家　　　(Cappadocia)

1.地名原意:"骏马"。

2.其他名称:现译作"**卡帕多西亚**"。

3.所在位置:附录三第 78 图第二行第 5 格。

4.地理情况:加帕多家位于小亚西亚半岛东部的高地。现在土耳其境内。北界本都,东界伯拉河(即幼发拉底河),南界叙利亚、基利家,西界加拉太。当地多有骏马,故此得名。公元前 6 世纪为波斯管辖。公元前 190 年以后与罗马结盟,成为罗马的仆从国。公元前被罗马占领,直到公元后 11 世纪为止,加帕多家一直是东罗马帝国的藩属与屏障,成为罗马帝国抵御阿拉伯人的前沿阵地。

5.圣经记载:

1)五旬节圣灵降临的时候,有些住在加帕多家的犹太人到耶路撒冷来守节,因此听到了基督的福音。(徒2:10,37—38)

2)彼得曾写信给小亚西亚的圣徒,其中便包括寄居在加帕多家的基督徒。(彼前1:1—2)

佳澳　　(Fair Havens)

1.地名原意:"良港"、"良好庇荫处"。

2.其他名称:今也译作"**费尔黑文**"。

3.所在位置:附录三第101图第四行第2格。

4.地理情况:佳澳是革哩底岛的一个良好海港,位于该岛南部海岸。佳澳的西方有两个小岛,其中之一即是高大岛。佳澳虽可避风,但冬季不宜。

5.圣经记载:

保罗被押解往罗马的中途,曾乘船经过佳澳。(徒27:8)

迦巴　　(Geba)

1.地名原意:"山"。

2.其他名称:

1)撒下5:25中的迦巴,或即**基遍**。(参看代上14:16)

2)士20:10中原文为"等大众到了便雅悯的迦巴"。译文中把这一"迦巴"译成了"**基比亚**"。

3.所在位置:附录三第27图第四行第2格。

4.地理情况:迦巴是便雅悯支派属地中的一个城镇。(书18:11,24)在耶路撒冷以北约18里,当时乃是行军作战常经之地。

5.圣经记载:

1)扫罗作王的第二年,非利士人要与以色列人争战,聚集了战车3万辆，马兵6000人，步兵像海边的沙那样多，深入到以色列的腹地密抹安营。扫罗和他的儿子约拿单原来有3000以色列人跟随他们。但以色列人见自己危急窘迫就纷纷逃藏在各处，余下的百姓也都是战战兢兢地跟随着他们。及至他们住到迦巴迎战时，扫罗数点随众，已仅约600人。而且那时以色列全地没有铁匠，不能制造武器，两军对阵的时候，只有扫罗和约拿单有刀枪，其他的人都没有刀枪。有一天，约拿单对替他拿兵器的少年人说，我们不如潜入到非利士人的防营那里去突袭他们，因为耶和华使人得胜，不在乎人多人少。于是约拿单二人从两个山峰的隘口过去，一个山峰北面朝向密抹，一个山峰南面朝向迦巴。他们爬上了隘口，杀倒了非利士的防守兵20人。非利士人突然惊慌起来，混乱之中竟互相击杀。扫罗遂即率兵攻打敌军。那日耶和华使以色列人得胜，追击非利士人先到了伯亚文，跟着又追杀非利士人一直到亚雅仑。（撒上13:1—7,15—16,14:1—31；请参看附录三第27图及说明④—⑥,⑩—⑫）

2)犹大国的第三代王亚撒和以色列王巴沙，常常争战。以色列王巴沙上来要攻击犹大并修筑拉玛，意欲切断出入犹大国的要道。亚撒王将耶和华圣殿、王宫府库里所剩的金银，让臣仆送往亚兰王便哈达那里求援。便哈达派军长去攻击以色列的城邑，并攻破数城。以色列王巴沙听见就停工不修拉玛了。于是亚撒王宣告犹大众人，吩咐他们将巴沙修筑拉玛所用的石头、木头，都运去用以修筑便雅悯的迦巴和米斯巴。这样迦巴和米斯巴即成为坚固的军事重镇。（王上15:16—

22,请参看附录三第46图及其说明)

迦巴鲁 (**Chebar**)

1.地名原意:“长度”、“大河”。

2.其他名称:**革巴珥**。

3.所在位置:附录第66图第四行第4格。

4.地理情况:迦巴鲁河是古时巴比伦地区的一条供灌溉用的人工河渠。它在巴比伦之北从伯拉河叉出,流向巴比伦的东南,注入希底结河。在该渠河畔的尼浦珥(Nippur)一带,挖掘出一些历史文物,证实当地古时有犹太人开设的商店,以及贸易往来的记录,说明当年曾有犹太人居住在该处。以西结与约雅斤王是同时被掳的(代下36:10),所以他说:“我们被掳……”(结33:21)以西结不仅有妻子,(结24:15—18)而且有家庭。(结8:1)当年以西结被掳至此地之后,即是与被掳的人住在迦巴鲁河边的。(结3:15)现今该处(即古迦巴鲁河附近)有一个村庄,阿拉伯文名叫“齐尔费尔(Kilfil)”,恰相当于希伯来文的“以西结”。犹太人相传该村即是以西结居住之地,甚且认为,他死后也是葬于其地的。

5.圣经记载:

以西结书中所记的许多异象,都是以西结在迦巴鲁河边见到的。(结1:1,10:15)

迦百农 (**Capernaun**)

1.地名原意:“安慰之乡”或“鱼库”。

2.其他名称:现在称之为“**帖尔胡姆村(Tell Hum)**”。

3.所在位置:附录三第80图第二行第4格。

4.地理情况:

1)迦百农原是加利利海西北岸上的一个城市。城中设置有税关，并且有罗马军队的驻防营。耶稣开始传道的初期，从拿撒勒迁来此地居住，常常由迦百农出发到各地去传道，又时而回到迦百农来。

2)但该城现已毁灭无遗，当地只存一帖尔胡姆村，约相当于昔日迦百农的地区。学者约西弗（Josephus）曾考证有两处可能是迦百农的旧址，但终难判别断定。

3)在靠近伯赛大［又名阿拉拉挤（al-Araj）］的旧址处，曾有一座宏伟的犹太人会堂，但权威人士认为这一会堂不可能即是当年的百夫长所建，（路 7:2—5）而是公元3、4 世纪时，在当年会堂的原地上重新建造的。最近，在当地渔民住宅区中，挖掘发现了一所基督徒聚会处所，是由一位渔民的私人住宅改建而成的，据考证，当是公元 1 世纪时所建，从而推论当年在该住宅中已经建立了迦百农的教会。

5.圣经记载：

1)耶稣出来传道不久，便离开拿撒勒，到迦百农去居住。（太 4:12）以后耶稣周游传道再进入迦百农时，（可 2:1）即被称为“来到自己的城里”。（太 9:1）

2)耶稣在迦百农城附近的海边，呼召了渔夫彼得、安得烈、雅各、约翰作他的门徒。（可 1:16—20）并且在迦百农的税关上选召了税吏利未（即马太）来跟随他。（太 9:9）

3)西门彼得和他兄弟安得烈的家就在迦百农，耶稣曾在他们的家中治好了彼得的岳母。（可 1:29—31）

4)耶稣在迦百农还医治了罗马军营百夫长的仆人。（太 8:5—13）

5)耶稣在迦百农的犹太人会堂医治了一个被污鬼附着的

人。(可 1:21—28)又使一个瘫子得以起来行走。(可 2:1—12)

6)耶稣曾经用许多道理教训迦百农人,但他们仍不肯悔改,所以耶稣预言迦百农必将毁灭。(太 11:23—24)

迦基米施　　　(**Carchemish**)

1.地名原意:“羔羊的要塞”。

2.其他名称:近译作“**卡尔基米什**”。

3.所在位置:附录三第 64 图第二行第 2 格。

4.地理情况:

1)迦基米施是古时赫人的东方首都,该城扼守着伯拉河西岸的战略渡口,地当水陆交通要道,既是军政重地,也是商业大城。今在其遗址中挖掘出不少古时的石碑、雕像等文物,其城廓周长约 2400 米,足证迦基米施乃是古时殷富繁华的大城。

2)公元前 717 年,亚述王撒珥根攻陷迦基米施,赫人的王国(史称赫梯帝国)也即灭亡,(参看赛 10:9)该地遂为亚述所有。公元前 609 年,埃及的法老尼哥欲攻此城,途经迦南的沿海大道时,击杀了犹大的第 16 代国王约西亚。公元前 605 年,巴比伦王尼布甲尼撒大败埃及于此地,从而占领了迦基米施。其后波斯、希腊、罗马等国相继称霸,迦基米施亦分别隶属于上述列强。现今该地的遗址在叙利亚境内,靠近阿勒颇省的杰拉布卢斯一带。

5.圣经记载:

1)犹大的第 16 代国王约西亚修完了耶和华神的殿,“有埃及王尼哥上来要攻击靠近伯拉河的迦基米施。约西亚出去抵挡他。”尼哥王差遣使者劝约西亚不要干预神的事,但约西亚未听从神藉尼哥之口所说的话,而来到米吉多平原争战,被弓箭手射中受伤,出阵后回到耶路撒冷就死了。(代下 35:20—24,请参看附录三第 63 图说明①—④)

2)耶和华的话临到先知耶利米,"论到关乎埃及王法老尼哥的军队,这军队安营在伯拉河边的迦基米施,是巴比伦王尼布甲尼撒在犹大王约西亚的儿子约雅敬第四年所打败的。"(耶 46:2,请参看附录三第 64 图说明①—②)

迦拉　　　(Calah)

1.地名原意:"坚定"、"老年"。

2.其他名称:

1)或译作"**卡拉**"。

2)即现今的"**尼姆鲁德(Nimrud)**"。

3.所在位置:附录三第 66 图第 2 行第 3 格。

4.地理情况:迦拉是含的后代宁录所建的一座大城。位于希底结河东岸,在尼尼微南方 80 里处。其遗址上有大塔庙,该建筑物为有台阶的棱锥体,与巴比伦塔相似。内部用砖砌成,外层用石块修筑,高约 36 米,旧城遗址仍有迹可寻,环城有 108 座残存的古时堡垒。城外还有护城的沟濠,总面积约有 6600 余亩。在出土文物中,最闻名的是公元前八九世纪时的象牙雕刻制品,共约 1000 余件,乃是当前世界上最丰富的牙雕宝藏。最初的考古学家曾一度认为迦拉或即是尼尼微大城的南部,后来则认为该城在尼尼微之南约 40 余里,最近的考古资料认为,加拉与尼尼微两地的确切遗址相距约 80 里。①

---

① 参见《新圣经词典》第 157 页。

5.圣经记载：

含的孙子宁录,是世上英雄之首,也是个英勇的猎户。他的国起初包括巴别(即巴比伦)等地,他从这里往亚述扩张,又建造了尼尼微、迦拉等城。(创 10:6—11)

迦勒底　　(Chaldea)

1.地名原意:"恶魔般的占卜者"。

2.其他名称:希伯来人古时称它为"**卡斯丁(Kasdim)**",意指古巴比伦的南部。

3.所在位置:附录三第 2 图第三行第 4 格。

4.地理情况及圣经记载:

1)迦勒底地区在伯拉大河下游,是古代文明发源地之一。地当现今伊拉克的南部。由于历史上列国的战争,王朝的更易,圣经中有时把迦勒底与巴比伦相互代用。例如,巴比伦王尼布甲尼撒的儿子伯沙撒即被称为迦勒底王。(但 1:1,5:30,参看但 5:1—2)

2)亚伯拉罕原来居住在迦勒底的吾珥,后来由于耶和华的呼召,离开迦勒底而渡过伯拉河进入迦南。亚伯拉罕的后裔即被称为希伯来人。(创 12:1—5,14:13,"希伯来人"的原意就是"渡河而来的人")

迦密　　(Carmel)

圣经中提到的迦密分别为两处不同的地方。

Ⅰ.迦密山

1.地名原意:"丰产的田园"、"可耕地区"、"神的葡萄园"。

2.其他名称:

1)今译作"**卡梅尔**"。

2)阿拉伯人称之为"**以利亚山**"。

3.所在位置:附录三第10图第二行第2格。

4.地理情况:迦密山靠近地中海边,位于基顺河之南,而在沙仑平原与米吉多平原之北。其山势由海滨伸向东南而连接撒玛利亚山地。迦密山长约50余里,宽在15里左右,高达500米。故此站在山顶即可俯视平原的景色,遥望海上远处的云天。迦密山地势陡峭,山路险峻,但古时遍山林木,风景极其优美,因此以色列人常把迦密和沙仑作为华美秀丽的意喻。(歌7:5;赛35:2)

5.圣经记载:

1)先知以利亚遵照耶和华神的吩咐,去见以色列王亚哈,指责他行恶离弃耶和华,随从他的妻子耶洗别事奉巴力的罪,致使以色列国遭受三年半的大旱灾。为了使以色列民识别假神巴力,以利亚对亚哈王说:"你当差遣人,招聚以色列众人,和事奉巴力的那四百五十个先知,并耶洗别所供养事奉亚舍拉的那四百个先知,使他们都上迦密山去见我"。其后,以利亚和巴力的先知,在迦密山各自筑坛献祭。巴力的先知从早晨到午后求告他们的神,毫无效果。而以利亚祷告耶和华,显出了神迹,使以色列众人认识到只有耶和华是神,从而除掉了那450个巴力的先知。随后,以利亚上到迦密山顶,俯伏祷告7次,求耶和华神降雨。起先,只有一小片不过手掌那样大的云彩,从远处的海边上升了起来。但是,霎时间就风云黑暗,降下了大雨,解除了数年的干旱。(参见王上18:1—45,请参看附录三第48图说明④。)

2)先知以利沙也曾一再到过迦密山。(王下 2:25,4:25,参看附录三第 49 图说明⑥、⑩)

Ⅱ.**迦密城镇**

1.地名原意:"丰产的田园"、"可耕的地区"。

2.其他名称:今名"**卡米珥废墟(Khirbet el-Karmil)**"。

3.所在位置:附录三第 31 图第三行第 2 格。

4.地理情况:迦密乃是犹大山地的一个城镇。该地区适宜牧放羊群。当地人以羊为主要的肉食,以羊毛为主要的财富。每当剪收羊毛的时候,即如丰收农产的节日一般,乡邻共同欢庆,牧场的主人例行设宴待客,不仅与亲友及牧羊雇工一起祝贺,甚至救济贫困,款待过往行人。现今在希伯仑东南 20 余里处,仍有迦密的遗址。

5.圣经记载:

1)扫罗王战胜亚玛力人之后,因为贪爱亚玛力人的牛羊美物,违背了耶和华的命令,使先知撒母耳为此十分忧伤,与此同时,扫罗却在迦密为自己立了记念碑。(撒上 15:7—12)古时当地国王立碑多是为了显耀自己的功绩,但是撒母耳却对扫罗说:"悖逆的罪与行邪术的罪相等;顽梗的罪与拜虚神和偶像的罪相同。你既厌弃耶和华的命令,耶和华也厌弃你作王。"(撒上 15:23)后来,扫罗屡次犯罪,最终战死于基利波,甚至他的尸身也被非利士人钉在城墙上予以示众,足见扫罗为自己立碑一事不仅无用,而且愚妄。(撒上 31:8—10,请参看附录三第 29 图说明②)

2)刚愎凶恶的大富户拿八在迦密放牧有 4000 只羊群。起先大卫率领 600 人逃避扫罗的追逼时,曾在迦密日夜保护过拿八的牧人们。因此,当拿八在迦密剪收羊毛的喜庆日子里，大卫从玛运的旷野① 派了10个仆人去见拿八，谦躬地请求拿八随手取点东西帮助大卫及其部属。拿八不仅毫无资助，反而恶语伤人。大卫便带着400个人去向拿八问罪，由于拿八以恶报善，大卫决心要在当天便杀灭拿八全家的男丁。拿八的妻子亚比该是个聪明俊美的妇人。她得知这一消息后，未曾告诉拿八，就急忙叫仆人们先给大卫送上许多食物，自己跟着也出发去迎见大卫。她骑着驴正下山坡的时候，见到了大卫及其部属等人，便急忙下了驴，叩拜请罪。大卫由于亚比该的见识，便决定不再前去追讨拿八的恶行。亚比该回到家里，见拿八正在大摆盛宴如国王的筵席，自以为丰收欢快，而喝得酩酊大醉。第二天拿八醒了酒，亚比该将全家险些被杀一事告诉了拿八。拿八吓得魂不附体，身子僵硬如同石头一般。过了10天，耶和华击打拿八，他就死了。大卫听说拿八死了，就聘娶了亚比该为妻。(撒上25:1—42，请参看附录三第31图中⑪、⑫、⑬的示意)

迦拿　　(**Cana**)

1. 地名原意："获得"、"热心"。
2. 所在位置：附录三第80图第三行第3格。
3. 地理情况：迦拿是由拿撒勒通往提比哩亚之路上的小村庄，在拿撒勒东北约10余里。圣经中共有四次提到迦拿，但都称为"加利利的迦拿"。因为另有一个"基利叙利

---

① 撒上25:1中和合译本所译的"巴兰的旷野"，在希腊文的七十士译本中乃是"玛云的旷野"，此处即是根据这一译文而引述的。

亚(Coelesyria)的迦拿”,在拿撒勒北方仅20余里。故此圣经特称“加利利的迦拿”,以便有所区别。该处多有芦苇,一片山村景色。

4.圣经记载:

1)耶稣在加利利的迦拿显示了第一个神迹,以水变酒,他的门徒就信他了。(约2:1—11)

2)耶稣还在迦拿治好了一位大臣的儿子,使这位大臣的全家都信从了耶稣。这是耶稣在加利利显示的第二个神迹(约4:46—54,耶稣先后两次到达迦拿之间的行程,请参看附录三第83图)

3)耶稣的门徒拿但业乃是迦拿人。(约21:2)拿但业起初是怀疑耶稣的神能的。(约1:45—46)耶稣连续在他的故乡显明神迹,拿但业自当坚固信心。(约2:11)

迦南　　(Canaan)

1.地名原意:“低地”、“交易”、“被屈辱”。

2.其他名称:今名**巴勒斯坦**。

3.所在位置:附录三第2图第三行第2格。

4.地理情况:

1)迦南沿海一带曾被非利士人由革哩底(今克里特岛)侵入定居,因此迦南也被称为“非利士人之地”。(番2:5)

2)希腊语中“非利士人之地”即是“巴勒斯坦”。公元前5世纪时希腊历史学家希罗多德(Herodotus)首先称迦南地区为巴勒斯坦。公元1世纪时犹太历史学家约西弗(Josephus)即沿用此名。以后的学者便习惯于使用巴勒斯坦的名称。

3)但古时迦南地包括巴勒斯坦及毗连的腓尼基一带。迦南地西部位于地中海与约旦河之间,而其东部在约旦河东并无明确边界，北接亚兰(现叙利亚)，南止埃及溪的一南北狭长地区。约旦河自北而南纵贯全境，除地中海沿岸及约旦河流域为平原外，其余多为山地。

4)境内的约旦河发源于黑门山下，向南入加利利海，再直下至死海。死海为世界最低的内陆湖，低于海面392米。约旦河与地中海沿岸间为山地，由北向南依次为黎巴嫩山脉，加利利丘陵，撒玛利亚山脉，以法莲丘陵及犹大山脉。

5)巴勒斯坦的自然区划，最北为加利利，这一地区北为利坦尼(Litani)下游，南部为斜跨海岸至约旦河谷的平原。加利利北高南低，地势起伏不定，河川流向无明确分水岭。加利利平原脚下为耶斯烈平原，其南接迦密山脉，耶斯烈平原通过基顺隘口与艾克口(Acco)平原及约旦狭谷相通，为一宜农地带。

6)中部为撒玛利亚和以法莲高原。由沙仑的平原向上升高，最高达1015米。由耶斯烈平原有大路将撒玛利亚与示剑相连。示剑可控制基利心山与以巴路山间通道，向南沿分水岭可达耶路撒冷。撒玛利亚与以法莲的西部盛产橄榄及葡萄，东部为牧场。

7)巴勒斯坦南部的自然区划如下：①沿海非利士平原；②舍非拉(Shephelab)低地；③犹太山区；④犹太旷野；⑤内格夫地区。犹太的内格夫荒地有广阔牧场。高原为有名的葡萄产地，舍非拉平原大量种植谷物。

8)公元前2000多年时，亚伯拉罕由迦勒底的吾珥，经过北方的哈兰，渡过伯拉大河进入迦南，因此被叫做“渡河而来的人”。“渡河而来”在当地古时的语言中即是“希伯来”。所以亚伯拉罕首先被称为“希伯来人”。

(创14:13)其后裔即是希伯来宗族。希伯来人一度因饥荒而寄居埃及。400年后希伯来人的男丁已达60万,(出12:37)由民族领袖摩西带领出离埃及,又由约书亚率领进入迦南。(约书亚记)以色列人认为,迦南乃是耶和华赐给亚伯拉罕及其后裔的"流奶与蜜之地"。(创12:1—5,50:24;出13:5)

9)公元前1000多年时,以色列人在迦南建国。公元前933年,以色列分裂为南、北两国。北国仍叫以色列国。而南国则叫犹大国。公元前721年以色列国亡于亚述。公元前586年犹大国亡于巴比伦。两地居民也大量被掳去为奴。波斯称霸时,波斯王古列元年,犹大人等又返回迦南故居。公元前331年,希腊皇帝亚历山大征服了迦南。受希腊语音影响,犹大渐改称犹太。公元前65年罗马帝国又侵入该地,并于犹太等地设立分封的王。后来犹太人流散于世界各地。阿拉伯人攻占迦南后,十字军又屡次东征争夺,其后迦南即成为土耳其领地,当时巴勒斯坦居民已大多为阿拉伯人。第一次世界大战后,迦南由英国托管统辖。第二次世界大战后,1947年11月29日,联合国决议在巴勒斯坦分别建立以色列国和阿拉伯国家。1948年5月14日以色列国宣告成立之后,第二天即爆发了以色列与阿拉伯人的战争。其后又连续发生了1956年、1967年、1973年三次中东战争。阿拉伯人认为,以色列人在战争中强占了巴勒斯坦地区及周围阿拉伯国家的土地近10万平方公里,使得大量阿拉伯难民逃往其他阿拉伯国家。1949年联合国估计难民已达72万余人。这一争端至今仍未得到调解。

10)据 1948 年统计，该地区人口约 450 万人，居民主要为阿拉伯人和犹太人。由于历史原因及宗教信仰，双方矛盾十分尖锐。有资料[①] 介绍说："巴勒斯坦亦称为'圣地'。犹太教、基督教和伊斯兰教对它都有不同程度的神圣感。犹太教称其为'以色列的土地'、神赐予的土地、惟一的圣地、民族独立的中心。基督教认为它是耶稣及众使徒生活和工作的地方。伊斯兰教则把与先知穆罕默德有关的地方都作为圣地。"这样，这一地区的问题就更为复杂而难以解决。

5.圣经记载：

1)耶和华对亚伯兰(即亚伯拉罕)说："你要离开本地、本族、父家，往我所要指示你的地去。我必叫你成为大国，地上万族都要因你得福。"亚伯兰就照着耶和华的吩咐去了，他们就到了迦南地。(创 12:1—5)

2)以色列人出埃及返回迦南时，耶和华晓谕摩西说："你吩咐以色列人说：'你们过约旦河进迦南地的时候，就要从你们面前赶出那里所有的居民，毁灭他们一切錾成的石像，和他们一切铸成的偶像，又拆毁他们一切的丘坛。你们要夺那地，住在其中，因我把那地赐给你们为业。"(民 33:50—53；出 34:10—13)

3)在以色列人面前被赶出去的有迦南人、赫人、希未人、比利洗人、革迦撒人、亚摩利人、耶布斯人，这七国均比以色列强大。(申 7:1)

4)约书亚在迦南攻取的地区疆域，以及以色列 12 个支派所得之地，参看约书亚记 11 章 16 节至 21 章 45 节的记

---

① 本资料见于《简明不列颠百科全书》第 1 卷，第 445 页。

载。具体地界参看附录三第15图。

5)旧约圣经中提到迦南将近130次,章节及经文从略。

6)新约圣经中提到迦南共3次:

①有一次耶稣到了推罗、西顿境内。有一个迦南妇人求耶稣医治她的女儿,因为她的女儿被鬼附得甚苦。由于她的信心,耶稣成全了她的请求。(太15:21—28)

②司提反殉道前,曾讲述迦南全地遭遇灾荒,雅各(又名以色列)全家即下到埃及去寄居。(徒7:11—15)

③保罗传道时,曾讲到以色列人进入迦南后,灭了迦南地的七族人,又分得迦南地为业。(徒13:17—19)

迦萨　　(Gaza)

1.地名原意:"强壮"。

2.其他名称:现今译为"**加沙**"。

3.所在位置:附录三第10图第四行第1格。

4.地理情况及有关资料:

1)其位置也可对比附录三第80图第八行第1格。

2)迦萨是旧约时代非利士五大古城中的一个。距地中海只有7里,位于沿海约帕南方120里。此城建于山上,四周平原,土地肥沃。因该城处于叙利亚和埃及沙漠的边界,地当两国行旅和军队必经的大道,所以形成为重要的城镇。

3)迦萨起初原是迦南人居住的地区,后来以色列族的犹大支派攻取了该城及其四境。非利士人也曾据有迦萨,其后即成为列强争夺之地。公元前332年希腊的亚历山大大帝进军于此,迦萨居民力图抵御,战争中该城多有损坏,战后希腊军兵对该城又大肆掳掠焚烧。亚历山大死后,希腊被他的4个将军瓜分为希腊、小亚西亚、叙利亚、埃及四国。迦南地处叙利亚与埃及之间，先属叙利亚统辖，后为埃及的属地。但公元前198年，叙利亚的安提阿古大帝再次攻取迦南，进驻迦萨。公元前175年，安提阿古爱比法尼斯王(King Antiochus Epiphanes)决心用残酷手段消灭犹太人及其宗教，公元前168年他毁坏耶路撒冷，污秽圣殿，在耶和华的坛上献猪，却把他们自己的神坛安置于耶和华的圣殿，焚毁旧约圣经(当时尚无新约)，施用严刑、死刑强迫犹太人放弃信仰。因而激起犹太人的反抗，争战之中，迦萨这一军事要地遭受损坏甚大。但公元前165年犹太人竟战胜了极其强大的叙利亚军，建立了马克比(Maccabees)家族世袭的祭司政权，形成了约100年的独立，并占据了迦萨地带。(参看附录三第76图中迦萨的相应位置)公元前63年罗马征服了迦南。公元前57年罗马将军庞培(Pompey)且曾资助迦萨居民重建此城。

4)耶稣降生后，福音也曾传入此地。但后来又渐成为伊斯兰教的活动地区。穆罕默德的曾祖即埋葬于迦萨。伊斯兰教的沙裴派创始人沙裴也在此城出生。公元635年，阿拉伯人征服此地后，迦萨即成为伊斯兰教重要中心。十字军东征时，迦萨一度衰落。1187年十字军失败后，迦萨又恢复了伊斯兰教的统治。1917年迦萨被英国占领。1947年联合国通过巴勒斯坦分治计划，加沙(即迦萨)划归阿拉伯国家。1948年埃及进占此地。1956年11月西奈战争中，加沙被以色列占据。不久以色列从此处撤出，1967年以色列再次攻占此地，其后即一直在以色列的军事管制之下，现在加沙乃是以色列加沙和北西奈军管区行政中心。1948年设立加沙地带以来，加沙一直是阿拉伯游击队袭击以色列军的频繁之地。据1971年统计，此地共有118300人。[①]

5.圣经记载：

1)迦萨这一地名，最早见于洪水之后，乃是迦南人居住之地。(创10:19)

2)约书亚率领以色列人曾进攻到迦萨，但其后时间不久，又回到原来的营地。(书10:41—43)

3)约书亚死后，犹大支派为了扩展疆土，便攻取了迦萨与四境。(士1:18)

4)以色列的士师参孙本来力敌千人。(士15:15—16)但是他到非利士人居住的迦萨，竟接近娼妓，险些被人杀害。(士16:1—3)

5)参孙又迷恋了一个妇人大利拉。以色列的仇敌非利士人买通了大利拉，要大利拉哄骗参孙，使参孙说出自己怎样才会失去身上的能力而被擒获。起初，大利拉迷哄参孙三次，希望参孙说出如何使自己失去能力而被捆缚。参孙三次未说实情而幸免于难。但参孙此时仍不悔悟，继续迷恋大利拉。大利拉第四次迷哄参孙时，参孙终于说出了自己获有能力的秘密。大利拉使参孙枕着她的膝盖睡觉的时候，叫人来剃除了参孙头上的发绺，使他失去了先前的能力而被非利士人捉住。非利士人挖去了参孙的眼睛，把他带到非利士人居住的迦萨，用铜链栓住他，使他在监里推磨。后来参孙的头发渐渐长起来，又重新得到了能力，而迦萨的非利士人却想在他们的假神大衮庙中戏耍参孙。参孙求告神再

---

① 本段资料见于《简明不列颠百科全书》第4卷，第274页。

赐给自己一次力量,便推倒了该庙的两根柱子,以致庙宇倒塌,使自己与许多非利士人同归于尽。(士 16:4—30)

6)当年非利士人曾掳去了以色列人敬奉的耶和华的约柜,他们并且把神的约柜放在他们的假神庙中。因此神降灾于非利士人。后来非利士人将约柜送回以色列人时,非利士人居住的迦萨等城还同时献出了赔罪的礼物。(撒上 5:1—7,6:1—4,17)

7)犹大王希西家依靠耶和华而尽都亨通。他曾反击非利士人,直追到迦萨和迦萨的四境。(王下 18:5—8)

8)公元前约 755 年时,先知阿摩司曾预言:“耶和华如此说:‘迦萨三番四次地犯罪,我必不免去它的刑罚。……要降火在迦萨的城内,烧灭其中的宫殿。’”(摩 1:6—7)

9)在新约时代,“有主的一个使者对腓利说:‘起来,向南走,往那从耶路撒冷下迦萨的路上去。’那路是旷野。”腓利去到那里曾向非洲埃提阿伯(即埃塞俄比亚)的一个总管银库的太监传道。该太监受洗后,非常喜乐地把福音带往埃提阿伯。(徒 8:26—34,请参看本书“埃提阿伯”条及附录三第 96 图)

迦特　　(Gath)

1.地名原意:“榨酒处”。

2.其他名称:今译作“**加斯**”。

3.所在位置:附录三第 25 图第四行第 1 格。

4.地理情况:

迦特乃是非利士人的五大古城之一,在亚实突东南方约 40 里。

5.圣经记载:

1)非利士人曾把耶和华的约柜掳去,辗转放到迦特。但耶和华降灾于迦特人,他们就把约柜送到了以革伦。(撒上 5:8—10,请参看附录三第 25 图⑤、⑥、⑦及其说明。)

2)大卫击杀的非利士巨人歌利亚即是迦特人。(撒上 17:4)

3)大卫遭受扫罗的追逼时,曾先后两次到迦特来避难。第一次遭到了迦特人的疑虑,大卫因而又逃到了亚杜兰洞去。(撒上 21:9—22:1)第二次迦特王把洗革拉赐给了大卫,于是大卫在非利士地居住了一年零四个月。(撒上 27:1—7,大卫两次去到迦特的行程请参看附录三第 31 图⑤、⑮。)

4) 以色列分裂为南北两国之后,南国的犹大王罗波安修固了许多城邑,其中即有迦特。这时的迦特当属犹大国统辖。(代下 11:5,8,10,请参看附录三第 42 图)

5) 犹大的第 8 代国王约阿施在位时,亚兰王哈薛攻占了迦特,且想从迦特进攻耶路撒冷,约阿施把圣殿和王宫里的金子送给了哈薛,哈薛才不再来攻打耶路撒冷。(王下 12:17—18,请参看附录三第 53 图③及其说明)

6) 当犹大国衰弱时,迦特当即被非利士人重新占有。但犹大的第 10 代国王乌西雅在位,又日渐强盛时,则再次攻取了迦特。(代下 26:6,请参看附录三第 55 图③及其说明)

迦特希弗　　(Gath-hepher,Gittah-hepher)

1.地名原意:“井池的酒榨”。

2. 所在位置：附录三第56图第一行第2格。

3. 地理情况：迦特希弗是西布伦支派属地边境上的一个小镇，位于耶稣的故乡拿撒勒东北约7里之处。在新约时代，拿撒勒和迦特希弗都属于加利利地区。

4. 圣经记载：

1）先知约拿乃是迦特希弗人。（王下14:25）

2）耶稣降生后长期居住在拿撒勒，因此被称为拿撒勒人。（太2:23）当耶稣在世时，祭司长和法利赛人出于对耶稣的嫉恨，竟然说："加利利没有出过先知。"（约7:52）实际上先知约拿的故乡即在加利利，因此有些圣经学者认为，当年的宗教领袖祭司长等人为了加害于耶稣，已经到了不顾事实任意而言的地步。

坚革哩 （Chenchreae）

1. 地名原意："黍米"。

2. 所在位置：附录三第99图第二行第1格。

3. 地理情况：坚革哩是亚该亚地区哥林多城的东海口。是离哥林多约27里的城市。

4. 圣经记载：

1）保罗离开哥林多坐船往叙利亚去的时候，因为他许过愿，就在坚革哩剪了头发。[①] 其后保罗到了以弗所，众

---

① 犹太历史学家约西弗（Josephus）说，犹太人在患病或遭不幸事故之后，会许愿不饮酒、不剪头发30天，然后把头发献在祭坛上。保罗在坚革哩剪发，说明他许的愿已满期，现在要把剪的头发带到耶路撒冷献的祭坛上。很可能保罗是因为一年半来在哥林多安然未遭逼迫，（徒18:9—16）故此许了愿。保罗不肯在以弗所久留，也可能是要急于到耶路撒冷去献祭还愿。

人请他多住些日子，保罗却不肯。于是开船离开以弗所，在该撒利亚下船，去到耶路撒冷。（徒 18:18—22）

2）保罗向罗马信徒举荐坚革哩教会的女执事非比说："请你们为主接待她，合乎圣徒的体统。她在何事上要你们帮助，你们就帮助她。因她素来帮助许多人，也帮助了我。"（罗 16:1—2）

居比路　　（**Cyprus**）

1.地名原意："佳美"、"公正"、"爱"、"花"。

2.其他名称：现今的译名是"**塞浦路斯**"。

3.所在位置：附录三第 78 图第三行第 4—5 格。

4.地理情况：

1）居比路是地中海东北部的一个海岛，即现今的塞浦路斯，是地中海的第三大岛，距基利家约 120 余里，距叙利亚 180 里。此岛长 330 里，宽 180 里。撒拉米、帕弗都在本岛上。当地盛产水果、蔬菜、木材，商业也很发达。古时该岛产铜，希腊文的铜字，即由此岛之名而来。但现今铜矿已近枯竭了。

2）此岛先后曾被巴比伦、埃及、亚述、波斯、希腊等国攻占。在列强的争夺中，埃及曾三次进占该地。公元前 58 年该岛纳入罗马的版图。公元 1571—1878 年土耳其人占领本岛。现在此岛已独立成为塞浦路斯共和国。居民分为希腊及土耳其两大民族。希腊族人多信奉东正教。土耳其人则多信奉伊斯兰教。据 1980 年统计，人口 66 万余人。东正教徒约占 76.2%，伊斯兰教徒约占 18.5%，天主教徒约 1.3%，基督教圣公会教徒 1%，其他约 3%。

5.圣经记载：

1)使徒时代曾帮助过保罗的巴拿巴便是居比路人。(徒4:36)

2)司提反受难后,有些基督徒曾到居比路来传道。(徒11:19)

3)居比路的信徒,也曾到安提阿去传道。(徒 11:20)

4)保罗第一次外出布道时,曾与巴拿巴到了居比路的撒拉米和帕弗,使罗马派驻当地的最高行政官士求保留信奉了基督。(徒 13:4—12)

5)后来巴拿巴和马可又来到居比路,看望当地的信徒。(徒 15:36—39)

6)保罗日后曾两次乘船经过居比路附近的海面。但或是远远望见居比路,或是贴着居比路的背风岸航行,却未曾登陆。(徒 21:3,27:4)前一次是因保罗不愿在路上耽延,希望五旬节时能赶到耶路撒冷。(徒20:16)后一次则是因保罗由于传道而成了囚犯,正被押解去罗马,只能缅想居比路的信徒了。(徒 27:1)

K

客西马尼(园)　　(Gethsemane)

1.地名原意:"榨油"。

2.所在位置:附录三第 92 图第一行第 2 格。

3.地理情况:客西马尼园位于耶路撒冷城东,过了汲沦溪,在橄榄山的山麓。"客西马尼"是"榨油"的意思。因该园内盛产橄榄树,古时以色列人常用橄榄榨出油来调制圣香膏,用它涂抹会幕、法柜等物使之分别为圣。(出30:22—29)现在该园确切地址已不可考。但是天主教会和俄罗斯的东正教会都认为，橄榄山西坡的橄榄林即是该园的遗址。

4.圣经记载：

1)客西马尼园是耶稣和门徒们经常在那里聚集祷告的地方。卖耶稣的犹大也知道这一所在。(约 18:1—2)

2)耶稣被卖的那天晚上，虽然他已知道犹大要出卖他，但是吃过最后的晚餐之后，他仍然照常往橄榄山去。来到客西马尼，耶稣叫门徒们坐在那里，自己带着彼得、雅各、约翰一起去祷告。那时耶稣心中极其难过，就对彼得他们说："我心里甚是忧伤，几乎要死，你们在这里等候儆醒。"耶稣稍往前走，就俯伏祷告说："父啊，你若愿意，就把这(苦)杯撤去。然而不要照我的意思，只要成就你的意思。"(可 14:32—36；路 22:39—42，部分词语新译)耶稣祷告时，"有一位天使从天上显现，加添他的力量。耶稣极其伤痛，祷告更加恳切。汗珠如大血点滴在地上。"(路 22:43—44)耶稣祷告完了，便回到彼得、雅各、约翰那里，却见他们睡着了。耶稣对彼得说："怎么样？你们不能同我儆醒片时吗？总要儆醒祷告，免得入了迷惑。你们心灵固然愿意，肉体却软弱了。"(太 26:40—41)第二次又去祷告，回来时见门徒仍在睡觉。耶稣第三次离开门徒去独自祷告，回到门徒那里就对他们说："现在你们仍然睡觉安歇吗？……起来，我们走吧！看哪！卖我的人来了！"(太 26:42—46，最后一句为新译文)说话之间，卖耶稣的犹大带着许多人来捉拿耶稣。犹大给了他们一个暗号说："我与谁亲嘴，谁就是他(耶稣)。"耶稣便这样被犹大出卖，被捉拿去受审，钉了十字架。(可 14:43—46)

L

拉巴　　(**Rabbah**)

同名叫拉巴的有两个地方。

Ⅰ.**迦得地的拉巴**

1.地名原意:"伟大"、"人口众多"。

2.其他名称:

1)**菲拉得尔非亚**(**Philadelphia**)。

2)今名**安曼**(**Amman**),即约旦的首都。

3.所在位置:附录三第28图第三行第4格。

4.地理情况:

1)拉巴原是亚扪人的属地。以色列人进入迦南之前,击杀了巴珊王噩,攻取了此城。那时巴珊王噩的棺椁[①] 尚在拉巴。(申3:3—11)拉巴位于希实本的东北40余里之处,在约旦河东约60余里,地当雅博河的发源处附近。摩西去世之前,把拉巴分给了迦得支派为业。(书13:24—25,请对此参看附录三第15图和28图)

2)其后,拉巴又为亚扪人取得,并且定为亚扪的都城。但在大卫作王以后,他的元帅约押又长期围攻拉巴。终于由大卫率军攻克此城。而赫人乌利亚,正是当约押围困拉巴时,被大卫的密令谋杀于此地的。

3)耶稣降生前,拉巴成为罗马帝国的属地。当罗马的执政官安东尼宣布他的幼子多利买·菲拉得尔法

---

① 申3:11中,和合本所译的"床",另有译本作"棺椁"。

(Ptolemy Philadelphus)统管叙利亚区域时,拉巴正是他的辖地。因此他按照自己的名字把拉巴改名叫菲拉得尔菲亚。公元635年,阿拉伯将领苏富扬攻占此地,其后该处即逐渐衰微,旧地名亦渐废去。本世纪初,此处已仅是一个村庄。但近代的安曼(即古时拉巴)发展非常迅速,已成为约旦的国都。

5.圣经记载:

1)亚扪王拿辖死后,其子哈嫩在拉巴即位[①]。大卫为了与亚扪继续修好,便派使臣们前去吊丧慰问。但是亚扪的首领们疑忌大卫的使臣乃是前来探听虚实意欲征服亚扪的。哈嫩便把大卫的使臣们剃去一半胡须,割去他们下半截的衣服,使他们受辱而归。哈嫩随即招募亚兰等地军兵备战。大卫派遣约押率军出击亚扪。亚扪人出来在拉巴城门前摆阵,所招募的亚兰军等在郊野摆阵。约押挑选精兵打败了亚兰军,亚扪人便逃进拉巴城内。于是约押率军返回耶路撒冷。(撒下10:1—14)

2)过了一年,大卫又派约押率领以色列人出战,他们打败了亚扪人,围攻拉巴。这时大卫仍住在耶路撒冷。(撒下11:1)这期间大卫犯罪以致拔示巴怀孕。大卫从拉巴阵前召回了拔示巴的丈夫乌利亚,意欲掩饰自己的罪行。但向神和大卫都极其忠心的乌利亚,想到耶和华的约柜和约押等将士军兵都在田野的帐棚里,自己始终不肯回家与妻子同房。因此大卫写了一封信,叫乌利亚亲手带给元帅约押,而

① 当时拉巴正是亚扪的京城。(撒下12:26)

信中却写的是:“要派乌利亚前进,到地势极险之处,你们便退后,使他被杀。”约押见信后,便在围攻拉巴的时候,把乌利亚派在敌人兵力最强的地方,因此乌利亚死于拉巴城下。(撒下 11:1—17)为此先知拿单责备大卫说,大卫既藐视耶和华,所以刀剑必永不离开大卫的家。大卫一生向耶和华神十分敬虔,只是所犯的这一罪行,却“叫耶和华的仇敌大得亵渎的机会”。(撒下 12:9—10,14)但是,大卫在神面前写了沉痛的认罪诗之后,即把它交与伶长。说明了大卫肯于对付罪恶,以便把神的道指教有过犯的人,使罪人归向神,从而传扬赞美神的话。(诗 51:13,15,诗题)

3)“约押继续攻打亚扪人的京城拉巴,即将攻取其地。约押派人去向大卫说:我攻打拉巴,已经夺取了水源。现在请你要聚集其余的军兵来,安营围攻这城。恐怕我攻下此城,人们会因此城而显耀我的名声。于是大卫聚集众军,前往拉巴,攻取了这城。”(撒下 12:26—29,部分语句是意译的另一译文)

4)先知耶利米预言亚扪人必受刑罚。他说:“耶和华说:‘日子将到,我必使人听见打仗的喊声,是攻击亚扪人拉巴的喊声。拉巴要成为乱堆,属他的乡村要被火焚烧,先前得以色列地为业的,此时以色列倒要得他们的地为业。’”“拉巴的居民哪,要呼喊,以麻布束腰,要哭号。”(耶 49:2—3)

5)先知阿摩司预示亚扪受罚说:“耶和华如此说:‘亚扪人三番四次地犯罪,我必不免去他们的刑罚。’”“我却要在争战呐喊的日子,旋风狂暴的时候,点火

在拉巴的城内，烧灭其中的宫殿，他们的王和首领必一同被掳去。"(摩 1:13—15)

Ⅱ.**犹大地的拉巴**：拉巴是犹大山地的一个城邑。(书 15:60)古址在伯利恒西南约 40 里。

拉吉 (**Lachish**)

1.地名原意："坚固难攻"、"人的行姿"。

2.其他名称：今名"**帖尔·阿杜威尔(Tell ad-Duweir)**"。

3.所在位置：附录三第 42 图第三行第 1 格。

4.地理情况：

1)拉吉是犹大平原南部的一个城镇。接近非利士的边境，在希伯仑以西约 50 里，距离非利士的迦萨也约有 50 里。拉吉不仅是由非利士进入犹大的必经之地，同时该处也扼守着从迦南通往埃及的要道，因此成为古时的军事交通重镇。

2)近年来在当地挖出了拉吉的遗址。其地乃是由层层的城墙设防的大城，其面积竟超过了当时的名城耶路撒冷和米吉多。而且城墙宽厚，外面砌石，中间填土，十分坚固。另外，从该处发现有许多历史文献，也颇有考古价值。

5.圣经记载：

1)当约书亚率领以色列人进入迦南后，拉吉等地五个邦国的国王联合起来与约书亚作战，他们战败之后，终于被杀。(书 10:1—27)约书亚当即攻取了拉吉。(书10:31—32，请参看附录三第 14 图⑧)

2)以色列分裂后，南国犹大的国王罗波安修复加固了拉吉等城。(代下 11:5—9，请参看附录三第 42 图)

3)犹大的第 9 代国王亚玛谢时，在耶路撒冷有人背叛他，

亚玛谢曾逃往拉吉,但终于在拉吉被杀。(王下 14:19)

4)犹大的第13代国王希西家14年时,亚述王西拿基立大举入侵犹大,沿着地中海海边的大道,攻到了拉吉,并且从拉吉派出大军到耶路撒冷,企图威逼犹大人投降。(王下 18:13—29,请参看附录三第62图②—③,④及其说明)

5)公元前586年犹大国灭亡时,巴比伦王尼布甲尼撒先攻陷了耶路撒冷。拉吉乃是最后被巴比伦攻占的两座坚固城邑之一。(耶 34:7)

拉玛　　(**Ramah**)　意思是"高地"。

圣经中共记载有六个不同的地区都叫拉玛。它们是:

1.拿弗他利支派地区的拉玛。(书 19:36)

2.亚设边界的拉玛。(书 19:29)

3.南地的拉玛。(书 19:8)

4.基列拉末的略称拉玛。(王下 8:29;代下 22:6)

5.撒母耳的出生地拉玛。(撒上 1:19—20)

6.新约提到的拉玛。(太 2:18)

以上所列前四处的拉玛从略。今把撒母耳的故乡拉玛及新约提到的拉玛分述如下:

Ⅰ.撒母耳的出生地拉玛

1.所在位置:附录三第15图三行2格中以法莲界内的示罗位置。

2.地理位置:位于以法莲山地,靠近示罗的地方。

3.圣经记载:

1)拉玛是撒母耳父母的家乡,撒母耳出生于此地。(撒上 1:19,2:11)

2)撒母耳的父母每年都从拉玛前往示罗去向神献祭

和礼拜。(撒上 1:3)

3)撒母耳每年自拉玛起程,周游伯特利、吉甲、米斯巴去巡视以色列人。(撒上 7:16—17)

4)扫罗初次在拉玛,由仆人引导,会见了撒母耳。(撒上 9:6—10)

5)扫罗违背耶和华的命令,撒母耳与扫罗绝交后,退居在拉玛,再也没有见过扫罗。(撒上 15:34—35)

6)以色列的长老到拉玛要求撒母耳为以色列立王。(撒上 8:4)

7)大卫逃避扫罗迫害,逃到拉玛来见撒母耳,述说扫罗苦害大卫的事,撒母耳和大卫就到拿约去居住了。(撒上 19:18)

8)撒母耳死后葬于拉玛。(撒上 28:3)

Ⅱ.新约提到的拉玛

1.所在位置:附录三第 80 图第七行第 3 格。

2.地理情况:这一拉玛乃是便雅悯境内的一个城镇。在耶路撒冷以北约 18 里,位于大路之南。现在的拉玛村庄在该处高踞于灰石山巅,地质坚硬。村西有古蓄水池,南面有一口良好的古井。

3.圣经记载:

1)拉玛属于便雅悯支派居住的一个城邑。(书 18:21—25)

2)当士师时代以色列人没有王的时候,有一位女先知底波拉作以色列人的士师,住在拉玛和伯特利中间。在那里有一棵棕树。底波拉便常在拉玛附近的棕树下面,审理以色列人们的事端。(士 4:4—5)

3)有一个利未人带着他的妾行路,原想在拉玛或基比亚住宿,后来住到了基比亚。他的妾被当地人侮辱致死,引发了以色列人各支派间的一场战争。(士19:13,全过程参看士 19—20 章)

4)撒玛利亚王巴沙拟将拉玛城修筑起来抵御犹大王亚撒的攻击。以后被亚撒识破此计划,就夺取巴沙用来筑城的材料,并用夺取的材料建造迦巴和米斯巴以抵御巴沙。(王上 15:17—22;代下 16:5)

5)先知耶利米在耶路撒冷被尼布甲尼撒掳去之后,护卫长尼布撒拉旦在拉玛将耶利米释放。(耶40:1)

6)先知耶利米预言说:"在拉玛听见嚎啕痛哭的声音,是拉结哭她儿女不肯受安慰,因为他们都不在了。"(耶 31:15)

7)新约圣经记载,耶稣降生后,希律王杀尽伯利恒一带两岁以内的男孩。马太说:"这就应了先知耶利米的话。"(太 2:16—18)拉结的坟墓就在伯利恒。(创 35:19)伯利恒在耶路撒冷以南约 15 里,距拉玛约 30 里。圣经中说在拉玛听见拉结的哭声,显示了伯利恒男婴被杀后的悲哀,恰如先知耶利米的预言。

拉末　　(Ramoth)

拉末乃是基列拉末的略称。(参看王下 8:28—29)

有关拉末的情况,请参阅本书"基列拉末"条。

拉西亚　　(Lasea)

1.地名原意:"蓬乱"、"不知根源"。

2.所在位置:附录三第 101 图第四行第 2 格。

3.地理位置:是革哩底(今克里特)岛南岸的一个城镇。在佳澳海港以东15里。

4.圣经记载:

保罗被押解去罗马时,乘船被风拦阻,就贴近革哩底的背风岸航行。经过撒摩尼对面,沿岸行驶来到一个地方名叫佳澳。拉西亚城即在佳澳附近。(徒27:6—8)

兰塞 (Rameses)

1.地名原意:"太阳神"、"罪恶的旗手"。

2.其他名称:

1)又名**琐安**。

2)或即现今的"**撒埃哈甲(San el-Hajar)**"。

3.所在位置:附录三第11图第二行第1格。

4.地理情况:兰塞位于埃及尼罗河下游的歌珊地区,是埃及人强迫以色列人建造的一个屯积货物的城邑。(出1:11)

5.圣经记载:

1)约瑟在埃及作了宰相,神命定7年的饥荒遍满天下。那时法老吩咐约瑟把父亲和兄弟全家接到埃及来奉养。"约瑟遵着法老的命,把埃及国最好的地,就是兰塞境内的地,给他父亲和弟兄居住作为产业。约瑟用粮食奉养他父亲和他弟兄,并他父亲全家的眷属。"(创47:11—12)

2)约瑟的父亲以色列带着全家共70人下埃及居住,直到约瑟和他弟兄那一代的人都死了。"有不认识约瑟的新王起来,治理埃及。"他见以色列民比他们还多,又比他们强盛,满了那地。就用巧计待以色列人,他恐怕以色列人多起来,日后若遇什么争战的事,就联合仇人攻击埃及。"于是埃及人派督工的辖制他们,加重担苦害他们,他们为法老建造两座积货城,就是比东和兰塞。只是越发苦害他们,他们越发多起来,越发蔓延。”(出 1:5—12)“过了多年,埃及王死了。以色列人在埃及因作苦工就叹息哀求,他们的哀声达于神。”神记念他的约,神看顾以色列人,知道他们的苦情,就差摩西去领以色列人出埃及。(出 2:23—25,3:7—10)耶和华因法老的心刚硬,施行了 10 种灾害,击杀了埃及人的长子。“正月十五日,就是逾越节的次日,以色列人从兰塞起行,在一切埃及人眼前,昂然无惧地出去。那时,埃及人正葬埋他们的长子,就是耶和华在他们中间所击杀的,耶和华也败坏他们的神。”(民 33:3—4)“正满了四百三十年的那一天,耶和华的军队都从埃及地出来了。”“除了妇人孩子,步行的男人约有 60 万。”(出 12:37—41)

老底嘉　　　(Laodicea)

1.地名原意:“古堡”、“公共人士”。

2.所在位置:附录三第 103 图第三行第 3 格。

3.地理情况:

1)老底嘉是小亚西亚地区弗吕家省的一个城市。约在公元前 261—前 246 年间,叙利亚王安提阿古二世(Antiochus Ⅱ)建造了此城,为了纪念其妻子老底嘉,这一新城市即被命名为老底嘉。当年此城乃是几条要道上的交叉点,实业繁荣,盛产上等黑羊毛和弗吕家眼药。公元前 190 年,罗马设置亚西亚省,老底嘉一跃而成为富足的城市。

2)公元后约 60 年时,当地发生地震,老底嘉与歌罗西、希拉波立数城尽都被毁。但老底嘉人自以为富足,当地且多有银行、商家,因此不求罗马的资助,自行修复了本城。但自公元后11世纪,阿拉伯国家攻占该地后,十字军东征时,屡有战事发生,至13世纪土耳其人统占该地时,已渐没落。现在只有遗址供考古学者挖掘研究,废墟中发现有罗马剧场、大墓园、引水渠等。据考证,老底嘉城外20里处有一著名的热泉,但经引水渠流经本城时,已成为不冷不热的温水,偶或饮用,令人作呕。遗址上尚有古时基督徒崇拜聚会的堂所古迹。

4.圣经记载:

1)从保罗的书信中引证可知,老底嘉的教会与歌罗西的教会关系比较密切。可能都是以巴弗劳苦传道而建立的。(西4:12—13)

2)保罗曾有书信写给老底嘉,并且叫歌罗西的信徒也诵读那封书信。(西4:16)但此信早已失传了。

3)耶稣降生后约90余年时,圣灵感动约翰,叫他写信给亚西亚的7个教会,其中便有老底嘉教会。(启1:11)在信中论到老底嘉教会时,那"在神创造万物之上为元首的(主)说:'我知道你(老底嘉教会)的行为,你也不冷也不热。我巴不得你或冷或热。你既如温水,也不冷也不热,所以我必从我口中把你吐出去。'"(启3:14—16)信中又说:"你说:'我是富足,已经发了财,一样都不缺。'却不知道你(老底嘉教会)是那困苦、可怜、贫穷、瞎眼、赤身的。"这说明了老底嘉人只有世俗的富足,灵命却非常贫穷。(启3:17)信中还说:"我劝你(老底嘉教会),向我买……眼药擦你的眼睛,使你能看见。"这说明老底嘉人虽然以医药闻名于世,但只能医治肉身的眼睛,却看不见属灵的奥秘。(启3:18)

立拿　　(Libnah)

圣经中有两处同名叫立拿的地方。

Ⅰ.**旷野里的立拿**:此处乃是以色列人出埃及后在旷野的一个宿营地。(民 33:20—21)

Ⅱ.**犹大地的立拿**:

1.地名原意:"白"。

2.其他名称:或即今"**帖尔·波内特(Tell Bornat)**"。

3.所在位置:附录三第 14 图第四行第 1 格。

4.地理情况:立拿是犹大支派属地的低原城邑,靠近非利士的边境,在拉吉附近,当年也是一个军事要地。

5.圣经记载:

1)约书亚杀死迦南地的五王后,"约书亚和以色列众人从玛基大往立拿去,攻打立拿。耶和华将立拿和立拿的王,也交在以色列人手里。约书亚攻打这城,用刀击杀了城中的一切人口,没有留下一个;他待立拿王像从前待耶利哥王一样。"(书 10:29—30,请参看附录三第 14 图⑥、⑦)

2)"犹大支派、西缅支派从地业中把希伯仑,就是误杀人的逃城和属城的郊野,给了祭司亚伦的子孙;又给他们立拿和属城的郊野,"成为利未支派所得 48 座城之一。(书 21:9—13,请参看附录三第 16 图第四行第 1 格的图示)

3)约沙法的儿子约兰作犹大国第 5 代的国王时,他娶了亚哈的女儿为妻,与亚哈家一样,行耶和华眼中看为恶的事。在"约兰年间,以东人背叛犹大,脱离他的权下,自己立王。"约兰就率领军长和所有的战车,去攻击以东人,但被以东人打败。以东人就脱

离了犹大权下。那时,立拿人也背叛了犹大,“因为约兰离弃耶和华他列祖的神。”(王下 8:16—22,21:5—10)

4)犹大的第 13 代国王希西家在位时,亚述王曾攻打立拿。(王下 19:8;赛 37:8,请参看附录三第 62 图⑤)

5)犹大家第 17 代国王约哈斯及最后一位国王西底家的母亲哈慕他,是立拿人耶利米的女儿。(王下 23:31,24:18)

利巴嫩(山)　　(Lebanon, Mount)

1.地名原意:“白山”、“极白”、“雪白”。

2.其他名称:今译作**黎巴嫩**。

3.所在位置:附录三第 28 图第一行第 3 格。

4.地理情况:

1)利巴嫩山是大马色西北方的一个山脉。山巅上终年积有白雪。(耶 18:14)即或无雪之处,山头上的灰石也多呈淡白色,因而被叫做“利巴嫩”,意思即是“白山”。

2)利巴嫩山南起推罗以北的里昂底(Leontes)河,沿地中海岸,经过西顿的东方,一直向北延伸,全长约 300 里。山上丛生闻名于世的香柏树。(王上 4:33)故此圣经中提到利巴嫩时,常与它的香柏树有关。

5.圣经记载:

1)当年所罗门建造圣殿时所需用的木料,即是由推罗王希兰,命人将利巴嫩的香柏木扎成筏子,从海上运送给所罗门的。(王上 5:1—9)

2)以色列的诗人,曾用利巴嫩的香柏树意喻敬奉耶和华的义人:

义人要发旺如棕树,

生长如利巴嫩的香柏树。
他们栽于耶和华的殿中，
发旺在我们神的院里。
他们年老的时候仍要结果子，
要满了汁浆而常发青。（诗 92:12—14）

3)先知何西阿论到向耶和华认罪悔改的人们时，他说：
他必如百合花开放，
如利巴嫩的树木扎根。
他的枝条必延长，
他的荣华如橄榄树，
他的香气如利巴嫩的香柏树。（何 14:5—6）

利百地拿　　（Libertines）

1.地名原意："解除奴役的自由人"。

学者们对利百地拿有两种解释：

(1)认为利百地拿不是地名，乃是指在罗马为奴被释而得以自由的人。这些人有一些加入了犹太教，所以耶路撒冷专为他们设置了一个会堂，称为"利百地拿会堂"。（徒 6:9）有的新译本圣经经文即把这一会堂译成是"自由人会堂"。

(2)认为利百地拿是一个地名，即是北非的吕彼亚人所居之地。可以理解为，"利百地拿会堂"即是北非的"吕彼亚人的会堂"。当时分散在各地的犹太人都有自己聚会的会堂。而司提反殉道前，曾有利百地拿会堂的人，连同北非的古利奈、亚历山大会堂的人，以及亚洲几处会堂的人，共同起来和司提反辩论。但他们都无法反驳司提反的讲论，就买出人来诬陷司提反。（徒 6:9—11）吕彼亚的位置，请参看附录第78图第四行第2—3格。

利比拉　　（Riblah）

同名叫利比拉的地方有两处。

Ⅰ.**黑门山附近的利比拉**：圣经记述，利比拉乃是耶和华为以色列人划定的东界上的地区之一。（民34:10—12）

Ⅱ.**哈马以南的利比拉**：

1.地名原意："肥沃土地"、"争战止息"、"丰收"。

2.所在位置：附录三第64图第三行第2格。

3.地理情况：利比拉是哈马以南的一个古代军事要地，地势非常险要。位于大马色的西北。至今尚有利比拉的旧址，在黎巴嫩的巴勒贝克（Baalbek）东北约100余里处。当地既有奥朗特河的水源，又有黎巴嫩山的森林，且有伯拉河西方的肥沃土地。因此该地屯防军兵足可长期驻守。而古时的利比拉又是数条大道的要冲，在利比拉南面十余里处，又有高大的山岭作为屏障，只有狭窄的隘口作为通道。因此当地进可以攻，退可以守，乃是一个天然的要塞。

4.圣经记载：

1)犹大的第17代国王约哈斯作王仅3个月，他行耶和华眼中看为恶的事。埃及王"法老尼哥将约哈斯锁禁在哈马地的利比亚，不许他在耶路撒冷作王。"又罚犹大国大量银子、金子，并把约哈斯带到埃及，他就死在那里。（王下23:32—34，请参看附录三第63图⑥、⑧及其说明）

2)巴比伦王把犹大的第19代国王约雅斤掳到巴比伦去以后，另立西底家为犹大王。西底家即是犹大国最后的一代国王。后来西底家背叛了巴比伦王，巴比伦王尼布甲尼撒便来围困了耶路撒冷。日久天长，城内绝粮，乃被攻破。西底家弃城逃跑，巴比伦的军队追赶他，把他擒拿之后，便把他带到了利比拉。那时巴比伦王正在利比拉，他在西底家眼前杀了西底家的儿子们，并且剜了他的眼睛，用铜链锁着，把他带到了巴比伦去。从此犹大国遂即灭亡。（王下 25:1—7）

利乏音（谷）　　（Rephaim，Vale）

1. 地名原意：“巨人”、“强壮”、“死者”。
2. 其他名称：**巨人谷**。
3. 所在位置：附录三第 35 图第二行第 3 格。
4. 地理情况：利乏音谷是一个肥沃的山谷。地处在耶路撒冷欣嫩子谷的西南方，位于耶路撒冷与伯利恒的交错之处。恰当犹大与便雅悯两支派的边境上。古时利乏音谷乃是耶路撒冷与伯利恒之间全部地区的称谓。
5. 圣经记载：

1）大卫在亚杜兰洞里的时候，非利士的军队曾在利乏音谷安营。“那时大卫在山寨，非利士人的防营在伯利恒。大卫渴想说：‘甚愿有人将伯利恒城门旁井里的水打来给我喝’。”有“三个勇士就闯过非利士人的营盘，从伯利恒城门旁的井里打水，拿来奉给大卫。他却不肯喝，将水奠在耶和华面前，说：‘耶和华啊’这三个人冒死去打水，这水好像他们的血一般，我断不敢喝。”（撒下 23:13—16；代上 11:15—19）

2）扫罗王死后，大卫在希伯仑作王 7 年半，后来到耶路撒冷作全以色列民的王。“非利士人听见人膏大卫作以色列王，非利士众人就上来寻索大卫。大卫听见就下到堡垒。[1] 非利士人来了,布散在利乏音谷。”大卫求问耶和华说:“我可以上去攻打非利士人吗?”耶和华应允他,把非利士人交在他手中,他就击杀了非利士人。第二次“非利士人又上来布散在利乏音谷,大卫求问耶和华。”耶和华应允他,在他前头去攻打非利士人的军队;却叫大卫转到非利士人的后头,从桑林的对面攻打他们。大卫遵照耶和华所吩咐的去作战,打败了非利士人,从迦巴一直追赶他们到基色。(撒下 5:17—25,以上在利乏音的两次战事,请参看附录三第 35 图及其说明③—⑨)

利非订　　　(**Rephidim**)

1.地名原意:“休息地”、支持物”、“镇压物”、“缩手”。

2.其他名称:

1)也译作“**哩非停**”。

2)或即现今的“**瑞非以得溪谷(Wadi Refayid)**”。

3.所在位置:附录第 11 图第四行第 3 格。

4.地理情况:利非订是以色列人出埃及后的一个宿营地,位于汛旷野和西乃山之间。

5.圣经记载:

1)以色列民出埃及过了红海,全会众都遵耶和华的吩咐,按着站口从汛的旷野往前行,在利非订安营。百姓没有水喝,就向摩西发怨言说:“你为什么将我们从埃及领出来,使我们和我们的儿女并牲畜都渴死呢?”摩西就呼求耶和华。耶和华对摩西说:“你要击打磐石,从磐石里必有水流出来,使百姓可以喝。”摩西就在以色

---

① 和合译本的“保障”,在其他某些译本中作“堡垒”。

列的长老眼前这样行了。(出 17:1—7)

2)“亚玛力人来在利非订和以色列人争战。”摩西、亚伦与户珥都上了山,摩西手里拿着神的杖站在山顶上。约书亚照着摩西对他所说的话行,和亚玛力人争战。“摩西何时举手,以色列人就得胜,何时垂手,亚玛力人就得胜。”“亚伦与户珥扶着他的手,一个在这边,一个在那边,他的手就稳住,直到日落的时候。约书亚用刀杀了亚玛力王和他的百姓。”(出 17:8—16)

3)以色列人离了利非订,在出埃及地满了 3 个月的那一天,“来到西乃的旷野,就在那里的山下安营。”(出 19:1—2)

利合　　(Rehob)

同名叫利合的有三处。

Ⅰ.**但支派居住的利合:**

1.地名原意:“宽阔之家”。

2.其他名称:**伯利合**。

3.所在位置:附录三第 36 图第二行第 3 格中伯利合的所在地。

4.地理情况:利合(即伯利合)在迦南的北部,靠近约旦河上游,在但城、大马色与琐巴之间。

5.圣经记载:

1)以色列人从西乃山到了加低斯巴尼亚,他们对摩西提出要先打发人去窥探迦南地。(申 1:19—24)耶和华吩咐他们每支派打发一个作首领的共 12 人,上去窥探那地。他们“从寻的旷野到利合,直到哈马口”,过了 40 天他们窥探那地回来,虽证实那地果然是流奶与蜜之地,但却惧怕当地的居民。除了

迦勒和约书亚，其他10个人都报恶信，以致全会众哭号发怨言，得罪耶和华。（民13:21—33）

2）大卫王时代，亚扪人招募伯利合和琐巴的亚兰人，在郊野摆阵，与以色列军队争战而被打败。（撒下10:6—8）

Ⅱ.**亚设支派居住的利合**：亚设支派分得此地之后，没有把利合城的迦南人赶出去，而是和迦南人合居在该城。（书19:24—25，28；士1:31—32）。

Ⅲ.**由亚设支派分给利未人的利合**：亚设支派分得此地后，又把它给了利未人居住。（书19:30，21:30—31；代上6:75，请参看附录三第16图第一行第2格中图示的利合）

利河伯

圣经中译作利河伯的地方有两处。

Ⅰ.**宁录所建的利河伯**　　（**Rehoboth-ir**）

1.地名原意："扩张"。

2.地理情况：其故址在希底结河畔，约在尼尼微以南150里处。

3.圣经记载：圣经中只在创10:11中记述一次。

Ⅱ.**以撒所挖的水井利河伯**　　（**Rehoboth**）

1.地名原意："宽阔之地"、"街道"。

2.所在位置：附录三第7图第四行第2格。

3.地理情况：利河伯是以撒的牧人在基拉耳谷中最后挖掘的一口活水井。其地距别是巴西南约有一天的路程。

4.圣经记载：

亚伯拉罕在世时所挖的水井，被非利士人堵塞了，以撒又挖了出来，基拉耳的牧人与以撒的牧人争竞。"以撒离开那里又挖了一口井，他们不为这井竞争了，

他就给那井起名叫利河伯。他说耶和华现在给我们宽阔之地,我们必在这地昌盛。"(创 26:18—22)

利基翁　(Rhegium)

1.地名原意:"裂口"。

2.所在位置:附录三第 101 图第 2 行第 1 格。

3.地理位置:利基翁位于西西里海峡之东,在亚平宁半岛的西南,与现今的墨西拿相对,而在其南约 18 里处。利基翁起初是希腊的殖民地。公元前 387 年为叙拉古王丢尼修(Dionusius)所灭,并把该地居民卖为奴隶。使徒时代,利基翁是罗马帝国的重要陆海交通要地。它北距部丢利仅 540 里,距罗马约 960 里。

4.圣经记载:

保罗被押解到罗马的中途,先到了叙拉古,在那里停泊三天。又从那里来到利基翁。过了一天,起了南风,即去到部丢利。(徒 28:12—13)

利希　(Lehi)

1.地名原意:"牙床骨"、"要柔软"。

2.其他名称:**拉末利希**(士 15:14,17)

3.所在位置:附录三第 23 图第二行第 3 格。

4.地理情况:利希在犹大地区,其地势较高。当地山峦起伏犹如牙床,或即因此而得名。另外,参孙在此地用驴腮骨为武器,击杀了 1000 非利士人,也许此地因此而命名为利希。利希在耶路撒冷以西,有人认为约在现今的马拉西南 6 里处。

5.圣经记载:

参孙作以色列人的士师,他向非利士人报仇,大大击杀他们,以后就下去住在以坦磐石的穴内。"非利士人上去安营在犹大,布散在利希。"目的是要捉拿参孙。犹大人因惧怕非利士人,于是有3000人到以坦磐石穴内,用两条新绳捆绑参孙,将他交在非利士人手中。"参孙到了利希,非利士人都迎着喧嚷。耶和华的灵大大感动参孙,他臂上的绳就像火烧的麻一样,他的绑绳都从他手上脱落下来。他见一块未干的驴腮骨,就伸手拾起来,用以击杀一千人。"然后,他"就把那腮骨从手里抛出去了。那地便叫拉末利希"。参孙甚觉口渴,就求告耶和华。"神就使利希的洼处裂开,有水从其中涌出来,参孙喝了精神复原,因此那泉名叫隐哈歌利。"("隐哈歌利"的意思乃是"呼求者之泉"。)(士15:7—20)

路司得　　(Lystra)

1. 地名原意:"分解"、"赎回"。
2. 所在位置:附录三第98图第一行第2格。
3. 地理情况:路司得是吕高尼的一个城市,位于以哥念西南约58里处。该城建在兀立的山头上,乃是军事要地,也是罗马的驻防城市之一。
4. 圣经记载:

1)保罗第一次到路司得传道时,治好了一个生来瘸腿的人。路司得人竟把保罗和巴拿巴当做神明,要向他们献祭。保罗和巴拿巴对他们说:"我们也是人,性情和你们一样。我们传福音给你们,是叫你们离弃这些虚妄,归向那创造天、地、海和其中万物的永生神。"这样众人就不再给他们献祭。但是有些犹太人从别处来挑唆路司得人,用石头打保罗,以为他死了,便把他拖到城外。不久,保罗却苏醒过来,第二天便离开路司得往特庇去传道。(徒14:6—20)

2)保罗第二次到路司得,是在他于特庇传道之后。虽然保罗第一次到路司得时险些丧命,但是他仍然又回路司得去坚固门徒的心,劝他们恒守所信的道,保罗对当地信徒说:“我们进入神的国,必须经历许多艰难。”保罗并且在路司得的教会中选立了长老。(徒 14:21—23)

3)保罗第三次到路司得时,拣选了提摩太,带着他一同去传道。提摩太即是路司得或特庇的一个青年信徒。(徒 16:1—5)

4)保罗第四次经过路司得,乃是在他第三次外出布道的途中。保罗曾挨次经过弗吕家一带地方。而路司得即是弗吕家地区的一个重要城市。保罗在那里再一次坚固众信徒。(徒 18:23)

吕彼亚　　(Libya)

1.地名原意:“倾注”、“窘迫”。

2.其他名称:现今译作**利比亚**,又名叫弗。

3.所在位置:附录三第 78 图第四行第 2—3 格。

4.地理情况:吕彼亚是非洲北部的广大地区,界限不甚分明。耶稣降生前后,此处属于罗马的领土。吕彼亚的东方为埃及。罗马人把吕彼亚划分为东、西两省。东部叫吕彼亚玛玛利加,西部叫古利奈加。古利奈加的省城即是古利奈。(参看附录三第 6 图第六至七行第 1—5 格)吕彼亚区域几乎全为沙漠地带,其间只有少数水草地区分布各处,间或有棕树生长。此地人民性情勇敢,然而古时散居四方不易联合。目前的利比亚国基本上是当年吕彼亚地区。1982 年统计,人口约 340 余万。98.1% 信仰伊斯兰教。1.7% 信仰基督教,其中当有真实的基督徒。

5.圣经记载:

1)在旧约时代,“吕彼亚”又叫“弗”。(耶 46:9;结 30:5,38:5,见经文中小字注释)

2)五旬节时,从各地到耶路撒冷守节的犹太人中,便有来自吕彼亚的人。(徒 2:10)

吕大　　(Lydda)

1.地名原意:“争斗”、“剧痛”。

2.所在位置:附录第 80 图第六行第 2 格。

3.地理位置:吕大是邻近约帕的较大村庄。

4.圣经记载:

1)吕大在旧约中被称为罗德(Lod)。(拉 2:33)

2)彼得周游各地传道时,曾到过吕大。那时吕大已经有了圣徒。彼得医治了一个瘫痪病人以尼雅,使当地许多人信服了基督。(徒 9:32—35。彼得初期的传道行程,请参看附录三第 96 图)

吕高尼　　(Lycaonia)

1.地名原意:“狼地”。

2.其他名称:现今译名为“**利考尼亚**”。

3.所在位置:附录三第 99 图第二行第 3 格,并请参看和合本圣经所附 No.6“使徒行传地图”的相应部位。

4.地理情况:吕高尼原是小亚西亚中南部的一个国家。其国界常有变动。保罗到此地布道时,该地已为罗马帝国的领土。路司得和特庇二城即在吕高尼境内。

5.圣经记载:

保罗第一次外出布道时,和巴拿巴在以哥念住了多日。以哥念人有的信从了基督,但另有些犹太人却要凌辱保罗和巴拿巴。于是他们二人就躲到吕高尼的路司得、特庇二城和周围的地方去，在那里传福音。（徒 14:3—7）关于保罗、巴拿巴在吕高尼的路司得和特庇两城传道的情况，请参看本书“路司得”条和“特庇”条。

吕家　　　（**Lycia**）

1.地名原意：“狼”。

2.其他名称：现今译名为“**吕基亚**”。

3.所在位置：附录三第 78 图第二行第 4 格。

4.地理情况：吕家是小亚西亚南部滨海的一个省。北界迦利亚、弗吕家及旁非利亚。地势崎岖，多有高山突出海面。有通商大道，均由海滨直达内地。波斯及希腊等国曾相继统辖此地。公元前 188 年曾陷于罗马人之手。帕大喇与每拉皆在吕家省内。

5.圣经记载：

1)保罗第三次外出布道在返回的途中，曾乘船路过吕家省的帕大喇。又从帕大喇往腓尼基，去到耶路撒冷，请对照参看附录三第 100 图第三行第 4 格。

2)保罗被押送到罗马的途中，再次来到吕家，并在吕家省的每拉往意大利去。（徒 27:1—6）

罗德　　　（**Lod**）

1.地名原意：“裂缝”。

2.其他名称：即新约时代的**吕大**（**Lydda**）。

3.所在位置：附录三第 41 图第三行第 2 格。

4.地理情况：罗德是便雅悯支派属地中的一个城，在约帕东南约 30 余里。当年沿地中海岸有一条南北交通大道，可以延伸通到埃及与巴比伦；又有一条从海滨到约旦河的东西交通大道，可以连接约帕和耶路撒冷。而罗德距离这两条大道的交点很近，古时商队，必须经过此地，所以罗德甚为繁华。后来海陆交通都有新的发展，罗德(即后来的吕大)乃日渐衰落。

5.圣经记载：

1)便雅悯支派以利巴力的儿子"沙麦，建立阿挪和罗德二城，与其村庄。"(代上 8:12)

2)巴比伦王尼布甲尼撒从前掳到巴比伦的以色列人，他们的子孙在波斯王古列年间，同所罗巴伯等人回到耶路撒冷和犹大各地。其中"罗德人、哈第人、阿挪人共七百二十五名。"(拉 2:33;尼 7:37)

3)使徒彼得到各地传道时，曾居住在罗德(希腊时代称此地为吕大)的圣徒那里。彼得在那里"遇见一个人，名叫以尼雅，得了瘫痪，在褥子上躺卧八年。彼得对他说：'以尼雅，耶稣基督医好你了，起来，收拾你的褥子。'他就立刻起来了。凡住吕大和沙仑的人都看见了他，就归服主。"(徒 9:32—35)

罗底　　(Rhodeo)

1.地名原意："犹如玫瑰"。

2.其他名称：今译名叫"**罗得**"。

3.所在位置：附录三第 100 图第三行第 3 格。

4.地理情况：罗底是爱琴海中的一个海岛。在小亚西亚半岛的东南方。此岛长 130 里，宽 60 里。岛上出产丰富，灌溉极便。但境内多有山岭，最高的山峰，约 1300 余米。该岛首邑也叫罗底。由于本岛位于航道的要地，因而商业发达。公元前 189 年以后，罗底成为罗马的盟国，颇为罗马效力。公元 1522 年，罗底为土耳其征服。近年此岛已属希腊所有。

5.圣经记载：

保罗第三次外出布道的返回途中，先到了哥士岛，又到了罗底岛，从那里又去到吕家省的帕大喇。（行程路线请见附录三第100图。）（徒21:1）

罗马　（**Rome**）

1.地名原意："能力"。

2.地理情况及有关资料：

1）罗马帝国的疆域请参看第77图。其首都罗马城的位置及城区请参看附录下列各图：

①第78图第一行第1格；

②第101图第一行第1格；

③第102图第一行第2格。

2）罗马于公元前753年由其第一代国王罗母勒（Romulus）建国。当时国家土地很小，以后逐渐强大，兼并邻国。第7代国王他昆纽·苏伯布（Tarquinius Superbus）厉行虐政，于是人民叛离，废除君主，建立共和，政权操纵在少数贵族手中。平民再三要求，始获议政权。在共和时期，罗马扩张国界，占有了意大利全境。公元前190年，罗马战胜叙利亚王大安提阿古（Antiochus the Great），夺取了小亚西来数城。其后，由于其他民族甘心归服罗马，其疆界乃逐渐延伸。公元前63年，犹太地区许多分封的王，其设立和废弃都是由罗马皇帝决定的。罗马的国境在最大时，东西约9000里，南北约6000里。人口约1亿2千万人。

3）许多罗马皇帝在位时，都发生过一些有关基督教会的事件，详见本词条"圣经记载"栏内的经文引述。老约翰写完启示录离世之后，从第2世纪起，当下一代的传道人及圣徒继续在罗马境内传讲福音时，由于基督徒不跪拜偶像，其中也包括罗马皇帝的图像，这样便招致了若干代罗马皇帝的怀疑，他们认为基督徒对罗马不忠，因而断续逼迫基督徒达200余年之久。但到第4世纪初，基督的福音却在长期的迫害中，几乎传遍了整个罗马帝国。① 当时基督教会长期处于不合法的被取缔的处境，无法统计确切的信徒数字，但有资料估计说，那时基督徒的人数，几乎已相当于罗马帝国全体人口的一半②。

4)公元313年，基督教会在罗马帝国的地位，突然发生了巨大的变化。当时的罗马皇帝君士坦丁(Constantine)宣称，他曾于公元312年10月27日看见了一个光明的十字架。它闪耀于天空，上面写着"靠此得胜"。其后他果然在争战中打了胜仗。因此他自己皈依了基督。他下了一道谕旨，释放先前被捕的信徒，发还了没收的教会财产，并且要求全国人民都要信仰基督。公元325年，君士坦丁在尼西亚召开了基督教领袖人物的会议。(历史上称为"基督教普世主教会议"，或"尼西亚公会议"。)会上制定了基督教的组织法规、信条教义、崇拜礼仪等事项。当会众对教义争持不下时，君士坦丁即以皇帝的名义加以裁决。史学家一致认为，君士坦丁这一做法乃是政权干预教会信仰的开端③。公元392年，罗马皇帝狄奥多西(Theodosius)宣布基督教为罗马国教。公元325—787年之间，共召开了7次"基督教

---

① 此处资料见于《中国大百科全书》(宗教部分)，第170页。

② 参见《圣经手册》(*Halley's Bible Handbook*)，第586页。

③ 参见《中国大百科全书》(宗教部分)，第171页。

普世主教会议”，都是由历代罗马皇帝召开的。虔诚的基督徒都认为，无论君士坦丁、狄奥多西等人是否为真正的信徒，也不管他们的动机如何，但他们下令全国信教并且以皇帝的名义裁决教义，这种做法都是不符合圣经教导的。从那时起，在较长的一段时间内，真假信徒难分，政论、教义难辨。有些人借机趋炎附势、惟利是图，并以宗教领袖的名义联合政权、参与政争。这样就造成了一系列离经叛道的恶果。①

5)公元11世纪时，罗马的基督教首领被尊为教皇，执意欲统治世界各地的教会。而东方的耶路撒冷、小亚西亚半岛、希腊等地的教会，拒绝接受罗马教皇的辖管。公元1054年，东、西方教会终于分裂。东方等地的教会认为，福音本是由东往西，从耶路撒冷开始，经过小亚西亚、希腊半岛才传到罗马的。当时东方的教会认为他们自己乃是正统的教会，故此称为“东方正统教会”或“东正教”(Eastern Orthodoxy)。而以罗马教皇为首的西方教会被称为罗马教或天主教(Catholicism)。东正教逐渐传布于东欧、帝俄等地，曾被沙皇定为国教，也曾派遣传教士到中国、日本、美洲等地传教。

6)罗马各地天主教内的虔诚基督徒，越来越感到天主教的一些教条违背了圣经。16世纪时，大量的基督徒反对天主教发售赎罪券等做法，脱离了天主教。这些基督徒要求一切按照圣经行事。他们认为信徒的灵魂得救乃是“本乎恩，也因着信”。悔改认罪不必要通过天主教的神父。人人可以直接从圣经中领悟基督的道

---

① 参见《圣经手册》第587页。

理，而并非只有神父才有讲解圣经的垄断权。这些基督徒组成了以基督为救主的教会。他们被称为基督教(Christianity)。在西方，他们也被称为新教(Protestantism)。自从16世纪以来，他们已从欧洲向传讲福音，而使信徒遍及美洲、亚洲、非洲等地。[①]

7)西方学者认为，古罗马的天主教、各地的东正教和基督教(新教)乃是信奉基督的三大教派。[②] 虔诚的基督徒则认为，基督教与天主教、东正教内部，都有信奉基督教的真实信徒，也都有有名无实的假信徒。正如耶稣在世时所讲的比喻：天国好像人把麦种撒在田地里，而撒但却把稗子也撒在其中。它们长起来时外形近似而不易辨别。但主人收割的时候，将把稗子焚烧，却把麦子收在仓里。(太13:24—30)

8)现今的罗马城乃是意大利的首都。罗马城西部的高地，即是天主教皇的教廷所在地梵蒂冈。天主教一直是古罗马和今意大利的国教。直到1984年2月，教皇和意大利才签署了新协定，宣布政教分离，各自享有独立自主权。但意大利人仍大多信奉天主教。据1984年统计，罗马人口为283万人。城市现在分为古城和新城两部分。古城中仍有圣彼得大教堂等宏伟建筑物。新城中也有不少仿效罗马古城而修建的大小教堂。有人认为，现在罗马城的"新阿皮亚路"，可能与当年保罗被押进罗马的"亚比安大道"，都在同一路线上。

2.圣经记载与历史记述：(许多罗马皇帝在位时都发生过有

---

① 本段资料请参看《中国大百科全书》(宗教部分)，第433页。

② 参看《简明不列颠百科全书》第4卷，第155页。

关基督教会的一些事件。)

1)亚古士督(Augustus)在位时,他曾通令罗马境内人民都须各归各城,报名上册。马利亚与约瑟来到伯利恒时,耶稣降生于该地。(路 2:1—11)

2)提庇留(Tiberius)在位第 15 年,彼拉多被提庇留派往犹太作巡抚。希律被分封为加利利的王。那时约翰出来施洗传道。不久耶稣受洗后也出来传道,当时耶稣年约 30 岁。仅约 3 年,犹太人即向巡抚彼拉多诬告耶稣背叛该撒(即反对提庇留),因此耶稣被钉十字架受难。(路 3:1—3,3:21—23,23:2;约 19:12)

3)革老丢(Claudius)年间发生了饥荒。保罗和巴拿马受安提阿教会的委托,把捐献的款项,带往耶路撒冷,赠给当地的圣徒。(徒 11:27—30)

4)革老丢在位时,他所封立的希律王,下手苦害教会中的人,刀斩了雅各,囚禁了彼得。(徒 12:1—3)

5)革老丢曾下令叫犹太人离开罗马城,因此百基拉、亚居拉夫妇从罗马迁到了哥林多。保罗到哥林多时,便投奔了他们,和他们同住作工,建立了哥林多教会。(徒 18:1—11)

6)尼禄(Nero)于公元 54—86 年在位。那时,在保罗被押解到罗马以前,罗马已经有了信徒。(徒 28:15—16)保罗所写的罗马人书中曾说,罗马的教会曾在百基拉夫妇家中聚会。(罗 16:3—5)

7)尼禄年间,保罗被押解到罗马。保罗临近罗马的时候,罗马城的一些信徒曾走出 100 余里去迎接他。(徒 28:14—15)他首次被囚在罗马时,被允许和一个看守兵另住在一起。(徒 28:16)他在罗马自己租的房子里,住了

足有两年,凡来见他的人,他都接待,“放胆传讲神国的道”。(徒 28:30—31)

8)尼禄以暴力迫害基督徒。保罗和彼得奔波传道一生之后,都先后殉道于罗马。(提后 4:6—7;彼后 1:13—15)

9)维斯帕先(Vespasian)于公元 69—79 年时在位。约在公元 70 年他派兵毁灭了耶路撒冷和圣殿。由于圣殿的砖石缝隙间有饰金可取,所以罗马兵丁争相搜刮掠夺,以致没有一块石头留在石头上。(太 24:2)

10)豆米仙(Domitian)在位时约在公元 81—96 年。他逼迫信徒,曾把约翰放逐到拔摩海岛上。(启 1:9)

M

玛代 (Media)

1.地名原意:“中间之国”、“标准人士”。

2.其他名称:

1)**米底**。

2)**米底亚**。

3.所在位置:附录三第 1 图第一行第 3 格。

4.地理情况:

1)玛代是古时的国名,在以拦以北,在里海、帕提亚以南。长 1800 里,宽 750 里,总面积 135 万平方里。但其国势强大时,远远超过这一疆域,尤其在西北方的扩张更为广阔。

2)玛代境内多是高出海面 900 米的高原。但山谷间地质肥沃,牧草茂密,所产的玛代马匹,十分著名。

3)有考证认为,公元前 2000 余年时,玛代即已占领巴比伦而建国。公元前9世纪时，亚述日益强大，玛代乃俯首纳贡。公元前约650年，玛代与巴比伦联盟围困尼尼微而攻取该城，遂使亚述灭亡。公元前约536年时，古列战胜巴比伦，成为玛代波斯国王。古列元年，古列下谕使先前被掳出的犹太人等返回耶路撒冷。公元前4世纪玛代归属于希腊。希腊的亚历山大大帝死后，玛代先与叙利亚合并，继而归入帕提亚国。玛代几次的兴衰，可能即是不同学者对玛代与帕提亚的地理位置所见不同的原因。请参看本书“帕提亚”条的注释。

5.圣经记载

1)玛代人乃是挪亚的儿子雅弗的后代。(创10:1—2)

2)公元前721年，亚述灭了以色列国，把以色列人掳到亚述各地。曾把一些以色列人安置在玛代的城邑中。(王下17:6)

3)约在公元前700年时，先知以赛亚曾预言，耶和华神将激动玛代人攻击巴比伦。巴比伦虽然在列国中荣极一时，但必像所多玛一样被毁灭，永无人烟，无人居住。(赛13:17—20)

4)约在公元前627—560年间，先知耶利米也预言，耶和华定意攻击巴比伦，所以他激动玛代君王的心。(耶51:11)使玛代人攻打巴比伦，巴比伦将成为荒地而无人居住。(耶51:28)

5)约在公元前605—536年间，先知但以理曾对巴比伦王尼布甲尼撒讲解尼布甲尼撒的奇梦。但以理根据该梦预言：巴比伦之后，必别外兴起一国。历史证实这一国即是玛代波斯。(但2:39)

6)但以理又对巴比伦王伯沙撒预言：“神已经数算你国的

年日到此完毕。……就是你的国分裂,归与玛代人和波斯人。”(但 5:26—28)伯沙撒被杀后,玛代人大利乌取得巴比伦王位。(但 5:30)

7)耶稣受难后,在五旬节时,有些寄居在玛代的以色列人来到耶路撒冷守节。他们听到了彼得等人讲述的福音,可能其中有人信奉了基督,又把基督的道理带回到玛代。(徒 2:5—11,2:37—42)

玛基大　　(Mekkedah)

1.地名原意:“牧者之地”、“烙印之地”。

2.所在位置:附录三第 14 图第四行第 2 格。

3.地理情况:玛基大是迦南地的一个城邦之国的王城,位于犹大低原,约在耶路撒冷与地中海之间。

4.圣经记载:

约书亚率领以色列民进迦南后,曾与迦南南部的 5 个王争战。“约书亚在基遍大大地杀败他们,”直到亚西加和玛基大。那 5 个王逃跑藏在玛基大洞里,约书亚叫人把大石头滚到洞口,派人看守。等他们杀败敌人,安然回到玛基大营中后,约书亚说:“打开洞口,将那五王从洞里带上来,领到我面前。”“随后约书亚将这五王杀死。”将尸首“丢在他们藏过的洞里,把几块大石头放在洞口。”“当日约书亚夺了玛基大,用刀击杀城中的人和王。”“他待玛基大王像从前待耶利哥王一样。”(书 10:10,10:16—28)

玛哈尼但　　(Mahaneh-Dan)

1.地名原意:“但的军营”。

2.所在位置:附录三第 23 图第二行第 3 格。

3.地理情况:玛哈尼但是耶路撒冷西方的一个地点,位于以实陶和琐拉之间,大约距离以实陶仅约 7 里,距离琐拉也不过10里。

4.圣经记载:

1)参孙的父亲玛挪亚,是但族的琐拉人。耶和华的使者向他妻子显现说:“你必怀孕生一个儿子。……这孩子一出胎就归神作拿细耳人,他必起首拯救以色列人脱离非利士人的手。”“后来妇人生了一个儿子给他起名叫参孙。孩子长大,耶和华赐福与他。在玛哈尼但,就是琐拉和以实陶中间,耶和华的灵才感动他。”(士13:2—5,13:24—25)

2)当以色列中没有王时,但支派的人寻地居住,他们有600人要到拉亿城去,“从琐拉和以实陶前往,上到犹大的基列耶琳,在基列耶琳后边安营,因此那地方名叫玛哈尼但。”(士18:1,11—12)

玛哈念　　(Mahanain)

1.地名原意:“两座营盘”、“两队军兵”。

2.所在位置:附录三第37图第二行第3格。

3.地理情况:玛哈念在约旦河东的雅博河北方。位于迦得与东玛拿西领地的交界处。玛哈念所处的地形险要,所以扫罗的元帅押尼珥拥立扫罗的儿子伊施波设为王时,即以玛哈念为临时的都城。而大卫逃避他的儿子押沙龙之乱时,也在玛哈念重新集结忠于他的军兵。以法莲森林即在玛哈念附近,该处森林便是押沙龙战死之地。

4.圣经记载:

1)当雅各蒙耶和华指示,带着他的妻子儿女离开巴旦亚兰,归回迦南地时,在路上神的使者遇见了他。雅各看见他们就说:“这是神的军兵”,于是给那地方起名叫玛哈念。(创32:1—2,请参看附录三第7图说明⑧)

2)玛哈念原是迦得支派的地业,后来又分给了利未人。(书 21:38;代上 6:80,请参看附录三第 16 图)

3)扫罗王死后,大卫在希伯仑作了犹大人的王。而扫罗的元帅押尼珥,则把扫罗的儿子伊施波设带到玛哈念去,在那里拥立他作王,治理以色列人。(撒下 2:1—4,8—11,请参看附录三第 33 图、34 图)

4)大卫王的儿子押沙龙叛逆的势派很大。大卫和跟随他的人便逃离耶路撒冷,来到了玛哈念。(撒下 15:12,14,17:24)大卫在玛哈念派遣他的军兵出战,押沙龙败逃时死于附近的树林中。(撒下 18:1—15,请参看附录三第 37 图)

5)所罗门作以色列的王时,他"在以色列全地立了十二个官吏,使他们供给王和王家的食物,每年各人供给一月。""在玛哈念有易多的儿子亚布拿达。"他是 12 个官吏中的一个。(王上 4:7,14)

6)书拉密女是极美貌的,玛哈念的跳舞也可能是很吸引人的。雅歌的作者,所罗门王写道,"你们为何要观看书拉密女,像观看玛哈念跳舞的呢。"(歌 6:13)

玛迦　　(Maacah)

1.地名原意:"窄路"、"沮丧"、"凹陷"。

2.其他名称:**亚兰玛迦**。(代上 19:6)

3.所在位置:附录三第 36 图第二行第 3 格。

4.地理情况:玛迦是亚兰人的一个城邦小国。在大马色以南,基述的东方。古以色列国衰弱时,玛迦等地即独立自主行事。以色列人强盛时,则成为以色列的附庸(参看附录三第 36 图),或纳入以色列的版图。(参看附录三第 39 图)

5.圣经记载：

1)以色列人将约旦河东的亚摩利人和两个王杀灭并得了那地，“玛拿西的子孙睚珥占了亚珥歌伯全境，直到基述人和玛迦人的交界。”(申 3:8,14)摩西便将玛迦留给玛拿西半支派为业。但是“以色列人却没有赶逐基述人、玛迦人，这些人仍住在以色列中”。(书 13:11,13)

2)到大卫王时，亚扪人招募亚兰人及玛迦王的人一同与大卫的军兵争战。后被以色列人打败。(撒下 10:6—8)

玛拉　　(Marah)

1.地名原意：“苦”、“他背叛了”。

2.其他名称：或即现今苏伊士湾东北方的**安哈瓦拉**(**Ain Hawarah**)。

3.所在位置：附录三第 11 图第三行第 2 格。

4.地理情况：玛拉是以色列人出埃及过红海后的一个安营地，在书珥旷野以南，位于古代红海(今苏伊士湾)的海滨，距离现今的苏伊士湾北端约 140 里。

5.圣经记载：

摩西领以色列人过了红海往前行，在书珥的旷野走了 3 天找不到水喝。到了玛拉，那里的水苦不能喝，所以那地名叫玛拉。百姓向摩西发怨言，“摩西呼求耶和华，耶和华指示他一棵树，他把树丢在水里，水就变甜了。耶和华在那里为他们定了律例、典章。”并应许他们行耶和华眼中看为正的事，耶和华就不将所加于埃及人的疾病加在他们身上。(出 15:22—26)

玛利沙　　(Mareshah)

1.地名原意：“山颠”、“隘口之首”、“忘却傲慢”。

2.其他名称：

1）**帖尔·散答含拿（Tell Sandahanna）**。

2）**帖尔·玛利沙（Tel-Maresha）**。

3.所在位置：附录三第42图第三行第1格。

4.地理情况：玛利沙是犹大支派的一个城邑。由于该地靠近非利士的边境，地势又较险要，乃成为犹大的军事重镇。

5.圣经记载：

1）玛利沙及其郊野，都是犹大支派的产业。（书15:44）所罗门的儿子罗波安继承王位后，以色列国分为南北两国。罗波安为南国犹大家的王。他住在耶路撒冷，修筑伯利恒、玛利沙、希伯仑等犹大和便雅悯的坚固城。又在各城安置军长，预备粮食、油、酒、盾牌和枪，且使城极其坚固。（代下11:5—12）

2）罗波安的孙子亚撒作犹大王时，他行耶和华他神眼中看为善为正的事，除掉外邦神的坛和丘坛，打碎偶像。他遵行耶和华的律法、诫命，“又在犹大建造了几座坚固城，国中太平数年没有战争，因为耶和华赐他平安。”后来“有古实王谢拉率领军兵一百万，战车三百辆，出来攻击犹大人，到了玛利沙。于是亚撒出去与他迎敌，就在玛利沙的洗法谷彼此摆阵，亚撒呼求耶和华他的神。”“耶和华使古实人败在亚撒和犹大人面前，古实人就逃跑了。”犹大人却夺了许多财物。（代下14:1—6，14:9—13，请参看附录三第45图及其说明）

3）以色列的第8位国王亚哈谢行恶太甚。犹大王约沙法却与他合伙造船。那时玛利沙人以利以谢向约沙法预言说：“因你与亚哈谢交好，耶和华必破坏你所造的。后来那船果然破坏，不能往他施去了。”（代下20:35—37）

玛撒　　（**Massah**）

1.地名原意:"试探"。也有"引诱"、"他发昏"之意。

2.其他名称:**米利巴**。(出 17:7)

3.所在位置:附录三第 11 图第四行第 3 格中的利非订所在地。

4.地理情况:玛撒是利非订当地的一个地名。由于以色列人在当地试探耶和华,因此摩西给该地起名叫"玛撒"。

5.圣经记载:

1)摩西领以色列人在旷野前行,安营在利非订。百姓因为没有水喝就发怨言试探耶和华,几乎要拿石头打死摩西。耶和华吩咐摩西击打磐石,从磐石里就流出水来,使百姓可以喝。他给那地方起名叫玛撒,因以色列人试探耶和华说:"耶和华是在我们中间不是"。(出 17:1—7)

2)摩西临终前特别嘱咐以色列民说:"你们不可试探耶和华你们的神,像你们在玛撒那样试探他。要留意遵守耶和华你们神所吩咐的诫命、法度、律例。耶和华眼中看为正、看为善的,你都要遵行,使你可以享福,并可以进去得耶和华向你列祖起誓应许的那美地。"(申 6:16—18)摩西回顾在旷野这 40 年的历程时曾警戒以色列民说:"你们在他备拉、玛撒、基博罗哈他瓦,又惹耶和华发怒。""你们常常悖逆耶和华。"(申 9:22)

玛云　　（**Maon**）

1.地名原意:"住所","巢穴"。

2.其他名称:

1)**马安(Ma'nan)**。

2)**马因废墟(Ma'in Kh)**。

3.所在位置:附录三第31图第三行第2格。

4.地理情况:玛云是犹大山地的一个城镇。(书15:55)其附近的山岭野地则称为玛云旷野。(撒上23:25)当地山径崎岖,峰回路转,故此十分适宜大卫的逃亡避难生涯。其狭谷斜坡间牧草茂密,当地人也常在此处牧放羊群。

5.圣经记载:

1)扫罗作王时,因众人赞扬大卫,就恼怒他,定意要杀死大卫,大卫就逃避了。"扫罗天天寻索大卫,神却不将大卫交在他手中。"扫罗说:"他若在犹大的境内,我必从千门万户中搜出他来。""扫罗和跟随他的人去寻找大卫。有人告诉大卫,他就下到磐石,住在玛云的旷野。扫罗听见,便在玛云的旷野追赶大卫。扫罗在山这边走,大卫和跟随他的人在山那边走。大卫急忙躲避扫罗,因为扫罗和跟随他的人,四面围住大卫和跟随他的人,要拿获他们。忽有使者来报告扫罗,说:'非利士人犯境抢掠,请王快快回去。'于是扫罗不追赶大卫,回去攻打非利士人。"这样才使大卫幸免于难。(撒上23:14,23—29,请参看附录三第31图⑪)

2)大卫逃避扫罗由隐基底去到玛云旷野[①]时,听说玛云的大富户拿八正在迦密剪羊毛。大卫的仆人们曾和拿八的仆人们在一起,并且在旷野保护过他们。因此大卫便差他的仆人去求拿八随手取点东西赐给仆人和大卫。但拿八以恶报善,并用恶语回答大卫的仆人,大卫

① 撒上25:1中和合译本所译的"巴兰的旷野",在希腊文的七十士译本中译作"玛云的旷野"。此处乃是根据七十士译本引述的。

本想带人去杀拿八，后经拿八的妻子亚比该前来向大卫赔罪求情，才阻止大卫亲手报仇。“过了十天，耶和华击打拿八，他就死了。”耶和华伸了拿八羞辱大卫的冤。（撒上 25:2—39）

马其顿　　　　（Macedonia）

1.地名原意：“扩展”。

2.所在位置：附录三第 99 图第一行第 1 格。

3.地理情况：马其顿本是希腊北方的一个古代王国。起初疆土很小。公元前 359 年，腓立普二世（Philip Ⅱ）即位后，兼并了附近各族，势力逐渐强大。腓立比城即是腓立普二世建造的。公元前 338 年，腓立普二世成支配整个希腊的领袖。公元前 336 年，腓立普二世拟率兵攻击波斯的前夕，被他的妻子杀害。他的儿子亚历山大即位后，率师东征，进军小亚西亚半岛。他击败波斯王大利乌，灭掉了波斯，又攻占了腓尼基、埃及、巴比伦等地。兵力所及，直达印度，盛极一时。但公元前 323 年亚历山大死后，他的大将分占了征服的领土。其后马其顿被罗马打败，乃逐渐沦为罗马的一个省。

4.圣经记载：

1)保罗第二次外出布道时，圣灵一再拦阻他在亚洲讲道，有一次他在夜间的异象中，见到一个马其顿人，站着求保罗说：“请你过到马其顿来帮助我们吧！”保罗听到马其顿人这一呼声，认为这乃是神在召他们到欧洲的马其顿去传福音给那里的人。于是保罗带着西拉、提摩太、路加，从亚洲的特罗亚启航，乘船到了腓立比。腓立比乃是马其顿地区的头一个城。这是圣经记载的第一次有为主祈祷传道的人到欧洲去布道。（徒 16:6—15）

2)保罗在马其顿的腓立比、帖撒罗尼迦、庇哩亚等地传讲了福音,又往亚该亚的雅典、哥林多等地去传道,其后返回安提阿,结束了第二次布道的行程。(徒16:11—18:22,请参看附录三第99图)

3)保罗第三次外出布道时,再一次到了马其顿,走遍了那一带地方用许多话劝勉信徒。然后从马其顿又到了希腊。(徒20:1—2)后来又第三次到了马其顿,从那里返回亚西亚去。(徒20:3。其行程经历请参看附录三第100图)

4)保罗第一次被囚禁在罗马的时候,曾写信给马其顿的腓立比教会。信中一再表示,他希望在被释放后,再次到马其顿去的心愿。(腓1:26,2:19—24)保罗起初在马其顿的时候,人地生疏,多有艰险,保罗说那时他身体也不得安宁,环境中多有患难。(林后7:5)他不仅遭到了诬陷攻击,而且还被人拷打监禁过。(徒16:19—24)但是保罗在罗马被释放后,从他写给提摩太的第一封书信中可以证实,保罗第四次又到了马其顿。(提前1:3)

5)保罗曾称赞马其顿的众教会说:"他们在患难中受大试炼的时候,仍有满足的快乐。在极穷之间,还格外显出他们乐捐的厚恩。"(林后8:2)马其顿人虽然自己贫困,但仍愿把捐献馈赠给耶路撒冷圣徒中的穷人。(罗15:26)

马加丹　　　(Magadan)

1.地名原意:"塔"、"伟大"。

2.所在位置:附录三第80图第三行第4格抹大拉的位置。

3.地理位置:许多人都认为"马加丹"乃是"**抹大拉**"的另一名称。

4.圣经记载:

耶稣在加利利的海边,曾用7个饼和几条小鱼,使4000

多人吃饱,其后就上船来到马加丹的境界。该处与大玛努他相毗连。(太15:32—39;可8:1—10)

麦比拉　　(Machpelah)

1.地名原意:"双倍"、"羊圈"。

2.所在位置:附录三第4图第二行第3格中希伯仑的所在地。

3.地理情况:

1)麦比拉是希伯仑境内的一个地名,圣经中称之为"麦比拉田间"。(创23:19,49:30)同时也是一个洞穴的名称,叫做"麦比拉洞"。(创23:9,25:9)

2)麦比拉因成为亚伯拉罕的宗族墓地而被犹太教、基督教(包括天主教和东正教)以及伊斯兰教公认为是圣地,公元1世纪时的犹太历史学家约西弗(Jesophus)就曾记述说,亚伯拉罕及其子孙的墓碑都是用最美丽的洁白石块制成的,工艺极其精致,并且论述说,这些墓碑都是古时所建的。公元333年也有历史著作记述到麦比拉,说它乃是四周用石头建筑的方形院墙围起来的优美墓地。公元600年时的殉道者安东尼亚斯(Antonius)和公元698年的亚卡尔夫(Arculf),他们的作品中也记叙到麦比拉墓。公元985年母卡达西(Mukaddasi)提到坟墓的四周有巨石垒筑的围墙,工程浩大,似非古时的人力所能胜任的。

3)阿拉伯人统治希伯仑时期,在麦比拉洞上筑有一座清真寺,严禁伊斯兰教徒以外人士前来观瞻。近年来以色列人占有了希伯仑,麦比拉也已开放,可供一切伊斯兰教徒、犹太教徒、天主教徒、基督教徒、东正教徒前来朝圣。现今麦比拉的墓地长约60米,宽约34米,四周的青石围墙厚约1米许,使前来瞻仰者肃然起敬。

4.圣经记载：

1)撒拉死在希伯仑，亚伯拉罕为她哀哭后，为了要埋葬死人，便向赫人以弗仑谈妥，用秤称了400舍客勒[①]银子给以弗仑，买了麦比拉洞。“于是麦比拉幔利前以弗仑的那块田，和其中的洞并田间四围的树木，都定准归与亚伯拉罕。”(创23:16—20)

2)雅各临终前嘱咐他的儿子们，将来要把他葬在迦南地幔利前麦比拉田间的洞里。他说：“他们在那里葬了亚伯拉罕和他的妻子撒拉。又在那里葬了以撒和他妻子利百加，我也在那里葬了利亚。”雅各死后，“雅各的儿子们，就遵着他父亲所吩咐的办了，把他搬到迦南地，葬在幔利前麦比拉田间的洞里。(创49:29—33，50:12—13)

幔利　　(**Mamre**)

1.地名原意：“能力”、“肥沃”。

2.其他名称：

1)幔利就是**希伯仑**。(创23:19)

2)即现今的**拉墨·爱尔卡特**(**Ramet el-Khatel**)。

3.所在位置：附录第4图第二行第3格中希伯仑所在之地。

4.地理情况及有关论述：

1)圣经记述，幔利原是一个人名，乃是亚伯拉罕的联盟者。亚伯拉罕曾经居住在幔利的橡树那里，(创14:13)而幔利的橡树乃在希伯仑，(创13:18)后来幔利的橡树一带即成为一个地名，(创23:17,25:9,49:30,50:13)而且幔利已是希伯仑的另一名称。(创23:19)

---

① 舍客勒是古时的重量单位，一舍客勒约等于10克。

2)亚伯拉罕所买的墓地麦比拉即在幔利的东边。[①](创23:17,25:9)

3)关于幔利的橡树[②] 所在之地,历代学者有下列见解:

①公元第4世纪时,罗马皇帝君士坦丁(Constantine)认定,希伯仑北部的一棵橡树乃是亚伯拉罕的旧居之处。他把该树用院墙围住,并在该地建造了一所基督徒聚会用的会堂。后来,其遗迹即称为“亚伯拉罕故居”。

②公元第16世纪以来,学者多认为亚伯拉罕居住之地的橡树,实际上是在希伯仑西北3里。该橡树的根部树干,周长数米,树荫直径可达20余米。

③近代学者考证,幔利的旧址(即拉墨·爱尔卡特)在希伯仑的北郊8里之处。而圣经中所记的“幔利的橡树”,也可能指的即是其附近数里的橡树。

④虔诚的基督徒则认为:敬拜神应当以神为主。而古人的确切住所不应是基督徒注意的首要所在。摩西死后并没有人知道他的坟墓。(申34:6)但摩西一生的事工与经历,却时时激励人、教导人、警戒人。(诗90篇)耶稣当年曾对一个撒玛利亚妇人说过:人们敬拜天父,“也不在这山上,也不在耶路撒冷。……神是灵,所以拜他的必须用心灵和诚实拜他。”(约4:21—24)

---

① 创23:17中,和合本圣经所译的“幔利前”,应为“幔利东边”。近来有些新译本已采用“幔利东边”为新译文。

② 橡树:有的学者认为乃是一棵古树;有的学者认为确实是橡树;有的学者则把“橡树”译作“圣树”。

5.圣经记载:

1)罗得离别亚伯兰(即亚伯拉罕)以后,耶和华对亚伯兰说:“从你所在的地方,你举目向东西南北观看,凡你所看见的一切地,我都要赐给你和你的后裔,直到永远。”“亚伯兰就搬了帐棚,来到希伯仑幔利的橡树那里居住,在那里为耶和华筑了一座坛。”(创 13:14—18,请参看附录三第 2 图⑦及其说明)

2)亚伯拉罕年 99 岁时,他和他的儿子及家里所有的男丁,都遵耶和华的命,一同受了割礼。之后,“耶和华在幔利橡树那里,向亚伯拉罕显现出来。”亚伯拉罕看见有三个人以为是过路的,就很热情诚恳地留他们歇息歇息,洗洗脚、吃了饭,加添心力然后往前去,他们就吃了。三人中有一位说:“到明年这时候,我必要回到你这里,你的妻子撒拉必生一个儿子。”撒拉在那人后边听了心里暗笑,因她的月经已断绝了,亚伯拉罕的年纪也已老迈。耶和华对亚伯拉罕说:“撒拉为什么暗笑说:‘我既已年老,果真能生养吗?’耶和华岂有难成的事吗?”(创 17:24—27,18:1—15)耶和华按着他的话眷顾撒拉。当亚伯拉罕年老的时候,撒拉怀了孕,到神所说的日期,就给亚伯拉罕生了一个儿子,起名叫以撒。(创 21:1—3)后来以撒晚年就居住在幔利,且死在这里。(创 35:27—29)

3)亚伯拉罕向赫人以弗仑买了幔利前的麦比拉那块田,和田间的洞作坟地。他和撒拉、以撒和利百加,雅各和利亚都葬在那里。(创 23:19—20,49:31)

每拉　　(Myra)

1.地名原意:“哭泣”。

2.其他名称:现今译名为“**米拉**”。

3.所在位置:附录三第 101 图第三行第 3 格。

4.地理情况:每拉是吕家(今译作吕基亚)的一个城市。邻近帕大喇,但古时不如帕大喇繁华,其后商业逐渐兴盛,从埃及和居比路来的商船都停泊在每拉,渐渐即成为省会。每拉距海滨约 7 里,位于小山上,山旁有溪谷。

5.圣经记载:

保罗被送到罗马去的途中,先乘船到了吕家的每拉。又在每拉换乘海船到意大利去。(徒 27:5)

每西亚　　　(Mysia)

1.地名原意:“山毛榉产地”。

2.其他名称:今译作“**密细亚**”。

3.所在位置:附录三第 99 图第一行第 2 格。

4.地理情况:每西亚是小亚西亚北部的一个省。西、北两面临海。东面与庇推尼、弗吕家相邻。亚朔、特罗亚、亚大米田等城都在每西亚境内。

5.圣经记载:

1)保罗第二次外出布道时,初经此地,但未停留,而是越过了每西来,下到特罗亚。随即从特罗亚乘船到欧洲的马其顿去传道。(徒 16:7—12)

2)保罗再次来到每西亚,乃是要在每西亚的亚朔与同工们会合,一起到耶路撒冷去。(徒 20:13—16)

3)启示录中提到的亚西亚的七个教会,其中有别迦摩,别迦摩也在每西亚境内。(启 1:11,请对照参看附录三第 103 图第二行第 2 格与第 99 图第一行第 2 格)

米底巴　　　(Medeba)

1.地名原意:“静水”。

2.其他名称:现今其荒址名叫“**玛底巴(Madaba)**”。

3.所在位置:附录三第36图第三行第2格。

4.地理情况:米底巴是摩押的一个古镇,后来分给流便支派为地业。(书13:9,15—16)该地在盐海以东,位于拉巴和亚罗珥之间。其遗址在希实本以南约20里处。

5.圣经记载:

1)摩西带领以色列民打败了亚摩利人的王西宏,夺取了他们的全地,直到亚嫩河,从挪法直延到米底巴,都为以色列人所占据。(民21:24—26,30—32)后来摩西把米底巴的全平原分给了河东的流便支派。(书13:15—16)

2)大卫王年间,亚扪人知道大卫憎恶他们,便用银子雇了战车和马兵安营在米底巴前。亚扪人也从他们的城里出来聚集交战。大卫差派约押带领全军把他们打败了。(代上19:6—19)

米甸　　(Midian)

1.地名原意:“竞争”、“竞争之民”。

2.所在位置:附录三第11图第四行第4格。

3.地理情况:米甸是阿拉伯旷野西北部古时米甸人居住的地方。其北方和以东毗邻,西方与南方以海岸为界(约相当于现今的亚喀巴海湾两岸),其东方界限不定。南北约长520里。米甸人多以畜牧、行商为生。古时以色列人出埃及后,直到士师时代,与米甸人的接触相当频繁。

4.圣经记载:

1)当年,雅各(又名以色列)的儿子约瑟,曾被他的哥哥们卖给了米甸的商人。这些以行商为生的人便把约瑟带到了埃及。(而这些人也被称为米甸的以实玛利人,请参看创37:25—28)

2)雅各(以色列)和他的全家因为饥荒而寄居到埃及。(创46:7)400年后,埃及人苦待以色列人。摩西虽然有幸被法老的女儿收养在王宫里40年,但他因想要解救自己的同胞以色列人,几乎被法老杀掉而逃往米甸。(出2:5—15)

3)摩西在米甸旷野牧放羊群约40年。经过多年的磨炼之后,神在何烈山向摩西显现,召呼摩西把神的选民以色列人从埃及为奴之地领出来。(出3:1—10)

4)耶稣受难后,司提反殉道前证道时,曾提到了摩西在米甸寄居40年,其后又被神差遣,率领以色列人出离埃及去往迦南。(徒7:29—36)

米矶仑　　　(Migron)

1.地名原意:"高峰"、"悬崖"、"推翻"。

2.其他名称:即现今的"**帖尔·米尔亚(Tell Miryam)**"。

3.所在位置:附录三第26图第四行第1格。

4.地理情况[①]:米矶仑在基比亚的北方,且在迦巴、伯亚文、密抹附近。该地属于便雅悯的地业。

5.圣经记载:

1)非利士人聚集极多的步兵与车辆马兵在密抹安营,要与以色列人争战。(撒上13:5)"扫罗在基比亚的尽边,

---

① 米矶仑:学者对此地有不同的见解:

1.认为米矶仑乃是同一地名的两个地方,而两地相距很近,一个米矶仑在密抹之南,另一个米矶仑在密抹之北。(《圣经百科全书》第919页)

2.认为只有一个米矶仑,即是现今的帖尔·米尔亚。(New Bible Dictionary p.775)

本书是根据后者的资料编译的。

坐在米矶仑的石榴树下,跟随他的约有六百人。"在敌军强大的兵力下,约拿单和跟随他的少年人,同心暗暗地过到非利士人的防营里,靠耶和华为他们施展的能力终于打败了非利士人。(撒上 14:1—23)

2)先知以赛亚预言亚述军要入侵以色列,他说:"亚述王来到亚叶,经过米矶仑,在密抹安放辎重。"(赛 10:28)

米吉多　　　(Megiddo)

1.地名原意:"军区"、"群集"、"会晤所"、"约会"、"烙印者"。

2.其他名称:

1)**哈米吉多顿**。

2)近译作**美吉多**。

3)**帖尔·美吉多(Tell Megiddo)**。

3.所在位置:附录三第 14 图第二行第 2 格。

4.地理情况:米吉多是迦南的军事重镇,位于耶斯列谷的西北,当地既是交通咽喉要道(参看第 14 图),又是迦密山区的隘口,乃是古代兵家必争之地。

5.圣经记载:

1)士师时代,迦南诸王曾在米吉多与以色列人争战而大败。(士 5:19,请参看附录三第 19 图说明⑨—⑩)

2)所罗门王时,修固了米吉多作为军事要地。(参看王上 9:15 及附录三第 39 图)

3)犹大的第 6 代国王亚哈谢,因为亚哈的儿子约兰王病了,就下到耶斯列看望他。当耶户坐车来要杀约兰王时,他们事先并不知道。"以色列王约兰和犹大王亚哈谢,各坐自己的车出去迎接耶户,在耶斯列人拿伯的田那里遇见。"耶户开满了弓射中约兰,他就仆倒在车上。耶户叫军长把他抛在耶斯列人拿伯的田间,正应验了耶和华对亚哈所说的预言。犹大王亚哈谢见这光景就逃跑,耶户追赶他,并且把他击伤,他逃到米吉多就死在那里。(王下 9:16—27)

4)犹大的第 16 代国王约西亚年间,埃及王法老尼哥要上到伯拉河去攻击亚述王,约西亚出去抵挡他,并改装要与法老尼哥打仗。在米吉多平原争战中,约西亚在车上受了重伤而死。他的臣仆将他葬在耶路撒冷,犹大人和耶路撒冷人都为他悲哀,并唱哀歌追思约西亚。(王下 23:29—30;代下 35:20—25,请参看附录三第 63 图及说明③、④)

5)先知撒迦利亚预言,将来大卫家和耶路撒冷的居民,必为他所刺的哀哭。"那日耶路撒冷必有大大的悲哀,如米吉多平原之哈达临门的悲哀。"(亚 12:10—11)

6)耶稣的门徒约翰在启示录中对将来的事预言说:"我又看见三个污秽的灵。""他们本是鬼魔的灵施行奇事,出去到普天下众王那里叫他们在神全能者的大日聚集争战。""这三个鬼魔便叫众王聚集在一处,希伯来话叫作哈米吉多顿。"(启 16:13—16)"哈米吉多顿",原文即"米吉多"。

米利巴　　(Meribah)

圣经中同名被称为米利巴的地方有两处。

Ⅰ.利非订的米利巴

1.地名原意:"争竞"、"争竞之水"。

2.其他名称:**玛撒**。(出 17:7)

3.所在位置:参看附录三第 11 图第四行第 3 格中利非订所在地。

4.地理情况:利非订在西乃半岛西南部的沙漠地带,以色列人在此安营后即去往西乃山,利非订的米利巴,乃是摩西遵照耶和华的话击打磐石出水之处。因为以色列人曾向摩西争闹，故而得名。

5.圣经记载：

"以色列全会众都遵耶和华的吩咐按着站口从汛的旷野往前行，在利非订安营。百姓没有水喝，所以与摩西争闹说：'给我们水喝吧。'"摩西就呼求耶和华，耶和华吩咐摩西击打磐石，就有水从磐石里流出来，给百姓喝。"他给那地方起名叫玛撒，又叫米利巴，因以色列人争闹。"(出 17:1—7)这次以色列人得有水喝，乃是摩西遵照耶和华的吩咐，击打磐石而流出水来的。后来摩西曾作诗说："你们不可硬着心，像当日在米利巴，就是在旷野的玛撒。那时，你们的祖宗试我探我，并且观看我的作为。"(诗 95:8—9)

Ⅱ.寻旷野的米利巴

1.地名原意："争竞"、"争竞之水"。

2.其他名称：即**加低斯巴尼亚**。

3.所在位置：附录三第 11 图第二行第 3 格中加低斯的所在地。

4.地理情况及有关论述：加低斯巴尼亚位于巴兰旷野北部的寻旷野中。以色列人因为在那里没有水喝又向摩西争闹。因此该地名叫米利巴。在寻旷野的米利巴，虽然以色列人再次得有水喝，但却是摩西违背耶和华的命令击打磐石两次而流出水来的。

5.圣经记载：

1)摩西领以色列人在旷野绕行将近 38 年之后。"到了寻的旷野，就住在加低斯，米利暗死在那里，就葬在那里。会众没有水喝，就聚集攻击摩西、亚伦。"百姓向摩西争闹发怨言说："你们为何把耶和华的会众领到这旷野，使我们和牲畜都死在这里呢？"那地方不好撒种，也没有果树，又没有水喝。耶和华向摩西、亚伦显现，晓谕摩西说："你拿着杖去，和你的哥哥亚伦招聚会众，在他们眼前吩咐磐石发出水来，水就从磐石流出，给会众和他们的牲畜喝。"摩西、亚伦就招聚会众到磐石前。摩西说："你们这些背叛的人听我说：'我为你们使水从这磐石中流出来吗？'"摩西举手，用杖击打磐石两下，就有许多水流出来，给会众和牲畜喝。摩西因为没有尊耶和华为圣，不是遵命吩咐磐石流出水来，而是击打磐石两下，且说了急躁的话，就受了亏损，不得进入迦南地。这磐石流出的水"名叫米利巴水，是因以色列人向耶和华争闹，耶和华就在他们面前显为圣"。（民 20:1—13）

3）以色列全会众从加低斯起行，到了何珥山。耶和华晓谕摩西、亚伦说："亚伦要归到他列祖那里，他必不得入我所赐给以色列人的地。因为在米利巴水，你们违背了我的命。"亚伦就死在何珥山顶。（民 20:22—29）

4）摩西领以色列人经历了 40 年旷野的路程，击杀了亚摩利二王之后，到了约旦河东安营。在摩押平原，耶和华吩咐摩西上到亚巴琳山中的尼波山，观看神要赐给以色列人的地。但摩西却不得进到迦南地去，他要死在摩押地，因为他们在寻的旷野当会众争闹的时候，违背了耶和华的命，没有在涌水之地，会众眼前遵耶和华为圣。这水就是寻的旷野加低斯米利巴水。（民 27:12—14；申 32:48—52）

5)大卫的诗中也提到说:“他们在米利巴水,又叫耶和华发怒,甚至摩西也受了亏损。是因他们惹动他的灵,摩西用嘴说了急躁的话。”(诗 106:32—33)

米利大　　(Milita)

1.地名原意:“蜜”、“避难所”。

2.其他名称:现今称为“**马耳他**”(Malta)。

3.所在位置:附录第 101 图第三行第 1 格。

4.地理情况:米利大是地中海上的一个海岛,在非洲以北约 550 里,在今西西里岛以南约 150 里。全岛长约 52 里,宽约 28 里。面积虽小,但却是地中海上的交通要道。军事地位也很重要。此岛开始属于腓尼基,后来属于希腊。公元前 218 年,罗马占领此岛。现在已建立了马耳他共和国。据 1980 年统计,人口约 33.5 万人。以天主教为国教。天主教徒约占 97.3%。另有 1.2%的人为基督教圣公会教徒。

5.圣经记载:

保罗被押解去罗马的途中,海船遇到了风浪。全船 276 人几乎丧命。后来到了一个众人不认识的海湾。顺风靠近岸边时,船又搁了浅。押解犯人的兵丁恐怕囚犯们凫水逃跑,要把他们都杀掉。但军官要救保罗,不准他们任意而行。最后众人都得以登陆上岸。他们得救之后,才知道那个岛名叫米利大。那时米利大岛长的父亲正在患病躺着。保罗治好了他,受到岛上土人们多方的尊敬。保罗众人在米利大岛上过了三个月,才又继续乘船往意大利航行。(徒 27:37—28:11)

米利都　　(Miletus)

1.地名原意:“红”、“爱好”。

2.所在位置:附录三第100图第二行第3格。

3.地理情况:米利都是古希腊著名的商业城市。位于以弗所南方约118里。公元前约494年,波斯一度占领此城。后来被亚历山大夺回,但城市日趋衰落。公元前2世纪时,成为罗马的属地。现在该处已是一片荒丘,少有遗址可寻。

4.圣经记载:

1)保罗第三次外出布道末期,虽然自己知道去到耶路撒冷时会遇到危险,(徒20:22—23)但是他仍然想在五旬节赶到耶路撒冷。(徒20:16)他从马其顿返回的途中,(徒20:3)乘船到了米利都。(徒20:15)

2)米利都距离以弗所仅约100余里。保罗便打发人往以弗所去,请那里的教会长老们来到米利都。(徒20:17)保罗对这些长老们的谈话,情词恳切,真挚动人。谈话以后,保罗跪下同众长老一起祷告。众人失声痛哭,依依送别保罗离开米利都,前往耶路撒冷。(徒20:18—28)

3)保罗离世前给提摩太写信说:"特罗非摩病了。我就留他在米利都。"(提后4:20)特罗非摩是亚西亚的圣徒,曾和保罗一起冒着危险去到耶路撒冷。(徒20:4,21:29—30)现在特罗非摩病了,而米利都人能够接待他,显明了米利都的圣徒能替保罗分担忧难,也是乐于助人的。

米伦　　(Merom)

1.地名原意:"高"、"高峰"。

2.其他名称:近译作"**梅龙**"。(英译作 **Meron**)

3.所在位置:附录三第14图第一行第3格。

4.地理情况:圣经中提到的"米伦水",另有译本译作"米伦溪”。该水溪位于约旦河上游的西方，水流走向东南而注入基尼烈湖(即加利利海)。据考证，米伦水很可能即是现今以色列北部的梅龙泉一带。当地附近有米伦山(今名梅龙山)，山高约1208米，乃是1967年以色列未扩国界前的境内最高点。米伦溪的东方即是古时米伦湖的所在地，米伦湖长约12里，宽约10里，湖面高出地中海将近90米。可能正是由于当年约书亚和迦南诸王都要争夺这一制高点，因而会战于此。现今的梅龙泉水(即在古时的米伦水溪一带)终年仍涌水不断，近年来已形成了一些以色列农户的居住点。

5.圣经记载：

约书亚当年杀败了迦南地区南方的诸王，“并夺了他们的地，因为耶和华以色列的神为以色列争战。于是约书亚和以色列众人回到吉甲的营中”。夏琐王耶宾听见这事，就打发人去见北方山地及高原和西边山岗诸王，又去见东方和西方住迦南地的七族人，就是耶和华吩咐约书亚要灭绝的。“这些王和他们的众军都出来，人数多如海边的沙，并有许多马匹、车辆。这诸王会合，来到米伦水边，一同安营，要与以色列人争战。耶和华对约书亚说：‘你不要因他们惧怕。明日这时，我必将他们交付以色列人全然杀了。’”“于是约书亚率领一切兵丁，在米伦水边突然向前攻打他们。”“将他们击杀，没有留下一个。”(书10:41—43，11:1—9，请参看附录三第14图及其说明⑬、⑭)

米罗　　(Millo)

圣经中同名叫米罗的有两处。

Ⅰ.示剑近处的米罗

1.地名原意：“填满”、“人建的高岗”、“壁垒”。

2.所在位置:附录三第2图第三行第2格与第10图第二行第2格中示剑所在之地。

3.地理情况:有的学者考证,示剑的巴力比利土庙废墟所在处,乃是由人工填筑的高地,联系到米罗的原文意义,因而推论示剑的这一高地即是米罗的旧址。

4.圣经记载:

米罗人曾与示剑人一起拥立恶人亚比米勒作王,因此约坦预言说,亚比米勒将像荆棘的野火一样烧灭米罗等人。(士9:6—20)

Ⅱ.耶路撒冷的米罗

1.地名原意:"堡垒"、"填满"、"高岗"。

2.所在位置:附录三第10图第三行第2格中耶路撒冷的所在地。

3.地理情况:米罗在耶路撒冷。但根据米罗一词的原意,学者们的见解不尽相同。

1)有人认为米罗即是耶路撒冷的一个堡垒。①

2)有人认为米罗乃是大卫攻占耶路撒冷后,填筑东面山边的斜坡而成的石垒。②

3)有的圣经新译本,则把耶路撒冷的米罗分别译为:"山东边的那块地""填平城东的洼地","东边那块填平的洼地上的堡垒"。

综览上列论述,可知米罗乃是大卫城的防御建筑所在地,而耶路撒冷一再扩建后,原来的大卫城(和其中的米罗一地)已成为耶路撒冷的东部城区。

---

① 参见《圣经百科全书》第919页。

② 参见《圣经(启导本)》第494页。

4.圣经记载：

1)大卫在犹大作王七年半，后受膏作以色列和犹大的王。大卫和跟随他的人，到了耶路撒冷，攻取锡安的保障。“大卫住在保障里，给保障起名叫大卫城。大卫又从米罗以里，周围筑墙。大卫日见强盛，因为耶和华万军之神与他同在。”(撒下 5:1—10;代上 11:3—9)

2)所罗门继承王位后，就为耶和华建造圣殿，并建造米罗，又修补他父亲大卫城的破口。(王上 9:15, 24,11:27)

3)犹大的第 13 代国王希西家，又在耶路撒冷城外筑了一城，以坚固大卫城的米罗。并且制造了许多军器、盾牌。(代下 32:5)

米匿　　(Minnith)

1.地名原意：“分派”、“分割”。

2.所在位置：附录三第 22 图第三行第 3 格。

3.地理情况：米匿是亚扪的一个镇，距希实本约 10 余里。

4.圣经记载：

耶弗他作以色列的士师时，耶和华的灵降在他身上。“于是耶弗他往亚扪人那里去，与他们争战，耶和华将他们交在他手中。他就大大杀败他们。从亚罗珥到米匿，直到亚备勒基拉明，攻取了 20 座城。这样，亚扪人就被以色列人制伏了。”(士 11:29—33，请参看附录三第 22 图说明③、④)

米斯巴　　(Mizpah, Mizpeh)　米斯巴的原意是“守望塔”。

同名叫米斯巴的地方共有 6 处。

Ⅰ.雅博河旁的米斯巴

1.其他名称：**迦累得**，意思是“见证的石堆”。

2. 所在位置及地理情况：米斯巴在雅博河附近的基列山一带，确切地址不详。有的资料[1]认为，雅博河旁边的米斯巴，即是下列Ⅱ中所说的"基列的米斯巴"。若这样，其位置当在附录三第22图第二行第3格。该处乃是拉班追上雅各而又堆石立约之地。

3. 圣经记载：

雅各在巴旦亚兰为他的舅舅拉班工作了20年后，"耶和华对雅各说；'你要回你祖你父之地，到你亲族那里去，我必与你同在。'"于是雅各带着妻子儿子，以及他在巴旦亚兰所得的牲畜和财物，离开他舅父拉班家往迦南地去。拉班得知后，带领他的众弟兄去追赶。在基列山就追上了。夜间神在梦中对拉班说，不可对雅各说好说歹。拉班与雅各立约，雅各就拿一块石头立作柱子，众弟兄也拿石头来堆成一堆，这石堆作为二人之间的证据，双方互不越过石堆去害对方。"因此这地方名叫迦累得，又叫米斯巴。"(创31:3,17—52)

Ⅱ. 基列的米斯巴

1. 所在位置：附录三第22图第二行第3格。

2. 地理情况：基列的米斯巴是约旦河东的一个城镇。原属迦得支派的地业。

3. 圣经记载：

在士师时代，以色列人行耶和华眼中看为恶的事，去事奉外邦的假神，离弃耶便华，不事奉他。耶和华便将以色列人交在非利士人和亚扪人的手中，他们扰害基列地的以色列人共有18年。以色列人哀求耶和华，认自

---

① 参见《新圣经词典》第785页。

己的罪,并从他们中间除掉外邦神,事奉耶和华。“耶和华因以色列人受的苦难,就心中担忧。当时亚扪人聚集安营在基列。以色列人也聚集,安营在米斯巴。基列的民和众首领彼此商议,说:‘谁能先去攻打亚扪人,谁必作基列一切居民的领袖。’基列人耶弗他是个大能的勇士。”只因他是妓女的儿子,曾被他弟兄赶逐而逃到陀伯地。后来当亚扪人攻打以色列的时候,基列的长老去陀伯请耶弗他回来,做基列民的领袖,去与亚扪人争战。于是耶弗他回来,“百姓就立耶弗他作领袖、作元帅。耶弗他在米斯巴将自己的一切话,陈明在耶和华面前。”“耶和华的灵降在耶弗他身上。”他就来到基列的米斯巴,从米斯巴去攻打亚扪人。耶和华将亚扪人交在他手中,他就大大杀败他们。(士 10:6—18,11:1—33,请参看附录三第 22 图及说明)

Ⅲ.黑门山的米斯巴

1.其他名称:或即“**奎来特·埃斯撒贝拜(Qalat es-subeibeh)**”。

2.所在位置:附录三第 14 图第一行第 4 格。

3.地理情况:米斯巴在米伦水的东北,位于黑门山脚下,被称为米斯巴地、米斯巴平原或米斯巴谷。多数学者认为[①],米斯巴即是现今班尼亚斯(Banias)西北 6 里处的**奎来特·埃斯撒贝拜**。

4.圣经记载:

约书亚率领以色列人攻取迦南的许多城,杀败了那些地的诸王。夏琐王耶宾打发人去见北方山地和东方、西方的诸王和其他的各族人,其中包括黑门山根米斯

① 参见《新圣经词典》第 785 页。

巴地的希未人。这些王会合他们的众军马匹车辆，来到米伦水边一同安营，要与以色列人争战。耶和华将他们交在以色列人手中，约书亚率领一切兵丁，在米伦水边攻打击杀他们，追赶他们直到东边米斯巴的平原。(书 11:1—8，请参看附录三第 14 图说明⑭、⑰、⑱)

Ⅳ.**犹大的米斯巴**

1.其他名称：或即现今的"**撒非耶废墟(Khirbet Safiyeh)**"。

2.所在位置与地理情况：米斯巴是犹大低地的一个村镇，确切位置不详。但有些学者认为米斯巴即是撒非耶废墟。而该废墟在贝特·吉布林(Beit Jibrin)东北 8 里处。

3.圣经记载：米斯巴是分给犹大的地业。(书 15:38)

Ⅴ.**便雅悯的米斯巴**

1.其他名称：

1)或即现今的"**帖尔·恩·内斯巴(Tell en-Nasbeh)**"。

2)也可能是现今的"**尼比·塞姆威尔(Nebi Samwil)**"。

2.所在位置：附录三第 26 图第四行第 1 格。

3.地理情况：米斯巴是便雅悯支派境内的一个城镇。在基比亚以北，位于伯特利的西南方。米斯巴的地势较高，因此在古时的争战中，常须占取些地。经学者们考证，认为今有两处可能是古时的米斯巴：

1)帖尔·恩·内斯巴。此地位于耶路撒冷以北约 26 里，在一个孤立的山头上。

2)尼比·塞姆威尔。此地在耶路撒冷西北 14 里处，海拔约 895 米，高出附近的地面亦可达 150 米。

近来学者们显然较多地赞同前一种论证，即米斯巴乃是现今的思·内斯巴。学者们从考古学的角度，提出了不少的论据；而且就语音学的规律而言，由“米斯巴”发展变化到“内斯巴”，也仅只是几个辅音字母的常规变异而已。

4.圣经记载：

1)当以色列没有王的时候，有一个以法莲山地的利未人，他的妾回到了伯利恒的父家，他又去伯利恒接妾回来。途中到了便雅悯的基比亚城住宿时，其妾受到城中匪徒们的凌辱而致死。这个利未人便将妾的尸身驮回家后，将尸身切成12块传送到以色列的四境。于是以色列众人都出来聚集在米斯巴耶和华面前，拿刀的步兵共有40万，一同上到米斯巴，攻击基比亚城。便雅悯人也从各城出来聚集与以色列人争战。但便雅悯人终于全被杀败。（士19—20章）

2)士师以利死后，撒母耳作以色列的士师和先知，以色列全家都倾向耶和华，撒母耳对以色列全家说：“你们若一心归顺耶和华，就要把外邦的神和亚斯他录从你们中间除掉，专心归向耶和华，单单地事奉他。他必救你们脱离非利士人的手。”以色列人就除掉了外邦神，单单事奉耶和华。撒母耳又使以色列人聚集在米斯巴，为他们祷告，并审理他们的争端。“非利士人听见以色列人聚集在米斯巴。”就上来要攻击他们。“以色列人呼求耶和华，耶和华就应允他。”“当日耶和华大发雷声，惊乱非利士人，他们就败在以色列人面前。以色列人从米斯巴出来，追赶非利士人，击杀他们直到伯甲的下边，撒母耳将一块石头立在米斯巴和善的中间,给石头起名叫以便以谢,说:'到如今耶和华都帮助我们。'从此非利士人就被制服。"(撒上 7:2—13)

3)犹大的第 3 代国王亚撒,修固了米斯巴,以便抵御北国以色列。(王上 15:22,请参看附录三第 46 图说明⑥)

4)先知"耶利米锁在耶路撒冷和犹大被掳到巴比伦的人中,护卫长尼布撒拉旦将他从拉玛释放以后,耶和华的话临到耶利米。"护卫长说:"你可以回到沙番的孙子亚希甘的儿子基大利那里去,现在巴比伦王立他作犹大城邑的省长。你可以在他那里住在民中。"耶利米就到米斯巴见亚希甘的儿子基大利,在他那里住在境内剩下的民中。(耶 40:1—6)

Ⅵ.摩押的米斯巴

1.其他名称:或即现今的"**儒姆·埃尔·麦示瑞法(Rujm el-Meshrefeh)**"。

2.所在位置:附录三第 31 图第四行第 4 格。

3.地理情况及其他资料:米斯巴在盐海以东的摩押境内。摩押本是大卫的曾祖母路得的故乡。(得 1:4,4:13—17)当年大卫逃避扫罗时,曾把自己的父母送到此地来避难。有人论述说,大卫当时年仅 20 余岁,(参看撒下 5:4)而且自己长期处于流离失所的逃亡生活之中,但却能如此顾念双亲,孝敬父母,确实是遵行了耶和华的诫命,而承受了耶和华应许的福分。(出20:12)

4.圣经记载:

大卫逃避扫罗时,曾逃到亚杜兰洞,他的弟兄和他父亲的全家也都下到他那里。"大卫从那里往摩押的米斯巴去，对摩押王说：‘求你容我父母搬来，住在你们这里，等我知道神要为我怎样行。’大卫领他的父母到摩押王面前。大卫住山寨多少日子，他父母也住摩押王那里多少日子。”（撒上22:1—4，请参看附录三第31图说明⑦）

米斯利弗玛音　　（Misrephoth-maim）

1.地名原意：“水的焚烧”。

2.其他名称：

1)可能即今**利塔尼河（Litani River）**。

2)或是“**埃尔·穆示利弗废墟（Khirbet el-Mushreifeh）**”。

3.所在位置：附录三第14图第一行第2格。

4.地理情况及有关资料：米斯利弗玛音位于地中海沿岸地带，当与西顿略有一段距离。有的学者认为“穆示利弗”这一地名，在发音上便保留了“米斯利弗玛音”的语音。另有论证认为，米斯利弗玛音附近地带，即是现今黎巴嫩的利塔尼河。

5.圣经记载：

1)约书亚领以色列人进攻迦南地时，夏琐王耶宾联合北方等诸王，来到米伦水边要与以色列人争战。“耶和华将他们交在以色列人手里，以色列人就击杀他们，追赶他们到西顿大城，到米斯利弗玛音，直到东边米斯巴的平原，将他们击杀，没有留下一个。”（书11:1—9，请参看附录三第14图说明⑭、⑯）

2)约书亚年纪老迈，耶和华对他说：“你年纪老迈了，还有许多未得之地。……山地的一切居民，从利巴嫩直到米斯利弗玛音，就是所有的西顿人，我必在以色列人面前赶出他们去。你只管照我所吩咐的，将这地拈阄分

给以色列人为业。”(书 13:1—7)

米所波大米　　　(Mesopotamia)

1.地名原意:“夹河陆地”。

2.其他名称:今译作“**美所不达米亚**”。

3.所在位置:附录三第 2 图第一至二行第 3—4 格。

4.地理情况:

1)罗马地理专家认为,伯拉河(即幼发拉底河)和希底结河(即底格里斯河)之间,全境都是米所波大米地区。无论山岭高原,或是巴比伦的洼地,都在米所波大米境域。其中高地颇为肥沃。靠近底格里斯的低处平原,水流不畅,多有沼泽。

2)由于地理条件良好,米所波大米也是古代文明发源地之一。巴比伦、亚述都在这一区域建国。

3)约在公元前 1894—前 1595 年,在巴比伦建立了巴比伦国第一王朝,统一了两河流域。其后巴比伦数次被亚述攻陷。直到公元前 7 世纪才兴起了新巴比伦帝国。

4)亚述位于米所波大米北部,首都为亚述,后来迁到尼尼微。亚述时盛时衰,公元前 10 世纪以后,逐渐扩张领土。公元前 746—公元前 609 年成为新亚述帝国,北征乌拉尔图,南下巴比伦,并曾一度统治埃及。公元前 721 年,古以色列国亡于亚述。以色列人相继被掳去为奴。公元前 600 余年,玛代与巴比伦联盟,攻陷尼尼微,亚述灭亡。

5)公元前 626—公元前 539 年,迦勒底人在米所波大米建立了新巴比伦帝国,以巴比伦城为其首都。巴比伦王尼布甲尼撒二世经常出征叙利亚和巴勒斯坦。公元前 606 年,尼布甲尼撒侵入耶路撒冷,掳走了犹大国的王室、官吏和居民。除了极贫穷的人之外，尽都俘到巴比伦去，使犹大国沦为一个省分。但 70 年后，公元前 536 年时，巴比伦被波斯所灭，巴比伦沦为波斯的一个省分。波斯王古列下令，犹大人等可以归回耶路撒冷。不久波斯亡于希腊，希腊分裂后，巴比伦于公元前 141—前 129 年，又并入伊朗东部的安息国。罗马帝国的势力伸展到近东之后，米所波大米遂成为罗马与安息的争夺地区。

6)公元 4 世纪，罗马宣布以基督教为国教。公元 3—7 世纪时，米所波大米乃是罗马与波斯萨珊王朝久争之地。7 世纪时阿拉伯人征服此地区。8 世纪时巴格达成为首府。1258 年蒙古的成吉思汗一度攻陷巴格达。1534 年土耳其人又占领巴格达，并统治米所波大米地区约 200 年之久。当时从巴格达到波斯湾之间的平原被称为伊拉克地带。第一次世界大战时，英国占领了伊拉克地区。1921 年 8 月，英国宣布费萨尔一世为伊拉克国王，仍属英国统治。1932 年 10 月伊拉克独立，米所波大米(今称作美索不达米亚)大部地区都在伊拉克境内。据 1984 年统计，伊拉克共约 1500 万人。1977 年统计约 95%的居民信伊斯兰教，4.6%信仰基督教。

5.圣经记载：

1)耶和华曾在东方的伊甸设立了一个伊甸园。(创 2:8)"有河从伊甸流出来滋润那园子，从那里分为四道。"(创 2:10)其中有两道河即是希底结河与伯拉大河。(创 2:14)故此有些圣经学者认为，伊甸园于洪水灭世之前，即在亚洲的米所波大米一带。

2)亚伯拉罕本来居住在迦勒底的吾珥。(创 11:31)迦勒底的吾珥位于米所波大米的南部，在伯拉河的下游。所以司提反说："当日我们的祖宗亚伯拉罕在米所波大米"。后来由于神的呼召，亚伯拉罕便离开本地米所波大米，进入迦南。（徒 7:2—4）

3）亚伯拉罕老年间，曾请他的老仆人到自己的本地本族中去，为他的儿子以撒娶妻。（创 24:1—4）他的老仆人到了米所波大米，（创 24:10）为以撒娶回了利百加。（创 24:66—67）

4）五旬节时，也有从米所波大米来的犹太人，到耶路撒冷来守节，听到了彼得的讲道。其中可能有人相信了基督，又把基督的道理带回到米所波大米去。（徒 2:5—9，2:37—41）

米推利尼　（Mitylene）

1.地名原意："缩减"。

2.其他名称：现今译名为"**米提利尼**"。

3.所在位置：附录三第 100 图第二行第 3 格。

4.地理情况：米推利尼是现今希腊爱琴海东部累斯博斯（Lesbos）岛上的一个城市。不仅有两个海港，且有炮垒防护。公元前 428 年，该岛以米推尼人为首叛离雅典。雅典人攻克了米推利尼，虐待当地居民，但未毁其城。不久又先后被波斯和马其顿人侵占。新约时代隶属于罗马，并被罗马特许成为一个自由城市。现今此城及所在的岛屿均属希腊领土。

5.圣经记载：

保罗第三次外出布道在返回的途中，曾在亚朔与他的同工会集。又从亚朔上船来到米推利尼。并且从米推利尼航行到米利都。（徒 20:14—15）

密抹　　(Michmash)

1.地名原意:"隐藏"、"留下贫穷"。

2.其他名称:即现今的"**墨麦斯(Mukhmas)**"。

3.所在位置:附录三第26图第四行第1格。

4.地理情况:密抹是便雅悯境内的一个小镇。位于伯利特利的东南,在耶路撒冷北方约24里。当地海拔600米,处于由伯利恒去往耶利哥、吉甲等地的要道上。现在的墨麦斯(即古时的密抹),已是一个坍塌了的村庄。该村在苏威尼旱谷(Wadi Suweinit)堤埂的北面。

5.圣经记载:

1)扫罗登基作以色列的王第二年的时候,"就从以色列中拣选了3000人。2000跟随扫罗在密抹和伯特利山;一千跟随约拿单在便雅悯的基比亚。"要攻击非利士人的防营。"非利士人聚集要与以色列人争战,有车三万辆,马兵六千,步兵像海边的沙那样多,就上来在伯亚文东边的密抹安营。""非利士人的一队防兵到了密抹的隘口。"(撒上13:1—5,23)有一日扫罗的儿子约拿单和拿兵器的少年人,没有告诉别人就从隘口过到非利士防营那边。这隘口两边,一峰向北与密抹相对,一峰向南与迦巴相对。约拿单相信耶和华必施展能力,将他们交在他手里。二人同心进入非利士防营,杀倒非利士兵20人。于是营中防兵战兢,非利士人用刀互相击杀,那日耶和华使以色列人得胜。"以色列人击杀非利士人,从密抹直到亚雅仑。"(撒上14:1—31,请参看附录三第27图及说明)

2)先知以赛亚论到亚述王进入犹大境内的情形说,亚述王经过米矶仑,在密抹安放辎重。(赛10:28)

摩弗　　　(**Memphis,Moph**)

1.地名原意:"善者的居所"、"成为公正"。

2.其他名称:

1)即挪弗(Noph)。

2)近译作**孟斐斯**。

3.所在位置:附录三第2图第四行第1格。

4.地理情况:摩弗位于尼罗河下游东岸。公元前2686—2160年间,摩弗曾是古埃及王国的都城。当地附近有著名于世的狮身人面像和许多金字塔。巴比伦王攻陷耶路撒冷后,一部分犹大人曾逃奔于摩弗。罗马时代的摩弗城,长约24里,宽约12里,房屋壮丽,庙宇高大。自从亚历山大城建成之后,摩弗乃渐衰落。本世纪初时,该地虽然城墙倾圮但还有些残迹,而现今城屋庙宇都已荡然无存,只有一片废墟供学者挖掘考古,供游人抚今忆昔。其遗址在米特鲁哈伊纳村附近。

5.圣经记载:

1)先知何西阿宣告耶和华对以色列民的审判,以色列民虽将埃及的摩弗作为投靠之地,但终为葬身之地。"看哪,他们逃避灾难,埃及人必收殓他们的尸首,摩弗人必葬埋他们的骸骨。"(何9:6)

2)先知以赛亚、耶利米、以西结,都曾论说到埃及的挪弗(即摩弗)。(赛19:13;耶2:16,44:1;结30:13,16)

摩利岗　　　(**Hill of Moreh**)

1.地名原意:"教师岗"。

2.其他名称:

1)**小黑门山**。

2)**吉拜尔·达希**(**Jebel Dahi**)。

3.所在位置:附录三第20图第二行第2格。

4.地理情况:摩利岗是耶斯列山谷北端的一个小山。圣经中只有一次提到此地,就是基甸以精选的300人战胜了10余万米甸人,成为一次影响甚大的战事。

5.圣经记载:

士师时代,以色列人因行耶和华眼中看为恶的事,耶和华把他们交在米甸人手里7年,以色列人因米甸人的缘故,就呼求耶和华,耶和华差遣约阿施的儿子基甸,去拯救以色列人。基甸求了一个证据,耶和华就应允他。"耶和华的灵降在基甸身上"。"基甸和跟随他的人早晨起来,在哈律泉旁安营。米甸营在他们北边的平原,靠近摩利岗。"耶和华使基甸率领300人杀败了13.5万米甸人,并且追杀了他们的两个王。(士6:12—17,34,7:19—25,8:10—12。请参看附录三第20图说明②—④,及第21图说明⑧—⑪)

摩利橡树　　　(Oak of Moreh)

1.地名原意:"教诲(之处的)橡树"。

2.所在位置:附录第2图第三行第2格中的示剑所在地。

3.地理情况:摩利橡树乃是示剑附近的橡树或橡树林。古时常以大树作为圣事工作所在地的标志。例如,女士师底波拉,便常在伯特利附近的棕树下面审断以色列人的事端;(士4:5)亚伯拉罕在希伯仑幔利的橡树那里,和示剑的摩利橡树那里,都曾筑过坛求告耶和华。(创12:6—7;13:18)

4.圣经记载:

1)耶和华要亚伯兰(即亚伯拉罕)离开他的本地、本族,往所指示他的地方去。亚伯兰就照着耶和华的吩咐,将妻子撒莱和侄儿罗得连他们的财物、人口,都带往迦南地去。“亚伯兰经过那地，到了示剑地方，摩利橡树那里。”“耶和华向亚伯兰显现说：‘我要把这地赐给你的后裔。’亚伯兰就在那里为向他显现的耶和华筑了一座坛。这是亚伯拉罕第一次为耶和华筑坛。（创 12:1—7，请参看附录三第 2 图中的说明③）

2）摩西在约旦河东把祝福与咒诅的话，陈明在以色列百姓面前。并嘱咐他们进入迦南地后，要把这些话陈明在基利心山和以巴路山上，这二山在约旦河西，“在住亚拉巴的迦南人之地，与吉甲相对，靠近摩利橡树。”又吩咐百姓要在那地谨守遵行所陈明的一切律例典章。（申 11:26—32）

3）约书亚在临终前，将以色列的众支派聚集在示剑。劝告以色列民要除掉外邦神，专心归向耶和华以色列的神。“当日约书亚就与百姓立约，在示剑为他们立定律例典章，”都写在神的律法书上。“又将一块大石头立在橡树下耶和华的圣所旁边。”作立约的见证。（书24:1，23—27）

摩利亚　　（Moriah）

1. 地名原意：“被拣选的”、“出现”、“耶和华看到”。
2. 其他名称：
   1）**阿珥楠禾场**（代下 3:1）
   2）**圣殿山**
3. 所在位置：附录三第 4 图第二行第 3 格。
4. 地理情况：根据圣经记述，摩利亚山在古时的撒冷（即耶路撒冷）。乃是亚伯拉罕献以撒的地方。到了大卫作王的时代，该地成为耶布斯人阿珥楠（即亚劳拿）的禾场。大卫曾用足价买了阿珥楠禾场，在那里筑坛献祭。后来所罗门即在该处建造了圣殿，因而被称为圣殿山。

5.圣经记载:

1)神要试验亚伯拉罕,就对他说:“你带着你的儿子,就是你独生的儿子,你所爱的以撒,往摩利亚地去,在我所要指示你的山上,把他献为燔祭。”亚伯拉罕遵照神的吩咐,带着以撒到了神所指示的地方,就在那里筑坛,把以撒放在坛的柴上。“亚伯拉罕就伸手拿刀,要杀他的儿子。耶和华的使者从天上呼叫他。”阻止他下手,并说:“现在我知道你是敬畏神的了。”耶和华为他预备了一只公羊,代替他儿子献为燔祭。“亚伯拉罕给那地方起名叫耶和华以勒,意思就是耶和华必预备。”(创22:1—14,请参看附录三第4图说明④)

2)大卫被激动数点以色列人。“神不喜悦这数点百姓的事,便降灾给以色列人。”大卫向神认罪,承认自己的愚昧。(代上21:1—8)耶和华降瘟疫使以色列人死了七万人。“天使向耶路撒冷伸手要灭城的时候,耶和华后悔,就不降这灾了,吩咐灭民的天使说:‘够了,住手吧。’那时耶和华的使者在耶布斯人亚劳拿的禾场那里。”大卫看见灭民的天使,就祷告耶和华,认罪。(撒下24:15—17)耶布斯人亚劳拿即是阿珥楠;(参看代上21:15)阿珥楠的禾场即是摩利亚山。(代下3:1,请参看附录三第67图阿珥楠禾场所在地)

3)后来,大卫照着先知迦得奉耶和华之名所说的话上去,用足价向亚劳拿买了阿珥楠禾场与牛。“大卫在那里为耶和华筑了一座坛,献燔祭和平安祭。如此耶和华垂听国民所求的,瘟疫在以色列人中就止住了。”“大卫说:‘这就是耶和华神的殿,为以色列人献燔祭的坛。’”(代上21:27—31)

4)大卫的儿子所罗门王，“在耶路撒冷，耶和华向他父大卫显现的摩利亚山上，就是耶布斯人阿珥楠的禾场上，大卫所指定的地方，预备好了，开工建造耶和华的殿。”（代下3:1）“所罗门建造耶和华的殿和王宫，20年才完毕了。”（代下8:1，请参看附录三第68图圣殿所在地）

摩押　　（Moab）

1.地名原意：“父亲的后代”、“由父（而生）”。

2.所在位置：附录三第10图第三至四行第3格中的摩押平原及摩押两地。

3.地理情况：

1)摩押人居住之地，其北部被称为摩押平原，南部则称为摩押或摩押高原。摩押全地位于盐海（即死海）的东方。

2)摩押平原曾一度被亚摩利人侵占。以色列人击杀亚摩利王西宏后，该处乃是以色列人进入迦南前的宿营之地。（民22:1）以色列人所到过的尼波山、希实本、亚伯什亭等地，都在这一地带。

3)摩押高原多有山岭，许多山峰海拔约在1300米左右，超过了盐海西方犹大山地的高度，许多城市都是在险峻的山坡上建造的。

4)摩押曾有一段时间建立了王国，其国都乃是吉珥哈列设，现今的摩押地区已属于约旦国的领土。

4.圣经记载：

1)罗得的大女儿生了一个儿子，给他起名叫摩押，就是摩押人的始祖。（创19:37，请参看附录三第9图及说明）

2)以色列人在西珥山绕行的日子够了，就照耶和华的吩咐，从亚拉巴路北上转向摩押旷野去。（申2:1—9）因摩押王不允许他们经过，就“绕着以东和摩押地，从摩押地的东边过来，在亚嫩河边安营，并没入摩押的境内，因为亚嫩河是摩押的边界。”(士 11:16—18)耶和华吩咐以色列百姓要从靠近摩押境界的亚珥经过，不可与摩押及亚扪人争战，因耶和华已将那地赐给罗得的子孙为业。(申 2:16—19;民 21:11—15,参看附录三第12图⑩—⑪的示意)

3)以色列人击杀了约旦河东的亚摩利二王，得了他们的全地，就在摩押平原约旦河东对着耶利哥安营。摩押王巴勒因惧怕以色列民众多，便两次差摩押和米甸长老拿着卦金往大河边的毗夺，到比珥的儿子巴兰本乡召巴兰来，为他咒诅以色列民。巴勒往摩押京城去迎接巴兰，并为巴兰筑坛献祭。然而耶和华不肯听从巴兰，却使那咒诅的言语变为祝福的话，(民 22—23 章)巴兰又为摩押王巴勒设计谋，叫摩押女子引诱以色列民犯淫乱，拜摩押的假神，以致惹耶和华发怒，使以色列人遭瘟疫，死了 2.4 万人。(民 25:1—9)

4)瘟疫之后耶和华晓谕摩西，要将以色列全会众按他们的宗族，从 20 岁以外能出去打仗的计算总数。摩西和祭司以利亚撒，就在摩押平原照耶和华的吩咐数点了兵丁的总数，共有 601730 名。(民 26:1—4,51)

5)耶和华吩咐摩西要在米甸人身上报以色列人的仇。摩西就打发祭司以利亚撒的儿子非尼哈与各支派所出的兵丁同去。以色列人照耶和华的吩咐与米甸人打仗，杀了所有的男丁，和米甸人的五王，并用刀杀了比珥的儿子巴兰。将所掳的人、牲畜、财物都带到摩押平原以色列人的营盘，交给摩西和祭司以利亚撒并以色列全会众。(民 31:1—12)

6)耶和华在摩押平原、耶利哥对面晓谕摩西:

①要吩咐以色列人,在过约旦河进迦南地的时候,就要从他们面前赶出那里所有的居民,毁灭他们的偶像和邱坛,并要按家室、按人口拈阄分地为业。若不赶出那地的居民,就必在他们所住之地被扰害。(民 33:50—55)

②晓谕以色列人,归他们为业的迦南地的四境边界范围,(民 34:1—15)以及他们进迦南后分地为业之人的名字。(民 34:16—29)

③吩咐以色列人,要从所得为业的地中,把一些城给利未人居住,并从其中设立六座逃城。要给利未人的城共有 48 座。(民 35 章,请参看附录三第 16 图)

以上都"是耶和华在摩押平原,约旦河边、耶利哥对面,藉着摩西所咐以色列人的命令、典章。"(民 36:13)

7)"摩西从摩押平原登尼波山,上了那与耶利哥相对的毗斯迦山顶。"耶和华把要赐给以色列人的地指给他看。并对他说:"这就是我向亚伯拉罕、以撒、雅各起誓应许之地,说:我必将这地赐给你的后裔。现在我使你眼睛看见了,你却不得过到那里去。"于是耶和华的仆人摩西死在摩押地。"耶和华将他埋葬在摩押地,伯毗珥对面的谷中,只是到今日没有人知道他的坟墓。""以色列人在摩押平原为摩西哀哭了三十日。"(申 34:1—8)

8)当士师俄陀聂死了以后,"以色列人又行耶和华眼中看为恶的事,耶和华就使摩押王伊矶伦强盛,攻击以色列人。""于是以色列人服事摩押王伊矶伦十八年。""以色列人呼求耶和华的时候,耶和华就为他们兴起一位拯救者",就是以笏。他杀了摩押王伊矶伦之后,就领以色列人杀败摩押人。"这样摩押就被以色列人制伏

了。”(士 3:12—30,请参看附录三第 18 图)

9)大卫王攻打摩押人,摩押人就归服大卫给他进贡。大卫王将从摩押和各国所得来的金银都分别为圣,献给耶和华。(撒下 8:2,11—12)大卫作诗歌颂耶和华说:“摩押是我的沐浴盆。”(诗 60:8,108:9)

10)“所罗门为摩押可憎的神基抹和亚扪人可憎的神摩洛,在耶路撒冷对面的山上建筑邱坛。”耶和华向所罗门发怒,将国从所罗门的儿子手里夺回,十个支派分给他的臣子,后来成为北方的以色列国,仍给所罗门的儿子留一个支派,后来成为南方的犹大国。(王上 11:6—13,请参看附录三第 41 图所罗门死后国土分裂的示意情况)

11)摩押王米沙牧养许多羊,每年给以色列王进贡,“亚哈死后,摩押王背叛以色列王。”因此以色列王约兰差人去见犹大王约沙法,要去攻打摩押。又与以东王一起同去。行军路程中,三个王因军队和所带的牲畜没有水喝,不禁哀叹。幸有先知以利沙,靠耶和华的灵解救了他们,并将摩押人交在他们手中。当摩押人被以色列人打败逃跑后,“以色列人往前追杀摩押人,直杀入摩押境内,拆毁摩押的城邑。”(王下 3:4—25)

12)先知阿摩司论到摩押受罚时说:“耶和华如此说:‘摩押三番四次的犯罪,我必不免去他的刑罚。……我必剪除摩押中的审判者,将其中的一切首领和他一同杀戮。”(摩 2:1—3)

13)先知以赛亚论摩押的默示说:“一夜之间,摩押的亚珥变为荒废,归于无有,一夜之间,摩押的基珥变为荒废,归于无有,……摩押人必为摩押哀号,人人都要哀号。

……我心腹为摩押哀鸣如琴。……耶和华说：'三年之内，照雇工的年数，摩押的荣耀，与他的群众，必被藐视，余剩的人甚少无几。'"(赛 15:1;16:7,11,14)

14)先知耶利米预言摩押必受惩罚："摩押的灾殃临近，他的苦难速速来到，凡在他四围的和认识他名的，你们都要为他悲伤。说：'那结实的杖和那美好的棍，何竟折断了呢'。""在摩押的各房顶上和街市上，处处有人哀哭，因我打碎摩押，好像打碎无人喜悦的器皿，这是耶和华说的。"(耶 48:16—17,38)

抹大拉　　　(Magdalene)

1.地名原意："塔"、"伟大"。

2.其他名称：另名"**米大尔(Migdal)**"。又名"**马加丹(Magadan)**"。

3.所在位置：附录第 80 图第三行第 4 格。

4.地理情况：抹大拉是加利利海西岸上的一个村镇。古名米大尔。多数学者认为即是马加丹的另一名称。此村在提比哩亚以南约 9 里。

5.圣经记载：

抹大拉有位女信徒名叫马利亚。因为福音书中记有同名叫马利亚的妇女数人，所以常称呼"抹大拉的马利亚"，以便与其他同名的妇女有所区别。耶稣曾医治过抹大拉的马利亚，从她的身上赶出七个鬼去。她常和其他的女信徒，用自己的财物供给耶稣和他的门徒。(路 8:1—3)抹大拉的马利亚还曾和其他女信徒，从加利利跟随耶稣到耶路撒冷来服事他。(太 27:55—56)当耶稣被钉十字架的时候，她们一路痛哭跟随耶稣到了各各他，(路 23:27)又在十字架附近，远远地站着，直到耶稣在十字架上断气的时候。(路 23:44—49)她们亲眼看到安葬耶稣的情况。(路 23:55—56)耶稣复活后,曾先向抹大拉的马利亚显现。(可 16:9)保罗后来讲道论及耶稣复活的时候说:“那从加利利同他上耶路撒冷的人,多日看见他。这些人如今在民间是他的见证。”(徒 13:30—31)

N

拿弗他利　　(Naphtali)

1.地名原意:“角斗”。

2.所在位置:附录三第 80 图第二至三行第 3—4 格中的加利利,并请对照第 15 图第一至二行第 2—3 格拿弗他利的相应位置。

3.地理情况:古时以色列人拿弗他利支派居住的地方即叫作拿弗他利。约相当于加利利省的三分之二。

4.圣经记载:

耶稣听见约翰下了监,就退到加利利去。离开拿撒勒以后,到了迦百农,就住在那里。那地方靠海,在西布伦和拿弗他利的边界上。这是要应验先知以赛亚的话说:“西布伦地,拿弗他利地,就是沿海的路,约旦河外,外邦人的加利利地。那坐在黑暗里的百姓,看见了大光,坐在死荫之地的人,有光发现照着他们。”(太 4:12—16)

拿艮　　(Nacon)

1.地名原意:“枪”、“齐备”、“设立”。

2.其他名称:**基顿**(代上 13:9)

3.所在位置:附录三第 25 图第三行第 4 格。

4.地理情况:拿艮是一片收打粮食的场地,位于由基列耶琳通向耶路撒冷的大道上。可能在靠近耶路撒冷的地带。

5.圣经记载：

大卫在耶路撒冷初登王位的时候，耶和华的约柜还在基列耶琳，大卫与众人商议，决定要从基列耶琳，把约柜运到耶路撒冷来，因为在扫罗年间，人们没有在约柜前求问过神。（代上 13:1—5）按照耶和华的法度，神的约柜应当由利未族的哥辖子孙们用肩来抬运，而且不可用手抚摸干犯圣物，不然即会死亡。（民 4:1—15）但是在运送约柜这样一件大事上，他们竟无视神的命令和警戒，却把约柜放到牛车上，由乌撒等二人赶着车运送约柜。到了拿艮的禾场，因为牛失前蹄，乌撒就伸手去扶约柜。由于这样一再轻忽，以致触犯了耶和华的法度，乌撒乃被击杀，死在约柜的旁边。（撒下 6:2—7）

拿撒勒　　（Nazareth）

1.地名原意："丛林"、"隔开"、"分枝"。

2.所在位置：附录三第 80 图第三行第 3 格。

3.地理情况：

1)此地古时为加利利的一个城镇，位于提比哩亚西南偏西约 45 里，迦百农西南约 60 里。村中多有无花果树、橄榄及香柏树，风景绝佳。耶稣从幼年间起，直到 30 岁前，一直居住在这里。

2)根据历史资料① 记述，耶稣降生前，拿撒勒即在罗马帝国的统治之下。其后数百年仍属罗马管辖。第 7 世纪时，阿拉伯国家逐渐强盛，相继攻陷了叙利亚、耶路

① 本段资料见于《简明不列颠百科全书》第 6 卷第 135 页"拿撒勒"条，及该书第 2 卷第 828 页"法赫鲁丁"条。

撒冷、埃及等地。罗马帝国发动了多次十字军东征，进攻阿拉伯国家。双方连年作战，拿撒勒时常处于两者争夺的中心地带。1263 年拿撒勒毁于阿拉伯人。约 400 年后又被重新修建。16 世纪初，土耳其人入据巴勒斯坦。拿撒勒的基督徒全被驱逐出境。大约 100 年后，法赫鲁丁二世（Fakhr ad-Din Ⅱ，约在 1572—1635）在黎巴嫩当政。那时基督徒才获准返回拿撒勒。现今该市是以色列北部地区的首府，是其境内最大的全阿拉伯人城市，是加利利地区阿拉伯人的地方市场和贸易中心。1957 年在该城东面的丘陵地带新建了市郊犹太区。现今拿撒勒的居民在信仰上以基督徒为主。市内也有许多历史悠久的礼拜堂等建筑物，成为名胜古迹。1982 年时，人口约为 44900 人。

4.圣经记载：

1）拿撒勒是加利利的一个城镇。（太 2:23）耶稣的母亲马利亚和她的丈夫约瑟都在拿撒勒居住。（路 2:39）耶稣也是在拿撒勒成长起来的，（路 4:16）并且居住了将近 30 年。（路 3:23；可 1:9）所以当时人称耶稣为“拿撒勒人耶稣”。（太 21:11；可 1:24）

2）拿撒勒的居民起初还尊重耶稣。（路 2:52，4:22）后来耶稣在此传道，两次被当地居民拒绝。（路 4:28—30，可 6:1—6）正如耶稣所讲的：“没有先知在自己家乡被人悦纳的。”。（路 4:24）由于拿撒勒人当时不肯听从耶稣，因此耶稣就没在那里多行异能。（太 13:58）

3）耶稣的门徒拿但业，在未被耶稣召为门徒之前，曾说：“拿撒勒还能出什么好的吗？”（约 1:46）可见拿撒勒在古时是被犹太人所鄙视的地方。马太记述说：耶稣自

幼即居住在此地，“这是要应验先知所说，他将称为拿撒勒人的话了。”(太 2:23)

拿因　　(**Nain**)

1. 地名原意：“愉快”、“美丽”、“磨难”。
2. 地理位置：附录三第 80 图第四行第 4 格。
3. 地理情况：耶稣在世时，此地本是一个城镇。现在的拿因已成为小黑门山西坡上的一个村落。它位于撒勒以东 15 里处，风景幽雅。
4. 圣经记载：

耶稣往拿因城去的时候，“他的门徒和极多的人与他同行。将近城门，有一个死人被抬出来。这人是他母亲独生的儿子，他母亲又是寡妇。有城里的许多人同着寡妇送殡。主看见那寡妇就怜悯她，对她说：‘不要哭。’于是进前按着杠，抬的人就站住了。耶稣说：‘少年人，我吩咐你起来！’那死人就坐起，并且说话。耶稣便把他交给他母亲。众人都惊奇，归荣耀与神说：‘有大先知在我们中间兴起来了。’”(路 7:11—16)全部圣经只有这一次提到拿因，记述了耶稣在此地行的神迹。但这事的风声却传遍了犹太。(路 7:17)

南地　　(**Negeb, Negebh**)(**the South**)

1. 地名原意：“干旱”、“旱燥的土地”。
2. 其他名称：
   1)古本圣经译作“**南境**”或“**南方**”。
   2)音译常作“**尼革**”。
   3)近代音译为“**内盖夫**”、“**内格比**”、“**纳吉**”。
3. 所在位置：附录三第 10 图第四行第 1 格(尼革及尼革以南地带)。

4.地理情况:

1)和合本圣经中所译的南地,其所指的范围大小略有不同之处。

①一般说来,南地乃是特指犹大支派境内的南部地区。其地在加低斯以北。(请参看附录三第15图第四行第1格。)

②有时,南地除指迦南的南部(亦即犹大的南部)以外,也指迦南以外的"南方"地区。(英译作 the South)即包括了从亚拉伯到西乃的地带。

③但犹大支派及其以后的犹大国,在屡次与外族的争战中,其疆域范围时有伸缩。当大卫和所罗门作王时,其国土已扩展到迦南南方之地,直到亚喀巴湾,该地区先成为以色列的附庸,(参见附录三第36图)继之则划入以色列的国土。(参见附录三第39图)因此"南境"与"南方"的界限即逐渐难于区分。

2)南地(包括迦南的南方),雨水稀少,土地干燥,溪流常常成为干谷①,圣经中有时把南地译作旷野。加以该地山脉连绵不断,峰岭层层相接,交通十分困难。

3)但是,有些学者论述,当年以色列人出了埃及,过了红海以后,其威名远震,当时已使迦南人惊慌丧胆。圣经中曾记述迦南地的喇合对两个探子说:"我们听见你们出埃及的时候,耶和华怎样在你们前面使红海的水干了……我们一听见这些事,心就害怕起来,一想到你们,就没有人再有勇气了……"(书2:10—11,部分语句

---

① 干谷:英语作 Wadi 或 Wady,特指中近东和北非地区仅在雨季有水的"干涸河道",或译作"旱谷"。

为新译文。)当年以色列人初到加低斯的时候,已经到了迦南的南境。那时,若趁着过红海的余威,立刻由南地进攻迦南,当会像迦勒所说的,是“足能得胜”的。(民 13:30)但是以色列人却失去了这样一个大好的时机,乃致绕行旷野 40 年之后,才由约旦河东进入迦南,又攻到南地的加低斯一带。(书 10:41,请参看附录三第 14 图⑫及其说明)

5.圣经记载:

1)亚伯拉罕曾多次经过南地。(创 12:9,13:1,3,20:1)

2)以撒和雅各也曾居住在南地。(创 24:62,37:1)

3)摩西率领以色列人出埃及后,所差派的 12 个探子,也是从南地上山地去,进而窥探迦南全地的。(民 13:17,22)

4)有一些亚玛力人也住在南地。(民 13:29)

5)西缅的一些地业,也在南地。(书 19:8)

6)以色列的诗人,曾有诗歌描述被掳的犹大人等又归回耶路撒冷的锡安山。诗人说:

当耶和华将那被掳的带回锡安的时候,
我们好像作梦的人。
…………
耶和华啊!
求你使我们被掳的人归回,
好像南地的河水复流。
流泪撒种的,
必欢呼收割!
那带种流泪出去的,
必要欢欢乐乐地带禾捆回来!

(诗 126:1—6)

尼波(山)　　(**Nebo, Mount**)

1. 地名原意:"传令者"、"先知"。

2. 其他名称:通常认为即现今的"**吉拜·恩·尼巴(Jebel en Neba)**"。

3. 所在位置:附录三第12图第一行第3格。

4. 地理情况:尼波山在约旦河东,位于盐海(即死海)北端以东约30里。乃是摩押北部的一座山岭。其最高峰即是毗斯迦山。海拔约800余米,站在山顶,即可远眺迦南境地。公元第4世纪时,在此山顶建有宏伟的礼拜堂。至今仍有这一古迹。

5. 圣经记载:

摩西晚年的时候,耶和华吩咐摩西上到尼波山去,观看神要赐给以色列人为业的迦南地。但耶和华却对摩西说:"你必死在你所登的山上。……因为你们在寻的旷野,加低斯的米利巴水,在以色列人中没有尊我为圣,得罪了我。我所赐给以色列人的地,你可以远远地观看,却不得进去。"摩西在神面前谦卑服罪,毫无怨言。便在未死之先,为以色列人祝福。后来摩西从摩押平原,登尼波山,上了那与耶利哥相对的毗斯迦山顶,观看了神应许给以色列人的地业,便安然死去。(申32:48—34:5)

尼哥波立　　(**Nicopolis**)

1. 地名原意:希腊文含意是"得胜的城"。

2. 其他名称:今译作"**尼科波立斯**"。

3. 所在位置:附录三第102图第一行第3格。

4. 地理情况:多数学者认为圣经中提到的尼哥波立,乃是罗马皇帝亚古士督为了纪念他的军事胜利而建造的。此城位于马其顿的西南端,建于公元前30年。现今尚有该城的遗迹。

5.圣经记载:

保罗曾写信给提多说:“我打发亚提马或是推基古到你那里去的时候,你要赶紧往尼哥波立去见我。因为我已定意在那里过冬。你要赶紧给律师西纳和亚波罗送行,叫他们没有缺乏。”(多 3:12—13)短短数语,说明了保罗当时在欧洲的福音工作已有开展,福音已从马其顿东北部的腓立比传到了马其顿西部的尼哥波立。据考证,保罗初次把福音由亚洲传到欧洲时,约在公元 1 世纪 50 年代初期。(参看徒 16:9—12)而保罗写提多书时约在公元 1 世纪 60 年代中期。仅隔十余年,福音即在马其顿突破重重困难而传开了。(参看徒 16:12—18:18)

尼尼微　　(Nineveh)

1.地名原意:“安逸的后代”、“女神的居所”。

2.其他名称:

1)古名“**宁努瓦(Ninua 或 Ninuwa)**”。

2)又名“**宁纳(Nina)**”。

3.所在位置:附录三第 66 图第一行第 3 格。

4.地理情况:

1)尼尼微城最初是古代巴比伦人建造的。(创 10:10—11)

2)它位于希底结河(即底格里斯河)东岸,在希底结河及其支流撒伯河之间,当地应和现今伊拉克的摩苏尔市隔河相望。

3)尼尼微人祭拜女性假神以斯他(Ishtar)作为他们的“护城之神”。有人认为,该城以“女神的居所”命名为尼尼微,或许由此而来。

4)公元前约 1300 年,尼尼微城成为亚述帝国的首都。约在公元前 700 年左右,其城市建筑已极其宏伟。城墙宽达45米，周长约24里，占地约700公顷。城墙开有15座巨大的城门，城外有护城河，城内有号称“举世无双”的宫殿，占地34200平方米，曾经极盛一时。但历代亚述王常与邻国争战，前后断续达数百年之久。战胜之后，便大肆屠杀、酷待俘虏。他们常把俘来的人断手、截足、剜目、斩首，所以被称为“流人血的城”。（鸿3:1）公元前612年之后，巴比伦、波斯等国围攻尼尼微两年有余，久攻不下。但第三年时，突然大雨不止，山洪暴发，河水涨过两岸，冲毁了尼尼微的一段城墙。攻城的士兵即从城墙的缺口攻进尼尼微。亚述王恐怕自己被俘受辱，便聚集妃嫔，在宫中放火自焚。许多宫女同时被烧死，全城遂即被毁，几成废墟。1820年考古学家开始发掘此地，逐渐发现其古代的规模。20世纪70年代后，考古修复工作仍在伊拉克境内进行中。①

5.圣经记载：

1)由于尼尼微人祭拜假神等等罪恶，耶和华说：“他们的恶达到我面前。”但耶和华给了尼尼微人一次悔改的机会。约在公元前775年写出的约拿书中，记述了耶和华差遣约拿前往尼尼微传道的过程。起初先知约拿因为尼尼微人罪恶甚重，不肯前往尼尼微，反而坐船往相反的方向而去。然而耶和华使海中起了大风，同船的人得知风浪乃是由于约拿违背耶和华的命令而起的，便把约拿投入海中。耶和华安排了一条大鱼吞了约拿。他在鱼腹中三日三夜。约拿祷告耶和华，耶和华

① 本段资料见于《圣经百科全书》“尼尼微”条，《简明不列颠百科全书》第6卷，第243页。

吩咐鱼，鱼就把约拿吐在旱地上。耶和华再次指示约拿到尼尼微去传道。他顺从了耶和华，便到尼尼微去宣讲神的话。尼尼微人信服神，痛切悔罪。于是神见他们离开恶道，就未降灾与他们。（约拿书全卷）

2）公元前721年亚述王灭了以色列国，把以色列人掳到了尼尼微等地。（王下17:5—23）犹大国也被迫向亚述进贡，交纳大量的金银。（王下18:13—16）对于尼尼微人的罪恶，约在公元前620年时，先知那鸿预言说："耶和华不轻易发怒，……他必以涨溢的洪水淹没尼尼微。"（鸿1:3,8）

3）那鸿同时还预言说，尼尼微人将"像枯干的碎秸，全然烧灭"。（鸿1:10）并说："尼尼微啊！那打碎邦国的上来攻击你……尼尼微王招聚他的贵胄。他们步行绊跌，速上城墙，预备档牌。河闸开放，宫殿冲没。王后蒙羞，被人掳去。宫女捶胸，哀鸣如鸽。"（鸿2:6）还说："你的门闩被火焚烧。"（鸿3:13）又说："火必烧灭你，刀必杀戮你。"（鸿3:15）

4）耶稣曾引述约拿的神迹而责备犹太人不肯悔改信靠基督。耶稣说："当审判的时候，尼尼微人要起来定这世代的罪。因为尼尼微人听了约拿所传的就悔改了。看哪！在这里有一人比约拿更大。"含义是说，约拿向尼尼微人传道后，当时那一代的尼尼微人尚且还肯悔改；但耶稣比约拿更大，而当代的犹太人却仍不肯听从他，岂不更要被定罪吗？（请参看太12:41）

尼亚波利　　　（Neapolis）

1.地名原意："新城"。

2.所在位置：附录三第99图第一行第2格。

3.地理情况:尼亚波利是马其顿东北部的一个海口,在腓立比东南方约30里。新约时代尼亚波利及全马其顿都隶属罗马帝国统辖。

4.圣经记载:

使徒保罗外出传道时,可能有三次路过尼亚波利。

1)第一次是保罗和他的同工离开亚洲的特罗亚,最初在欧洲登陆时到过尼亚波利。(徒16:11)

2)第二次是保罗再去马其顿时,按当时的交通情况,应当会再次经过此地。(徒20:1—2,请按照附录三第99图所示的尼亚波利位置,参看附录三第100图第一行第2格所表明的保罗行程)

3)第三次是保罗从腓立比乘船返回亚洲的特罗亚时,可能会又经过此地。(徒20:6,请参看第100图)

挪伯 **(Nob)**

1.地名原意:"高地"、"果实"。

2.其他名称:即现今的"**阿吐尔(at-Tur)**"。

3.所在位置:附录三第31图第一行第3格。

4.地理情况:挪伯在耶路撒冷东北的橄榄山上,乃是祭司居住的城邑。(撒上22:19)挪伯与耶路撒冷相去不远。先知以赛亚曾说,亚述王要在挪伯歇兵,抡手即可攻击耶路撒冷,足见两地相距很近。(赛10:32)

5.圣经记载:

1)当年扫罗定意要杀害大卫,大卫曾逃到挪伯祭司亚希米勒那里。大卫因为饥饿,便吃了从耶和华面前撤下来的陈设饼。(撒上21:1—6)

2)大卫又向亚希米勒求问武器。但是亚希米勒说,挪伯的圣所那里只有歌利亚的战刀,除此以外再没有别的武器。(撒上 21:8—9)原来,大卫早先曾用歌利亚的刀杀死了歌利亚,而这把战刀作为战利品,即放在挪伯的圣所中,用以显示乃是耶和华帮助大卫战胜了歌利亚,而把它献在耶和华面前的。如今大卫既向亚希米勒求问武器,亚希米勒便把这一战刀交还给大卫使用。(撒上 22:8—9,参看撒上 17:50—51,请参看附录三第 31 图④及其说明)

3)后来扫罗得知亚希米勒把战刀给了大卫,便杀了亚希米勒的全家和挪伯城的祭司 85 人;并且还屠杀了挪伯城所有的男女居民,甚至连孩童和吃奶的也尽都杀灭。只有亚希米勒的儿子亚比亚他逃脱,投奔到大卫那里。(撒上 22:9—20)

P

帕大喇　　　(Patara)

1.地名原意:"散布灾殃"。

2.所在位置:附录三第 100 图第三行第 4 格。

3.地理情况:帕大喇是古时吕家(Lycia,今译作吕基亚)的一个滨海城市。是通往内地各城镇的主要口岸。

4.圣经记载:

保罗第三次外出布道返回时的途中,曾经经过帕大喇,又乘船往腓尼基去。(徒 21:1—2)

帕弗　　　(Paphos)

1.地名原意:"热"、"受苦"。

2.其他名称:现今译作"**帕弗斯**"。

3.所在位置:附录三第 98 图第三行第 2 格。

4.地理情况：帕弗位于居比路(即今塞浦路斯)的西南端。当地有新、旧两个帕弗镇。圣经中提到的帕弗乃是新帕弗镇。它地处海滨，位于旧帕弗镇的西北约20余里。

5.圣经记载：

1)保罗和巴拿巴带着马可第一次外出传道时，在帕弗遇见了罗马驻在该地的最高行政官士求保罗。士求保罗是个通达人，他请了巴拿巴和保罗来，要听神的道。但是士求保罗的门客以吕马反对巴拿巴和保罗。他劝士求保罗不要信奉真道。保罗斥责以吕马，以吕马竟致暂时眼目失明。士求保罗十分惊奇，便信了基督。其后，保罗等人便从帕弗又到了别加。(徒13:4—13)

2)巴拿巴和马可再次出来传道时，又到了居比路岛。很可能再次到帕弗来看望当地的信徒。(徒15:39，参看徒15:36)

帕提亚　　(Parthia)

1.地名原意："誓约"。

2.所在位置[①]：请参看附录三第1图第一行第3—4格中玛

---

① 帕提亚的位置各种资料有不同的见解：

〈1〉和合译本圣经底页所附的"罗马国地图"中，帕提亚显示在玛代的西北。

〈2〉《圣经百科全书》(第914页)的"玛代"条中认为，帕提亚在玛代以东。

〈3〉*The Lion Handbook to the Bible* 的插图中显示，帕提亚在玛代的东北。(中文译本第551页)

〈4〉《圣经人地名意义汇编》第282页认为，帕提亚乃是"自印度到底格里斯河之地"。

〈5〉本书资料乃是根据以上各家所见综合整理的。

代的位置。

4.地理情况:帕提亚是古时种族名称。帕提亚人也称为西古提人。帕提亚人居住之地也被称为帕提亚。位于里海以南。在玛代以北。其东西疆界,由于历史的变革、战事的胜负、国家或民族的兼并同化,因而地域多有变异。帕提亚国极盛时期的领地,几乎从印度的西方直到底格里斯河(古称希底结河)西岸,约相当于现今的伊朗地区。其衰微之际,则先后归属于波斯和希腊等国。帕提亚摆脱了希腊的束缚后,扩张国境。在公元前2世纪时,甚至与罗马互争领土。因此各家学者对其疆界见解不一。使徒时代,在帕提亚地区已有犹太人寄居。

5.圣经记载:

五旬节时,有来自帕提亚地区的犹太人到耶路撒冷来守节。他们听到了彼得等人的证道讲述。很可能其中有人接受了基督的福音,又把基督的救恩带回帕提亚地区。(徒 2:5—11,2:37—41)

旁非利亚　　（Pamphylia）

1.地名原意:"民族混合"。

2.其他名称:今译作"**潘非利亚**"。

3.所在位置:附录三第78图第二行第4格。

4.地理情况:旁非利亚是古时小亚西亚南岸的一个非独立自主的国家。它先后隶属于吕底亚、波斯、马其顿及罗马。是当地土著人、外地移民与希腊人混居的地区,也是亚洲各种宗教的集中地。别加是它的海口重镇。

5.圣经记载:

1)保罗、巴拿巴带着马可,第一次外出传道时,他们到了旁非利亚的别加。但马可竟从此地离开保罗和巴拿

巴,自己回耶路撒冷去了。(徒 13:13)

2)保罗与巴拿巴第一次外出传道归来的路上,又一次来到旁非利亚,并且在别加讲了道,返回安提阿。(徒 14:24—26)

3)由于马可在旁非利亚的别加离开保罗和巴拿巴,因此当他们第二次外出传道时,看法不同,甚至彼此分开,分头去传道。(徒 15:36—41)

4)保罗被押送到罗马去的中途,再次乘船经过旁非利亚南方的海面。但是他已身不由己,不能登岸再去看看他以前讲道的地方。那时保罗已至老年,只有为他以前工作的地方默默祷告了。(徒 27:1—5)

5)早在五旬节时,也曾有寄居在旁非利亚的犹太人到耶路撒冷去守节。他们听到彼得的讲道后,当会把基督的福音带回旁非利亚。(徒 2:5—11,2:37—42)

毗珥(山)　　(Peor)

1.地名原意:"孔隙"。

2.所在位置:附录三第 13 图第三行第 3 格中伯毗珥、毗斯迦山所在的位置。

3.地理情况:毗珥是摩押境内的一座小山。位于约旦河东岸,与耶利哥隔河相对,距离希实本仅约 10 余里。毗珥山虽然不出这一方园十余里左右的狭小地带,但其确切所在尚难断定。圣经记述以色列人击杀希实本王西宏与巴珊王噩之后,来到"摩押平原,约旦河东,对着耶利哥安营"。(民 22:1)那时,以色列人乃是"住在伯毗珥对面的谷中"。(申 3:29)这期间摩押王巴勒领着巴兰,先后在巴力的高处、毗斯迦山顶、毗珥山顶窥视以色列人。(民 22:41,23:14,23:28)可见毗珥山必在伯毗珥、毗斯迦山附近。

4.圣经记载：

摩西领以色列民进迦南之前打了胜仗。在摩押平原约旦河东，对着耶利哥安营。(民 22:1)摩押王巴勒见以色列民比他强盛，遂用卦金召了术士巴兰来，为他咒诅以色列民。“巴勒就领巴兰到那下望旷野的毗珥山顶上”。(民23:28)但耶和华却使巴兰只说祝福以色列民的话。

毗拉心山　　(Mount Perazim)

1.地名原意：“裂口”。

2.其他名称：很多人认为即是“**巴力毗拉心(Baal Perazim)**”。

3.所在位置：附录三第 35 图第二行第 4 格中巴力毗拉心所在地。

4.地理情况：此山位于耶路撒冷南边的利乏音谷，在伯利恒北方不远之处。

5.圣经记载：

1)当年，非利士人听见大卫作以色列王，就上来寻索大卫，但耶和华使以色列人得胜。“大卫来到巴力毗拉心，在那里击杀非利士人，说：‘耶和华在我面前冲破敌人，如同水冲去一般。’因此称那地方为巴力毗拉心。”后来非利士人第二次来攻打大卫。大卫遵从耶和华的吩咐，转到非利士人的后面去攻击他们，从基遍一直追打他们到基色。于是大卫的名传扬到列国。耶和华使列国都惧怕他。(撒下 5:17—25；代上 14:16—17。其征战过程请参看附录三第 35 图的说明③—⑨)

2)后来，先知以赛亚曾以上述的事迹激励以色列人要相信神的权能。他说：“耶和华必兴起，像在毗拉心山上。他必发怒，像在基遍谷。好作成他的工，就是非常的

工，成就他的事，就是奇异的事。"（赛 28:21）

毗努伊勒　　（Penuel）

1.地名原意："神之面"、"得见神之面"。

2.其他名称：另有译名作"**便以利**"或"**便奴利**"。

3.所在位置：附录三第 7 图第一行第 4 格。

4.地理情况：毗努伊勒位于约旦河东雅博渡口处，在疏割和玛哈念之间，西距疏割约 20 里。有许多人把它看为圣地。

5.圣经记载：

1)耶和华叫雅各离开母舅拉班，回到他亲族那里去，（创 31:1—3）雅各祈求耶和华救他脱离其兄以扫之手，在雅博渡口渡河前一夜，有一人来和他摔跤，"那人说：'你的名不要再叫雅各，要叫以色列，因为你与神与人较力都得了胜。'""雅各便给那地方起名叫毗努伊勒，意思说：'我面对面见了神，我的性命仍得保全。'"（创 32:24—30）

2)后来有人在此地修了一个城楼，基甸攻打米甸人时路过此地，求毗努伊勒人给饼吃，遭到拒绝，当基甸打败米甸人后就"拆了毗努伊勒的楼，杀了那城里的人。"（士 8:8—17，请参看附录三第 21 图说明⑩、⑫）

3)耶罗波安作以色列的国王时，又建筑毗努伊勒。（王上 12:25）有人认为毗努伊勒当时乃是北国以色列的新首都或陪都。请参看附录三第 47 图说明②。

毗斯迦山　　（Pisgah）

1.地名原意："峰"。

2.其他名称：有人认为即是**尼波山**。（申 3:27,34:1）

实际上毗斯迦山乃是尼波山的一座高峰。

3.所在位置:附录三第12图第一行第3格。

4.地理情况:毗斯迦山在约旦河东岸,与耶利哥隔河相对。乃是死海东北摩押平原尼波山上的一座高峰,海拔约800公尺。站在山顶上,可以鸟瞰迦南地及死海一带。

5.圣经记载:

1)摩押王巴勒曾领术士巴兰上了毗斯迦山顶,请巴兰咒诅以色列人。(民23:13—14)

2)"摩西从摩押平原登尼波山,上了那与耶利哥相对的毗斯迦山顶。"耶和华将应许之地指给他看,并说"我必将这地赐给你的后裔,现在我使你眼睛看见了,你却不得过到那里去。"摩西即死在摩押地。(申34:1—5)

铺华石处　　(Pavement)

1.地名原意:"**厄巴大**"。

2.其他名称:也译作"**铺石地**"。

3.所在位置:附录三第92图第一行第1格希律宫前的空地。

4.位置及简介:铺华石处是指古代圣殿或王宫外铺有石板的场地。由于历代王宫的地址多有变动,因此其场地也不固定。新约圣经中提到的铺华石处,可能指的乃是希律王宫前的空地。该处或即是经常审讯罪犯的地方。所罗门的王宫建于圣殿的南面,而希律王宫则远离圣殿,地当耶撒冷的西部。

5.圣经记载:

1)所罗门当年建造圣殿完工之后,便召集以色列会众来到殿前。所罗门在耶和华的坛前台上,当着以色列的会众跪下,向天举手祷告。(代下6:12—13)当耶和华的荣光在殿上显示时,以色列众人看见,就在铺石地俯伏叩拜耶和华。(代下7:1—3)

2)耶稣受难之前,罗马的巡抚彼拉多把耶稣带到铺华石处[①],(希伯来话叫厄巴大),就在那里坐堂,审问耶稣。(约19:13)

Q

秦国　　(Sinim, Land of)

1.地名原意:"中国"、"中国的"。

2.其他名称:圣经音译作"**希尼**"。

3.地名考证[②]:多数学者认为圣经中提到的秦国即是中国。因为:

1)古时以色列亡国后,以色列人分散于世界各地。公元前3世纪时已有部分人居住在中国的考证。

2)公元前3世纪时,秦始皇统一中国。古时世界各国即称中国为"秦"。

3)公元前3世纪时,恰好有70位圣经学者,开始把希伯来文的旧约圣经译成当时世界通用的希腊文。先是翻译摩西五经,后来又陆续完成了其他经卷。这一译本即是著名的七十士译本。其后公元2世纪时,又有人

---

① 有新的资料认为,铺华石处乃是圣殿西北角上一处铺有石头的地方。该处在彼拉多衙门附近。请参看附录第93图。

② 参见:

〈1〉《圣经百科全书》(*International Standard Bible Encyclopedia*)第891页"希尼地"条。

〈2〉《圣经新释》(*The New Bible Commentary*)赛49:12注释。

〈3〉《圣经辞典》(*Dictionary of the Bible*)第652页。

〈4〉《圣经地名意义汇编》第271页。

译出了旧拉丁文圣经译本。公元382—404年。通俗拉丁译本也翻译了出来。这些当年的译本以“希尼”的字音来表示“秦”,乃是完全可以理解的。

4)从语言的发展上来看,现代英语中的Sinitic(中国的),以及构词前缀Sino(表示中国的……),都是由Sinim(发音近似“希尼”或“秦”)这一词语转化而来的。

5)综观上述各点,大多数的中外学者都认为,中文和合本圣经把“希尼(Sinim)”译为“秦国”十分恰当。

4.圣经记载:

先知以赛亚预言说,将来要有许多人从四面八方涌进救主弥赛亚的国度,并且在那里获得生命与亮光,他传讲耶和华的话说:

我必使我的众山成为大道。

我的大路也被修高。

看哪!我的子民会从远方来,

从北方来,从西方来,从秦国而来……

(赛49:11—12,部分经句系新译文。)

S

撒狄 **(Sardis)**

1.地名原意:“遗留之物”。

2.其他名称:今译作“**萨迪斯**”。

3.所在位置:附录三第103图第二行第2格。

4.地理情况:撒狄是小亚西亚的一个城市。位于特摩罗(Tmolus)山下,在帕多路(Pactolus)河畔。遗址在土耳其马尼萨省内,靠近现今的伊兹密尔城。公元前约546年,撒狄被波斯王古列占领。其后此地即设有波斯总督。公元前499年,雅典人焚毁撒狄,因此激起了波斯与希腊的战争。公元前334年撒狄隶属于希腊。公元前214年隶属于叙利亚。公元前133年归属于罗马,此城乃成为罗马治下的吕底亚省的行政、司法中心。公元17年,此地又毁于地震。后经重建仍是较大的城市,但其后即逐渐衰落。现在的撒狄已成为一个小村庄,仅有数户人家。遗址上发现有古时的城堡、戏院及基督徒礼拜堂数处,但多已残缺。

5.圣经记载:

启示录中论到撒狄的教会时,说撒狄教会按名是活的,其实是死的。其行为在神面前没有一样是完全的。然而在撒狄还有几名圣徒是未曾污秽自己衣服的。他们要穿白衣与神同行。(启3:1—6)

撒拉米 **(Salamis)**

1.地名原意:“溶解”、“摇动”。

2.其他名称:今译作“**萨拉米斯**”。

3.所在位置:附录三第98图第三行第3格。

4.地理情况:撒拉米是居比路(即现今的塞浦路斯)在古时的主要城市。位于该岛的东部海岸,在现今的法马古斯塔以北,距离安提阿的出海口岸西流基仅390里。撒拉米因其港口良好,当年是居比路对埃及、腓尼基等地出口贸易的要地。但几经战乱,又一再地震,此城日渐微小,约在公元后648年,撒拉米被阿拉伯人所毁。

5.圣经记载:

1)保罗、巴拿巴和马可第一次外出传道时,从安提阿出发,经过西流基,并从那里坐船到了撒拉米。他们不仅

在撒拉米的各会堂传道，而且又走过居比路全岛，直到帕弗。（徒 13:4—6）

2）巴拿巴本是居比路人。（徒 4:36）马可乃是巴拿巴的表弟。（西 4:10）巴拿巴带着马可第二次由安提阿出发到居比路去时，肯定是要在撒拉米登陆的。（徒 15:36—39）

撒勒法　　（Zarephath）

1.地名原意："炼化场地"。

2.所在位置：附录三第 39 图第二行第 2 格西顿所在地。

3.地理情况：撒勒法乃是西顿的一个村镇。

4.圣经记载：

1）当年先知以利亚的时候，干旱甚重。耶和华神指示以利亚到撒勒法的一个寡妇那里去度荒。那寡妇的家中，当时坛里只剩下一把面，瓶里只剩下一点油了，但她却凭着信心接待了以利亚。她和她家中的人并以利亚吃用了许多日子，坛里的面并不减少，瓶里的油也不短缺。后来寡妇的儿子病重而死。以利亚求告耶和华，神使她的儿子又活了过来。（王上 17:8—24）

2）当耶稣在世被本乡人轻视、拒不接纳时，耶稣说："以利亚的时候，天闭塞了三年零六个月，遍地有大饥荒，那时以色列中有许多寡妇。以利亚并没有奉差遣往她们一个人那里去，只奉差遣往西顿的撒勒法一个寡妇那里去。"意思是说，当年荒旱甚重，但众多的寡妇并未都蒙神眷顾。而只有撒勒法的那个寡妇接待了以利亚，因此蒙神赐福。（路 4:25—26）

撒冷　　（Salim，Salem）

圣经中有两个地方，不仅原文发音近似，而且意思都是"平安”。中文圣经都译成为“撒冷”。今分述如下。

Ⅰ.**哀嫩附近的撒冷(Salim)**

1.地名原意:“平安”、“和平”。

2.位置及简介:

在约旦河西,请参看附录三第80图第六行第4格。

3.圣经记载:

约翰曾在靠近撒冷的哀嫩施洗。(约3:23)

Ⅱ.**麦基洗德作王的撒冷(Salem)**

1.地名原意:“平安”、“和平”。

2.位置及简介:犹太历史学家约西弗(Josephus)认为,这一撒冷城即是**耶路撒冷**古时的简写。请参看附录第80图第七行第3格中耶路撒冷的位置。

3.圣经记载:

1)当年,亚伯拉罕的侄儿罗得及其全家、财物都被敌人掳去。亚伯拉罕杀败敌人,把罗得的一家及其财物又夺了回来。那时,“撒冷王麦基洗德带着饼和酒出来迎接。他是至高神的祭司。”亚伯拉罕就把所得的,拿出十分之一来献给麦基洗德。(创14:17—20)

2)古时犹太的诗人歌颂神说:神“在撒冷有他的帐幕,在锡安有他的居所”。(诗76:2)

3)新约圣经中论到麦基洗德,说他是仁义王,又名撒冷王,就是平安王的意思。乃是与神的儿子相似。(来7:2—3)

撒玛利亚　　(Samaria)

圣经中提到撒玛利亚时,有时指的是撒玛利亚城,有时指的是撒玛利亚地区,有时则指明为撒玛利亚人,今分述如下:

Ⅰ.撒玛利亚城 （City of Samaria）

1.地名原意:“守望”、“守望塔的平安”。

2.其他名称:后又名“**撒巴斯提亚**”。

3.所在位置:附录三第80图第五行第3格。

4.地理情况:

1)古以色列国分裂为南、北两国后,北国以色列起初以示剑为首都。(王上12:25)后来迁都于得撒。(王上15:33)最后以色列王暗利买下了撒玛利亚山。(该山地当现今以色列境内盖里济姆山与以巴路山之间的大道西北。)暗利在撒玛利亚山上建造了撒玛利亚城,定为北国以色列的首都。(王上16:24—33)

2)撒玛利亚四境山路崎岖,易守难攻,地势险要。它海拔100余米,可以俯视沙仑平原的景色,遥望地中海沿岸金黄的沙滩和海中碧绿的波涛。其地理条件似乎可以作为平安守望的城池。(请参看附录三第80图第五行3格,对比第79图第三行第2格的沙仑及海滨。)然而历代以色列王都在此城中祭拜各种偶像犯罪。也多次招致邻国的侵袭。因为它位居山上,当年亚兰人围困撒玛利亚时,城内粮食断绝,妇人们甚至互换子女,煮食充饥。(王下6:24—29)

3)公元前721年亚述攻破此城,以色列国灭亡。亚述人掳去了大批的以色列人,(王下17:5—8)却将许多异族人移居到撒玛利亚。(王下17:24)公元前331年,希腊皇帝亚历山大占据此地,居民半数被杀,余下的居民又被迁往示剑。另外却把许多亚兰人、马其顿人迁到此城居住。所以当地居民混杂,深受犹太人厌恶。

4)公元前167年之后,犹太出现了短期独立的马克比王朝。(参看附录三第76图)他们攻打撒玛利亚时,将城毁灭。以后罗马大将庞培(Pompeii)重建此城。耶稣降生前,希律被罗马人分封作王时,又对此城加以修葺。但现今已只有遗址可寻。近代考古学家已在此城旧址上,发现了暗利、亚哈、希律等人的建筑遗迹,供人游览深思。

4.圣经记载:

1)暗利在撒玛利亚城建都后,他的儿子亚哈继位。亚哈与其妻子耶洗别在撒玛利亚建造了巴力庙,设立了假神亚舍拉偶像,(王上16:30—33)却杀害耶和华的众先知。(王上18:4)由于亚哈的罪行累累,先知以利亚曾预言,将来狗要舔食亚哈的血。(王上21:19)后来,亚哈于作战时受了重伤,在战车上流血身亡。有人在撒玛利亚的池旁洗他的战车,那个池子本是妓女洗澡的地方,洗刷战车时,果然有狗来舔吃亚哈的凝血。(王上22:34—38)

2)亚兰王曾围困了撒玛利亚城,城内饥荒甚重,危在旦夕。(王下6:24—30)先知以利沙规劝众人要听耶和华的话。(王下7:1)耶和华显出神迹使亚兰人逃跑,撒玛利亚得以转危为安,(王下7:6—7)并从亚兰的营房中取得了大量的粮食。(王下7:16—20)

3)先知以利沙奉耶和华之命,立耶户为以色列王,耶户在撒玛利亚将亚哈的儿子和全家杀绝灭尽。(王下10:1—17)他用计杀除了所有的巴力的先知,并毁掉了祭拜巴力的祭器。(王下10:18—28)

4)先知们曾有多次记述撒玛利亚城的邪恶,并预言它当受的报应。(赛 8:4;耶 23:13;何 7:1,13:16;摩 3:12;弥 1:6)

5)犹大王亚哈斯背离了耶和华的道,竟铸造巴力的像。因此神把他们交在以色列王比加的手中。以色列人掳走了 20 万犹大人及许多财物,要把他们带到撒玛利亚。后来因为先知俄德的劝阻,以色列人才把掳来的人放了回去。(代下 28:1—15)

6)何细亚作以色列的王时,亚述王攻取了撒玛利亚城,把以色列人掳到了亚述,(王下 17:1—6)并将异族人迁移到撒玛利亚城居住。(王下 17:24)

7)耶稣受难后,腓利曾到撒马利亚城去宣讲基督。有一个人名叫西门,向来在撒玛利亚城里行邪术,妄自尊大,使撒玛利亚的百姓惊奇。但后来这些人却听信了腓利所传的神国的福音,信从基督,悔改受洗。连西门自己也信了耶稣,受了洗礼。(徒 8:4—13)

8)彼得、约翰在耶路撒冷听见撒玛利亚人领受了神的道,就到撒玛利亚去看望那里的圣徒。当他们从撒玛利亚城返回耶路撒冷时,便在撒玛利亚地区的许多村庄传扬福音。(徒 8:14—25)

Ⅱ.撒玛利亚地区 (**Country of Samaria**)

1.地名原意:“守望”、“守望塔的平安”。

2.所在位置:附录三第 80 图第四至五行第 2—3 格。

3.地理情况:撒玛利亚地区原来即意指古以色列北国。由于它的首都撒玛利亚城建造在撒玛利亚山上,故此该国及其领域亦被称作撒玛利亚。古以色列灭亡后,撒玛利亚即成为该地区的名称而延续下来。其疆域的大小因时代的不同而异。新约时代,约旦河西岸约分为三部分,南部为犹太地区,北部为加利利地区,中间即为撒玛利亚。

4.圣经记载:

1)古时撒玛利亚地区发生的事件,多与北国首都撒玛利亚城有关。请参看本词条上列第1项中有关的圣经记载。

2)古以色列亡国后,由于各族人迁入本地混杂居住,故此异邦的偶像邱坛也涌入本地。(王下17:24—33)

3)犹大王约西亚敬畏独一的真神耶和华,他不仅在耶路撒冷修整了圣殿,(王下22:1—5)清除了偶像,(王下23:1—6)而且也废去了撒玛利亚的邱坛,杀掉了邱坛的祭司。(王下23:19—20)

4)耶稣升天之前,嘱咐门徒说:"圣灵降临在你们身上,你们就必得着能力。并要在耶路撒冷,犹太全地和撒玛利亚,直到地极作我的见证。"足见耶稣并未弃绝撒玛利亚及其居民。(徒1:8)

Ⅲ.**撒玛利亚人**　　　(**Samaritans**)

1.简介:撒玛利亚人最早乃是意指居住在撒玛利亚的以色列人。由于占据撒玛利亚的北国以色列常与南国的犹大争战。犹大人与撒玛利亚人在历史上即曾有嫌隙。古以色列被亚述灭亡后,大批以色列人被掳到外地。亚述王却把巴比伦等异族人迁到了撒玛利亚居住。这些异族人各有他们祭拜的宗教和偶像,他们与遗留在撒玛利亚的少数以色列人杂居。因此犹大人乃把撒玛利亚人看成是信仰混乱、血统混杂的混合种族。

犹大人亡国被掳70年后，他们重返耶路撒冷修城建殿时，撒玛利亚人曾百般阻挠破坏。（拉4:1—24）甚至犹大人等必须要一手修建城垣，一手拿着兵器防备。（尼4:16—18）犹太人认为，撒玛利亚人在有利可贪时即声称与犹太民族有血缘关系，而一旦遇有患难则宣告与犹太毫不相干。撒玛利亚人一面说他们敬拜耶和华独一的真神，而同时却又在圣殿中祭奉异邦的宗教偶像。公元前120余年，当犹大出现短期独立的王朝时，马克比的军队曾拆毁了撒玛利亚人的殿堂。直到耶稣降生时，犹太人与撒玛利亚人之间的仇隙很深，成见很大，双方是素无来往的。（约4:9）

2.圣经记载：

1）耶稣曾在撒玛利亚地区的叙加城外，和一个撒玛利亚妇人谈道，使许多撒玛利亚人认识到耶稣是救世主而信奉了耶稣。（约4:1—42）显明他愿意万人得救，明白真道，（提前2:4）不愿有一人沉沦。（彼后3:9）

2）耶稣差遣十二个门徒出去传道时，曾嘱咐他们："外邦人的路，你们不要走。撒玛利亚人的城，你们不要进。"（太10:5）这并非是弃绝撒玛利亚人，而是由于当时的民族习惯，惟恐撒玛利亚人不肯接待犹太人。耶稣虽曾使许多撒玛利亚人悔改相信他，（约4:40—41）但是有些撒玛利亚人仍是不接待他。（路9:52—53）耶稣的门徒雅各、约翰曾想从天上降下火来烧灭这些撒玛利亚人，但耶稣却责备雅各、约翰说：耶稣来到世上并不是要灭掉人的性命，而是要救人的性命。（路9:54—56）

3)耶稣曾经讲过一个故事。他说有一个人被强盗打得半死。有个祭司(圣职人员)看见了他,却没有管他。有个利未人(圣工人员)看见他也没有管他。惟有一个撒玛利亚人动了慈心照应他。从此说明无论任何人,只要悔改爱神,又爱邻舍如同自己,就必得永生。(路 10:25—37)尤其感人的是,耶稣称赞这个顾念伤患者的撒玛利亚人时,恰恰是在他被一个撒玛利亚村庄的人们拒不接待之后,这就更加显明了耶稣的宽容、忍耐与爱心。(参看路 9:51—53)

4)耶稣升天前曾叫门徒们把福音直传到地极。他提到了三个具体的地方,其中就有撒玛利亚。(徒 1:8)对照耶稣所说的“天国的福音,要传遍天下,对万民作见证”一语,就可以看出耶稣同样地怜恤撒玛利亚人,并未弃绝他们。(参看太 24:14)

撒摩　(**Samos**)

1.地名原意:“高”、“多沙的悬崖”。

2.其他名称:现今译名为“**萨摩斯**”。

3.所在位置:附录三第 100 图第二行第 3 格。

4.地理情况:撒摩是靠近以弗所海湾口的一个小岛。与大陆仅隔一个狭窄的撒摩(即萨摩斯)海峡,面积约 1900 平方里。岛上森林茂密,山峦层叠,物产富饶。该岛也是连接海陆的交通枢纽,很早即与黑海沿岸、埃及、吕彼亚、哥林多等地有贸易往来,一度商业市场十分繁华。新约时代该岛是划归亚西亚省的罗马属地。现今乃是希腊领域中距离土耳其最近的岛屿。1981 年统计,岛上共约 4 万余人。

5.圣经记载:

保罗第三次外出传道的返回途中，曾乘船在此岛靠岸。(徒 20:15)此地距离以弗所很近，但保罗并没有从撒摩直奔以弗所，惟恐在那里耽延太久，不能在五旬节赶到耶路撒冷。因此保罗由撒摩越过以弗所，到了米利都，而在米利都请了以弗所的长老们来，谆谆劝勉他们。(徒 20:16—38)

撒摩尼　　(Salmone)

1.地名原意："披着服装"。

2.所在位置：附录三第 101 图第四行第 2 格。

3.地理情况：撒摩尼是革哩底(即今克里特)岛极东部的海角，地名至今未曾更改。

4.圣经记载：

保罗当年被押解去罗马时，所乘的船曾贴着革哩底岛的背风岸，从撒摩尼的对面行过。(徒 27:7)

撒摩特喇　　(Samothrace)

1.地名原意："特喇的高山"、"碎布的标记"。

2.其他名称：现译作"**萨莫色雷斯**"。

3.所在位置：附录三第 99 图第一行第 2 格。

4.地理情况：撒摩特喇是爱琴海东北的一个小岛。此岛本是一片高山、高地，面积仅 90 平方里。高山名叫"**特喇**(Thrace)"。又译作"**特拉加**"，今译作"**色雷斯**"。而"**撒摩**(Samo)"乃是"高地(Height)"或"高山(Mountain)"的意思。本岛名为"撒摩特喇"，实际意思乃是"特喇高山"(或高地)。该岛在使徒时代为隶属于罗马的自由邦。今属希腊。1981 年统计人口为 2871 人。

5.圣经记载：

保罗第二次外出传道时，曾在异象中听到马其顿人的呼声，请求保罗由亚洲到欧洲去传道。他离开亚洲的特罗亚，坐船先到了撒摩特喇，撒摩特喇已是欧洲的岛屿。保罗遂即从撒摩特喇前行到马其顿那一带的主要城市腓立比。在那里，保罗开始了在欧洲的开荒布道工作。（徒16:9—12）

赛耳底　　（Syrtis）

1.地名原意："流沙"。

2.所在位置：附录三第101图第四行第1格。

3.地理情况：赛耳底是地中海内靠近非洲北岸的一个多有危险的沙滩。

4.圣经记载：

当年保罗乘船被押解去罗马的途中，在经过革哩底岛的海面时，遇到了狂风。船只贴着高大岛的背风岸航行。船上的水手们又怕海船撞在赛耳底的沙滩上，就落下了蓬帆，让船随着风势飘流。船上的人们多日见不到太阳和星辰，又有狂风大浪催逼，大家连得救的指望都绝了，众人多日都没有吃什么。这时保罗得到神的指示：神必保守全船人的性命。于是保罗以神对他的默示来劝慰众人，终于使船上的人全部脱险。（徒27:14—44）

三馆　　（Three Taverns）

1.地名原意："三家村店"。

2.所在位置：附录三第101图第一行第1格。

3.地理情况：三馆是阿皮安道（Appian Way）中的一个市镇。在罗马城南方约100里。

4.圣经记载：

当年保罗被押解到罗马时，罗马的信徒竟走出100里地来到三馆迎接保罗。保罗在耶路撒冷是无故被犹太人捉拿的。(徒21:27—30)连罗马的军官也认为保罗被犹太人捕捉只不过是因为信仰上的辩论,并没有该受拘禁的罪名。(徒23:29)但保罗却在该撒利亚被监禁两年之久。(徒24:26—27)经过罗马巡抚和犹太王室领袖的会审,他们也认为保罗并没有被囚之罪而应予释放。(徒26:30—32)但是保罗终于从该撒利亚被囚押在船上,绕行于地中海数千公里而来到罗马。保罗作为一个远道而来的多年囚犯,竟受到了罗马信徒隆重远迎的尊敬和关切,说明了他在教会中的声望,实在不是罗马的捆锁所能局限的。(徒28:14—15)

沙仑　　(Sharon)

圣经记载:圣经中有两个地方同名都叫沙仑:

Ⅰ.**约旦河东的沙仑,乃是迦得族居住之地**。(**代上**5:11—16)

1.地名原意:"平地"、"公正"。

2.其他名称:也译作"**沙伦**"。

其他记述从略。

Ⅱ.**约旦河西的沙仑**:

1.地名原意:"平地"、"公正"。

2.其他名称:也译作"**沙伦**"。

3.所在位置:附录三第79图第三行第2格。

4.地理情况:沙仑位于约帕的北方,乃是滨海的平原地带。长约150里,宽约30里左右。此地土质良好,水源充足,适宜橡树、橄榄、葡萄及农作物生长。遍地的青草,可以放牧。玫瑰或水仙等花盛开时,景色更为光艳夺目。

5.圣经记载:

1)所罗门的雅歌中曾使用过“沙仑的玫瑰”这样美丽的诗句。(歌 2:1)

2)先知以赛亚预言,以色列人复兴的时候,沙仑将成为牧羊的场地。(赛 65:9—10)

3)耶稣受难后,使徒彼得周游四方传道时,曾到过沙仑地区的吕大。在该处,彼得治好了一个瘫痪的人,使凡住吕大和沙仑的人们看见了他,就归服了基督。(徒 9:32—35)

什亭　　　(Shittim)

1.地名原意:“皂荚树”。

2.其他名称:**亚伯什亭**,意思是“荆球花类的草地”。

3.所在位置:附录三第 14 图第三行第 4 格。

4.地理情况:什亭(即亚伯什亭)乃是燥裂不毛的山谷,独产皂荚树,位于摩押平原约旦河之东,隔河与耶利哥城相对,为以色列人之驻军要地。以色列人出埃及后进入耶和华所赐之迦南地以前,经历了 40 年的旷野旅程,最后一次安营即在此地。以色列人在此地为进入迦南作了准备,他们在这里停留了很长一段时间。百姓在此地因中了巴兰的计谋犯罪得罪神,而受到神的刑罚。

5.圣经记载:

1)摩押王巴勒起意雇佣术士巴兰来咒诅以色列民,但耶和华使巴兰的咒诅变为祝福。巴兰乃设计谋使摩押女子引诱以色列人犯罪。那时“以色列人住在什亭,百姓与摩押女子行起淫乱,因为这女子叫百姓来,一同给她们的神献祭,百姓就吃她们的祭物,跪拜她们的神。以色列人与巴力毗珥连合,耶和华的怒气就向以色列人发作。”幸亏非尼哈有爱神忌邪的心,为以色列人赎罪,

瘟疫就止住了。“那时遭瘟疫死的,有二万四千人”。(民25:1—13)

2)瘟疫之后,以色列民在什亭作了第二次人口调查。“以色列全会众,按他们的宗族,凡以色列中从二十岁以外能出去打仗的计算总数”。(民 26:1—2)并按支派承受地业。(民 26:52—55)

3)以色列人在什亭核点民数以后,摩西求告耶和华,立一个人治理会众。耶和华对摩西说,约书亚是心中有圣灵的,可以使以色列全会众都听从他。于是以色列人顺从神的命令,确立约书亚接续摩西的事工。(民 27:15—23)

4)耶和华在什亭晓谕摩西,规定了献祭及许愿的律例。(民 28—30 章)

5)约书亚从什亭暗暗地派了两个探子,去窥探即将攻打的耶利哥城。(书 2:1)两个探子从耶利哥回到什亭,向约书亚回报了耶利哥的情况之后,以色列众人就从什亭出发,渡过了约旦河,进入了迦南美地。(书 2:23—4:19)

示巴　　(**Sheba**)

1.地名原意:“誓言”、“七”。

2.其他名称:其大部地区约相当于现今的也门一带。

3.所在位置:附录三第 1 图第四行第 3 格。

4.地理情况:

1)示巴人乃是古时非洲古实人的一族,因此有人认为,示巴人最初乃是居住在埃及南方古实人所在之处。但大多数人则认为示巴人曾在阿拉伯半岛的西南端建国,约相当于现今的阿拉伯也门共和国和也门民主人民共和国一带。

2)实际上,由于示巴人善于经商,其居住地区难免有流动分散的特点。而且,也门西南端仅隔一个十分狭窄的海峡① 即到非洲古实人的南方。亚非两洲大陆在此相距仅约数十里,中间还横有一个岛屿,几乎彼此相连。这样示巴人跨越两洲两地往来,实属极其便利。由此可见,以上两说并无不合之处。

3)示巴当地出产黄金、乳香。(诗 72:15;耶 6:20)示巴人常将一些名贵货物从非洲、印度等地运到以色列和叙利亚销售。所罗门王的海上商队经营贸易之后,(王上 9:26—28,10:22)成为示巴商人的竞争对手。

5.圣经记载:

1)“示巴女王听见所罗门因耶和华之名所得的名声”,就从示巴来到耶路撒冷会见所罗门王,“用难解的话来试问所罗门”。“所罗门王将她所问的都答上了,没有一句不明白,不能答的”。示巴女王对所罗门王说:“我在本国里所听见论到你的事和你的智慧实在是真的。”(王上 10:1—7)她与所罗门互赠礼品而返。(请参看附录三第 40 图④)

2)耶和华的话临到先知以西结,论到推罗说:“示巴和拉玛的商人与你交易。他们用各类上好的香料,各类的宝石和黄金,兑换你的货物。”但推罗终被灭亡。(结 27:22—34)

示剑　　(Shechem)

1.地名原意:“勤勉”、“早起”、“肩负”、“山坡”。

2.其他名称:

---

① 此海峡现称曼德海峡。

1)公元72年受希腊语的影响,改称**尼亚波里**(**Neapolis**),意思是“新城”。

2)近称**那不路斯**(**Nablus**)。

3.所在位置:附录三第2图第三行第2格。

4.地理情况:示剑在耶路撒冷以北约130余里。在撒玛利亚东南约20里许,示剑城在高原山谷之间,不但水源充足,土地富饶,而且也是交通枢纽。此地正当基利心山与以巴路山之间,是从地中海沿岸通往约旦河东西大道上的重要城镇。同时在南北交通大道上也居要冲之地。(请参看附录三第72图。)

5.圣经记载:

1)亚伯拉罕初到迦南时,耶和华即在示剑向亚伯拉罕显现,亚伯拉罕遂即在示剑向耶和华筑坛献祭。这乃是他为神所筑的第一座祭坛。(创12:6—7,请参看第2图中的③及其说明)

2)示剑本来属于哈抹。(创34:2)当雅各带着全家妻室子女从巴旦亚兰返回迦南时,曾在示剑城东边支搭帐棚居住,并且用100块银子买了支搭帐棚的地方,还在那里筑坛献祭。由于哈抹的儿子玷辱了雅各的女儿底拿,雅各的儿子们便用诡计杀了哈抹的儿子及全城的男丁,又掳掠了该城的妇女、孩子和财物。其后雅各全家即离开示剑,迁居到了伯特利。(创33:18—35:6)

3)后来,雅各的儿子们在示剑放羊时,雅各打发他心爱的儿子约瑟到示剑去看望他的哥哥们。那时约瑟的哥哥们已经转到了示剑北方数十里的多坍放牧。约瑟便赶到多坍去看望他们,他的哥哥们竟把他卖给过路的商人,他被带到了埃及而成为奴隶。(创37:12—36)但耶和华恩待约瑟，13 年之后，约瑟成为埃及的宰相。(创 41:39—44)约瑟临终前，切切地立下遗嘱要把自己的骸骨葬回迦南。(创 50:25)400 年后，以色列人出埃及时，乃是带着约瑟的骸骨起程的。(出 13:19)以色列人漂流旷野 40 年，一直带着约瑟的遗骨。他们进入迦南之后，最终把约瑟的遗骨安葬于示剑，即是雅各从前用 100 块银子所买的支搭帐棚的地方。(书 24:32，请参看附录三第 8 图说明③，及④中的 5)

4)约书亚初进迦南攻取艾城以后，立即在以巴路山和基利心山之间(即示剑一带)，遵照摩西生前的吩咐，宣读神的律法。(书 8:33—35，请参看申 11:26—30，27:1—26)

5)约书亚攻取了迦南许多城邑以后，再一次将以色列的众支派聚集在示剑。他召聚以色列的长老、族长、审判官和官长们来，向他们述说神从以色列的列祖开始，一直眷顾以色列人的历程，并且与众民重申专心事奉耶和华的信念。(书 24:1—18)

6)示剑也曾被划定为逃城之一。(书 20:7)

7)基甸的儿子亚比米勒曾在示剑作王：

①以色列的士师基甸有许多妻子，共有 70 个儿子。他的妾乃是迦南当地的示剑人。她生了一个儿子名叫亚比米勒。基甸死后，以色列人竟去敬拜巴力，且在示剑设有巴力的庙宇。亚比米勒利用自己具有从母系而来的迦南人的血缘关系，鼓动示剑的迦南人拥护他。他用巴力庙中的钱，雇佣了一些匪徒，残杀了他的同父异母的 70 个弟兄，只剩下基甸的小儿子约坦躲藏起来，幸免于难。(士 9:1—5)

②后来亚比米勒被示剑人拥立为王。约坦便站在基利

心山顶上，向示剑人大声喊着说了一个寓言。他说，有一次众树要拥立一棵树作王管理它们，就先请橄榄树作它们的王。橄榄树说："我岂肯止住供奉神和尊重人的油①，飘摇在众树之上呢？"其后，众树木便请无花果树作它们的王。无花果树说："我岂肯止住所结甜美的果子，飘摇在众树之上呢？"然后，众树木又请葡萄树作它们的王。葡萄树说："我岂肯止住使神和人喜乐的新酒②，飘摇在众树之上呢？"最后众树去请荆棘作它们的王。荆棘不仅厚颜无耻地答应了作众树之王，而且还威胁众树说，若是全体树木不诚诚实实地归服它，它就要发出火来，焚毁森林，一直烧灭利巴嫩的香柏树③。因此约坦说，愿火从亚比米勒发出来烧灭示剑人，也愿火从示剑人中发出来烧灭亚比米勒。(士 9:6—20)

③约坦讲完了寓言，便逃跑到比珥躲避起来。亚比米勒作王三年之后，神使恶魔降在亚比米勒和示剑人中间，示剑人又改而跟从迦勒与亚比米勒争战。结果亚比米勒率众攻入示剑城，放火烧了示剑人藏身

---

① 古时以色列人常用橄榄树所结的橄榄榨出橄榄油来调制圣膏油，用圣膏油涂抹会幕、约柜等物，使之分别为圣。(出 30:22—29)又可把膏油浇在某人的头上，表示他承受圣职或王位等尊贵的位分。(出 29:4—9，撒上 10:1)

② 意指葡萄酿酒使神、人喜乐。

③ 约坦所讲的寓言含义在于说明，荆棘从来就不会结果子，而只会刺伤其他树木，并且还常会引发野火，烧毁森林，正如亚比米勒无才无德妄自尊大一样。如今示剑人竟拥立他作王，将来必受其害。

之处的巴力庙卫所。但亚比米勒在攻进另一城邑，正要用火焚烧该城一座坚固的塔楼时，却被楼上的一个女子抛下一块磨石，击破了亚比米勒的脑骨，伤势甚重。亚比米勒不愿落得个死在女子手中的耻辱名声，便叫他的随从用刀刺杀了自己。这样，神就报应了亚比米勒，也报应了示剑人。约坦的咒诅果然归到了他们身上。(士 9:21—57)

8)所罗门王死后，以色列人要在示剑拥立所罗门的儿子罗波安为王，只是要求罗波安不要像所罗门那样，要宽待百姓少作苦工。但是罗波安不肯应允百姓，反而表示要更加严厉地对待他们，因此以色列人背叛了罗波安，打死了罗波安的大臣。罗波安急忙逃回耶路撒冷，只能在那里作犹大国的王。而以色列人却另外拥立了耶罗波安为以色列国的王，暂时定都于示剑。以色列国从此分裂为南北两国。(王上 12:1—25)

示罗　**(Shiloh)**

1.地名原意："安息"、"和平"、"安静之地"、"浇灌之地"。

2.其他名称：近名"**西衣仑废墟(Kh. Seilun)**"

3.所在位置：附录三第 15 图第三行第 2 格。

4.地理情况：示罗城在以法莲境内，迦南地的中央，在伯特利东北约 30 里。城被建造在小山岗上，城的四周都是高山，东有大泉，从伯特利到示剑的大路由这里经过。约书亚曾选择示罗设立会幕，为耶和华神的殿所在的地方。现在该地的遗址处，仍有一些遗迹散见于山谷之内。

5.圣经记载：

1)"以色列的全会众都聚集在示罗，把会幕设立在那里，那地已经被他们制服了。"(书 18:1)

2)约书亚与祭司以利亚撒并以色列各支派族长在示罗的会幕门口耶和华面前抽签分地给各支派。(书19章)

3)敬虔的以色列人每年一次上到示罗献年祭,敬拜万军之耶和华。(撒上1:3,21)

4)因耶和华的约柜在示罗会幕中,所以示罗乃是先前耶和华为自己的名选立的居所。(耶7:12)

5)撒母耳的父母曾把他送到示罗的殿中,侍立在耶和华面前作先知。(撒上1:24,28,2:18,3:21)

6)祭司以利的两个儿子行恶得罪耶和华神,并把约柜从示罗抬到战场,后被非利士人掳去,神的咒诅临到示罗。(撒上3:12—14;4:3—4,11;7:17;耶26:6,9)

示拿　　(Shinar)

1.地名原意:"两条河流"、"狮吼之地"。

2.其他名称:

1)巴比伦。

2)巴别。

3.所在位置:附录三第1图第二行第3格。

4.地理情况:示拿乃是宁录起始建国之处,(创10:9—10)也即是巴比伦地,(但1:2,参看王下25:13)该处地势平坦,遂在其地建造了巴别塔。(创11:2—9)

5.圣经记载:

1)示拿王暗拉非曾与以拦王等四个王联合起来攻战到盐海一带,并且在盐海的南方战胜了所多玛等五王,掳走了亚伯拉罕的侄儿罗得。(创14:1—12,请参看附录三第3图②的示意)

2)先知以赛亚、但以理、撒迦利亚等都提到过示拿一地。(赛11:11;但1:2;亚5:11)

士班雅　　　（Spain）

1.地名原意："缺少"。约相当于现今的"**西班牙**"。

2.所在位置:附录三第102图第一至二行第1格。

3.地理情况:圣经中提到的士班雅包括了现今的西班牙和葡萄牙。

4.圣经记载:

保罗第三次外出传道时,他曾在哥林多的信徒该犹家中写了罗马人书。(罗16:23;徒19:29;林前1:14)在这封写给罗马信徒的信中,保罗两次提到,他希望经过罗马到士班雅去传道。(罗15:23,28)有些学者推论,保罗被囚于罗马又经释放后,他曾到士班雅去宣讲过基督的救恩。

士每拿　　　（Smyrna）

1.地名原意:"没药"(Myrrh)"。

2.其他名称:又译作"**士麦那**",即现今土耳其的"**伊兹密尔(Izmir)**"。

3.所在位置:附录三第103图第二行第2格。

4.地理情况:士每拿位于小亚西亚西部的海滨。公元前约1100年时,为希腊占据。公元前627年又被吕底亚人侵占而将城毁灭。公元前300年左右,希腊人重建此城。士每拿外有海港,内通要道,是小亚西亚的繁盛地区。现今它已是土耳其西部的伊兹密尔省的省会伊兹密尔市,乃是土耳其的第三大城。附近仍有许多古迹,因而也是旅游度假胜地。据1980年统计,该市人口为53万余人。

5.圣经记载:

士每拿教会是启示录中所说的亚西亚的七个教会之一。

死而复活的基督论到士每拿教会说："我知道你的患难、你的贫穷(你却是富足的)，也知道那自称是犹太人所说的毁谤你的话。[①]其实他们不是犹太人，乃是撒但一会的人。你将要受的苦你不用怕。魔鬼要把你们中间几个人下在监里，叫你们被试炼。你们必受患难十日。你务要至死忠心，我就赐给你那生命的冠冕。"(启 2:8—10)

书珥 **(Shur)**

1.地名原意："墙"、"壁垒"。

2.所在位置：附录三第 11 图第二行第 2 格。

3.地理情况：圣经中提到的书珥旷野乃是书珥沙漠。在古埃及歌珊地的东方，加低斯巴尼亚的西方，是巴兰旷野西北方的另一广大旷野。但当地乃是古代埃及通往亚述的要道。书珥旷野北边沿地中海的大路上，经常驻有埃及的重兵。夏甲的儿子以实玛利的后代即居住在这一旷野。

4.圣经记载：

1)夏甲在去书珥的路上曾得以见到耶和华的使者。当年亚伯兰的妻子撒莱因不能生育，便将她的埃及使女夏甲给亚伯兰作妾。夏甲怀孕后轻视主母撒莱，撒莱便苦待她。夏甲从她的主母那里逃出来，沿着通往书珥、埃及的路上走去，耶和华的使者在旷野书珥路上的水泉旁遇见她，叫她回到主母那里，服在撒莱的手下。天使并且说她要生一个儿子，可以起名叫以实玛利，并且

---

① "毁谤你的话"乃是新译文。和合译本无"你的"二字。另有新译文为："我知道你被那些自称为犹太人的人所毁谤"。(启 2:9)

应许她的后裔要极其众多。夏甲从书珥的路上回去之后生了一个儿子,亚伯兰给他起名叫以实玛利。(创16:1—15)

2)以实玛利子孙后代的住处在众弟兄的东边,从哈腓拉直到埃及前的书珥。(创25:18)

3)摩西率领以色列人出离埃及后,到了书珥的旷野,在旷野里走了三天,竟找不着水喝。后来他们经过玛拉,到了以琳,在那里有12股水泉,70棵棕树,他们就在那里的水边安营。(出15:22—27)

4)古时以色列建国初期,扫罗王曾击打亚玛力人,从哈腓拉直到埃及前的书珥。(撒上15:7)

书念　　(Shunem)

1.地名原意:"休息之地"。

2.其他名称:**苏兰(Sulam)**

3.所在位置:附录三第49图第一行第2格。

4.地理情况:书念是在耶斯列平原以北约10里的一个村镇。介于耶斯列和他泊山之间,在以萨迦境内,离迦密山约40里,耶斯列平原乃是以色列历史上有名的战场。

5.圣经记载:

1)扫罗王战死之前,非利士人曾设营于书念,要与以色列人打仗。扫罗则聚集以色列众人,在基利波安营。扫罗看见非利士的军旅,心中发颤,竟去求助于一个交鬼的妇人。结果扫罗被非利人杀败而死。(撒上28:4—7,31:1—4;请参看附录三第32图的说明)

2)列王时代,先知以利沙在书念,受到一个大户妇人的接待。后来以利沙行出神迹,使她的儿子得以从死里复活。(王下4:8—37,参看附录三第49图说明⑨、⑩、⑪)

3)大卫王年纪老迈时,他的臣仆给他找了一个童女亚比煞奉养、伺候他。这个童女便是书念人。(王上1:1—4)大卫死后,他的儿子所罗门遵照大卫之命即位。但大卫的另一个儿子亚多尼雅却想要使书念的女子亚比煞作自己的妻子。亚多尼雅因此被所罗门治罪而死。(王上2:10—25)

书珊 **(Shushan)**

1.地名原意:"百合花"。

2.所在位置:附录三第66图第四行第4格。

3.地理情况:

1)书珊是古时以拦国的首都,在波斯湾以北将近500里处。亚述国在公元前7世纪时曾入侵以拦。公元前550年,波斯帝国兴盛起来,书珊也曾是波斯的都城,数代国王曾设冬宫在此地。当时已有不少犹大人居住在书珊。(斯4:16;尼1:1—2)

2)亚述王亚斯那巴(Osnappar)攻陷书珊时,曾将当地人迁移到撒玛利亚居住。后来这些人便上书波斯王指控尼希米修建耶路撒冷的城墙,乃是谋反活动。(拉4:9—12)

3)大利乌王在书珊建造王宫时,乃是使用利巴嫩的香柏树,埃及等地的金银,印度的象牙等物,宫室极其豪华。公元前331年希腊的亚历山大大帝攻取了书珊,财宝即被夺取殆尽,书珊亦渐衰落。现在已成一片废墟,仅有一些挖出的文物,尚能证实它往昔的富庶。

4)许多学者都认为,先知但以理死后即葬在书珊城。

4.圣经记载:

1)尼希米是被波斯王任用的一个被掳的犹大人。在亚达薛西王20年时,尼希米在书珊城的宫中会见从犹大来的几个人，问及那些被掳归回剩下逃脱的犹大人和耶路撒冷的光景。（尼 1:1—2）后来便求王差他往犹大他列祖所在之地去重建耶路撒冷城，蒙王允准得以归回。（尼 2:1—8）

2）波斯国的亚哈随鲁王在书珊城的宫内登基。（斯 1:2）

3）书珊城有一个犹大人名叫末底改，他抚养他叔叔的女儿以斯帖，因她父母死了，末底改收她为自己的女儿。当王的谕旨传出招聚许多美貌的处女到书珊城时，以斯贴因容貌俊美也被招到书珊城女院。亚哈随鲁王第七年十月，以斯帖被引入宫见王，并被立为王后。王手下的宠臣哈曼十分憎恨犹大人，乃设计谋，要献重金给王而求准他杀灭犹大人的谕旨。末底改和王后以斯帖以及书珊城所有的犹大人禁食祷告，终于使哈曼和他的随从反被他自己的阴谋所害，他所定的杀害犹大人的亚达月十三日，反而成了犹大人欢庆胜利的吉日。"犹大人用刀击杀一切仇敌，任意杀灭恨他们的人，在书珊城犹大人杀灭了五百人"。（斯 1—9 章）

4）巴比伦最后一个国王伯沙撒王第三年，但以理又见到一个异象。在异象中，他发现自己在以拦省的书珊城中。他见到一只公绵羊，往西、往北、往南抵触。它任意而行，自高自大。任何动物都不能抵挡它。但以理又见到一只公山羊从西而来，遍行全地，脚不沾尘。这只公山羊触倒了公绵羊，没有人能救它。这只公山羊原来有一个奇特的角，当公山羊触倒绵羊，正当强盛的时候，那个奇特的大角折断了，又在角根上长出四个角来。天使长加百列向但以理解释这一异象说，那只公绵羊就是玛代和波斯王。那只公山羊就是希腊王。公山羊的大角就是头一个王。至于

大角折断后又长出的四只角,这四角就是四国,必从这个(希腊)国里分裂出来。(但 8:1—22)

疏割　　(Succoth)

同名叫疏割的有两处,今分别介绍如下:

Ⅰ.雅各居住过的疏割

1.地名原意:"牲口棚"、"棚"。

2.其他名称:英语新译本作"Sukkoth"。

3.所在位置:附录三第 7 图第一行第 4 格。

4.地理情况及圣经记载:疏割位于约旦河东,雅博渡口以北。雅各会见哥哥以扫以后,就往疏割去,在那里为自己盖造房屋,又为牲畜搭棚,因此那地方名叫疏割(就是"棚"的意思)。(创 33:17)

Ⅱ.以色列人安营的疏割

1.地名原意:"牲口棚"、"棚"。

2.其他名称:

1)英语新译本作"**Sukkoth**"。

2)可能即是现今中东的"**帖尔马士古达(Tell el-Maskhuta)**"。

3.所在位置:附录三第 11 图第二行第 1 格。

4.地理情况:疏割在古时红海的北方,约相当于今苏彝士运河地区。位于苦湖的西北。是以色列人出埃及时安营停留的第一处。

5.圣经记载:

耶和华灭了所有埃及人的长子后,法老才允许摩西率领以色列人离开埃及。以色列人从兰塞起行往疏割去,并安营在那里。除了妇人孩子,步行的男人约有 60 万,以后他们又从疏割起行,安营在旷野边的以

倘。(出 12:29—37,民 33:5—6)

梭哥 **(Soco, Socoh)**

圣经中有两个地方都叫梭哥:

Ⅰ.犹大低地平原上的梭哥

1.地名原意:“丛林”、“约束”。

2.其他名称:即现今的“**书威卡达拉斯废墟(Khirbet Shuweikat ar-Ras)**”

3.所在位置:附录三第 42 图第三行第 1 格。

4.地理情况:梭哥在以拉谷旁的山上,位于伯利恒西南约 40 里。就古时以色列建国初期的疆界而论,在扫罗王的年代,此城靠近非利士的边界。

5.圣经记载:

1)当年非利士人入侵以色列到了梭哥。以色列人在以拉谷安营。非利士的巨人歌利亚早晚都出来骂阵,历 40 天之久,以色列人却无人敢于应战。大卫从伯利恒到两军阵前去看望他的哥哥们时,便用机弦甩石击杀了歌利亚。(撒上 17:1—2,17—52,请参看附录三第 30 图及其说明)

2)所罗门作王时,派了 12 个官吏管理梭哥等以色列的城市,他们每年各有一个月要供给王和王宫所需的食物。(王上 4:7—10)

3)犹大王罗波安年间,为了防卫而修筑加固了梭哥等城。(代下 11:5—7,请参看附录三第 42 图)

Ⅱ.犹大南部的梭哥

1.地名原意:“丛林”、“约束”。

2.所在位置:附录三第 57 图第三行第 2 格。

3.地理情况:梭哥是犹大南部的一个城邑。(书 15:48)在希伯仑西南约30里。

4.圣经记载:

犹大王亚哈斯背逆耶和华,常受外族的侵袭。非利士人即曾深入犹大南部,侵占梭哥等城。① (代下28:18)

梭烈　　(Sorek)

1.地名原意:"精选的葡萄树"。

2.所在位置:附录三第23图第一行第2格。

3.地理情况:梭烈乃是非利士地的一个山谷,在耶路撒冷西南约40里。山谷蜿蜒,谷中的溪水即泄入地中海内。参孙的故乡琐拉,(士13:2,24)与梭烈谷相距不远。(请参看附录三第23图)

4.圣经记载:

英勇一世的参孙,后来竟喜爱、迷恋了一个屡次诓哄、出

---

① 非利士人侵占的梭哥,究竟是哪一个梭哥,现有两种见解。

1.有人认为,圣经记载说非利士人侵占了"犹大南方的城邑",(代下28:18)其中即有梭哥。故此认为非利士必定是侵占了犹大南部的梭哥。

2.另有人认为,非利士人侵占的是"犹大南边和西边山脚下的城镇。他们也占领了伯示麦、亚雅仑、基底罗、梭哥、亭纳、瑾锁……"(代下28:18,原文新译。)由瑾锁向南20余里即到亚雅仑,亚雅仑向南20余里即到伯示麦,由伯示麦向南10余里即是犹大平原上以拉谷旁的梭哥,所以《麦克米伦圣经图集》(*The Macmillan Bible Atlas*)第145图则显示非利士人入侵到犹大平原上的梭哥。

实际上犹大平原的梭哥在伯利恒(耶路撒冷)西南数十里,犹大南部的梭哥在希伯仑西南约30里。两处梭哥相距仅数十里。(请参看附录三第57图)。非利士人入侵时,两处梭哥恐怕都难幸免。

卖他的妇人大利拉。这个大利拉的家乡即在梭烈谷。(士 16:4)大利拉一再诱骗参孙,让他说出自己勇力的根源,并且叫他说明如何才能捆绑制服他。参孙执迷不悟,终于受害被非利士人擒获。(士 16:5—21)

琐巴　　(Zobah)

1.地名原意:“丛木”、“驻地”。

2.所在位置:附录三第 39 图第一行第 3 格。

3.地理情况:琐巴是古时以色列东北方的一个小王国。(撒上 14:47)位于大马色的东北,哈马以南,在奥朗特河(Orontes)和伯拉大河之间。琐巴地区良田肥沃,盛产葡萄,铜矿也很丰富。古代以色列衰弱时,琐巴王则独立自行其是或与之为敌。当以色列强盛时则成为以色列的附庸(请参看附录三第 36 图)或者成为以色列的属地(参看第 39 图)。亚兰强盛时,琐巴归属于亚兰。以色列亡国后,琐巴则常受亚述、巴比伦、波斯、希腊、罗马等国统辖。现今的琐巴地区乃是叙利亚的领土。

4.圣经记载:

1)古时以色列建国初期,扫罗曾打败琐巴王等外族仇敌。(撒上 14:47,请参看附录三第 28 图①)

2)大卫王时,琐巴王与亚兰王联合与大卫作战。大卫胜过了他们,从琐巴地区夺取了许多的铜。后来,所罗门便用这些铜制造了圣殿里的铜器。(参撒下 8:3—12;王上 7:13—47,18:3—8)

3)其后,亚扪人与大卫交恶,招募了些琐巴人等与大卫作战。结果,又被大卫战败。(撒下 10:6—19)

琐珥　　(Zoar)

1.地名原意:“小”、“降低”。

2.其他名称:原名比拉(**Bela**)。(创 14:2)

3.所在位置:附录三第3图第三行第2格。

4.地理情况:琐珥是盐海(即死海)南端西订谷旁的一座城,与其附近的所多玛等地统称为平原五城。琐珥是五城中最小的城镇,琐珥城后的小山上有个山洞,据认为即是圣经记述的罗得及其两个女儿栖居之地。

5.圣经记载:

1)亚伯拉罕的侄子罗得迁居到所多玛后,所多玛、琐珥等平原五城的五个王背叛了以拦王基大老玛。于是,以基大老玛为首的米所波大米地区的四个王,率军攻到盐海东边,并且南下进攻直到亚喀巴湾。其后,又转向西北攻打加低斯等地,更由加低斯回军攻击所多玛、琐珥五城。所多玛、琐珥等城的五个王与基大老玛等四个王会战于西订谷,即是有名的四王与五王之战。结果所多玛、琐珥等五王战败,罗得及其财物都被基大老玛等四王掳去。其后罗得幸被亚伯拉罕率人抢救回来。(创 14:1—16,请参看附录三第3图及其说明)

2)当所多玛诸城毁灭的时候,罗得为琐珥城代求得免毁灭。罗得也逃入该城。(创 19:20—23)

3)所多玛毁灭后,罗得因为怕住在琐珥,就同他的两个女儿从琐珥出去住在山洞里。他的两个女儿竟有意地叫罗得喝酒大醉之后,先后与罗得同房而怀孕。大女儿生的儿子起名叫摩押,乃是摩押人的始祖。二女儿也生了儿子,他的后代乃是亚扪族人。(创 19:30—37)

4)摩西临终前,从摩押平原登尼波山,上了那与耶利哥相对的毗斯迦山顶。耶和华把包括琐珥在内的应许之地都指给他看。(申 34:1—3)

5)在先知以赛亚和耶利米的时代,琐珥仍然存留于世。两位先知都曾提到过琐珥。(赛 15:5,耶 48:34)

琐希列　　(Zoheleth)

1.此名原意:“蛇石”、“爬行物”。

2.所在位置:附录三第 68 图第四行第 3 格隐罗结所在地。

3.地理情况:琐希列是个大磐石的名字。在耶路撒冷东南。挨近隐罗结泉之处。

4.圣经记载:

大卫的第四个儿子亚多尼雅① 阴谋自立为王。他在琐希列磐石那里,宰了牛羊肥犊,宴请他的诸弟兄,就是大卫王的儿子们,以及所有作王臣仆的犹大人,借此笼络人心,意欲称王。(王上 1:5—11)但先知拿单及时晋见大卫,当即确立耶和华喜爱的所罗门为王,使亚多尼雅的谋

---

① 大卫最早得的几个儿子(撒下 3:2—4),其情况如下:

〈1〉第一个儿子暗嫩,因为奸污了同父异母的胞妹他玛,而被他玛同母所生的哥哥押沙龙(即暗嫩的胞弟)所杀。(撒下 13:1—33)

〈2〉第二个儿子基利押又名但以利,(代上 3:1)圣经未有其他的记载。

〈3〉第三个儿子押沙龙先杀了胞兄暗嫩,后来又背逆父亲,并且企图篡位追杀大卫,结果兵败而死。(撒下 15—18 章)

〈4〉第四个儿子亚多尼雅企图违抗大卫争夺所罗门的王位,失败之后,终于被杀。(王上 2:19—25)

圣经学者认为,摩西因预知以色列人进迦南后会要求立王建国,所以摩西生前曾论到所立之王应遵守的法度,其中有一条即是王“不可为自己多立妃嫔,恐怕他的心偏邪”。(申 17:17)而大卫娶妻甚多,生子甚众,乃是违背了这一律令。因而家室之中乱伦谋位的事件一再发生,甚至自己险些丧命于亲生儿子的手中,也是咎由自取,自酿苦酒所致。

算未能得逞。(王上 1:22—49,参撒下 12:24)

所多玛　　(Sodom)

1.地名原意:"焚烧"、"上脚镣"。

2.所在位置:附录三第 3 图第三行第 2 格。

3.地理情况:所多玛与蛾摩拉是圣经记述的两座罪恶城市。其遗址在现今以色列境内,约在死海南端附近的利桑半岛以南的浅水之下。所多玛、蛾摩拉与押玛、洗扁、琐珥合称为"平原五城"。(请参看创 14:2)考古学家证实,约在公元前 2000 多年时,所多玛、蛾摩拉地区土壤肥沃,注入死海的淡水河流,足以维持当地的农作物。青草繁茂,也适宜牧放牛羊。另有学者考证,公元前约 2000 年前后,自约旦河谷至东非赞比西河流域的大裂谷中,死海地区发生地震。而当地蕴藏的石油与天然气乃喷发燃烧,毁灭了所多玛和蛾摩拉。至今当地水下,仍满布硫磺与沥青的沉渣。盐海南部的浅水中,且有古树残干冒出水面,树干表面裹着盐层。当地盐丘上的盐柱,处处可见。所多玛、蛾摩拉的原来位置,请参看附录三第 3 图第三行第 2 格中盐海南端的水域。

4.圣经记载:

1)当年亚伯拉罕的侄儿罗得由于牛羊增多,他的牧人竟和亚伯拉罕的牧人争占牧场。亚伯拉罕对罗得说:"你我不可相争。……遍地不都在你眼前吗?请你离开我。你向左,我就向右。你向右,我就向左。"罗得贪图所多玛、蛾摩拉一带土地肥美,选择了约旦河的平原,并且往东渐渐挪移帐棚,直到所多玛。所多玛人在耶和华面前罪大恶极。(创 13:5—13)

2)罗得住在所多玛时,发生了一场九王的混战。在战乱之中，罗得的全家及财物都被掳去。亚伯拉罕打败敌人，救回了罗得全家，为他夺回了财物。但罗得仍不悔悟，继续留住在所多玛城内。（创 14:1—23）

3）由于所多玛、蛾摩拉罪恶甚重，耶和华决心毁灭这两座城市。只有罗得和他的妻子与两个女儿被天使领出了城外。当罗得一家逃到琐珥时，耶和华将硫磺与火降到了所多玛与蛾摩拉。那地方烟气上腾，如同烧窑一般，两城的人、畜、草、木、尽都毁灭了。罗得的妻子不听天使的劝告，悬念自己在城中的财物，竟回头顾盼，就变成了一根盐柱。（创 18:29—19:29）

4）耶稣曾责备迦百农等地的人心刚硬，不肯悔改。他说，当审判的日子，所多玛和蛾摩拉所受的惩罚比他们所受的还要轻一些呢。（太 10:15，11:23—24，部分词语新译）

5）彼得曾引述所多玛的毁灭，警戒世人说：神"判定所多玛、蛾摩拉，将二城倾覆，焚烧成灰，作为后世不敬虔人的鉴戒。"（彼后 2:6）

所罗门廊　　　（Solomon's Porch）

1．地名原意：意指耶路撒冷圣殿中的一段走廊。

2．所在位置：附录三第 71 图第二行第 4 格。

3．地理情况：公元前 900 余年时，所罗门在亚伯拉罕献以撒的摩利亚山地建造了圣殿。（代下 3:1）殿中曾建有一个走廊。（代下 3:4）公元前 600 年前后，巴比伦王几次掠取殿中的圣器，终于将圣殿摧毁。（王下 24:13—25:17）公元前 536 年，即波斯王古列元年，古列下诏通告全国，叫耶和华的子民返回耶路撒冷重修圣殿。（拉 1:1—11）公元前 175 年，叙利亚大帝安提阿古·爱比法尼斯（Antiochus Epiphanes）再次破坏圣殿。其后,犹太的马克比王朝短期独立期间,圣殿稍得修复。但公元前54年,圣殿的宝物又被罗马官员克拉苏掠夺。公元前37年,分封的王大希律为了讨好犹太人,大举修整圣殿。并且仿效所罗门的建筑,也重修了殿中的走廊,被称为"王廊",或"所罗门廊"。

4.圣经记载:

1)修殿节的时候,耶稣曾在圣殿里所罗门的廊下行走。犹太人围着他,问他是不是神所应许给世人的救主。但是当耶稣责备犹太人不信从他的时候,犹太人却又拿起石头来要打他,并且要捉拿他,只是耶稣却避开他们走了。(约 10:22—39)

2)耶稣受难后,彼得在圣殿的美门那里治好了一个瘸腿的人。这个人和彼得、约翰一同进了圣殿,走着、跳着赞美神,来到了所罗门的廊下。众百姓都认得那人是素常坐在美门口求周济的瘸子,就非常惊奇地跑到那里观看。彼得看见,就向众人传讲福音,祭司们和看守圣殿的人员因此拘押了彼得、约翰。但听道的人信从基督的,单说男子,就有5000之多。(徒 3:1—4:4)

3)使徒时代,信徒们经常同心合意地聚集在所罗门的廊下。信徒以外的人都不敢接近他们,但一般民众却都尊重他们。那时,"信而归主的人越发增添,连男带女"数目很多。(徒 5:12—14)

T

他备拉 (Taberah)

1.地名原意:"焚烧"、"饲养之地"。

2.所在位置:附录三第11图第四行第3格。

3.地理情况:他备拉是西乃旷野中的一个地方,在西乃山北约有三天的路程。

4.圣经记载:

以色列人离开西乃山往前行了三天的路程,百姓发怨言。"他们的恶语达到耶和华的耳中,耶和华听见了就怒气发作,使火在他们中间焚烧,直烧到营的边界。""那地方便叫作他备拉,因为耶和华的火烧在他们中间。"(民11:1—3)

他泊山　　（**Tabor**）

1.地名原意:"高地"、"山岭地"、"不平之地"、"你要洁净"。

2.其他名称:

1)近代译名为"**搭博尔**"。

2)又译作"**大泊**"。

3.所在位置:附录三第10图第二行第3格。

4.地理情况:

1)他泊山在耶斯列平原东北约旦河以西。为一孤立的山峰,在西布伦和以萨迦交界的地方。西距拿撒勒约二三十里。此山海拔近600公尺,呈一触目之奇景。为以萨迦支派所得的土地。

2)他泊山有"之"字形的盘山道路。登山并无困难。山上景色秀丽,风光明媚,满山树林,环境安静,非常适宜基督徒的灵修祷告。故此有人认为圣经记载的耶稣登山变像之处即是他泊山,而不是黑门山。持此论者大多以为:黑门山距离耶稣经常传道之地较远,路途不便;而且黑门山高达2840公尺,攀登也有困难;同时黑门山顶常年多有积雪不化,彼得很难启齿在该处搭棚为耶稣居住。但仍有不少学者持守传统的论证,认为耶稣登山变像乃在黑门山。其结论尚有待今后的探讨。

5.圣经记载:

1)当年巴拉曾召聚西布伦人和拿弗他利人过他泊山,杀败迦南王耶宾的将军西西拉。(士 4:4—16,请参看附录三第 19 图⑥、⑧等项说明)

2)米甸的西巴和撒慕拿两个王曾在他泊山杀了基甸的弟兄,但基甸倚靠耶和华,以少胜多,终于擒获米甸的两个王而把他们处死。(士 8:18—21)

3)先知何西阿,向以色列的祭司、王家和百姓的首领发出警告,责备他们在他泊山等地利用百姓的无知诱民犯罪,必受审判。(何 5:1)

他纳　　　(Taanach)

1.地名原意:"沙地"、"城垛"、"雉堞"、"她要折磨你"。

2.其他名称:**亚乃**。

3.所在位置:附录三第 16 图第二行第 2 格。

4.地理情况:他纳原系迦南人的一个王城,在米吉多南边十几里处,此地处于高岗之上,且是由巴比伦到埃及的贸易大道必经之地,因此他纳与米吉多同为军事重镇。

5.圣经记载:

1)以色列人进入迦南后,他纳王为约书亚所杀。(书 12:21)

2)约书亚曾将此城分给玛拿西支派。后来又分与利未人哥辖的子孙为业。但是住在其中的迦南人并未被赶出。(书 17:11,21:25;士 1:27)

3)女士师底波拉使巴拉率领以色列人与迦南诸王争战,并在米吉多水旁的他纳打败迦南人。底波拉和巴拉为此曾写了一首名诗歌赞颂耶和华。(士 5:1,19—21,请参看附录三第 19 图说明⑨、⑩)

4)所罗门王年间,设立了十二个官吏,管理他纳等以色列的城邑。并要求这十二个人,每年各人有一个月供给王家的食物。(王上 4:7—12)

他施 (**Tarshish, Tharshish**)

1.地名原意:“硬”、“坚实”、“岩石的”、“克服”、“她要撕碎”。

2.所在位置:附录三第 73 图第二行第 1 格。

3.地理情况:他施是挪亚的重孙他施及其后代居住之地。(创 10:1—5)其确切地区不详,有些学者认为,他施当在今西班牙靠近地中海的沿岸地区,或者即是当地的一个港口。在旧约时代,他施距离古以色列建国的迦南,已属极其遥远的地带。

4.圣经记载:

1)所罗门王曾有一支远航的他施船队,三年一次,装载金银、象牙、猿猴、孔雀回来。(王上 10:22)这些船只,很可能是在古时红海边上(今亚喀巴湾)的以旬迦别制造的。(王上 9:26—27,请参看附录三第 40 图中的③)

2)犹大王约沙法与以色列王亚哈谢交好,二人也曾合伙在以旬迦别造船,要往他施去。(代下 20:35—36)

3)先知约拿时,耶和华曾差遣约拿到东方的尼尼微去传道。但是约拿却躲避耶和华的呼召,从约帕坐船往西方极远的他施而去。(拿 1:1—3,参看附录三第 73 图)后来经过耶和华神的管教和引导,约拿才又遵从神命到尼尼微去传道。(拿 1—3 章)

挞马太 (**Dalmatia**)

1.地名原意:“欺骗”。

2.其他名称:现今译名为“**达尔马提亚**”。

3.所在位置:附录三第 104 图第一行第 1 格。

4.地理情况:挞马太位于现今的亚得里亚海(Adriatic Sea)的东岸,并包括沿岸一带的岛屿。乃是古时以利哩古的一部分。地当巴尔干半岛上。公元前第4世纪时,希腊人开始在此地定居。其后经过多年战争,于公元前155年归属于罗马,巴尔干半岛地区民族问题比较复杂,历史上常有争战,挞马太也多次转手,隶属于不同的国家。1947年达尔马提亚(即古时的挞马太)全部成为南斯拉夫领土,行政上被划为南斯拉夫克罗地亚共和国的一个区。据1971年统计,此处人口约50万。但现今南斯拉夫内部争端又起,其未来的地理图应如何绘制,尚无从预测。

5.圣经记载:

1)保罗说,他为了外邦人(即犹太以外的各族人)同得救恩,而成为基督耶稣的仆役。(罗 15:16)甚至他从耶路撒冷,直走到挞马太、以利哩古地区,到处传了基督的福音。(罗 15:19)

2)提多曾多年伴随保罗传道,当保罗离世之前,提多去到挞马太。很可能是在当地贫困地区,继续讲道。(提后 4:10)

逃城 **(Cities of Refuge)**

1.所在位置:六座逃城请见附录第16图。

2.圣经记载:

1)耶和华晓谕摩西说:"你吩咐以色列人说:'你们过约旦河,进了迦南地,就要分出几座城,为你们作逃城。使误杀人的可以逃到那里。这些城可以作逃避报仇人的城,使误杀人的不至于死,等他站在会众面前听审判。……在约旦河东要分出三座城,在迦南地也要分出三座城,都作逃城。'"(民 35:9—14)

2)约旦河东的三座逃城是：比悉、基列拉未、哥兰。（申4:41—43）

3)约旦河西的三座逃城是：基低斯、示剑、希伯仑。（书20:7）

特庇　　（Derbe）

1.地名原意："刺"、"硝皮匠"。

2.所在位置：附录三第98图第一行第2格。

3.地理情况：特庇是小亚西亚吕高尼东南部的一个城市。使徒时代，该城属于罗马的加拉太省。在以哥念、路司得的东南方，距以哥念约140里。

4.圣经记载：

1)保罗第一次外出传道时，曾和巴拿巴一同进到以哥念的会堂里去传讲基督。当时，犹太人和希利尼人信的很多。但那些不信耶稣的犹太人，挑动众人反对保罗和巴拿巴。城里的人就分成了两派。由于那些不信的犹太人和外邦人等要用石头打死保罗和巴拿巴，他们就离开以哥念，避往路司得和特庇去。并在该两座城市及其周围的地方传讲福音。（徒14:1—7）

2)保罗和巴拿巴在路司得传道时，当地人十分尊崇他们。而有些犹太人从以哥念等地赶来，挑唆众人用石头打保罗，以为他已经死了，就把他拖到城外。但保罗却苏醒过来，第二天便同巴拿巴往特庇去，对那里的人传扬福音，使当地许多人成为基督的信徒。（徒14:19—21）不久，保罗和巴拿巴又从特庇回路司得去，坚固信徒们，劝他们持守所信的道。（徒14:21—22）

3)保罗第二次外出传道时，又来到了特庇与路司得。拣选了青年圣徒提摩太，带着他一起周游布道。（徒16:1—3）

4)特庇的信徒该犹曾陪同保罗，冒险去往耶路撒冷，同作教会的事工。（徒 20:3—5，参看徒 20:22—24）

特拉可尼　　（Trachonitis）

1.地名原意："崎岖地带"。

2.所在位置：特拉可尼地区在大马色的东南，参看附录第80图第二行第5—6格。

3.圣经记载及有关记述：

施洗的约翰出来传道时，希律的兄弟腓力作特拉可尼分封的王。（路 3:1）历史记述腓力后来娶了他的侄女撒罗米为妻。撒罗米乃是希罗底的女儿，即是为希律跳舞而杀害了施洗约翰的那个女子。约翰原是由于责备希律娶了他的弟妻希罗底而被囚禁的。从此可以看出希律家族成员中婚姻混乱的情况。（参看太 14:1—11。注意，太 14:3 中所提的腓力乃是希律的另一个兄弟。）

特罗亚　　（Troas）

1.地名原意："特洛伊（Troy）平原"。

2.其他名称：又译作"**特洛阿斯**"、"**特洛阿德**"、"**特洛阿特**"。

3.所在位置：附录三第99图第一行第2格。

4.地理情况：

1)特罗亚是小亚西亚西北部每西亚的海口。此地伸向爱琴海，乃是亚洲最西面的地段，距离欧洲近在咫尺。现今在土耳其恰纳卡莱省。

2)古特罗亚在特洛伊（Troy）以南不远。特洛伊即是古代传说中的"特洛伊木马计"发生之地。该传说谓：希腊人围攻特洛伊10年不下，佯装退兵，留下一个空心的大木马，内藏精兵。特洛伊人出于好奇，把木马拉进城内。但木马内的伏兵出来打开了城门，迎接希腊的主力攻入城内。

3)特罗亚海港现已不复存在,已成一片废墟。

5.圣经记载:

1)保罗第二次外出传道时,曾越过每西亚为基督的福音来到特罗亚,工作已经有所开展。但保罗在异象中见到一个马其顿人,请保罗到欧洲的马其顿去传道。于是保罗便从特罗亚乘船去往欧洲的马其顿,到那里去传讲福音。(徒 16:8—12;林后 2:12)

2)保罗第三次外出传道,在归途中又到了特罗亚,在那里和同往耶路撒冷去的各地圣徒相会,并且在特罗亚住了七天。七日的第一日(即礼拜日)圣徒们擘饼聚会的时候,保罗和圣徒们讲论直到半夜。有一个少年圣徒犹推古,因为困倦而摔到楼下致死。但保罗为他祷告后,继续谈道,直到天亮。有人把那个少年活活的领来,大家甚得安慰。(徒 20:5—12)

3)保罗与特罗亚的信徒加布交往较密。他留住在特罗亚期间,曾把自己的外衣和书卷留在加布的家中。(提后 4:13)在保罗自知即将离世的时候,(提后 4:6)仍要提摩太把留在加布那里的外衣和皮卷带来。从此可以看出,保罗虽然学识渊博,(徒 26:24)但仍好学不倦。而且,即或在殉道前的囚禁期间,(提后 1:8)仍是从容攻读,生活有序的。(提后 4:11,13,18)

4)有人推论,保罗最后一次到特罗亚时,乃是在他初次被囚于罗马经释放之后,又周游传道而到达此地的。很可能保罗即是在特罗亚再次突然被捕,又仓促被带离此地,所以连日用的外衣也未能穿着或拿取。(请参看附录三第 102 图)

提备斯　　　（Thebez）

1.地名原意:“光明”、“显著”。

2.其他名称:近称**土巴斯**(**Tubas**)。

3.所在位置:附录三第20图第三行第2格。

4.地理情况:提备斯是示剑东北约30里的一个城镇。位于由示剑去往伯珊的大道上。

5.圣经记载:

在士师时代,以色列的著名领袖基甸因为妻子众多,生有70个儿子。他又娶了一个示剑的女子为妾,也生了一个儿子,起名叫亚比米勒。这个带有迦南血统的亚比米勒靠示剑城迦南人的支持,用巴力庙里的钱雇用匪徒,把同父异母的70个兄弟杀死,自立为王,用武力强迫以色列人受他的统治为时三年。但当他攻取提备斯时,有一个女人从城楼上抛下磨石把他打成重伤。亚比米勒不愿被人说他死在一个女子的手中,便叫他的随从用刀把他刺死在提备斯的楼门之下。(士9:50—55)

提比哩亚　　　（Tiberias）

1.地名原意:“鱼厂”。

2.其他名称:又译作“**太巴列**”,也叫“**塔巴哩亚**(**Tabariyah**)”。

3.所在位置:附录三第80图第二至三行第4格。

4.地理情况:提比哩亚位于加利利海西岸。距离约旦河的入海处约35里,距约旦河的出海口约18里。此城是分封的王希律安提帕于公元18年建造的。希律为了讨好当时的罗马皇帝提比留,即以皇帝的名字命名该城为提比哩亚,使它成为加利利省的省会。公元70年时,耶路撒冷的圣殿被罗马人摧毁。其后,提比哩亚即成为巴勒斯坦犹太人的主要城镇。犹太教公会和犹太教的拉比学院也迁入此城。其后，提比哩亚与耶路撒冷、希伯仑、加利利的撒费得(Safed)并列为犹太人的四大圣地。现今也是以色列境内的旅游胜地之一。1982 年统计，此城约有 29000 人。现名塔巴哩亚。

5.圣经记载：

耶稣在提比哩亚海边用五个饼两条鱼使 5000 人吃饱之后，众人要强迫他作王。耶稣知道他们的心意，就独自退到山上去了。到了晚上，他的门徒上了船，要过海往迦百农去。门徒们摇橹约走了 10 里多路，耶稣在海上步行走到了门徒的船边。门徒们接他上了船，遂即到了他们所要去的地方。第二天，那些吃饼得饱的众人发现耶稣和门徒已不在海边上。然而有几只小船从提比哩亚来，停靠在耶稣曾分饼给众人吃的附近。这群人就上船往迦百农去找耶稣。找到耶稣后，耶稣却对他们说："你们找我，并不是因见了神迹，乃是因吃饼得饱。不要为那必坏的食物劳力。要为那存到永生的食物劳力。"从而说明，耶稣并不是要在世上作王，乃是要赐给人永远的生命。(约 6:15—40)

提比哩亚海　(**Sea of Tiberias**)即"**加利利海**"。

1.地理情况：

1)其位置请参看附录三第 80 图第二至三行第 4 格加利利海。

2)其他情况请见于本书"加利利海"条。

2.圣经记载：

"加利利海，就是提比哩亚海"。(约 6:1)耶稣复活以后，曾在提比哩亚海边又向门徒显现。耶稣和门徒们在提比哩亚海边吃完了早饭，曾三次垂问彼得："你爱我吗?"而且三次嘱托彼得喂养小羊、牧养羊群。耶稣并且对彼得说;"你年少的时候,自己束上腰带,随意往来。但年老的时候,你要伸出手来,别人要把你捆绑起来,带你到不愿意去的地方。"耶稣这些话,是指明彼得要怎样死来荣耀神而说的。(约21:1—19。18节中引号内的经句乃是新译文。)

提哥亚　　　(Tekoa)

1.地名原意:"堡垒"、"搭起帐棚"、"号筒"、"戳刺"。

2.所在位置:附录三第42图第三行第3格。

3.地理情况:提哥亚是耶路撒冷以南约30里的一个城,距伯利恒南18里,此城四周有牧羊的草地,故多年为牧人所居住的城镇。

4.圣经记载:

1)押沙龙因为杀害了他的胞兄暗嫩,得罪了父亲大卫王而畏罪逃到了基述。大卫想念押沙龙时,约押想挽回大卫的心意。约押在提哥亚那里找来一个聪明的妇人晋见大卫。她假装居丧,穿着孝服,对大卫说她是个寡妇,有两个儿子,其中一个儿子杀死了另一个儿子。全家人都要把这个杀人的儿子处死。但是这样她就会失去仅存的一个儿子。所以她请求大卫断案帮助。当大卫应允保证她的儿子一根头发也不会损伤的时侯,她就趁机劝解大卫把押沙龙召回来。因此押沙龙得以重回耶路撒冷居住。(撒下14:1—23)

2)犹大王罗波安为了保障国土,曾修筑了许多坚固的城邑,提哥亚便是其中的一个。(代下11:6,参看附录三第42图)

3)犹大王约沙法与东方各族人争战的时侯,在提哥亚的旷野，于两军阵前激励犹大人。在百姓颂赞耶和华的歌声中，耶和华就派伏兵击杀那来攻击犹大人的亚扪人、摩押人和西珥山人，他们就被打败了。（代下20:20—24，请参看附录三第51图说明③、④、⑤）

4）提哥亚也是先知阿摩司的家乡。（摩1:1，请对比参看附录三第56图）

帖撒罗尼迦　　（Thessalonica）

1.地名原意："胜利"、"胜过律法的搅扰"。

2.其他名称：现今名叫"**萨洛尼卡（Saronic）**"，也叫"**塞萨洛尼基（Thessaloniki）**"。

3.所在位置：附录三第99图第一行第1格。

4.地理情况：

1）帖撒罗尼迦是马其顿的一个重要海港。位于投马克海湾（Thermaic Gulf）北端。投马克海湾即现今的**萨洛尼卡海湾（Saronic Gulf）**。此城在腓立比西南，原来是个无名的小镇。公元前315年，亚历山大大帝东征时，他属下的马其顿王卡桑德（Cassander）扩建此地为城市，并以他的王后（即亚历山大的妹妹）帖撒罗尼迦命名此城。公元前146年，马其顿成为罗马的一个省分，帖撒罗尼迦被定为省城。此地是陆海交通要道，可以通往腓立比、雅典、哥林多等重要城市。

2）现今的萨洛尼卡（即古时的帖撒罗尼迦）隶属于希腊，不仅是进、出口货物并集散商品的港口，而且也是巴尔干半岛上的战略要地。

5.圣经记载：

1）保罗第二次外出传道时，他和西拉曾在腓立比被打，被囚禁了一夜。他们出了监牢，劝慰了当地信徒，离开了腓立比之后，经过一些城市，来到了帖撒罗尼迦。保罗一连三个安息日进到当地犹太人的会堂里去，传讲耶稣是犹太人盼望已久的救主。当地有些犹太人、希利尼人和一些尊贵的妇女信奉了基督。但那些不信的犹太人招聚了一些市井匪类，耸动人众，叫喊保罗、西拉是“搅乱天下的”。他们诬陷保罗、西拉“违背该撒的命令，说：‘另有一个王耶稣。’”但是这些市井匪类未能找着保罗、西拉。于是当地信徒随即在当夜护送保罗、西拉离开帖撒罗尼迦，到庇哩亚去。(徒 16:40—17:10)保罗这次在帖撒罗尼迦传道期间，曾有腓立比的圣徒一次两次地派人去供给保罗的生活费用。(腓4:16)而保罗仍时以制造帐棚为业，(徒 18:3)他常以自己的双手作工，供给自己和同工的需要。(徒 20:34)他在帖撒罗尼迦传讲福音时，常常辛勤劳碌，日夜作工，为的是不给当地信徒带来负担。(帖前 2:9;帖后 3:8)保罗这样地传道作工虽然辛劳，但是却大有功效。保罗离开帖撒罗尼迦不久给那里的圣徒写信时说：“主的道从你们那里已经传扬出来。你们向神的信心，不但在马其顿和亚该亚，就是在各处也都传开了。”(帖前 1:8)

2)保罗离开帖撒罗尼迦之后，在庇哩亚传道时，庇哩亚的许多犹太人和希利尼人又相信了基督。庇哩亚距离帖撒罗尼迦仅约 150 里。那些反对保罗的帖撒罗尼迦人，得知保罗在庇哩亚传道的果效，就又到庇哩亚来搅扰众人。于是保罗便又从庇哩亚去到雅典传道。(徒 17:13—15)这些反对保罗的人如此地追逼他，一方面说明了传道工作的艰辛，(帖前 2:2)另一方面也说明帖撒罗尼迦的信徒们，已经成为马其顿(包括腓立比和庇哩亚等地)所有信主之人的榜样,(帖前1:7)而这正是反对保罗的人所惧怕的。

3)保罗被迫仓促离开帖撒罗尼迦之后,心里思念当地的信徒,常想再到帖撒罗尼迦去看望他们。(帖前2:17)但因有撒但的阻挡,(帖前2:18)也可能是怕返回该城后,又给帖撒罗尼迦的圣徒们带去难处,(参看徒17:6—9)因此保罗到了雅典以后,只好叫他的青年助手提摩太从庇哩亚去看望帖撒罗尼迦的信徒。(帖前3:1—2)提摩太由帖撒罗尼迦回到保罗身边时,保罗正在哥林多。保罗从提摩太的述说中,得知帖撒罗尼迦的信徒经历了诸般的患难和诱惑,而信心和爱心仍很坚定。(帖前3:3—6)保罗在哥林多曾连续给帖撒罗尼迦教会写了两封书信,即帖撒罗尼迦前、后书。保罗在信中说,保罗等一些传道人在一切困苦患难之中,因着帖撒罗尼迦圣徒的信心,就得到了安慰。(帖前3:7)

4)保罗第三次外出传道的途中,曾先经过马其顿到了希腊。(徒20:1—2)其后又由希腊返回马其顿。(徒20:3—4)帖撒罗尼迦乃是马其顿的重要城市又是交通要道。保罗早就想再到帖撒罗尼迦去,(帖前2:18)这样,保罗很可能又先后两次到过帖撒罗尼迦。

5)帖撒罗尼迦的信徒亚里达古(徒20:4)曾随同保罗传道,他在以弗所被人捉拿加以控告,(徒19:29)又冒着危险与保罗同去耶路撒冷。(徒20:3—4,参徒20:22—23)保罗于耶路撒冷被犹太人捉拿后,当他被罗马巡抚派人押往罗马时,亚里达古也伴随着保罗同行。(徒27:1—2)这位帖撒罗尼迦的圣徒亚里达古和保罗

同到罗马以后一同坐监。(西 4:10)保罗说亚里达古乃是和他同工的人。(门 24)

6)保罗初次被囚于罗马又经释放后,再次到过马其顿。(提前 1:3)这时的保罗已经年过 60,饱经忧患,但仍为福音奔走于各地。(多 1:5)从帖撒罗尼迦前、后书中保罗关切当地教会之情看来,保罗在马其顿期间,将会第四次再来到帖撒罗尼迦看望当地的教会。请参看附录第 102 图。

7)帖撒罗尼迦教会之外,必然会有诱人的罪恶。所以在保罗殉道前的危难之际,底马因为贪爱现今的世界,就离弃保罗往帖撒罗尼迦去了。(提后 4:10)

亭拿　　(Timnah)

圣经中有两个亭拿:

Ⅰ.犹大北部边境上的亭拿

1.地名原意:“约束”、“份”。

2.其他名称:

1)**亭纳**。(**书 15:10**)

2)**亭拿他**。(**书 19:43**)

3)今译作“**提姆纳(Timna)**”。

3.所在位置:附录三第 23 图第二行第 2 格。

4.地理情况:亭拿在耶路撒冷西方约 40 余里,距琐拉西南约 10 余里。原是犹大支派的一个城镇,(书 15:10)后为但支派所得。(书 19:43)亭拿现今译作提姆纳,铜矿产量很大,现已是以色列的炼铜城市。

5.圣经记载:

1)参孙曾下到亭拿,娶了当地一个非利士女子为妻。后因这一女子又改嫁他人,参孙于是点着火把,烧了

非利士人的庄稼、禾捆和葡萄园。(士 14:1—15:5)

2)犹大王亚哈斯背逆耶和华,非利士人曾侵入到伯示麦、亚雅仑、梭哥、亭拿等地。(代下 28:18)

Ⅱ.**犹大山地中的亭拿**。系他玛从犹大怀孕之处。确址不详。(参见创 38:12—18)

推罗 (**Tyre**)

1.地名原意:“岩石”、“受苦难”。

2.其他名称:

1)又译作“**提尔**”。

2)今名“**苏尔**(**Sur**)”。

3.所在位置:附录三第 14 图第一行第 2 格。

4.地理情况及有关资料:

1)推罗在地中海东岸,位于迦密山的北方,在西顿以南约 80 里。该地包括了岸上的陆地与附近的岛屿。公元前 6 世纪时,巴比伦王从大陆上围攻推罗 13 年之久才攻破此城。但推罗王早已把城内财宝转移到离岸一里多的海岛上。巴比伦王因进城毫无所获,盛怒之下,乃下令将城完全拆毁。公元前 332 年,希腊的亚历山大大帝从海上围攻岛上的推罗新城,并且把陆地上旧城废墟中的砖石、旧木、废土完全填入海中,修筑了一条提坝,把海岛与陆地连接起来,占领了推罗。

2)推罗古时与各地多有贸易来往,(结 27 章)原先曾与以色列十分友好,(王上 5:1—18)但后来却与以色列为敌。约在公元前 830 年,先知约珥预言耶和华神必报应推罗人。(珥 3:4—7)公元前约 600 年时,先知以西结预言尼布甲尼撒将攻击推罗,其城必不能再被建造。(请参看结 26:7—19)

3)公元后 638—1124 年,推罗为阿拉伯人占领。公元 12 世纪时又属十字军东征时建立的耶路撒冷王国。13 世纪末推罗毁于战争。不久,该城的城垣日益荒凉而埋没在沙土中。现今该地名为苏尔,是属于黎巴嫩南部省的一个城镇,据 1982 年统计,仅有人口 23000 人。①

5.圣经记载:

1)推罗是一座古老的城市。(赛 23:6—7)

2)在大卫的时代,推罗王希兰即敬爱大卫。(王上 5:1)所罗门作王以后,推罗王希兰供给所罗门修建圣殿所用的香柏木、松木和金子。(王上 5:10,9:11)推罗王希兰的工匠也来帮助建殿。(王上 5;18,7:13—45)因此所罗门曾把加利利的 20 座城赠给了推罗王希兰。(王上 9:11)

3)推罗曾是众民的商埠。(结 27:3)推罗人善于经商。(赛 23:8)当年它与各地多有贸易往来。(结 27 全章)

4)历史记述推罗人曾与以色列人联盟抵御亚述。但后来推罗投降了亚述并与以色列人为敌。因此约在公元前 755 年,先知阿摩司预言说,推罗既然“不记念弟兄的盟约”,神必不免去它的刑罚,要降火在推罗的城内。(摩 1:9—10)约在公元前 830 年,先知约珥则预言说,推罗人等既然把犹太人和耶路撒冷人卖给敌方,神也必使报应归到推罗人的头上。(珥 3:4—7)公元前约 600 年时,先知以西结预言,尼布甲尼撒将攻击推罗。并说他的马蹄将践踏推罗的街道,他将用刀剑杀戮推

---

① 本段资料见于《简明不列颠百科全书》第 7 卷,第 732 页。

罗人。(结 26:7—11)

5)耶稣当年传道来到加利利海边时,有许多人听见耶稣的名声,便从各地来到他那里。其中即有从推罗而来的人。(可 3:7—8,请参看附录第 84 图)。

6)当年耶稣传道时,推罗和西顿的人们由于住处较远,并不能像加利利海滨城市的居民一样,他们不能经常听到耶稣的教诲或经常见到耶稣所行的神迹。因此,耶稣告诫那些听了道而不信的人们说:"当审判的日子,推罗、西顿所受的比你们还容易受呢。"(太 11:20—22)

7)耶稣曾到推罗、西顿的境内去,进了一家,不愿意人知道,却隐藏不住。(可 7:24)由于当地一个迦南妇女凭信心再三地恳求,耶稣治好了她的被鬼附的女儿。(太 15:21—2a)

8)使徒时代,推罗已经建立了教会。保罗第三次外出传道后,在去到耶路撒冷的中途,曾在推罗上岸。保罗等人找着了当地的信徒,就在推罗住了 7 天。那里的圣徒曾劝保罗不要到耶路撒冷去,惟恐会遇到危险。但是保罗仍是要走完他当走的路程。当保罗等人起程前往耶路撒冷时,推罗的信徒们及其家庭的妻子、儿女们,远送保罗等人到了城外的海边。大家跪在海岸上祷告,彼此辞别。直到保罗等人上了船,推罗的信徒才转回家中去。保罗在推罗和信徒们 7 天的交谈,竟是形成了如此深厚的情谊!(徒 21:3—6)

推雅推喇　(Thyatira)

1.地名原意:"烧香"、"苦难气味"。

2.所在位置:附录三第 103 图第二行第 2 格。

3.地理情况：推雅推喇是小亚西亚的一个城镇。在每西亚省南方不远。（请参看第99图第一行第2格。）乃是由别迦摩到撒狄的必经之地。这里的居民以染紫色布匹而闻名。该地至今尚有信徒。

4.圣经记载：

1）保罗第二次外出传道，初到欧洲的腓立比时，该城有一个卖紫色布匹的妇人吕底亚即是推雅推喇城的人。她和她的一家相信耶稣作为她们的救主，并且受了洗，形成了腓立比的教会。（徒16:12—15）

2）推雅推喇教会也是启示录中的七个教会之一。耶稣的灵叫约翰写信给推雅推喇教会的使者说："我知道你的行为、爱心、信心、勤劳、忍耐。又知道你末后所行的善事，比起初所行的更多。然而有一件事我要责备你，就是你容让那自称是先知的妇人耶洗别教导我的仆人，引诱他们行奸淫，吃祭偶像之物。……我是那察看人肺腑心肠的，并要照你们的行为报应你们各人。至于你们推雅推喇其余的人……你们已经有的，总要持守，直等到我来。"（启2:18—29）

陀伯　　（Tob）

1.地名原意："好"。

2.所在位置：附录三第22图第一行第4格。

3.地理情况：陀伯位于约旦河以东，在基列拉末东北约48里。该地已在以色列国境以外。

4.圣经记载：

1）基列所生的耶弗他是个大能的勇士，因母亲是妓女而被歧视逐出家门，且剥夺了承受产业的权利。他逃到了陀伯，成了一群匪徒的首领。（士11:1—3）亚扪人攻打以色列的时候，基列的长老到陀伯去，把耶弗他请了回来作领袖，终于战败了亚扪人。（士 11:1—33，其过程请参看附录三第 22 图）

2）亚扪王哈嫩触怒大卫王之后，即在陀伯招兵 12000 人，又联合亚兰人出兵攻打大卫。但却以失败而告终。（撒下 10:6—14）

陀斐特　　（Topheth）

1. 地名原意：“火炉”、“献祭的地方”、“焚烧之处”。

2. 所在位置：附录三第 68 图第四行第 1—2 格欣嫩子谷所在地。

3. 地理情况：陀斐特是欣嫩子谷中的一个高地。① 位于耶路撒冷城的西南。

4. 圣经记载：

1）先知耶利米时代，耶路撒冷居民在欣嫩子谷建筑陀斐特的邱坛，好在火中焚烧自己的儿女，作为燔祭献给巴力。“耶和华说，因此日子将到，这地方不再称为陀斐特和欣嫩子谷，反倒称为杀戮谷，因为要在陀斐特葬埋尸首，甚至无处可葬。”（耶 7:31—32，19:5—6）

2）约西亚作犹大王的时候，作耶和华喜悦的事。他命人拆毁并废去陀斐特的邱坛，不许人在那里把自己的儿女当做火化祭物献给假神摩洛。（王下 23:4—10）

---

① 有人认为陀斐特并不是地名，仅只是意为“火炉”的普通名词。也有人认为陀斐特，不仅是地名，且有时是欣嫩子谷的别名或代称。但当时异族人献祭多在高处，所以陀斐特必是欣嫩子谷内的一个土山或高岗，这一点似都无异议。

W

吾珥　　（**Ur**）

1.地名原意:"光"、"沥青之母"。

2.其他名称:

1)古称"**乌路(Uru)**"。

2)后称"**乌路玛(Urumma)**"。

3)又译作"**乌尔**"。

4)现也称"**泰勒穆盖耶尔**"。

3.所在位置:附录三第2图第三行第4格。

4.地理情况:吾珥位于伯拉大河下游的西岸,是古代的重要城市。历史学家认为,该城最初是由从北部迁来的移民建立的,公元前二千多年时,曾是南部米所波大米的都城。后来巴比伦曾在这一区域建国。公元前四世纪时,因伯拉大河改道,吾珥一带土地沙漠化而渐荒芜。其遗址在巴比伦旧城东南约450里。在此地出土的古代王室墓地的文物,反映了古时此地的富裕状况和高度发达的文化艺术。在亚伯拉罕的时代,吾珥是祭拜偶像的城市。其中月神南那庙,乃是用砖构砌的三层建筑物,很像带有台阶的金字塔。现在伊拉克境内,幼发拉底河接近波斯湾约500里处,有一个"乌尔站"。或即是因为靠近吾珥而得名的。

5.圣经记载:

1)吾珥乃是亚伯拉罕的故乡。(创11:31)

2)亚伯拉罕顺从耶和华的呼召,离开自己的本地、本族、父家,(创12:1)出了迦勒底的吾珥,(创15:7)后来又进入

迦南，(徒 7:4)这乃是圣经中的一件大事。旧约和新约中都曾屡次加以讲述。(尼 9:7—8;来11:8—9)

X

希伯来(人),希伯来(话),希伯来(的)　　(Hebrew)

有人误解圣经中“希伯来”一词旁边的符号，错认为是个地名。其实“希伯来”的原意是“渡河而来”，意指亚伯拉罕等人乃是(由哈兰)“渡过伯拉大河而来”(到迦南)的人。(创 14:13)亚伯拉罕的嫡系后裔即被称为“希伯来人”(出3:18;徒 6:1;林后 11:22;腓 3:5 等经文)。他们的语言即被称为“希伯来话”。(约 5:2,19:13;徒 21:40;启 16:16 等经文)有时意为“希伯来的”。(出 1:16;申 15:12)

希伯仑　　(Hebron)

1.地名原意:“同盟”、“友谊”、“联合”。

2.其他名称:

1)古名“**基列亚巴(Kiriath-arba)**”。(创 23:2)

2)也叫“**幔利(Mamre)**”。(创 23:19)

3)又译作“**希伯伦**”①。

4)今名“**哈里尔(Alkhalil)**”,意思是“神的朋友”。(赛 41:8)

3.所在位置:附录三第 10 图第四行第 2 格。

4.地理情况:

1)希伯仑是世界上最古老最闻名的城邑之一。此城在耶路撒冷以南约 60 里。距伯利恒约 40 余里，在犹大山地的一个山坡上，海拔约 900 公尺。附近泉水充足，园

---

① 参见《简明不列颠百科全书》第 8 卷，第 447 页。

林繁茂。亚伯拉罕曾在此城北郊4里处幔利的橡树下居住。希伯仑乃是亚伯拉罕经常生活出入之地。

2)亚伯拉罕曾在希伯仑买了麦比拉洞埋葬妻子撒拉。后来麦比拉洞遂成为他的家族墓地。亚伯拉罕、以撒、利百加、雅各、利亚等以色列人的先祖都前后葬在此地。(创 23:17—20,25:9,49:31,50:7—13)因此犹太教徒把希伯仑尊为四大圣城之一。希律王为了迎合犹太人的心理,曾在希伯仑郊区建筑了两个高大的纪念性建筑物。一个在麦比拉洞,一个即在幔利的橡树那里。

3)伊斯兰教徒由于崇敬亚伯拉罕,也把希伯仑当做圣地。阿拉伯人统占此地时,曾在麦比拉洞上方建了一座"真主之友易卜拉欣[①] 清真寺"。并且从1267年起,只许穆斯林前来此地朝圣,伊斯兰教以外的其他任何人都禁止到此朝觐、游览,共历700年之久。直到1967年,希伯仑重归以色列统辖后,亚伯拉罕等人的坟墓,以及与上述古人生平有关的景地,才向所有的朝圣者和旅游者开放。

5.圣经记载:

1)亚伯兰与侄儿罗得分手后,耶和华应许将他举目向东西南北所看到之地赐给他和他的后裔。亚伯兰就搬了帐棚,来到希伯仑幔利的橡树那里居住,在那里为耶和华筑了一座坛。(创 13:18,请参看第2图说明⑥、⑦)

2)亚伯兰从幔利的橡树那里前往大马色左边的何把。将被掳的侄儿罗得和他的财物,以及妇人、人民也都夺了回来,在杀败基大老玛和与他同盟的王之后又回到希伯仑。(创 14:13—24,请参看附录三第3图说明④、⑤)

---

① 易卜拉欣(Ibrahim)即是亚伯拉罕(Abraham)。

3)当亚伯拉罕住在希伯仑的时候，经历过几件大事：

①神应许他的后裔像天上的星辰那样众多，并且把迦南赐给他们为业。（创15章）

②亚伯拉罕收纳了使女埃及人夏甲为妾，生了以实玛利。（创16章）

③耶和华与亚伯拉罕立约，定了割礼，并叫他把原名“亚伯兰”改为“亚伯拉罕”。（创17章）

④亚伯拉罕接待了天使，神应许老年的撒拉要生一个儿子。撒拉听见后，心里暗笑说：“我已经衰老了，我的丈夫也老了，我怎会有喜呢？”① 但神却对亚伯拉罕说：“耶和华岂有难成的事吗？”（创18:1—14）

⑤亚伯拉罕曾六次求告耶和华不要毁灭所多玛。（创18:16—33）

4)亚伯拉罕一度离开希伯仑，到了基拉耳、别是巴等地。（创20—22章）其后又回到希伯仑，向赫人买了麦比拉洞及附近的田地。后来麦比拉即成了希伯来人的祖坟。（创49:31，50:7—13）

5)亚伯拉罕老年间住在希伯仑，又经历了几件大事：

①差派老仆人到故乡的本族人中去为儿子以撒娶妻。（创24章）

②又娶了基土拉，生了米甸等人。（创25:1—6）

③老死于此地。（创25:7—10）

（以上3)、4)、5)各项经历过程，请参看附录三第3图说明）

6)以色列人出埃及后，曾派探子到希伯仑等地窥探。（民13:22）

---

① 引号内的直接引语乃系创18:12的新译文。

7)约书亚率领以色列人进入迦南后,希伯仑王等人与以色列人争战,结果希伯仑王等人在基遍战败,在玛基大被杀。约书亚进而夺取了希伯仑等地的城邑。(书10:3—26,36,请参看附录三第14图说明⑤、⑥、⑩)

8)希伯仑被立为六个逃城之一。(书20:7,请参看附录三第16图)

9)大卫的战将约押,用诡计在希伯仑的城门洞中杀死了降将押尼珥。(撒下3:20—27,请参看附录三第34图说明②—⑥)

10)扫罗死后,大卫在希伯仑作犹大王7年零6个月,在耶路撒冷作以色列和犹大王33年。(撒下5:3—5,请参看附录三第35图①、②)

11)大卫的儿子押沙龙在希伯仑背叛大卫,自己称王,并从此地发动叛乱。(撒下15:7—12,参看附录三第37图①)

12)以色列分裂后,南国的犹大王罗波安重新修固了希伯仑等城,以防战事。(代下11:5—10,请参看附录三第42图)

希底结(河)　　(Hiddekel)

1.地名原意:“急流”、“迅速”、“光隙”。

2.其他名称:即现今的“**底格里斯河(Tigris River)**”。

3.所在位置:附录三第1图第二行第3格。

4.地理情况:希底结河发源于古时亚西亚山地,即今土耳其境内东部的高山峻岭之间,古时希底结河和伯拉大河原本是分别入海的,后来,由于多年的流沙形成了两河下游的三角洲,所以希底结河流到3600里后,已与伯拉大河汇合而成为阿拉伯河。阿拉伯河再经120里即注入波斯湾。希底结河上游蜿蜒穿行于1800—3000米的高原地带,接近波斯湾时海拔已仅50米,每年春季,高山上融化了大量雪水急流而下,希底结之名(意为“急流”)乃由此而来。希底结流经尼尼微时即汇成大河,公元前612年,巴比伦与波斯围攻亚述的尼尼微两年不下,第三年山洪暴发冲入到尼尼微城内。亚述王见大势已去,便强迫其妃嫔宫女与自己一起焚宫而死。现今尼尼微遗址仍在挖掘中,而伊拉克的名城巴士拉,即在希底结与伯拉河合流后的阿拉伯河西岸。

5.圣经记载:

1)希底结河是滋润伊甸园的四道河流之一。(创2:14)

2)但以理曾在被掳之地的希底结河边见到了异象。(但10:4—7)

希拉波立　　　　(Hierapolis)

1.地名原意:“(伪神)圣地”。

2.所在位置:附录三第103图第三行第3格老底嘉和歌罗西的位置。

3.地理情况:它位于小亚西亚,在老底嘉以北约18里,歌罗西西北约35里。古时该地祭拜各种鬼神。现在土耳其境内。

4.圣经记载:

保罗说,基督耶稣的仆人以巴弗曾为老底嘉和希拉波立的信徒们多多地劳苦过。显然以巴弗曾在老底嘉与希拉波立一带辛勤地传过道。(西4:12—13)

希腊　　　　(Greece)

1.地名原意:“起泡”、“不稳”、“卑贱的人”。

2.所在位置:附录三第104图第二行第1格。

3.地理情况:

1)希腊是古代西方文化的发源地之一。其哲学、文字、艺术、神话都影响于后世很大。

2)希腊本是一个地区的名称,后来该地建国,遂成为国名。由于历史的发展变异,其疆域版图的变动也很大。起初希腊仅相当于现今巴尔干半岛上的局部地区。公元前750年,希腊地区各城邦形成了松散的联盟。公元前338年,马其顿人统治此地。特别是希腊的亚历山大大帝率兵远征到小亚西亚半岛、埃及、中近东,直到印度。国土扩及欧,亚、非三大洲。所到之处,希腊文化即影响到该地。相传亚历山大深受但以理书第8章的影响,故此对犹太人也有诸多优待。亚历山大在极盛时期夭折。死后,他的四个将帅割据了所占的领土。公元前146年,罗马人征服了希腊本土,把当地划归为亚该亚省,其东北部则划归马其顿省。即如附录第104图所示。

3)现今的希腊共和国仍以信奉基督的东正教为国教。1984年统计将近1000万人。

4.圣经记载:

1)希腊即是古时的雅完。(但8:21中小字注释)雅完乃是挪亚的孙子,雅弗的儿子。(创10:1—2)雅完人居住之地请参看附录三第1图第一行1格。

2)公元前约在6世纪时,先知但以理说:他"见有一只公山羊从西而来,遍行全地,脚不沾尘。这山羊两眼当中,有一非常的角。……这山羊极其自高自大,正强盛的时候,那大角折断了。又在角根上向天的四方,长出四个非常的角来。”(但8:5—8)但以理又说:“那公山羊就是希腊王。两眼当中的大角就是头一王。至于那折断了的角,在其根上又长出四角,这四角就是四国,必从这国里兴起来,只是权势都不及他。”(但8:21—22)

3)旧约圣经中提到希腊之处,尚有下列经文:

①但10:20　　②但11:2

③珥3:6　　④亚9:13

4)新约圣经中曾提到,保罗在第三次外出传道时,在马其顿走遍了那一带地方,用许多话劝勉门徒,然后来到希腊,并在那里住了三个月。此处所说的希腊即是亚该亚省等地方。(徒20:1—2)

希兰　　(Helam)

1.地名原意:“堡垒”。

2.所在位置:附录三第36图第三行第3格。

3.地理情况:希兰在约旦河东的北方,位于大马色以南。

4.圣经记载:当年大卫王,曾在希兰战胜亚兰王哈大底谢。当时的亚兰已经相当强大,它的势力已经伸展到伯拉大河的东方。在希兰战役之前,亚兰军与大卫的战将约押在第一次的战斗中本已失败。(撒下10:9—13)但是亚兰王却把伯拉河东的亚兰军调了来,又集结大军,由他的将军朔法统帅,第二次进攻大卫。大卫率领以色列军,东渡约旦河,来到希兰迎战。结果,以色列军杀了亚兰人700辆战车的驭手和4万马军,并且击杀了亚兰的将军朔法。从此,原先臣服于亚兰的诸多蕃属小国,改而归顺以色列,使大卫巩固了东北边境上的防务。(撒下10:15—19)

希利甲哈素琳　　(Helkath-hazzurin)

1.地名原意:“刀刃之田”、“刀剑之地”。

2.所在位置:参看附录三第33图第三行第1格中基遍所在之地。

3.地理情况:希利甲哈素琳乃是基遍池旁的一块平地,位于耶路撒冷西边26里处。

4.圣经记载及有关记述:

扫罗死后,家族日衰。他的元帅押尼珥最初曾扶持扫罗的儿子伊施波设在玛哈念作以色列的王。而大卫则被犹大支派的人们拥立,在希伯仑作犹大王。这样,南北各有一王,形成了对峙的局面,那时,押尼珥率领伊施波设的部下,由玛哈念南下基遍。而大卫的战将约押则率领大卫的部下,由希伯仑北上,与押尼珥的部属相会在基遍池[①]旁。他们双方的队伍各自坐在基遍池的两边。押尼珥对约押说:"我们各派几个年轻人出来打斗玩玩吧!"[②]约押说:"可以!"于是双方各派出12个人来交手拚斗。他们互相揪住对方的头发,用刀剑刺进对方的肋旁,最后未分胜负,双方的斗士却都仆倒在地,死在一起。

---

① 基遍池是在基遍当地比较出名的水池。1956年考古学家在基遍挖掘出一个巨大的岩石蓄水井池。它的直径约11米,深达25米。沿着水池的巨石内壁,凿有一个螺旋形的石路,由地面盘旋而下直到池底,整条石径共有79个石头台阶。看来当年该处水位较低,在地面上水泉干涸时,取水蓄水都较困难,故此凿出这一巨大的井池,并凿出井内的道路,以便人们上下取水。学者们推论这一遗迹,可能即是当年押尼珥与约押相会的基遍池。

② 引号内直接引语,乃是撒下2:14部分语句的新译文,其口气说的好像很轻松。实际上乃是双方各派出少数人来作生死的格斗,以定双方的胜负。

因此那个地方便叫作“刀剑之地”。其希伯来话，即是“希利甲哈素琳”。其后，跟着便是双方全体军兵的激烈混战，押尼珥战败而逃。约押的兄弟亚撒黑穷追押尼珥不舍，反被押尼珥刺死。后来双方罢兵，但从此约押与押尼珥结下了杀弟之仇。（撒下 2:8—30，请参看第 33 图及说明）

希利尼(话)，希利尼(人)，希利尼(的)　　(Greek)

1.圣经中“希利尼”一词旁边的符号并非地名的标志，仅只表示它是个专有名词而已。“希利尼”乃是由“希腊”(Greece)一词转化而来的。它的意思是：

1)希利尼的。（徒 17:12；约 19:20）

2)希利尼话。（徒 6:1，9:29，21:37；启 9:11）

3)希利尼人。（可 7:26；约 7:35；徒 11:20 等经文）希利尼人有两种含义：

①居住在希腊境内或又迁至他处的希腊人。

②说希腊语的犹太人。（徒 6:1，9:29）

2.公元前 300 余年，在希腊帝国统治欧、亚、非的极盛时期，其皇帝亚历山大极想把希腊文化传播于世界各地。犹太人当时也受希腊文化的影响很大。当时希腊语通行各地，犹如现今的英语举世通用一样。新约全部圣经都是用希腊文书写的。马太福音最初虽然使用的是希伯来文，但约在公元 60 年时，马太福音即译出了希腊文本。所以大家公认，新约圣经的原文乃是希腊文。

希实本　　(Heshbon)

1.地名原意：“工具”、“理”。

2.所在位置：附录三第 12 图第一行第 4 格。

3.地理情况：希实本在死海东北边约 60 里之高地上，为迦得的南境。本为摩押的一座城，后被亚摩利王西宏所夺，改为京都。（民 21:26）摩西曾率领以色列人将其夺取。此城门旁有一大水池，其遗迹至今仍在。

4. 圣经记载：

1）以色列人从旷野往毗斯迦的山顶，亚摩利王西宏不容以色列人从他的境界经过。以色列人用刀杀了他，得了他的地。以色列人夺取并住在亚摩利人的城邑，就是亚摩利王西宏的京城希实本及它的一切乡村。（民 21:21—25）

2）以色列人夺取希实本后，流便人重新建筑此城。（民 32:37）

3）以色列人分地时，摩西按着流便支派的宗族分给他们产业。其中希实本城就归流便支派。（书 13:15—17）

西布伦　（Zebulun）

1. 地名原意："住处"。

2. 所在位置：附录三第 15 图第二行第 2 格。

3. 地理情况：西布伦是古时以色列人西布伦支派居住之地。约相当于新约加利利省的西南部。

4. 圣经记载：

耶稣听见约翰下了监，就退到加利利去。以后又离开拿撒勒往迦百农去，就住在那里。那地方靠海，在西布伦和拿弗他利的边界上。"这是要应验先知以赛亚的话说：'西布伦地、拿弗他利地，就是沿海的路，约旦河外，外邦人的加利利地。那坐在黑暗里的百姓，看见了大光。坐在死荫之地的人，有光发现照着他们。'"（太 4:12—16）

西订（谷）　（Siddim, Vale of）

1. 地名原意："陷谷"、"犁沟"、"田地"、"耕作者"。

2.所在位置:附录三第3图第三行第2格。

3.地理情况：西订谷乃是圣经所记的四王与五王交战之地。学者多以为西订谷原在死海的南端。所多玛、蛾摩拉等城即在此谷附近，但现在都已埋于死海的海底。当地的水中至今留有许多硫磺、沥青的残渣。经学者考证，古时该地蕴藏有石油及天然气，公元前2000年前后，西订谷一带发生过强烈的地震，使石油与天然气喷发燃烧，毁灭了西订谷附近的城镇，其后又沉入死海南部的浅水中。

4.圣经记载：

古时,以拦王基大老玛及其盟国共四个王,远途而来攻打所多玛、蛾摩拉、琐珥等城的五个王。这四王与五王,他们双方在西订谷摆阵交战。所多玛王和蛾摩拉王战败而逃。西订谷有许多柏油坑。有些士兵掉在坑里,其余的人都逃往山上。基大老玛等四个王,掳掠了所多玛、蛾摩拉的财物、粮食。当时,亚伯拉罕的侄儿罗得正住在所多玛,罗得及其妻室和经营的财物也被同时掳去。(创14:1—12)

西顿　　(Sidon)

1.地名原意:“渔猎”。

2.其他名称:**撒依达(Sayda)**。

3.所在位置:附录三第14图第一行第2格。

4.地理情况:

1)西顿是腓尼基的一个港口。由防波大堤把近海的岛屿连接到大陆,从而成为贸易中心。

2)其海运事业远达希腊沿海一带。后来逐渐被革哩底(克里特)岛和推罗取代了它的航海优势。

3)公元前 9 世纪时，亚述统治西顿地区。公元前 600 年左右，巴比伦王尼布甲尼撒攻占该地，其后波斯、希腊、叙利亚、埃及相继统治这一地区。公元前 64 年西顿落入罗马手中。

4)公元后 637 年，阿拉伯人占据西顿，遂改名叫撒依达。十字军东征时，西顿处于十字军及阿拉伯人的拉锯地带，数度易手后，终归土耳其管辖。第一次世界大战后，划归黎巴嫩，成为黎巴嫩南部的行政中心。1982 年统计，约有 8 万人。

5.圣经记载：

1)西顿乃是古代迦南的北部边界。(创 10:19)

2)西顿也是约书亚为以色列人拈阄分地时，亚设支派应得之地。(书 19:24—28)但亚设支派没有赶出西顿的迦南人，因此属于亚设支派的以色列人便住在他们中间。(士 1:31—32)士师时代，以色列人由于祭拜西顿的假神，失去了神的眷顾拯救，因此备受西顿人的欺压。(士 10:10—13)

3)所罗门王年老的时候，不听从神的话，宠爱许多外邦人的女子，其中即有西顿的女人。她们诱惑所罗门的心去随从别的神，其中即有西顿的女神亚斯他录。因此招来神的忿怒。(王上 11:1—5;王下 23:13)

4)以色列王亚哈娶了西顿王谒巴力的女儿耶洗别为妻。他事奉巴力。在撒玛利亚修建巴力的庙，又建造女神亚舍拉。巴力即是西顿祀拜的日神。亚哈把西顿的伪神引入以色列国，这在耶和华眼中乃是极大的罪恶。(王上 16:29—33)

5)公元前将近 700 年时，先知以赛亚即预言西顿的居民

必不得再有欢乐。(赛23:12)公元前7世纪末,先知耶利米预言巴比伦王尼布甲尼撒将征服西顿等城。(耶27:3—6)

6)波斯王古列年间,被掳到巴比伦的以色列人获准重返耶路撒冷。所罗巴伯亲自带领以色列人修建圣殿,这时西顿人曾供给以色列人建造圣殿的木料,以换取粮食等物。(拉3:1—7)

7)耶稣当年在加利利一带地方宣讲福音,医病赶鬼。有许多人从各处来到他那里,其中即有从西顿而来的人。(可3:7—8,请参看附录三第84图)

8)耶稣曾往推罗、西顿的境内去,进了一个人家,不愿意别人知道,但却隐藏不住。他在那里医治了一个迦南妇人的被鬼附的女儿。(可7:24;太15:21—28)

9)推罗、西顿需要从希律王统辖的犹太地区供应他们粮食。希律对推罗、西顿人十分骄横。推罗、西顿便派人来讲情、求和。希律因此更加骄傲自大。当他穿着王服,坐在王位上向百姓滔滔讲论的时候,因为他窃取神的荣耀,立即被虫咬死。(徒12:20—23)

10)保罗被押解到罗马去的时候,离开该撒利亚出发不久,便到了西顿。押送囚犯的军官宽待保罗,准许他往朋友们那里去,受到了当地友人的照应。保罗在西顿的朋友们,当即是该地的信徒。(徒27:1—3)

西珥　(Seir)

圣经中记载有两个西珥:

Ⅰ.以东地区的西珥山

1.地名原意:"崎岖"、"有毛的"、"犹如山羊"。

2.所在位置:附录三第12图第三至四行第3格。

3.地理情况:西珥是从盐海(即死海)南方到红海亚喀巴湾以北的山地。长约300里,宽约60里。西珥山附近地区被称为西珥(地)。以扫及其后代曾住在这里,以扫又名以东,所以这一地区又叫以东地(创32:3,36:8—9;民20:19—21)。而西珥山则通指亚拉巴东部的山区。

4.圣经记载:

1)以色列人出埃及后,曾住在西乃山(即何烈山)旁,领受耶和华神的律法。(出19:1—25)其后,他们又从西乃山(即何烈山)起行,经过西珥山区,到达加低斯巴尼亚。其间乃是11天的路程。(申1:2)

2)以色列人离开加低斯巴尼亚后,曾在西珥山绕行了许多的日子。(申2:1)

3)耶和华神曾将西珥山赐给以扫为业。(书24:4)

4)西珥人曾与摩押人、亚扪人三路大军一同攻打犹大国,一直侵入到隐基底。起初犹大王约沙法非常惧怕,便在犹大全地宣告禁食,祈求耶和华的帮助。(代下20:1—3)耶和华神对他们说:"不要因这大军恐惧惊惶,因为胜败不在乎你们,乃在乎神。……这次你们不要争战,要摆阵站着,看耶和华为你们施行拯救。"(代下20:15—17)约沙法带领犹大人前去迎敌摆阵的时候,设立了歌唱的人走在军队前面唱诗赞美耶和华。耶和华派伏兵① 来击杀摩押人、亚扪人和西珥人。先是摩押人和亚扪人联合攻

① "派伏兵"意译为"用奇妙的方法与能力"。也有新译文,把"派伏兵击杀……"译作"使……溃乱"。

击西珥人，后来摩押人与亚扪人又互相残杀，以致三路军兵，尸横遍地，全军覆没。而犹大人却兵不血刃而大获全胜。（代下 20:20—26，请参看附录三第 51 图及说明）

Ⅱ.**犹大边界的西珥山**，乃是犹大边界的一个山岭，在基列耶琳的西边。以色列人进迦南后，这一西珥山乃是犹大支派分得的地业。（书 15:10）

西古提（人）　　（Scythian）

1.简介：圣经中“西古提”一词旁边的符号并不是地名标志。乃是表示“西古提人”是个民族的专有名称。西古提人古时居住在黑海和里海一带，原是高加索山脉以北的游牧民族。该民族凶猛好斗争，时常南下入侵其他民族。有资料认为帕提亚人即是西古提族最重要的一个支派。请参看本书“帕提亚”条。

2.圣经记载：

保罗说，信靠基督的信徒，就如同新造的人。这新人会渐渐更新，正如造他的主的形像。这样，并不分希腊人、犹太人、受割礼的、未受割礼的、未开化的人、野蛮的西古提人、作奴隶的、自主的。“唯有基督是包括一切，又住在各人之内。”（西 3:9—11）

西拉　　（Sela，Selah）

1.地名原意：“岩石”、“绝壁”、“石城”。

2.其他名称：**约帖（Joktheel）**

3.所在位置：附录三第 54 图第四行第 3 格。

4.地理情况：西拉是以东的首都，在死海（即盐海）南约 160 里，地近旷野。

5.圣经记载：

犹大王亚玛谢登基后，进到盐谷，杀了一万以东人，攻占了他们的都城西拉，把西拉改名叫“约帖”。（王下 14:7）“约帖”的原意本是“被（耶和华）神制服”的意思。但是亚玛谢得胜之后却狂妄自大，竟然把当地西珥的神像带回，并且把它当做自己的神明，向它叩拜烧香，因此激怒了耶和华神。（代下 25:14—16）后来亚玛谢又蓄意向以色列王挑衅作战，结果竟被以色列王战败擒捉而成为俘虏。（代下 25:17—23）

西拉（井或池）　　（Sirah, Well of, 或 Cistern of）

1.地名原意：“流动者”、“借人”、“转向旁边”。

2.其他名称：或即现今的“**撒拉泉 Ain Sarah**”

3.所在位置：参看附录三第 34 图第四行第 1 格中希伯仑所在地。

4.地理情况：西拉是个井或蓄水池的名字，在希伯仑西北约 5 里之处。

5.圣经记载：

西拉井是以色列的元帅押尼珥被约押派人追回的地方，其后押尼珥即被约押谋杀。当时大卫在希伯仑仅作犹大支派的王时，以色列的元帅押尼珥来到希伯仑归降大卫，并且要去招聚以色列众人来拥立大卫作全以色列的王。大卫刚刚把押尼珥送走，大卫的战将约押便从外地回到了希伯仑。他极力地对大卫说押尼珥乃是诈降，约押便瞒着大卫派人去追赶押尼珥。在西拉井追上了他，又把他带回到希伯仑。约押把押尼珥领到希伯仑的城门旁，假装要和他说机密话，却刺透他的肚子而谋杀了他。早先约押的弟弟亚撒黑追逼押尼珥时，曾被押尼珥刺杀于战场上。这样约押便认为是报了杀弟之仇。大卫听到这

一消息后，痛心地说愿杀害押尼珥的罪归到约押的头上。①（撒下3:20—28，请参看三第34图及其说明）

西拉哈玛希罗结 （Sela-hammahlekoth）

1.地名原意："逃脱的绝壁"、"分开（隔离）的磐石"。

2.所在位置：参看附录三第31图第三行第2格玛云所在地。

3.地理情况：西拉哈玛希罗结在玛云的旷野，当是距离玛云城镇不远的一个山岗。当年扫罗在这一山岗上追索大卫，虽近在咫尺，双方仅隔一个山头，却始终未能追见大卫，因而得名。

4.圣经记载：

扫罗追赶大卫想杀害他，有人告诉大卫，他就去到一个多有岩石的小山②，住在玛云的旷野。扫罗听见便在玛云的旷野追赶大卫。扫罗在山这边走，大卫和跟随他的人在山那边走。忽有使者来报告扫罗说：非利士人犯境抢

---

① 约押谋杀押尼珥，乃是耶和华的律法诸多不能容许的罪恶。希伯仑本是一座逃城，凡是误伤人命者逃到此城，即可住在这里听候审判，而不许被误杀者的亲属在此地杀人报仇。（书20:1—9）况且，早先约押的弟弟亚撒黑在战场上穷追押尼珥不舍，乃是意在追杀押尼珥以显耀自己。押尼珥曾一再劝告亚撒黑离开自己，但亚撒黑却不肯罢休，因而被杀，这也是不能与无理而故意杀人者比拟的。（撒下2:19—23）因此大卫认为约押是有罪的。只是约押正在掌握军权，无法制裁（撒下3:39）。所以大卫临终前，乃遗命所罗门，除灭约押。（王上2:5—6，31—34）

② 撒上23:25，和合本译文为"他就下到磐石"。有的英文译本作"He went to a rocky hill"，即"他去到一个多有岩石的小山"。

掠，请王快快回去。于是扫罗才不追赶大卫，而回去攻打非利士人，因此那地方名叫西拉哈玛希罗结。（撒上 23:25—28）

西流基 （**Seleucia**）

1.地名原意："白光"。

2.其他名称：现今译作"**塞琉西亚**"。

3.地理情况：西流基位于叙利亚西北，是靠近安提阿的一个海口城市，距离安提阿约 48 里，地势险要，乃是交通要地。至今该地仍有两个码头，一个名叫保罗，另一码头名叫巴拿巴。可能即是由于保罗、巴拿巴外出传道时，路经此地而命名的。西流基的地理位置请参看附录三第 98 图第二行第 4 格。

4.圣经记载：

1)保罗和巴拿巴第一次外出传道时，即是从安提阿先到西流基，又从西流基坐船到居比路（即现今的塞浦路斯）去的。（徒 13:4）

2)保罗、巴拿巴第一次传道后，坐船返回安提阿时，必将经过西流基。（参看徒 14:26，及附录三第 98 图）

3)巴拿巴带着马可再次外出传道时，由安提阿坐船往居比路（塞浦路斯）去，也必会经过西流基。（徒 15:39，参看附录三 98 图）

西罗亚池 （**Pool of Siloam**）

1.地名原意："流动之水"、"奉差遣"。

2.所在位置：附录三第 71 图第四行第 3 格。

3.地理情况：西罗亚池位于耶路撒冷城内东南部的低处，是个长方形的川流不息的蓄水池，可供饮用。尼希米记述以色列人被掳后归回耶路撒冷时，又修建了耶路撒冷的城垣，其中有一段乃是在西罗亚池旁，紧接着王家花园的那段城墙。（尼 3:15）犹太历史学家约西弗（Josephus）有考证说，当年的西罗亚池乃是凿石而成的。池水的泉源来自俄斐勒山东坡岩石中的一个洞穴。水泉名叫基训泉（Gihon Spring），又叫童女泉（Fountain of the Virgin）。泉水穿过希西家开凿的隧洞（王下 20:20），俯流而下注入西罗亚池。池水流动缓慢，渐渐泄入汲沦溪，即灌溉谷中的花园。新约时代，池水多作治病或洗涤用水。当年开凿的西罗亚池长约 19 米，宽约 6 米，深约 6 米有余。①

4.圣经记载：

1)先知以赛亚论到以色列人背逆耶和华的训诲，竟像厌弃西罗亚缓慢的水流一样。因此预言说神将使亚述王的大军，如同大河翻腾，猛然冲来，漫过一切的水道，淹没犹大地区，涨溢泛滥，直到人的颈项。（赛 8:5—8）

2)耶稣曾医治一个瞎眼的人，叫他往西罗亚池子里洗一洗眼睛。他一洗之后，回头就能看见了。（约 9:7—11）

西罗亚楼　　（Tower of Siloam）

1.所在位置：位置可参考附录三第 71 图第四行第 3 格西罗亚池处。

2.地理情况：据考证此楼即在西罗亚池附近，现已成为废墟。

3.圣经记载：

耶稣曾经对人们讲过："从前西罗亚楼倒塌了，压死 18 个

① 西罗亚池的原来长、宽、深度各种资料说法悬殊甚大。本书此处数据参见《新圣经词典》第 1112 页的介绍及第 1113 页的图示，另据《圣经辞典》第 810 页的资料换算而来。

人。你们以为那些人比一切住在耶路撒冷的人更有罪吗？我告诉你们，不是的，你们若不悔改，都要如此灭亡。"（路 13:4—5）

西乃（山）　　　（**Sinai**）

1.地名原意："密布丛林"。

2.其他名称：

1）**何烈山**。

2）**神的山**。

（以上名称请对照参看出 3:1;18:5;19:2,11）

3）今译作**西奈**。

3.所在位置：附录三第 11 图第四行第 3 格。

4.地理情况：

1）此山共有三个山峰，最高峰海拔 2285 米。犹太教、伊斯兰教、基督教（包括信奉基督的天主教和东正教）都以此山为圣地。

2）公元后 527 年罗马皇帝犹斯廷尼安（Justinian）在西乃山东坡建立了加他林（Catharine）修道院。院内遍地种植无花果、橄榄、松柏等树木。其后，由于种族及宗教的矛盾冲突，此院屡经毁坏，又屡经修复。院内的图书馆藏书甚多，大多是希腊文、亚拉伯文、叙利亚文、埃提阿伯等文字的古抄写本。公元 1844 年至 1859 年间，提森道夫（Tischendorf）在该馆内找到了耶稣降生后 400 年时抄写的经卷及古书。① 公元 1892 年，路易斯

---

① 这些经卷及古书都是用最好的犊皮纸以秀丽的书法抄写的。其内容包括了新约的全部及部分旧约与巴拿巴等人的书信。这些抄本，现分别存于英国博物院及德国莱比锡大学图书馆内。

(Lewis)夫人发现了耶稣降生后5世纪时抄写的亚兰文福音书一部。这些书卷都是十分珍贵的。

3)埃及独立后,西乃及西奈半岛原属埃及。公元1967年经过六天战争之后,以色列管辖了此地。1979年西乃又归还埃及。现在这里仍是某些人朝圣和旅游的胜地。

5.圣经记载:

1)摩西在米甸旷野牧养羊群40年时,有一天他到了神的山,就是何烈山(亦即西乃山)。神呼召摩西回到埃及去把以色列人从埃及为奴之地领出来。"神说:'我必与你同在,你将百姓从埃及领出来之后,你们必在这山上事奉我。'"(出3:1—12)

2)摩西回到他的岳父那里与他告别之后,随即带着妻子和两个儿子回埃及去。摩西的哥哥亚伦蒙神指示去到西乃旷野迎接摩西。他们也是在神的山(即西乃山)那里相会的。(出4:18—27)

3)摩西率领以色列人出离埃及后,来到了西乃山安营。(出19:1—2)耶和华临到西乃山顶上,并且把摩西召上山去面谕摩西。(出19:20—22)摩西下山后向以色列人传讲了神的十条诫命,其后又讲述了神晓谕以色列人的一切律例、典章、法度、细则、条律。(出19:25,40:35)

4)先知以利亚在迦密山被神重用,除灭了巴力的先知之后,亚哈王的妻子耶洗别定意要杀害以利亚。以利亚一度曾坐在罗腾树下求死。但神的使者却把他指引到神的山,就是何烈山(即西乃山)。神在这座山上又托付给以利亚三项事工:

①膏立哈薛作亚兰王;

②膏立耶户作以色列王;

③膏立以利沙作先知接续以利亚的工作。(王上 19:1—16)

5)耶稣受难后,司提反殉道前在讲道时也曾提到,摩西当年在西乃山的旷野领受了神的使命。他率领以色列人出了埃及后,又在西乃山的旷野把神的圣言传给了以色列人。(徒 7:30—38)

6)保罗认罪、悔改、接受基督作救主之后,曾到过亚拉伯。(加 1:17)当时西乃山的所在地即称为亚拉伯。(加 4:25)保罗悔改信奉基督之前,曾在犹太著名学者迦玛列门下受教,通晓严谨的西乃山律法,他原来是逼迫基督徒的。(徒 22:3—4)保罗在亚拉伯西乃山旁的一段时间里,当会更加深刻地认识到,人是无法自我完善的,(罗 3:9—10)而只有接受耶稣的救恩才能成为"新造的人"。(林后 5:17)

7)当年许多加拉太人信奉了基督的救恩之后,仍旧坚守犹太教的各项律法细则。因此保罗写信给加拉太人说,西乃山的诫命、律法、典章、条例,乃是神与以色列人所立的律法之约。(加 4:24—25)但没有一个人能因为完全遵行西乃的律法而被神称义。西乃的律法只是为了使人知道自己有罪。(罗 3:20)这样西乃的律法就像是个训蒙的师傅,要引导人到基督这里来接受他作为救主,使人"因信称义"。(加 3:24)

锡安(山)　　(Zion)

1.地名原意:"光明"、"显耀"、"干焦之地"。

2.其他名称:

1)**郇山**。

2)**大卫城**。

3.所在位置:附录三第71图第三行第3格。

4.地理情况:

1)锡安与耶路撒冷原来住有耶布斯人。大卫攻取了耶布斯人在锡安的堡垒,便住在堡垒之内,给它起名叫大卫城,并在周围修筑城墙。(撒下5:6—10)

2)后来大卫把耶和华的约柜迁到当地。(撒下6:10—12)

3)关于锡安山的地理位置,各家说法不一。但综览圣经记载,可知锡安山必是耶路撒冷城内的一座小山。有的学者认为,锡安山的南端,限于耶路撒冷城南的欣嫩子谷。它的西北地段则连接各各他山。山的东侧即是所罗门建造圣殿的所在地,也即是亚伯拉罕献以撒的摩利亚山地。(代下3:1,请参看和合译本圣经后面的地图第5图,"耶路撒冷"简图)

4)圣经中常以锡安山意指耶路撒冷或犹太人的家乡,甚且有更丰富更深奥的含义。

5.圣经记载:

1)旧约圣经中有关锡安的经文共有100余处之多。马太、约翰、保罗写的经卷中也常引用旧约中记载锡安的经文。

2)希伯来书的作者说:圣徒"乃是来到锡安山,永生神的城邑,就是天上的耶路撒冷"。(来12:22)

3)启示录的作者说:我又观看,见赎罪的羔羊基督站在锡安山。(启14:1)

洗法谷　　　(Zephathah, Vauey of)

1.地名原意:"守望塔"。

2.所在位置:附录三第45图第一行第2格。

3.地理情况:洗法谷在犹大国南部,位于迦萨和耶路撒冷中间。靠近玛利沙。

4.圣经记载：

古实王谢拉率领军兵一百万、战车三百辆来攻打犹大人，和犹大王亚撒在玛利沙的洗法谷彼此摆阵。亚撒王呼求耶和华神。于是耶和华使古实人败在亚撒王和犹大人面前。(代下14:9—13,请参看第45图说明)

洗革拉　　(Ziklag)

1.地名原意："空泉"、"流动"、"裹在悲伤中"。

2.所在位置：附录三第31图第三行第1格。

3.地理情况：洗革拉是在迦特和别是巴之间的一个城镇，是犹大支派最南边与以东交界的城市之一。(书15:21,31)

4.圣经记载：

1)扫罗追赶大卫，大卫逃往非利士地，投奔迦特王亚吉。大卫和他的妻子并跟随他的人及其眷属，都住在亚吉那里。大卫求亚吉在京外的城邑中给他一个地方居住。当日亚吉即将洗革拉赐给他，因此洗革拉属于犹大王。(撒上27:1—6)

2)此城后为亚玛力人所攻陷，将城内掳掠一空，连大卫的妻子也被掳去。但大卫夺回了劫去的财物及被掳去的人畜，没有失落一个。(撒上30:1—20)

夏罗设　　(Harosheth)

1.地名原意："木刻"。

2.所在位置：附录三第19图第三行第1格。

3.地理情况：夏罗设在基顺河岸边，是迦密山脉的隘口，也是从海滨通往米吉多东方各城的要道，夏罗设距离米吉多约48里。

4.圣经记载：

1)迦南王耶宾在夏琐作王时,欺压以色列人20年。耶宾的将军西西拉便屯兵于夏罗设。(士 4:2—3)

2)以色列的女士师底波拉与巴拉,召集了一万人与西西拉争战。西西拉聚集所有的铁车九百辆和他的全军,从夏罗设出来,到基顺河与以色列人作战。耶和华使西西拉和他一切的车辆全军溃乱,西西拉下车步行逃跑。(士 4:4—15)基顺古河把西西拉的军队冲没。(士 5:21)巴拉追赶西西拉的军队直到夏罗设。西西拉的全军都倒在刀下,没有留下一人。(士 4:16,请参看附录三第19图及其说明)

夏琐　　(**Hazor**)

同名叫夏琐的地方有四处:

Ⅰ.迦南的王城夏琐

1.地名原意:"村庄"、"城堡"、"吹号筒"。

2.所在位置:附录三第14图第一行第3格。

3.地理情况:夏琐是迦南北部一座防守坚固的大城。位于加利利的东北,米伦湖的西南。考古学家发现,古时的夏琐,人烟稠密,是当时的政治、经济中心。

4.圣经记载:

1)当年,约书亚征服了迦南地的南部后,夏琐王听见这事就打发人去见玛顿王等诸王。这些王和他们的众军都出来,要与以色列人争战。耶和华将他们交在以色列人手里。以色列人就击杀他们。当时约书亚夺了夏琐,用刀击杀夏琐王,又用火焚烧夏琐城。(书 11:1—11,请参看附录三第14图说明中的⑬、⑭、⑱)

2)其后,在士师时代,另一夏琐王欺压以色列人,但终

于被以色列人制伏。(士 4:2—24)

Ⅱ.**犹大极南的城镇夏琐**。地点欠详,或在希伯仑以南 36 里之处。又名**加略希斯伦**,是犹大支派最南边与以东交界的城邑之一。(书 15:21,25)

Ⅲ.**便雅悯的村镇夏琐**。大约在耶路撒冷西北 12 里,是便雅悯境内的一个村庄,以色列人被掳之后又返回故乡时,有些便雅悯人便住在夏琐。(尼 11:31,33)

Ⅳ.**亚拉伯的城邑夏琐**。在迦南的东方,是亚拉伯沙漠中的一个城邑。先知耶利米曾预言此地的结局说:"耶和华说:'夏琐的居民哪!要逃奔远方,住在深密处。因为巴比伦王尼布甲尼撒设计谋害你们,起意攻击你们。……夏琐必成为野狗的住处,永远凄凉。必无人住在那里,也无人在其中寄居。'"(耶 49:30,33)

欣嫩子谷　　(**Hinnom, Valley of**)

1.地名原意:"悲伤"、"使自己倦睡"、"献祭的地方"。

2.其他名称:

1)**欣嫩谷**。

2)**陀斐特**。

3.所在位置:附录三第 69 图第四行第 1—2 格。

4.地理情况:欣嫩谷是耶路撒冷西南的一个狭谷,长仅 5 里。其走向是从城西先向东转,然后向南绕行而回旋,与东边的汲沦小溪相会。此谷靠近耶路撒冷的哈珥西门,(参看附录三第 68 图)乃是犹大与便雅悯两支派地业的分界线。(书 15:1,8;18:11,16)古以色列分裂为南北两国时期,曾有人在此谷内向偶像焚烧幼儿献祭,所以欣嫩谷也被叫作陀斐特。陀斐特原意即是"焚烧之处"或"(祭)坛"。

5.圣经记载:

1)当犹大国亚哈斯、玛拿西二人作王时,欣嫩谷乃是祭奉假神之地。他们二人甚至把自己的儿女作为烧化祭用火焚烧献给摩洛。(代下 28:3,33:6)

2)后来犹大王约西亚使人毁掉欣嫩谷的焚烧之坛陀斐特,不许人在那里把自己的儿女经火献给摩洛。(王下 23:10)

3)先知耶利米、以西结都责备以色列家及犹大家在欣嫩谷祭拜摩洛的罪恶。(耶 7:32;结 20:31)

叙加　　　(Sychar)

1.地名原意:"酩酊"、"负担"。

2.所在位置:附录三第 80 图第五行第 3 格。

3.地理情况:叙加是撒玛利亚的一个城镇。在现今的巴勒斯坦北部。该地离示剑不远,介于以巴路山和基利心山之间。

4.圣经记载:

耶稣离开犹太往加利利去的路上,必须经过撒玛利亚。到了叙加城地区,靠近雅各给约瑟的那块地,在那里有雅各井。耶稣在井旁休息的时候,和一个前来打水的撒玛利亚妇人谈道。谈道之后,那妇人顾不得她用来打水的罐子,只身匆匆进到叙加城内,对众人说:"有一个人将我素来所行的一切事都给我说出来了。莫非这就是救主吗?"那城里因此有好些撒玛利亚人信了耶稣,并且请求耶稣在他们那里住下。耶稣便在那里住了两天。因为耶稣向当地人所讲的话,信的人就更多了。他们说:"我们亲自听见了,知道这真是救世主。"(约 4:1—42)

叙拉古　　　(Syracuse)

1.地名原意:"誉满叙利亚"。

2.其他名称:现今译作“**锡拉库萨**”。

3.所在位置:附录三第101图第二行第1格。

4.地理情况:叙拉古位于地中海的西西里岛东岸,是个重要的港口。公元前400年左右叙拉古人的势力扩展到了意大利的南部。一度建立了叙拉古帝国。公元前289年该帝国解体。公元前211年,罗马人日渐强盛,攻占了叙拉古。其后在历次战争中,该地几经易手。现在的锡拉库萨(即叙拉古),乃是意大利西西里岛上的锡拉库萨省省会。

5.圣经记载:

保罗被押解往意大利的途中,所乘的海船几乎沉没。历经艰险登上了米利大岛(即现今的马耳他岛)。其后又从米利大乘船到了叙拉古,并且在叙拉古停泊了三天,又从叙拉古开船前往意大利。(徒28:1—14)

叙利亚　　(Syria)

1.地名原意:“高地”。

2.所在位置:附录三第104图第三行第3格。

3.地理情况:

1)叙利亚在旧约中被称为亚兰。新约时代的叙利亚,东临伯拉大河和叙利亚沙漠,西临地中海,北至基利家,南接巴勒斯坦。南北长约800里,东西宽约400里。

2)叙利亚最早为巴比伦管辖的属地。其后又为埃及人统治。大卫作以色列的国王时,叙利亚境内分为若干小国。其中以大马色和琐巴最强,但都曾被大卫征服。公元前732年,亚述攻取了叙利亚,划为亚述的一省。公元前605年,巴比伦王尼布甲尼撒又入据此地。公元前333年,希腊的亚历山大占领了叙利亚。不久,亚历山大死后,他的大将西流库·尼卡特(Seleucus Nicator)割据此地而建立了叙利亚国,并以安提阿为其首都。公元前65年,罗马的将军庞培(Pompey)进军叙利亚,改为罗马帝国的一省。

3)公元后634年阿拉伯人进入叙利亚,建立了统治政权。公元877年又被埃及吞并。公元1516年,土耳其的奥斯曼帝国占领叙利亚后,一直统领该地到第19世纪。第一次世界大战后,叙利亚成为法国委任统治地。1941年叙利亚独立,国名为阿拉伯叙利亚共和国。以大马士革(即古时的大马色)为首都。现国境长约近1000华里,宽约920余里。1984年统计共1000余万人。其中伊斯兰教徒约占87.7%,基督教各派教徒约占12%。

4.圣经记载:

1)耶稣降生时,居里扭正在作叙利亚的巡抚。由于民众必须各归各城报名上册,耶稣因而降生于伯利恒。(路2:1—7)

2)耶稣传道时,走遍加利利,在各会堂里教训人,传天国的福音,医治百姓的各种病症。他的名声就传遍了北方的叙利亚地区。叙利亚那里的人便把各样的病人带到耶稣那里,耶稣就治好了他们。(太4:23—24,请参看附录三第84图。)

3)古时叙利亚国(即古代亚兰国)的元帅乃缦曾患了大麻风病,他请求先知以利沙的医治,由于乃缦的信心,因此得以痊愈。(王下5:1—17)后来耶稣在本乡传道,竟被人轻视而不相信他。耶稣当时说:"先知以利沙的时候,以色列中有许多长大麻风的。但内中除了叙利亚国的乃缦,没有一个得洁净的。"这些话乃是指明,那些不相信他的人是不能得救的。(路4:27,参看路4:24)

4)使徒时代,叙利亚某些地方已经有了一些信徒,并且建立了教会,(参看徒 15:23,41)安提阿乃是其中较兴旺的教会。请参看本书“安提阿”条。

5)保罗第二次外出传道返回时,又来到了叙利亚的安提阿。(徒 18:18,22,请参看附录三第 99 图第二行第 4 格,并请对照第 78 图第三行第 5 格)

6)保罗第三次外出传道后,原本也是想经过耶路撒冷,再返回叙利亚的安提阿去的。(徒 20:16,20:3,21:3)但是保罗到了耶路撒冷即被犹太人捉拿、诬告,(徒 21:27—36)后来囚禁在该撒利亚两年,(徒 23:31—24:27)又被押送去罗马。(徒 27:1—28:16)

7)保罗在加拉太书中曾讲述过,他信奉基督的初期,在耶路撒冷和彼得同住了 15 天,以后又到了叙利亚和基利家境内。(加 1:18—21,请参看附录三第 97 图及其说明。)

寻　　(Zin)

1.地名原意:“荆棘篱笆”。

2.所在位置:附录第 11 图第二行第 3—4 格。

3.地理情况:寻是个旷野名称,接近迦南的南部。(民 13:21)加低斯巴尼亚即在这一旷野中。(民 20:1)其东方是以东之地,其南方是巴兰旷野。实际上寻旷野即是巴兰旷野北部的一部分。(民 13:26)

4.圣经记载:

摩西差遣 12 个探子去窥探迦南地,他们即是从寻旷野出发的。他们窥探迦南 40 天后,又回到了巴兰旷野北部(寻旷野的)加低斯巴尼亚。(民 13:3,21—26)其后以色列人绕行旷野 38 年,再次到了寻旷野的加低斯。(民20:1)

汛　　(Sin)

1.地名原意:“荆棘”、“泥潭”。

2.所在位置:附录三第11图第三行第2格。

3.地理情况:汛旷野与寻旷野乃是两个不同的地方。汛旷野在以琳和西乃中间,(出16:1)约相当于现今西奈半岛的西南部,在德伯特兰勒区(Debbeter-Ramleh)。

4.圣经记载:

以色列人于犹太历法正月十五日离开埃及。(民33:3)过了一个月,在二月十五日到了汛的旷野安营。这时以色列人缺乏粮食向摩西争闹,于是耶和华从汛的旷野开始,每天把日用的吗哪从天上降下来,赐给以色列人,共历40年之久。(出16:1—35)

Y

雅比聂　　(Jabneel)

圣经中有两个雅比聂:

Ⅰ.犹大支派的城镇雅比聂

1.地名原意:“神的建筑物”。

2.其他名称:**雅比尼**。

3.所在位置:附录三第55图第二行第2格。

4.地理情况:雅比聂在约帕以南30余里,距离海岸约12里,位于从约帕到亚实基伦的沿海大道上。现今仍存有此城的遗迹。

5.圣经记载:

1)犹大支派按着宗族分得的地业,其中有雅比聂城。(书15:11)

2)犹大王乌西雅登基后，出去攻击非利士人，拆毁了雅比尼(即雅比聂)城。(代下 26:3—6)

Ⅱ.**拿弗他利边境的城镇雅比聂**。(书 19:33)有人认为即是现在的**叶玛(Yemma)**。在加利利海的西南方。

雅博　　(Jabbok)

1.地名原意："涌出"。

2.其他名称：今名"**扎尔卡(Zerqa)**"，或译作"**庶卡**"，也译作"**雅卡**"。

3.所在位置：附录三第 7 图第一行第 4 格。

4.地理情况：雅博是一条小河的名字，为约旦河东边的一条支流，在死海以北 60 里，向西流入约旦河。此河源于拉巴亚扪、雅博河为亚扪与亚摩利及迦得族之分疆界线。此河将基列山划为两部。其南部以前为西宏王所据，后分与迦得族。北部则为噩王所据，后归玛拿西半族为业。

5.圣经记载：

1)当年雅各遵耶和华的吩咐，从母舅拉班那里回本地本族去。"雅各打发人先往西珥地去就是以东地，见他哥哥以扫"。并"从他所有的物中拿礼物要送给他哥哥以扫"。"他夜间起来，带着两个妻子，两个使女，并十一个儿子都过了雅博渡口"。"只剩下雅各一人。有一个人来和他摔跤，直到黎明"。那人向雅各说："你的名不要再叫雅各。要叫以色列，因为你与神与人较力都得了胜。""雅各便给那地方起名叫毗努伊勒"，意思说："我面对面见了神，我的性命仍得保全。"后来雅各在此地见到他哥哥以扫。(创 32 章，请参看第 7 图说明⑨、⑩)

2)以色列人征服亚摩利王西宏时，得了他的地，从亚嫩河到雅博河，直到亚扪人的境界。(民 21:24)

雅典　　(Athens)

1.地名原意:“不定的事”、“(手艺女神)雅典娜(Athena)的城”。

2.所在位置:附录三第99图第二行第1格。

3.地理情况:

1)雅典是希腊的古城。公元前490年,雅典人以其英勇爱国的军队战胜波斯大军。公元前476年,雅典联合了希腊的许多小城邦建立了雅典同盟,实力逐渐强大。其后,雅典兴建了许多华丽的楼阁,并以许多的雕像装饰全城。其文化学术方面的成就也闻名于世。柏拉图(Plato)、亚里士多德(Aristotle)等学者经常在雅典进行学术活动。市内有阿哥拉(Agora)广场,可以自由地在广场上发表演讲。城内的亚略巴古山也是名山,请参看本书“亚略巴古”条。

2)公元前404年,雅典被希腊的另一城邦斯巴达(Sparts)战败,从此逐渐衰落。公元前4世纪时,雅典被罗马帝国划归马其顿省。但由于其学术文化卓越,罗马使它稍有自治权。

3)公元后1204年,雅典被十字军占领。1456年,又被土耳其攻取。1833年,希腊独立,雅典成为首都,1981年时统计,雅典人口为88万余人。

4.圣经记载:

1)保罗第二次外出传道经过雅典时,看见满城都是偶像,就心里焦虑。他不仅在犹太人的会堂里宣讲基督,而且每天也在市内的广场上向行人讲论。(徒17:16—17)

2)保罗被雅典的学者带到亚略巴古山,保罗在该处讲道之后,亚略巴古的官员丢尼修等人信从了基督。(徒

17:18—34)

雅各井　　(**Jacob's Well**)

1.所在位置:附录三第80图第五行第3格。

2.地理情况:雅各井在叙加境内,靠近雅各给他儿子约瑟的那块地方。(约4:5—6)当年雅各及其子孙和牲畜都饮用这口井的水。(约4:12)雅各井口的直径为3米,原来深达25米,因为多年来游人投石为戏,井已逐渐变浅。

3.圣经记载:

耶稣当年传道路过叙加时,曾坐在雅各井旁休息。有一个撒玛利亚的妇人前来打水。耶稣便向她说:喝了这些地上的井水,总归还要再渴。但是,"人若喝我所赐的水就永远不渴。我所赐的水要在他里头成为泉源,直涌到永生。"当这个妇人请求耶稣把这种涌到永生的水赐给她的时候,耶稣便把她素来所作的事都说了出来。这个妇人便丢下水罐子跑进城里,向当地人见证说耶稣或许就是大家盼望的救主,从而使当地许多人信奉了耶稣。(约4:5—42,请参看本书"叙加"条及"撒玛利亚"条中的"撒玛利亚人"一项)

雅完①　　(**Javan**)

1.地名原意:"起泡"、"泥土"。

2.其他名称:即后来的"**希腊**"。

3.所在位置:附录三第1图第一行第1格。

4.地理情况:雅完地区乃是雅弗的儿子雅完的后代居住之地。(参看创10:12)雅完乃是希腊国的古时称谓。

5.圣经记载:

---

① 另有一雅完(结27:19),系亚拉伯燕们(Yemen)的一个镇。

1)先知以赛亚时，雅完作为西方遥远的异族之地，尚未听到耶和华的名声。(赛 66:19)一直到新约的使徒时代，当地人还祭拜“未曾认识之神”。(徒 17:23)

2)先知但以理在异象中得知，雅完王(即希腊王)必将强盛。而且头一个王死后，该国要分裂成四国。(但 8:21—22)

亚比利尼　　(Abilene)

1.地名原意:“草原地带”、“无王”。

2.其他名称:现今译作“**阿比林**”。

3.所在位置:附录三第 80 图第一行第 5 格。

4.地理情况:亚比利尼地区在大马色西北约 54 里。当年属于罗马管辖。它的首府叫亚比拉(Abila)。

5.圣经记载:

罗马皇帝提庇留在位第 15 年，希律作加利利分封的王，吕撒聂作亚比利尼分封的王。那时，施洗的约翰出来在旷野传道。(路 3:1—3)不久，耶稣到约翰处受了洗，也开始出来传道。(路 3:21—23)

亚比乌　　(Appi-Forum)

1.地名原意:“革老丢①的市场”。

2.所在位置:附录三第 101 图第一行第 1 格。

3.地理位置:亚比乌是罗马城东南方的一个城镇。距离罗马约 120 里。当年闻名的亚比乌大道(或译作“亚比安大道”)即从此镇通过。

4.圣经记载:

保罗被押解往罗马的途中，从意大利的部丢利上岸后，经

① 革老丢是一位罗马皇帝的名字。(徒 18:2)

过了亚比乌和三馆时，罗马的信徒们步行了120里，来到亚比乌迎接他。另有些罗马信徒则步行100里到三馆来迎接他，使保罗很得安慰。请参看本书“三馆”条。（徒28:13—15）

亚波罗尼亚 (**Apollonia**)

1.地名原意：“太阳”、“属于亚波罗”。

2.所在位置：附录三第99图第一行第1格。

3.地理情况：亚波罗尼亚是马其顿的一个城镇。位于当年罗马治下的军事交通大道之旁。地处暗妃波里与帖撒罗尼迦之间。距暗妃波里约90里，离帖撒罗尼迦约115里。

4.圣经记载：

保罗第二次外出传道时，他和西拉曾在腓立比遭到拷打和监禁。（徒16:22—24）他们二人被释后，离开了腓立比，经过了暗妃波里和亚波罗尼亚，又到帖撒罗尼迦去传道。（徒16:40—17:1）

亚伯伯玛迦 (**Abel-beth-Maacah**)

1.地名原意：“窄路居所的平原”。

2.其他名称：

1)**亚伯玛音**(**Abel Main**)。（代下16:4）

2)**伯玛迦的亚比拉**(**Abel of Beth-Maacah**)。（撒下20:15）

3)今名**帖尔阿比尔**(**Tell Abill**)。

3.所在位置：附录三第46图第一行第3格。

4.地理情况：亚伯伯玛迦位于古以色列国的东北部。在米伦湖西北，当时是个大城市。此城居民智慧过人。因为此城距离北国首都撒玛利亚较远，所以和以色列北方相邻的敌国屡次侵犯此城。

5.圣经记载：

1)大卫王在刚刚平定他的儿子押沙龙的叛乱之后，便雅悯人示巴又聚众叛变。大卫恐怕示巴比押沙龙的危害更大，就派他的部将去平定示巴之乱。约押和旧日的战将率军把示巴围困在亚伯伯玛迦(也就是伯玛迦的亚比拉)。当约押的军兵用锤撞城，要使城倒塌的时候，城内有一个聪明的妇人，用她的智慧劝说众人。城内的人便杀了示巴，使战乱平息下来。(撒下 20:1—22，请参看附录三第 38 图说明①、③)

2)犹大的第 3 代国王亚撒曾贿请亚兰王便哈达攻打以色列，便哈达听从了亚撒王的话，派军长去攻击以色列的城邑，便攻破了亚伯伯玛迦等地。(王上 15:20，请参看附录三第 46 图说明②、③、④)

3)以色列的第 18 代国王比加年间，亚述王提革拉毗列色入侵以色列，夺取了亚伯伯玛迦等地，并且把这些地方的居民都掳到了亚述去。这是以色列人第一次被掳。(王下 15:29；请参看附录三第 58 图说明①、⑤及第 59 图)

亚伯米何拉　　　(Abel-Meholah)

1. 地名原意："舞蹈的草场"。
2. 所在位置：附录三第 49 图第二行第 3 格。
3. 地理情况：亚伯米何拉在约旦河西，约在基尼烈湖与盐海中间，地当以巴路山东方，正是沿河的平原地带，适宜农田耕作。
4. 圣经记载：

1)士师时代，基甸以 300 人战胜米甸等军 135000 人，当追击米甸人时，曾路经亚伯米何拉。(士 7:22，参看附录三第 21 图说明⑦)

2)亚伯米何拉乃是先知以利沙的故乡。(王上 19:16,请参看附录三第 49 图说明①)先知以利亚呼召以利沙时,以利沙正在耕地,可能即是正在亚伯米何拉的农田中。(王上 19:19—21,请参看附录三第 48 图说明⑨)

亚伯什亭 (**Abel-shittim**)

1.地名原意:"荆球花类的草地"。

2.其他名称:**什亭**(**Shittim**)。

3.地理情况及圣经记载:参看本书"什亭"条。

亚大利 (**Attalia**)

1.地名原意:"温和的父亲"。

2.其他名称:现今译作"**安塔利亚**"。

3.所在位置:附录三第 98 图第二行第 1 格。

4.地理位置:亚大利是旁非利亚省的一个城市。位于小亚西亚的南岸,面临地中海。现在土耳其境内。

5.圣经记载:

保罗和巴拿巴第一次外出传道后,在返回的途中,来到了旁非利亚的亚大利城。在那里坐船,又回到了安提阿。(徒 14:24—26)

亚大米田 (**Adramyttium**)

1.地名原意:"虽死犹存"。

2.所在位置:附录三第 99 图第一行第 2 格。

3.地理位置:亚大米田位于小亚西亚的西北部。是一个靠近爱琴海边的城市,也是每西亚的一个古城。

4.圣经记载:

保罗从该撒利亚被押送到罗马城去的时候,押解人犯的官兵及保罗等人所乘坐的海船,即是亚大米田的船。(徒 27:1—2)

亚当城　　　(Adam)

1.地名原意:“红土”。

2.所在位置:附录三第 14 图第三行第 3 格。

3.地理情况:亚当城在约旦河东,雅博河南,正当两河相会之地,在耶利哥以北,两地隔河相距约 60 里。亚当的东面不远处,即是雅博渡口。

4.圣经记载:

当年约书亚率领以色列人过约旦河时,那时河水涨过两岸。抬约柜的祭司走在以色列人的前面。以色列人走在约柜后面,相距约 1000 米。他们遵照耶和华神的吩咐,抬约柜的祭司们首先向约旦河水走去。当他们的脚一入水中,那从上往下流的河水,便在亚当城那里停止流动,水位逐渐增高而汇成了直立的水堤,水流在那里全然断绝了。于是以色列百姓,在耶利哥的对面,从没有水的河床中过了约旦河,而抬耶和华约柜的祭司们则一直站立在河中的干地上。等众百姓尽都过了河,抬约柜的祭司们才从约旦河中走上对岸,他们的脚掌刚落到岸边的旱地上,约旦河水又开始流通,水势仍旧涨过两岸。(书 3:1—4:19,请参看附录三第 14 图说明①、②)

亚底亚(海)　　　(Adria)

1.地名原意:“没有树木”。即是现今“**亚得里亚海(Adriatic)**”取名的由来。

2.所在位置:附录三第 101 图第二至三行第 1—2 格。

3.地理位置:亚底亚海原指的是古意大利半岛东方、南方一带的海域。其后,希腊南方的海面也一同叫作亚底亚海。亚得里亚海即是取名于亚底亚海的。但由于历史上的称谓变化,近年来亚得里亚海的含义,已仅限于意大利、南斯拉夫、阿尔巴尼亚之间的海湾。而越过了奥特朗托海峡,其南方的海面已被称为爱奥尼亚海。

4.圣经记载:

保罗被押解往罗马城的途中,其乘坐的海船在革哩底(今克里特)岛与高大岛之间遇到了狂风。只好落下蓬帆随风漂流。船上人等由于处境极其危险,大家都已绝望了。这时保罗得到了神的应许,便劝慰大家说,神必会使全船的人最后脱险。到了第14天夜间,海船在亚底亚海漂来漂去,船上众人已经14天不吃饭了,保罗便劝说大家共同进食。后来该船在靠近一个岛屿的海滩上搁浅。全船人登岸得救之后,才知道那个海岛名叫米利大(即现今的马耳他)。(徒27:13—徒28:1)

亚杜兰　　(Adullam)

1.地名原意:"人民的正义"、"对他们的见证"。

2.其他名称:今译作"**阿杜拉姆**"。

3.所在位置:附录三第31图第二行第2格。

4.地理情况:亚杜兰在伯利恒与迦特之间,东距伯利恒约40里,西距迦特约30余里,亚杜兰城处于犹大的低洼地带,古时迦南人住在该城。(创38:1)约书亚占领迦南时,亚杜兰与其他城市皆被攻克,亚杜兰王同时被杀。(书12:7,15)亚杜兰洞乃是当地的一些洞穴,大小不一,高低不整,分散于荒野之中。当年大卫隐于此地,虽然不易被扫罗查觉,但数百名贫苦大众聚集在大卫那里,其衣食的艰难当可想见。

5.圣经记载:

1)大卫逃避扫罗的追捕时,曾躲到亚杜兰洞匿居。他的弟兄和他父亲的全家也都不得不离家背井投奔于此地。当时还有许多穷困无路可走的数百人,也聚集到大卫那里,散居在亚杜兰洞穴一带。(撒上 22:1—2)大卫作为他们的领袖,既须保证这些人的温饱,又不能暴露在外,以免扫罗来捕杀,处境之艰险,不言而喻。但大卫却在亚杜兰洞坚定地作诗说:

神啊!
我心坚定,我心坚定!
我要唱诗,我要歌颂!
我的灵啊,你当苏醒起来!
琴瑟啊,你们当清醒过来!
我要把太阳也早早地唤醒!
主啊!
我要在万民中称谢你!
在列国中歌颂你!
(诗 57:7—9,部分词句为新译文)
(大卫逃避扫罗的行程请看附录三第 31 图)

2)大卫作王的初期,又一次率军来到亚杜兰,进而战胜非利士人。(撒下 5:17—20,撒下 23:13;请参看附录三第 35 图说明④—⑥)

3)古以色列分裂为南北两国后,南国的犹大王罗波安为了巩固防务,修筑或加强了 15 座城镇的堡垒①,其中便有亚杜兰城。(代下 11:5—11,请参看附录三第 42 图)

亚珥拔　　(Arpad)

1.地名原意:"伸展"、"强壮"、"塌倒"。

---

① 代下 11:11,和合本译作"坚固各处的保障"。有新译本作"为这些城修筑巩固的堡垒。"

2.其他名称：

1)今译作“**阿尔帕德**”。

2)现名“**帖尔里法特(TellRifat)**。

3.所在位置：附录三第60图第二行第2格。

4.地理情况：亚珥拔在哈马北方，原来是亚兰人的一个城邑，屡次被亚述攻占。亚述王提革拉毗列色三世，曾于公元前742年围攻该城两年，到公元前740年时，终于攻克亚珥拔。因此亚述的将帅常用侵入此城一事自夸自诩。现在的帖尔里法特(也译作泰勒里法特，即亚珥拔)，在叙利亚西北部。位于叙利亚的名城阿勒颇(Aleppo)西北方约60里处。

5.圣经记载：

1)犹大的第13代国王希西家在登基第14年时，亦即亚述王攻克亚珥拔等城20余年之际，亚述王西拿基立趁余威入侵犹大，并派出了三名大臣[①]率领大军，进逼耶路撒冷，企图威协犹大人投降。亚述的大将在城下喊话恫吓犹大人。他夸耀亚述人曾攻克了亚珥拔等许多当时出名的城邑。并且狂妄地说，各国邦城的神都不能救当地人避开亚述的攻击，难道耶和华能救耶路撒冷人逃脱亚述王的手吗？(王下18:1—35)希西家听见这话之后，便派人去求先知以赛亚为残存的犹大人

---

① 王下18:17中提到了亚述王派往耶路撒冷去逼降的三个大臣。和合本圣经译作“他珥探、拉伯撒利、拉伯沙基”。但这三个名字都不是人名，而是官职：

〈1〉“他珥探”的意思是“统帅”或“最高指挥官”。

〈2〉“拉伯撒利”的意思是“太监总管”或“近卫长官”。

〈3〉“拉伯沙基”的意思是“大将”，“主将”或“战地指挥官”。

扬声祷告。以赛亚预言说,耶和华必惊动亚述王的心,亚述王要听见风声归回本国,耶和华必使他在那里倒在刀下。(王下 19:5—7)希西家也向神祷告说,亚述诸王诚然曾把列国的神像都扔在火里,因为它本不是神,乃是人手所造的偶像。但犹大人却坚信耶和华是独一无二的真神。所以希西家求告说:"耶和华我们的神啊! 现在求你救我们脱离亚述王的手,使天下万国都知道唯独你耶和华是神!"(王下 19:15—19)"当夜耶和华的使者出去在亚述营中杀了十八万五千人。"亚述王急忙拔营回到他的都城尼尼微去。有一天他在自己敬奉的偶像庙里叩拜,竟被他的儿子杀死,应验了以赛亚的预言。(王下 19:35—37,关于亚述王恫吓犹大人丧兵而返一事,请参看附录三第 62 图说明)

2)先知以赛亚、耶利米都曾提到过亚珥拔。(赛 10:8—9,耶 49:23)

亚弗　　(Aphek)

地名原意是"**强壮**"、"**堡垒**"、"**被约束**"。

同名叫亚弗的地方共有四处。

Ⅰ.加南人的王城亚弗

1.其他名称:

1)近译为"**阿费克**"。

2)即新约时的**安提帕底**(**Antipatris**)。(徒 23:31)

3)即现今的"**拉撒拉音**(**Ras al-Ain**)"。

4)又名"**拉虚哈爱音**(**Rosh ha-Ayin**)"。

2.所在位置:附录三第 25 图第一行第 2 格。

3.地理情况:亚弗位于约旦河西的沙仑平原。东距示罗,东南距米斯巴都不甚远。在约帕港(即今特拉维夫,Tell Aviv)东北约36里。以便以谢当在亚弗附近。因为当年非利士人安营在亚弗,以色列人曾把耶和华的约柜抬到以便以谢与非利士人争战,后来约柜竟被非利士人掳去。

4.圣经记载:

祭司以利的两个儿子是恶人,不认识耶和华。以利年甚老迈,虽曾警戒他们,但却未有行动对他们加以管束制止。他的儿子们也并不听从父亲以利的话。(撒上2:12—25)后来非利士人安营在亚弗。以色列人安营在以便以谢。初次交战,以色列人即败在非利士人面前。(撒上4:1—2)但是以色列人回营后,并未思念以利的儿子们已使百姓们犯了罪,(撒上2:24)反而认为按往常的惯例,抬着约柜同行即可顺利。(参看民10:33—36;书3:17,6:8—9)而且,他们把约柜抬到战地时,竟是让祭司以利的两个作恶之子跟着约柜一同前来的。(撒上4:3—4)这样,当再次交战的时候,非利士人不仅大败以色列人,杀了以利的两个儿子,而且连耶和华的约柜也掳到了非利士地去。(撒上4:10—12,请参看附录三第25图说明①—④)

Ⅱ.书念与耶斯列间的亚弗

1.所在位置:附录三第32图第二行第3格。

2.地理情况:亚弗是耶斯列平原上的一个城镇。位于书念以南,在基利波山的西北。当年非利士人聚集重兵安营于此地,与以色列人在基利波山前争战,以色列的第一代国王扫罗即死于这一次的战事中。

3.圣经记载:

非利士人大举入侵以色列,将他们的军旅聚集到亚弗,以色列人在耶斯列的泉旁安营。(撒上 29:1)后来以色列在基利波战败。非利士人紧追扫罗和他的儿子们，将扫罗的三个儿子杀死。扫罗被弓箭手追上射伤甚重。扫罗怕被非利士人凌辱,便自己伏在刀上而死。(撒上 31:1—4,请参看附录三第 32 图说明⑤、⑦)

Ⅲ.约旦河东高原上的亚弗

1.所在位置:附录三第 50 图第三行第 2 格。

2.地理情况:亚弗在基尼烈湖(即加利利海)的东边约 18 里处。乃是从亚兰通往以色列大道上的一座城镇。也是亚兰人屡次和以色列交战的地方。

3.圣经记载:

1)以色列的第 7 位国王亚哈曾经先后与亚兰人三次作战。亚哈第一次在撒玛利亚初胜亚兰王。(王上 20:1—22)第二次在亚弗杀了亚兰人步兵十万。其余的亚兰人逃入亚弗城,城墙塌倒,又压死了二万七千亚兰人,亚兰王无奈投降亚哈,亚哈竟和亚兰王称兄道弟放了他回去。(王上 20:26—34)亚哈第三次与亚兰人作战时,即受了重伤而死。(王上 22:1—35,请参看附录三第 50 图及说明)

2)先知以利沙向以色列的第 12 代国王约阿施预言，以色列人必在亚弗攻打亚兰人。(王下 13:14—19)

Ⅳ.分给亚设支派的亚弗。

约书亚年纪老迈时,还有许多未得之地,其中就有亚弗。(书 13:1,4)这些未得之地仍分给了各支派。亚弗乃是亚设支派分得的地业。(书 19:24,30)

亚该亚 (**Achaia**)

1.地名原意:“烦恼”、“恸哭”。

2.其他名称:又译作“**阿哈伊亚(Achaea)**”。

3.所在位置:附录三第99图第二行第1格。

4.地理情况:亚该亚曾是希腊的一个省。但罗马战胜希腊后,常用亚该亚作为希腊全地的名称。而以哥林多为其首府。

5.圣经记载:

1)保罗第二次外出传道时,在亚该亚的哥林多住了1年零6个月。到迦流作亚该亚省行政长官的时候,许多犹太人起来攻击保罗,把保罗拉到迦流那里去控告他。但是迦流却认为犹太人所控告的仅只是他们信仰上的分歧而未予受理。(徒18:11—16)保罗进入欧洲传道之后,腓立比的官吏曾不分是非地拷打监禁过保罗。(徒16:19—24)帖撒罗尼迦的市井匪类,到地方官那里控告信徒“违背罗马皇帝的命令”,“搅乱天下”,使地方官非常惊慌,(徒17:1—8)因此保罗随即在夜间离开了帖撒罗尼迦。(徒17:10)但是保罗在哥林多虽然也被诬告,而由于迦流不肯过问,(徒18:15)保罗便又在亚该亚的哥林多住了多日。(徒18:18)

2)保罗离开亚该亚以后,亚波罗曾到该省去传道,帮助当地的信徒。(徒18:24,27)

3)保罗在写哥林多后书时,特意指明,该信不仅写给哥林多教会,也是写给亚该亚省各处的圣徒的。(林后1:1)

4)亚该亚各地的圣徒乐于捐献,他们的热心曾激励了许多其他地方的信徒。(林后9:1—2)

亚割谷　　(Achor, Valley of)

1.地名原意:“扰乱”、“连累”、“灾难”。

2.其他名称:

1)有人意译为“**灾难谷**”。

2)可能即现今的“**埃尔·布奎亚(El·Buqeia)**”。

3.所在位置:参看附录三第14图第三行第3格耶利哥所在之处。

4.地理情况:亚割谷乃是耶利哥附近的一个小山谷,地处犹大支派的北界。

5.圣经记载:

约书亚率领以色列人进入迦南后,犹大支派的亚干,因为取了应当毁灭的物件而得罪了耶和华神,以致以色列人在艾城人面前战败。所以约书亚和以色列人便遵照耶和华的吩咐,把亚干及其所有的都带到亚割谷去,用石头打死了亚干,又用火焚烧了他所有的。因为亚干曾使以色列人受到了连累和灾难,所以那个山谷名叫亚割谷。其后,以色列人再次与艾城人作战,便攻取了艾城。(书7:1—8:29)

亚柯　　(Acco)

1.地名原意:“多沙”、“包围”、“他的窘困”。

2.其他名称:

1)又名“**亚可里(Acre)**”。

2)即新约时代的“**多利买(Ptolemais)**”。

又被译作“**托勒密**”或“**托尔梅塔**”。

3)亚柯湾即现今的**海法(Haifa)湾**。

3.所在位置:附录三第72图第一行第2格。

4.地理情况:亚柯是地中海沿岸的一个港口,位于多珥与推罗之间,在推罗之南约80里。此地曾分给亚设支派,但是并未将亚柯的迦南居民赶走。(士1:31)公元前3世纪时,埃及的多利买王朝占据了亚柯,遂改名叫多利买。亚柯的沿海附近一代被称为亚柯平原,平原的南边即是迦密山。著名的基顺河即是流经亚柯平原而入海的。

5.圣经记载:

旧约圣经中只有一次提到亚柯。(士 1:31)在新约时代,保罗外出传道曾路经多利买。(徒 21:7)多利买即是古时的亚柯。

亚拉巴　　(Arabah)

亚拉巴的原意是"不毛之地"、"焚烧殆尽"。

圣经中提到的亚拉巴,有时意指**亚拉巴海**,有时意指**亚拉巴地**。

Ⅰ.**亚拉巴海**

1.其他名称:

1)**盐海**。(创 14:3;申 3:17)

2)**西订谷**。(创 14:3)

3)**东海**。(结 47:18)

4)阿拉伯人称为"**罗得海**"。

5)即今"**死海(Dead Sea)**"。

2.所在位置:附录三第 10 图第三至四行第 3 格。

3.其他情况:请参看本书"盐海"条。

Ⅱ.**亚拉巴地**:

1.其他名称:今死海南方称为"**阿拉伯谷地(Wadi el-Arabah)**"。

2.所在位置:附录三第 10 图第四行第 2—3 格,参看附录三第 12 图第三至四行第 3 格。

3.地理情况:亚拉巴地区,原来是指约旦河域直到亚喀巴湾的河谷地带。北边从基尼烈湖(即加利利海)开始,(申 3:17;书 8:14)经盐海(即死海,亦即亚拉巴海)地区,直到以旬迦别。后来则多指死海以南的地区。至今,从死海的南岸到亚喀巴湾的北端仍叫阿拉伯谷地。圣经记述以色列人出埃及过红海到了加低斯以后,本来已经到了迦南地的南境。但因违背了耶和华的命令,而未能及时进入迦南,便在亚拉巴旷野,漂流了38年之久。亚拉巴旷野乃是一片缺水的沙漠。当地的谷地或旱谷,有雨则成小溪或绿洲,而无雨的干燥季节,只是一片洼地① 而已。此处既无人居住,也少有行人经过,可以想见当年以色列人漂流此地之苦。

4.圣经记载:

1)当年,摩西在加低斯巴尼亚打发了12个探子去窥探迦南地。(申1:19—24)但那12个探子中,除了迦勒和约书亚外,其他的人回来所报的乃是恶信,以致以色列人发怨言得罪耶和华,而不能及时地进入迦南。(申1:34—40,请参看附录三第11图中⑭、⑮及其说明)他们在加低斯住了些日子,便转回从红海② 的路往旷野去,在西珥山绕行了许多日

---

① 英语中的wadi或wady,即特指亚拉伯一带及北非的"洼地"、"旱谷"、"绿洲"或干涸的河道。

② 红海:

〈1〉古时的红海,仅指现今的红海北部,即苏伊士运河一带的芦苇海、苏伊士湾、亚喀巴湾等水域,有些学者认为此处所说的"红海"乃是亚拉巴南方的"亚喀巴湾"。(《圣经(启导本)》第296页)

〈2〉有的圣经英语新译本,即把此处的"红海"直接译成为"亚喀巴湾"。译文乃是:"We finally turned and went into the desert, along the road to the Gulf of Aqaba."(大意是:"我们后来调转了方向,沿着去亚喀巴湾的道路,走入旷野。")

〈3〉民21:4的经文说:"他们从何珥山起行,经红海那条路走,要绕过以东地,百姓因这路难行,心中甚是烦燥。"由此看来,"往红海那条路",可能即是往亚喀巴湾去的道路。

子。后来耶和华说他们绕行这山的日子够了。(申2:1—3)以色列人便离开了西珥,“从亚拉巴的路,经过以拉他、以旬迦别,转向摩押旷野的路去。”(申2:8,请参看附录三第12图④—⑦及其说明)

2)摩西曾在约旦河东的旷野、疏弗对面的亚拉巴,向以色列众人重申耶和华在西乃山所颁布的律法。(申1:1—5)

亚拉伯　　(Arabia)

1.地名原意:“沙漠”、“旷野”、“混合”、“阴暗”。

2.其他名称:今译作“**阿拉伯**”。

3.所在位置:附录三第104图第四行第3—4格。

4.地理情况:旧约中提到亚拉伯时,多指亚拉伯人。新约时代,亚拉伯人居住之地乃被称为亚拉伯地区。原来意指大马色附近及西乃半岛,其后扩及亚拉伯沙漠,即东临波斯湾、南界印度洋、西滨红海的阿拉伯半岛,亦即现今的沙特阿拉伯所在地。

5.圣经记载:

1)旧约经文从略。

2)五旬节时,有从亚拉伯来的犹太人到耶路撒冷守节,便听到了使徒讲论的基督的救恩。(徒2:5—41,请参看第95图。)

3)保罗悔改信道初期,曾到亚拉伯去灵修。(加1:17)一般资料都认为,即是去到亚拉伯的西乃山一带。

亚拉腊山　　(Ararat, Mount)

1.地名原意:“高地”、“圣地”、“创造”、“咒诅反转”。

2.其他名称:“**乌拉尔图**(?)(Urartu)”。

3.所在位置:附录三第1图第一行第3格。

4.地理情况:根据一些圣经学者的著述,亚拉腊山的有关资料如下:

1)它位于黑海与里海之间,在古时亚述以北,小亚西亚之东。约相当于现今土耳其东北的边境上。亚拉腊山有两个山峰,高者5000多米,为大亚拉腊山;低者约3000余米,为小亚拉腊山。两山相距约20余里,都是由火山喷发而形成的山区高原。山峰高处有积雪,冰川耀目,远远望去十分雄伟壮丽。此处的积雪线,随着不同的季节而有所变化,雪水融化时,山地上生长有优良的牧草,另是一番景色。此外,又有四条河流发源于此。向南流去的两条即是伯拉大河(Euphrates,幼发拉底河),和希底结河(Hiddekel,又名底格里斯河 Tigris);向东流去的两条乃是阿拉斯河(Aras),和库勒河(Choruk)。在四河发源之处,形成了高原冲积地带,因而也有利于谷果的生长。

2)圣经记述,亚拉腊山乃是挪亚方舟在洪水渐退时的停留之处,不少学者曾去那一地带作考古研究。据当地的传说,该地山坡上有一个村庄,乃是挪亚建造祭坛和开辟葡萄园之处。

5.圣经记载:

1)挪亚的方舟停在亚拉腊山上后,洪水的水势渐消。两个多月后,山顶都现出来了。又过了40天,挪亚开了方舟的窗户放出一只乌鸦去。那乌鸦飞来飞去,直到地上的水都干了。他又放出一只鸽子去,但遍地都是水,鸽子找不到落脚之地,就回到方舟那里,挪亚伸手把鸽子接进了方舟。他又等了7天,再把鸽子放出去,到了晚上鸽子回到了他那里,嘴里叼着一个新拧下来的橄榄叶子①，挪亚就知道地上的水退了。后来挪亚的一家都出了方舟，并且为耶和华筑坛献祭，“耶和华闻那馨香之气，就心里说：‘我不再因人的原故咒诅地，……灭各种的活物了。’”(创 8:4—21)

2)挪亚在亚拉腊山一带还栽种了一个葡萄园。(创 9:20)

3)亚述王西拿基立曾派他的臣仆率领重兵围困耶路撒冷，并且口出狂言亵渎耶和华。(王下 18:17—35)但先知以赛亚却劝慰犹大人，并且预言说：“耶和华如此说：‘你听见亚述王的仆人亵渎我的话，不要惧怕。我必惊动他的心，他要听见风声，就归回本地。我必使他在那里倒在刀下。’”(王下 19:6—7)后来耶和华的使者在亚述营中杀了18.5万人。亚述王西拿基立就拔营回去，住在尼尼微。有一天，亚述王正在他祭拜的偶像庙里叩拜，他的两个儿子用刀杀了他，就逃到了亚拉腊地去。(王下 19:35—37)

亚兰　　(Aram)

1.地名原意：“高地”、“被高举”。

2.其他名称：新约时代称为**叙利亚**。

3.所在位置：附录三第 39 图第二行第 2—3 格。

4.地理情况及有关资料：

---

① 橄榄叶子：

〈1〉圣经学者认为，橄榄树不能生长在高山之上，鸽子叼来橄榄叶子，说明洪水已退到了低处。

〈2〉现在常用叼着橄榄枝的鸽子来表示和平，大家普遍认为，其起源乃是根据这一记载而形成。

1)圣经中提到的亚兰,常有下列派生词或复合词,各有不同的含义:

①亚兰人:指的乃是闪的儿子亚兰的后代。(请参看附录三第1图第三行第3格)

②亚兰地:指的乃是亚兰人居住之地。古时亚兰地的疆域,大约相当于伯拉大河西岸、奥朗特河上游、大马色以南这三者之间及其附近的地带。

③亚兰国:指的是由亚兰人在当地建立的王国。其首都为大马色,亚兰国强盛时则常常入侵以色列人,当其衰微时则成为以色列的附庸或属地。(请参看附录三第36图、第39图)

2)在罗马帝国时期,亚兰被定名为叙利亚省。新约时代乃称当地为叙利亚,古时的亚兰,已是现今叙利亚国的领地。

5.圣经记载:圣经中提到亚兰、亚兰人、亚兰王的地方约有100余处,今略举几段经文如下:

1)巴兰原来住在伯拉大河边的毗夺,摩押王巴勒曾经差派使臣拿着卦金去召巴兰来咒诅以色列民,巴兰曾题诗说:“巴勒引我出亚兰”。(民23:7)

2)大卫作以色列的国王时,琐巴王哈大底谢曾往大河去,要夺回他的国权。大卫擒拿了他的马兵1700,步兵2万,大马色的亚兰人来帮助哈大底谢,大卫就杀了亚兰人2.2万。“亚兰人就归服他、给他进贡”。(撒下8:3—6)

3)亚兰常与以色列国打仗,常掳掠以色列国的男女。(王下5:2)

4)其他经文从略。

亚嫩河　　　（**Arnon，River**）

1.地名原意:“急流”、“喧哗”、“欢呼”。

2.其他名称:**阿里哈**(?)

3.所在位置:附录三第12图第二行第3格。

4.地理情况及有关资料:

1)亚嫩河是盐海(即死海)东边的一条溪谷。由东向西流入盐海。其上游经常干涸,下游的两岸悬崖陡壁,高达10余米,水流甚急,临近死海处,宽约二三十米。此河现在约旦境内。

2)亚嫩河将摩押地分为南北两部分,亚嫩河以北之地,曾一度被埃及占据。其后埃及本土受到外族侵袭,乃撤回其驻迦南的驻军。亚摩利人①则趁机进占巴珊以及希实本等摩押北部地区。当年以色列人绕行旷野安营于亚嫩河时,巴珊王噩和希实本王西宏这两个亚摩利人正占据着亚嫩河以北的地方,所以圣经说:亚嫩河是从亚摩利的境界流出来的,是在摩押和亚摩利人搭界的地方。(民21:13)

3)以色列人攻占亚嫩河以北的地区后,该处成为迦得和流便两个支派的地业。(请参看附录三第15图)

5.圣经记载:

以色列人未入迦南以前,曾安营在亚嫩河那边(民21:13,请参看附录三第12图说明⑪)而摩押王巴勒召来巴兰咒诅以色列人时,巴勒曾往摩押的京城去迎接他,他的

---

① 有的参考资料认为,占据巴珊的亚摩利人即是巴珊王噩,而占据希实本等摩押北部地区的,即是亚摩利人希实本王西宏。(《圣经百科全书》第701页)

京城也是在亚嫩河旁的。(民 22:36)

亚罗珥　　　(Aroer)

亚罗珥的原意是"废墟"、"贫乏"、"围住"、"封入"。同名叫亚罗珥的地方有三处。

Ⅰ.亚嫩谷边的亚罗珥

1.所在位置:附录三第 22 图第四行第 3 格。

2.地理情况及有关资料:亚罗珥是亚嫩河北边的一个城镇。在盐海东方约 40 里处,原来是亚摩利王西宏的属地。(申 2:32—36)以色列人攻占此地之后,把它分给了流便支派,但亚罗珥却是迦得支派的人们又重新建造的。(民 32:33—34,请对照参看附录三第 22 图与第 15 图)

3.圣经记载:

以色列的第 9 代国王耶户,虽然杀灭了祭拜巴力的亚哈王全家,但只是不尽心遵守耶和华的律法,并且仍然使以色列人陷在罪中,耶和华才使亚兰王攻击以色列的境界,直到靠近亚嫩谷边的亚罗珥。(王下 10:31—33,个别词语参用了新译文,请参看附录三第 53 图①、②及其说明)

Ⅱ.犹大地的亚罗珥

1.所在位置:附录三第 31 图第四行第 2 格。

2.地理情况:亚罗珥是犹大地的一个城镇,在别是巴东南约 40 余里。

3.圣经记载:当大卫逃避扫罗的追逼时,曾居住在洗革拉(撒上 27:1—6)。但在大卫一度暂离洗革拉时,该地竟被亚玛力人所掳掠(撒上 30:1—2)。大卫追击亚玛力人,并且夺回了他们所掳去的财物。大卫从掠物

中取出了一些，送给支持他的犹大长老们，其中即有亚罗珥的长老。（撒 30:17—20,26—28）

Ⅲ.**拉巴前的亚罗珥**：乃是迦得支派分得的地业。（书 13:24—25）

亚利马太　　（**Arimathaea**）

1.地名原意："高地"。

2.所在位置：附录三第 80 图第六行第 2 格。

3.地理情况：亚利马太是犹太地区的一个城镇。

4.圣经记载：

耶稣被钉十字架断气之后，有一位尊贵的议士约瑟，向彼拉多求来耶稣的身体，葬在约瑟自己的新坟墓里。这位议士约瑟便是亚利马太人。他也是耶稣的门徒，只因为怕犹太人，就暗暗地做门徒。（太 27:57—60；可 15:43；约 19:38）

亚历山太　　（**Alexandria**）

1.地名原意："人的保卫者"。

2.其他名称：

1）今译作"**亚历山大**"。

2）旧名"**拉库提斯**"。

3）阿拉伯语称作"**伊斯康德里亚**"。

3.所在位置：附录三第 104 图第四行第 2 格。

4.地理情况：

1）亚历山太位于埃及海滨的尼罗河口。东南距现今的开罗约 412 里，原名拉库提斯。公元前 332 年，希腊皇帝亚历山大在拉库提斯的基础上，大规模地加以扩建、改建。完工之后，即以自己的名字称它为亚历山太。并把它定为埃及的首府，直到公元 642 年为止。

2)亚历山太城周围约40余里，当年极其宏伟壮观。城内有剧场、宫室、庙宇、花园、炮垒、船坞、码头、石碑等多种建筑。不仅是当时欧、亚、非三洲的海陆交通要道，也是军事、政治、文化、商业的中心。亚历山大大帝死后即葬于此城。

3)由于亚历山大大帝主张各族共处，因此当年亚历山太城内划分有希腊人、埃及人、犹太人各自的居住地区。希腊人地区有藏书楼、博物院。埃及人地区有他们的宗教庙宇。犹太人地区由71位犹太长老组成了犹太议会。设立了许多会堂。通晓旧约圣经的犹太文士及学者也在此读经著书。公元前200余年时，希腊语文通行于地中海沿岸的欧、亚、非等地，犹如现今世界通用英语。当时新约尚未书写。旧约都是用希伯来文书写的，对读者有一定的局限。于是犹太70位文士便在亚历山太把旧约由希伯来文翻译成希腊文，即是有名的七十士译本(Septuagint)。这一译本在耶稣降生前后已经普遍地使用。其后，对使徒们到各地广传福音也是颇有助益的。

4)使徒时代，基督的福音已经传到了亚历山太。而且其后逐渐由此地又传遍了埃及和埃提阿伯(今埃塞俄比亚)等地。公元后400余年时，住在亚历山太的虔诚基督徒，抄写了全部圣经，被称为“亚历山太古抄本”(Codex Alexandrinus)。这一抄本自1627年即存于英国博物院内。

5)公元500年以后，亚历山太逐渐衰落。公元641年，阿拉伯人夺取了此城。后来又被土耳其人占领。1498年葡萄牙人发现了绕道非洲南部的好望角去往印度、亚洲等地的新航线。亚历山太的商业地位及交通作用日益下降。1777年,该地一度沦为一个次要的渔业城镇。1882年,成为英国的殖民地。埃及独立后,亚历山大(即古时的亚历山太)又成为埃及的第二大城市和主要海港。1979年统计,其市区人口为246万余人。

5.圣经记载:

1)与保罗同期的传道人亚波罗即生于亚历山太,而且是个有才学的人。他"最能讲解圣经。……已经在主的道上受了教训,心里火热。"(徒18:24—25)

2)司提反殉道前曾在耶路撒冷与来自亚历山太会堂的犹太人辩论真道。司提反依靠圣灵赐予的智慧讲话,众人都难于反驳。(徒6:8—11)

3)保罗被押解往罗马城去的时候,曾两次乘坐亚历山太的船只。(徒27:6,28:11)

亚略巴古　　　　(**Areopagus**)

1.地名原意:"亚略山"、"战斗之峰"。

2.其他名称:今译为"**阿雷奥帕古斯**"。

3.所在位置:附录三第99图第二行第1格中雅典所在之处。

4.地理情况:

1)亚略巴古是雅典城城内的一座名山。

2)亚略巴古也是雅典初期贵族会议开会的场所。贵族会议起初可能是帮助国王谋划、议政,后来则成为确定死刑的法庭。著名哲学家苏格拉底即在此法庭被判为死刑。由此可见,该处的官吏具有举足轻重的地位。

3)亚略巴古也是当年哲学家、诗人、戏剧家、艺术家经常聚集之地。他们在这里可以发表自己的见解,讲述自己的主张,诵读自己的作品,议论别人的名著。在保罗第二次外出传道经过雅典时，曾被带到亚略巴古来讲论基督耶稣的道理。

5.圣经记载及有关资料：

1)当年，因为保罗在雅典传讲耶稣与复活的道，以彼古罗和斯多亚两派的学者便把他带到亚略巴古山上，请他详细讲述这一“新道理”。（徒 17:16—20）

2)保罗在亚略巴古山上有力的讲道中，从希腊的哲学、诗歌、雕刻艺术、宗教生活等方面讲起，一直深谈到基督的永生之道。

3)保罗讲道之后，虽然有人讥诮他。但是却有些人信奉了基督，其中即有亚略巴古的官员丢尼修。这些信徒当是雅典教会的起始。（徒 17:32—34）

亚玛　　（Ammah）

1.地名原意：“头”、“肘”。

2.所在位置：附录三第 33 图第三行第 2 格。

3.地理情况：亚玛是便雅悯境内的一座小山。位于由基遍通往约旦河的大道上。

4.圣经记载：

当年押尼珥和约押各率军兵相会于基遍池边，他们先是各派 12 名勇士搏杀决斗以定胜负，后来则双方全军混战。约押的弟弟亚撒黑在追赶押尼珥时被押尼珥杀死，约押追赶押尼珥到了亚玛山乃收兵而回。（撒下 2:12—30）

亚玛力(人)　　（Amalekites）

1.地名原意：“山谷居民”、“灭亡之民”、“好战”。

2.所在位置：附录三第 28 图第四行第 1 格，参看附录三第 31 图第四行第 1 格，对照附录三第 11 图第二行第 4 格。

3.有关资料：亚玛力人是个居无定所的游牧民族。他们原是以扫的后代。(创 36:12)他们经常游牧栖居的地区乃是迦南的南地，(民 13:29)且在山谷之中。(民 14:25)有些亚玛力人曾到以法莲山地居住，因而该处也被称为亚玛力山地。(士 5:14,12:15)但圣经曾记述说，东方的以拦等国四个国王远征到加低斯时，即攻占了亚玛力的全部领土。①(创 14:7，请参看附录三第 3 图)而加低斯即在南地境内。(请参看附录三第 15 图)由此可知，大部分亚玛力人常居之地，当在附录三第 28、31、11 各图中示意之处。

4.圣经记载：

1)以色列人出了埃及，安营在利非订的时候，亚玛力人曾来到利非订和以色列人争战。约书亚照着摩西所说的，率领以色列人在山下争战，而摩西在山上举手向耶和华求告。因此约书亚得以取胜。(出 17:8—15，请参看附录三第 11 图⑨及其说明)

2)其后，以色列人到了加低斯的时候，由于不听摩西的劝阻，冒然出去与亚玛力人和迦南人作战，乃在何珥玛被亚玛力人等战败。(民 14:39—45，请参看附录三第 11 图⑭—⑮及其说明)

3)在士师时代，亚玛力人曾帮助摩押王伊矶伦攻打以色列人，占据了棕树城耶利哥。(士 3:12—14)其后又协助米甸人攻入以色列境内，毁坏全地。(士 6:3—5)(上述情况请参看附录三第 17 图，第 18 图①，第 20 图②

---

① 创 14:7 中，圣经和合本所译的“杀败了亚玛力全地的人”，有的英语译本作“conquered all the land of the Amaleiktes”(攻克了亚玛力人的全部土地)。

等处说明。)

4)扫罗王时,曾去打亚玛力人。扫罗得胜之后,虽然自己立了纪念碑,但却因违背了耶和华的命令而被耶和华厌弃。(撒上 15:1—26,请参看附录三第 29 图)

5)在犹大的第 13 代国王希西家时,西缅支派的人,杀灭了亚玛力人。(代上 4:43)

亚扪(人)　　(Ammon)

1.地名原意:"含糊"、"忠诚"、"先天的"。

2.所在位置:附录三第 12 图第一行第 4 格。

3.地理情况及有关资料:

1)亚扪人是罗得的儿子便亚米的后代。(创 19:38)该族人以放牧和农耕为业,他们居住之地在盐海的东北方。(参看附录三第 9 图)该地区位于约旦河东,处于亚嫩河和雅博河两河的上游之间,而其东边乃是一片辽阔的沙漠。其地势从西南斜向东北,长约 60 里,宽约 30 里,边界很不稳定。

2)古时亚扪人信奉摩洛,(王上 11:7)甚至杀死幼儿向摩洛献祭。在以色列的士师时代,亚扪人则经常入侵以色列人。(请参看附录三第 17 图)其后双方多有战争。

3)亚扪人建国后,以拉巴为其京城,拉巴即是现今约旦的首都安曼(Amman)。

4.圣经记载:

1)亚扪人曾帮助摩押王伊矶伦入侵以色列。(士 3:13)

2)其后,以色列人竟去事奉亚扪人等异族的偶像。耶和华的怒气向以色列人发作,把他们交在亚扪人等的手中。亚扪人渡过约旦河,侵入到以色列的腹地,以色列人就甚觉窘迫。(士 10:6—9)以色列人哀求耶和华,耶

和华的灵降在耶弗他身上。耶弗他便杀败了亚扪人。(士 10:10,11:29—33,请参看附录三第 22 图)

3)扫罗作以色列的国王时,亚扪人入侵到基列雅比,终于被扫罗击败。(撒上 11:1—11,请参看附录三第 26 图)

4)大卫作以色列的国王时,亚扪王哈嫩,无端羞辱大卫派去与他修好的使臣,并进而招募雇佣军与大卫争战(撒下 10:1—14)。后来大卫即攻占了亚扪的京城拉巴(撒下12:26—31)。

5)而大卫的儿子所罗门,在广纳妻妾妃嫔之时,竟娶了亚扪的女子拿玛,拿玛给他生了一个儿子名叫罗波安。罗波安不肯敬畏耶和华,又不能体恤民情,在他登位之初,便失去了北方的 10 个支派,国家即分裂为南北两国。(王上 14:21,参看王上 12:1—24)

6)犹大的第 4 代国王约沙法时,亚扪人又会同摩押等东方各族,侵入到犹大的隐基底。约沙法定意寻求耶和华,耶和华就派伏兵击杀亚扪人、摩押人等,他们又彼此自相击杀。犹大人便在比拉迦谷称颂耶和华,凯旋而归。(代下 20:1—30,请参看附录三第 51 图及其说明)

亚摩利(人) **(Amorites)**

1.地名原意:“山居者”、“能说会道的人”、“公开”。

2.其他名称:

1)**迦南(人)**。

2)近译作**阿莫里特(人)**。

3.亚摩利人居地所在位置:参看附录三第 13 图第一至四行第 1—3 格及其附近地带。

4.有关资料:

1)亚摩利人通常意指:

①迦南居民；

②山间居民(不同于平原居民)；

③作为一个种族的统称。

2)亚摩利人是古时的一个游牧民族，公元前2000—1600年间散居于米所波大米、亚兰地区、迦南等地。那时，亚摩利人的势力相当强大。后来赫人的势力胜过于亚摩利人，亚摩利人乃逐渐缩居于约旦河两岸的山地；从圣经的记述中可知，亚摩利人当时曾居住于下列各地：

①希伯仑(创 14:13)；

②迦南(创 48:22)；

③约旦河东，从亚嫩河直到黑门山(申 3:8—10)；

④耶路撒冷一带(书 10:5)。

5.圣经记载：

1)以色列人进迦南之前，曾在约旦河东岸，击杀了两个亚摩利王(即巴珊王噩和希实本王西宏)，并且占据其地。(申 3:8—10)

2)约书亚率领以色列人进入迦南后，所攻下的艾城，当地居民也是亚摩利人。(书 7:5—7,8:26)

3)约书亚攻占的迦南西南部的一些城邑，也是亚摩利人的王城。(书 10:5—37)

4)约书亚攻占迦南的北部时，当地的亚摩利人也被击杀。(书 11:1—8)

5)所罗门作以色列的国王时，亚摩利人的后裔成为作苦工的奴仆。(王上 9:20—21)

亚实基伦　　(Ashkelon，Ashqelon)

1.地名原意："市场"、"迁移"、"丑行的火"、"我将被称量"。

2.其他名称：

1)又译作“**阿什凯隆**”。

2)今名“**阿斯奎伦(Asqalon)**”。

3.所在位置:附录三第17图第三行第1格。

4.地理情况:

1)亚实基伦是非利士人的五大城邑之一。位于地中海岸上,南距迦萨(即今加沙)约40里。该处原是古埃及的军事驻防地,扼据由埃及通过海边大道去往亚兰、亚述的要冲。

2)亚实基伦乃是古代各种偶像的会集处,其中鱼身女神(Derceto)尤为当地居民所崇拜。亚实基伦也是大希律的故乡,所以希律在位时,特意扩建该城。城址靠山临海,城墙建于岩石山头,使该地地形险要。但正是由于它是一个军事重镇,便在历代的争战中,使当地居民常经苦难。

5.圣经记载:

1)亚实基伦曾被犹大支派攻取。(士1:18)

2)其后亚实基伦又归非利士人统占,(士14:19)大卫作王时,该城仍在非利士人手中。(撒上6:17,参看撒下1:20)

3)由于亚实基伦多有假神之罪,先知阿摩司、耶利米、西番雅都曾谴责过她。(摩1:8;耶25:20,47:5,7;番2:4,7)

亚实突　　(Ashdod)

1.地名原意:“要塞”、“坚固”、“劫掠者”。

2.其他名称:

1)希腊统治其地后改名“**阿佐图斯**”。

2)新约时代名为“**亚锁都**”。

3)近译作“**阿什杜德**”。

3.所在位置:附录三第17图第三行第1格。

4.地理情况：

1)亚实突是非利士五大城市之一。在亚实基伦东北约50余里，距地中海不足10里。罗马帝国时期，该地属于叙利亚省。中世纪时则衰落而成为一个村庄。

2)1948年起，该地划入以色列的西南部，1956年，重建此城，新城位于旧城址西北10余里的海岸上，成为以色列的3个国际海口之一。1982年统计，人口约66000余人。

5.圣经记载：

1)在约书亚时，亚实突已划归犹大支派，但却未曾占领。(书13:1—3,15:46—47)

2)在士师时代的末期，亚实突仍在非利士人手中。非利士人掳走耶和华的约柜后，曾把约柜存放在亚实突的大衮庙中。因而大衮的偶像都站立不住，一再仆倒折断；耶和华并且重重地刑罚亚实突人。(撒上5:1—7，请参看附录三第25图⑤及其说明)

3) 犹大的第10位国王乌西雅时，他定意寻求神，耶和华神就使他亨通。乌西雅出去攻击非利士人，才占领了亚实突。(代下26:4—6，请参看附录三第55图③及其说明)

4)先知阿摩司、耶利米、西番雅在预言中都曾提到亚实突。(摩1:8;耶25:20;番2:4)

5)先知撒迦利亚预言说日后混血人种① 将住于亚实突。(亚9:6)

6)亚实突在新约时代被称为亚锁都，腓利曾走遍那一带

---

① 亚9:6中，和合本所译的"私生子"，有的英语译本作"people of mixed race"(混血种族的人们)。

地方，在各城镇宣传福音。（徒 8:40）

亚述　　（Assyria）

1.地名原意："平原"、"平地"、"成功"、"步骤"。

2.所在位置：附录三第 60 全图。

3.地理情况及其他资料：亚述是古时米所波大米北部的一个王国，其首都为尼尼微。公元前 14 世纪前，曾有一段时间是巴比伦的属国。其后亚述独立，又几经兴衰。公元前 9 世纪时，开始了新的扩张。公元前 8 世纪中叶至 7 世纪后期，亚述把埃及、迦南、波斯湾一带的地区统一了起来。但公元前 612—前 609 年时，巴比伦与玛代联合起来打败亚述，尼尼微尽遭摧毁。古时的亚述，现属于伊拉克的北部地区。

4.圣经记载：

1）以色列的第 18 位国王比加年间，亚述王攻打以色列，夺取了以云、基低斯、加利利等地，并将这些地方的以色列人掳到了亚述去。（王下 15:29，请参看附录三第 58 图说明⑤及第 59 图）

2）以色列的第 19 位国王，即是最后的一个国王何细亚年间，亚述王又来攻击以色列，围困其都城撒玛利亚三年。最后攻占了撒玛利亚，再次掳走了以色列人，以色列由此灭亡。（王下 17:1—41，请参看附录三第 60 图的说明）

3）犹大的第 13 位国王希西家时，亚述王西拿基立派大军进至耶路撒冷，威逼犹大人投降。但耶和华差遣使者一夜击杀了 18.5 万亚述人，亚述王西拿基立回到尼尼微后，被他的两个儿子杀死。（王下 18:13—19:37，请参看附录三第 62 图）

4)先知那鸿曾预言亚述的京城尼尼微必将荒凉。(鸿 3:7)

亚锁都　　　(Azotus)

1.地名原意:"堡垒"。

2.其他名称:旧约时代该地叫作"**亚实突(Ashdod)**"。

3.所在位置:附录三第 80 图第七行第 1 格。

4.地理情况:亚锁都位地古代巴勒斯坦的西南部,是当年非利士人的五大城市之一,距地中海仅约 9 里。

5.圣经记载:

腓利为埃提阿伯的太监施洗之后,主的灵便把腓利提去。后来有人在亚锁都遇见了腓利。他走遍那一带地方,在各城宣传福音,直到该撒利亚。(徒 8:38—40,腓利的传道行程请参看附录三第 96 图)

亚朔　　　(Assos)

1.地名原意:"接近"。

2.所在位置:附录三第 100 图第二行第 3 格。

3.地理情况:亚朔是每西亚的古城,位于小亚西亚的西北部。临海建城,地势险要。现在土耳其境内。

4.圣经记载:

保罗第三次外出传道在返回的途中,路加等人由特罗亚先上船去到亚朔等候保罗。保罗这样安排,乃是因为他自己要步行由陆路从特罗亚到亚朔去。保罗在亚朔与路加等人相会之后,便一同坐船来到米推利尼。(徒 20:13—14)

亚特律加宁　　　(Ashteroth-Karnaim)

1.地名原意:"腓尼基的双角女神"。

2.其他名称:今译作"**阿斯特乐**"。

3.所在位置:附录三第 3 图第一行第 2 格。

4.地理情况:亚特律加宁是约旦河东的一个城邑,乃是祭拜偶像亚斯他录女神之地。

5.圣经记载:

以拦王基大老玛等四个东方国王进攻约旦河东的诸城时,曾在亚特律加宁杀败利乏音人。(创 14:5)

亚文　　(Aven)

亚文的地名原意是"虚空"、"无价值"、"邪恶"、"刚愎"。同名叫亚文的有三处。

Ⅰ.埃及地的亚文

1.其他名称:**安城**。

2.所在位置:附录三第2图第四行第1格。

3.圣经记载:

先知以西结特用"亚文"一词(意为"空虚"),指明埃及祭奉的偶像,都是虚幻无用的。(结 30:17)

4.其他情况:请参看本书"安"条。

Ⅱ.伯特利的另一名称——"亚文"

1.亚文的其他名称:

1)**伯特利**。

2)**伯亚文**。

2.所在位置:附录三第27图第三行第2格。

3.圣经记载:

先知何西阿因为以色列人拜偶像,所以称伯特利为伯亚文(原文作"亚文")。他说:"伯亚文的邱坛,就是以色列人取罪的地方,必被毁灭。"(何 10:8)

4.其他情况:请参看本书"伯亚文"、"伯特利"两条。

Ⅲ.大马色山地的亚文

亚文属于以色列的北部,位于利巴嫩山脚下的平原上。亚文城中有巴力大庙,乃是迦南北部地区祭拜太阳神的中心点。先知阿摩司说："耶和华如此说：'大马色三番四次的犯罪，……我必折断大马色的门闩，剪除亚文平原的居民……。'"（摩 1:3—5）

亚西加　　（Azekah）

1. 地名原意："采石场"、"掘完"、"四周围绕"。
2. 其他名称：可能即现今的"**帖尔·埃兹·札哈瑞耶（Tell ez-Zahariyeh）**"。
3. 所在位置：附录三第 42 图第二行第 1 格。
4. 地理情况：亚西加是犹大平原中间的一个城镇，在梭哥的西北约 10 里。当年约书亚在基遍杀败亚摩利诸王，并追赶他们曾到此地。
5. 圣经记载：
   1) 约书亚杀败五个亚摩利王，"追赶他们在伯和仑的上坡路，击杀他们直到亚西加和玛基大，他们在以色列人面前逃跑。正在伯和仑下坡的时候。耶和华从天上降大冰雹在他们身上。直降到亚西加打死他们，被冰雹打死的，比以色列人用刀杀死的还多。（书 10:5—11）
   2) 大卫击杀歌利亚之前，非利士人即安营在梭哥与亚西加中间。（撒上 17:1，请参看附录三第 30 图）

亚西亚　　（Asia）

1. 地名原意："东方"、"泥土"。
2. 其他名称：圣经有些新译版本也译作"**亚细亚**。"
3. 所在位置：附录三第 78 图第二行第 4 格。
4. 地理位置：新约圣经中提到的亚西亚，指的乃是罗马帝国的一个行省，包括小亚西亚的大部，即每西亚、吕底亚、弗吕家、拔摩海岛等地。公元前 129 年建立省区时，先以别迦摩为其省城，后来省城移到以弗所。

5.圣经记载：

1)五旬节时，曾有来自亚西亚的犹太人到了耶路撒冷，听信了彼得传讲的福音。（徒 2:5—41，请参看附录三第 95 图）

2)司提反殉道前，曾和亚西亚等会堂中不肯信从耶稣的人们辩论。（徒 6:8—9）

3)保罗第二次外出传道时，圣灵曾暂时禁止保罗等人在亚西亚讲道。保罗等人即随从神的呼召，前往欧洲的马其顿去传讲福音。（徒 16:6—12）

4)保罗第三次外出传道时，曾在以弗所停留很久，"叫一切住在亚西亚的，无论是犹太人、是希利尼人，都听见主的道。"（徒 19:10，请参看徒 19:22,26,27）当保罗离开以弗所再往欧洲传道后，于返回的途中在亚西亚的米利都请了以弗所的长老们来交谈。保罗对他们说："你们知道，自从我到亚西亚的日子以来，在你们中间始终为人如何。服事主凡事谦卑，眼中流泪，又因犹太人的谋害，经历试炼。"（徒 20:17—19）

5)保罗曾对哥林多的圣徒们说："我们从前在亚西亚遭遇苦难，被压太重，力不能胜，甚至连活命的指望都绝了。"（林后 1:8）

6)当亚西亚等地的教会遭受到百般试炼的时候，彼得曾写信给亚西亚等地的圣徒，劝勉他们。（彼前 1:1,6）

7)启示录乃是老约翰在亚西亚的拔摩海岛被囚之后，写给亚西亚七个教会的书信。（启 1:4,9）

亚雅仑　　（Aijalon）

1.地名原意："鹿场"。

2.其他名称：

1)**亚雅伦**

2)遗址今名“**帖尔·埃勤·阔卡(Tell el-Qoq'a)**”。

3.所在位置:附录三第16图第三行第1格。

4.地理情况:亚雅仑是分给利未人的一个城镇,位于基遍、基色与基比顿三城之间。

5.圣经记载:

1)亚雅仑本是但支派的地业,(书19:40—42)但是并未赶出其中的居民。(士1:35)后来成为利未人的城邑。(书21:3,24)

2)约书亚曾在亚雅仑谷一带,打败亚摩利的五个城邦之王。(书10:12)

3)扫罗战胜非利士人时,也曾追击他们直到亚雅仑。(撒上14:24—31,参看附录三第27图⑫的示意及说明)

4)古以色列分裂为南北两国后,南国犹大的第一位国王罗波安曾修固亚雅仑等城以便抵御北国以色列。(代下11:5,10,请参看附录三第42图)

5)犹大的第12位国王亚哈斯祭拜假神,受到了外族的侵袭。非利士人即攻取了亚雅仑等地。(代下28:1—18)

6.圣经中记有另一个亚雅仑,乃是西布伦的一个城镇。(士12:12)

盐谷　　(Volley of Salt)

1.所在位置:附录三第54图第四行第3格。

2.地理情况:盐谷是盐海南方的一个小山谷。附近的山地中有盐数层,长约15里。

3.圣经记载:

1)大卫作王的时代,他的战将亚比筛曾在盐谷击杀以东18000人。(代上18:12)

2)犹大的第 9 代国王亚玛谢在位时，曾攻打以东人，在盐谷击杀了他们一万人，并进而攻占了他们的都城西拉。(王下 14:7，请参看附录三第 54 图①—③及其说明)

盐海 (**Salt Sea**)

1.其他名称：

1)**死海**(**Dead Sea**)。

2)**亚拉巴海**。(书 12:3)

3)**东海**。(结 47:18)

4)**西订谷**。(参创 14:3)

5)阿拉伯人称为“**罗得海**”。

2.所在位置：附录三第 15 图第三至四行第 3 格。

3.地理情况：

1)盐海的水源主要来自由北而来的约旦河，另有几条小的溪流也泄入盐海。由于海水有入无出，因此多有积垢，不似加利利海清秀宜人，所以当地人有句格言说：“当作加利利，不要作死海。”

2)盐海的水面在海拔以下约近 400 米，其最低的海底则在海拔以下将近 800 米。南北长约 160 里，东西宽约 30 里左右。因为盐海没有出口，所以被称为死海，又因若干年来海水蒸发，积留下大量的盐分及其他盐类矿物质，所以又叫盐海。有资料说，盐海中的盐分，可供 40 亿人使用 2000 年，海水的含盐量约在 25%，因为比重甚大，所以人们可以像卧在海绵上一样，躺在水面上游泳。

3)盐海的西岸边，有一条狭窄的通道，现已修成了高级公路，但其东岸则悬崖峭壁无法通行。故此学者推论，当年罗得渐渐挪移帐棚到盐海南端的所多玛时，乃是沿着盐海西岸而南下的。

4)名城隐基底即在盐海的西岸上。

5)盐海的南部海水较浅,海底沉积有沥青和硫磺,有些圣经学者考证,被毁灭的所多玛等城即在该处的海底。

4.圣经记载:

1)耶和华应许以色列人为业的迦南地,其东南部即以盐海为界。(民 34:3,12)

2)先知以赛亚也曾论及盐海。(赛 16:8)

耶布斯 (**Jebus**)

1.地名原意:“打谷场”、“被践踏”。

2.其他名称:

1)**耶路撒冷**。

2)**撒冷**。

3)**大卫城**。

4)**锡安**。

3.所在位置:参看附录三第 35 图第二行第 4 格。

4.地理情况:耶布斯即是耶路撒冷,由于耶布斯人住在其中,所以当时也称之为耶布斯。(书 15:63;士 19:10)

5.圣经记载:

大卫作王以后,曾攻打耶布斯,由他的战将约押由地下水道进入城内而占领了该城。其后该地即常被称为大卫城、耶路撒冷,而不再使用耶布斯这一地名。(代上 11:4—7,请参看附录三第 35 图)

6.关于此城的其他情况,请参看“耶路撒冷”条。

耶利哥 (**Jericho**)

1.地名原意:“芳香”、“香城”。

2.其他名称:

1)**棕树城**。

2)今译作“**杰里科**”。

3)**现称为“帖尔·埃斯·撒勒坦(Tell es-Sultan)”**。

3.所在位置:附录三第14图第三行第3格。

4.地理情况:

1)耶利哥在约旦河谷南部,位于约旦河西岸,距离盐海北部入海口约16里,在耶路撒冷以东约56里。

2)耶利哥是由约旦平原进入西部山区的渡口要塞。城内有泉水流入约旦河水系。由于当地气温较高,农作物成熟较早。此地盛产棕树,因而也被称为“棕树城”。(申34:3)现在的杰里科,(即古时的耶利哥)于1950年时,随同约旦河西岸地区并入约旦。但1967年又被以色列占领。由于阿以战争,人口大量流失。1967年时统计仅有6829人。

5.圣经记载:

1)耶利哥是以色列人由旷野西渡约旦河进入迦南时首先占取的城。渡河前约书亚曾派二人侦察该地。(书2:1)但以色列人夺取耶利哥时并未用战争。他们遵从耶和华之命,由七位祭司吹着羊角走在约柜的前面。祭司们的前面为带兵器的人,约柜的后面有后队随行。他们每日绕行耶利哥城一次,然后回营住宿。六天都是如此。第七天,他们绕城七次,到第七次祭司吹角时,以色列百姓大声呼喊,城墙就塌陷了。以色列人便进入城内,将城夺取,灭尽了城内的男、女、老、少和牛、羊等牲畜。(书6:2—21)耶利哥城内,只有喇合全家,由于“喇合因着信,曾和和平平地接待探子,就不与那些不顺从的人一同灭亡。”(来11:30—31)

2)其后,以色列人作耶和华眼中看为恶的事,神就使摩押

王伊矶伦攻击以色列人，并且占据棕树城耶利哥 18 年。（士 3:12—14）

3)当以色列人攻陷耶利哥时，约书亚曾叫众人起誓说：若有“重修这耶利哥城的人，当在耶和华面前受咒诅。他立根基的时候必丧长子，安门的时候必丧幼子。”（书 6:26）以后在以色列王亚哈的时候，“希伊勒重修耶利哥城。立根基的时候，丧了长子亚比兰。安门的时候，丧了幼子西割。”（王上 16:34）

4)耶和华用旋风接先知以利亚升天时，以利亚行程最后也是由耶利哥渡过约旦河的，在渡河前耶利哥的先知门徒也预知此事，只是他们未像以利沙那样紧紧地跟随以利亚渡过约旦河。（王下 2:1—7）

5)以利亚被接上升后，以利沙回到耶利哥，该城人向他说：“这城的地势美好，……只是水恶劣，土产不熟而落”，以利沙用一新瓶装盐，将盐倒在水中并说：“耶和华如此说：‘我治好了这水……’”。从此那水质变好了。（王下 2:19—22）

6)犹大王亚哈斯时代，犹大人因拜巴力，而被亚兰王打败。许多犹大人被掳到大马色。后来犹大人又被以色列王打败，大遭杀戮。（代下 28:1—6）以色列的军队并且俘掳了他们的同胞弟兄犹大人 20 万，要把他们带到撒玛利亚去。先知俄德责备以色列人说，“因为耶和华你们列祖的神恼怒犹大人，所以将他们交在你们手里，你们竟怒气冲天，大行杀戮。如今你们又有意，强逼犹大人和耶路撒冷人作你们的奴婢。你们岂不也有得罪耶和华你们神的事吗？现在你们当听我说，要将掳来的弟兄释放回去。”（代下 28:8—11）于是以法莲的几个族长出来，阻止把犹大人带进撒玛利亚城。最后这些被俘的犹大人终于被释放送回到棕树城耶利哥。当时的耶利哥正处于以色列国临近犹大国的边境上。（代下 28:12—15）

7）犹大国最后的国王西底家在位第 9 年时，巴比伦王尼布甲尼撒率军围困耶路撒冷一年半之久，终因百姓无粮，城被攻破。西底家逃离时，在耶利哥被俘，犹大国即被灭亡。（王下 25:1—7）

8）耶稣曾讲到有一个人，从耶路撒冷往耶利哥去。在路上被强盗打个半死。祭司和利未人都未管他，惟有一个撒玛利亚人照应了这位受伤的人。（路 10:30—37）

9）耶稣在靠近耶利哥的路上，曾医治了盲人巴底买和与他同在一起的另一个盲人。（太 20:29—34；可 10:46—52；路 18:35—43）

10）耶稣进了耶利哥，税吏长撒该急于要看看耶稣是怎样的人，便爬上桑树，要看耶稣。耶稣看出他的信心，便要住在他的家中。当时的犹太人都认为税吏是罪人，因而私下议论说，耶稣怎么竟会到罪人家里去住宿。撒该接待了耶稣，并且站着对耶稣说："主啊！我把所有的一半给穷人。我若讹诈了谁，就还他四倍。"耶稣说："今天救恩到了这家。"并且说他来就是为要寻找拯救迷失的人。（路 19:1—10）

耶路撒冷　　　（Jerusalem）

1. 地名原意："平安居所"、"根基"。

2. 其他名称：

1）**撒冷**。

2）**大卫城**。

3)**耶布斯**。

4)**锡安**。

5)罗马帝国一度给它改名为“**哥罗尼亚**”，不久即废弃不用。

6)古时称之为“**姆法罗斯(Omphaios)**”，意为“**地的中心**”。

7)古时又称乌路撒林(Urusalim)。

3.所在位置：附录三第14图第四行第3格。

4.地理情况：

1)耶路撒冷位于现今巴勒斯坦地区的南部。其纬度与盐海北岸相平。距盐海西北角约50里，距地中海约100里。耶路撒冷城建于山地。城中有锡安山，东北部圣殿所在地为摩利亚山(又称圣殿山)，西北为各各他山，城外东方则为橄榄山。全城西北高而东南低。高处海拔约826米，低处约620米。城外东侧为汲沦溪两岸形成的汲沦谷，西南方有欣嫩谷。两谷在城外东南方会合，会合处有一个隐罗结泉(En-rogel Spring)。(书15:7—8)耶路撒冷有两处主要的水源，其中一处即是隐罗结泉。另一处为汲沦溪上游的基训泉(Gihon Spring)。(代下32:30)此泉又名童女泉(Fountain of Virgin)，泉水通过一条暗道流入城内。当年大卫的军兵即是进入这条暗道，攻入锡安堡垒的。(撒下5:8)后来希西家另凿隧洞，(王下20:20)把基训泉水引入西罗亚池，池水又缓缓流动着泄入汲沦溪内。

2)耶稣在世时的耶路撒冷：当时的城区既不同于古时的撒冷，(创14:18)也不同于以色列建国时的大卫城，(撒下5:9)更不同于现今的耶路撒冷。当年城内东北部为圣殿所在地，而希律王宫紧靠西城墙内中部，大祭司该亚法住宅在王宫之南。据认为,该亚法住宅之南的一所楼房,即是耶稣与门徒最后晚餐之处。城外汲沦溪东侧的客西马尼园,为最后的晚餐后,耶稣率门徒出去祷告并被捕之地。再向东则为橄榄山,圣经记述耶稣即在此处被接升天。城外西北方的各各他山是耶稣被钉十字架的所在。当时的耶路撒冷城,请参看附录三第71图。

3)现今的耶路撒冷分为旧城区与新城区两部分。旧城区东北部为穆斯林阿拉伯人居住区;西北部为基督徒居住区;西南部为亚美尼亚教会区;东南部为犹太人居住区。新城区多有现代文化建筑。1982年统计共约41万余人。

5.圣经记载:

1)耶稣降生前,耶路撒冷历代的修建、破坏及重大事件:

①公元前约2000年时,撒冷王麦基洗德曾带着饼和酒迎接得胜归来的亚伯拉罕,并为他祝福。(创14:17—19)

②当年,神要试验亚伯拉罕。亚伯拉罕顺从神的指示,便把自己独生的儿子、他所爱的以撒,带往摩利亚山地去,要把他献为燔祭。(创22:1—14)

③以色列人进迦南时,耶路撒冷王亚多尼洗德,曾联合另外四个王企图抵抗以色列人。约书亚率领以色列人将他们杀败,但并未进占该城。(书10:1—27)

④约书亚年迈时,遵从神的旨意,将耶路撒冷分归犹大支派所有。约书亚死后,犹大支派的人请西缅支派的人同去攻打耶路撒冷。他们攻取该城后,杀了城内的人,却又放火烧城而去。(书13:1,15:1—10;士1:1—

8)那时耶布斯人仍住在该城。(士 1:21)所以当时的耶路撒冷也叫耶布斯。(书 15:63,15:8)

⑤公元前约 1000 年时,大卫攻占耶路撒冷,并且在此修城,定为首都。(撒下 5:6—10)大卫在位共 40 年,其中的后 33 年都住在耶路撒冷。(撒下 5:4—7)大卫所建的城墙范围较小,其后屡次毁坏,多次重建,其规模、范围与位置多有变动。

⑥以色列人出埃及后 480 年,所罗门王 4 年 2 月开工,在耶路撒冷建造圣殿。至 11 年 8 月,历时 7 年完成。(王上 6:1,38)所罗门是在亚伯拉罕献以撒的摩利亚山上建殿的。(代下 3:1)其后圣殿屡遭破坏,又多次修复、重建,但其旧址位置一直不变。

⑦所罗门的儿子罗波安 5 年,埃及王示撒一度攻占耶路撒冷,尽夺圣殿及王宫的宝物而去。(王上 14:25—26)

⑧犹大王约阿施的时候,亚兰人攻击约阿施,并且来到耶路撒冷,杀了民众的许多首领,又掠去许多财物。(代下 24:23—24)

⑨其后,同名也叫约阿施的以色列王又擒住犹大王亚玛谢,并且拆毁了耶路撒冷的一段城墙。(代下 25:23—24)

⑩犹大王希西家时,亚述王西拿基立来攻打耶路撒冷,并且用狂言恶语侮辱犹大人,自恃必胜。因此希西家请先知以赛亚求告耶和华。当夜耶和华的使者出去,击杀了 185000 名亚述军兵。次日清晨,亚述王见此情况就拔营回去了。(王下 18:13—19:36)

⑪犹大王玛拿西在位时,作耶和华眼中看为恶的事。耶和华使亚述的将帅来到耶路撒冷攻击他。他在急难的

时候求告耶和华,神使他转危为安,他才知道惟独耶和华是神。(代下 33:1—13)此后玛拿西又在早先的大卫城外,修建了高大的耶路撒冷城墙。(代下 33:14)

⑫犹大王约西亚在耶路撒冷作王时,出城抵挡埃及王,被埃及王击杀于米吉多。埃及王并且掳去了约西亚的儿子约哈斯,另立约雅敬为王,作为他们的傀儡,间接地控制了耶路撒冷。(王下 23:29—35)

⑬约雅斤在耶路撒冷作犹大王的时候,巴比伦王尼布甲尼撒围困了耶路撒冷。约雅斤投降巴比伦后,巴比伦人毁坏了圣殿中的金器,掳走了约雅斤及其亲属与臣民,拿去了圣殿与王宫的宝物。(王下 24:8—16)

⑭犹大王西底家在位第 9 年,巴比伦王尼布甲尼撒全军来攻耶路撒冷,将城包围。两年半后,因城中无粮而被攻破。尼布甲尼撒掳走了西底家,犹大国由此灭亡。不久尼布甲尼撒的护卫长来到耶路撒冷,焚烧了圣殿、王宫,拆毁了四围的城墙,掳走了大批的犹大人。圣殿里的大量圣器尽被掠去。(王下 25:1—21)

⑮公元前 536 年,波斯王古列灭了巴比伦,定为古列元年,他下诏通告全国说,天上的神嘱咐他,在犹大的耶路撒冷建造神的殿宇。(拉 1:1—2)因此被掳的犹大人等得以重返耶路撒冷。(拉 2:1)由所罗巴伯等人胜过种种困难,重新修建了圣殿,(拉 3:8,5:2,6:15)此次所建的殿常被称为第二圣殿。

⑯公元前 444 年,即亚达薛西王 20 年,尼希米回到耶路撒冷,重新修建了城垣。(尼 2:1—6:15)

附:其他史料的重要记述(一)

〈1〉公元前332年,希腊皇帝亚历山大攻占了巴勒斯坦。由于但以理书中关于希腊的预言,(但8:5—8,20—22)亚历山大对以色列人非常宽厚。他放过了耶路撒冷,并且准许犹太人自由居住于亚历山大城,享受免税权。

〈2〉公元前323年,亚历山大死后,他手下的四个将军割据了希腊帝国的属地。耶路撒冷原来属于叙利亚。至公元前301年改属于埃及约100年,这期间以色列人尚能安居乐业。

〈3〉公元前198年,耶路撒冷再次隶属于叙利亚。以色列人遂即受到虐待。公元前168年,叙利亚王安提阿古·爱比法尼斯(Antiochus Epiphanes)毁坏了耶路撒冷,在耶和华的祭坛上献猪,在圣殿中祭祀偶像,残杀以色列人,因而激起了以色列人的反抗,建立了以马克比(Maccabees)家族为世袭祭司的宗教政权,取得了暂时的独立约100年之久。在此期间,耶路撒冷和圣殿稍得修整。

〈4〉公元前63年,罗马的庞培(Pompey)攻陷了耶路撒冷,城墙再次被毁。庞培又派安提帕特为犹太总督,统辖耶路撒冷等地。安提帕特本是雅各(以色列)的哥哥以扫的后裔,乃是以东人。

〈5〉公元前37年,安提帕特的儿子大希律被罗马分封为犹太王。他为了讨好以色列人,形式上受了割礼,自称为以色列人。另外,为了取得以色列人的拥护,又大兴土木,重新大规模地在原址上修建圣殿。历史上为了便于区别以前建造的圣殿,常称其为第三圣殿。但希律为人多疑,生性凶残。耶稣降生时,伯利恒两岁以内的男婴,就是希律杀害的。

2)耶稣在世时,在耶路撒冷的经历与事工:

①耶稣在婴儿时,按犹太律法:所有头生的男孩都当称为圣归给神,由他的父母抱到耶路撒冷圣殿为他行了奉献礼。这时一位一向期待以色列的安慰者来到的人名叫西缅,他受圣灵感动来到圣殿见到耶稣,就称颂神说:"我的眼睛已经看见你的救恩,就是你在万民面前所预备的,为要作外邦人启示的光,和你民以色列的荣耀。"(路 2:22—32,部分语句新译)

②耶稣 12 岁时随父母上耶路撒冷过逾越节,父母已经回去,耶稣自己却留在圣殿里,坐在教师中间,一面听,一面问,人们都希奇他的聪明和应对。当父母回来找他时,耶稣回答说:"为甚么找我呢? 你们不知道我必须在我父的家里么?"(路 2:41—51,部分新译文)

③在逾越节的时候,耶稣到了耶路撒冷初次洁净圣殿。(约 2:13—25)犹太人的官员尼哥底母夜里来见耶稣求教,耶稣便和他谈论永生之道。(约 3:1—21)

④到了犹太人的一个节期,耶稣再次到耶路撒冷去。在毕士大池旁,医治了一个病了 38 年的人。(约 5:1—18)

⑤在犹太人的住棚节期间,耶稣又一次来到耶路撒冷,上圣殿去教训人。节期的末日,耶稣站着高声向众人说:"人若渴了,可以到我这里来喝。信我的人,就如经上所说,从他腹中要流出活水的江河来。"(约 7:14—39)

⑥耶稣在耶路撒冷期间,急于要杀害耶稣的法利赛人等,带了一个行淫时被拿住的妇人来,叫她站在众人当中。法利赛人等问耶稣说:按照犹太人的律法,对这样的妇人应该用石头打死。他们狡猾地再三询问耶稣当如何

处理这个妇人。耶稣说:“你们中间谁是没有罪的,谁就可以先拿石头打她。”那些人听见这话就都出去了。当只剩下那妇人仍然站在那里时,耶稣对她说:“没有人定你的罪吗? ……我也不定你的罪,去吧! 从此不要再犯罪了。”(约 8:1—11)

⑦耶稣在耶路撒冷讲道时还说:“我是世界的光,跟从我的就不在黑暗里走,必要得着生命的光。”(约 8:12)

⑧耶稣并且在耶路撒冷还治好了一个生来的盲人。(约 9:1—41)耶稣在讲道中又说:“我来了是要叫人得生命,并且是丰丰富富的生命。我是好牧人,好牧人甘愿为羊舍命。”(约 10:10—11,新译文)

⑨修殿节时,耶稣也正在耶路撒冷,当他在圣殿里的所罗门廊下和人谈道时,犹太人想要捉拿他,他却避开他们躲走了。(约 10:22—39)

⑩耶稣被接上升的日子将要到了,他就定意往耶路撒冷去受难。(参考路 9:51)在去耶路撒冷的路上,他对门徒们说:“看哪! 人子(耶稣自称)要被交给祭司长和文士;他们要定他死罪……钉在十字架上。第三日他要复活。”(太 20:17—19)

⑪耶稣最后一次到耶路撒冷,是骑着驴驹进城的。有大群的人前呼后拥,并呼喊:“奉主名来的是应当称颂的。”耶稣进了耶路撒冷,全城都惊动起来了。(太 21:1—11;可 11:1—10)

⑫耶稣进了耶路撒冷的圣殿(即大希律重新修建的殿),赶出了那里所有作各种买卖的人。耶稣对他们说:“经上记着说:‘我的殿必称为祷告的殿,你们倒使它成为贼窝了。’”又有许多儿童在殿中喊着说:“和散那(颂赞)归于

大卫的子孙!”因此祭司长和犹太教的经学家等人很忿恨,极力想要除掉耶稣。(太 21:12—15;可 11:15—18)

⑬耶稣被害以前,深为耶路撒冷叹息。并且预言说:“你们的家必成为荒场。”(太 23:37—38)耶稣并且指着大希律所建的圣殿说:“我实在告诉你们,将来在这里必没有一块石头留在另一块石头上面,每一块都要拆下来。”(太 24:1—2 新译文)耶稣还预言说:“当你们看见耶路撒冷被军队围困的时候,就知道它荒凉的日子近了。……耶路撒冷要被外邦人践踏,直到外邦人的日期满了。”(路 21:20—24,部分语句为新译文)

⑭耶稣最后一次进入耶路撒冷是在礼拜日,该周礼拜五即受难。受难后第三天复活。最后这几天的经历,请参看附录三第 16 图。

⑮耶稣被卖、被审、被钉十架、复活的经历都在耶路撒冷。升天之处也在耶路撒冷附近橄榄山的伯大尼对面。这些经历请参看附录三第 93 图。

⑯耶稣复活之后,曾多次向门徒们显现。其中数次,都在耶路撒冷:

A.向马利亚等先后显现。(约 20:11—17;太 28:9)

B.向西门彼得显现。(路 24:34;林前 15:5)

C.多马未在场时,先向 10 个门徒显现。(约 20:19—25)

D.多马在场时,又向 11 个门徒显现。(约 20:26—29)

⑰耶稣升天之前,对门徒们说:“照经上所写的,基督必受害,第三日从死里复活。并且人要奉他的名传悔改赦罪的道,从耶路撒冷起直传到万邦。你们就是这些事的见证。”(路 24:46—48)耶稣又嘱咐门徒,不要离开耶

路撒冷，要等候天父所应许的圣灵。(徒 1:4—5)耶稣升天后 10 天，圣灵即于五旬节时降在门徒们的身上。(徒 2:1—4)

3)使徒时代，彼得在耶路撒冷的经历与事工：

①彼得在五旬节时，和 11 个使徒见证耶稣的复活，使天下各国来的犹太人得以听到救恩。当天有 3000 人受洗。其中从天下各地而来的新信徒，当他们回到原居住地区时，将会把福音传到世界各地。(徒 2:1—42，请参看附录三第 95 图)

②彼得在圣殿里治好了一个生来瘸腿的人，接着便向前来围观的人讲道。听道的人们有许多人相信了耶稣，仅男子即有 5000 人之多。(徒 3:1—4:4)

③由于彼得在圣殿中的讲道，彼得和约翰被拘押一夜。第二天受到犹太公会的审问。公会的人们恐吓他们不许再传讲耶稣。但彼得、约翰说："听从你们，不听从神，这在神面前合理不合理，你们自己酌量吧。"公会的人们无奈，只好把他们恐吓一番而释放了。(徒 4:1—21)

④由于信从基督的人越来越多，(徒 5:13)彼得与众使徒又被囚禁。"但主的使者夜间开了监门，领他们出来说：'你们去站在殿里，把这生命的道都讲给百姓听。'"使徒正在殿中讲道时，又被带到公会，受到拷打而被释放回去。(徒 5:17—42)

⑤希律杀害雅各以后，彼得第三次被囚于耶路撒冷。希律想要杀害彼得的前一夜，天使救出了彼得，彼得便往别处传道去了。(徒 12:1—17)

4)使徒时代，圣徒们在耶路撒冷所受的逼迫：

①彼得三次受到拘押。(徒 4:3，5:18，12:4)

②众使徒受到拘禁和拷打。(徒 5:18,40)

③司提反被石头打死。(徒 7:57—60)

④耶路撒冷教会大遭逼迫,多人被下监、被刑讯、被杀害。(徒 8:1—3,26:10—11)

⑤希律下手苦害教会中的人,雅各被他刀斩。(徒 12:1)

⑥保罗本是逼迫信徒的。(徒 26:10—11)保罗悔改信奉基督以后来到了耶路撒冷,当地的犹太人却要杀他。(徒 9:28—29)保罗最后一次到耶路撒冷时,终于被犹太人捉住,险些丧命。(徒 21:27—31,23:12—24)

5)使徒时代,圣徒从耶路撒冷外出传道的情况:

①五旬节时,各地到耶路撒冷来守节的犹太人,当他们返回各地时,将会传讲基督的福音。(徒 2:5—41,参看附录三第 95 图)

②司提反殉道后,由耶路撒冷分散的圣徒到各处去传道。(徒 8:1—4)

③腓利原是耶路撒冷教会的执事,(徒 6:1—6)后来离开耶路撒冷到撒玛利亚等地去传道。(徒 8:5—13,请参看附录三第 96 图)

④彼得、约翰先从耶路撒冷到撒玛利亚去传道。(徒 8:14—25)后来彼得又周游各地传道,(徒 9:32—10:48,请参看附录三第 96 图)其后再次返回耶路撒冷。(徒11:2)

⑤巴拿巴曾从耶路撒冷先到安提阿去传道,(徒 11:22—26)又从安提阿与保罗外出到各地传道。(徒 13:1—13,参看附录三第 98 图)

⑥马可从耶路撒冷随同巴拿巴和保罗先到了安提阿,

(徒 12:25)以后即随同巴拿巴、保罗、彼得等人传道。(徒 13:2—5,15:39;提后 4:11;彼前 5:13)

⑦西拉先从耶路撒冷到了安提阿,(徒 15:22,15:32—34)以后西拉即与保罗一同外出传道。(徒 15:40)

6)保罗在耶路撒冷的经历:

①保罗未曾悔改信奉耶稣之前,在耶路撒冷百般迫害信徒。(徒 7:58—60,9:1—2,22:4)

②保罗悔改信奉耶稣之后,再到耶路撒冷时,犹太人便要杀害他,因此保罗只好逃离耶路撒冷。(徒 9:28—30)

③保罗又一次来到耶路撒冷,乃是受安提阿教会之托,与巴拿巴一起,给耶路撒冷的圣徒送来馈赠的款项。(徒 11:27—30)

④保罗另一次到耶路撒冷来,也是受安提阿教会的委托,和巴拿巴同来和耶路撒冷的使徒、长老们交谈。后来共同认为,犹太族以外的各族基督徒,没有必要遵守犹太人的割礼等条例。(徒 15:1—15)

⑤保罗从欧洲传道归来时,又曾特意到耶路撒冷去,问候当地的教会和圣徒。[①](徒 18:21—22)

⑥保罗最后一次到耶路撒冷,乃是冒着危险而来的。(徒 20:22,21:10—14)保罗这次来到耶路撒冷被犹太人捉拿后,果然几乎被害。(徒 21:27—31,23:12—24)后来被囚于该撒利亚两年,又被押解到

---

① 请参看附录三第 99 图可知,保罗从以弗所若直接回安提阿,或是从该撒利亚直奔安提阿,都不必绕道到耶路撒冷去。足见保罗这次到耶路撒冷乃是有意前往的。

罗马城。(徒 24:26—27,27:1)

附:其他资料的重要记述(二)

〈1〉公元前 37 年,大希律大举修建耶路撒冷,在旧城之外又接连建筑或扩大建筑了第二城垣。城廓焕然一新。公元前约 20 年,大希律开始重建圣殿,计划雄伟,工程浩大。到耶稣在世时,圣殿并未完全竣工,但其规模已甚壮观。公元后 42 年(或 43 年),希律亚基帕继续修建城墙及圣殿。他在第二城垣之外,又建筑了第三城垣。并用大理石和精金建造华丽的殿宇,公元 64 年正式完工后,远远望去"如同一座山顶上盖着白雪",大大超过了所罗巴伯所建造的第二圣殿。但仅仅 6 年之后,犹太人企图反抗罗马。罗马元帅提多(Titus)乃于公元 70 年率领大军前来攻打耶路撒冷。恰当犹太人的逾越节日,大军到达城前。城内犹太人又有内争,前后犹太人惨死者竟达 60 万[①]。围城第 15 日后,第三城垣失守。围城第 24 日,第二城垣被攻破。到第 72 日时,安东尼亚楼被罗马军兵攻占。圣殿即面临威胁。[②] 再过 12 日后,犹太教的日祭等圣事活动被迫停止。到第 105 日,圣殿被毁。到第 134 日时,满城一片火光。房屋完全焚烧,城墙拆毁殆尽。提多只留下了耶路撒冷西北角的一段旧墙以及希律的三个塔楼未毁,藉以屯驻防守其地的第十营军兵,也是用来显示提多灭城的威力。耶路撒冷被毁

---

① 另有资料说共约 100 万犹太人死于这次战争。

② 安东尼亚楼即在圣殿的西北方院外。请参看附录三第 71 图,及本书"安东尼亚楼"条。

后，废墟上毫无人烟。其后的50年间，历史上再未记述耶路撒冷发生过任何事件。犹太历史学家约西弗(Josephus)说，那段时期的耶路撒冷，犹如从来无人居住过的荒场一样。其后，只有残余的一段西墙，存留至今。

〈2〉这次提多焚毁圣殿，其破坏之重乃是前所未有的。有人记述说，由于希律建殿时，为了显示他所建的圣殿华贵，石块缝隙处曾以真金装饰。所以罗马军兵为了抢夺饰金，殿墙尽被推倒，以便刮取每块石头上的余金。又有人记述说，公元363年罗马帝国尊崇基督教时，皇帝朱维安(Jovian)曾企图重建圣殿，便把提多破坏圣殿的石头挪开，以便重建殿宇。但朱维安在位仅一年，其建殿计划也再未进行，反使该处竟成为散石遍地的所在。

〈3〉公元132年，早在罗马帝国尊崇基督教之前，罗马人曾再修此城。但却改用了罗马名称，把它叫作哥罗尼亚(Colonia)，以便显示它是罗马的属地。罗马人并且在所罗门、所罗巴伯、大希律建造圣殿一直未变的原址上，建造了一座罗马神庙。禁止犹太人进入耶路撒冷(即当时的哥罗尼亚)，违者处以死刑。哥罗尼亚这一地名延用了数百年之久。直到公元313年，罗马皇帝君士坦丁(Constantine)宣称自己信仰了基督之后，不准犹太人进城的禁令才渐废除。该地也逐渐恢复了耶路撒冷这一地名。

〈4〉公元326年，君士坦丁的母亲在伯利恒和橄榄山各建礼拜堂一座。这期间，先前的罗马神庙被废除。公元336年，君士坦丁自己也在耶路撒冷修建了圣墓礼拜堂。第4世纪末，基督教成为罗马的国教。耶路撒冷成为重要的圣地。居民不论是否真诚相信耶稣，都要接受洗礼，形成了200余年真伪难辨的兴旺假象。

〈5〉公元613年，波斯王乔斯罗二世(Chosroe Ⅱ)攻陷耶路撒冷，礼拜堂同时被毁。公元629年，罗马皇帝希拉克留(Heraclius)重新占领耶路撒冷数载。公元637年，耶路撒冷又归阿拉伯王奥马(Omar)统辖。不久，阿拉伯人即在摩利亚山的圣殿旧址上建造了清真寺与园顶石屋(其后即建成为山顶上的岩石殿)，从此以后，耶路撒冷多数时间都在信仰伊斯兰教的阿拉伯国家的控制之下。

〈6〉公元1077年，土耳其统辖耶路撒冷，对基督徒更加限制。公元1099年，十字军攻占此城历88年，圣墓礼拜堂稍得修葺扩建。公元1187年，耶路撒冷先后改属于埃及与叙利亚。1247年，又归埃及统治。1517年，土耳其再次入据耶路撒冷，从此辖管此地共400年。

〈7〉第一次世界大战后，耶路撒冷与巴勒斯坦都成为英国统治地。第二次世界大战后，以色列重新建国。[①] 但在耶路撒冷的问题上，其争议十分尖锐。

〈8〉以色列与阿拉伯国家双方对耶路撒冷的争议[②]：

A.耶路撒冷是基督受难之地，至今仍有基督的圣墓礼拜堂、耶稣当年钉十字架时走过的道路、圣雅各礼拜堂、大卫塔等古迹。故此基督徒对耶路撒冷极为崇敬向往。但圣经中从未叫基督徒争占此地。虔诚的信徒都盼望从天而降的圣城新耶路撒冷。(启21:

---

① 1948年5月14日以色列国宣告成立。1992年初，我国承认它是主权国家，并建立了外交关系。

② 本资料参见《简明不列颠百科全书》第8卷第862页，及《中国大百科全书》(世界地理部分)第698页。

1—2)然而以色列人与阿拉伯人却都把耶路撒冷看作是必争的圣地。

B.以色列人认为巴勒斯坦(古迦南)乃是耶和华赐给他们的。耶路撒冷是古时以色列与犹大联合王国的首都。以色列与犹大亡国后,特别是罗马帝国摧毁耶路撒冷和圣殿后,以色列人分散到世界各地,但两千多年来一直希望返回故乡重新建国。耶路撒冷历经战乱后,其古老的旧城已仅仅残余一段西墙。近年来世界各地的以色列人经常来此朝圣,络绎不断。他们朝圣时不禁长时间地在墙边流泪祷告,甚至日夜有人在此哀泣,因此该墙又称为哭墙。1947 年联合国决议把耶路撒冷定为国际城市。1948 年 5 月 14 日以色列人复国。在当年爆发的第一次中东战争后,以色列人进入了耶路撒冷新城。约旦则控制着耶路撒冷旧城。但以色列于 1967 年占有了全部耶路撒冷。1980 年即宣布耶路撒冷为其首都。而阿拉伯国家则坚决反对。现在只有以色列的议会移到耶路撒冷。各国驻以色列的使馆及以色列的一些政府部门仍在特拉维夫。许多有关耶路撒冷的问题仍在争议中。

C.信奉伊斯兰教的阿拉伯人则认为,耶路撒冷乃是伊斯兰教主穆罕默德神秘夜行目的地。也是伊斯兰教最庄严的圣地之一①,公元第 7 世纪以后,阿拉伯人

---

① 伊斯兰教徒认为,在耶路撒冷圣殿所在地的摩利亚山岩石上,亚伯拉罕所献的儿子乃是以实玛利。故此当阿拉伯人统治耶路撒冷时,他们在圣殿的旧址上建造了伊斯兰寺殿。

断续统治巴勒斯坦时，便在耶路撒冷圣殿旧址上建立了清真寺、岩石殿。至今耶路撒冷旧城的穆斯林居住区中，仍包括有圣殿区。以色列人曾多次拟议在原址上重建圣殿。而阿拉伯人又坚决反对以色列人对耶路撒冷的主权。因此许多的问题十分难于调解。

耶末　　（Jarmuth）

地名原意是“高地”、“他被高举”。

同名叫耶末的有两处。

Ⅰ.希伯仑西北的耶末

1.其他名称：

1)今称“**帖尔·亚末特（Tel Yarmut）**”。

2)也称“**亚末克废墟（Khirbet Yarmuk）**”。

2.所在位置：附录三第14图第四行第2格。

3.地理情况：耶末乃是迦南人的一座王城。位于犹大中部的高原地带，在由海滨通往耶路撒冷的大道上。

4.圣经记载：

1)耶末王加入五王之联盟，以攻打约书亚，在基遍战败，被约书亚杀死于玛基大。（书10:16—26）

2)以色列人将此城攻取后，分给犹大支派。（书15:35）

Ⅱ.以萨迦境内的耶末

1.其他名称：

1)**拉末（Ramoth）**。（代上6:73）

2)**利篾（Remeth）**。（书19:21）

3)埃及人称之为“**亚末他山区（the hills of Yarmuta）**”。

4)有人认为乃是现今的“**霍卡夫·黑亚但(Khorkav-hayyardem)**”。

2.所在位置:附录三第16图第二行第3格。

3.地理情况及圣经记载:

耶末在约旦河西不远之处。本是以萨迦的地业,后来成为利未人的城邑。(书21:27—29)

耶斯列　　　(Jezreel)

地名原意是“神的苗圃”、“神所播种”。

耶斯列有时意指耶斯列平原,有时意为耶斯列谷地,有时意指耶斯列城镇。

Ⅰ.**耶斯列平原(Plain of Jezreel)**

1.其他名称:**以斯德伦或伊斯代伦(Esdraelon)平原**。

2.所在位置:附录三第10图第二行第2—3格。

3.地理情况:耶斯列平原乃是加利利以南的广大平川地带。由基顺河的上游沿基顺河两岸斜向西北,直达地中海附近,长约50里,宽约25里左右,此地土质肥沃,宜于农耕。地当基利波山,他泊山、迦密山三者之间,且是迦南的腹心地区,所以在战略上也很重要。古时南北的交通干线与东西的通商大道都须经过此地,(请对照参看附录三第75图)因此耶斯列平原在军事、商业和农田水利上都属要地。

4.圣经记载:

1)士师时代,米甸等东方人入侵以色列时,便是深入到耶斯列平原安营的。(士6:33)但是耶和华的灵降在基甸身上,基甸以300精选的以色列勇士战胜了米甸等族13万5千人。(士6:34—8:10,请参看附录三第20图及其说明)

2)当以色列的第13代国王耶罗波安三世在位时,先知何西阿预言说,由于以色列人离弃耶和华,耶和华必使以色列国灭亡,那时耶和华要"在耶斯列平原折断以色列的弓"①。(何1:2—5)何西阿预言后仅数十年,到以色列的第19代国王时,以色列即被亚述国所灭,以色列人相继被掳去为奴。(王下17:5—23)

Ⅱ.**耶斯列谷**　　(**Vale of Jezreel**)

1.其他名称:**肥美谷**。

2.所在位置:附录三第14图第二行第3格。

3.地理情况:有人认为耶斯列谷乃系耶斯列平原的东部;或是由耶斯列平原流入约旦河的溪谷地带,由于此处土地肥美,故又名"肥美谷"。也有人认为耶斯列谷即是耶斯列平原的另一称谓。

4.圣经记载:

汉语圣经和合本中未见"耶斯列谷"的译文。英语译本中则有的地方译为"**Plain of Jezreel**"(耶斯列平原),有的地方译为"**Valley of Jezreel**"(耶斯列谷)。

Ⅲ.**耶斯列城**　　(**City of Jezreel**)

1.其他名称:

1)今又译作"**伊茨雷埃勒**"。

2)现又名"**集尔因(Zirr'in)**"。

2.所在位置:附录三第20图第二行第2格。

3.地理情况:

1)耶斯列城在以萨迦境内(书19:17—18),距离基利

---

① "折断以色列的弓":意译为"毁掉以色列的战斗力"。有的近代英译本作"destory Israel's military power(摧毁以色列武装力量)"。

波山不远，乃是耶斯列平原东部的要道。附近有两处水泉，水源充沛，盛产葡萄。圣经记述当地居民拿伯的葡萄园靠近亚哈的王宫，亚哈诬害了拿伯，又占有了他的葡萄园。由耶斯列的城门口即可遥望通向约旦河的大道。

2）以色列的第7代国王亚哈和他的儿子约兰都曾以此地为都城。（王上18:45—46，王下8:29，请参看附录三第47图⑨及其说明）

4．圣经记载：

1）扫罗战死之前，非利士和以色列的军兵都是在耶斯列安营的。（撒上29:1，11；该次战事过程，请参看附录三第32图）

2）先知以利亚在迦密山祷告得雨之后，便在亚哈王之前，先到耶斯列的城门。（王上18:45—46，参看附录三第48图⑤及其说明）

3）亚哈使用诡计杀害了耶斯列城的拿伯而夺取了拿伯的葡萄园。先知以利亚遵照耶和华的吩咐，去到耶斯列拿伯的葡萄园里，指责亚哈，并且预言说，狗在耶斯列的城墙外，必吃亚哈的妻子耶洗别的肉，狗也要舔吃亚哈的血。（王上21:1—23，参看附录三第48图⑩的说明）

4）耶户篡位成为以色列的国王时，在耶斯列射杀了亚哈的儿子约兰，又叫人把耶洗别从窗户中扔到地下摔死，耶洗别果然被狗吃的只剩下了手、脚和骨头（王下8:29—9:35，请参看附录三第52图）

5．另有一个耶斯列城在犹大境内（书15:56；撒上25:43）。现今其遗址在希伯仑附近的希比特·塔腊玛。

伊甸　　　(Eden)

1.地名原意:“乐园”、“喜乐”、“极乐”、“平原”。

2.其他名称:**神的园**(结 28:13,31:8)。

3.所在位置:或在附录三第 1 图第二行第 3 格处。

4.有关资料:关于伊甸的情况,圣经中自从记述洪水之后,对它的记载甚少。因此它的旧址至今尚难确定,今根据一些圣经学者的著述,简单介绍如下:

1)圣经中论到伊甸园时,曾说它“在东方的伊甸”。(创 2:8)圣经中所说的东方,多指迦南以东的地方,例如:

①亚伯拉罕老年间,把他庶出的儿子们打发到东方去。(创 25:6)

②雅各到了米所波大米的上游时,圣经上说他“到了东方人之地”。(创 19:1)

③耶稣降生时,“有几个博士从东方来”。(太 2:1)

故此,几乎所有的学者都一致认为,伊甸必在迦南的东方。

2)圣经记述说,伊甸地区有四道河流,即是比逊河、基训河、希底结河和伯拉河。(创 2:10—14)伯拉河即是现今的幼发拉底河,希底结河即是现今的底格里斯河,这两条河都在米所波大米,即现今的美索不达米亚。由此推论,伊甸当即在该处一带。

3)基训河,是环绕古实全地的,不少的学者认为,这里所提到的古实并不是非洲的古实,而是在希底结河东边的古实①。而基训河,可能即是现今的迪亚拉河

---

① 参见《圣经(启导本)》第 32 页。

(Diyala)。[1]

4)比逊河,或即是现今的卡仑河(Karun)。[2]

5)另有论证说,以西结书中曾多次提到伊甸。(结 28:13;31:8—9,16—18;36:35)而以西结书多是先知以西结在迦巴鲁河边所见到的异象。(结 1:1)迦巴鲁河乃是巴比伦东南部供灌溉用的人工水渠。根据当地的传说,距离迦巴鲁不远处的以利都(Eridu)即是伊甸的旧址。[3]

5.圣经记载:

耶和华神把亚当、夏娃安置在伊甸园中。当时二人赤身露体并不羞耻。本来耶和华曾吩咐亚当说:"园中各样树上的果子,你可以随意吃;只是分别善恶树上的果子,你不可吃,因为你吃的日子必定死!"但是那古蛇魔鬼却故意改变耶和华的原话,试探夏娃说:"神岂是真说,不许你们吃园中所有树上的果子吗?"夏娃被魔鬼所诱惑,竟与它款款而谈,并且把耶和华的话,随便增删字句,任意减轻耶和华所定为"必死"的警戒。夏娃说,耶和华说过,伊甸园当中那棵分别善恶树上的果子,"你们不可吃,也不可摸,免得你们死。"夏娃把耶和华的原话由"必定死"改成了"免得死",魔鬼则进一步对夏娃说:"你们不一定死。"夏娃和亚当相继违背了耶和华的吩咐,因而被赶出了伊甸乐园。(创 2:16—17,3:1—4,24)

6.另有一个同名叫伊甸的地方,(王下 19:12;赛 37:12;结 27:23)或即是**伯伊甸**。(摩 1:5)此地在伯拉河中部,现名

---

① 参见《新圣经词典》第 421 页。

② 参见《圣经百科全书》第 910 页。

③ 参见《圣经手册》第 238 页。

比特·阿丁尼(Bit Adini)。

伊矶伦　　　(Eglon)

1.地名原意:"犊"、"小仔"。

2.其他名称:即今"**帖尔·埃勒·黑斯(Tell el-Hesi)**"。

3.所在位置:附录三第14图第四行第1格。

4.地理情况:伊矶伦在迦南的西南部,位于拉吉以西。原是亚摩利人的一个邦国的王城。

5.圣经记载:

伊矶伦王曾与其他四个邦国的王联盟与约书亚作战,结果兵败而死,约书亚攻取了伊矶伦后,分给犹大支派为业。(书10:5—35,15:21,39,请参看附录三第14图⑨)

以巴路山　　　(Ebal, Mount)

1.地名原意:"石"、"赤裸"。

2.其他名称:**咒诅之山**。

3.所在位置:附录三第14图第三行第3格。

4.地理情况:以巴路山位于示剑以北,高出海面约940米。和示剑以南的基利心山相对而峙立。山谷之间,高山围绕犹如巨大的墙壁,形成了天然的聚音广场。以巴路山的山顶宽阔,景色宜人。登山远眺,可以遥望到沙仑平原、地中海水、迦密山巅、约旦河东等处。

5.圣经记载:

约书亚由约旦河东进入迦南攻取艾城后,按照摩西生前的吩咐,将以色列人召集在以巴路山和基利心山之间,再次宣读耶和华的律法。将祝福的话陈明在基利心山上,将咒诅的话陈明在以巴路山上。并且在以巴路山上,用没有动过铁器的石头,为耶和华筑了一座坛,把摩西的律法写在石头上。(书8:28—35,参看申11:26—29)

以便以谢　　　(Eben-ezer)

1.地名原意:"帮助之石"。

2.所在位置:参看附录三第25图第一行第2格。

3.地理情况:以便以谢距离亚弗城不远,但其确切位置则尚无最后的定论。

4.圣经记载:

"以色列人出去与非利士人打仗,安营在以便以谢,非利士人安营在亚弗。""以色列人败在非利士人面前,非利士人在战场上杀了他们的军兵约有四千人。"(撒上4:1—2)以色列人战败后,他们以为是未将约柜抬来,"于是百姓打发人到示罗,从那里将坐在二基路伯上万军之耶和华的约柜抬来。"非利士人又与以色列人打仗,以色列人战败,被杀的人甚多。"神的约柜被掳去,以利的两个儿子何弗尼、非尼哈也都被杀了"。(撒上4:3—11,请参看附录三第25图①—④及其说明)

5.以便以谢也是一个石碑的名字,此碑为撒母耳所立。非利士人要与以色列人争战,撒母耳呼求耶和华,耶和华使以色列人大胜非利士人,所以撒母耳树立了这一石碑作为纪念。此碑在伯特利之北。圣经记载说非利士人听见以色列人聚集在米斯巴,非利士人首领就上来要攻击以色列人。以色列人惧怕非利士人,而请撒母耳不住地呼求耶和华神救他们脱离非利士人的手。耶和华应允他,"惊乱非利士人,他们就败在以色列人面前"。"撒母耳将一块石头立在米斯巴和善的中间,给石头起名叫以便以谢,说'到如今耶和华都帮助我们'"。(撒上7:7—12)

以伯莲　　　(Ibleam)

1.地名原意:"破坏"、"吞吃人民"、"得胜之地"。

2.其他名称：

1)**比连**(代上 6:70)。

2)又名**隐干宁**(**En-gannim**)。

3)即现今的**晋宁**(**Jenin**)。

4)或称为**比拉麦废墟**(**Khirbet Bilameh**)。

3.所在位置：附录三第 52 图第三行第 1 格。

4.地理情况：以伯莲在耶斯列城的南方。撒玛利亚城的北方，原属玛拿西支派的领地。(书 17:11)

5.圣经记载：

犹大的第 6 代国王亚哈谢，乃是亚哈的外孙，他像亚哈家族一样，作耶和华眼中看为恶的事。他和北国以色列的国王约兰(即他的舅父)联合起来，去与亚兰王作战，约兰受伤后便到耶斯列城去医治。亚哈谢到耶斯列去看望约兰的时候，耶户篡位射死了约兰，亚哈谢逃跑到以伯莲附近时也被耶户击伤，亚哈谢逃到米吉多后，即死在该处。(王下 8:27—9:27，请参看附录三第 52 图中的说明②，以及亚哈行程的示意路线)

以得来　　(Edrei)

1.地名原意："能力"、"要塞"、"大牧场"、"播种之地"。

2.其他名称：即现今的**德拉**(**Dera**)。

3.所在位置：附录三第 13 图第二行第 3 格。

4.地理情况：以得来在基尼烈湖(即加利利海)以东约 90 里。当地土壤肥沃，适宜农耕。现在考古学家在该处发现一个地下的居住区，乃是凿石而成的，学者认为可能是古代战乱中，人们的避乱之处。

5.圣经记载：

当年以色列人在约旦河东，先击杀了希实本王西宏，又在以得来与巴珊王噩交战，并在此地杀了巴珊王噩和他的儿子们。(民 21:33—35)其后，该地分给玛拿西支派为业。(书 13:31)

以东　　(Edom)

1.地名原意："红"。

2.其他名称：

1)近译作"**埃多姆**"。

2)古时又名**西珥**(创 32:3)。

3)新约时代受希腊文影响，称为"**以土买(Idulmaea)**"。

3.所在位置：附录三第 12 图第三行第 3 格。

4.地理情况及有关资料：

1)以东乃是以东人居住之地。圣经记述亚伯拉罕的儿子以撒生了一对双生的儿子。先出世的名叫以扫，后出世的名叫雅各。以扫轻视长子的名份，把长子的位分卖给了雅各。因此雅各便作为长子而承受了耶和华对亚伯拉罕应许的福分。耶和华给雅各赐名为以色列，故此他的后裔以色列人即成为耶和华神的选民。而以扫又叫以东，他的后代便叫以东人。以东人居住在西珥山一带，因此他们居住之地以东也叫西珥。

2)以东地在盐海以南，直到亚喀巴湾北岸的以拉他和以旬迦别等地，东边乃是一片沙漠，西边即是亚拉巴谷地。以东地区南北长约 240 里，东西宽约 10 余里。该地区多有陡坡峭壁，山坡上又多有岩石洞穴。由于当地不宜农田畜牧，以东人大多从事与外族的经商和贸易，因此地域疆界也时有伸缩变动，而境内的岩洞则成为他们的住室、货仓和墓穴。

3)以色列人出埃及后，曾请求以东人允许借路穿过以东地区,走向约旦河东,再进迦南。但是以东人不许,以色列人便向南绕行,直到以旬迦别,再转向北方进到盐海的东北地区,当时两族人并未争战。(请参看附录三第12图)

4)以色列人进入迦南后,以东人与以色列人却常有战争。公元前300余年时,希腊统治了迦南及以东,以东遂改称为以土买。公元前165年,独立的犹大祭司马克比(Maccabees)政权攻占了当时作为以东首府的希伯仑。公元前126年,全体以东人被迫受了割礼①,归化为犹太人。其后,罗马帝国统占了迦南和以东地,而封立了以东血统的大希律(Herod the Great)为犹太王。大希律即是耶稣降生时的希律王。(路1:5,太2:3)

5.圣经记载:

1)以色列人绕行旷野时,曾要求以东人准许就近借路,以便通过以东地到约旦河东,但是以东人严词拒绝并未应允。(民20:14—22,21;4)

2)扫罗执掌以色列的国权时,即曾与以东人争战并打败了他们。(撒上14:47,请参看附录三第28图④的示意)

3)大卫作王时,又在盐谷击杀了以东的一万八千人。(撒下8:13)

4)大卫的元帅约押率军在以东住了六个月,除灭了以东的男丁。那时以东王的幼儿哈达却逃到了埃及,受到

---

① 割礼:所有的犹太男子都须接受割礼。异族人要归化成为犹太人也必须接受割礼。割礼即是割去一些男子生殖器的包皮。但基督徒认为"受割礼不受割礼都无关紧要,要紧的就是作新造的人。(加6:15)

了埃及法老的厚待。哈达长大成年后，便常与所罗门为敌。（王上 11:14—15）但以东仍在所罗门的统治下，所以他得以在以东地的以旬迦别制造船只。（王上 9:26，请参看附录三第 39 图、第 40 图）

5）直到犹大的第 4 代国王约沙法时，他仍能在以旬迦别停靠船只，那时以东没有王，而是由犹大人设立总督。（王上 22:41，47—48）其后以东地有了国王，但是以东王仍须随同犹大王等一起出征。（王下 3:9—27）

6）犹大的第 5 代国王约兰年间，以东王背叛了犹大。（王下 8:20—22）

7）犹大的第 9 代国王亚玛谢时，在盐谷击杀了一万以东人，并且攻取了西拉。（王下 14:7，请参看附录三第 54 图说明①—③）

8）犹大的第 10 代国王亚撒利亚（即乌西雅王）在位时，又收回了以东地的以拉他，重新修建该地，把它纳入了犹大的版图。（王下 14:22，请参看附录三第 55 图）

9）其后亚兰人攻取了以拉他，把当地的犹大人赶了出去。以东人又住到了以拉他。（王下 16:6，请参看附录三第 57 图⑤、⑥及其说明）

10）历史记述，以东地后来改名为以土买。在耶稣降生前，以东人归化为犹大人，同被罗马灭亡。

以法莲　　（Ephraim）

以法莲的原意是“加倍丰盛”、“双灰堆”。

以法莲在圣经中有时意指以法莲地区，有时则指以法莲城。

Ⅰ.以法莲地

1.所在位置：附录三第 15 图第三行第 2 格。

2.地理情况：以法莲乃是以法莲支派居住之地，在迦南中部,位于耶路撒冷以北,示剑之南。境内除以法莲山地外,再无高大的山岭。

3.圣经记载:

1)基甸与米甸人争战时,曾要求以法莲人把守约旦河渡口,截断米甸人的退路,而捉住了两个米甸首领。(士7:24—25)但以法莲人却与基甸争吵,抱怨基甸未曾招他们去一同与米甸人争战。由于基甸用智慧的话向他们解释,以法莲人才消了怒气。(士 8:1—3)

2)耶弗他击败亚扪人后,以法莲人又认为耶弗他没有叫他们同去作战,竟然要攻打耶弗他。结果被耶弗他击败。(士 12:1—6,请参看附录三第 22 图⑥及其说明)从圣经记载中看来,其后以法莲即一蹶不振。

Ⅱ.以法莲城

1.所在位置:附录三第 15 图第三行第 2 格。

2.地理情况:以法莲城在耶路撒冷以北,位于伯特利东约 10 余里。是以法莲地境内靠近旷野的一个城镇。

3.圣经记载:

耶稣受难之前,由于大祭司该亚法等人要杀害他,他便带着门徒暂时退居到以法莲城,后来,便毅然进入耶路撒冷准备受难。(约 11:47—12:19)

以法他　　　(Ephratah, Ephrathah)

1.地名原意:"粮仓"、"肥沃"、"多结果实"、"灰堆"。

2.其他名称:**伯利恒**(创 35:19)。

3.所在位置:附录三第 7 图第二行第 3 格中伯利恒所在之处。

4.地理情况:

1)以法他在撒冷(即耶路撒冷)以南约 15 里,土壤肥沃,地势险要。

2)以法他又名伯利恒，乃是耶稣降生之地，因此至今成为许多基督徒前来瞻仰、旅游的胜地。

5.圣经记载：

1)雅各的妻子拉结死后被埋葬于以法他的路旁。(创35:16—20，参看附录三第7图⑭及其说明)

2)摩押女子路得，跟着信奉耶和华的孤苦婆母来到此地，因而蒙恩(路得记)。

6.关于伯利恒的情况请参看“伯利恒”条。

以弗所　　(Ephesus)

1.地名原意：“钦佩”、“满意”。

2.所在位置：附录三第99图第二行第2格。

3.地理情况：

以弗所位于小亚西亚的西岸，在卡斯特河口，离地中海仅约9里。当年乃是陆海交通要道，一度是亚西亚省的省会。商业发达，与叙利亚的安提阿和埃及的亚历山太同称为地中海东岸的三大城市。以弗所崇拜许多鬼神。当地巨大的亚底米(戴安娜)女神庙，被称为当时出名的建筑之一。他们祭拜此神的时日，亚西亚省各地都有人被吸引前来参加。考古学家证实，该城当年曾有一大型的剧场(戏园)。估计可容2万余人。

4.圣经记载：

1)保罗第二次外出传道的归途中，曾与百基拉、亚居拉等人，从哥林多来到以弗所。保罗曾在以弗所的犹太人会堂中，和犹太人谈道辩论。众人请他多留些日子，但保罗可能急欲回到耶路撒冷或安提阿去，未曾同意留下，只是说：“神若许我，我还要回到你们这里。”于是保罗乘船离开了以弗所，却把百基拉、亚居拉留在以弗

所,继续福音工作。(徒 18:18—21)

2)百基拉、亚居拉留住以弗所期间,亚波罗曾到以弗所来,在犹太人的会堂中讲论耶稣的事,传讲主的道。亚波罗很有学问,心里火热,很能讲解圣经,只是他仅晓得约翰的洗礼。百基拉、亚居拉便把亚波罗请到家中,把神的道给他讲解得更加详细完备,以便亚波罗能够更好地作教会工作。其后,亚波罗到了哥林多、亚该亚等地,帮助了许多信徒。(徒 18:24—28;林前 3:6)

3)保罗第三次外出传道时再次来到了以弗所。他在当地犹太会堂中一连三个月讲道,劝导众人。因为有些人毁谤基督的道理,保罗便叫信徒和他们分开。他自己来到推喇奴的讲堂,天天讲论,达两年之久。(徒 19:1—10)保罗并且在信徒家中谈道,(徒 19:1)医治病人,(徒 19:12)日夜流泪地劝戒众人,前后共有三年之多。(徒 20:31)

4)保罗在以弗所期间,不仅建立了以弗所教会,设立了一些长老,(徒 20:17—18)而且也把福音传往以弗所附近的亚西亚省各地。(徒 19:10)所以保罗在以弗所给哥林多的信徒们写信时说:"亚西亚的众教会问你们安",而那时以弗所教会的一些信徒即在百基拉夫妇的家中聚会。(林前 16:19)

5)由于保罗在以弗所传道,"主的道大大兴旺,而且得胜",(徒 19:20)这样信奉基督的人日渐增多,祭拜亚底米偶像的人便日益减少。有一个依靠制造亚底米银龛发财的银匠,便鼓动他的同行和众人起来反对保罗。他们拿住与保罗常在一起的人,一同拥进当地的戏园。众人纷纷乱乱约有两个小时。后来,城里的行政官员出来安抚众人,大家才都散去。乱定之后,保罗劝勉了

以弗所的信徒们，便辞别他们，前往马其顿去了。（徒19:23—20:1）

6)以弗所的圣徒特罗非摩，曾陪同保罗到了耶路撒冷。（徒21:29，参看徒20:4）直到保罗殉道前还提到过特罗非摩的名字，可知他是长期随同保罗工作的人。（提后4:20）

7)保罗第一次被囚于罗马时，在监狱中书写了给以弗所教会的信件。（弗1:1，4:1）

8)保罗第一次被囚于罗马获释后，曾到马其顿去传道，而把提摩太留在以弗所，以便帮助当地的教会。（林前1:3）以弗所那时在亚西亚众教会中，已是一个影响很大的教会。因此保罗在写给提摩太的信中，谆谆劝导他应当如何忠心地作好教会各方面的工作。那时保罗已经年过60岁，提摩太跟随保罗传道也已十余年之久。① 老年的保罗在信中对提摩太这一代人的教导期望，如闻其声，如见其容。（提摩太前书全卷）

9)保罗给提摩太写第二封书信时，提摩太仍在以弗所。故此保罗在信中提到了阿尼色弗在以弗所时对他的服事。而且在信末问安时，再一次提到阿尼色弗一家人。（提后4:19）从此可知，提摩太后书不仅是保罗在殉道前写给提摩太个人的，也是要读给以弗所教会众圣徒的。（提后4:22）

10)以弗所教会后来虽然劳碌、忍耐、不能容忍恶人，甚至也曾试验出那自称是使徒却不是使徒的人，然而神责备以弗所教会说，他们把起初的爱心离弃了。所以启

---

① 提摩太初随保罗传道时约在耶稣降生后50—53年。保罗写提摩太前书时约在耶稣降生后65—66年。

示录中提醒以弗所的信徒,要回想是从哪里坠落的,并且要悔改,像先前的爱心一样。(启 2:1—7)

11)历史资料记述,老约翰离开拔摩海岛被囚之地以后,他的晚年是在以弗所度过的。有考证认为,约翰福音、约翰壹书、约翰贰书、约翰叁书、启示录,都是老约翰在以弗所书写的。

以哥念 (**Iconium**)

1.地名原意:"影像"、"降服"。

2.其他名称:又名"**哥尼亚(Konia)**"

3.所在位置:附录三第 98 图第一行第 2 格。

4.地理情况:以哥念现属土耳其。哥尼亚乃是穆斯林据有此地后而更改的地名。

5.圣经记载:

1)保罗和巴拿巴第一次外出传道时,在彼西底的安提阿受到逼迫,便来到以哥念。他们进了犹太人的会堂讲道,使许多人作了基督的信徒。但有些不信从耶稣的犹太人,煽动异邦人,使他们厌恶信徒。保罗和巴拿巴却在以哥念仍住了多日,"依靠主放胆讲道"。由于信徒日渐增多,犹太人和他们的官长要凌辱使徒,想用石头打他们。保罗等人知道了,就离开以哥念,避往路司得。(徒 13:50—14:7)

2)保罗和巴拿巴在路司得治好了一个生来是瘸腿的人。当地人以为他们是神灵,要向他们献祭。保罗二人竭力劝阻,要众人归向真神。而有些犹太人又从以哥念来到路司得挑唆众人,用石头打保罗,几乎致死。后来二人即到特庇去传道。但是不久,保罗二人又冒着危险,回到了路司得、以哥念、安提阿这些他们先前受逼迫的地方。他们坚固当地信徒的心，劝他们持守所信的道。又说："我们进入神的国，必须经历许多艰难。"他们在各教会中选立了长老，才离开那里。（徒 14:8—23）

3)保罗殉道前给提摩太写信时，曾提到保罗在安提阿、以哥念、路司得所遭受的逼迫苦难。勉励提摩太不避困难，立志在跟从基督的道路上，敬虔度日。（提后 3:10—12）

以革伦　　（Ekron）

1.地名原意："迁移"、"被拔根"、"灭绝"、"归化"。

2.其他名称：

1)近译为**埃克隆**。

2)即今"**爱尔泰凯（Eltekeh）**"。

3)亦即"**埃勒·穆宽那废墟（Khirbet al-Muqanna）**"。

3.所在位置：附录三第 28 图第三行第 2 格。

4.地理情况：以革伦是非利士的一个大城，在亚实突东北约 30 余里。约书亚攻占迦南时，未曾占取此城，直到约书亚死后，犹大支派才征服此地。以革伦乃是祭拜别西卜的地方。

5.圣经记载：

1)约书亚年纪老迈时，还有许多未得之地，其中包括以革伦。（书 13:1—3）

2)约书亚死后，犹大征服了以革伦和以革伦的四境。（士 1:18）

3)大卫杀歌利亚之后，以色列人和犹大人追杀非利士人，直到迦特和以革伦。（撒上 17:50—52，请参看附录三第 30 图⑥的示意及说明）

4)耶利米等先知遵神的命曾指责以革伦与非利士地数城之重罪，并预言其将受刑罚。（耶 25:20；摩 1:8；番 2:4）

以拉谷　　　(Elah, Valley of)

1. 地名原意:"橡树"。

2. 其他名称:即现今的"**埃斯·散特洼地(wadi es-Sant)**"。

3. 所在位置:附录三第30图第二行第2格。

4. 地理情况:此谷在犹大之南,梭哥与亚西加中间,为一绵长数十里的山谷。其西端有平原,乃是大卫杀歌利亚之处。

5. 圣经记载:

非利士人招聚他们的军旅来与以色列人争战"扫罗和以色列人也聚集在以拉谷安营,摆列队伍,要与非利士人打仗"。非利士人歌利亚身材高大,披戴盔甲,手持铁枪,多次向以色列人的军队骂阵,致使扫罗和以色列人惊惶害怕,不敢应战。大卫倚靠耶和华自请出战。在此谷以机弦甩石打死了歌利亚,并"将他的刀从鞘中拔出来杀死他,割了他的头"。(撒上17:2—51,请参看附录三第30图及说明)

以拉他　　　(Elath)

1. 地名原意:"橡树"、"棕树林"、"伟大"。

2. 其他名称:

1)**伊勒巴兰**。(创14:6)

2)**以禄(Eloth)**。(王上9:26;代下8:17,26:2)

3)**以拉**。(创36:41,参看创36:43)

4)即今**亚喀巴(Akaba)**。

3. 所在位置:附录三第12图第四行第3格。

4. 地理情况:以拉他是古时红海[①] 的一个海口,在亚喀巴

---

① 古时红海,仅意指现今红海的北部,即相当于的现今的苏伊士湾、苏伊士运河区域的湖泊沼泽,以及今亚喀巴湾一带的海域。

湾的顶端,为亚拉巴路的起点。靠近巴兰旷野,属于以东境界。

5.圣经记载:

1)以色列人绕行旷野时,曾照耶和华的吩咐,从红海的路,往旷野转向北去。他们离开了弟兄以扫子孙所住的西珥,从亚拉巴的路,经过以拉他、以旬迦别,转向摩押旷野的路去。(申 2:1—8,请参看附录三第 12 图④—⑦的示意及说明)

2)犹大的第 12 代国王亚哈斯登基后,作耶和华眼中看为恶的事。亚兰王利汛和以色列王比加攻打耶路撒冷,攻取了以拉他,归于亚兰,把犹大人从以拉他赶了出去,以东人就来到以拉他,住在那里。(王下16:1—6,请参看经文中的小字注释,并请参看附录三第 57 图①—⑥的说明)

以拦　　(Elam)

1.地名原意:"隐藏"、"青年"、"永久"。

2.其他名称:

1)又译作"**埃兰**"。

2)**古波斯地区**。

3)今属**伊朗**。

4)今名**胡齐斯坦(Khuzistan)**。

3.所在位置:附录三第 1 图第二行第 4 格。

4.地理情况及有关资料:

1)以拦是伊朗西南部的古国。约相当于现今的胡齐斯坦地区,在波斯湾头,底格里斯河下游北岸。

2)以拦建国较早。公元前 7 世纪,亚述侵入以拦。公元前 550 年,波斯帝国统治该地。公元前 330 年,波斯为希腊的亚历山大所灭。亚历山大死后，其希腊文化仍影响于该地。公元后第7世纪，信仰伊斯兰教的阿拉伯人统治了该处。经过多年的列国争夺，19世纪初，英、俄争相侵入这一地区。1925年建立了巴列维王朝。过去西方把这一地区称为波斯，1935年，根据伊朗政府的要求，改称为伊朗。1978年，反对西方化的宗教领袖与国内群众一起示威。1979年国王被迫出国，建立了以什叶派领袖为首的伊朗伊斯兰共和国。

5.圣经记载：

1)亚伯兰住在迦南时代，以拦国王曾联合另三位国王攻打所多玛等五王，并战胜了他们。同时也将住在所多玛的亚伯兰之侄罗得掳去。亚伯兰于是率家中壮丁三百余人杀败以拦国王基大老玛，将侄儿追回。（创14:1—17）

2)先知耶利米预言说，“万军之耶和华如此说：‘我必折断以拦人的弓，就是他们为首的权力。……我要在以拦设立我的宝座，从那里除灭君王和首领。到末后，我还要使被掳的以拦人归回。’这是耶和华说的。”（耶49:35—39）

3)五旬节时，从以拦来的犹太人到耶路撒冷来守节，便听到使徒见证的基督救恩。（徒2:5—11）

以利哩古　　　（Illyricum）

1.地名原意：“喜悦”。

2.所在位置：附录三第78图第一行第2格。

3.地理情况：以利哩古位于亚底亚海（今亚得里亚海）的东部。罗马统治时期是个省分，在马其顿北面。那时当地尚未开化，生活十分艰苦。现在在南斯拉夫境内。

4.圣经记载：

保罗说，他传道从耶路撒冷开始，一直到以利哩古境界。（罗 15:19）

以琳　　(Elim)

1.地名原意："大树"、"棕树"。

2.其他名称：可能是今"**哈兰代勒洼地(Wadi Gharandel**，或**Ghurundel**)"。

3.所在位置：附录三第 11 图第三行第 2 格。

4.地理情况：以琳在苏伊士东南约 180 里，其地棕榈树很多，又盛产水果，水源充足，为沙漠中的绿洲，是以色列人出埃及过了红海以后，第二次安营的地方。

5.圣经记载：

摩西领以色列人出埃及后，从红海往前行，到了书珥的旷野，在旷野走了三天找不着水，到了玛拉因水苦而不能喝。"摩西呼求耶和华，耶和华指示他一棵树，他把树丢在水里，水就变甜了。""他们又到了以琳，在那里有十二股水泉，七十棵棕树，他们就在那里的水边安营。"（出 15:22—27，请参看附录三第 11 图⑦）

以马忤斯　　(Emmaus)

1.地名原意："温泉"、"渴望"。

2.其他名称："**音瓦斯(Imwas)**"。

3.所在位置：附录三第 80 图第七行第 2 格。

4.地理位置：位于巴勒斯坦，是耶路撒冷西北方约 25 里的一个村庄。

5.圣经记载：

耶稣受难、复活以后，有两个门徒往以马忤斯去。耶稣在路上向他们显现，和他们一起走进以马忤斯，一同吃饭。

但两个门徒一直未曾认出是耶稣。当耶稣拿起饼来，祝谢之后，擘开递给他们的时候，他们才认出耶稣来。但耶稣忽然不见了。他们就回耶路撒冷去，见到11个使徒，便向他们述说耶稣向他们显现的事。（路24:13—35）

以色　　（Ezel）

1.地名原意："离去"、"离别"、"区别"。

2.所在位置：参看附录三第31图第一行第3格中基比亚所在之地。

3.有关资料：以色乃是一块岩石的名称，在基比亚附近。

4.圣经记载：

当年扫罗起初要杀大卫时，扫罗的儿子约拿单却深爱大卫，而想救他脱离扫罗的迫害。约拿单叫大卫去到从前遇事所藏的地方，在以色磐石那里等候他。约拿单便为大卫去向扫罗求情。但扫罗十分恼怒，约拿单知道扫罗决计要除掉大卫，便来到大卫藏身的以色磐石那里，把扫罗定意要杀大卫的恶念告诉了他，二人痛哭而别。大卫遂即离去，展转于各地的旷野、树林、洞穴之间逃避扫罗的追逼。（撒上20:1—42，请参看附录三第31图③及其说明）

以色列　　（Israel）

1.地名原意："神的王子"、"与神同治"。

2.所在位置：附录三第104图第三行第3格，并请对照参考第3、4、7、8等图。

3.地理情况：

1)以色列作为地名在圣经中的不同含义：

①有时表示国名，例如被称为"以色列国"。（撒上15:28；王下17:21）

②有时表示地名，例如被称为"以色列地"。（创49:7；

结 40:1)

2)以色列词义变化的沿革:

①以色列原是人名。根据圣经记载,当年雅各坚持求神祝福。神称许雅各,便赐名给他叫以色列。(创32:26—29)

②以色列也是民族名称。雅各(以色列)的后代即被称为以色列人。(出 1:1—9)

③以色列人长期以来也叫希伯来人。当年亚伯拉罕是渡过伯拉大河来到迦南的。当时表示"渡河而来"的用语即是"希伯来"。(创 14:13)因而亚伯拉罕的嫡系儿子以撒和孙子雅各的后代以色列人,也被称为希伯来人。(出 1:13,参看出 1:15—22)

④以色列人进入迦南(今巴勒斯坦)后,以色列的各支派,各据有自己的居住地区。(请参看附录三第 14、15 图)后来以色列人建立了以色列——犹大联合王国,国名即叫以色列。(王上 2:11;代下 13:5)

⑤以色列——犹大联合王国分裂后,北国仍叫以色列国,南国则叫犹大国。

⑥以色列国亡国后,以色列国所在之地,按其原有地区分别称谓,例如撒玛利亚,(约 4:5)撒玛利亚地,(俄19)拿弗他利、西布伦、加利利等。(太 4:12—15)

⑦犹大国亡国后,犹大国所在之地仍被称为犹大,(拉1:2—3)或犹大地。(太 2:6)

⑧以色列国和犹大国相继灭亡之前,其人民被分别称为"以色列人"和"犹大人"。而它们亡国之后,虽仍有"以色列人"与"犹大人"之分,但却时而互相代用。(拉 1:5,参照对比拉 2:3,70,4:1—2)接近新约时代

之际，“以色列人”与“犹大人”几乎已作为同义词来使用了。

⑨耶稣降生前，巴勒斯坦一带受希腊语言的影响，旧约时代的希伯来语“犹大”，逐渐在语音上转化为希腊语的“犹太”。实际上乃是同一词根词义。耶稣降生后，希伯来人、以色列人、犹太人几乎已是同一意义了。

3)以色列的疆域历代多有变化，古时建国初期几乎相当于迦南(即巴勒斯坦)的全部地区。分裂之后的以色列则仅有北方的撒玛利亚、加利利等地区。在与外族的争战中，其领土也多有变化。至耶稣降生时，以色列则泛指最初建国的全地，或仅指灭亡时期的境地。(太2:20)

4)以色列人的兴衰，与耶路撒冷的兴衰时有关联。其历史资料，请参看本书“耶路撒冷”条。

5)以色列亡国2000余年后，于1948年5月14日复国，1982年统计人口约近400万，83.5%为犹太教徒，12.9%为穆斯林，2.3%信仰基督教。

4.圣经记载：

1)以色列建国初期，在分裂之前有三位国王：

①扫罗。(撒上9—31章)

②大卫。(撒上16—撒下24章)

③所罗门。(王上2—11章)

2)以色列——犹大王国分裂之后，北国以色列共有19个王，都祭拜偶像。而祭拜偶像乃是耶和华眼中看为恶的事。

①耶罗波安。(王上12—14章)

②拿答。(王上15:25—32)

③巴沙。(王上15:27—6:11)

④以拉。(王上 16:6—14)

⑤心利。(王上 16:15—20)

⑥暗利。(王上 16:21—28)

⑦亚哈。(王上 16:29—22:50)

⑧亚哈谢。(王上 22:51—53,王下 1:2—17)

⑨约兰。(王下 3:1—27,9:14—26)

⑩耶户。(王下 9—10)

⑪约哈斯。(王下 13:1—9)

⑫约阿施。(王下 13:10—25,14:8—16)

⑬耶罗波安二世。(王下 13:13,14:23—29)

⑭撒迦利雅。(王下 15:8—10)

⑮沙龙。(王下 15:13—16)

⑯米拿现。(王下 15:14—22)

⑰比加辖。(王下 15:23—26)

⑱比加。(王下 15:25—31)

⑲何细亚。(王下 17:1—7)

3)旧约关于以色列的记载、预言从略。

4)新约中关于以色列国的经文见于徒 1:6,弗 2:12。

5)新约中关于以色列地的经文见于太 2:20。

以实陶　　(Eshtaol)

1.地名原意:"有回声的路"、"空虚的路"、"迷乱堆"、"愿被请求"。

2.其他名称:即现今的"**以实瓦(Eshwa)**"。

3.所在位置:附录三第 23 图第二行第 3 格。

4.地理情况:以实陶是犹大高原上的一个城镇,和琐拉相距仅约 4 里。参孙一生大部活动都在以实陶附近一带。

5.圣经记载:

1)参孙出生后,耶和华赐福与他,在玛哈尼但,就是琐拉和以实陶中间,耶和华的灵才感动他。(士 13:25)

2)参孙被非利士人捉住后被戏弄。参孙求告耶和华赐他力量以报剜他眼睛的仇,遂抱住托房的两根柱子尽力屈身,房子倒塌,压死非利士人的首领和房内的众人。这样参孙死时所杀的人,比活着所杀的还多。他死后葬在琐拉和以实陶中间,在他父亲玛挪亚的坟墓里。(士 16:23—31)

以土利亚　　(Ituraea)

1.地名原意:"被围困"、"超限度"。

2.所在位置:附录三第 80 图第二行第 5 格。

3.地理情况:位于叙利亚西南,著名的黑门山即在以土利亚境内。

4.圣经记载:

施洗的约翰出来传道时,希律的兄弟腓力乃是以土利亚和特拉可尼分封的王。不久,耶稣受洗后,也即出来传道。(路 3:1—3)

以土买　　(Idumaea)

1.地名原意:"红"、"以东的领土"。

2.所在位置:附录三第 80 图第九行第 3 格。

3.地理情况:位于巴勒斯坦东南,现在约旦境内。希腊、罗马称之为以东国。

4.圣经记载:

耶稣在世传道时,因法利赛人和希律一党的人要杀害他,他和门徒便退到加利利海边去。但是远近各方的人们听到他的名声,却从各地来到他那里信从他。其中便有从以土买而来的人。(可 3:6—8,请参看附录第 84 图)

以坦　　(Etam)

1.地名原意:"野兽之穴"、"他们贪食"、"鹰栖之地"、"好战者之地"。

2.圣经中提到以坦时,有下列经文:

Ⅰ.**西缅支派的以坦镇**。(代上 4:28—32)

Ⅱ.**参孙栖居的以坦洞穴**。(士 15:8—11,参见附录三第 23 图第二行第 3 格)

Ⅲ.**罗波安重建的以坦城**。(代下 11:6,参见附录三第 42 图第三行第 2 格)即现今的"**埃勒·霍废墟(Khirbet el-Hoh)**"。

3.有的学者[①] 认为,罗波安重建的以坦即是西缅境内的以坦,但西缅支派的地业位于希伯仑的西南方(请参见附录三第 15 图)。而罗波安重建的以坦则在希伯仑的东北方。(参见附录三第 42 图)这一说法似难成立。

4.有的学者[②] 认为,参孙栖居的以坦,当是西缅支派的以坦或罗波安重建的以坦二者之一。若参看附录三第 23、42 两图所示。罗波安重建的以坦很可能即是参孙栖居的以坦。

5.上述以坦的地理情况及有关圣经记载,请参看各有关示意图及其说明。

以旬迦别　　(Ezion-geber)

1.地名原意:"大力者的脊骨"、"巨人的脊骨"。

2.其他名称:可能即今"**帖尔·埃勒·何雷发赫(Tell al-kheleifeh)**"。

---

① 参见《新圣经词典》第 351 页中提供的资料。

② 参见《圣经百科全书》第 861 页中提供的资料。

3.所在位置:附录三第11图第三行第4格。

4.地理情况:以旬迦别在古时红海双湾的东北部岸上,乃是亚喀巴湾北端的一个港口。靠近以拉他,位于以东的边界。以旬迦别常与以拉他并称,两地同为“亚拉巴路”的起点。

5.圣经记载:

1)以色列人绕行旷野时,曾要求以东人准予借路到约旦河东去。但是以东人坚决不肯,以色列人便离开了西珥,从亚拉巴的路经过以拉他,以旬迦别,转向摩押旷野的路去。(申2:1—8,请参看附录三第12图④—⑦及其说明)

2)所罗门王在以东地红海边靠近以禄的以旬迦别制造船只,希兰差遣熟悉泛海的船家与所罗门的仆人一同坐船航海。他们到了俄斐从那里得了420他连得[①]金子,运到所罗门王那里,又从俄斐运了许多檀香木和宝石来。(王上9:26—28,10:11,请参看附录三第40图说明③)

3)犹大的第4代国王约沙法也曾在以旬迦别停泊船只,但是他的船在以旬迦别都失事破坏了。(王上22:48)

以云　　(Ijon)

1.地名原意:“毁灭”、“堆”。

2.其他名称:即今**帖尔·迪宾(Tell Dibbin)**。

3.所在位置:附录三第46图第一行第3格。

4.地理情况:以云是拿弗他利支派的一个城镇,在古时以色

---

① 他连得(talent),古时以色列人的重量单位,他连得约合30公斤。

列国的东北方，位于由大马色通往以色列的要道上。

5.圣经记载：

1)犹大的第3代国王亚撒，和以色列的第3代国王巴沙常常争战。巴沙曾在拉玛筑垒设防，要切断犹大国对外的交通要道。亚撒便用圣殿里的金银贿请亚兰王攻打以色列。亚兰王听从了亚撒的话，派军长去攻破了以云等地，迫使以色列王巴沙停止修建拉玛，撤回到得撒。(王上15:16—21，请参看附录三第46图①—⑤及其说明)

2)以色列的第18代国王比加年间，犹大王亚哈斯四面受敌，乃求助于亚述王。亚述王先攻占了亚兰人的大马色，又进而侵入到以色列的以云等地。(王下15:29，请参看附录三第58图)

义大利 (**Italy**)

1.地名原意："犹如牛犊"。即是"**意大利**"。

2.所在位置：附录三第104图第一至二行第1格。

3.地理情况：圣经中提到的义大利即是今译的意大利。使徒时代属于罗马帝国。罗马城即在该半岛上。

4.圣经记载：

1)义大利军营的百夫长(小军官)哥尼流，驻守在该撒利亚。他本不是犹太人，但是却全家敬畏神，多多周济百姓。他差了两个家仆一个士兵，请来了彼得。彼得在他的家中讲道的时候，哥尼流和他的亲朋密友以及一切听道的人都很受感动。圣灵降在他们身上。他们就都受了洗。(徒10:1—48)

2)制造帐棚的百基拉、亚居拉夫妇，本来居住在义大利的罗马，后来到了哥林多。保罗在哥林多遇见了他们。

由于保罗是一面制造帐棚供给自己一面传讲福音的，保罗就投奔了他们，和他们同住作工，共同兴旺福音。（徒 18:1—4）

3）保罗在该撒利亚被囚两年之后，又被押解到义大利的罗马城去。（徒 27:1）乘船历尽艰险，才最终到达义大利的罗马。（徒 28:16）

隐多珥　　（Endor）

1.地名原意："居住之泉"、"多珥的泉源"。

2.其他名称：今称为"**恩得珥（'En-dur）**"

3.所在位置：附录三第 32 图第一行第 3 格。

4.地理情况：隐多珥原是以萨迦支派的一个城镇。后来归为玛拿西支派。（书 17:11）位于书念和基尼烈湖之间，约在书念东北 12 里处。

5.圣经记载：

1）玛拿西支派分得隐多珥后，却不能赶出当地的居民。迦南人偏要住在那里。（书 17:11—12）

2）按照耶和华的律法，人若偏向交鬼的和行巫术的，就要把他剪除。（利 20:6）扫罗初登王位时，也曾不容在国内有交鬼行邪术的人。（撒上 28:3）但是扫罗作王之后，一再违背耶和华的吩咐。当非利士人深深侵入到以色列的腹地书念时，扫罗心中惧怕，竟叫他的臣仆给他寻找一个交鬼的人。当他得知在隐多珥有个交鬼的妇人时，他便改了装束，夜里去见那个妇人，求她用法术帮助他，结果在与非利士人的争战中扫罗重伤而死。（撒上 28:4—8，31:1—6，请参看附录三第 32 图及说明）

隐哈歌利　　（En-hakkore）

1.地名原意："求告者的泉源"。

2.所在位置:附录三第23图第二行第3格中利希所在之处。

3.有关资料:隐哈歌利乃是利希的一个泉水的名称。根据圣经记述,此泉乃是因为参孙求告耶和华有水涌出而得名的。

4.圣经记载:

参孙击杀了1000个非利士人之后,因口渴而求告耶和华,“神就使利希的洼处裂开,有水从其中涌出来,参孙喝了精神复原,因此那泉名叫隐哈歌利。”(士15:14—19)

隐基底　　(En-gedi)

1.地名原意:“山羊泉”、“小山羊的泉源”。

2.其他名称:**哈洗逊他玛(Hazazon Tamar)**。(代下20:2)

3.所在位置:附录三第31图第二行第3格。

4.地理情况:隐基底是盐海(即死海)西岸中部的一个城邑,原来住有亚摩利人。(创14:7)后来分给犹大支派为业。(书15:21,62)此地风景极佳,多有温泉和棕树,盛产葡萄。(歌1:14)到中世纪时,当地已成荒漠,只有少数阿拉伯人居住其中。隐基底城西的山中,有很多洞穴。大卫逃避扫罗时,即曾藏在山洞之内。

5.圣经记载:

1)当年扫罗得知大卫躲在隐基底的山野时,即挑选了三千精兵去寻索大卫。那时扫罗进到一个山洞里去大解,大卫却正藏在那个山洞的深处。本来大卫举手即可杀死追逼他的扫罗,但是因为他敬畏耶和华,而不肯杀害扫罗。只是悄悄地割下了扫罗的衣襟,以示自己对扫罗并无相害之意。(撒上24:1—12,请参看附录三第31图⑫及说明)

2)犹大的第四代国王约沙法时,亚扪人、摩押人、西珥人攻入隐基底。约沙法求告耶和华。耶和华使亚扪、摩押、西珥等人自相击杀而逃。(代下 20:1—24,请参看附录三第 51 图及说明)

隐罗结　　(En-rogel)

1.地名原意:"漂布者的泉水"、"旅行者的泉水"。

2.其他名称:今称"**约伯井(Job's Well)**"。

3.所在位置:附录三第 68 图第四行第 3 格。

4.地理情况:隐罗结是一个水泉的名字,位于耶路撒冷城外东南方,乃是汲沦谷中的一个水泉,在犹大和便雅悯两支派的交界处,与欣嫩子谷和琐希列磐石相近。

5.圣经记载:

1)隐罗结乃是便雅悯支派的地业。(书 18:6)

2)押沙龙背叛其父大卫时,忠于大卫的约拿单和亚希玛斯在隐罗结那里等候探听消息。当时,谋士亚希多弗力劝押沙龙,选派精兵连夜追赶大卫,以便趁他疲乏无备时,一举将他杀害。约拿单和亚希玛斯得知这一消息后,便急忙去告知大卫,于是大卫当夜过了约旦河,避开了险境。(撒下 17:1—17,21—23)

3)大卫的第四个儿子亚多尼雅谋窃王位,在隐罗结旁琐希列磐石那里,宴请大卫的许多王子和大臣。但是正当他们得意欢宴的时候,大卫却叫祭司撒督、先知拿单、战将比拿雅等人,在基训泉拥立所罗门为王了。隐罗结和基训泉相距不远,亚多尼雅等众人遥遥听到以色列人欢呼"所罗门王万岁"时,乃惊惧而散。(王上 1:5—49)

印度　　(India)

1.地名原意:"你们献上感谢"、"你们逃逸"。

2.所在位置:附录三第75图第三至四行第4格。

3.地理情况:即现今的印度西部地区。

4.圣经记载:

波斯帝国极盛时期,从印度(河)直到古实,统管127个省。(斯1:1,8:9)

犹大　　(Judah)

1.地名原意:"赞美"。

2.所在位置:附录三第80图第七至八行第2格。

3.地理情况与有关资料:

1)其位置约相当于附录三第15图中盐海以西的犹大、便雅悯所占之地。请对照附录三第76图参考犹大的疆界。

2)犹大作为地名在圣经中的不同含义:

①有时表示国名,圣经中曾提到:

A.神坚固了"犹大国",(代下11:17)

B.有些人"入了犹大(国)籍",(斯8:17)

C.……"作犹大(国)王的时候"。(赛1:1)

②有时表示地名,圣经中曾多次提到"犹大地"。(撒上22:5;摩7:12;耶39:10)

3)犹大作为地名来说,其词义变化不大。但是犹大地区所表示的范围在各个历史阶段却大小不同。今就其词义、疆域、称谓简述于下:

①犹大本来是个人名,乃是以色列(即雅各)的儿子。其后裔即是以色列族的犹大支派,常被称为犹大人。以色列人占据迦南后,犹大人分得了盐海以东的广大地界。早在以色列人建国之前,该处即被叫作"犹大地"(请参看路得记第1章第7节)。

②以色列人建国初期,各支派联合一致,共同拥护扫罗作第一代国王。扫罗对外作战阵亡后,国势很弱,他的儿子伊施波设继续作以色列王。(撒下2:8—10)但是犹大支派的众人,拥立大卫作了犹大王,初次形成了短暂的犹大国。(撒下2:1—4)

③以色列王伊施波设被他的部下杀死后,以色列众支派的长老来拜见大卫,共同拥戴大卫作以色列的王。圣经上说,大卫先是作犹大王7年零6个月,后来又作"以色列和犹大王"33年。这时犹大支派的地位已显然高过了其他支派。(撒下5:4—5)

④大卫的儿子所罗门王死后,以色列—犹大联合王国分裂为以色列国和犹大国。犹大国据有犹大和便雅悯两个支派的领地,以耶路撒冷为京城。

⑤以色列国虽拥有其他支派的地区,但其第一代国王,惟恐他的臣民到耶路撒冷圣殿去敬拜耶和华从而倾向于犹大国,他便造了两个金牛犊称之为神,让他的臣民就近敬拜。这样一来,反而更使以色列各支派中的敬虔人都去到耶路撒冷居住。这样就使犹大国人民,在对耶和华的信仰上,比起以色列人来更为真纯。圣经上说,这样就坚固、增强了犹大国的实力。(代下11:17)

⑥其后犹大国屡次对外争战,疆界多有变化。公元前586年巴比伦王尼布甲尼撒灭亡了犹大国,犹大人被掳到巴比伦等地。原犹大国所在地即被称为"犹大"或"犹大地"。

⑦犹大地区其后相继被巴比伦、波斯、希腊、埃及、叙利亚统治。一度被定名为犹大省。公元前167年虽曾

短期独立，但由于语音的变化，历史上已称它叫犹太国。公元前63年罗马帝国侵入该处，公元前37年大希律被罗马分封为犹太王，仅只是傀儡。耶稣在世时，彼拉多作该处的巡抚。（路3:1）犹太已经成为罗马的一个行省名称了。

4）犹大人、犹太人、以色列人、希伯来人的意义与关系，请参看本书“以色列”条中“以色列词义变化沿革”一项。

5）犹大国与犹大地也多与耶路撒冷的兴衰遭遇有关。请参看本书“耶路撒冷”条。

4.圣经记载：

1）以色列——犹大联合王国分裂后，犹大国共有20位国王。除第3、4、8、9、10、11、13、16诸代国王外，其他诸王都有祭拜偶像的恶行。历代的王是：

①罗波安（王上14:21—31）

②亚比央（王上14:31—15:8）

③亚撒（王上15:9—24；代下14—16章）

④约沙法（王上15:24，22:41—50；代下17—20章）

⑤约兰（王下8:16—24；代下21章）

⑥亚哈谢（王下8:25—9:28；代下22章）

⑦亚他利雅（王下11:1—16；代下22—23章）

⑧约阿施（王下12章；代下23—24章）

⑨亚玛谢（王下14:1—14，25章）

⑩亚撒利雅（乌西雅）（王下15:1—8）

⑪约坦（王下15:32—38；代下27章）

⑫亚哈斯（王下16章；代下28章）

⑬希西家（王下18—20章；赛36—39章）

⑭玛拿西（王下21:1—9；代下33:1—20）

⑮亚们(王下 21:19—26)

⑯约西亚(王下 21:26—23:30;代下 34—35 章)

⑰约哈斯(王下 23:31—33,代下 36:1—4)

⑱约雅敬(王下 23:36—24:7;代下 36:5—8)

⑲约雅斤(王下 24:8—17;代下 36:9—10)

⑳西底家(王下 24:17—25:7;代下 36:11—21)

2)旧约中关于犹大国、犹大地的经文从略。

3)施洗约翰的父母即住在犹大的一座城里。(路 1:39—40,57—65)而依人来看,耶稣也是以色列的儿子犹大这一支派的后裔。(路 3:23—34)

犹太　　(Judaea)

1.地名原意:"赞美"。

2.所在位置:附录三第 80 图第七至九行第 2—3 格。

3.地理位置及简介:

1)公元前 300 余年时,希腊的亚历山大大帝在其所到之地,处处传播希腊文化。到罗马帝国统治地中海沿岸时期,希腊语已通行于各地。希伯来文的"犹大"受希腊语文的影响逐渐转化为"犹太"。其词意都是"赞美"。词根相同。读音也近似。只是拼写的词形略有变化而已。

2)旧约圣经是用希伯来文写成的。全部旧约只见有使用"犹大"一词的经文,未见有使用"犹太"的译文。

3)耶稣降生前,马克比王朝的短期独立时代,曾被某些历史学者称其为"犹太国"。这就意味着犹太的词义已有所延伸,即犹太意指古以色列建国时的全部疆域。(请参看附录三第 76 图)

4)新约地名中,有时用"犹大",有时用"犹太",甚至在同一段经文中，在意指同一地区时，即有“犹大”、“犹太”替换使用的现象。例如：撒迦利亚的家在“**犹大**(山地)的一座城”，(路 1:39)及至他哑口很久又突然说话的时候，这事就“传遍了**犹太**的山地”。(路 1:65)

5)北国以色列与南国犹大先后亡国，人民被掳到外地之后，在波斯王古列年间归回的以色列人中，大多都属于犹大支派。因此以色列人与犹大人乃逐渐成为同义词。及至“犹大”的语音转化为“犹太”时，在新约圣经中，即未再使用“犹大人”，“以色列人”便常被称为“犹太人”。

6)路加多次提到的“犹太”，就地区名称而言，其含义似已包括了古以色列人占有的全部迦南地区。(请参看路 23:3；徒 2:9，10:37)其他经卷中，“犹太”则仍多意指巴勒斯坦南部地区。

4.圣经记载：

1)施洗约翰的母亲和耶稣的母亲是亲戚。(路 1:36)约翰的母亲怀他六个月时，耶稣的母亲由圣灵怀了孕(即怀了耶稣)。(路 1:26—38)那时希律正作犹太王。(路 1:5)

2)当希律作犹太王的时候，有几个东方的博士发现到一颗奇异的星辰，他们就长途跋涉来到耶路撒冷打听说：“那生下来作犹太人之王的在那里？我们在东方看见他的星，特来拜他。”博士们所说的“生下来作犹太人之王的”正是耶稣基督，希律听见了心里非常不安。(太 2:1—3)希律欺骗博士们找到耶稣后来向他报信。但“博士因为在梦中被主指示，不要回去见希律”，因此博士拜见幼婴耶稣后，便从别的路回本地去了。希律发

现自己被博士愚弄，就十分恼怒，竟将伯利恒四境两岁以内的男孩都杀害了。(太 2:8—16)

3)耶稣出来传道时，彼拉多在作犹太巡抚。(路 3:1—2，参看路 3:21—23)耶稣受难，也是彼拉多下令杀害的。(约 19:16)

4)耶稣被钉十字架时，犹太巡抚彼拉多用牌子写了一个名号，安在十字架上。“写的是犹太人的王，拿撒勒人耶稣……并且是用希伯来、罗马、希利尼(希腊)三种文字写的。”(约 19:19—20)

5)旧约圣经认为，以色列人(即犹太人)乃是神的选民。(赛 48:12)而在新约时代，基督徒即是神的选民，是圣洁蒙爱的人。(西 3:12)耶稣受难之前，彼拉多问耶稣说：“你是犹太人的王吗?”耶稣说：“我的国不属这世界。”(约 18:33—36)圣经记述说耶稣基督乃是万主之主，万王之王。(提前 6:15)乃是万世之王。(启 15:3)

6)圣经中提到犹太的其他经文从略。

约比哈　　(Jogbehah)

1.地名原意：“高地”、“他将被高举”。

2.其他名称：即今“**犹备哈特(Jubeihat)**”。

3.所在位置：附录三第 21 图第四行第 4 格。

4.地理情况：约比哈是约但河东的一个城邑，乃是迦得支派的地业。(民 32:35)在雅博河以南，位于亚当城的东南方。

5.圣经记载：

当年基甸大败米甸人，并穷追不舍，终于经过约比哈，在加各地区追获了米甸的两个王，惊散了他们残余的军兵。(士 8:10—12，请参看附录三第 21 图⑪的示意及说明)

约但河　　(Jordan River)

1.地名原意:"水池"、"降下者"。

2.其他名称:有的和合本圣经新版本译为**约旦河**。

3.所在位置:附录三第10图第一至三行第3格。

4.地理情况:

1)约但河是世界上最低的河流。由北至南,直贯巴勒斯坦,全长约700余里。

2)其源头汇集了黑门山与黎巴嫩山之间的几个溪流,流入湖烈盆地(Hules Basin)。古时湖烈盆地是一片沼泽,但低处则形成浅湖。约但河由湖烈浅湖南下约50里则进入加利利海(又名提比哩亚海)。这段水位由海拔68米降至-212米。变化虽不险峻,但水面落差较大,故此名为约旦("降下者")。约但河出离加利利海南端后,沿岸丛林茂密,最终流入盐海(即死海)。由加利利海至盐海,其直线距离仅200余里,但河道蜿蜒,却达四五百里。在盐海以南,约旦峡谷延伸为亚拉巴谷,地势升高到200米。

3)约但河(即圣经中所译的约旦河)西岸地区,是近代以色列与约旦两国争议的焦点之一。1950年约但河西岸地区并入约旦,但1967年以色列又占领此地。双方各执一词,皆无相让之意。

5.圣经记载:

1)以撒的次子雅各因骗取了对长子的祝福,逃避其兄以扫的报复,离家出走。多年后带着妻子儿女及家产返回本地本族时,在雅博渡口过约但河。并在此被神改名为以色列,因他与神与人较力都得了胜。(创32:10,22—23)

2)以色列人出埃及进入迦南地是在耶利哥对面渡过约但河的,那时河水正涨过两岸。约书亚照耶和华的吩咐,抬约柜的祭司走在百姓前面,他们脚一入水,上流河水便在极远之地亚当城那里停住,立起成垒。于是以色列众人都从干地上过去,直到民众尽都过了约但河。(书 3:5—17)

3)先知以利亚被接上升之前,以利沙跟随他一同在耶利哥渡过约但河。渡河时以利亚将外衣卷起打水,水就分开,二人走干地而过。以利沙回来时也用以利亚的外衣打水,同样地走了过来。(王下 2:5—8,14)

4)亚兰王的元帅乃缦患了麻风,求治于以利沙,以利沙打发一个使者对他说:"你去在约但河中沐浴七回,你的肉就必复原,而得洁净。"乃缦遵此而行,他就洁净了。(王下 5:1,9—14)

5)施洗的约翰出来传道时,耶路撒冷、犹太全地和约但河一带的人都出来到他那里去,承认自己的罪,在约但河里受了他的洗。耶稣也从加利利来到约但河受了他的洗礼。(太 3:5,13—15)

6)但约翰曾在约但河外为耶稣作过见证说,(约 1:28)约翰只是在耶稣以前出来传道,以便"预备主的道,修直他的路"。约翰说:"有一位在我以后来的(耶稣)能力比我更大。我就是弯腰给他解鞋带也是不配的。"(可 1:1—8,参看约 1:23—28)"次日,约翰看见耶稣来到他那里,就说:'看哪! 神的羔羊,背负世人罪孽的。'"(约 1:29)

7)当法利赛人和希律一党的人商议要除灭耶稣的时候,耶稣便出离城市,退到加利利海边上去。但是有许多

远方的人听见他的名声，就从约但河外等地来到耶稣那里信从他。（可 3:6—8，请参看附录三第 84 图）

约帕　　（Joppa）

1. 地名原意："美丽"、"高"
2. 其他名称：即现今的**"特拉维夫—雅法（Tel-Aviv-Jaffa 或 Tel Aviv-Yafo）"**。
3. 所在位置：附录三第 10 图第三行第 1 格。
4. 地理情况：

 1）约帕在迦南（今巴勒斯坦）中部。是沙仑平原南端的港口城市。东去耶路撒冷仅约 40 公里。

 2）公元前 66 年，罗马入据此城，划入叙利亚省。约帕后来改名叫雅法。公元后 1920 年，特拉维夫脱离雅法而成为另一城镇。1948 年以色列建国后进驻于雅法，城内原有的阿拉伯居民几乎全部迁出。1950 年特拉维夫又与雅法合并，正式名称为"特拉维夫—雅法"。现在以色列国政府机构、各国使馆都设在特拉维夫。1981 年时，人口将近 33 万人。

5. 圣经记载：

 1）所罗门建造圣殿时所用的香柏木、松木、檀香木，都是在黎巴嫩扎成木筏，从海上浮运到约帕，再由约帕转运到耶路撒冷的。（代下 2:8，16）所罗巴伯重建圣殿所需的木料，也是如此经约帕运来的。（拉 3:7）

 2）耶和华曾命令约拿到东方的尼尼微去传道。但起初约拿未肯遵从神的命令，竟在约帕登船，而逃往西方的他施去躲避耶和华。（拿 1:1—3）

 3）使徒彼得住在约帕附近的吕大时，约帕有一个女信徒名叫大比大，希腊语名叫多加（意思是羚羊），这位女信徒因病而死，为此有人去求彼得。彼得来到约帕后，有许多寡妇哭着向彼得诉说多加生前的善行和美德。彼得叫众人出去，然后跪下祷告。祷告后转身对着死人说：大比大，起来！她就睁开眼睛，一见彼得便坐起来了。彼得把多加活活地交给当地的圣徒。“就有许多人信了主。”此后，彼得在一个皮革匠西门家中又住了多日。（徒 9:32—43）

4）当彼得住在约帕的时候，在该撒利亚有一个罗马兵营的小军官，名叫哥尼流。哥尼流虽然不是犹太人，但却敬畏耶和华神。他得到天使的指示，便派人到约帕去请彼得到哥尼流的家中来传道。按照犹太人的规矩，彼得作为一个犹太人，是不许和异族人密切来往的。但是在哥尼流所派的人未曾到达之前，彼得即在约帕见到了异象。在异象中，有声音叫彼得吃一些犹太人认为不洁净的食物。邀请彼得的人找到他的时候，圣灵又指示彼得要接待他们。后来彼得接受了邀请，带着几个约帕的信徒，一同到了该撒利亚哥尼流的家中。哥尼流的亲属密友等人，都因彼得的证道，而悔改信奉了基督。（徒 9:43—10:48）

附录一 本书地名以笔划为序条目表

六画

七画

八画

九画

十画

十一画

十二画

十三画

十四画

十五画

以色列犹大联合王国时期	列王	1.**扫罗**(1053－1013)(撒上 9 至 31 章,代上 10 章)。 王位:登基时年四十岁(撒上 13:1)。 功绩:曾战胜摩押、亚扪、以东、非利士、亚玛力人。 恶行:①违命勉强献祭(撒上 13:8－15)。 ②爱怜亚玛力王喜好上好牛羊(撒上 15 章)。 ③多次背信(撒上 18:17－29,19:6－24,23 章,26 章)。 ④杀大祭司全家(撒上 22:11－19)。 ⑤交鬼招魂(撒上 28 章,代上 10:13－14)。 结局:父子四人同时战死,(撒上31:1－13,撒下 1:6－16)。
	先知	**撒母耳**(1069－1020)(撒上 1－16 章,25:1)是以色列人最后一位士师(撒上 7:13),又是列王时代最早的先知(撒上 9:9－16)。 ①膏立扫罗(撒上 10:1)。 ②膏立大卫(撒上 16:6－13)。 ③祷告而使天打雷降雨(撒上 12:16－18)。

2.大卫(1013－973)(撒上16至撒下24章,王上1至2章,代上11至29章)。

王位:登基时年30岁,在希伯仑作王七年半,在耶路撒冷作王33年(撒下5:4－5,王上2:11)。

功绩:①杀歌利亚(撒上17章)。

②追杀亚玛力人(撒上30章)。

③胜非利士人(撒下5:17－25,代上14:8－17)。

④再胜非利士人与摩押人等(撒下8章、代上18章)。

⑤惩罚亚扪人和亚兰人(撒下10章,代上19章)。

⑥攻陷亚扪京都(撒下12:26－31,代上20:1－3)。

⑦为建圣殿预备金银材料(代上29:1－9)。

⑧写诗篇多篇。

恶行:①犯奸淫杀害乌利亚(撒下11章)。

②擅自核算民数(撒下24章,代上21章)。

结局:与列祖同睡,葬于大卫城。

迦得(1025－971)(撒上22:5,撒下24:17,代上21:9－27,代下29:25)。

①告诉大卫去往犹大(撒上22:5)。

②大卫核算以色列民而犯罪时,奉命告诉大卫三灾可选其一(撒下24:11－14)。

拿单(990－971)

①告知大卫不可建造圣殿(撒下7:2－17)。

②指责大卫犯罪必定受报(撒下12:1－15)。

③扶立所罗门登位(王上1章)。

④记述所罗门生平(代下9:29)。

3.所罗门(973－933)(王上2至11章,代上28至29章,代下1至9章)。

出身:大卫王之子(代上29:22)作王40年(王上11:42,代下9:30)。

功绩:①建造圣殿(王上5至8章,代下2至7章)。

②制定祭司班次与利未人职责(代下8:14－15)。

③著作:"作箴言三千句,诗歌一千零五首……讲论草木…又讲论飞禽走兽……"(王上4:32－33)。

④求智慧善判是非(王上3:8,16－28)。

恶行:纳外邦女子为妃嫔,晚年不专心事奉耶和华(王上11:1－13)。

结局:与列祖同睡,葬于大卫城。

(拿单与亚希雅作先知)

<table>
<tr><td rowspan="3">国度分裂时期</td><td>以色列国王</td><td>1. 耶罗波安(933 – 911)(王上 12:25 – 14:20，代下 10 章，13 章)。
恶行：①在但与伯特利制设金牛犊(王上 12:25 – 33)。
②设立凡民作祭司，私定节期，在坛上烧香。
③不听神警责(王上 13:1 – 10)
结局：与列祖同睡(王上 14:20)。</td><td>2. 拿答(911 – 910(王上 15:25 – 32)
出身：耶罗波安之子(王上 15:25)。
恶行：拜金牛犊(王上 15:26)。
结局：被巴沙所杀(王上 15:28)。</td></tr>
<tr><td>先知</td><td colspan="2">亚希雅(940 – 910)(王上 11:29 – 31，12:15，14:2 – 16)。
①预言耶罗波安得十支派(王上 11:29 – 31)。
②预言耶罗波安全家遭灾(王上 14:6 – 18)。
易多(931 – 911)(代下 9:29，12:15)。曾记述所罗门、罗波安、耶罗波安及罗波安之子亚比雅生平(代下 13:22)。
示玛雅(931 – 911)(王上 12:22 – 24，代下 11:1 – 4，12:5，15)。曾劝罗波安勿夺回十支派。</td></tr>
<tr><td>犹大国王</td><td>1. 罗波安(933 – 916)(王上 12 章，14:21 – 31，代下 10 至 12 章)。
出身：所罗门之子，(王上 14:21)。
王位：四十一岁登基(王上 14:21)。
恶行：①不听老年人劝告(王上 12:13 – 14)。
②国一坚定就离弃神拜偶像行恶(代下 12:1)。
▲在位第五年埃及王示撒攻来，夺去宝物(王上 14:25 – 28)。</td><td>2. 亚比央(915 – 913)
出身：罗波安之子(王上 14:31 – 15:1，代下 12:16)。
王位：作王三年(王上 15:1 – 2)。
恶行：行其父所行之恶(王上 15:3)。
结局：葬在大卫城(王上 15:8)。</td></tr>
</table>

第一次篡位

3.**巴沙**(910－887)(王上 15:27－16:7)。
出身:以萨加人亚希雅之子(王上 15:27)。
恶行:杀耶罗波安全家,却行耶罗波安所行之恶道(王上 15:29)。
结局:与列祖同睡,其子孙全家被杀(王上 16:11)。
▲亚兰王便哈达一世进攻以色列(王上 15:16－20)

4.**以拉**(887－886)(王上 16:6－14)。
出身:巴沙之子(王上 16:6)。
恶行:醉酒、拜假神(王上 16:9、13)。
结局:被叛臣心利所杀(王上 16:10)。

亚撒利雅(911－885)(代下 15:1－8)。曾勉励亚撒王清除偶像,重修圣殿。
耶户(890－848)(王上 16:1－4,7;代下 19:1－3,20:34)。
①曾责备以色列王巴沙
②又劝勉犹大王约沙法
哈拿尼(890 后)(代下 16:7－10)。
先知耶户之父(王上 16:1)。因责犹大王亚撒仰赖亚兰王而被囚狱中。

3.**亚撒**(912－872)(王上 15:9－24,代下 14 至 16 章)。
出身:亚比央之子(王上 15:8)。
功绩:①效法大卫所行的善,除去娈童及一切偶像(王上 15:11－12)。
②大胜古实百万大军(代下 14:9－13)。
③修筑迦巴和米斯巴(王上 15:22)。
④将他父已分别为圣的金银器皿奉入圣殿(王上 15:15)。
恶行:①求亚兰王攻打以色列(王上 15:18－20)。
②脚患病,不求神(代下 16:12)。
③邱坛未废(代下 15:17)。
附注:晚年脚病,其子约沙法可能已实际作王(代下 16:12)。

第二次篡位	第三次篡位
5.**心利**(886)(王上16:15－20)。 出身:以拉之大臣,仅作王七日(王上16:9、15) 恶行:行神看为恶的事(王上16:19)。 结局:在宫中自焚而死(王上16:18)。	6.**暗利**(886－875)(王上16:21－28)。 出身:以色列人的元帅(王上16:16)。 功绩:买下撒玛利亚山,并建造撒玛利亚城(王上16:24)。 恶行:行恶较列祖更甚(王上16:25)。 结局:与列祖同睡(王上16:28)。

雅哈悉(853前后)(代下20:14－19)。曾勉励犹大王约沙法靠神得胜。

以利以谢(853后)(代下20:37)。曾责备约沙法不应与北王亚哈谢交好。

4.**约沙法**(874－850)(王上15:24,22:41－50,代下17至20章)。

出身:亚撒之子(王上15:24)。

功绩:①行大卫所行的善。除去一切邱坛、木偶、娈童。差祭司携律法书在各城教训百姓。(代下17章)

②禁食祈祷,胜过强敌(代下20章)。

恶行:①与亚哈结亲同攻拉末(代下18章)。

②与以色列王亚哈谢交好(代下20:36－37)。

结局:与列祖同睡,葬于大卫城(代下21:1)。

附注:还在位时儿子约兰已登基(王下8:16)。

7.**亚哈**(875－854)(王上16:29－22:50)。

出身:暗利之子(王上16:29)。

恶行:①行恶较耶罗波安更甚(王上16:30)。

②纵容耶洗别杀害耶和华的先知(王上18:4)。

③为巴力建庙,设立巴力先知(王上16:32,18:19)。

④使以色列全国遭旱灾三年半(雅5:17,王上18:1)。

⑤擅自释放应处死的亚兰王(王上20章)。

⑥杀害拿伯夺其葡萄园(王上21章)。

结局:战死,洗战车时有狗来舔他的血(王上22:37)。

▲亚兰王便哈达一世屡攻撒玛利亚(王上20:1－34)

以利亚(865－850)(王上17至19章,王下1－2章)。亚哈在位时作先知,到亚哈谢死时升天。曾祷告使天旱三年半,又藉祷告使天降火降雨,并在迦密山捕杀巴力先知。

米该雅(854前后)(王上,22:13－28,代下18:4－34)。因预言亚哈王战死,被囚狱中。

(犹大王约沙法仍在位)

8.**亚哈谢**(855－854)(王上 22:51－53)。 出身:亚哈之子(王上 22:51)。 恶行:①行其父之恶(王上 22:52)。 ②三次捉拿以利亚(王下 1 章)。 结局:跌伤而病死(王下 1:2、17)。	9.**约兰**(854－843)(王下 3:1－27,9:14－26)。 出身:亚哈之子,亚哈谢的兄弟(王下 3:1,王上 22:51)。 功绩:①除亚哈所造之巴力柱像(王下 3:2)。 ②联合以东和犹大攻打摩押(王下 3:6－27)。 恶行:贴近耶罗波安的罪(王下 3:3)。 结局:被耶户射杀(王下 9:24)。 ▲亚兰王哈薛一再入侵(王下 8:11－13,28,29;10:32－33)。
以利沙(855－800)(王上 19:19－21,王下 2 至 13 章) ①亚哈王时随以利亚作先知,经亚哈谢、约兰、耶户、约哈斯到约阿施王为止。②见以利亚升天(王下 2:1－12)。③治好耶利哥的水(王下 2:13－14)。④使三王挖沟得水(王下 3:6－20)。⑤使先知门徒遗孀的油增多(王下 4:1－7)。⑥使乃缦的麻疯得医治(王下 5:1－17)。⑦使书念妇人之子复活(王下 4:8－37)。⑧解除野瓜毒性(王下 4:38－41)。⑨用 20 个饼使百人吃饱(王下 4:42－44)。⑩使斧头从水中漂起(王下 6:1－7)。⑪使亚兰军被围(王下 6:8－23)。⑫预言撒玛利亚解围(王下 6:24－7:20)。⑬预言哈薛作亚兰王(王下 8:7－15)。⑭差门徒膏耶户作以色列王(王下 9:1－13)。⑮预言以色列三胜亚兰人(王下 13:14－21)。	
5.**约兰**(850－843)(王下 8:16－24,代下 21 章)。 出身:约沙法之子。 恶行:①娶亚哈之女为妻(王下 8:18) ②行恶道(王下 8:18) ③建邱坛(代下 21:11) ④残杀兄弟(代下 21:4) 结局:被非利士人掠去妻儿宝物,坠肠而死(代下 21:16－19)。	6.**亚哈谢**(843)(王下 8:25－9:28,代下 22 章)。 出身:约兰的儿子(王下 8:25)。 王位:作王一年(王下 8:26)。 恶行:①行亚哈之恶(王下 8:27)。 ②与亚哈之子约兰交好(王下 8:28－29)。 结局:被耶户所杀(王下 9:27－28)。

第四次篡位

10.耶户(843－816)(王下 9 至 10 章)

出身:约兰的元帅(王下 9:2)。

王位:篡位登基(王下 10:36)。

功绩:①杀巴力先知与祭司(王下 10:18－28)。

②杀耶洗别与亚哈全家(王下 9:30－10:11)。

恶行:①拜金牛犊(王下 10:29)。

②为人诡诈残忍(王下 10:1－28)。

11.约哈斯(820－804)(王下 13:1－9)。

出身:耶户之子(王下 13:1)。

恶行:①不离开耶罗波安的罪,受亚兰王欺压(王下 13:2－3)

②敬拜亚舍拉(王下 13:6)

▲亚兰王哈薛与便哈达二世攻打约哈斯与约阿施(王下 13:3－7;22－25)。

俄巴底亚(841－830)可能于耶户在位初期作先知。预言以东受罚。

约珥(840－830)可能在亚他利雅篡位时作先知。预言神审判日要到。彼得曾在五旬节时引用(珥 2:28－32)。

7.亚他利雅(843－837)(王下 11:1－16;代下 22 至 23 章)。

出身:以色列王亚哈之女,犹大王约兰之妻(王下 8:18,26:11:1－3)。

恶行:剿灭王室篡位(王下 11:1,3)。

结局:被杀于宫中(王下 11:15,16)。

▲圣经未记她登基。七、八王朝都始于 843 年。

8.约阿施(843－803)(王下 12 章,代下 23－24 章)

出身:亚哈谢仅存之子,登基时仅七岁(王下 11:1－3,21)。

功绩:①作神看为正的事(王下 12:2)。

②毁巴力庙(王下 11:18)。

③下令重修圣殿(王下 12:4,5)。

恶行:①将圣物送给亚兰王(王下 12:18)。

②后来拜偶像(代下 24:17－19)。

③杀祭司撒迦利亚(代下 24:20－22)

结局:被臣仆叛杀(代下 24:25)。

12.约阿施(806－790)(王下 13:10－25,14:8－16)。

出身:约哈斯之子(王下 13:10)。

功绩:败亚兰王三次,收回失地(王下 13:18－19,25)。

恶行:犯耶罗波安的罪行(王下 13:11)。

结局:葬在撒玛利亚(王下 13:13)。

▲ 他在父王未死前已登基(王下 13:1 比较 13:10)。

约拿(790－770)在以色列王耶罗波安二世与犹大王亚玛谢在位时作先知。

①预言耶罗波安二世收回失地(王下 14:25)。

②到尼尼微传道(拿 2 章)。

无名神人勉励亚玛谢王专心靠神(代下 25:7－13)。

9.亚玛谢(803－775)(王下 14:1－14,代下 25 章)。

出身:约阿施之子(王下 14:1)。

功绩:①行神看为正的事但不专心(王下 14:3－4)。

②败西珥人(代下 25:11－13)。

恶行:①向以色列王挑战失败(王下 14:8－14)。

②将西珥神像带回(代下 25:14)。

结局:被叛臣所杀(代下 25:27－28)。

<table>
<tr><td rowspan="2">13. **耶罗波安二世**（790－749）（王下 13:13，14:23－29）
出身：约阿施之子（王下 14:23）。
功绩：收回边界的失地（王下 14:25）。
恶行：不离开耶罗波安的罪（王下 14:24）。</td><td rowspan="2">14. **撒迦利雅**（748）
出身：耶罗波安二世之子（王下 15:8）
王位：作王六个月（王下15:8）。
恶行：行神所看为恶之事（王下 15:9）。
结局：被沙龙叛杀（王下 15:10）。</td><td>第五次篡位</td></tr>
<tr><td>15. **沙龙**（748）（王下 15:13－16）。
出身：雅比之子（王下 15:13）。
王位：作王一个月（王下 15:13）。
恶行：背叛（王下 15:15）。
结局：被米拿现所杀（王下 15:14）。</td></tr>
<tr><td colspan="3">**阿摩司**（780－740）在以色列王约阿施晚期，犹大王乌西雅早期时作先知（摩 1:1）。因警告以色列人，神的审判日要到，而受伯特利祭司亚玛谢的攻击（摩 7:10－17）。
何西阿（760－720）用他本身对不贞妻子的爱，说明神对以色列人的爱（何西阿书）。</td></tr>
<tr><td colspan="3">10. **亚撒利雅（乌西雅）**（787－735）（王下 15:1－8 代下 26 章）。
出身：亚玛谢之子（王下 15:1）。
功绩：①行神眼中看为正的事（代下 26:4）。
②收回以禄，予以重建（代下 26:2）。
③击毁非利士大城，并使亚拉伯人、亚扪人等给他进贡（代下 26:6－8）。
④增加各项国防建设，国势强盛（代下 26:9－15）。
恶行：强盛之后，擅进圣殿烧香，终身患大麻疯（代下 26:16－22）。</td></tr>
</table>

第六次篡位	
16.**米拿现**(748－738)(王下 15:16－22)。 出身:迦底之子(王下 15:17)。 恶行:①行耶罗波安的恶行(王下 15:18)。 ②剖开孕妇(王下 15:16)。 ③用银子求亚述王稳定王位(王下 15:19－20)。 ▲亚述入侵(王上 15:19,29;代上 5:26)	17.**比加辖**(738－736)(王下 15:23－26)。 出身:米拿现之子(王下 15:23)。 恶行:行神看为恶的事(王下 15:24)。 结局:被比加叛杀(王下 15:25)。

俄德(代下 28:8－15)。曾责备以色列人不该掳掠犹大人。

以赛亚(745－695)在犹大王乌西雅晚年开始作先知直到希西家王晚期为止(赛 1:1,6:1)。经常出入宫廷(赛 37:5,21,38:1)。曾预言基督降生、受死、作王及平安国度情形(赛 7:14,9:6－7,53 章,65 章)。

11.**约坦**(749－734)(王下 15:32－38,代下 27 章)。

出身:乌西雅之子(王下 15:32)。

功绩:①行神眼中看为正的事(王下 15:34)。

②建立耶和华殿的上门(王下 15:35)。

③建造城邑营寨高楼(代下 27:4)。

④胜亚扪人使他们进贡(代下 27:5)。

恶行:邱坛未废(王下 15:35,代下 27:2)。

<table>
<tr><th>第七次篡位</th><th>第八次篡位</th><th rowspan="2">以色列国灭亡</th></tr>
<tr><td>18.比加(736－730)(王下15:27－31)。
出身:利玛利之子(王下15:27)。
恶行:犯耶罗波安所犯的罪(王下15:28－29)。
结局:被何细亚叛杀(王下15:30)。
▲比加可能与米拿现同时作王。
▲亚述入侵(王下17:3－6;18:9)</td><td>19.何细亚(730－721)(王下17:1－7)。
出身:以拉之子(王下17:1)。
恶行:行神看为恶的事(王下17:2)。
结局:以色列国至此沦亡。(王下18:9－12)。
▲被亚述灭亡,以色列人被掳(王下17:6)</td></tr>
<tr><td colspan="3">弥迦(740－700)在犹大王约坦、亚哈斯、希西家在位时作先知(弥1:1)。曾预言基督降生在伯利恒(弥5:2)。</td></tr>
<tr><td>12.亚哈斯(741－726)(王下16章,代下28章)。
出身:约坦之子(王下16:1)。
恶行:①使儿女经火(代下28:2－4)。
②为亚兰王所败,被北国杀十二万人(代下28:5－6)。
③求亚述帮助(代下28:16－21)。
④毁圣殿器皿(代下28:22－25)。</td><td colspan="2">13.希西家(726－697)(王下18至20章,代下29至32章,赛36至39章)。
出身:亚哈斯之子(王下18:1)。
功绩:①效法大卫行正事(王下18:3)。
②修殿守节,领导复兴(代下29:3－36)。
③清除偶像(王下18:4)。
④靠神击退西拿基立(赛37章)。
恶行:将宝物给巴比伦使者观看(赛39:1－8)。
▲求寿蒙允(赛38:1－8)。
▲亚述入侵(王下19:20－30)。</td></tr>
</table>

犹大独一王国时期	先知	**西番雅**(639－608)希西家的元孙,促使对约西亚王复兴。预言犹大人因罪受罚,终必复兴。(西番雅书) **那　鸿**(630－610)预言尼尼微倾覆(那鸿全书)。 **耶利米**(626－586)约西亚王时开始作先知(耶 1:2),被掳到巴比伦时止。因预言以色列将被掳 70 年而多受迫害(耶 25:11－12)。常为同胞罪恶忧伤(耶 9:1)。预言同胞受罚后将蒙拯救(耶 50:33－34)。 **哈巴谷**(618－608)预见难免亡国,却因耶和华的拯救而欢欣(哈 3:17－18)。	
	犹大国王	14.**玛拿西**(697－642)(王下 21:1－18,代下 33:1－20)。 出身:希西家之子(王下 20:21)。 功绩:晚年悔悟,重修圣殿祭坛,修建大卫城墙(代下 33:14－17)。 恶行:①行恶事(王下 21:2)。 ②筑巴力坛,作木偶,敬拜天上万象(王下 21:3－7)。 ③使儿女经火,行邪术,交鬼(代下 33:6,9)。 ④多流无辜人的血(王下 21:16)。	15.**亚们**(641－640)(王下 21:18－26;代下 33:21－25)。 出身:玛拿西之子 恶行:行恶拜偶像(王下 21:20－22)。 结局:被臣仆叛杀(王下 21:23)。
		16.**约西亚**(639－608)代下 34 至 35 章)。 出身:亚们之子(王下 21:26)。 功绩:①行神看为正的事(王下 22:2)。 ②除邱坛木偶柱像(代下 34:3－7)。 ③拆毁伯特利的祭坛(王下 23:15－20)。 ④修葺圣殿,领导复兴(代下 34:8－35:19)。 恶行:晚年违命与埃及王争战而死(代下 35:20－25)。	17.**约哈斯**(608)(代下 36:1－4) 出身:约西亚之子,作王三个月(王下 23:30－31)。 恶行:行神看为恶的事(王下 23:32)。 结局:死于埃及(王下 23:34)。

<table>
<tr><td colspan="3">但以理(605－536)从犹大人第一次被掳开始作先知，到犹大人从巴比伦回国止共约七十年(但 9:1－2)。他的主要信息是借异象的启示，说明外邦国权的相继倾覆与耶和华国度最终实现。
以西结(590－565)在约雅斤王第五年开始说预言(结 1:3)。被掳后二十五年仍作先知(结 40:1)。
哈该(520－505)劝勉百姓恢复建殿工程。
撒迦利亚(520－488)预言基督临世(亚 6:12－13，11:12－14，12 至 14 章)。
玛拉基(439－400)责备以色列藐视圣事，预言大而可畏的日子以前，以利亚要先到来(玛 4:4－6)。</td></tr>
<tr><td>18.约雅敬(608－597)(王下 23:36－24:7，代下 36:5－8)。
出身：约西亚之子
恶行：行神所看为恶的事(王下 23:37)。
结局：被掳到巴比伦(代下 36:6)。
▲公元前 606 年犹大人初次被掳</td><td colspan="2">19.约雅斤(597)(王下 24:8－17；代下 36:9－10)。
出身：约雅敬之子，作王三个月零十天(代下 36:8－9)
恶行：行神看为恶的事(代下 36:9)。
结局：被掳(代下 36:10)。
▲犹大人再次被掳</td></tr>
<tr><td>20.西底家(597－586)(王下 24:17－25:7，代下 36:11－21)。
出身：约雅斤的叔父
恶行：行神看为恶的事(代下 36:12)。
结局：被掳到巴比伦，(王下 25:5－12)。
▲犹大灭亡，犹大人三次被掳</td><td>犹大国灭亡</td><td>▲犹大人公元前 606 年初次被掳，70 年后，公元前 536 年，开始归回耶路撒冷。</td></tr>
</table>

附录三:圣经地名示意图

第1图
圣经记述的古代民族
（创10:1—32）

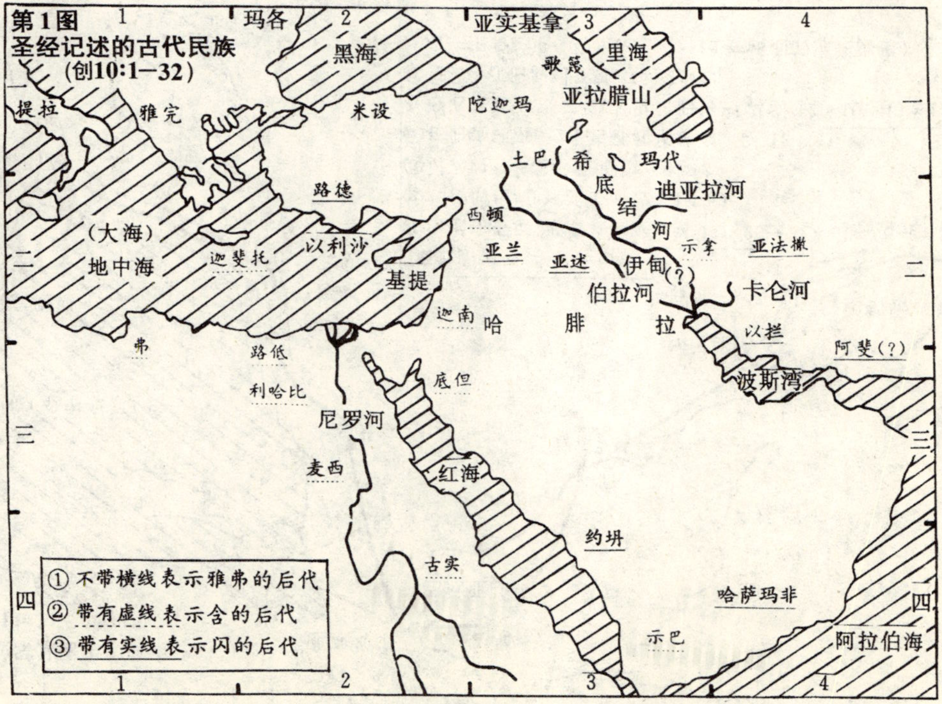

第2图

亚伯拉罕从吾珥到迦南

（创 11:31—13:18）

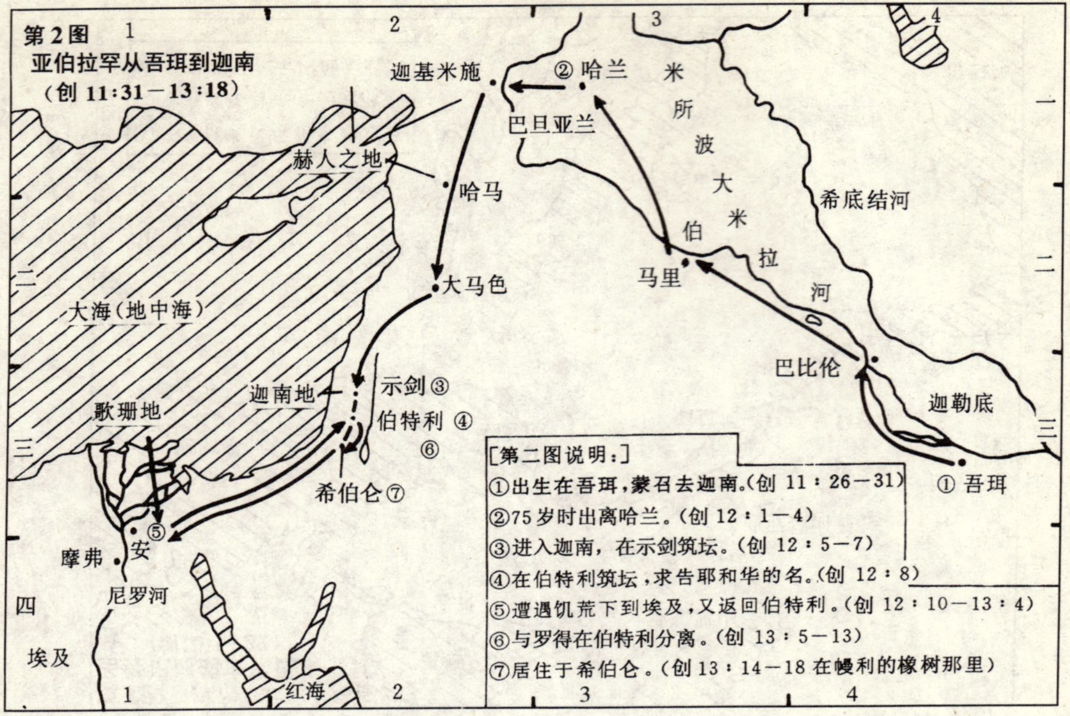

[第二图说明：]

①出生在吾珥，蒙召去迦南。（创 11：26—31）

②75岁时出离哈兰。（创 12：1—4）

③进入迦南，在示剑筑坛。（创 12：5—7）

④在伯特利筑坛，求告耶和华的名。（创 12：8）

⑤遭遇饥荒下到埃及，又返回伯特利。（创 12：10—13：4）

⑥与罗得在伯特利分离。（创 13：5—13）

⑦居住于希伯仑。（创 13：14—18 在幔利的橡树那里）

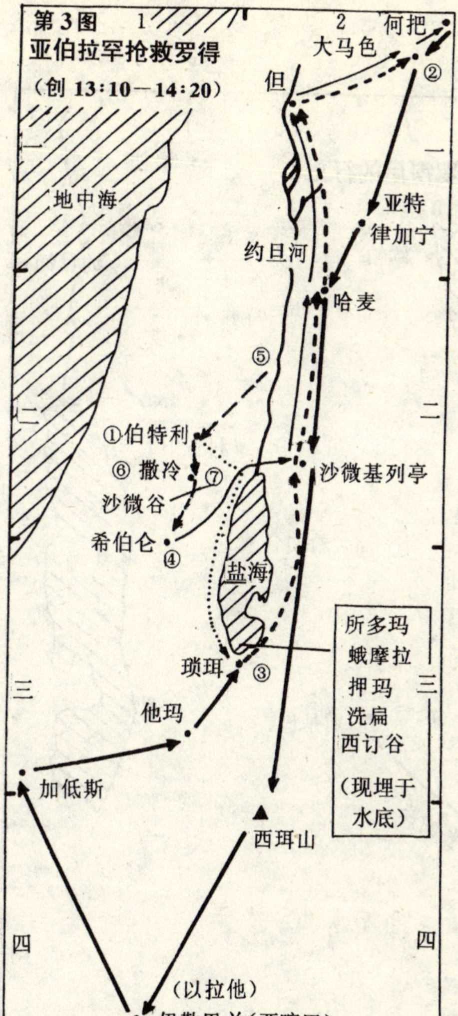

［第三图说明］

①⋯⋯⋯→ 罗得由伯特利迁往所多玛的可能路线。（创13:10—13）

②——→ 北方四王行军路线。（创 14:1—7）

③- - - -→ 四王战胜五王后，掳走罗得回北方时可能走的路线。（创 14：8—12）

④——→ 亚伯拉罕从布伯仑去救罗得时可能走的路线。（创 14：13—15）

⑤—·—·→ 亚伯拉罕救回罗得后返回希伯仑时可能走的路线。（创 14：16）

⑥撒冷王麦基洗德迎接亚伯拉罕。（创 14：18—20）

⑦所多玛王到沙微谷迎接亚伯拉罕。（创 14：17，沙微谷据考证在撒冷东边，很可能罗得从此地又回所多玛。）

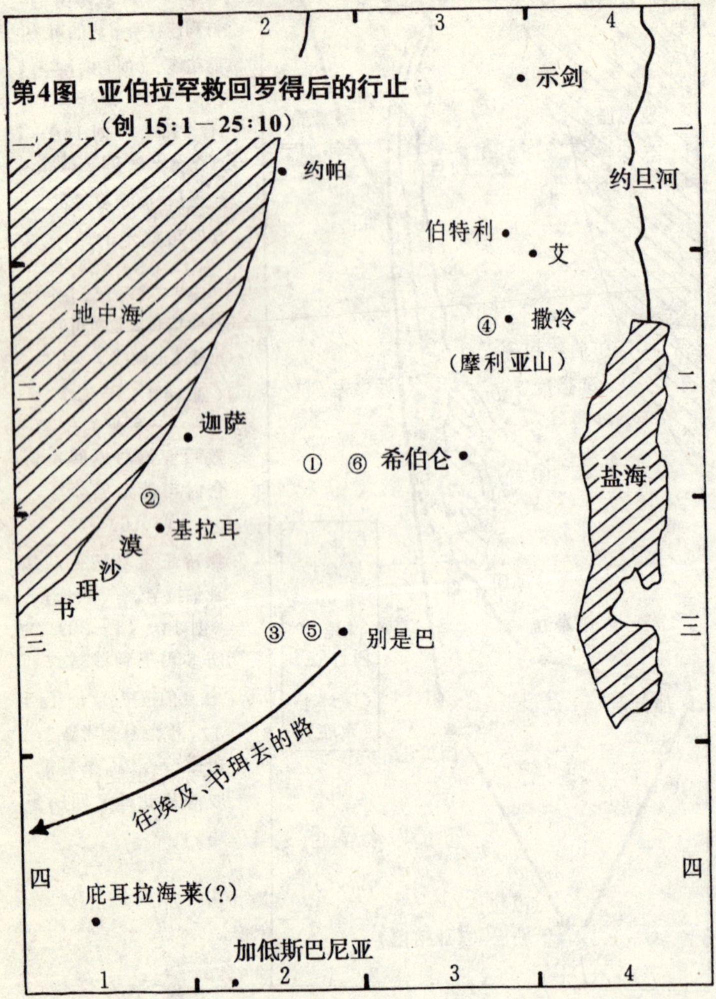
第4图　亚伯拉罕救回罗得后的行止
（创 15:1—25:10）
1
2
3
4
一
二
三
四
示剑
约帕
约旦河
伯特利
艾
地中海
④ 撒冷
（摩利亚山）
迦萨
① ⑥ 希伯仑
盐海
②
基拉耳
书珥沙漠
③ ⑤ 别是巴
往埃及、书珥去的路
庇耳拉海莱(?)
加低斯巴尼亚

[第 4 图说明]

①在希伯仑:

1.得神应许。(创 15 章)

2.收夏甲为妾。(创 16:1—4)

[*夏甲一度逃走路遇天使而回。(创 16:7—14)]

3.以实玛利生。(创 16:15—16)

4.定割礼。(创 17 章)

5.接待天使,为所多玛祈求。(创 18 章)

②到基拉耳:

1.称妻为妹。(创 20:1—18)

2.得以撒。(创 21:1—7)

3.打发夏甲出走。(创 21:9—21)

③在别是巴与亚比米勒立约。(创 21:22—33)

④到摩利亚献以撒。(创 22:1—18)

⑤返回别是巴居住。(创 22:19)

⑥住回希伯仑:

1.撒拉去世,卖地葬妻。(创 23 章)

2.为以撒娶妻。(创 24 章)

3.娶基土拉。(创 25:1—6)

4.死后与妻同葬于麦比拉洞。(创 25:7—10)

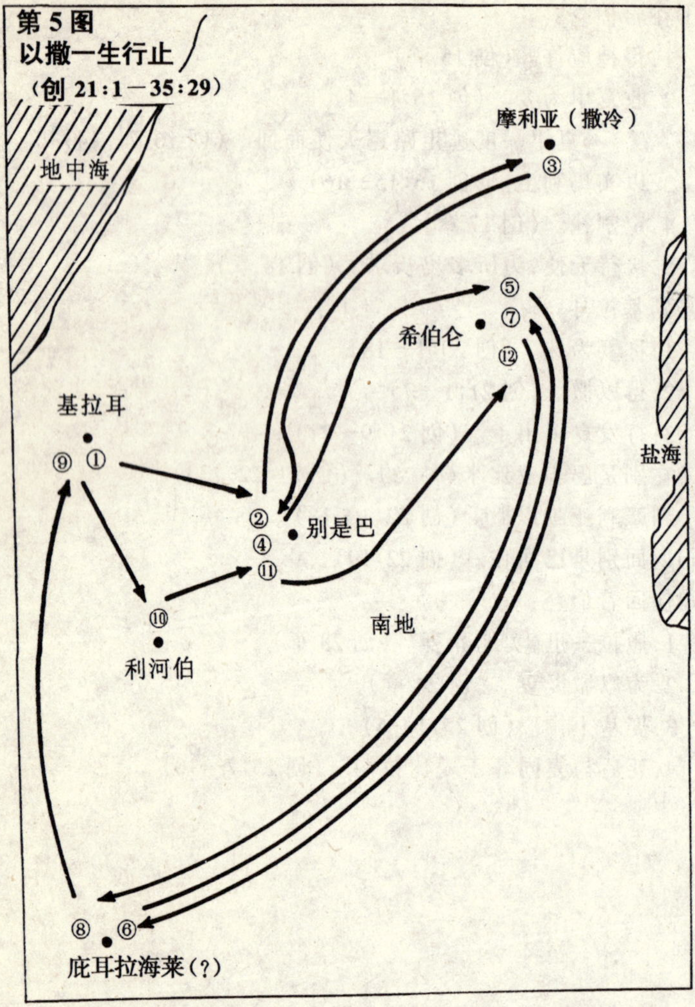
第 5 图
以撒一生行止
（创 21:1—35:29）
地中海
摩利亚（撒冷）
③
⑤
⑦
希伯仑
⑫
基拉耳
⑨ ①
②
④
⑪
别是巴
盐海
⑩
利河伯
南地
⑧ ⑥
庇耳拉海莱（?）

[第5图说明]

①出生于基拉耳。(创 21:2—5)

②长大在别是巴。(创 21:31—32)

③到摩利亚,顺从父亲以身献祭。(创 22:1—14)

④回别是巴居住。(创 22:15—19)

⑤随父到希伯仑,母亲亡故。(创 23 章)

⑥从庇耳拉海莱回来。在南地娶利百加。(创 24:62—67)
60 岁时得双生儿子。(创 25:26)

⑦75 岁时在希伯仑葬父。(创 25:8—10)

⑧住在庇耳拉海莱附近。(创 25:11)

⑨逃荒到基拉耳因富有遭嫉妒。(创 26:1—14)

⑩挖井至利河伯。(创 26:15—22)

⑪到别是巴。(创 26:23)

1.筑坛求告耶和华。(创 26:24—25)

2.与亚比米勒立约。(创 26:26—33)

3.为儿子们祝福。(创 27:1—40)

4.命雅各去哈兰娶妻。(创 28:1—2,10)

⑫在希伯仑:

1.再见雅各。(创 35:27)

2.死后葬于当地麦比拉洞。(创 35:29,参创 49:29—30)

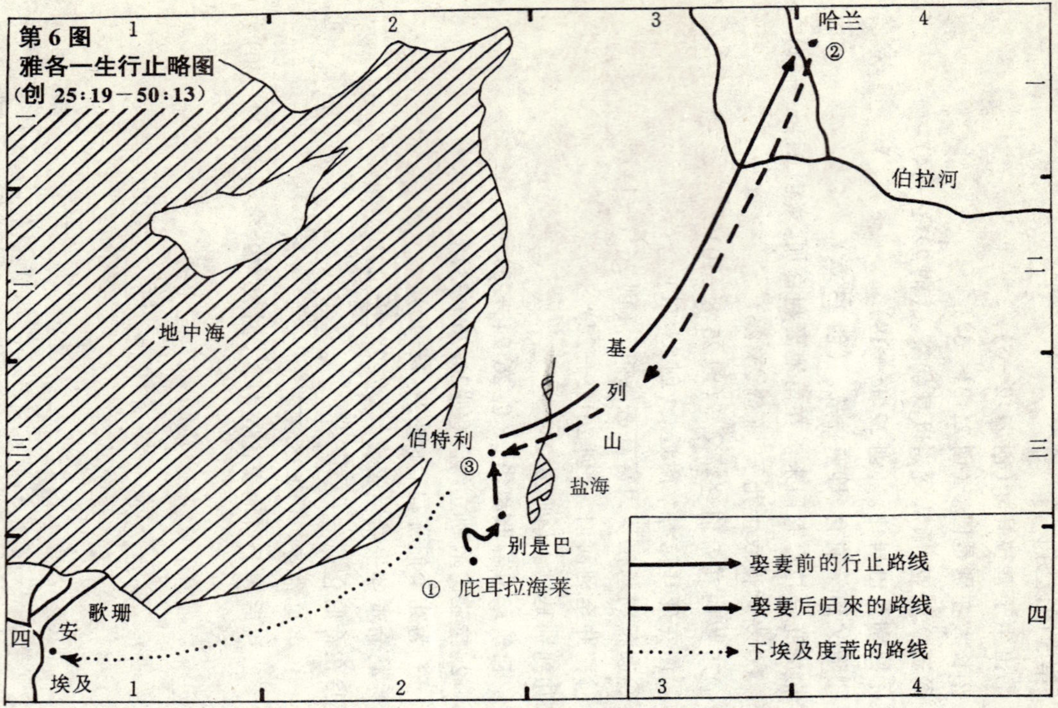

第 6 图
雅各一生行止略图
（创 25:19—50:13）

第7图
雅各行止部分详图
（创 25:20—50:13）

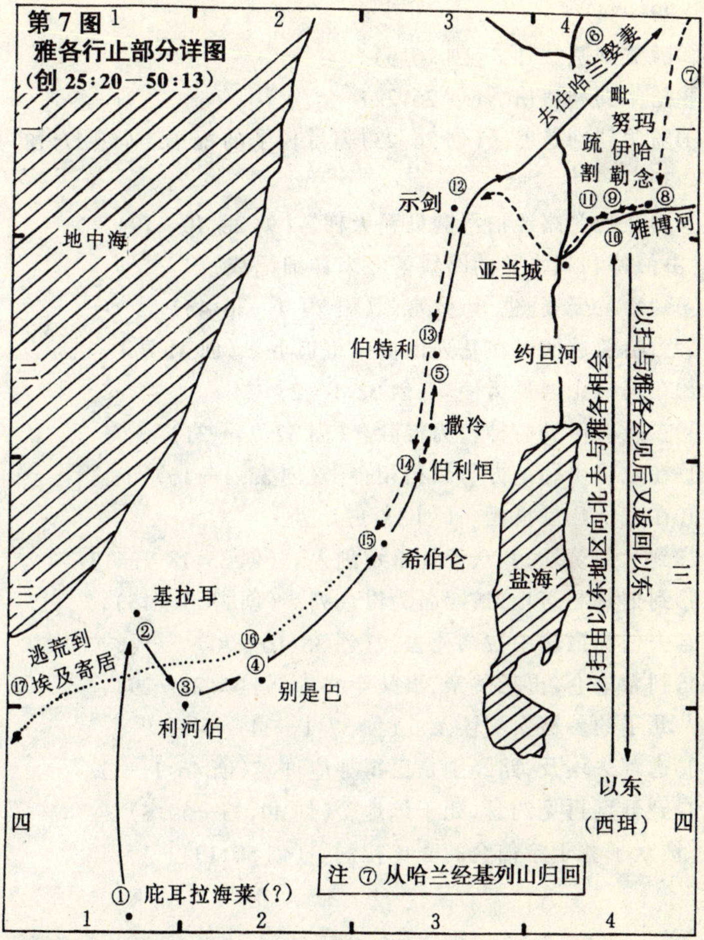

注 ⑦ 从哈兰经基列山归回

[第 7 图说明]

①出生在庇耳拉海莱(?)(创 25:26)买得长子名分。(创 25:29—34)

②随父到基拉耳。(创 26:6)

③随父到利河伯。(创 26:22)

④随父到别是巴。(创 26:23)骗得长子的祝福。(创 27:18—30)

⑤逃往哈兰路经伯特利见到天梯。(创 28:10—19)

(由伯特利到哈兰的路线圣经未详细记载)

⑥到哈兰娶妻、生子、致富。(创 29:4—30:43)

⑦由哈兰逃回时在基列山被拉班追上。(创 31 章)

⑧在玛哈念遇见天使。(创 32:1—2)

⑨在毗努伊勒与神较力得胜。(创 32:24—31)

⑩在毗努伊勒南方与以扫相会。(创 33:1—16)

⑪在疏割建屋搭棚。(创 33:17)

⑫到示剑筑坛,其众子计杀示剑人。(创 33:18—34:31)

⑬到伯特利筑坛,被赐名为以色列。(创 35:1—15)

⑭去伯利恒途中拉结死去。(创 35:16—20)

⑮到希伯仑,再见父亲,事父至终。(创 35:27—29)
儿子约瑟被卖到埃及。(创 37:1—34)

⑯逃荒去埃及,路经别是巴得神应许。(创 46:1—4)

⑰到歌珊再见约瑟,死于该地。(创 49:33—50:8)

[被众子葬于希伯仑的麦比拉洞。(创 50:13)]

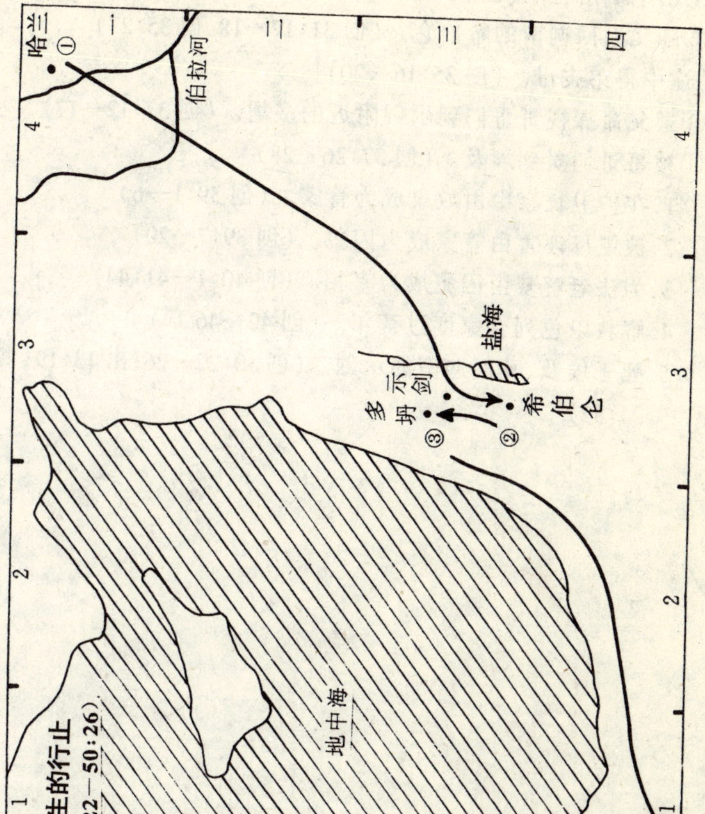

第 8 图
约瑟一生的行止
（创 30:22—50:26）

[第 8 图说明]

①出生于哈兰。(创 30:22—24)

②随父返回迦南的希伯仑。(创 31:17—18、创 35:27)

[途中得弟丧母。(创 35:16—20)]

③遵父命探视哥哥们到示剑附近的多坍。(创 37:12—17)

④被哥哥们卖到埃及。(创 37:26—28)

1.在护卫长家中由奴隶成为管家。(创 39:1—6)

2.被主母诬害由管家成为囚犯。(创 39:7—20)

3.为法老解梦由囚犯成为宰相。(创 40:1—41:44)

4.解救以色列全家度过荒年。(创 42—46 章)

5.死于埃及,葬回迦南的示剑。(创 50:22—26;出 13:19;书 24:32)

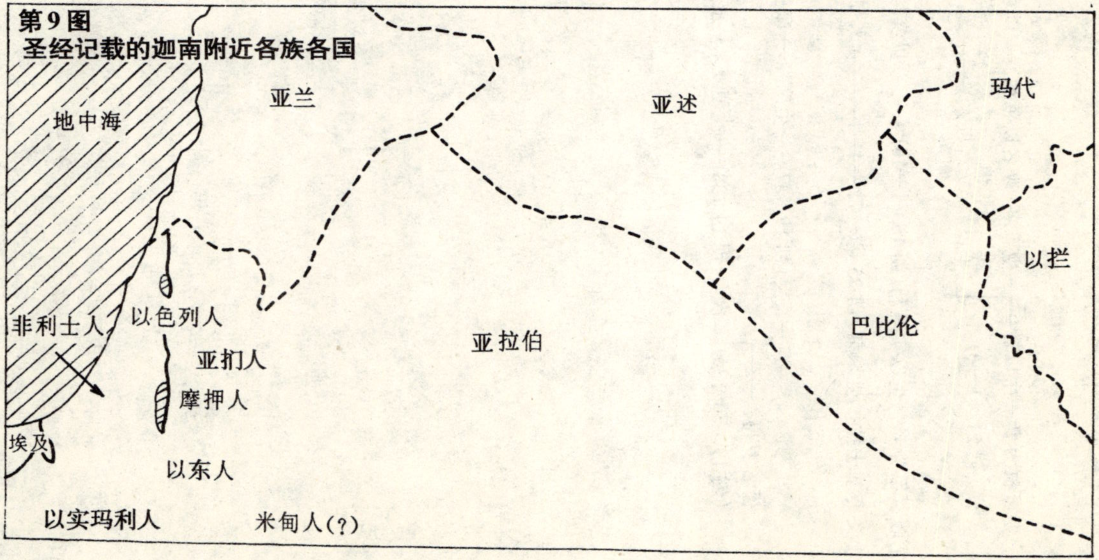

第9图
圣经记载的迦南附近各族各国

[第 9 图说明][圣经记载的各族历史渊源]

- 亚伯拉罕
  - ①娶撒拉为妻—生以撒（创 21：1—3）
    - 生雅各（改名以色列）—以色列人
    - 生以扫（又名以东）—以东人
  - ②收夏甲为妾　生以实玛利（创 16：1—16）—以实玛利人
  - ③又娶基土拉　生米甸（创 25：1—2）—米甸人
  - 侄子罗得（创 19：30—36）
    - 长女（创 19：37）—生摩押—摩押人
    - 次女（创 19：38）—生便亚米—亚扪人

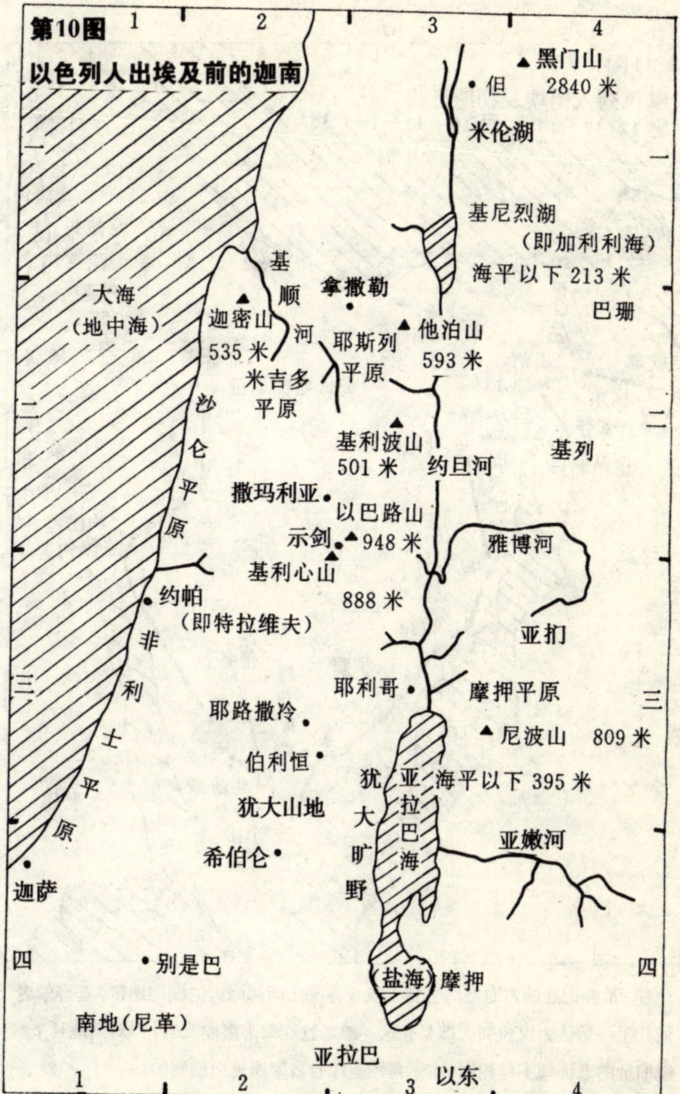
第10图
以色列人出埃及前的迦南
黑门山
2840 米
但
米伦湖
基尼烈湖
（即加利利海）
海平以下 213 米
巴珊
基
顺
河
拿撒勒
大海
（地中海）
迦密山
535 米
米吉多
平原
耶斯列
平原
他泊山
593 米
沙
仑
平
原
基利波山
501 米
约旦河
基列
撒玛利亚
以巴路山
示剑
948 米
基利心山
888 米
雅博河
约帕
（即特拉维夫）
非
利
士
平
原
亚扪
耶利哥
摩押平原
耶路撒冷
尼波山
809 米
伯利恒
犹大山地
犹
大
旷
野
亚
拉
巴
海
海平以下 395 米
亚嫩河
希伯仑
迦萨
别是巴
（盐海）
摩押
南地（尼革）
亚拉巴
以东
1
2
3
4
一
二
三
四

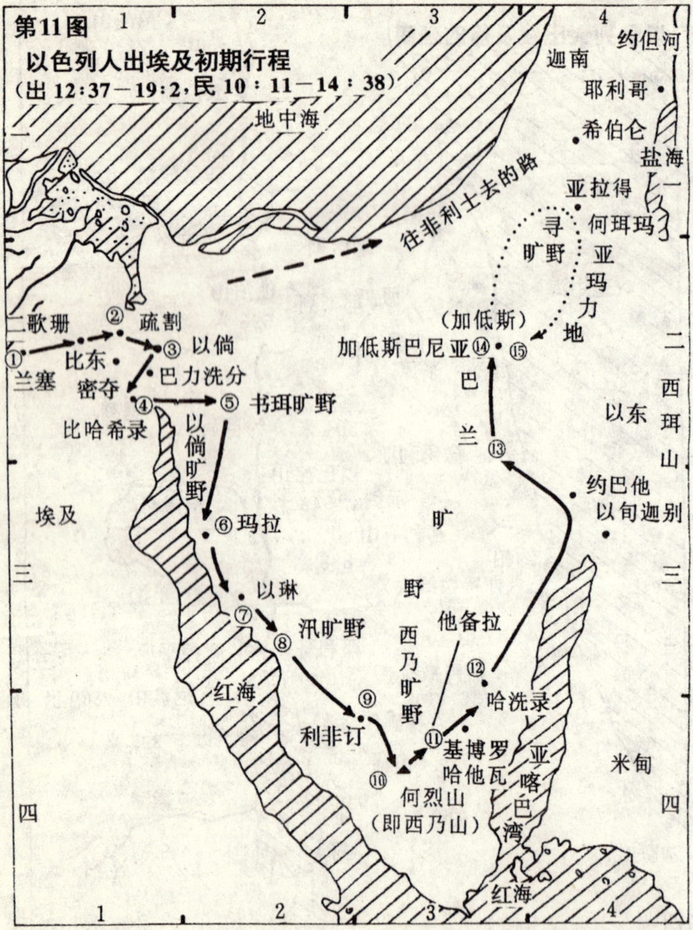

注:圣经记述的古时红海包括了现今苏彝士运河附近的湖泊地带,圣经学者们几乎一致认为以色列人即是在这一地区过红海出离埃及的,但对当地几个城镇旧址的考证却不尽相同,本示意图是综合各家所见而绘制的。

[第 11 图说明]
①从兰塞往疏割。(出 12:37—42)
②从疏割到以倘。(出 13:20)
[由以倘去非利士地和迦南的道路虽近,但该处是驻有埃及军兵的要道。耶和华恐怕以色列人遇到战争又回埃及去,所以领他们绕道而行。(出 13:17—18)]
③从以倘转回到比哈希录和密夺一带。(出 14:1—9,民 33:7)
④—⑤以色列人过红海。(出 14:10—31)
⑤到书珥旷野三天无水。(出 15:22)
⑥到玛拉苦水变甜。(出 15:23—26)
⑦到以琳有 12 股水泉。(出 15:27)
⑧到汛的旷野天降吗哪。(出 16:1—36)
⑨到利非订。(出 17:1)
1.击打磐石出水。(出 17:2—6)
2.战胜亚玛力人。(出 17:8—16)
3.叶忒罗为摩西献策。(出 18:1—27)
⑩到西乃山。(出 19:2)
1.摩西传述神的诫命、律例。(出 20:1—31:18)
2.亚伦制作金牛犊。(出 32:1—35)
3.建立会幕。(出 25:1—31:17,出 35:4—40:38)
4.守逾越节。(民 9:1—14)
5.核点以色列人。(民 1:1—2:34)
⑪离开西乃到他备拉、基博罗哈他瓦
1.神火焚烧。(民 10:33—11:3)
2.设立长老。(民 11:16—26)
3.贪欲招灾。(民 11:4—34)
⑫到哈洗录。(民 11:35)
1.摩西娶妻。(民 12:1)
2.米利暗患麻疯病。(民 12:1—15)
⑬经巴兰旷野。(民 12:16)
⑭到加低斯。(民 13:25—26,申 1:19)
1.差 12 人窥探迦南。(民 13:3—33,民 14:36—38)
2.发怨言不得进迦南。(民 14:1—45)
⑭—⑮被亚玛力人打败,由何珥玛退回加低斯。(申 2:41—46)
1.可拉党背叛。(民 16:1—50)
2.亚伦的杖开花。(民 17:1—13)
[漂流旷野约 38 年。(申 2:14)]

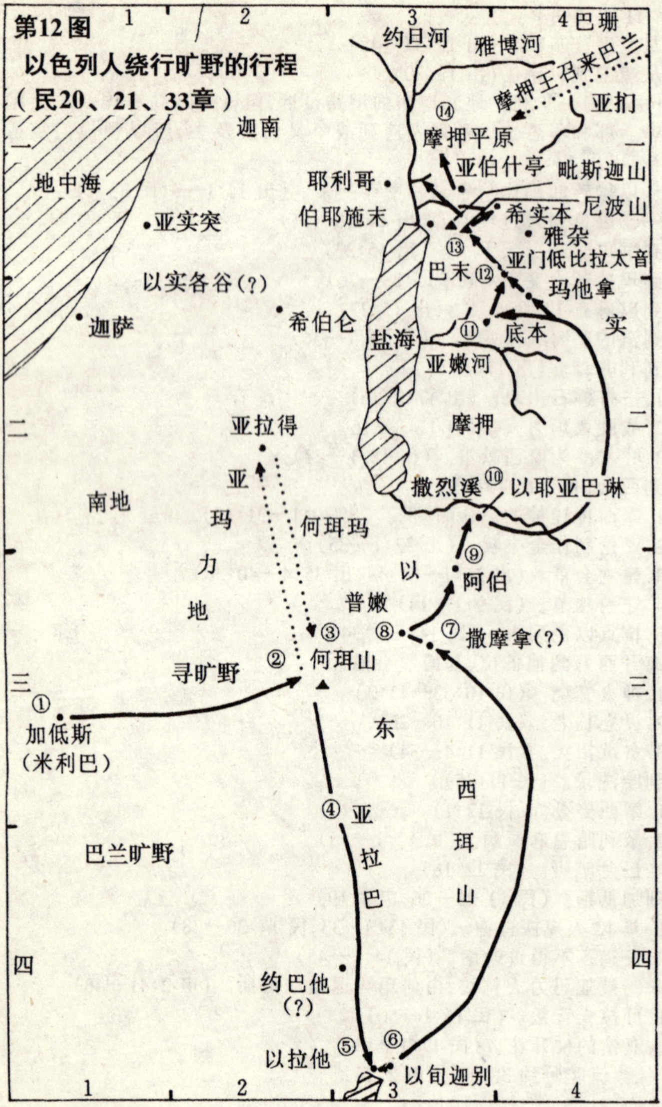
第12图
以色列人绕行旷野的行程
（民20、21、33章）
1
2
3
4
一
二
三
四
巴珊
约旦河
雅博河
摩押王召来巴兰
亚扪
摩押平原
亚伯什亭
毗斯迦山
尼波山
希实本
雅杂
耶利哥
伯耶施末
巴末
亚门低比拉太音
玛他拿
实
底本
迦南
地中海
亚实突
以实各谷（?）
迦萨
希伯仑
盐海
亚嫩河
摩押
撒烈溪
以耶亚巴琳
亚拉得
亚玛力地
南地
何珥玛
以
阿伯
普嫩
撒摩拿（?）
何珥山
寻旷野
加低斯
（米利巴）
东
西珥山
亚拉巴
巴兰旷野
约巴他
（?）
以拉他
以旬迦别
①
②
③
④
⑤
⑥
⑦
⑧
⑨
⑩
⑪
⑫
⑬
⑭

［第12图说明］

①绕行旷野多年又回到加低斯。(民20:1)

1.米利暗死去。(民20:1)

2.摩西击打磐石两次。(民20:2—13)

3.以东人不许过境。(民20:14—21)

②到何珥山亚伦死去。(民20:22—29)

③战胜迦南人由何珥玛返回何珥山。(民21:1—4)

④往红海(亚喀巴湾)绕行,摩西举蛇。(民21:4—9)

⑤从亚拉巴路经以拉他。(申:2:8)

⑥到以旬迦别。(申2:8)

⑦从以旬迦别转向摩押。(申2:8)路经撒摩拿安营。(民33:41)

⑧到普嫩。(民33:42)

⑨到阿伯。(民21:10,民33:43)

⑩到以耶亚巴琳、撒烈谷。(民21:11—12,民33:44)

⑪到亚嫩河那边。(民21:13)到底本。(民33:45)

⑫到亚门抵比拉太音。(民33:46)

⑬经巴末(民21:19—20)到尼波山。(民33:47)

［即到毗斯迦山。(民21:20)］

1.杀亚摩利王西宏。(民21:21—30)

2.杀巴珊王噩。(民21:31—35)

⑭到摩押平原。(民22:1)

1.巴勒召巴兰咒诅以色列人。(民22:2—24:25)

2.巴兰引诱以色列人犯罪。(民25:1—18,民31:16)

3.核点民数。(民26:1—65)

4.立约书亚继续摩西事工。(民27:16—23)

5.杀米甸五王及巴兰。(民31:1—8)

6.摩西登尼波山遥望迦南。(申32:48—52)

7.摩西为以色列人祝福。(申33章)

8.摩西逝世。(申34:1—8)

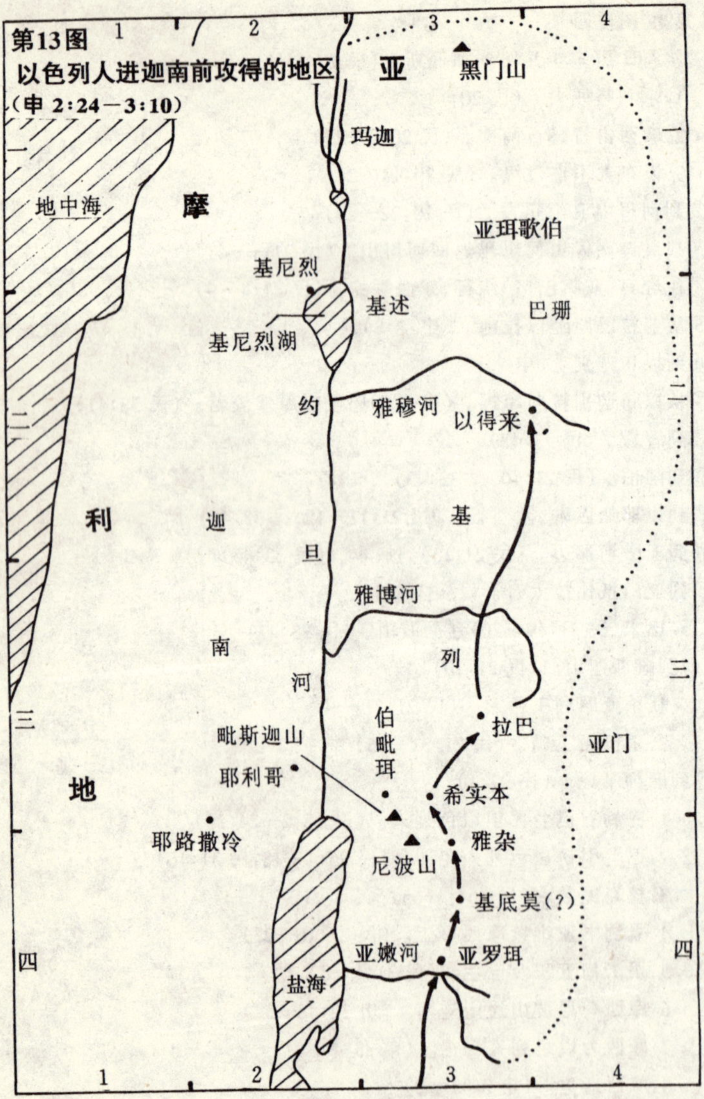
第13图
以色列人进迦南前攻得的地区
(申 2:24—3:10)
1
2
3
4
一
二
三
四
地中海
摩
利
地
亚
黑门山
玛迦
亚珥歌伯
基尼烈
基述
基尼烈湖
巴珊
约
雅穆河
以得来
迦
旦
基
雅博河
南
列
河
伯
毗
珥
拉巴
毗斯迦山
耶利哥
希实本
亚门
耶路撒冷
尼波山
雅杂
基底莫(?)
亚嫩河
亚罗珥
盐海

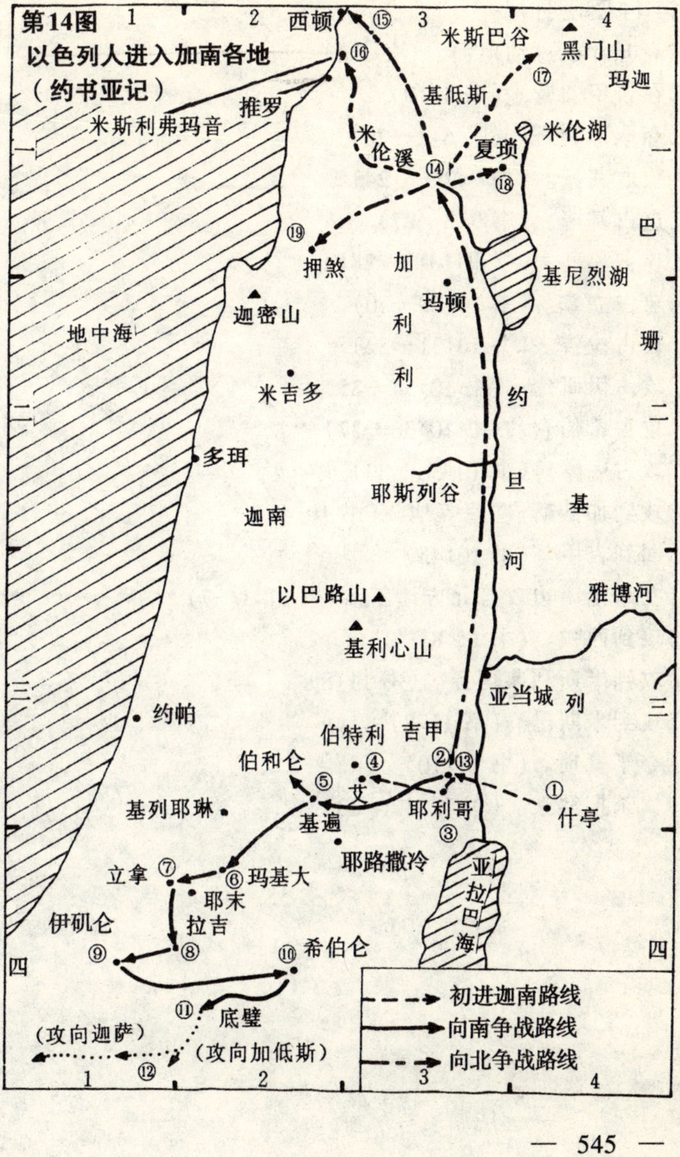
第14图
以色列人进入加南各地
（约书亚记）
西顿
米斯巴谷
黑门山
玛迦
推罗
基低斯
米斯利弗玛音
米伦湖
米伦溪
夏琐
押煞
加利利
基尼烈湖
玛顿
迦密山
地中海
米吉多
约旦河
多珥
耶斯列谷
迦南
基
以巴路山
雅博河
基利心山
亚当城
列
约帕
伯特利
吉甲
伯和仑
艾
耶利哥
什亭
基列耶琳
基遍
耶路撒冷
亚拉巴海
立拿
玛基大
耶末
伊矶仑
拉吉
希伯仑
底璧
（攻向迦萨）
（攻向加低斯）
初进迦南路线
向南争战路线
向北争战路线

[第 14 图说明]

①离开什亭过约但河。(书 3:1—17)

②在吉甲安营。(书 4:19)

③夺取耶利哥。(书 6:1—20)

④攻取艾城。(书 7:2—8:24)

⑤进占基遍。(书 9:3—27)

⑥攻占玛基大。(书 10:1—28)

⑦攻占立拿。(书 10:29—30)

⑧攻占拉吉。(书 10:31—32)

⑨攻占伊矶伦。(书 10:34—35)

⑩攻占希伯仑。(书 10:36—37)

⑪攻占底璧。(书 10:38—39)

⑫攻到加低斯、迦萨等地。(书 10:41)

⑬回到吉甲。(书 10:43)

⑭在米伦溪边攻打北方诸王。(书 11:1—7)

⑮攻到西顿。(书 11:8)

⑯攻到米斯利弗玛音。(书 11:8)

⑰攻到米斯巴。(书 11:8)

⑱夺了夏琐。(书 11:10)

⑲擒杀押煞王。(书 12:17—20)

第15图
以色列各支派分得迦南
（书12—19章）

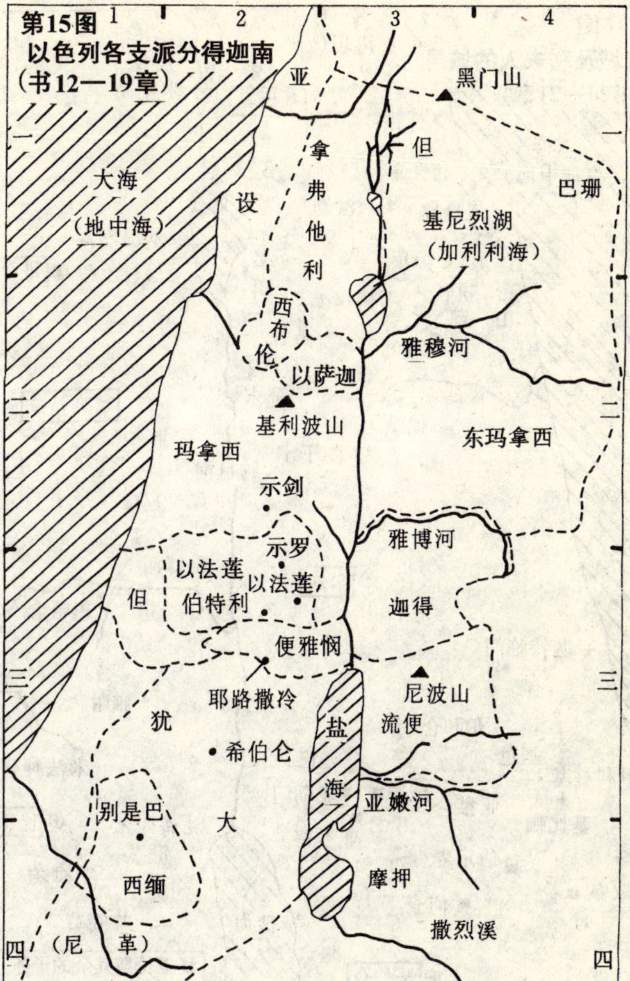

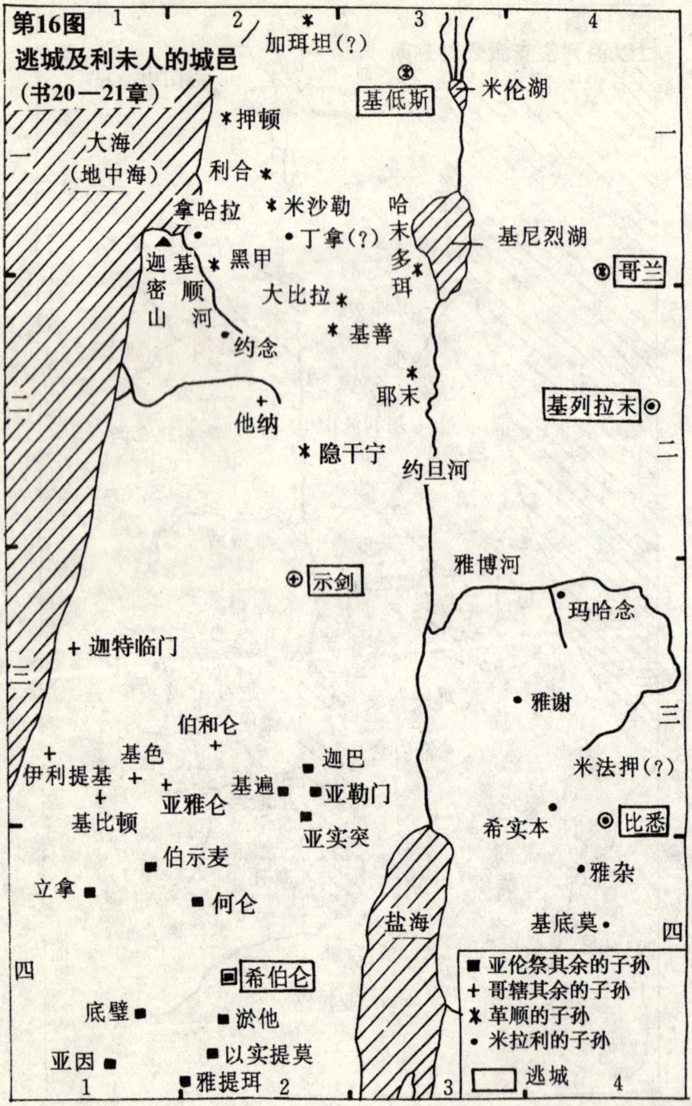

第16图
逃城及利未人的城邑
(书20—21章)
大海
(地中海)
加珥坦(?)
基低斯
米伦湖
押顿
利合
米沙勒
拿哈拉
丁拿(?)
哈末多珥
基尼烈湖
迦密山
基顺河
黑甲
哥兰
大比拉
约念
基善
耶末
基列拉末
他纳
隐干宁
约旦河
雅博河
示剑
玛哈念
迦特临门
雅谢
伯和仑
基色
迦巴
伊利提基
基遍
亚勒门
亚雅仑
米法押(?)
基比顿
亚实突
希实本
比悉
伯示麦
雅杂
立拿
何仑
盐海
基底莫
希伯仑
底璧
淤他
亚因
以实提莫
雅提珥
亚伦祭其余的子孙
哥辖其余的子孙
革顺的子孙
米拉利的子孙
逃城

第17图
士师时代外族侵犯以色列

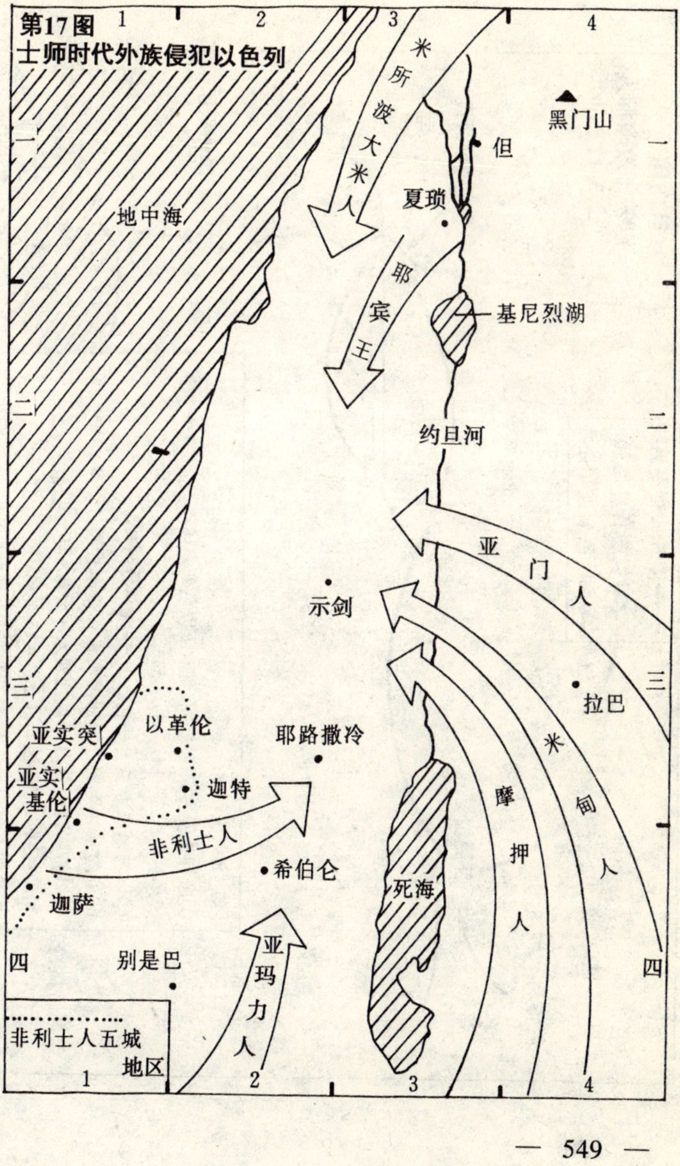

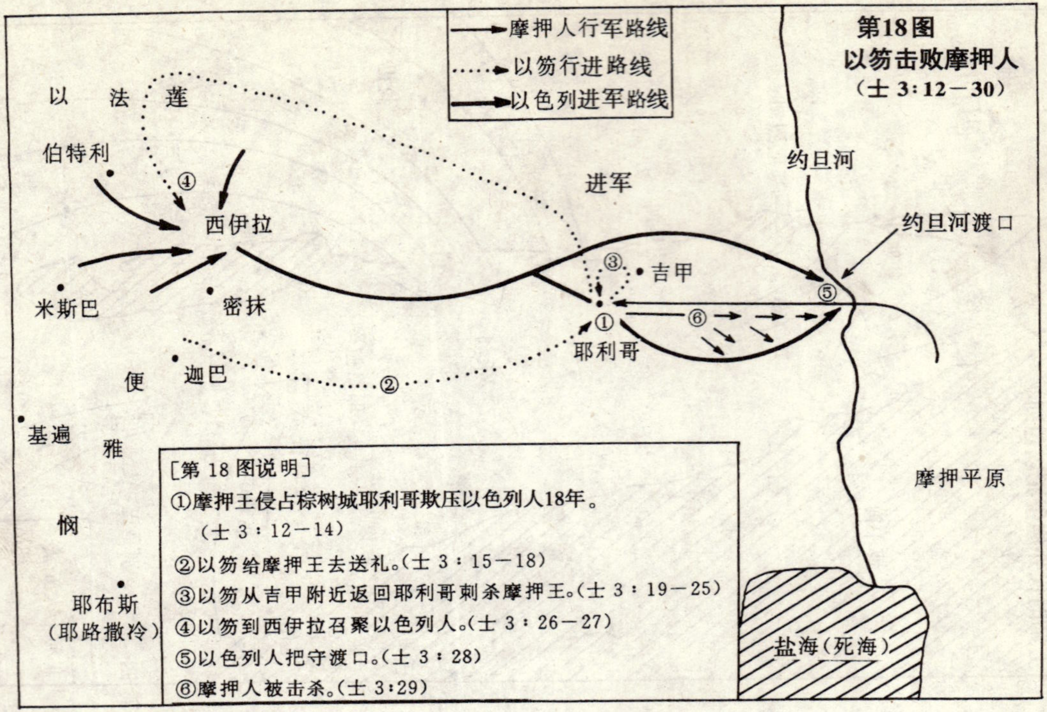

第18图
以笏击败摩押人
（士 3:12—30）

[第 18 图说明]

①摩押王侵占棕树城耶利哥欺压以色列人18年。（士 3：12—14）

②以笏给摩押王去送礼。（士 3：15—18）

③以笏从吉甲附近返回耶利哥刺杀摩押王。（士 3：19—25）

④以笏到西伊拉召聚以色列人。（士 3：26—27）

⑤以色列人把守渡口。（士 3：28）

⑥摩押人被击杀。（士 3:29）

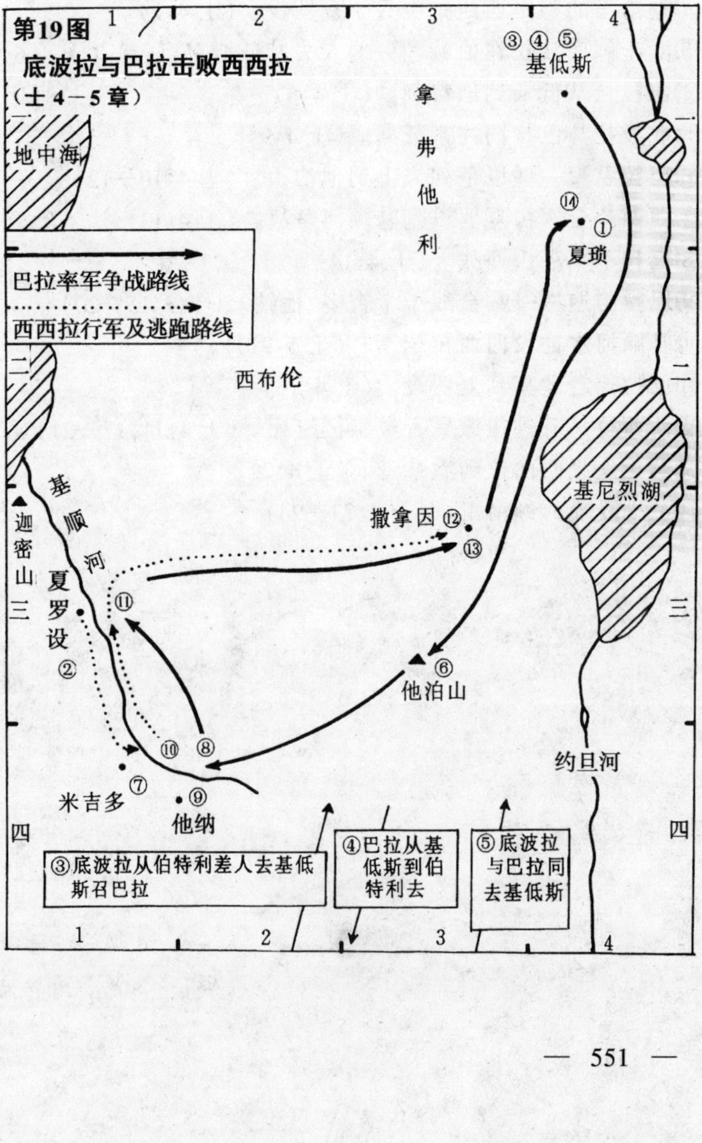
第19图
底波拉与巴拉击败西西拉
（士 4－5 章）
巴拉率军争战路线
西西拉行军及逃跑路线
地中海
基低斯
拿弗他利
夏瑣
西布伦
基顺河
迦密山
夏罗设
撒拿因
他泊山
基尼烈湖
米吉多
他纳
约旦河
③底波拉从伯特利差人去基低斯召巴拉
④巴拉从基低斯到伯特利去
⑤底波拉与巴拉同去基低斯

[第 19 图说明]

①迦南王耶宾在夏琐作王欺压以色列人 20 年。(士 4:2—3)

②迦南王的将军西西拉屯兵于夏罗设。(士 4:2)

③女士师底波拉在伯特利旁差人去基低斯召巴拉。(士 4:6)

④巴拉从基低斯到伯特利。(士 4:6)

⑤底波拉与巴拉同往基低斯。(士 4:9)

⑥巴拉召聚一些以色列人上到他泊山。(士 4:10—12)

⑦西西拉全军由夏罗设到基顺河争战。(士 4:13)

⑧巴拉率军下山迎战。(士 4:14)

⑨巴拉与迦南军兵会战于米吉多、他纳。(士 5:15—20)

⑩基顺河水冲没西西拉全军。(士 5:21)

⑪巴拉追赶敌军到夏罗设。(士 4:16)

⑫西西拉只身逃往撒拿音被雅亿钉死。(士 4:11,17—21)

⑬巴拉追赶西西拉到撒拿音。(士 4:22)

⑭消灭夏琐的迦南王。(士 4:23—24)

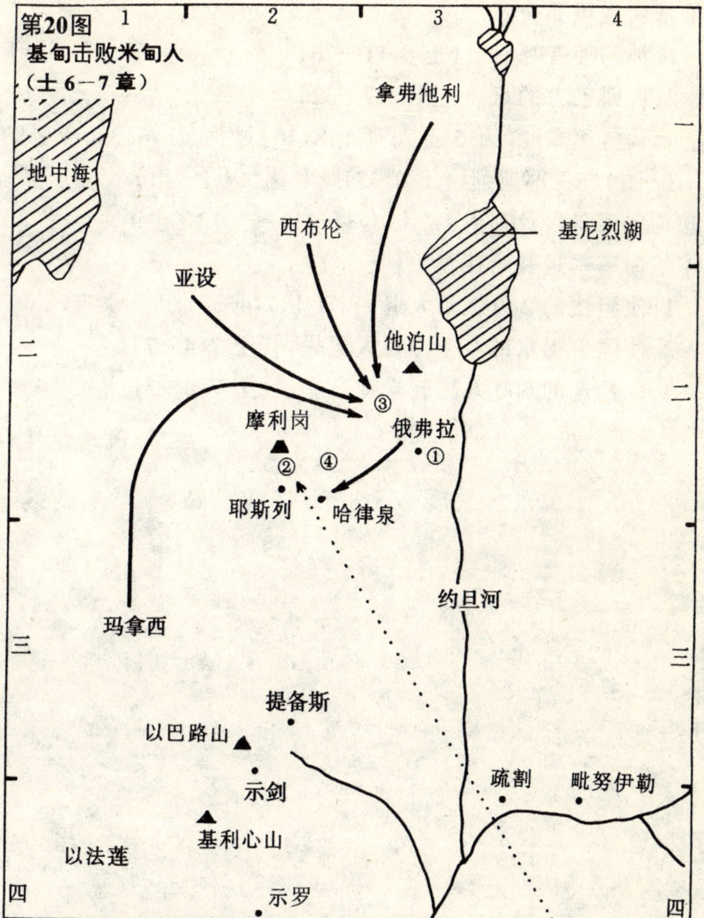
第20图
基甸击败米甸人
（士6—7章）
1
2
3
4
一
二
三
四
地中海
拿弗他利
基尼烈湖
西布伦
亚设
他泊山
③
摩利岗
俄弗拉
①
②
④
耶斯列
哈律泉
约旦河
玛拿西
提备斯
以巴路山
疏割
毗努伊勒
示剑
基利心山
以法莲
示罗
约比哈
基甸率领以色列人的行程
米甸人的行程

[第 20 图说明]

①基甸在俄弗拉：

1.神的使者呼召。(士 6:11—26)

2.拆毁巴力的坛。(士 6:27—32)

②米甸等军共 13 万 5 千人,(士 8:10)过河(士 6:33、参看第 17 图)进占耶斯列、(士 6:33)摩利岗。(士 7:1)

③基甸聚集以色列人。(士 6:34—35)

④基甸率军进驻哈律泉。(士 7:1)

1.使胆怯的 2 万 2 千人退去。(士 7:4—7)

2.使跪下喝水的 9 千 7 百人退去。(士 7:4—7)

3.以精选的 300 人战胜米甸全军。(士 7:8—21)

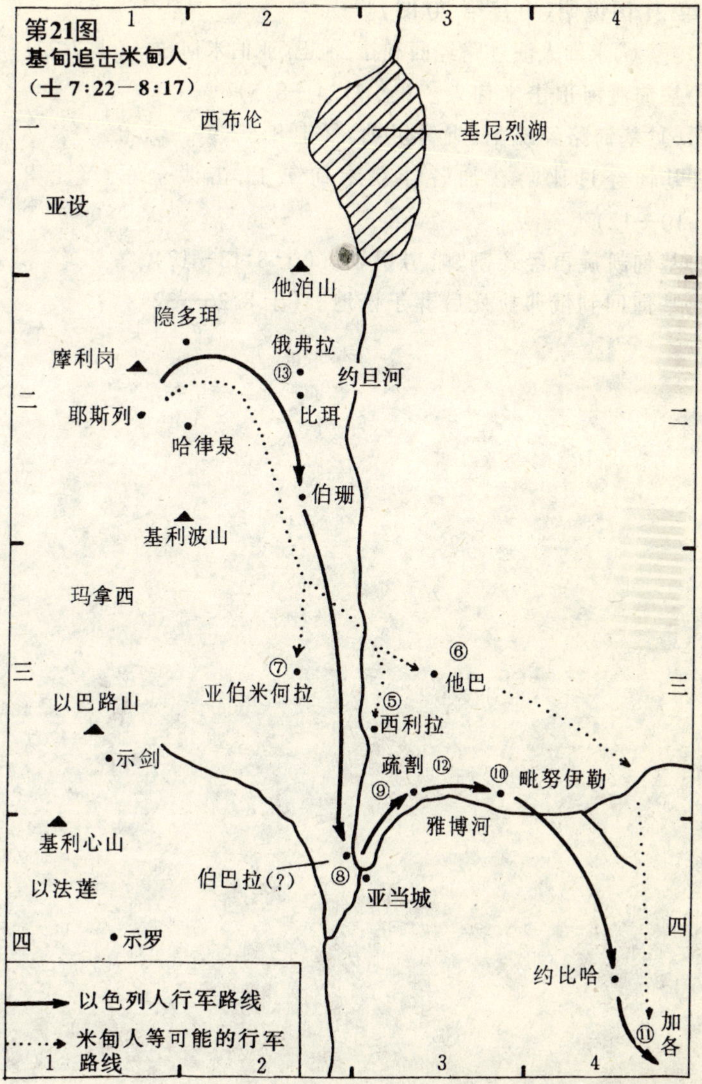
第21图
基甸追击米甸人
（士 7:22—8:17）
1
2
3
4
一
二
三
四
西布伦
基尼烈湖
亚设
他泊山
隐多珥
俄弗拉
⑬
约旦河
摩利岗
耶斯列
比珥
哈律泉
伯珊
基利波山
玛拿西
⑥
⑦
亚伯米何拉
他巴
⑤
以巴路山
西利拉
示剑
疏割 ⑫
⑩ 毗努伊勒
⑨
雅博河
基利心山
伯巴拉(?)
⑧
亚当城
以法莲
示罗
约比哈
以色列人行军路线
米甸人等可能的行军路线
加各
⑪

[第21图说明(上接第20图)]

⑤、⑥、⑦米甸人溃逃路经西利拉、他巴、亚伯米何拉。(士7:22)

⑧基甸渡河追击米甸人。(士7:24—8:5)

⑨、⑩基甸路经疏割、毗努伊勒。(士8:5—9)

⑪基甸经过比哈在加各俘获米甸二王,击溃全军。(士8:10—12)

⑫基甸凯旋再经疏割、毗努伊勒。(士8:13—17)

⑬基甸回到俄弗拉死后葬于该地。(士8:26—32)

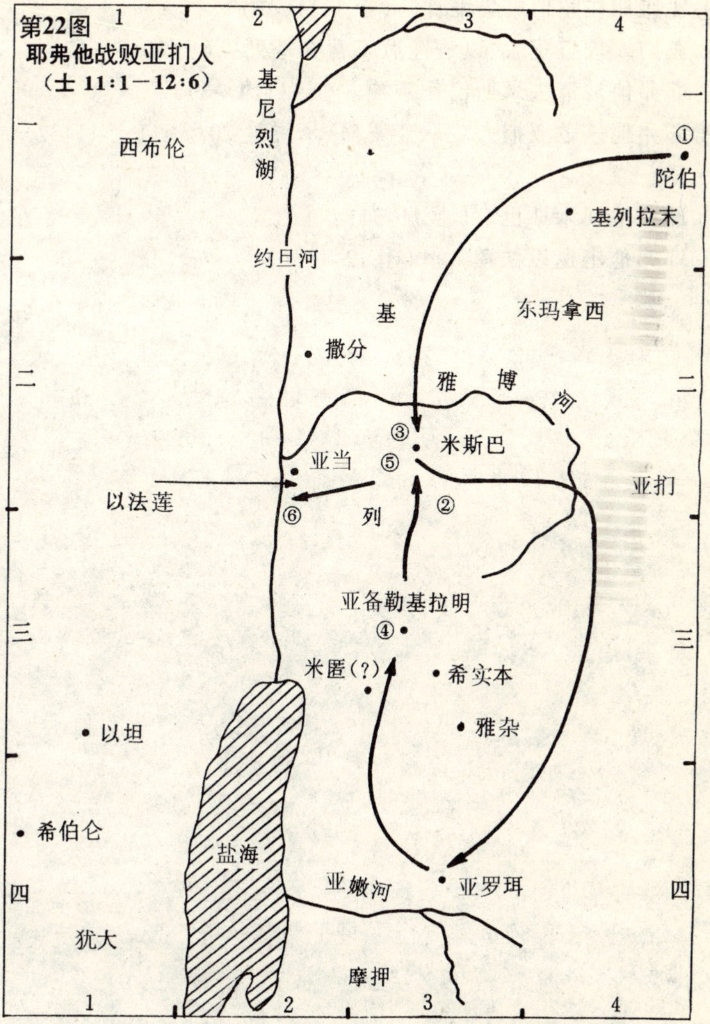
第22图
耶弗他战败亚扪人
（士 11:1—12:6）
1
2
3
4
一
二
三
四
基
尼
烈
湖
西布伦
①
陀伯
基列拉末
约旦河
基
东玛拿西
撒分
雅
博
河
③
米斯巴
亚当
⑤
亚扪
以法莲
⑥
列
②
亚备勒基拉明
④
米匿(?)
希实本
以坦
雅杂
希伯仑
盐海
亚嫩河
亚罗珥
犹大
摩押

[第 22 图说明]

①耶弗他在陀伯聚集匪徒。(士 11:1—3)

②亚扪人攻打犹大、以法莲后安营在基列。(士 10:9—17)

③耶弗他被请去米斯巴作领袖。(士 11:4—11)

④耶弗他杀败亚扪人攻取亚罗珥、米匿等 20 城。(士 11:32—33)

⑤耶弗他回米斯巴。(士 11:34)

⑥耶弗他击退以法莲人。(士 12:1—6)

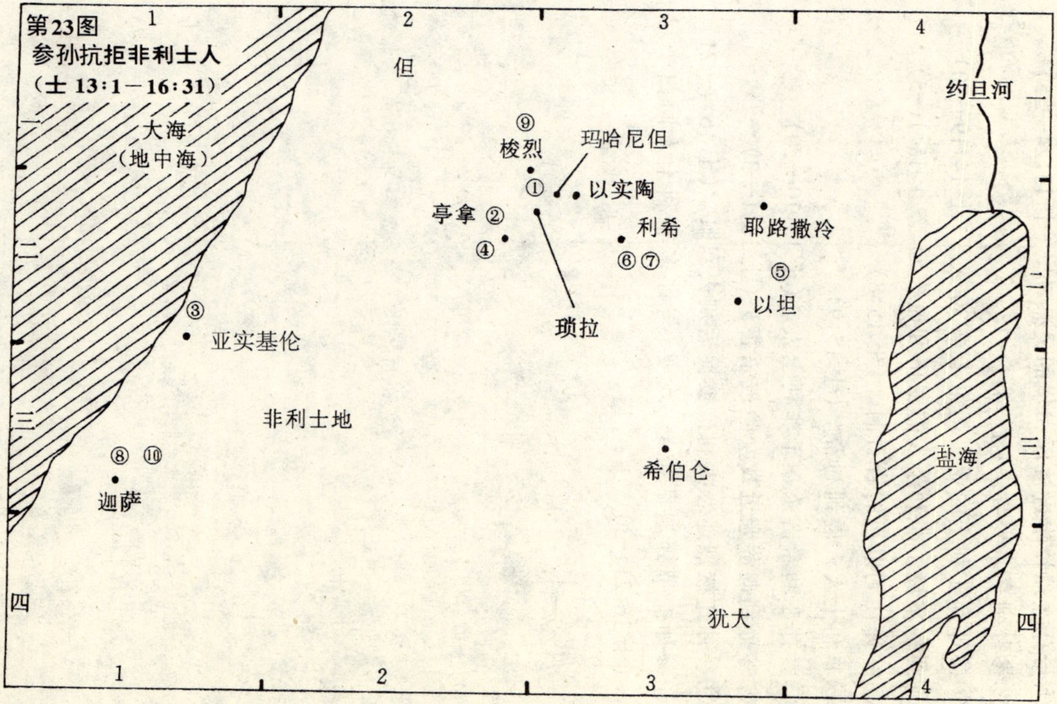

第23图
参孙抗拒非利士人
（士 13:1—16:31）

[第 23 图说明]

①参孙在琐拉附近被耶和华的灵感动。(士 13:24—25)

②参孙到亭拿娶妻。(士 14:1—18)

③参孙到非利士的亚实基伦击杀 30 人。(士 14:19—20)

④到亭拿烧了非利士人的麦田和橄榄园。(士 15:1—5)

⑤参孙住到以坦的岩石洞。(士 15:8)

⑥非利士人入侵到利希。(士 15:9)

⑦参孙在利希击杀一千非利士人。(士 15:10—20)

⑧参孙到迦萨亲近妓女险被杀害。(士 16:1—3)

⑨参孙在梭烈迷恋大利拉被捉后剜去双眼。(士 16:4—21)

⑩参孙被带到迦萨推磨、戏耍、与许多非利士人同归于尽。(士 16:21—30)

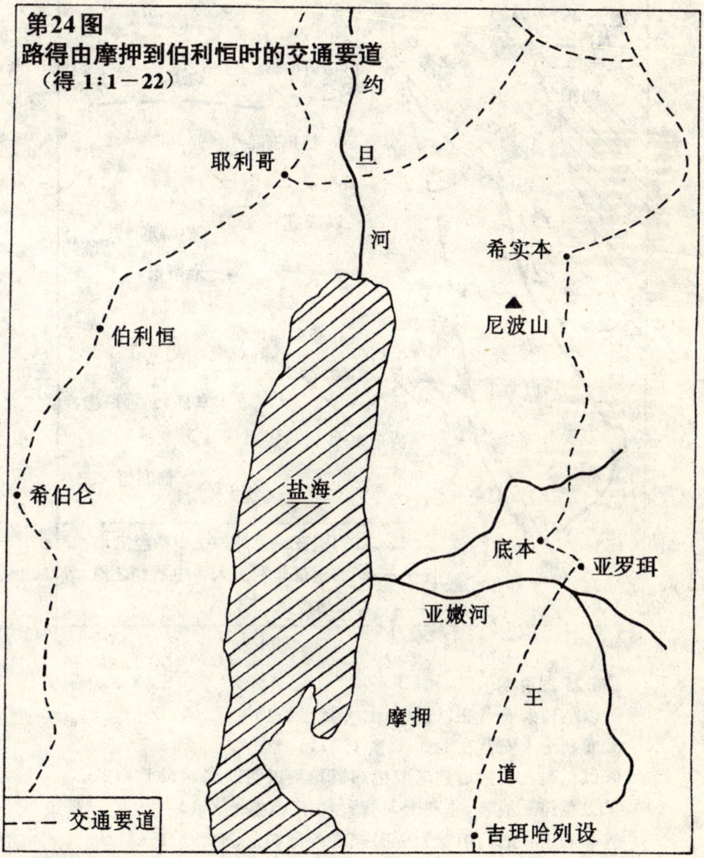
第24图
路得由摩押到伯利恒时的交通要道
（得 1:1－22）
约
旦
河
耶利哥
希实本
尼波山
伯利恒
希伯仑
盐海
底本
亚罗珥
亚嫩河
摩押
王
道
吉珥哈列设
交通要道

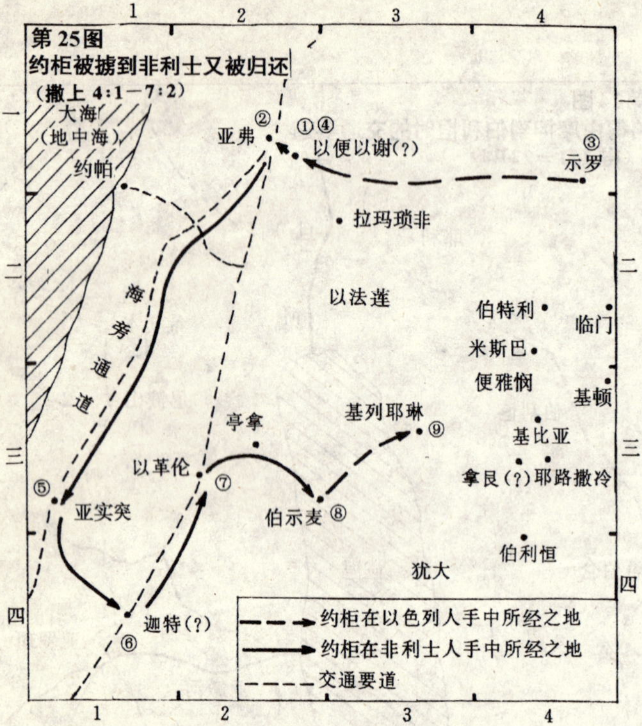

[第25图说明]

①以色列人安营在以便以谢。(撒上 4:1)

②非利士人安营在亚弗。(撒上 4:1)

③以色列人初败后到示罗把约柜抬到以便以谢。(撒上 4:2—5)

④以色列人战败,非利士人掳去约柜。(撒上 4:10—11)

⑤非利士人把约柜抬到亚实突遭到刑罚。(撒上 5:1—7)

⑥非利士人把约柜运到迦特,遭到刑罚。(撒上 5:8—9)

⑦非利士人把约柜送到以革伦,遭到刑罚。(撒上 5:10—12)

⑧非利士人把约柜送到伯示麦。(撒上 6:2—15)

⑨以色列人把约柜接到基列耶琳。(撒上 7:1—2)

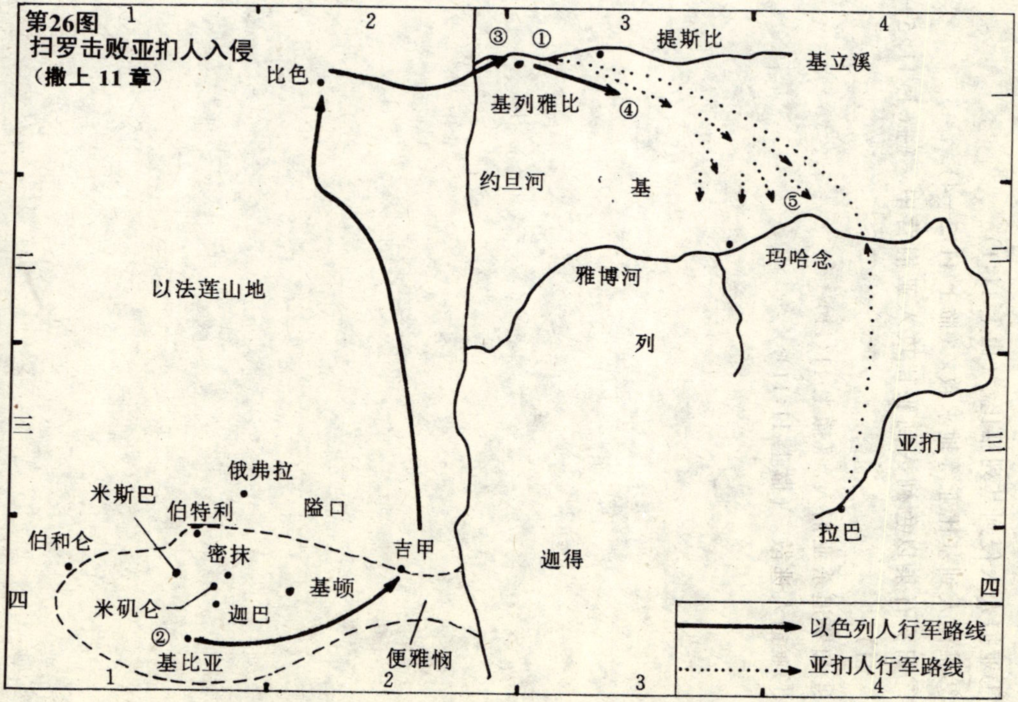

第26图
扫罗击败亚扪人入侵
（撒上 11 章）

[第 26 图说明]

①亚扪人入侵到基列雅比。(撒上 11:1)

②雅比人到基比亚等地求救。(撒上 11:2—4)

③扫罗召集以色列人到雅比攻入亚扪营中。(撒上 11:5—11)

④扫罗追杀亚扪人。(撒上 11:11)

⑤亚扪人逃散。(撒上 11:11)

第27图

扫罗、约拿单击败非利士人入侵

（撒上 13:1—14:46）

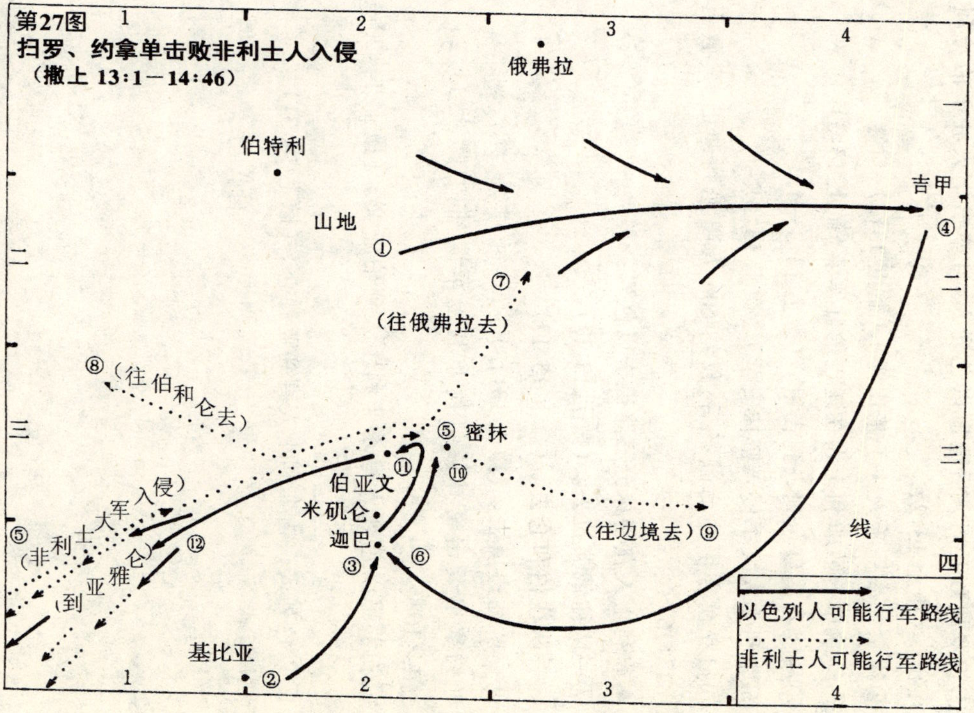

[第 27 图说明]

①扫罗战败亚扪人后遣散以色列人,自率二千人驻于伯特利山。(撒上 13:2)

②约拿单率一千人驻于基比亚。(撒上 13:2)

③约拿单击败非利士人在迦巴的驻军。(撒上 13:3)

④扫罗召集以色列人到吉甲。(撒上 13:3—4)

⑤非利士人大军侵入密抹安营。(撒上 13:5)

⑥扫罗在吉甲违命献祭后,仅约 600 人随他到迦巴。(撒上 13:16)

▲非利士人在密抹分三路出击以色列:

⑦一队往俄弗拉去。(撒上 13:17)

⑧一队往伯和仑去。(撒上 13:17)

⑨一队往边境去。(撒上 13:18)

⑩约拿单袭击密抹隘口使非利士军溃乱。(撒上 13:23—14:16)

⑪扫罗率以色列人追杀非利士人到伯亚文。(撒上 14:20—23)

⑫以色列人追击非利士人直到亚雅仑。(撒上 14:31)

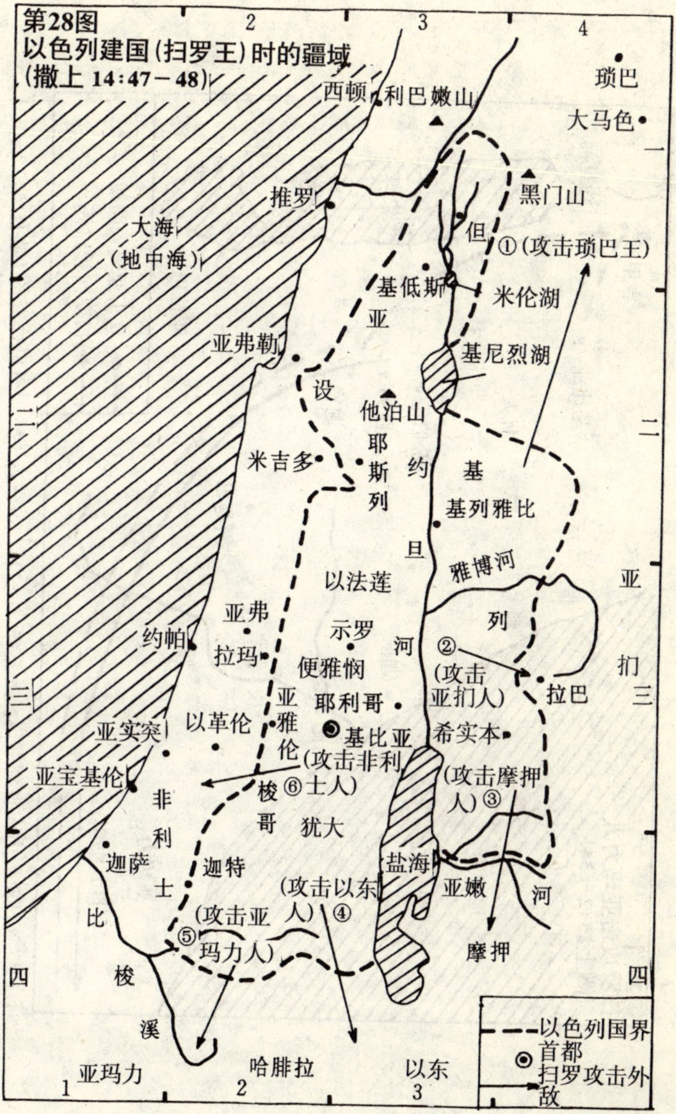
第28图
以色列建国(扫罗王)时的疆域
(撒上 14:47－48)
西顿
利巴嫩山
琐巴
大马色
黑门山
推罗
大海
(地中海)
但
①(攻击琐巴王)
基低斯
米伦湖
亚
亚弗勒
基尼烈湖
设
他泊山
米吉多
耶
斯
列
约
基
基列雅比
旦
雅博河
以法莲
亚弗
拉玛
约帕
示罗
便雅悯
河
②
(攻击
亚扪人)
列
亚
扪
拉巴
耶利哥
亚雅伦
以革伦
亚实突
基比亚
希实本
亚宝基伦
(攻击非利
⑥士人)
梭
哥
犹大
(攻击摩押
人)③
非
利
士
迦萨
迦特
盐海
亚嫩
河
(攻击以东
人)④
(攻击亚
⑤
玛力人)
比
梭
溪
摩押
亚玛力
哈腓拉
以东
以色列国界
首都
扫罗攻击外敌
1
2
3
4
一
二
三
四

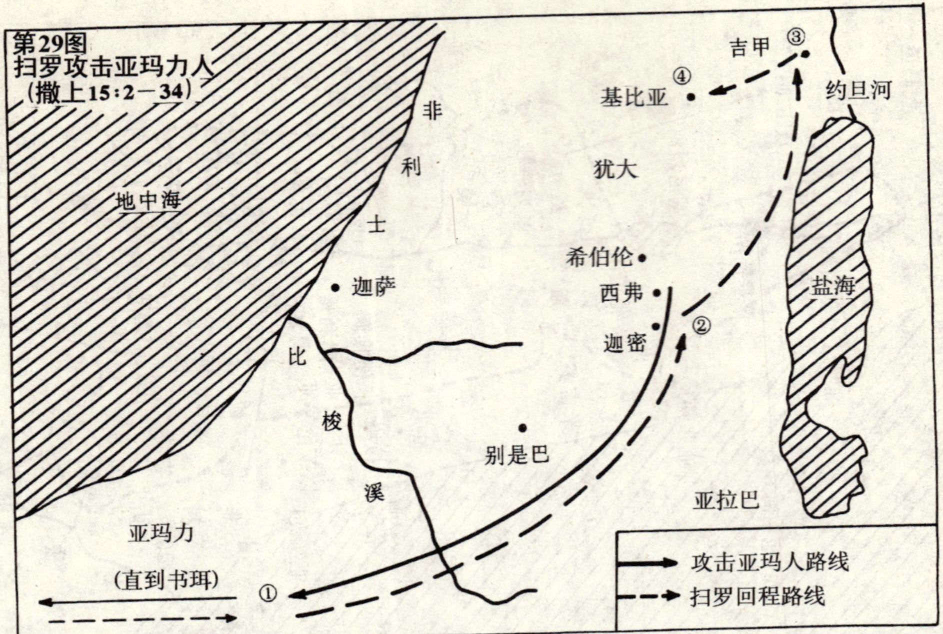

①扫罗攻打亚玛力人直到书珥。(撒上15:2—7)
②返回迦密立纪念碑。(撒上15:12)
③在吉甲受到撒母耳责备。(撒上15:12—33)
④返回京城基比亚。(撒上15:34)

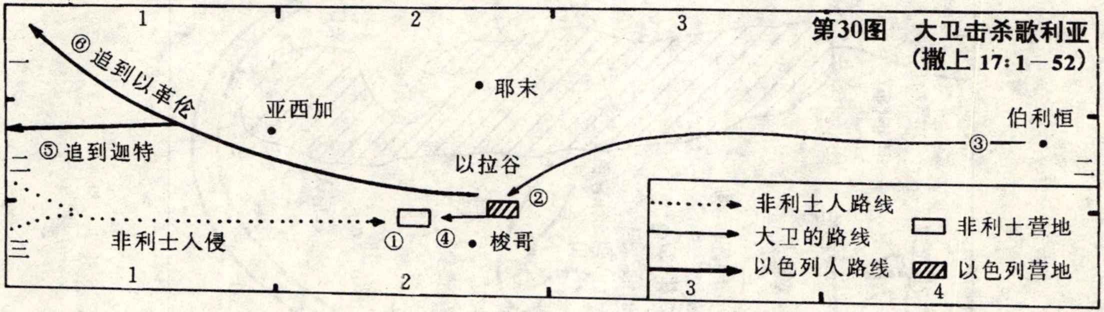

[第 30 图説明]

①非利士人入侵到梭哥。(撒上 17:1)

②以色列人在以拉谷安营。(撒上 17:2)

③大卫从伯利恒到以色列营。(撒上 17:17)

④大卫出战击杀歌利亚 。(撒上 17:32—51)

⑤以色列人追杀非利士人到迦特 。(撒上 17:52)

⑥追杀非利士人到以革伦 。(撒上 17:52)

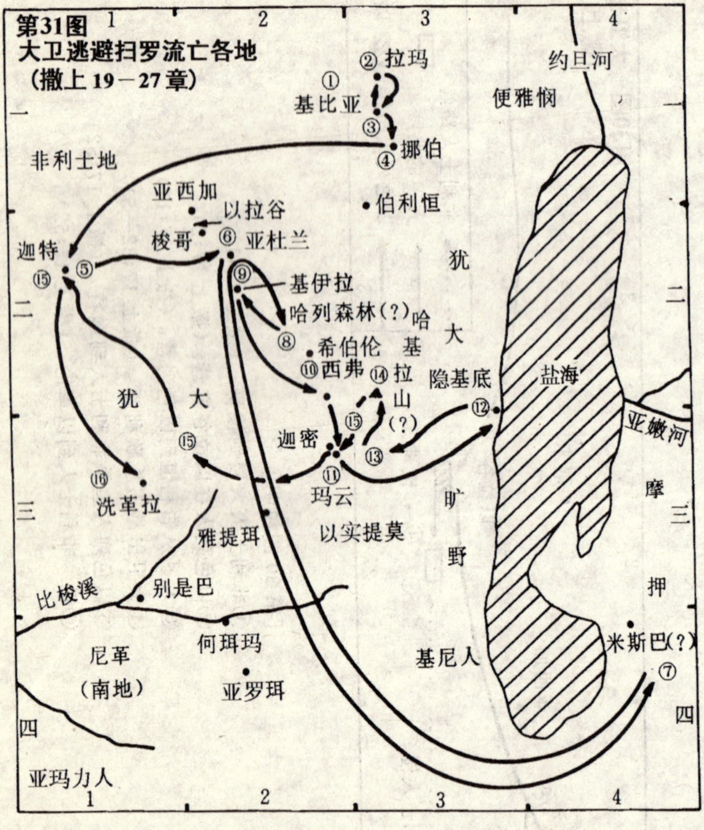

第31图
大卫逃避扫罗流亡各地
（撒上19—27章）

［第 31 图说明］

①大卫险遭扫罗杀害逃离基比亚。（撒上 19:10—12）

②到拉玛向撒母耳诉说苦情。（撒上 19:18—24）

③回基比亚与约拿单盟誓而别。（撒上 20:1—42）

④到挪伯从亚希米勒处得到战刀。（撒上 20:1—9）

⑤到迦特因惧怕而装疯。（撒上 21:10—15）

⑥到亚杜兰洞聚集 400 人。（撒上 22:1—2）

⑦到摩押(其曾祖母路得的故乡)暂居。（撒上 22:3—4）

⑧听从先知指示到犹大的哈列。（撒上 22:5—23）

⑨遵从耶和华解救基伊拉。（撒上 23:1—6）

⑩因基伊拉人负义,逃到西弗。（撒上 23:7—14）

⑪在玛云旷野险被捕去。（撒上 23:24—28）

⑫在隐基底洞里割下扫罗衣襟。（撒上 24 章）

⑬去迦密时亚比该迎来谢罪。（撒上 25:2—42）

⑭在哈基拉山区取走扫罗的枪。（撒上 26 章）

⑮从哈基拉又逃奔迦特。（撒上 27:1—4）

⑯住在洗革拉 16 个月。（撒上 27:5—7）

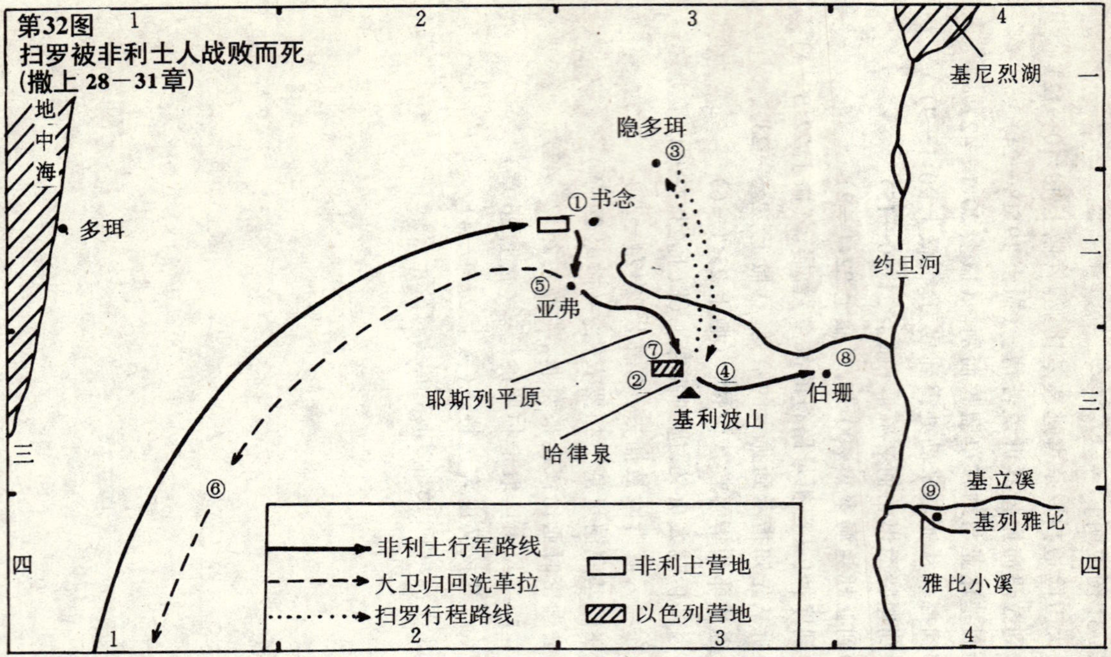

第32图
扫罗被非利士人战败而死
(撒上 28—31章)

[第 32 图说明]

①非利士人来到书念安营。(撒上 18:4)

②以色列人在耶斯列的哈律泉旁安营。(撒上 28:4,29:1)

③扫罗到隐多珥求交鬼的妇人。(撒上 28:5—24)

④扫罗当夜返回营地。(撒上 28:25)

⑤非利士军聚集到亚弗。(撒上 29:1)

⑥大卫被疑返回洗革拉。(撒上 29:2—30:31)

⑦非利士人在基利波杀败以色列人。(撒上 31:1)

⑧扫罗的尸体被钉于伯珊城墙。(撒上 31:2—10)

⑨扫罗被葬于基列雅比。(撒上 31:11—13)

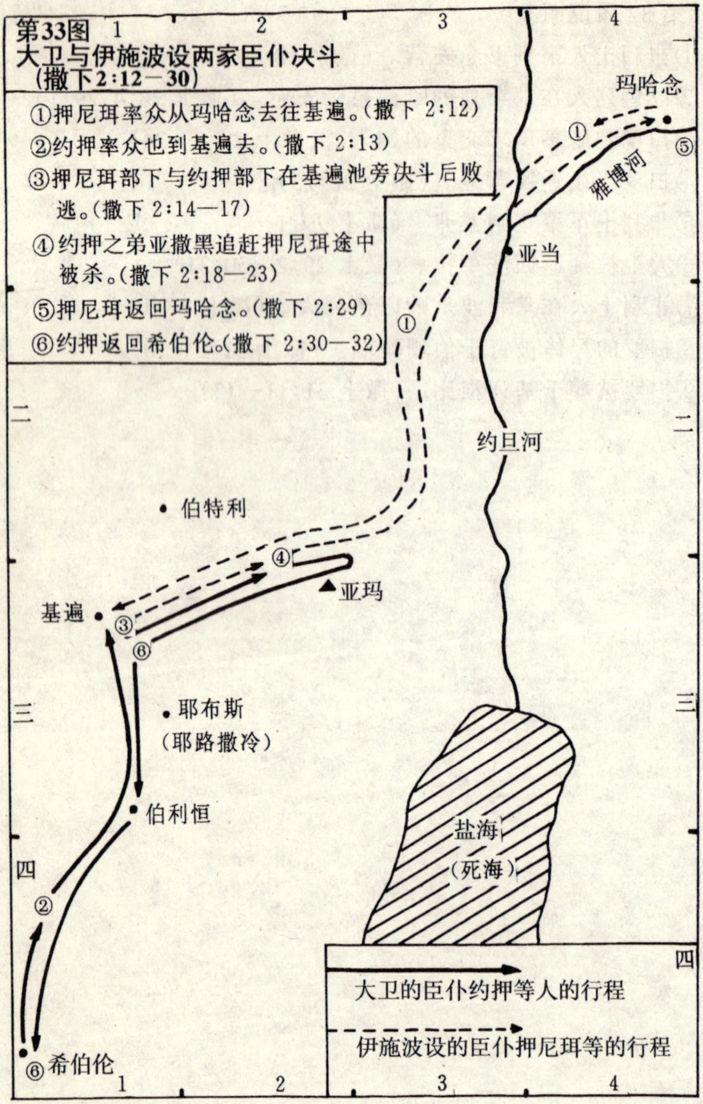

第33图 大卫与伊施波设两家臣仆决斗（撒下2:12—30）

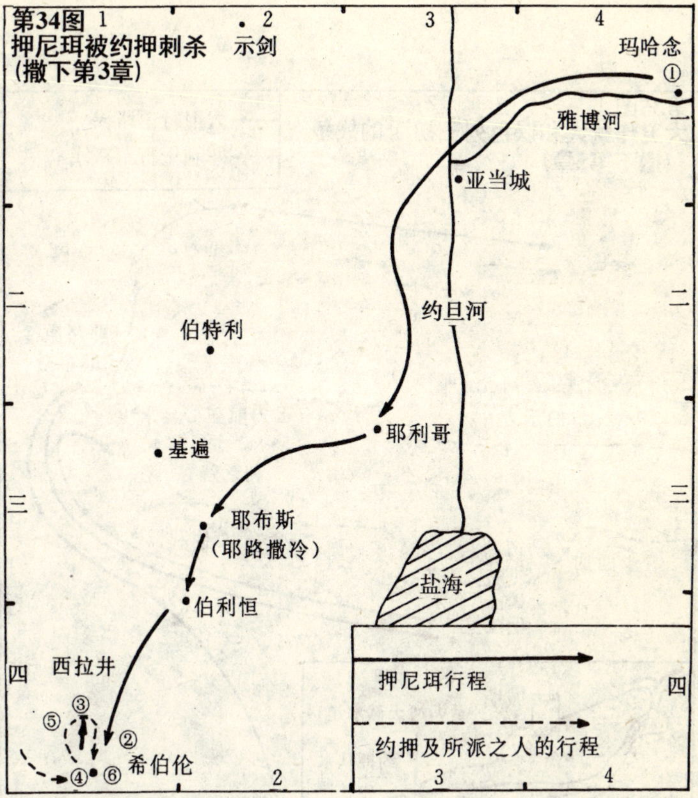

[第 34 图说明]

①押尼珥在玛哈念怒叛伊施波设。(撒下 3:6—11)

②押尼珥到希伯伦拟降大卫。(撒下 3:20—21)

③大卫送走押尼珥。(撒下 3:21)

④约押攻击外敌归回希伯伦 。(撒下 3:22)

⑤约押派人于西拉井追回押尼珥。(撒下 3:26)

⑥约押于(逃城)希伯伦刺杀押尼珥。(撒下 3:27，参书20:4—7)

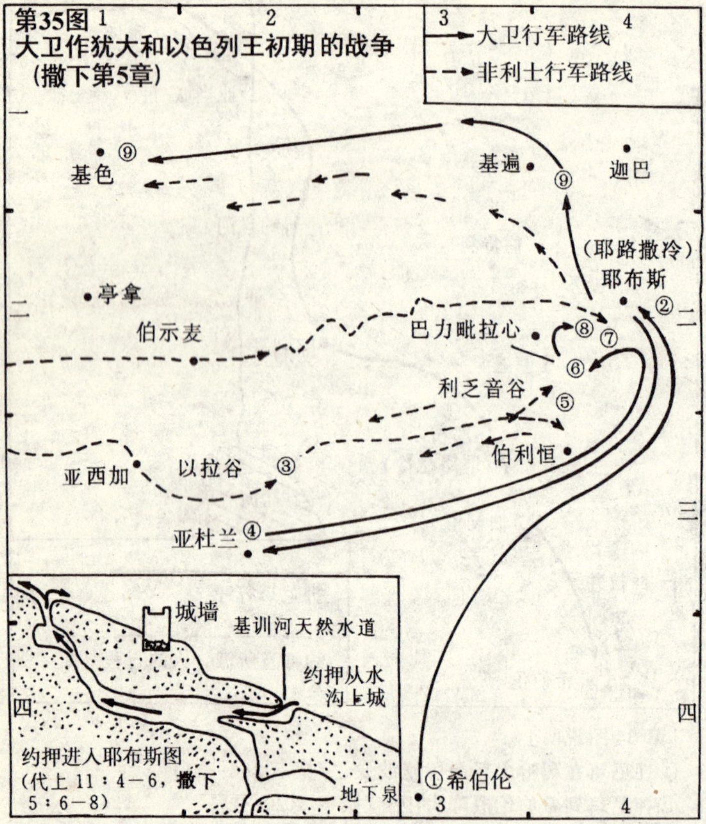
第35图
大卫作犹大和以色列王初期的战争
(撒下第5章)
大卫行军路线
非利士行军路线
基色 ⑨
基遍
⑨
迦巴
(耶路撒冷)
耶布斯
②
亭拿
伯示麦
巴力毗拉心
⑧
⑦
⑥
利乏音谷
⑤
伯利恒
亚西加
以拉谷
③
亚杜兰 ④
城墙
基训河天然水道
约押从水
沟上城
四
约押进入耶布斯图
(代上 11：4－6，撒下
5：6－8)
地下泉
①希伯伦
一
二
三
四
1
2
3
4

[第 35 图说明]

①大卫在希伯仑作犹大王。(撒下 5:5)

②大卫攻取耶布斯(耶路撒冷)为都城,(撒下 5:6—13)作以色列和犹大王。(撒下 5:5)

③非利士军来寻索大卫。(撒下 5:17)

④大卫下到亚杜兰堡垒。(撒下 5:17,23:13)

⑤非利士进军利乏音谷、伯利恒。(撒下 5:18,23:13—14)

⑥大卫在巴力毗拉心初败非利士人。(撒下 5:20)

⑦非利士人二次来到利乏音谷。(撒下 5:22)

⑧大卫转到非利士人后面出击。(撒下 5:23)

⑨追赶非利士人从基遍、迦巴直到基色。(撒下 5:25,代上 14:16)

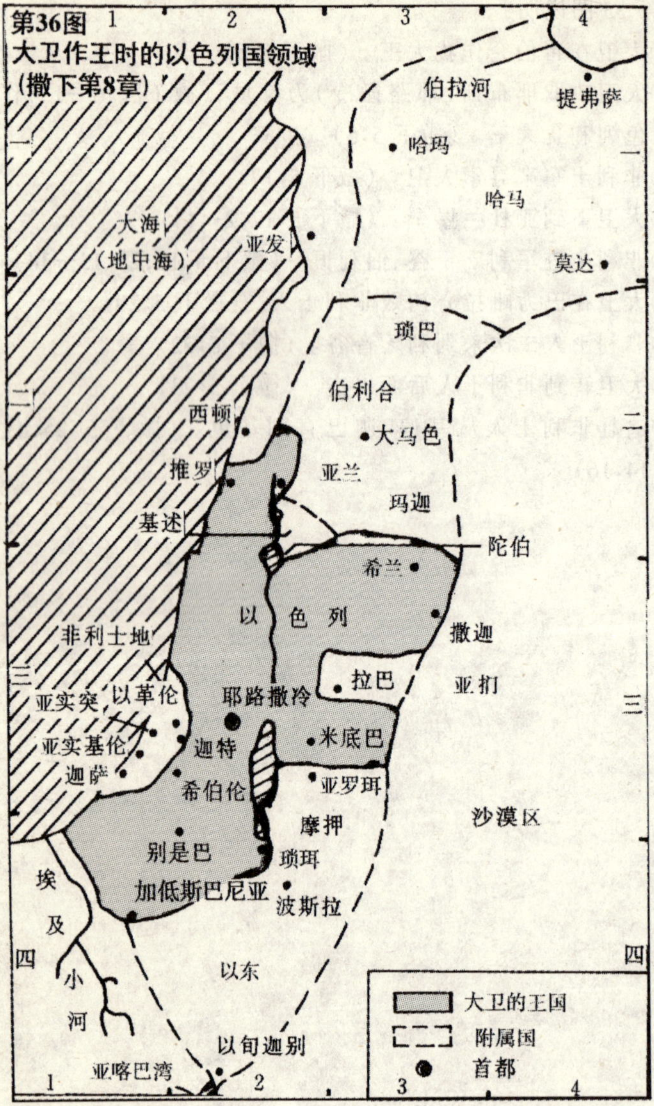
第36图
大卫作王时的以色列国领域
(撒下第8章)
伯拉河
提弗萨
哈玛
哈马
大海
(地中海)
亚发
莫达
琐巴
伯利合
西顿
大马色
推罗
亚兰
玛迦
基述
陀伯
希兰
以色列
撒迦
非利士地
拉巴
亚扪
亚实突
以革伦
耶路撒冷
亚实基伦
迦特
米底巴
迦萨
希伯伦
亚罗珥
沙漠区
摩押
别是巴
琐珥
埃及
加低斯巴尼亚
波斯拉
小河
以东
以旬迦别
亚喀巴湾
大卫的王国
附属国
首都

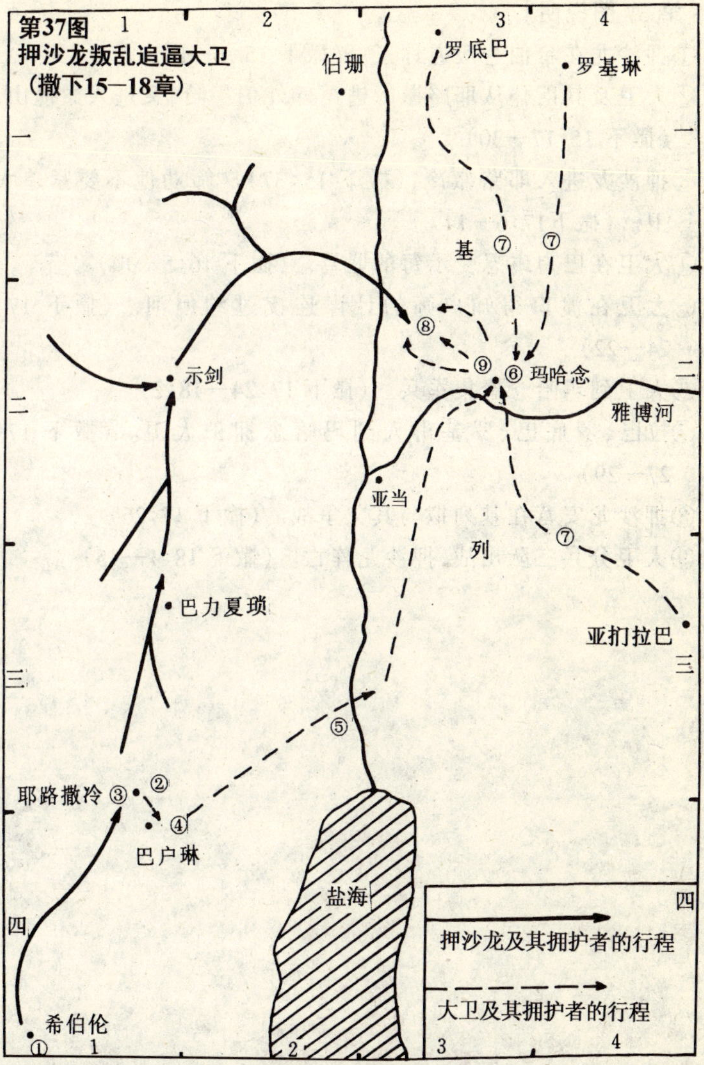
第37图
押沙龙叛乱追逼大卫
（撒下15—18章）
1
2
3
4
一
二
三
四
伯珊
罗底巴
罗基琳
基
⑦
⑦
⑧
⑨
⑥ 玛哈念
示剑
雅博河
亚当
列
⑦
亚扪拉巴
巴力夏琐
⑤
耶路撒冷 ③
②
④
巴户琳
盐海
希伯伦
①
押沙龙及其拥护者的行程
大卫及其拥护者的行程

[第 37 图说明]

①押沙龙在希伯仑叛逆称王。(撒下 15:1—12)

②大卫及其臣仆从耶路撒冷逃至郊外伯墨哈,又进入橄榄山。(撒下 15:17—30)

③押沙龙进入耶路撒冷,(撒下 15:37)户筛劝他不要紧追大卫。(撒下17:6—14)

④大卫在巴户琳忍受示每的咒骂。(撒下 16:5—14)

⑤大卫在渡口得知户筛的计谋连夜过约但河。(撒下 17:24—22)

⑥大卫到玛哈念聚集军兵。(撒下 17:24—18:2)

⑦拉巴、罗底巴、罗基琳人到玛哈念拥护大卫。(撒下 17:27—29)

⑧押沙龙安营在基列拟与其父争战。(撒下 17:26)

⑨大卫分兵三队出战,押沙龙阵亡。(撒下 18:1—15)

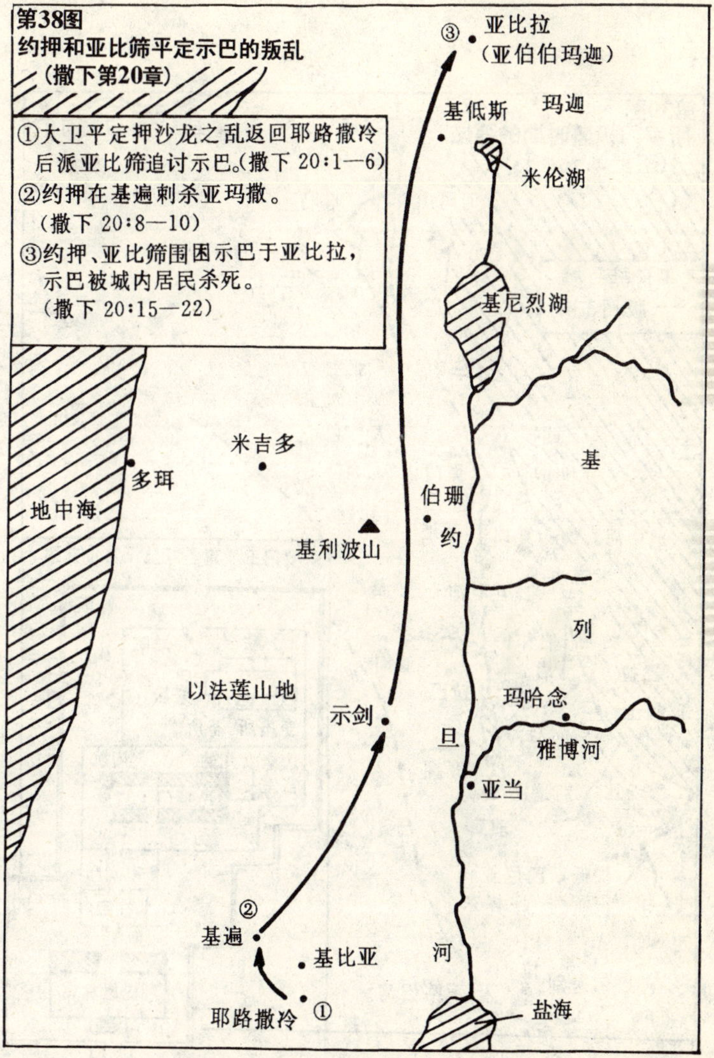
第38图
约押和亚比筛平定示巴的叛乱
（撒下第20章）
①大卫平定押沙龙之乱返回耶路撒冷后派亚比筛追讨示巴。(撒下 20:1—6)
②约押在基遍刺杀亚玛撒。(撒下 20:8—10)
③约押、亚比筛围困示巴于亚比拉，示巴被城内居民杀死。(撒下 20:15—22)
③ 亚比拉
（亚伯伯玛迦）
基低斯
玛迦
米伦湖
基尼烈湖
米吉多
多珥
地中海
伯珊
约
基
基利波山
列
以法莲山地
玛哈念
示剑
旦
雅博河
亚当
②
基遍
基比亚
河
耶路撒冷 ①
盐海

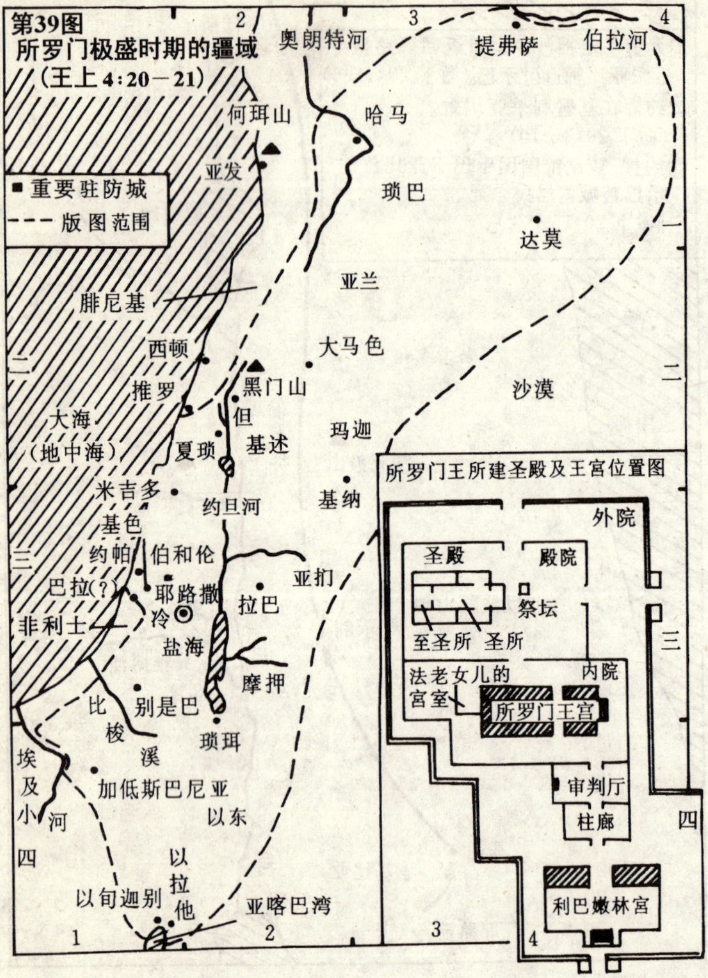
第39图
所罗门极盛时期的疆域
（王上4:20—21）
重要驻防城
版图范围
奥朗特河
提弗萨
伯拉河
何珥山
哈马
亚发
琐巴
达莫
亚兰
腓尼基
西顿
大马色
推罗
黑门山
但
沙漠
大海
（地中海）
夏琐
基述
玛迦
米吉多
约旦河
基纳
基色
约帕
伯和伦
亚扪
巴拉(?)
耶路撒冷
拉巴
非利士
盐海
摩押
别是巴
比
梭
溪
琐珥
埃
及
小
河
加低斯巴尼亚
以东
以
拉
他
以旬迦别
亚喀巴湾
所罗门王所建圣殿及王宫位置图
外院
圣殿
殿院
祭坛
至圣所
圣所
法老女儿的
宫室
内院
所罗门王宫
审判厅
柱廊
利巴嫩林宫

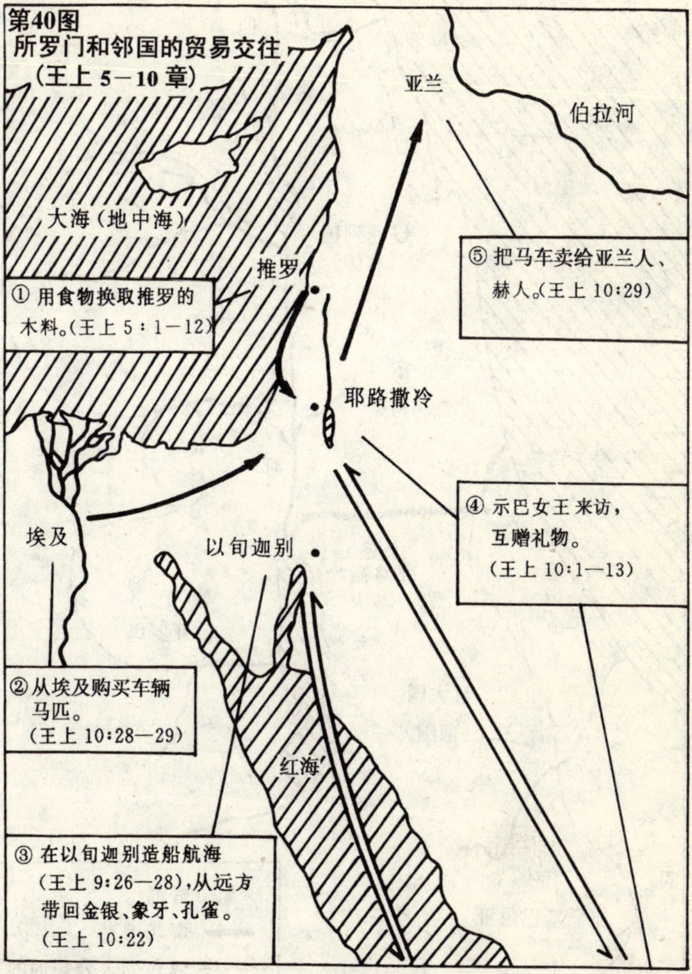
第40图
所罗门和邻国的贸易交往
(王上 5—10 章)
亚兰
伯拉河
大海(地中海)
推罗
① 用食物换取推罗的木料。(王上 5:1—12)
⑤ 把马车卖给亚兰人、赫人。(王上 10:29)
耶路撒冷
埃及
以旬迦别
④ 示巴女王来访,互赠礼物。(王上 10:1—13)
② 从埃及购买车辆马匹。(王上 10:28—29)
红海
③ 在以旬迦别造船航海(王上 9:26—28),从远方带回金银、象牙、孔雀。(王上 10:22)

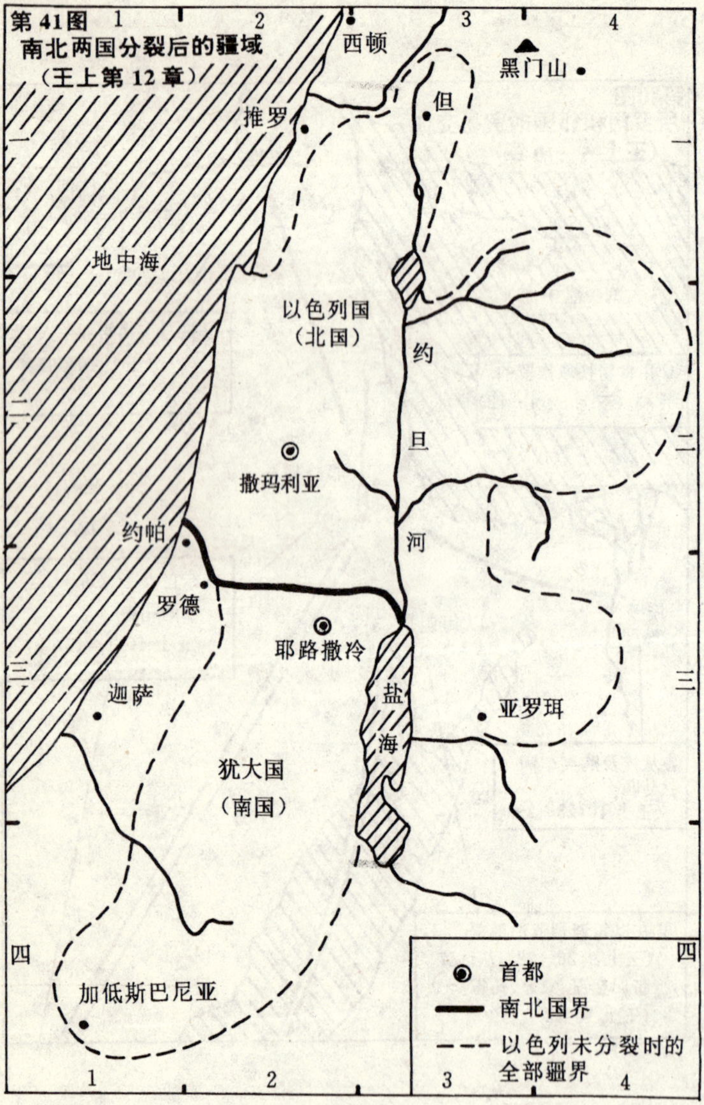
第41图
南北两国分裂后的疆域
（王上第12章）
西顿
黑门山
但
推罗
地中海
以色列国
（北国）
约
旦
河
撒玛利亚
约帕
罗德
耶路撒冷
盐
海
迦萨
亚罗珥
犹大国
（南国）
加低斯巴尼亚
首都
南北国界
以色列未分裂时的
全部疆界

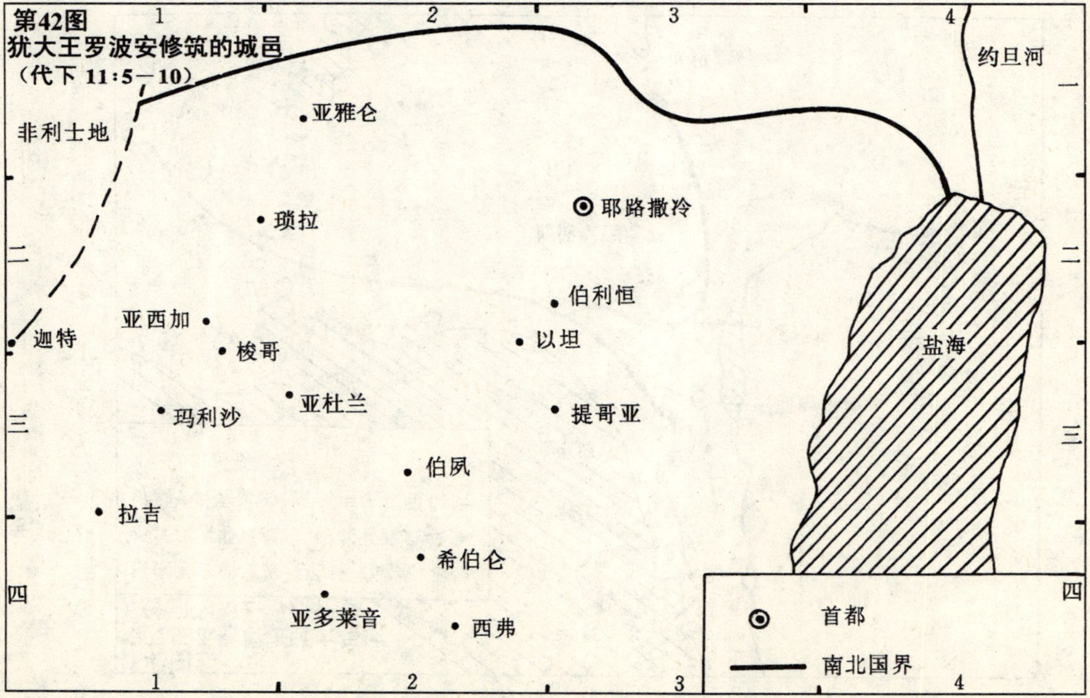

第42图
犹大王罗波安修筑的城邑
（代下 11:5—10）

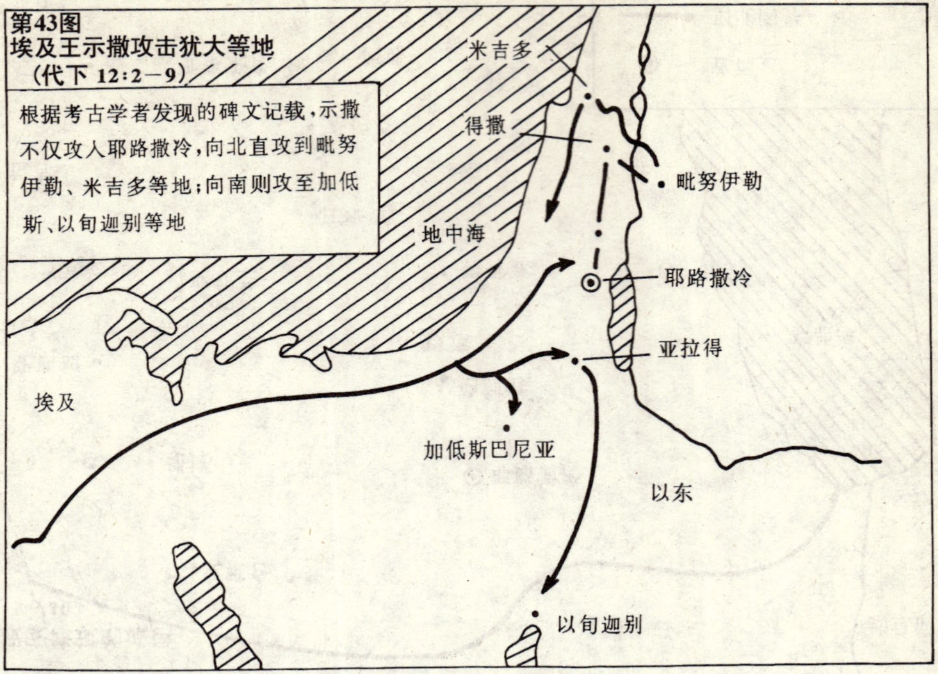

第43图
埃及王示撒攻击犹大等地
（代下 12:2—9）

根据考古学者发现的碑文记载，示撒不仅攻入耶路撒冷，向北直攻到毗努伊勒、米吉多等地；向南则攻至加低斯、以旬迦别等地

第44图
犹大王亚比雅战胜耶罗波安
（代下第13章）

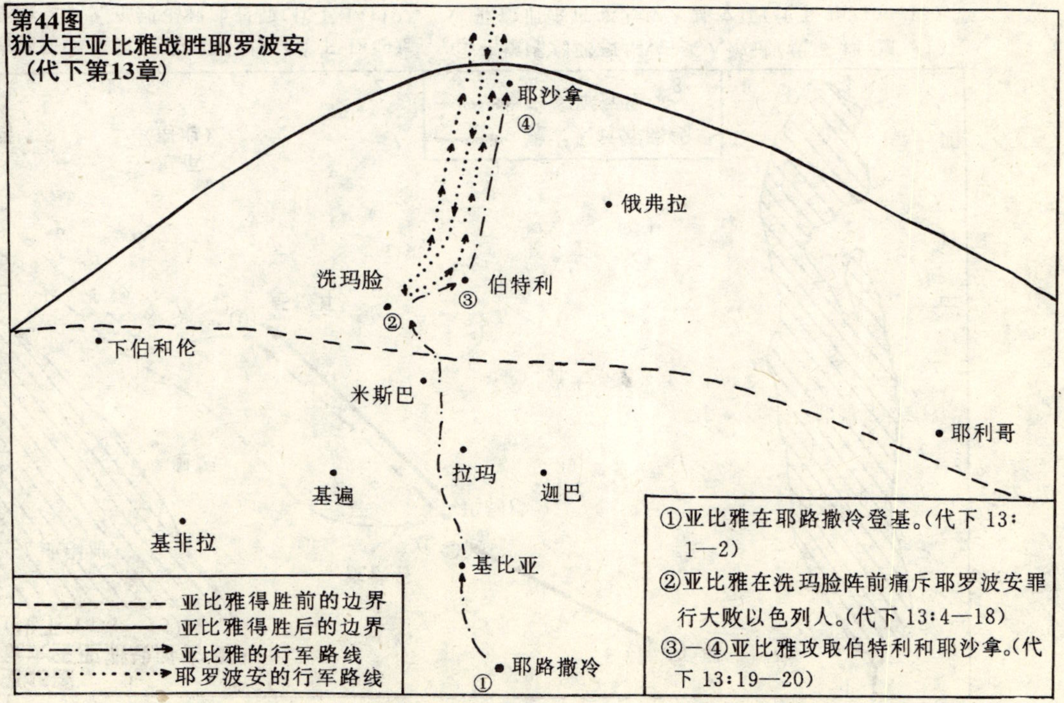

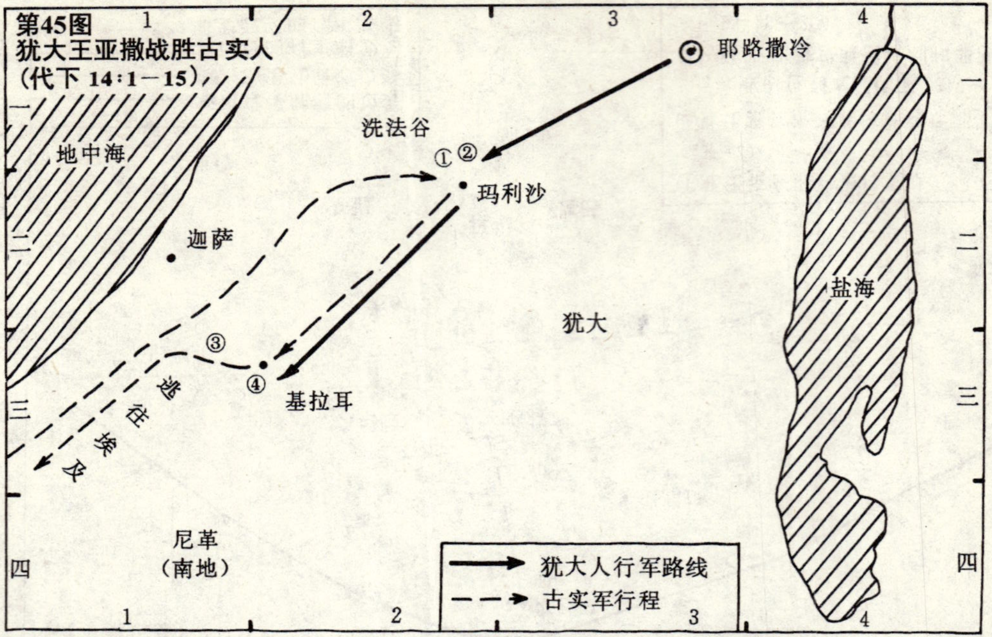

第45图
犹大王亚撒战胜古实人
(代下 14:1—15)

①古实王率军百万攻到玛利沙(代下 14:9)。

②亚撒率犹大军到玛利沙迎战(代下 14:10)。

③亚撒呼求耶和华,古实人败逃(代下 14:11—12)。

④亚撒追杀古实人攻入基拉耳(代下 14:13—15)。

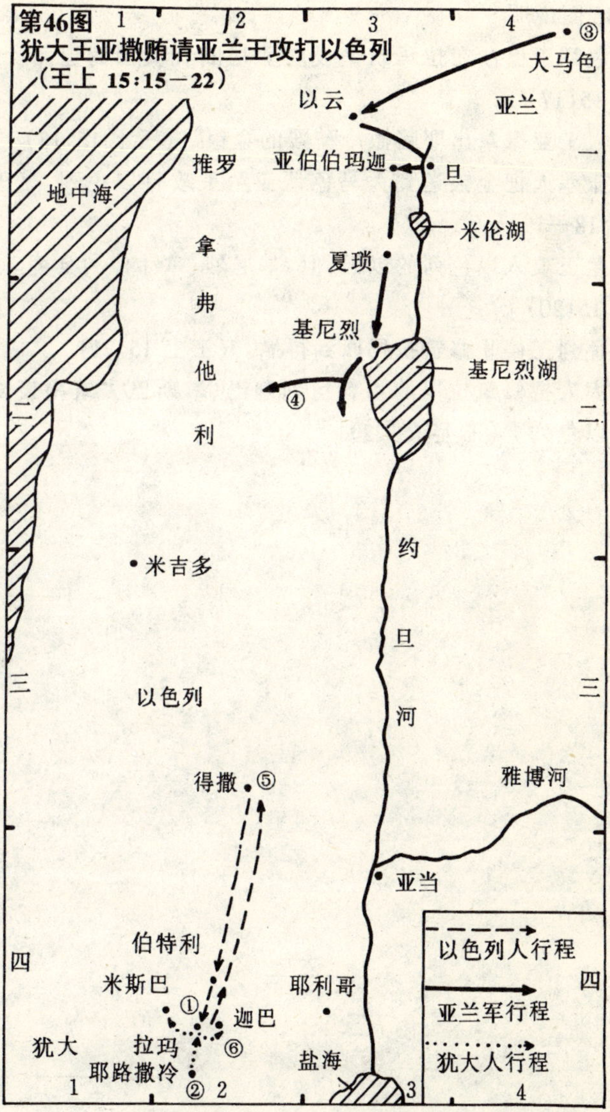
第46图
犹大王亚撒贿请亚兰王攻打以色列
（王上 15:15－22）
大马色
亚兰
以云
亚伯伯玛迦
但
米伦湖
夏琐
基尼烈
基尼烈湖
地中海
推罗
拿弗他利
米吉多
约旦河
以色列
得撒
雅博河
亚当
伯特利
米斯巴
迦巴
拉玛
耶利哥
犹大
耶路撒冷
盐海
以色列人行程
亚兰军行程
犹大人行程

［第 46 图说明］

①以色列王巴沙在拉玛筑垒设防要切断犹大国的道路。(王上 15:17)

②犹大王亚撒拿出耶路撒冷圣殿的金银。(王上 15:18)

③亚撒差人把金银送到大马色请亚兰王攻打以色列。(王上 15:18—19)

④亚兰王攻入以色列的以云、但、基尼烈、拿弗他利全境。(王上 15:20)

⑤以色列王停止修筑拉玛回到得撒。(王上 15:21)

⑥犹大人把修筑拉玛的物料运到迦巴、米斯巴去筑垒设防对抗以色列。(王上 15:22)

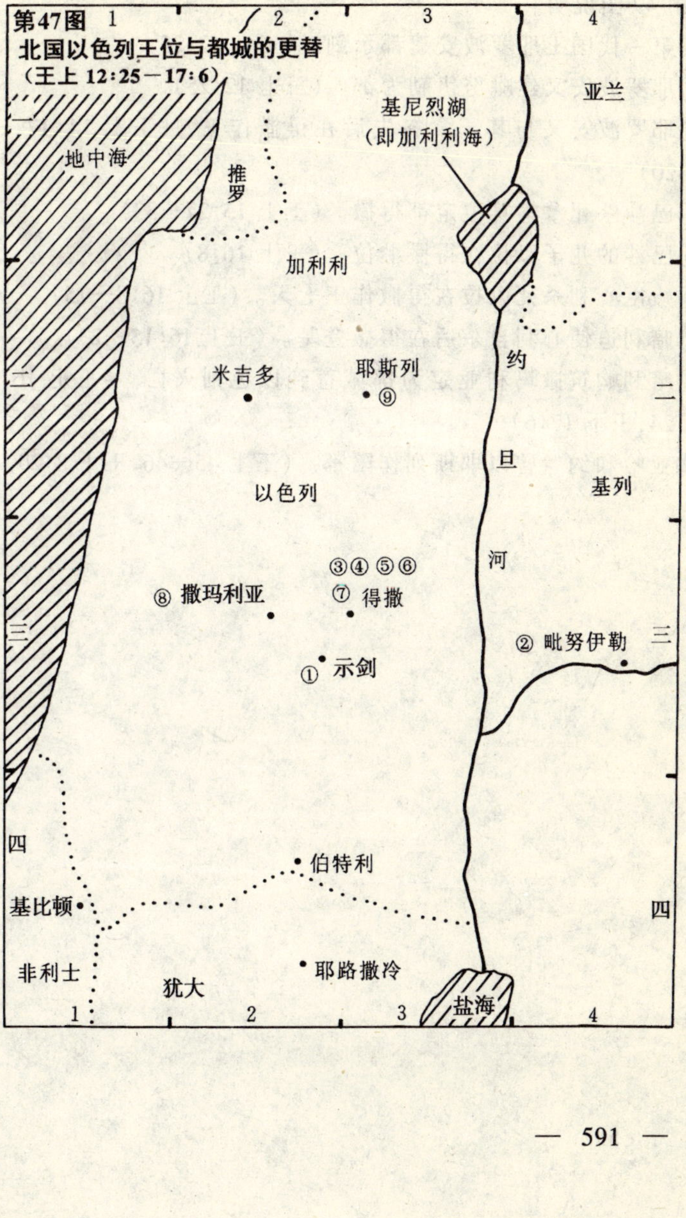
第47图
北国以色列王位与都城的更替
（王上 12:25—17:6）
1
2
3
4
一
二
三
四
地中海
推罗
亚兰
基尼烈湖
（即加利利海）
加利利
米吉多
耶斯列
⑨
约
旦
河
以色列
基列
③④⑤⑥
⑦ 得撒
⑧ 撒玛利亚
② 毗努伊勒
① 示剑
伯特利
基比顿
非利士
犹大
耶路撒冷
盐海

[第47图说明]

①第一代国王耶罗波安建都示剑。(王上 12:25)

②耶罗波安又建毗努伊勒为都。(王上 12:25)

③耶罗波安又与其子拿答先后在得撒作王。(王上 14:17—20)

④巴沙杀死拿答篡位定都得撒。(王上 15:27—33)

⑤巴沙的儿子以拉在得撒继位。(王上 16:8)

⑥叛臣心利杀死以拉在得撒作王七天。(王上 16:8—15)

⑦暗利迫使心利自杀后在得撒登基。(王上 16:15—23)

⑧暗利购筑撒玛利亚定为都城直到以色列灭亡。(王上 16:24,王下 17:6)

⑨亚哈和约兰曾以耶斯列作陪都。(王上 45—46,王下 8:29)

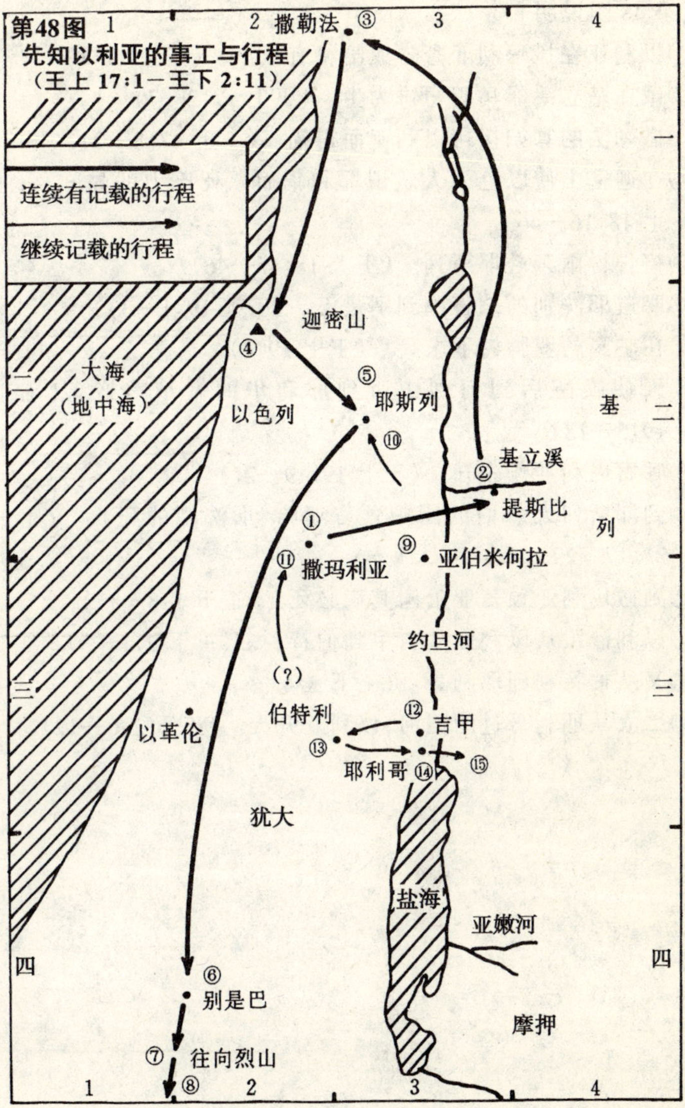
第48图
先知以利亚的事工与行程
（王上 17:1—王下 2:11）
连续有记载的行程
继续记载的行程
1
2
3
4
一
二
三
四
撒勒法 ③
迦密山
④
大海
（地中海）
以色列
⑤
耶斯列
⑩
②
基立溪
提斯比
基
列
①
⑪
撒玛利亚
⑨
亚伯米何拉
约旦河
（?）
伯特利
⑫
吉甲
⑬
耶利哥
⑭
⑮
以革伦
犹大
盐海
亚嫩河
摩押
⑥
别是巴
⑦
往向烈山
⑧

[第 48 图说明]

①以利亚在撒玛利亚警告亚哈将有干旱。(王上 17:1)
②藏在基立溪靠乌鸦叼饼为生。(王上 17:2—7)
③撒勒法的寡妇接待以利亚而得福。(王上 17:8—24)
④在迦密山使以色列人认识耶和华而杀死巴力的先知。(王上 18:16—46)
⑤祷告得雨奔赴耶斯列。(王上 18:45—46)
⑥躲避耶洗别的杀害逃到别是巴。(王上 19:1—3)
⑦在旷野的罗腾树下求死。(王上 19:4)
⑧天使唤醒后到何烈山听到耶和华的微小声音。(王上 19:5—18)
⑨呼召以利沙作先知。(王上 19:19—21)
⑩到耶斯列人拿伯的园中预言亚哈、耶洗别的死状。(王上 21:17—29)
⑪到撒玛利亚预言亚哈谢其病必死。(王下 1:3—17)
⑫以利沙跟从以利亚从吉甲到伯特利。(王下 2:1—3)
⑬又从伯特利到耶利哥。(王下 2:4—5)
⑭二人从耶利哥过约但河,以利亚升天。(王下 2:6—12)

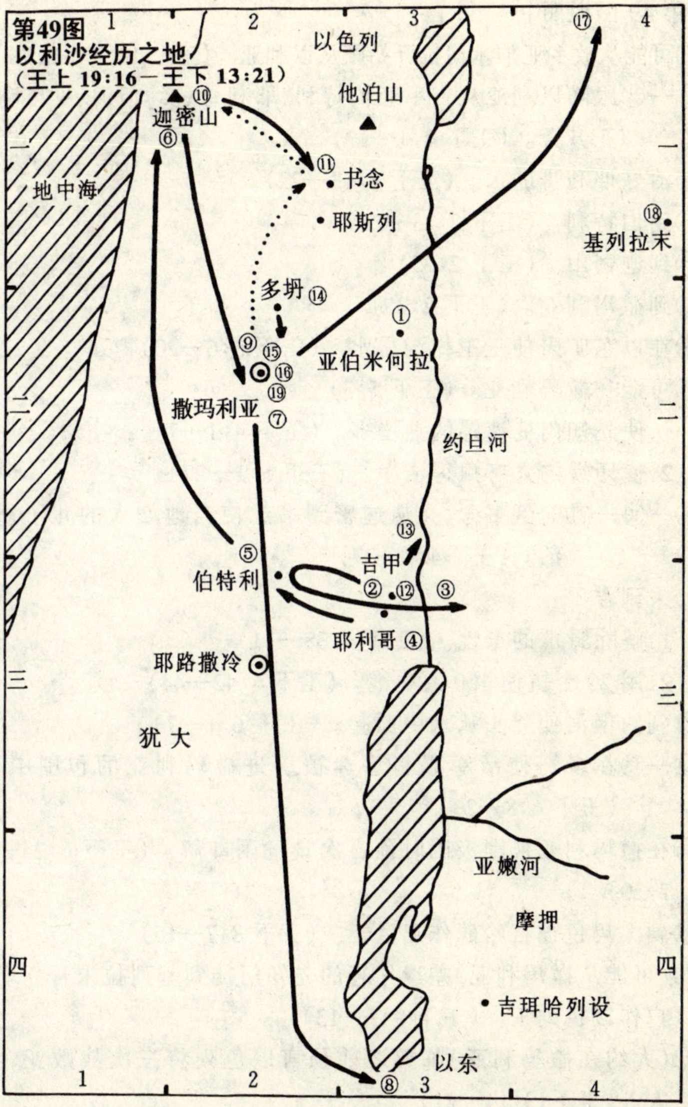
第49图
以利沙经历之地
（王上 19:16－王下 13:21）
1
2
3
4
以色列
他泊山
迦密山
地中海
书念
耶斯列
基列拉末
多坍
亚伯米何拉
撒玛利亚
约旦河
吉甲
伯特利
耶利哥
耶路撒冷
犹 大
亚嫩河
摩押
吉珥哈列设
以东
一
二
三
四
⑰
⑩
⑥
⑪
⑱
⑭
①
⑨
⑮
⑯
⑲
⑦
⑬
⑤
②
⑫
③
④
⑧

[第49图说明]

①可能从故乡亚伯米何拉开始跟从以利亚。(王上 19:16—21)

②—③跟随以利亚从吉甲经伯特利、耶利哥过约但河,见以利亚升天。(王下 2:1—12)

④治好耶利哥的水。(王下 2:13—22)

⑤到伯特利。(王下 2:23—24)

⑥到迦密山。(王下 2:25)

⑦到撒玛利亚。(王下 2:25)

⑧在以东旷野使三王挖沟得水。(王下 3:6—20)

⑨可能在撒玛利亚。(王下 5:3)

1.使先知门徒遗孀的油增多。(王下 4:1—7)

2.使乃缦的大麻疯得洁净。(王下 5:1—27)

⑨—⑩—⑪先到书念,又从迦密到书念使当地妇人的儿子复活。(王下4:8—37)

⑫来到吉甲:

1.解除野瓜的毒性。(王下 4:38—41)

2.用 20 个饼使 100 人吃饱。(王下 4:42—44)

⑬到约但河使斧头从水中漂起。(王下 6:1—7)

⑭—⑮在多坍使敌军眼目昏迷被引进撒玛利亚的包围中。(王下 6:8—23)

⑯在撒玛利亚被围极困时预言次日危困即解。(王下 6:24—7:20)

⑰到大玛色预言哈薛作亚兰王。(王下 8:7—15)

⑱(可能从撒玛利亚)差遣年轻的先知门徒到基列拉末膏立耶户作以色列王。(王下 9:1—13)

⑲(大约在撒玛利亚)临死之前预言以色列将三次战败亚兰人。(王下13:14—21)

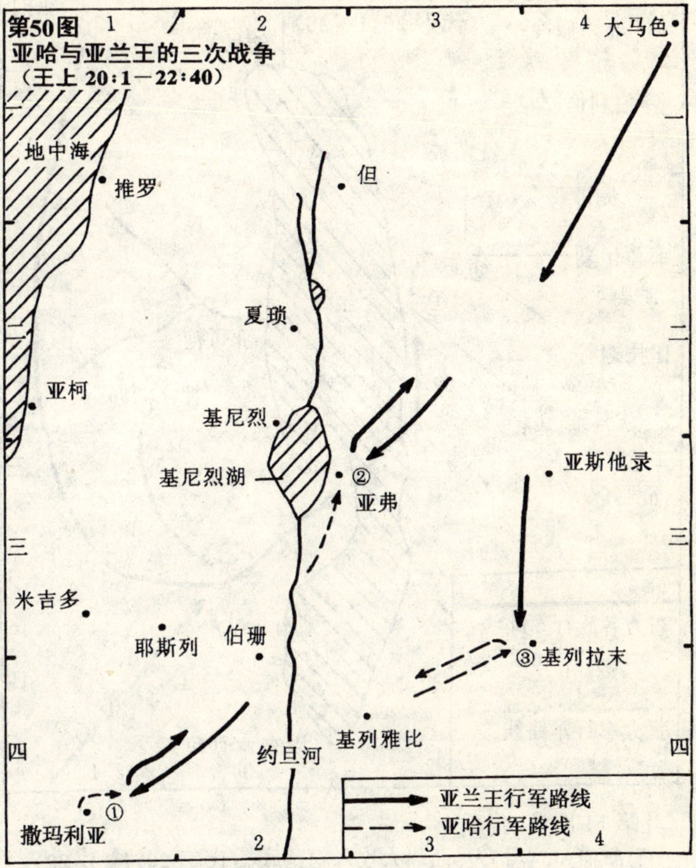

［第50图说明］

① 亚哈在撒玛利亚初胜亚兰王。（王上 20:1—22）

② 亚哈在亚弗再胜亚兰王。（王上 20:23—43）

③ 亚哈在基列拉末与亚兰王作战身亡。（王上 22:1—40）

第51图　约沙法战胜东方各族的入侵

（代下 20:1—30）

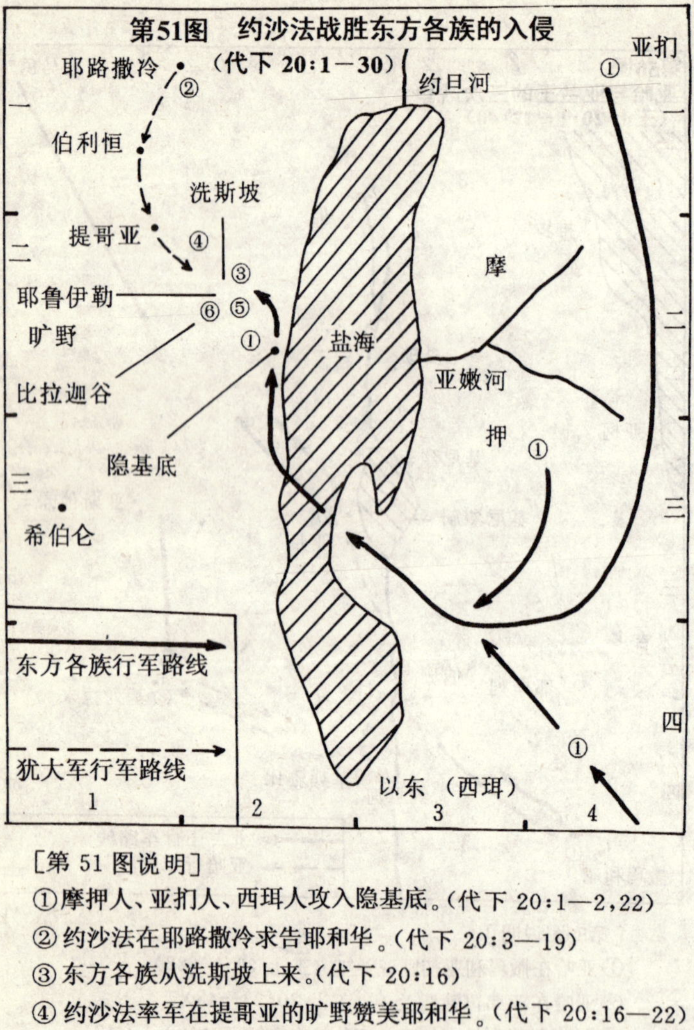

［第 51 图说明］

①摩押人、亚扪人、西珥人攻入隐基底。（代下 20:1—2,22）

②约沙法在耶路撒冷求告耶和华。（代下 20:3—19）

③东方各族从洗斯坡上来。（代下 20:16）

④约沙法率军在提哥亚的旷野赞美耶和华。（代下 20:16—22）

⑤东方各族自相击杀。（代下 20:22—23）

⑥犹大人在比拉迦谷歌颂耶和华。（代下 20:26）

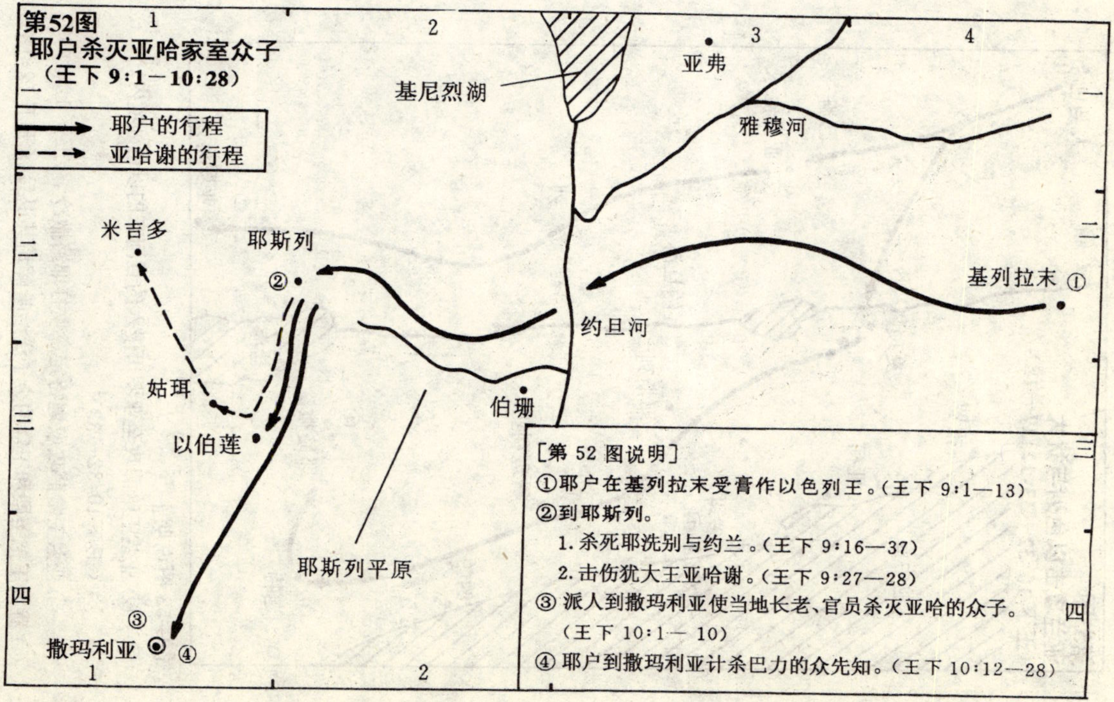

第52图
耶户杀灭亚哈家室众子
（王下 9:1—10:28）

［第 52 图说明］

①耶户在基列拉末受膏作以色列王。（王下 9:1—13）

②到耶斯列。

1. 杀死耶洗别与约兰。（王下 9:16—37）

2. 击伤犹大王亚哈谢。（王下 9:27—28）

③ 派人到撒玛利亚使当地长老、官员杀灭亚哈的众子。（王下 10:1— 10）

④ 耶户到撒玛利亚计杀巴力的众先知。（王下 10:12—28）

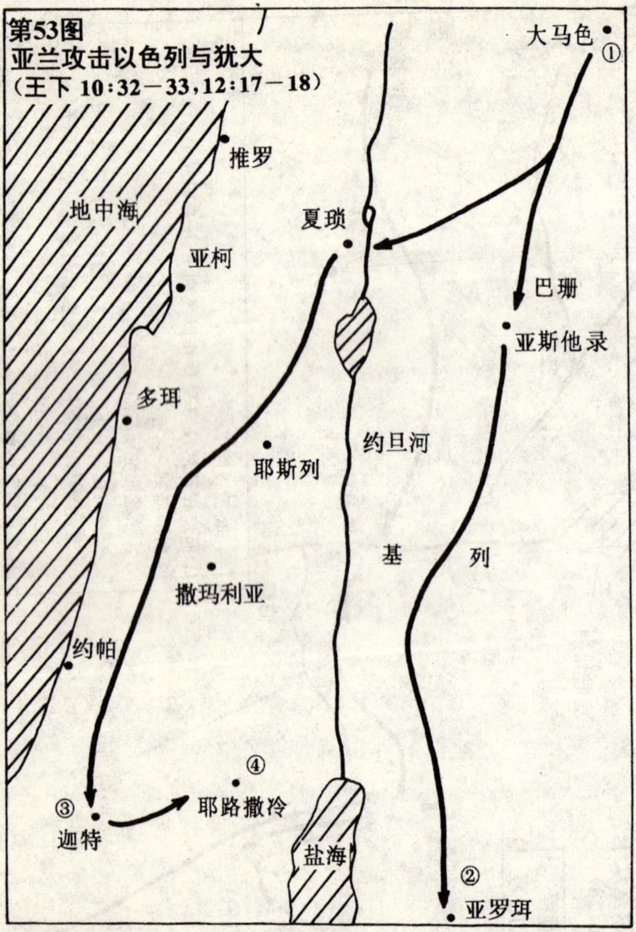

［第 53 图说明］

①—② 亚兰王哈薛攻至亚罗珥侵入约旦河东的以色列境内。（王下 10:32—33）

①—③ 亚兰王哈薛攻取迦特定意攻打耶路撒冷。（王下 12:17）

④ 犹大王把圣殿和王宫的金子送给哈薛请其退兵。（王下 12:18）

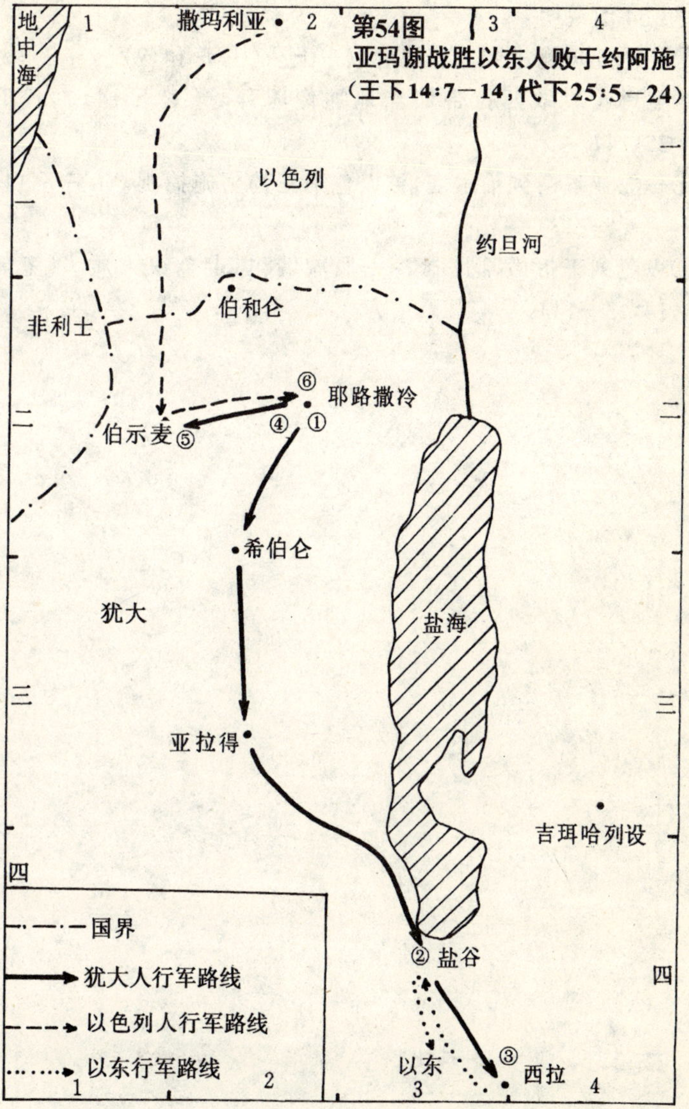

第54图
亚玛谢战胜以东人败于约阿施
（王下14:7—14，代下25:5—24）

[第 54 图说明]

①—②亚玛谢进到盐谷战胜以东人。(王下 14:7)

③亚玛谢攻取西拉带回当地神像叩拜。(王下 14:7,代下 25:14)

④—⑤亚玛谢到伯示麦,被以色列王约阿施擒捉。(王下 14:8—13)

⑥以色列王拆毁耶路撒冷一段城墙,掠走金银人质。(王下 14:13—14)

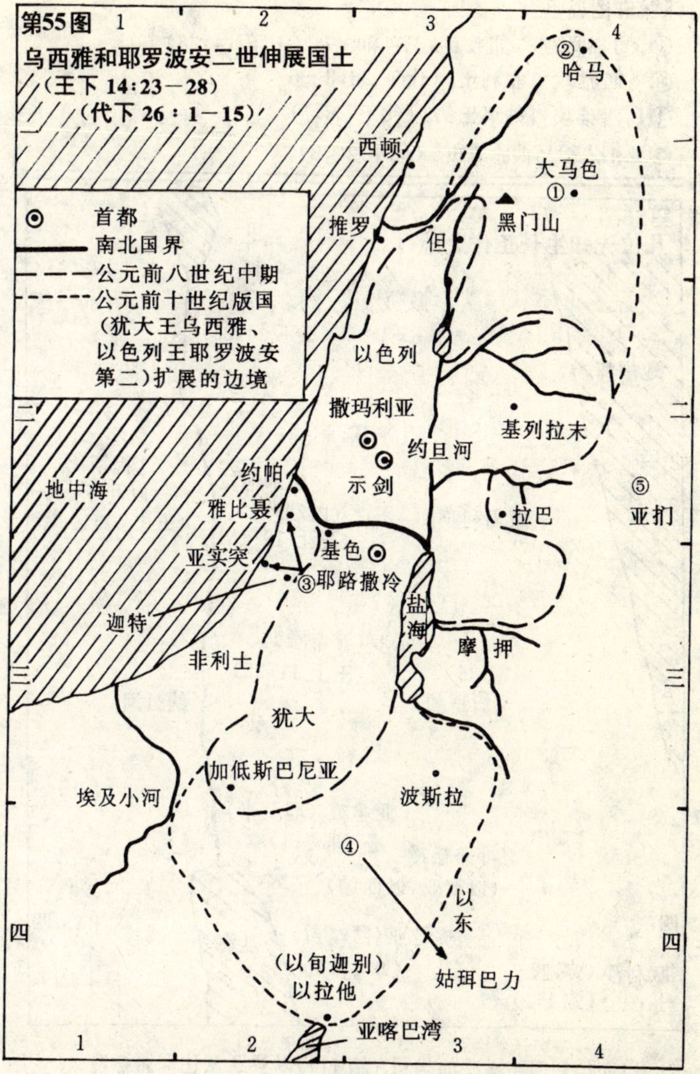
第55图
乌西雅和耶罗波安二世伸展国土
（王下 14:23—28）
（代下 26：1—15）
首都
南北国界
公元前八世纪中期
公元前十世纪版国
（犹大王乌西雅、以色列王耶罗波安第二）扩展的边境
哈马
西顿
大马色
黑门山
推罗
但
以色列
撒玛利亚
基列拉末
约旦河
约帕
示剑
地中海
雅比聂
拉巴
亚扪
基色
亚实突
耶路撒冷
迦特
盐海
摩押
非利士
犹大
加低斯巴尼亚
波斯拉
埃及小河
以东
（以旬迦别）
以拉他
姑珥巴力
亚喀巴湾

[第55图说明]

①、② 耶罗波安二世收复大马色和哈马。(王下 14:28)

③乌西雅攻打非利士。(代下 26:3—6)

④乌西雅攻打姑珥巴力。(代下 26:7)

⑤亚扪人给乌西雅进贡。(代下 26:8)

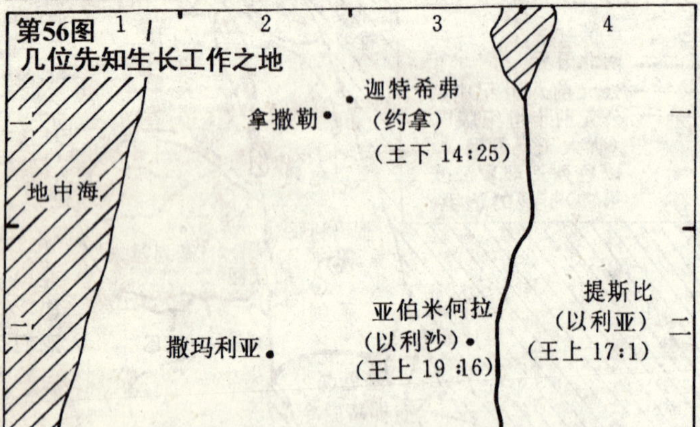

注:以西结是耶路撒冷的祭司,(结 1:1)以赛亚常住耶路撒冷。

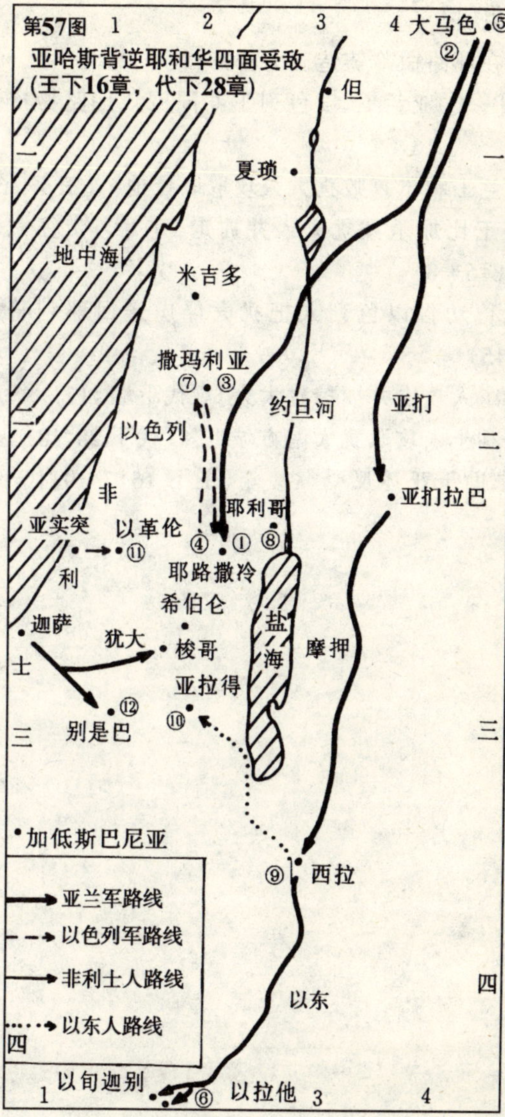

第57图
1
2
3
4
大马色
⑤
②
亚哈斯背逆耶和华四面受敌
(王下16章，代下28章)
但
夏琐
地中海
米吉多
撒玛利亚
⑦
③
约旦河
亚扪
以色列
非
耶利哥
亚扪拉巴
亚实突
以革伦
④
①
⑧
⑪
利
耶路撒冷
希伯仑
迦萨
犹大
梭哥
盐
海
摩押
士
亚拉得
⑫
⑩
三
别是巴
加低斯巴尼亚
⑨
西拉
亚兰军路线
以色列军路线
非利士人路线
以东人路线
以东
四
以旬迦别
⑥
以拉他

[第 57 图说明]

①亚哈斯在耶路撒冷铸造巴力像。(代下 28:1—4)

②—④,③—④亚兰王、以色列王共同围攻耶路撒冷。(王下 16:5)

⑤—⑥亚兰王利汛打败犹大人攻取以拉他。(王下 16:6)

⑦以色列王比加杀戮犹大人并掳走 20 万人带往撒玛利亚。(代下28:6—8)

⑧先知俄德劝告以色列人把犹大俘虏送回耶利哥。(代下 28:9—15)

⑨—⑩以东人攻击并掳掠犹大人。(代下 28:17)

⑪—⑫非利士人攻取犹大南方城邑。(代下 28:18)

[亚哈斯求助于亚述反受欺凌。(王下 16:7—9,代下 28:16,20)]

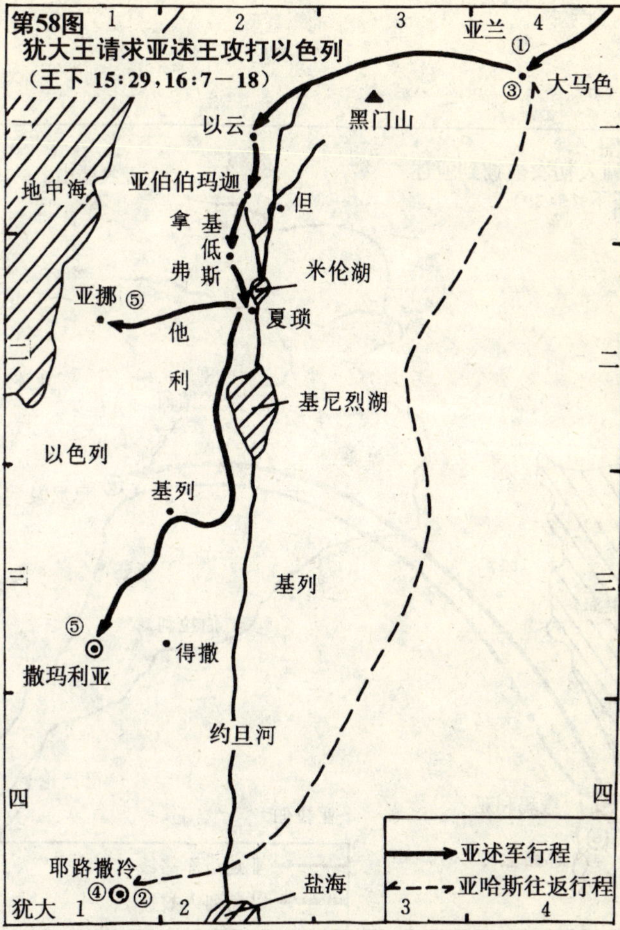

① 亚哈斯四面受敌求助于亚述，亚述王攻占大马色。（王下 16:7—9）

②－③ 亚哈斯到大马色会见亚述王。（王下 16:10）

③－④ 亚哈斯带回大马色神坛图样建坛代替圣殿祭坛。（王下 16:10—18）

⑤亚述王攻击以色列王比加，侵入以云、拿弗他利等地。（王下 15:29）

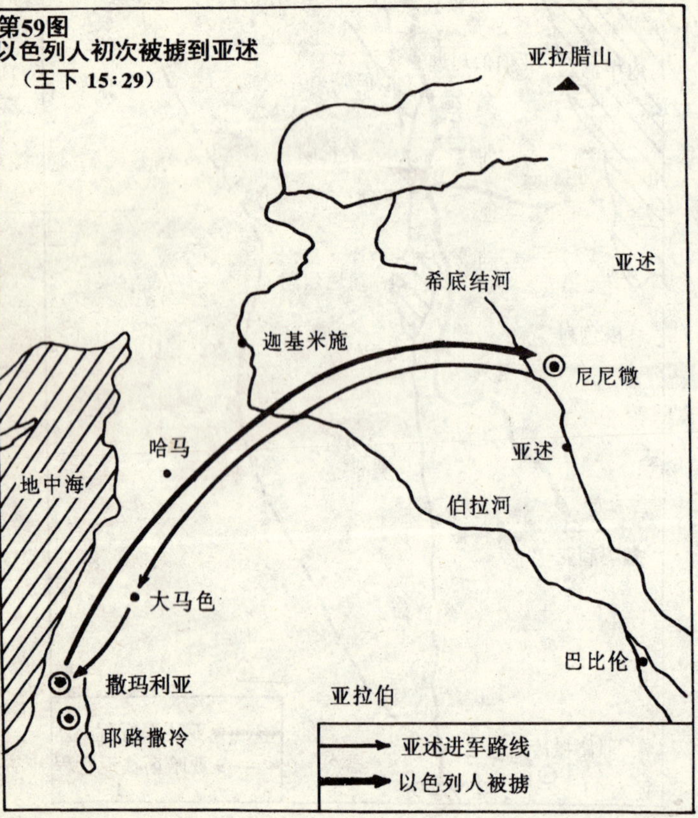
第59图
以色列人初次被掳到亚述
（王下 15:29）
亚拉腊山
亚述
希底结河
迦基米施
尼尼微
哈马
亚述
地中海
伯拉河
大马色
巴比伦
撒玛利亚
亚拉伯
耶路撒冷
亚述进军路线
以色列人被掳

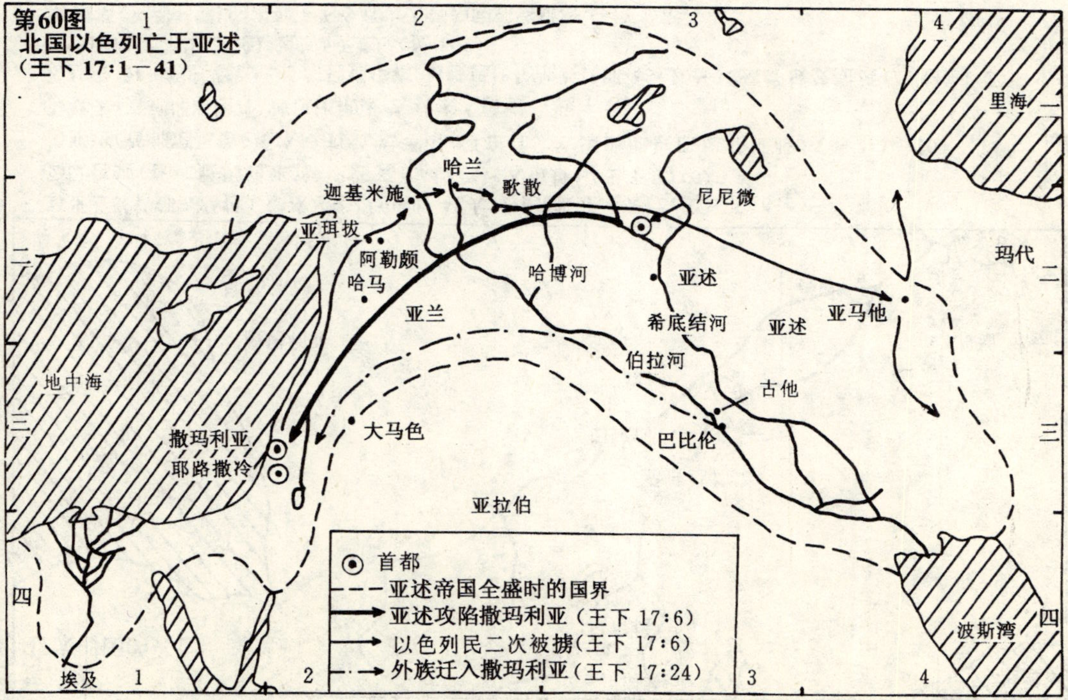

第60图
北国以色列亡于亚述
（王下 17:1—41）

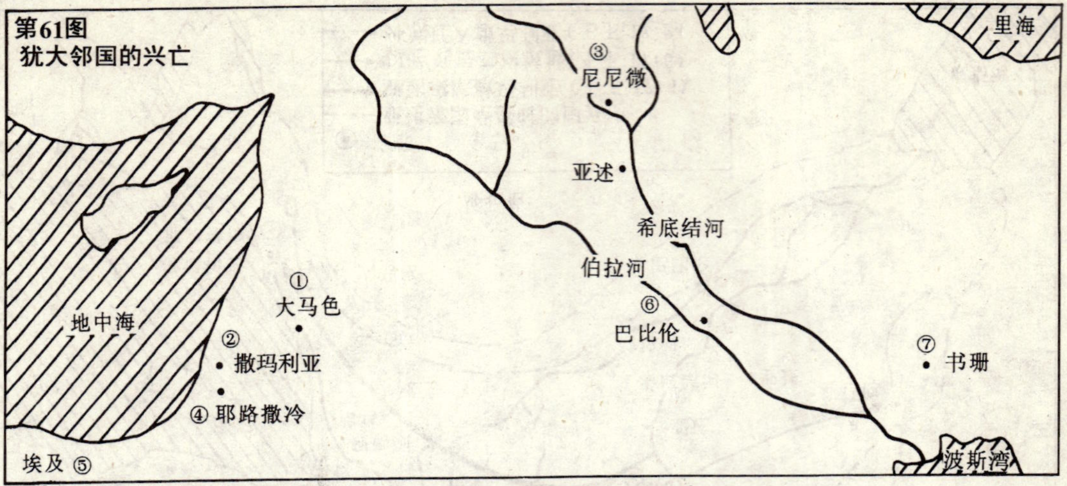

第61图
犹大邻国的兴亡

①亚兰（首都大马色）屡次攻击以色列、犹大，却先被亚述灭亡。（王下 16:9）

②以色列（首都撒玛利亚）被亚述灭亡，以色列人被掳。（王下 17:6）

③亚述（首都尼尼微）屡次攻打犹大等国，但在犹大亡国前即被巴比伦征服。（鸿 2:1—10）

④犹大（首都耶路撒冷）被巴比伦灭亡，犹大人被掳。（代下 36:11—21）

⑤埃及曾一再进攻犹大，欲与列强争霸，后被巴比伦战败，（耶 43:10—13）终被波斯灭亡。（拉 1:2）

⑥巴比伦（首都巴比伦）被波斯灭亡。（拉 1:2）

⑦波斯（首都书珊）的古列王下令犹大人等归回耶路撒冷。（拉 1:1—5）

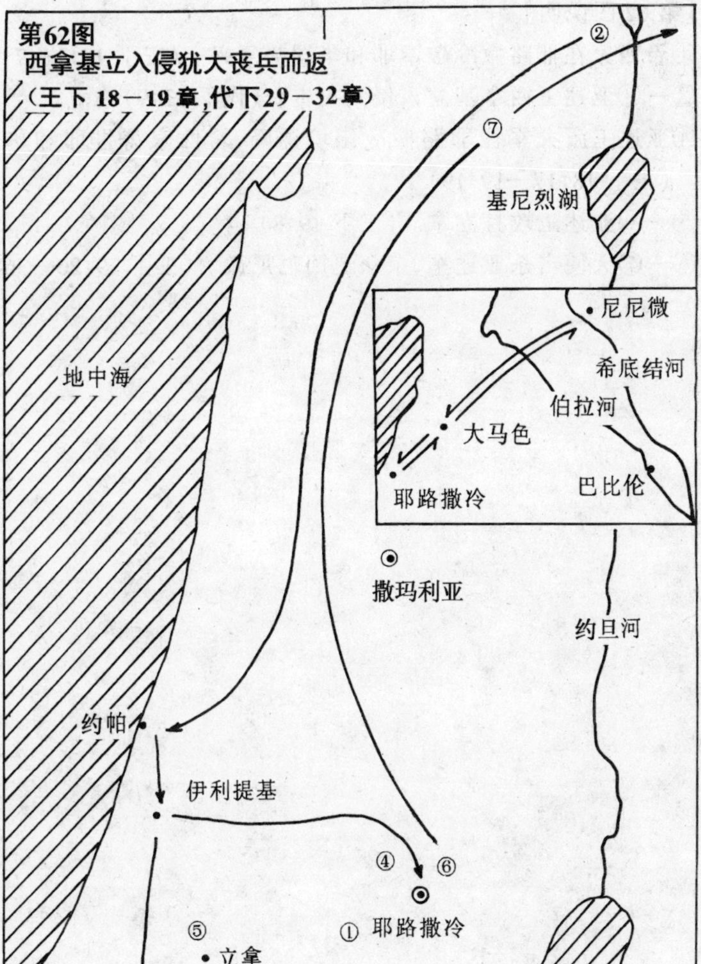
第62图
西拿基立入侵犹大丧兵而返
(王下 18－19 章,代下29－32章)
②
⑦
基尼烈湖
尼尼微
希底结河
伯拉河
大马色
耶路撒冷
巴比伦
地中海
撒玛利亚
约旦河
约帕
伊利提基
④
⑥
耶路撒冷
①
⑤
立拿
③
拉吉
盐海

[第 62 图说明]

①希西家在耶路撒冷敬奉耶和华国势复兴。(王下 18:1—7)

②—③亚述王西拿基立入侵到拉吉。(代下 32:9)

④亚述王派大军往耶路撒冷压境诱降,希西家祷告耶和华。(王下 18:17—19:19)

⑤—⑥亚述王攻打立拿。(王下 19:8)

⑥—⑦天使击杀亚述军,余众退回尼尼微。(王下 19:20—36)

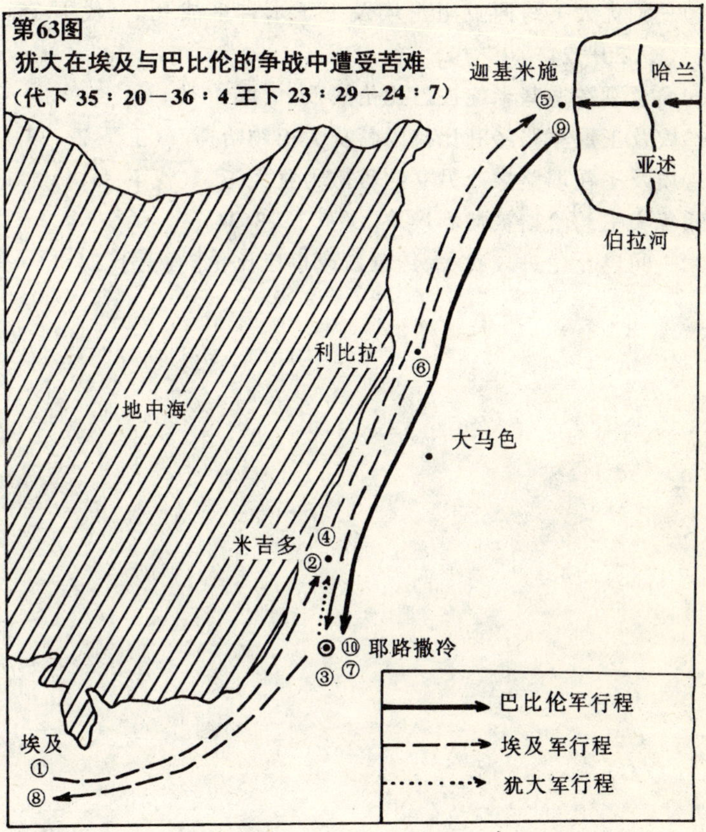
第63图
犹大在埃及与巴比伦的争战中遭受苦难
（代下 35：20－36：4 王下 23：29－24：7）
迦基米施
⑤
⑨
哈兰
亚述
伯拉河
利比拉
⑥
地中海
大马色
米吉多
④
②
⑩ 耶路撒冷
③ ⑦
埃及
①
⑧
巴比伦军行程
埃及军行程
犹大军行程

［第63图说明］

①—②巴比伦打败亚述，(番2:13)埃及军穿过犹大去与巴比伦争霸。(代下35:20)

③—④犹大王约西亚阻击埃及王于米吉多战死。(代下35:20—24)

⑤埃及军在迦基米施被巴比伦战败。(耶46:2)

⑥埃及王退军路经利比拉囚禁犹大王约哈斯。(王下23:33)

⑦埃及王在耶路撒冷另立约雅敬为犹大王。(代下36:4)

⑧犹大王约哈斯被掳到埃及。(王下23:34)

⑨—⑩巴比伦进攻犹大，约雅敬改事巴比伦。(王下24:1)

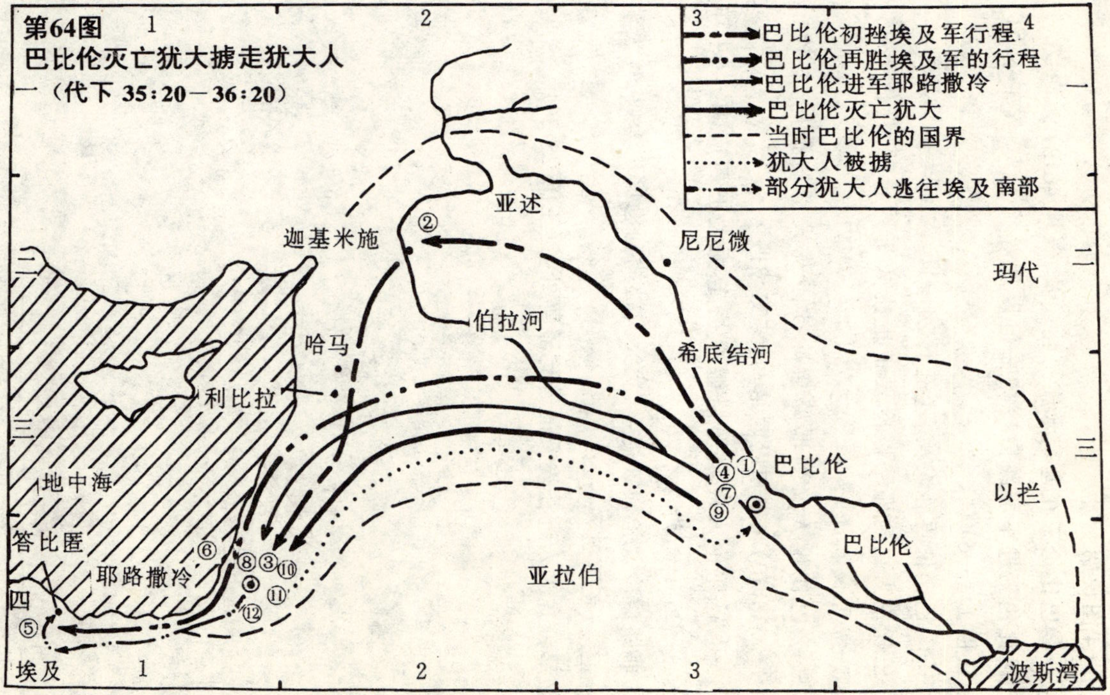
第64图
巴比伦灭亡犹大掳走犹大人
（代下 35:20—36:20）
巴比伦初挫埃及军行程
巴比伦再胜埃及军的行程
巴比伦进军耶路撒冷
巴比伦灭亡犹大
当时巴比伦的国界
犹大人被掳
部分犹大人逃往埃及南部
亚述
迦基米施
尼尼微
玛代
伯拉河
希底结河
哈马
利比拉
地中海
巴比伦
以拦
巴比伦
答比匿
耶路撒冷
亚拉伯
埃及
波斯湾

[第 64 图说明]

①—②巴比伦王在迦基米施初胜埃及。(耶 46:2)

③巴比伦王进军耶路撒冷掳去但以理等犹大人。(王下 24:1,但 1:1—6)

④—⑤巴比伦再胜埃及。(王下 24:7)

⑥巴比伦人再到耶路撒冷要带走犹大王约雅敬。(代下 36:5—7 原文新译)

⑦—⑧巴比伦人又到耶路撒冷掳走犹大王约雅斤。(代下 36:10)和先知以西结。(结33:21)

⑨—⑩巴比伦人攻陷耶路撒冷掳走犹大王西底家。(王下 25:1—7)

⑪耶路撒冷及圣殿被烧毁,犹大人被掳到巴比伦为奴,犹大消亡。(王下25:8—21)

⑫部分犹大人逃往埃及的答比匿等处。(王下 25:26)

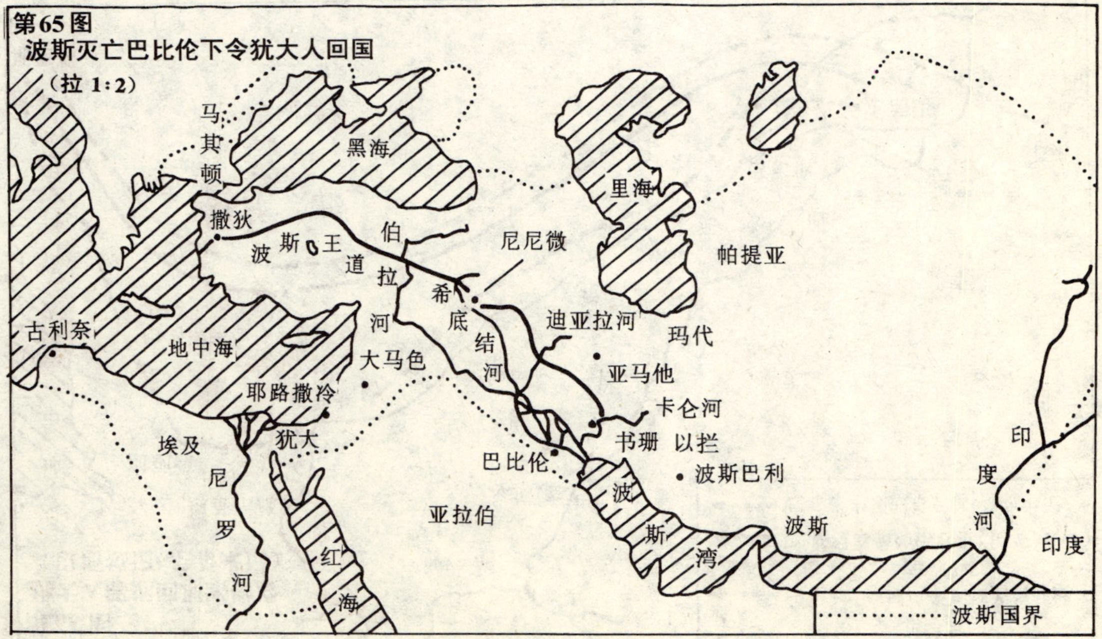

第65图
波斯灭亡巴比伦下令犹大人回国
（拉 1:2）

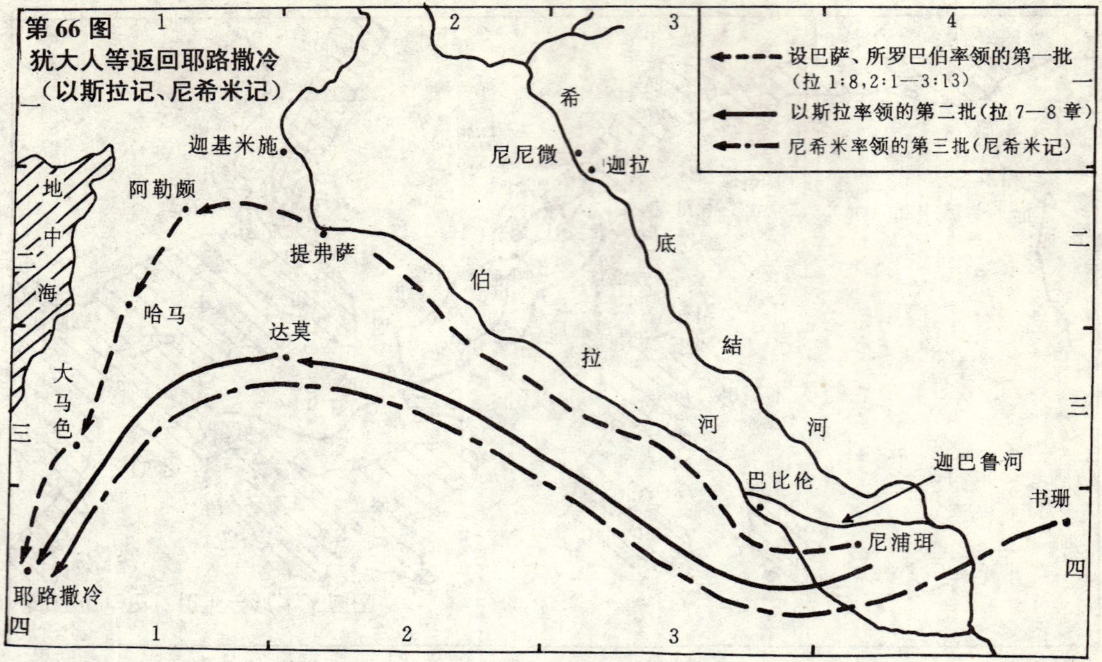

第 66 图
犹大人等返回耶路撒冷
（以斯拉记、尼希米记）

第 67 图

大卫时的耶路撒冷（撒下 5:9）

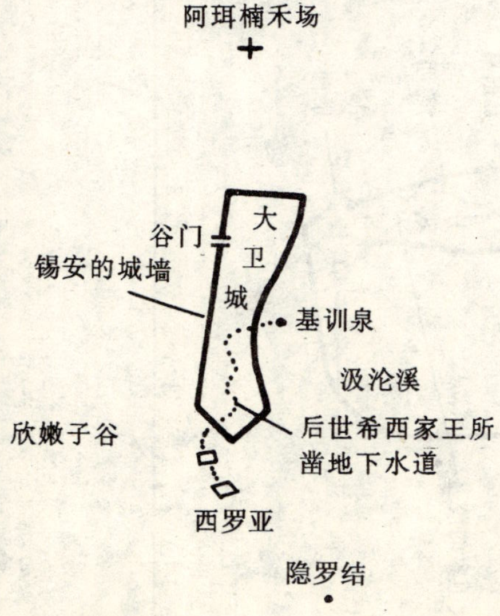

第68图

所罗门时的耶路撒冷（王上 9:15）

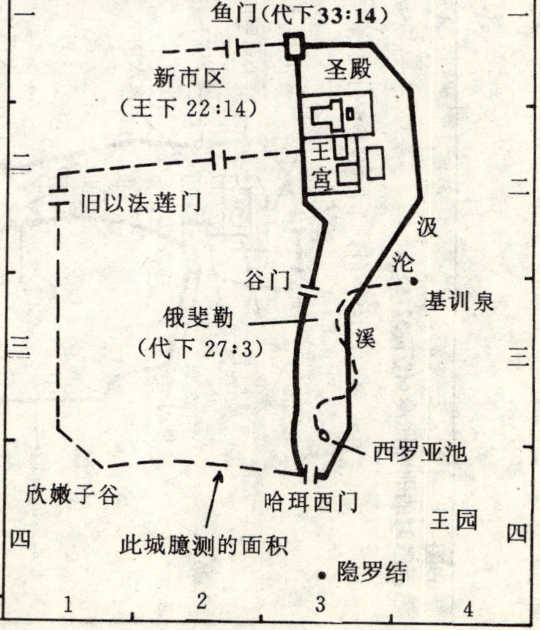

第69图
希西家时的耶路撒冷（代下 32:5）

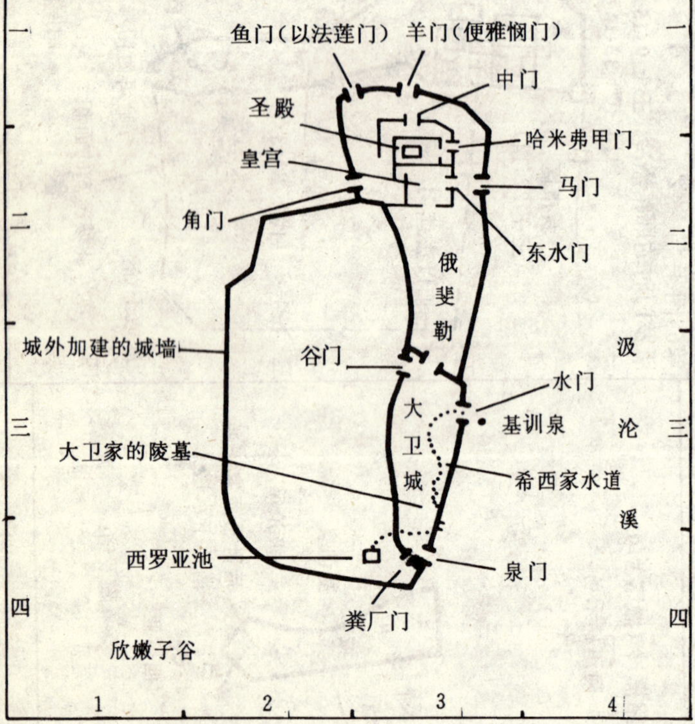

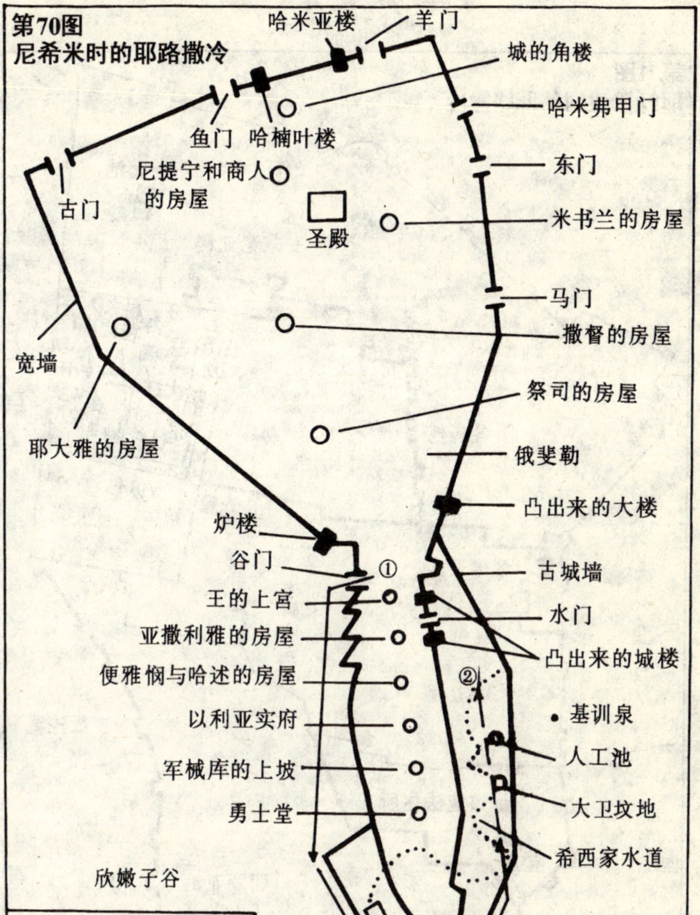
第70图
尼希米时的耶路撒冷
哈米亚楼
羊门
城的角楼
哈米弗甲门
鱼门
哈楠叶楼
东门
尼提宁和商人的房屋
古门
圣殿
米书兰的房屋
马门
撒督的房屋
宽墙
祭司的房屋
耶大雅的房屋
俄斐勒
凸出来的大楼
炉楼
谷门
①
古城墙
王的上宫
水门
亚撒利雅的房屋
凸出来的城楼
便雅悯与哈述的房屋
②
基训泉
以利亚实府
人工池
军械库的上坡
大卫坟地
勇士堂
希西家水道
欣嫩子谷
①-② 尼希米察看城墙
(尼 2:11—15)
骑牲口察看
步行察看
泉门
西罗亚池
(王池)
粪厂门
从大卫城下来的台阶

第71图
耶稣降生时的耶路撒冷

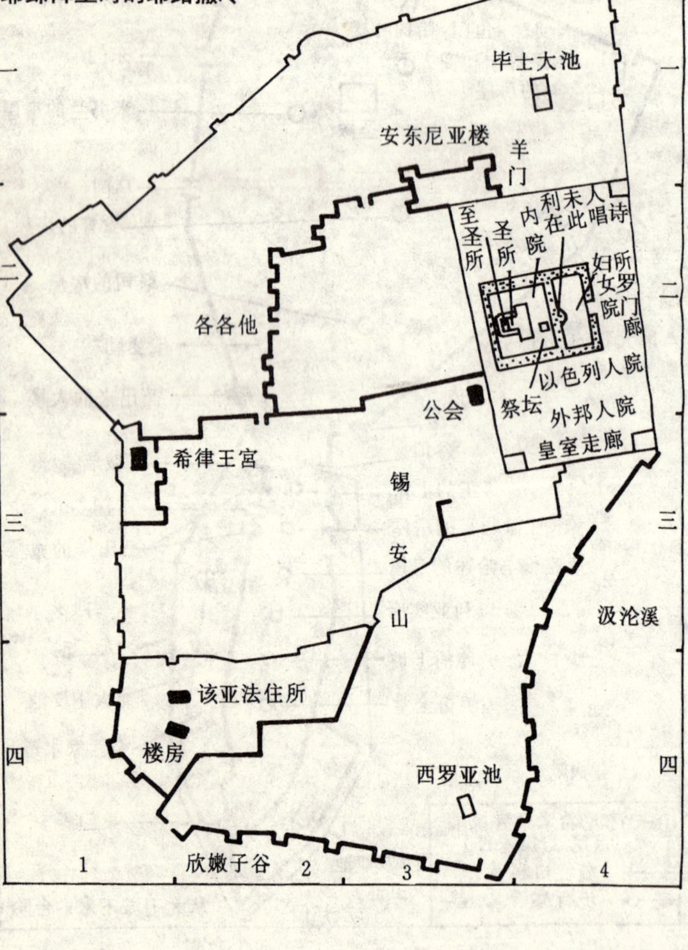

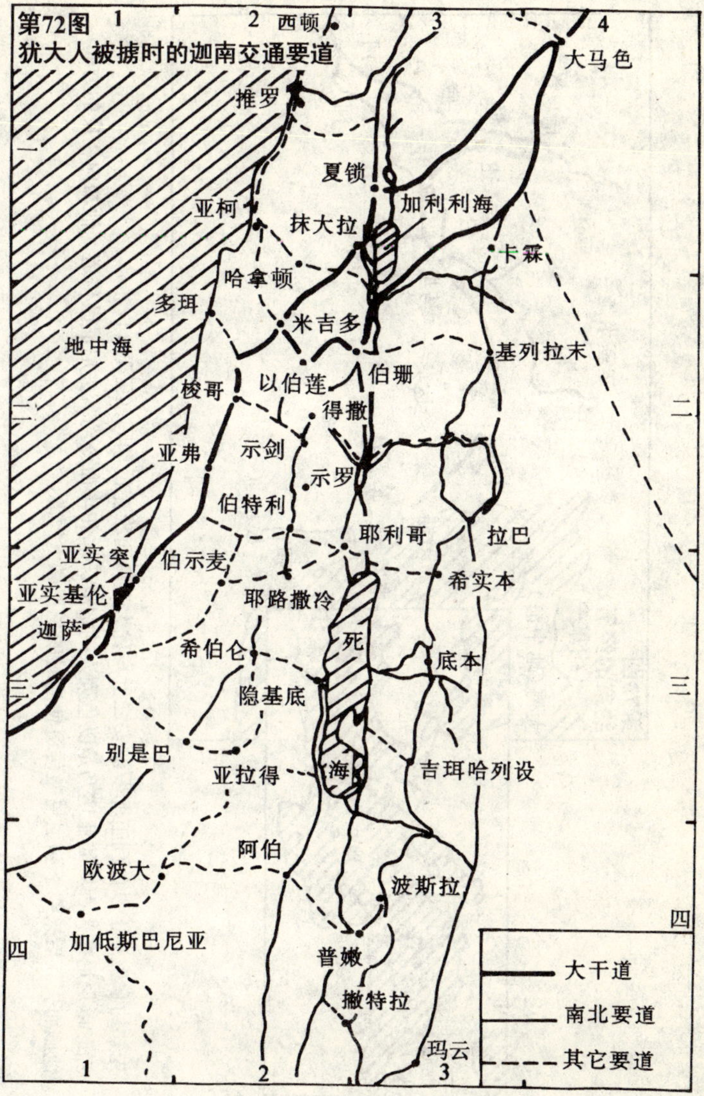

第72图
犹大人被掳时的迦南交通要道

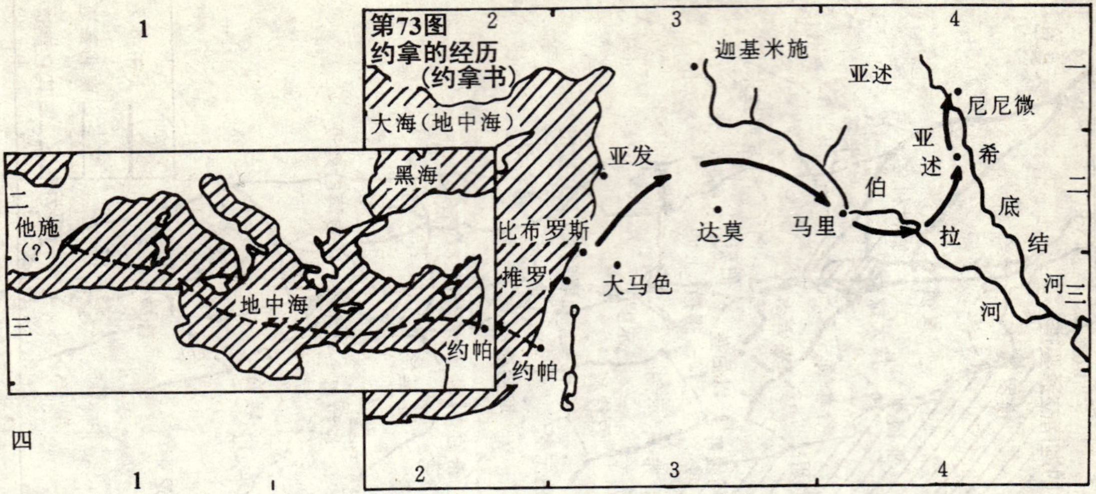

第73图
约拿的经历
(约拿书)

先知约拿生活于以色列王耶罗波安二世与犹大王乌西雅在位期间。(王下 14:25)
当时以尼尼微为都城的亚述乃是以色列人的宿敌。耶和华命令约拿去尼尼微传道，他却向相反的方向他施而去。后来终于到尼尼微传道使当时的尼尼微人悔改。

第74图
阿摩司预言遭难的各地
（摩1—2章）

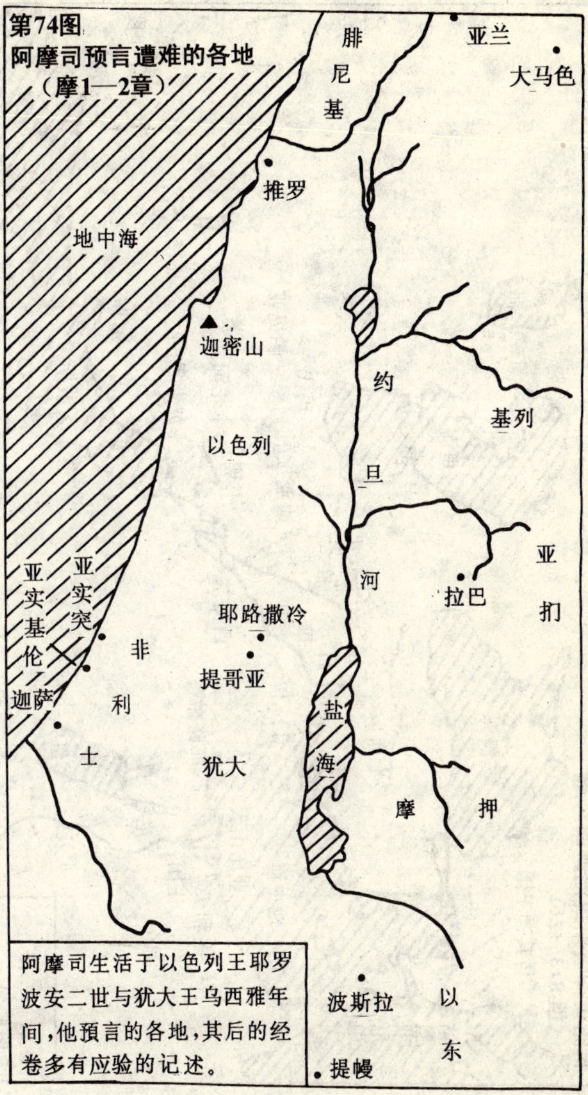

阿摩司生活于以色列王耶罗波安二世与犹大王乌西雅年间，他预言的各地，其后的经卷多有应验的记述。

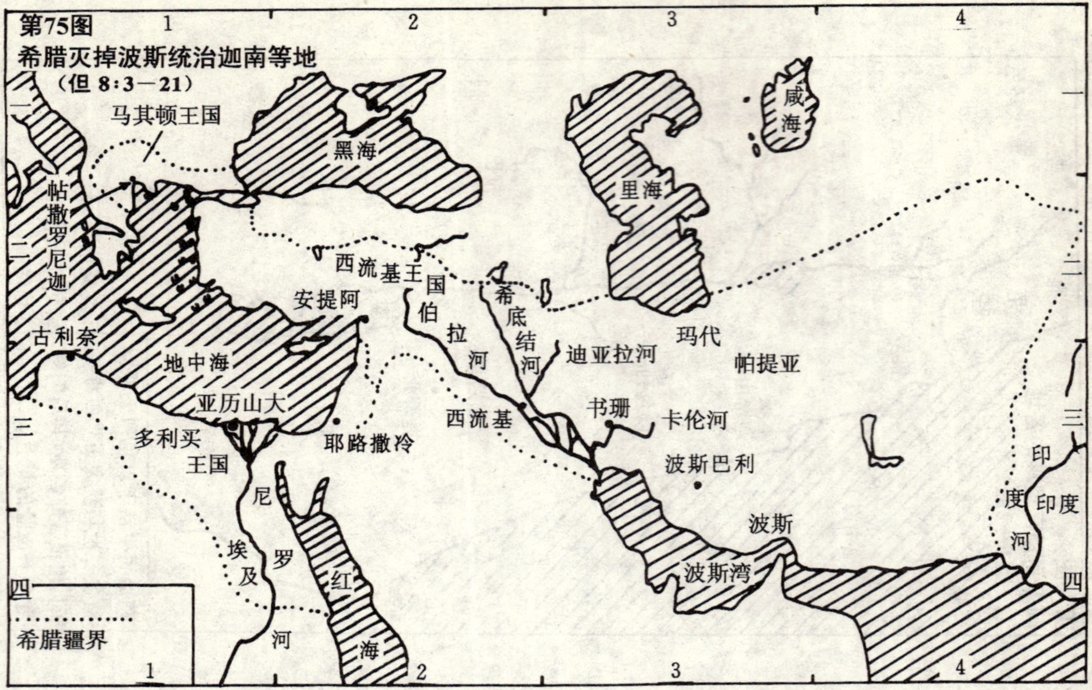

第75图
希腊灭掉波斯统治迦南等地
（但 8:3—21）

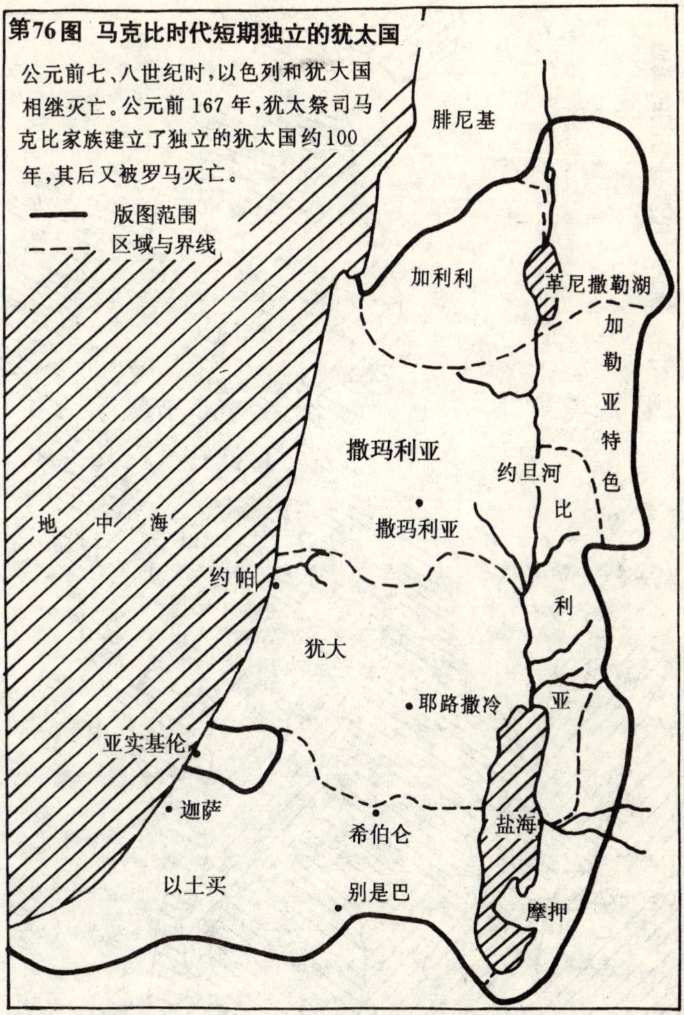

第76图 马克比时代短期独立的犹太国

公元前七、八世纪时，以色列和犹大国相继灭亡。公元前167年，犹太祭司马克比家族建立了独立的犹太国约100年，其后又被罗马灭亡。

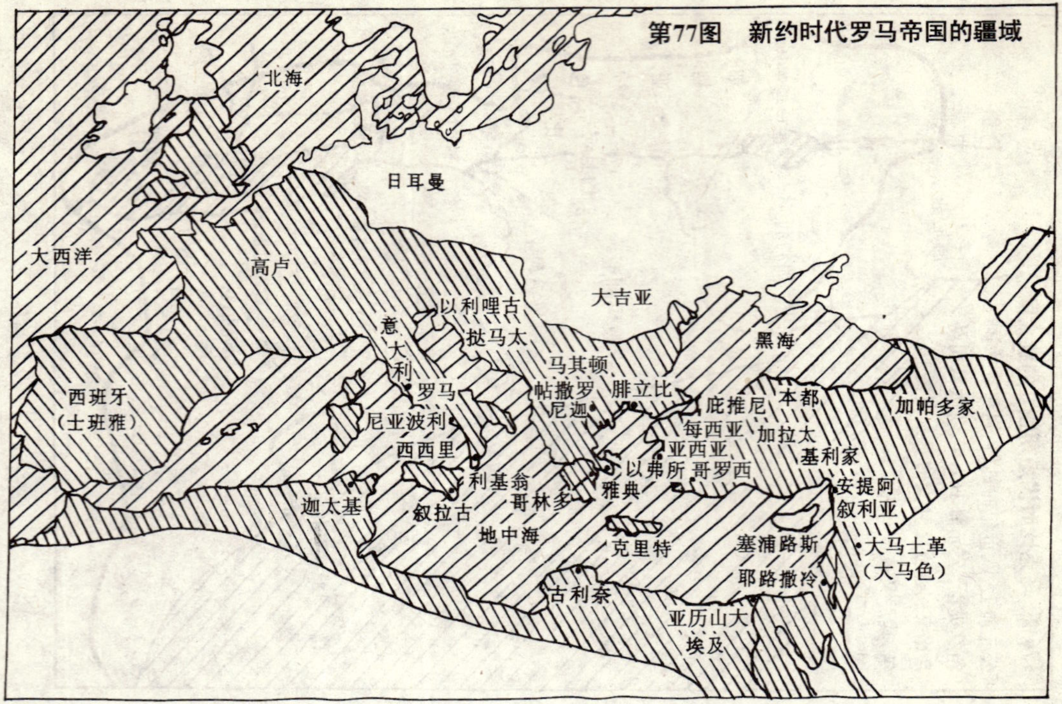

第77图　新约时代罗马帝国的疆域

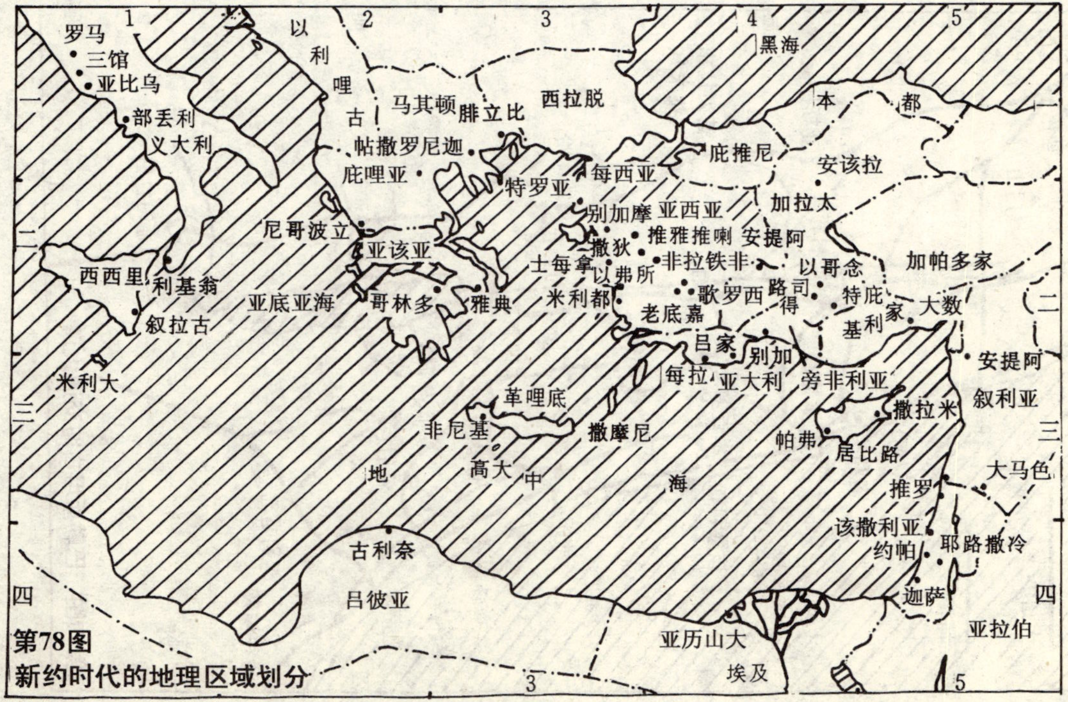

第78图
新约时代的地理区域划分

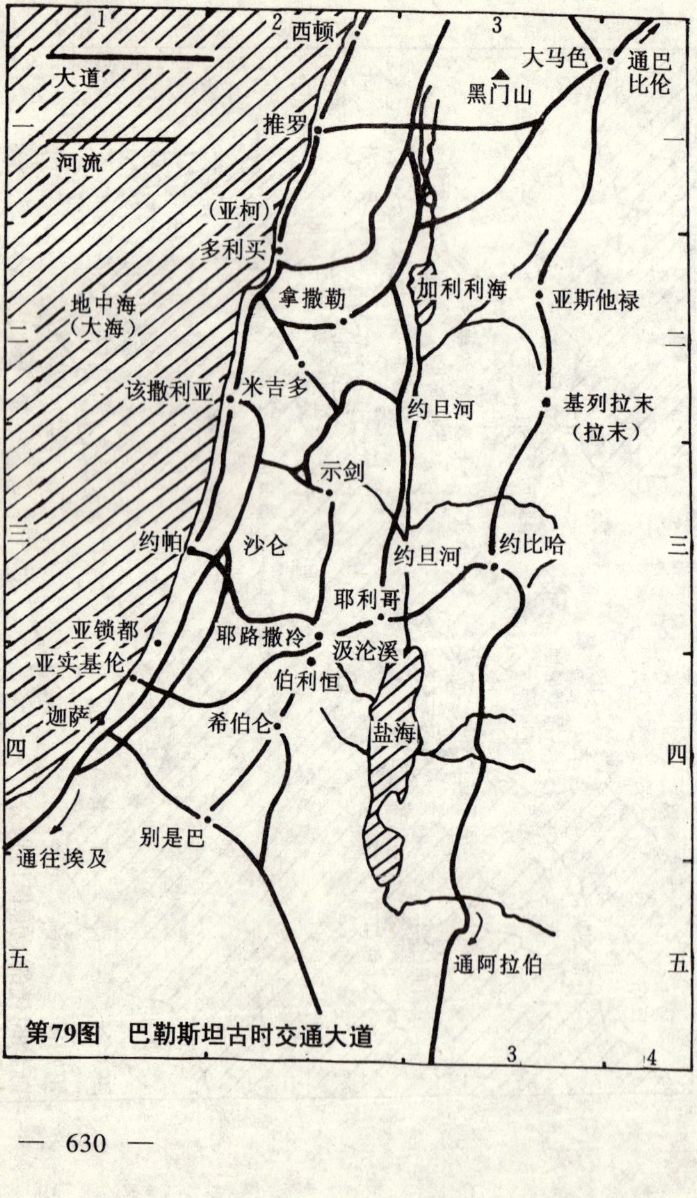

第79图　巴勒斯坦古时交通大道

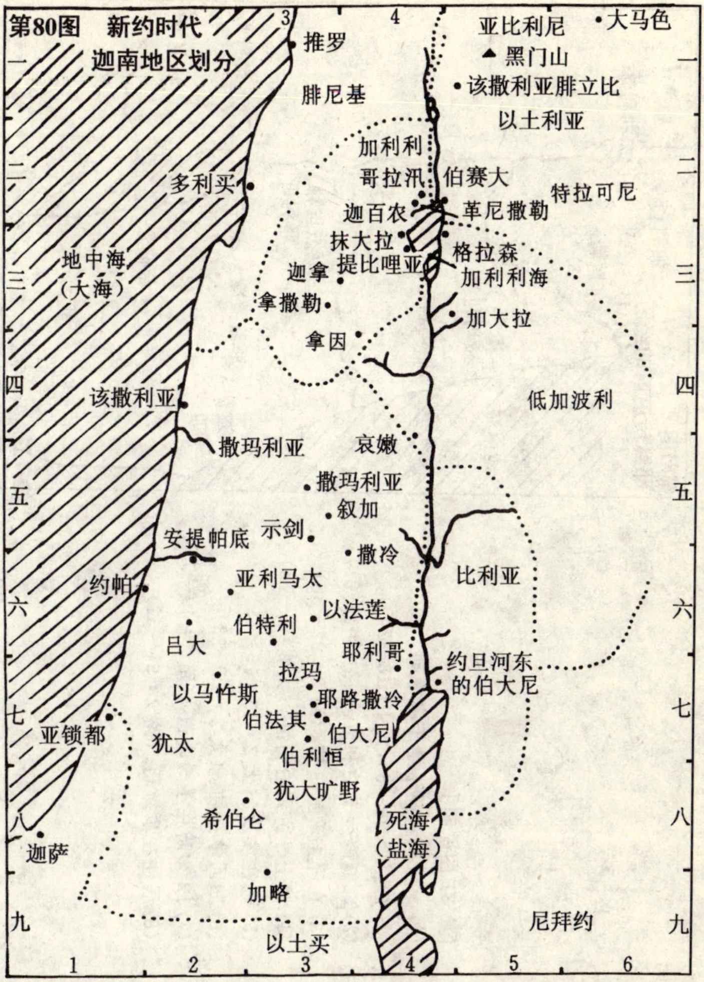
第80图　新约时代
迦南地区划分
推罗
腓尼基
亚比利尼
大马色
黑门山
该撒利亚腓立比
以土利亚
加利利
哥拉汎
伯赛大
特拉可尼
迦百农
革尼撒勒
抹大拉
格拉森
多利买
地中海
(大海)
迦拿
提比哩亚
加利利海
拿撒勒
加大拉
拿因
低加波利
该撒利亚
撒玛利亚
哀嫩
撒玛利亚
叙加
示剑
安提帕底
撒冷
比利亚
约帕
亚利马太
以法莲
伯特利
吕大
耶利哥
约旦河东
的伯大尼
拉玛
以马忤斯
耶路撒冷
伯法其
伯大尼
亚锁都
犹太
伯利恒
犹大旷野
希伯仑
死海
(盐海)
迦萨
加略
尼拜约
以土买
一
二
三
四
五
六
七
八
九
1
2
3
4
5
6

[第 81 图说明]

〈1〉童女马利亚怀孕于拿撒勒。
　　(路 1：26—63，太 1：18—24)

〈2〉耶稣降生于伯利恒。(路 2：1—21)

〈3〉在圣殿奉献归神。(路 2：22—38)

〈4〉博士寻访到伯利恒。(太 2：1—12)

〈5〉逃往埃及。(太 2：13—15)

〈6〉归回拿撒勒。(太 2：19—23)

〈7〉12 岁時在圣殿谈道。(路 2：40—50)

〈8〉居住在拿撒勒。(路 2：51—52)

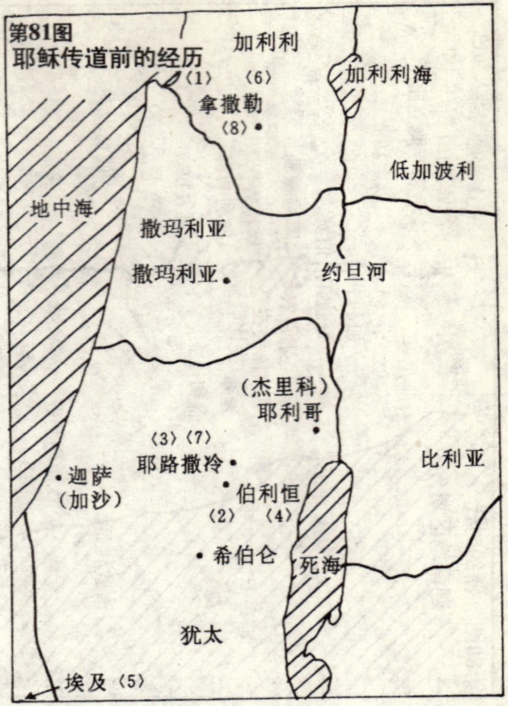

第81图
耶稣传道前的经历

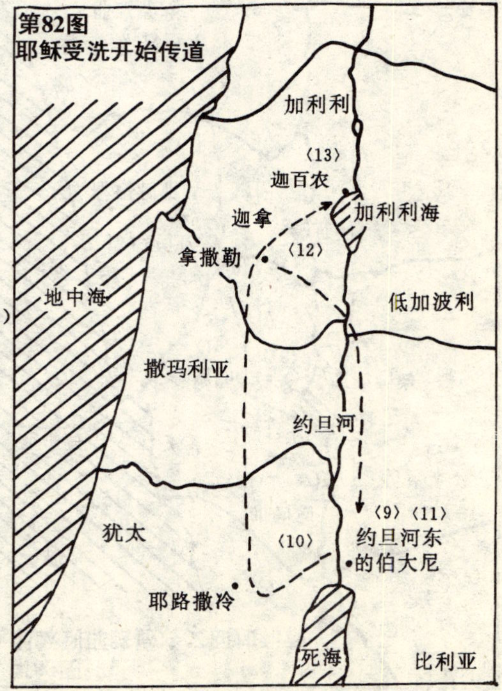

[第 82 图说明]

〈9〉在约旦河受洗。(太 3：1—17)

〈10〉在旷野受魔鬼的试探。(路 4：1—13，太 4：1—11)

〈11〉在约旦河外的伯大尼初召门徒。(约 1：29—51)

〈12〉在迦拿使水变酒。(约 2：1—11)

〈13〉到迦百农去。(约 2：12)

[第 83 图说明]

〈14〉洁净圣殿，讲论重生。(约 2：13—3：21)

〈15〉耶稣的门徒在犹太施洗。(约 3：22—36)

〈16〉和撒玛利亚妇人谈道。(约 4：1—42)

〈17〉回加利利。(太 4：12)

〈18〉在迦拿医治大臣的儿子。(约 4：46.54)

〈19〉在本乡拿撒勒被厌弃。(路 4：13—30)

〈20〉在迦百农的海边再召门徒。
(太 4：13—22，路 5：1—11)

〈21〉在安息日赶鬼。(可 1：21—28)

〈22〉医治彼得的岳母。(可 1：29—31)

〈23〉初次周游加利利传道。(可 1：35—39)

〈24〉在迦百农洁净麻疯病人。(可 1：40—45)

〈25〉治好瘫痪病人。(可 2：1—12)

〈26〉选召马太。(可 2：13—19)

〈27〉讲论禁食与吃喝。(路 5：33—39)

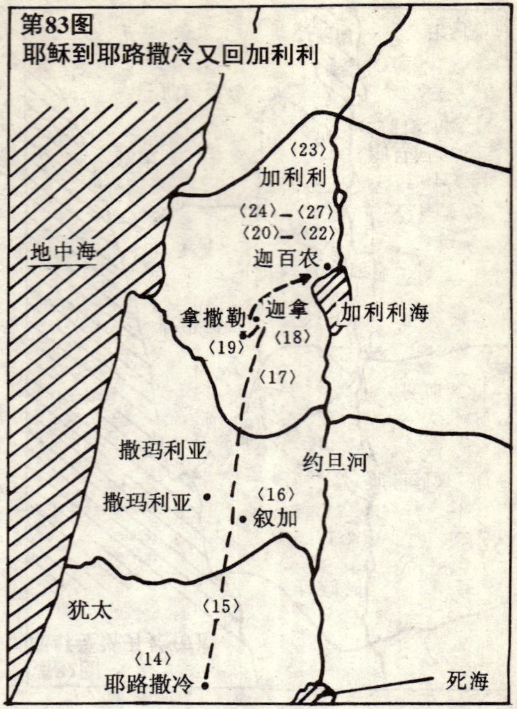

第83图
耶稣到耶路撒冷又回加利利

第84图　耶稣的神迹和教训吸引了各地的人到他那里

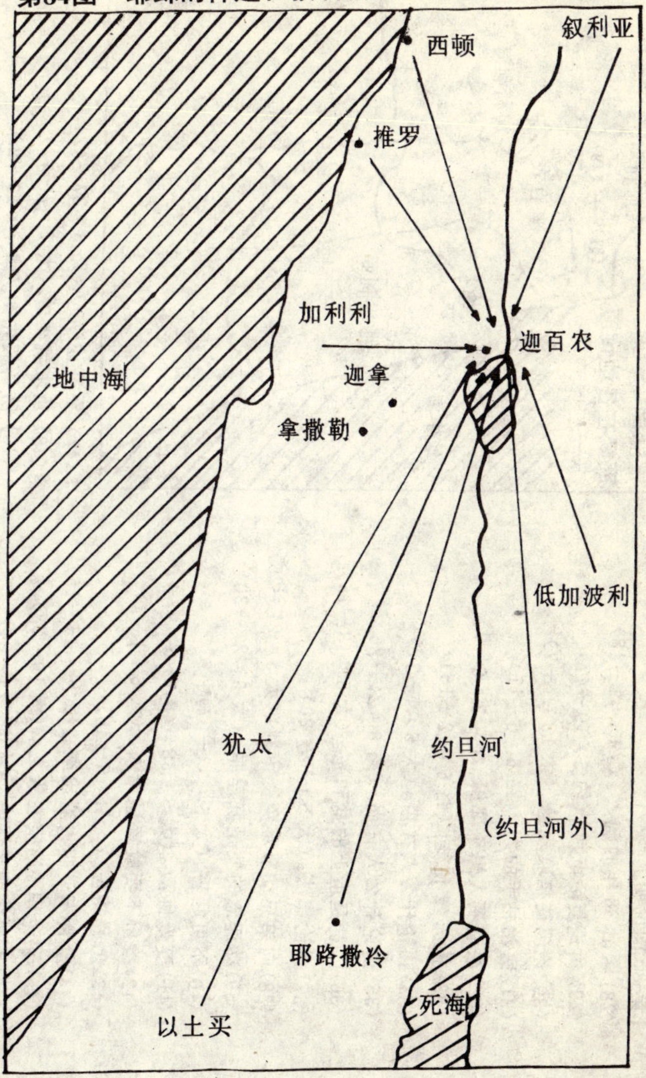

[第 85 图说明]

〈28〉医治 38 年的病人。(约 5：1—18)
〈29〉讲论复活审判。(约 5：19—47)
〈30〉论门徒掐取麦穗。(太 12：1—7)
〈31〉医治枯手的人。(路 6：6—11)
〈32〉法利赛人想杀耶稣。(可 3：6—7)
〈33〉拣选 12 使徒。(路 6：12—16)
〈34〉讲论什么人有福。(太 5：1—12)
〈35〉讲论什么人有祸。(路 6：24—26)
〈36〉门徒是世上的盐和光。(太 5：13—16)
〈37〉讲论律法。(太 5：17—20)
〈38〉向弟兄动怒难免受审判。(太 5：21—25)
〈39〉动淫念的便是奸淫罪。(太 5：27—30)
〈40〉不可起誓。(太 5：33—37)
〈41〉要爱仇敌。(太 5：38—48，路 6：27—36)
〈42〉善事不要故意显给人。(太 6：1—4)
〈43〉怎样祷告。(太 6：5—15)
〈44〉禁食不要叫人看出來。(太 6：16—18)
〈45〉讲论积攒财宝在天上。(太 19—23)
〈46〉不要为明天忧虑。(太 6：24—34)

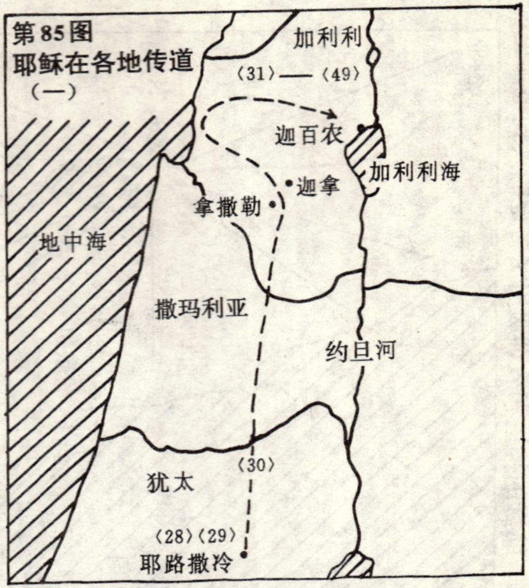

第85图
耶稣在各地传道
(一)

〈47〉不要论断人。(路 6：37—42)
〈48〉祈求就得着。(太 7：7—12)
〈49〉防备假先知。(太 7：13—23)

[第 86 图说明]
〈50〉医治百夫长的仆人。(路 7：1—10)
〈51〉使寡妇的儿子复活。(路 7：11—17)
〈52〉解答施洗约翰的疑问。(路 7：18—28)
〈53〉有罪的女人用香膏抹耶稣。(路 7：36—50)
〈54〉再次周游加利利传道，驳鬼王赶鬼之说。
(路 8：1—3，太 12：22—37)
〈55〉讲论约拿的神迹。(太 12：38—45)
〈56〉耶稣的亲属來找他。(可 3：31—35)
〈57〉讲论撒种的比喻。(太 13：1—23)
〈58〉麦子和稗子的比喻。(太 13：24—43)
〈59〉芥菜种子的比喻。(可 4：26—34)
〈60〉面酵、珠宝、撒网等比喻。(太 13：33—51)
〈61〉平静风和海。(可 4：35—41)
〈62〉斥逐污鬼进入猪群。(可 5：1—20)
〈63〉使睚鲁的女儿复活。(可 5：21—43)
〈64〉医治瞎子和哑巴。(太 9：27—34)

第86图
耶稣在各地传道(二)

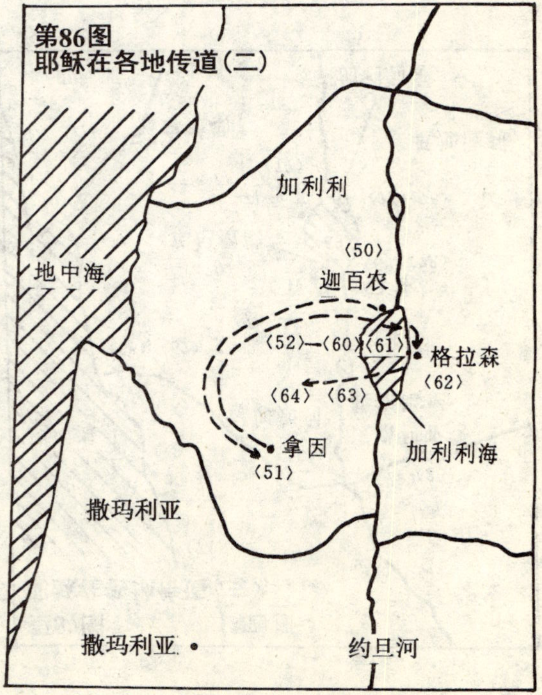

[第 87 图说明]

〈65〉在本乡再次被轻视。(太 13：54—57)
〈66〉第三次周游加利利传道,并差 12 门徒去传道。(太 9：35—11：1)
〈67〉施洗的约翰被杀害,耶稣退到旷野。(可 6：14—32)
〈68〉五饼二鱼使五千人吃饱。(可 6：30—45)
〈69〉在海上行走救起彼得。(太 14：22—33)
〈70〉在革尼撒勒治病。(可 6：53—56)
〈71〉责备只求吃饼得饱的人。(约 6：22—29)
〈72〉生命的粮和永生之道。(约 6：30—71)
〈73〉讲论真正的污秽。(可 7：1—23)
〈74〉医治迦南妇人的女儿。(太 15：21—28)
〈75〉医治耳聋舌结的人。(可 7：31—37)
〈76〉七个饼使四千人吃饱。(可 8：1—9)
〈77〉斥责求神迹的人。(太 15：39—16：12)
〈78〉使瞎子得以看见。(可 8：22—26)
〈79〉彼得认耶稣是救主。(太 16：13—20)
〈80〉预言自己受难后复活。(太 16：21—27)

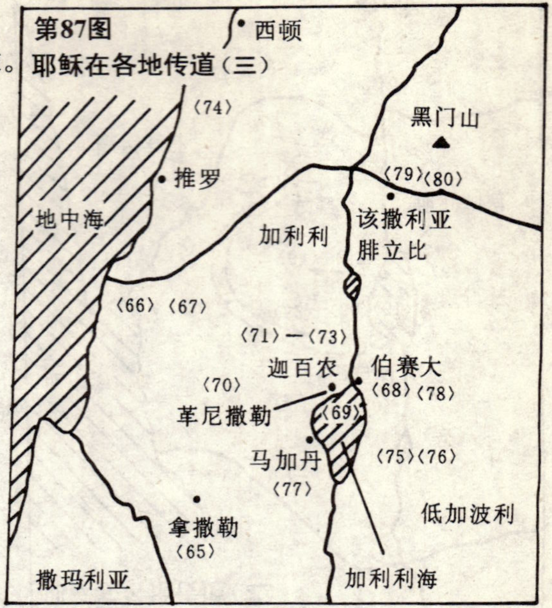

第87图
耶稣在各地传道(三)

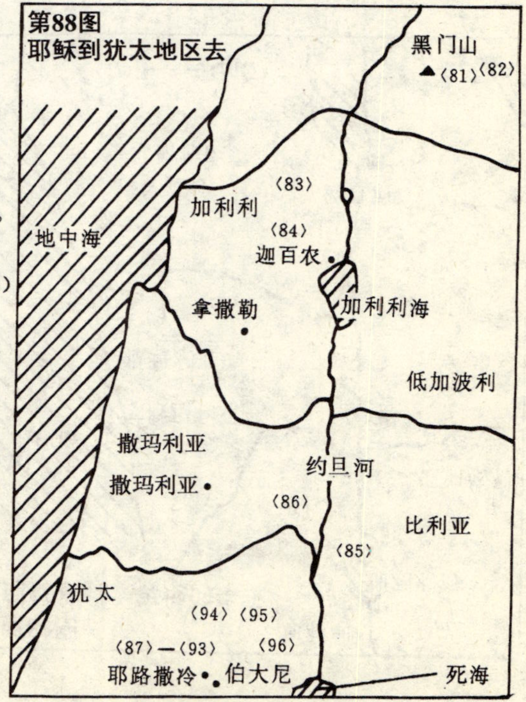

[第 88 图说明]

〈81〉黑门山上改变形象。(太 17：1—8)

〈82〉医治患癫痫病的孩子。(可 9：14—29)

〈83〉再次预言受难后复活。(可 9：30—32)

〈84〉显神迹交纳税银，讲论饶恕弟兄。(太 17：24—18：35)

〈85〉悄悄去往耶路撒冷，在约旦河东医治病人。(约 7：1—10，太 19：1—2)

〈86〉撒玛利亚人不肯接待耶稣。(路 9：51—56)

〈87〉在圣殿教导人。(约 7：11—29)

〈88〉祭司长差人捉拿耶稣。(约 7：30—52)

〈89〉文士带着淫妇问难。(约 8：1—11)

〈90〉耶稣是世界的光。(约 8：12—18)

〈91〉讲论真理叫人自由。(约 8：31—36)

〈92〉治好生来瞎眼的人。(约 9：1—41)

〈93〉使人得丰盛的生命。(约 10：1—21)

〈94〉差遣70人去传道。(路 10：1—11)

〈95〉好撒玛利亚人的比喻。(路 10：25—37)

〈96〉马利亚选择上好的福分。(路 10：38—42)

[第 89 图说明]

〈97〉天父将圣灵给求他的人。(路 11：1—13)

〈98〉法利赛人寻找耶稣话柄。(路 11：37—54)

〈99〉内室说的话将在房上被宣扬。(路 12：1—12)

〈100〉不能用思虑增加寿数。(路 12：13—34)

〈101〉论作忠心的管家。(路 12：35—48)

〈102〉论家人要纷争。(路 12：49—59)

〈103〉论不结果的无花果树。(路 13：1—9)

〈104〉芥菜种和酵的比喻。(路 13：10—21)

〈105〉犹太人要用石头打耶稣。(约 10：22—39)

〈106〉论在后的將要在前。(路 13：23—30)

〈107〉希律想要杀害耶稣。(路 13：31—35)

〈108〉论自高的必降为卑。(路 14：1—24)

〈109〉门徒当背十字架。(路 14：25—35)

〈110〉迷失的羊和失落的钱。(路 15：1—10)

〈111〉论浪子回家后的喜乐。(路 15：11—32)

〈112〉论聪明的不义管家。(路 16：1—8)

〈113〉财主和乞丐拉撒路。(路 16：19—31)

〈114〉仆人当作的事。(路 17：1—10)

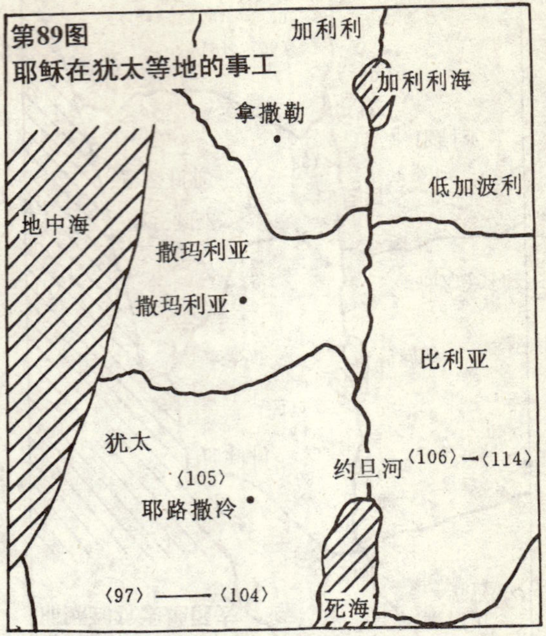

第89图
耶稣在犹太等地的事工

[第 90 图说明]

〈115〉使拉撒路复活。(约 11：1—46)

〈116〉耶稣退往以法莲。(约 11：47—54)

〈117〉论挪亚的日子。(路 17：20—32)

〈118〉讲论不同的祷告。(路 18：1—14)

〈119〉论休妻另娶。(太 19：3—12)

〈120〉不像小孩子不能进神国。(可 10：13—16)

〈121〉论财主进天国之难。(太 19：16—27)

〈122〉不要闲站，要进园作工。(太 20：1—16)

〈123〉不是受服侍而要服侍人。(可 10：32—45)

〈124〉医治盲人拯救税吏长。(路 18：35—19：10)

〈125〉良善与懒恶的仆人。(路 19：11—28)

〈126〉马利亚用香膏抹主的脚。(约 12：1—3)

〈127〉耶稣骑驴进耶路撒冷。(可 11：1—10)

〈128〉咒诅无花果树再次洁净圣殿。
(可 11：13—19)

〈129〉无花果树枯干。(可 11：20—26)

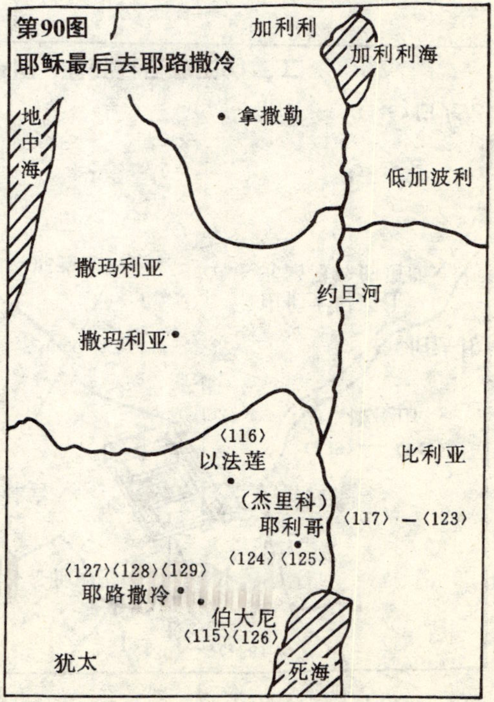

第90图
耶稣最后去耶路撒冷

[第 91 图说明]

〈130〉反问刁难者。(路 20：1－8)

〈131〉两个儿子和恶园户。(太 21：28－46)

〈132〉被召的人多选上的人少。(太 22：1－14)

〈133〉该撒的物归给该撒，神的物归给神。(路 20：20－26)

〈134〉驳倒撒都该人的问难。(路 20：27－40)

〈135〉论最大的诫命。(可 12：28－37)

〈136〉论假冒为善之人的祸。(太 23：1－39)

〈137〉称赞穷寡妇的两个小钱。(可 12：41－44)

〈138〉服事主的天父必尊重他。(约 12：20－28)

〈139〉论世界末了的预兆。(太 24：1－31)

〈140〉耶稣再来之日无人知道。(太 24：32－44)

〈141〉论按时分粮的管家。(太 24：45－51)

〈142〉十个童女的比喻。(太 25：1－13)

〈143〉凡有的还要加给他。(太 25：14－30)

〈144〉作在最小的弟兄身上就是作在基督身上。(太 25：31－46)

〈145〉耶稣预言将被钉十字架。(太 26：1－16)

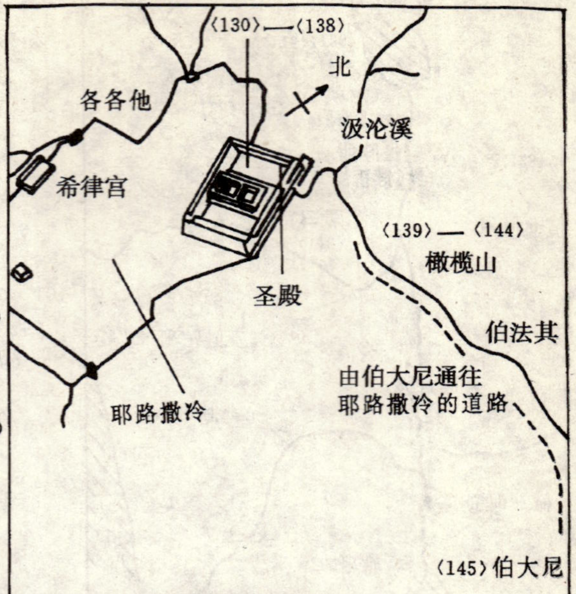

第91图　耶稣最后数天的事工

第92图　最后的晚餐之夜耶稣被卖

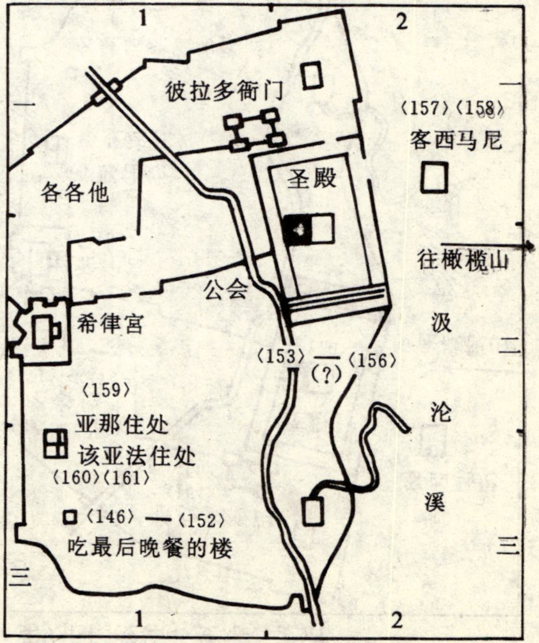

[第 92 图说明]

〈146〉吃逾越节的筵席。(路 22：7—18)
〈147〉门徒争论谁为大。(路 22：24—30)
〈148〉耶稣为门徒洗脚。(约 13：1—35)
〈149〉预言彼得不认耶稣。(太 26：31—35)
〈150〉叫门徒卖衣服买刀。(路 22：35—38)
〈151〉嘱门徒记念基督受难。(路 22：14—20)
〈152〉道路、真理、生命。(约 14：1—7)
〈153〉论枝子与葡萄树。(约 15：1—8)
〈154〉仆人不能大于主人。(约 15：18—27)
〈155〉论苦难与平安。(约 16：12—33)
〈156〉为门徒祈求。(约 17：1—26)
〈157〉在客西马尼园祷告。(可 14：32—42)
〈158〉犹大亲嘴卖耶稣。(可 14：43—46)
〈159〉耶稣在亚那处受审。(约 18：12—23)
〈160〉在该亚法处受审。(可 14：53—65)
〈161〉彼得三次不认耶稣。(路 22：55—62)

[第 93 图说明]

〈162〉在公会受审。(路 22：66—71)
〈163〉犹大吊死。(太 27：3—10)
〈164〉在彼拉多处受审。(约 18：28—40)
〈165〉在希律处受审。(路 23：5—12)
〈166〉被判受刑。(约 19：4—16)
〈167〉背十字架走向各各他。(约 19：17—24)
〈168〉背十字架走向各各他。(路 23：39—43)
〈169〉遍地黑暗。(太 27：45—46)
〈170〉圣殿的幔子裂为两半。(太 27：51—54)
〈171〉肋旁被枪扎，流出水血。(约 19：31—39)
〈172〉安葬在别人的坟墓中。(太 27：57—66)
〈173〉礼拜日清晨复活。(可 16：1—7)
〈174〉向马利亚显现。(约 20：11—18)

第93图 受审、受难、复活

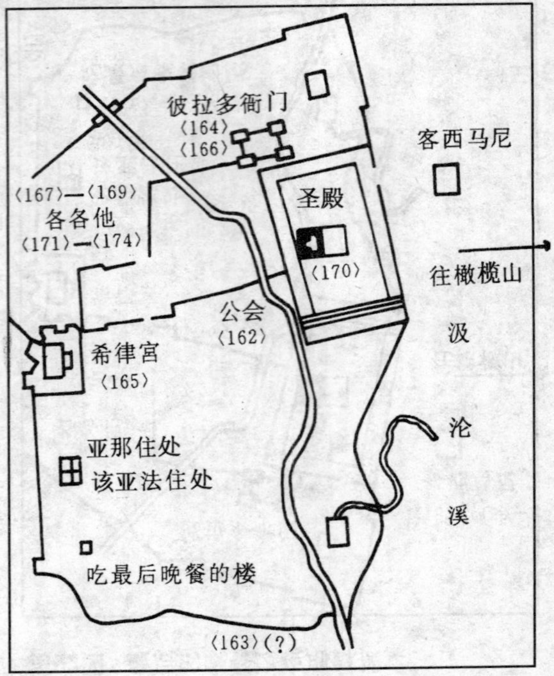

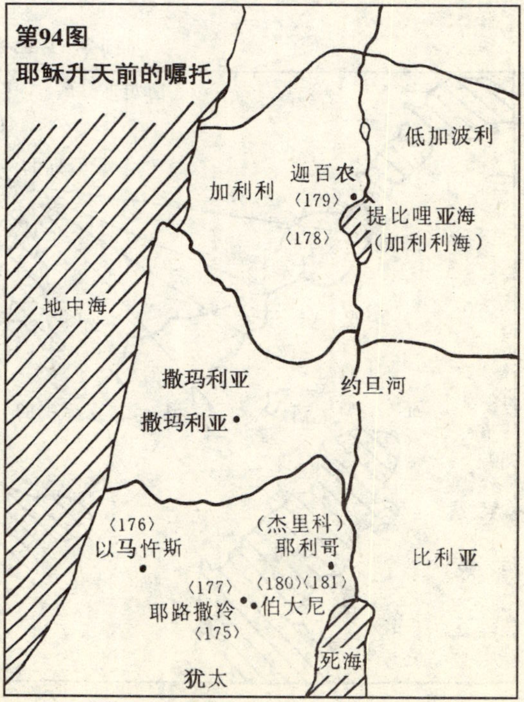

第94图
耶稣升天前的嘱托

[第 94 图说明]

〈175〉向彼得显现。（林前 15：3—5）
〈176〉向两个门徒显现。（路 24：13—35）
〈177〉向十一使徒显现。（约 20：19—27）
〈178〉嘱托门徒传道。（太 28：16—20）
〈179〉嘱托彼得看顾信徒。（约 21：1—23）
〈180〉嘱托门徒传救恩到万邦。（路 24：44—49）
〈181〉升天，预言再来。（徒 1：3—11）

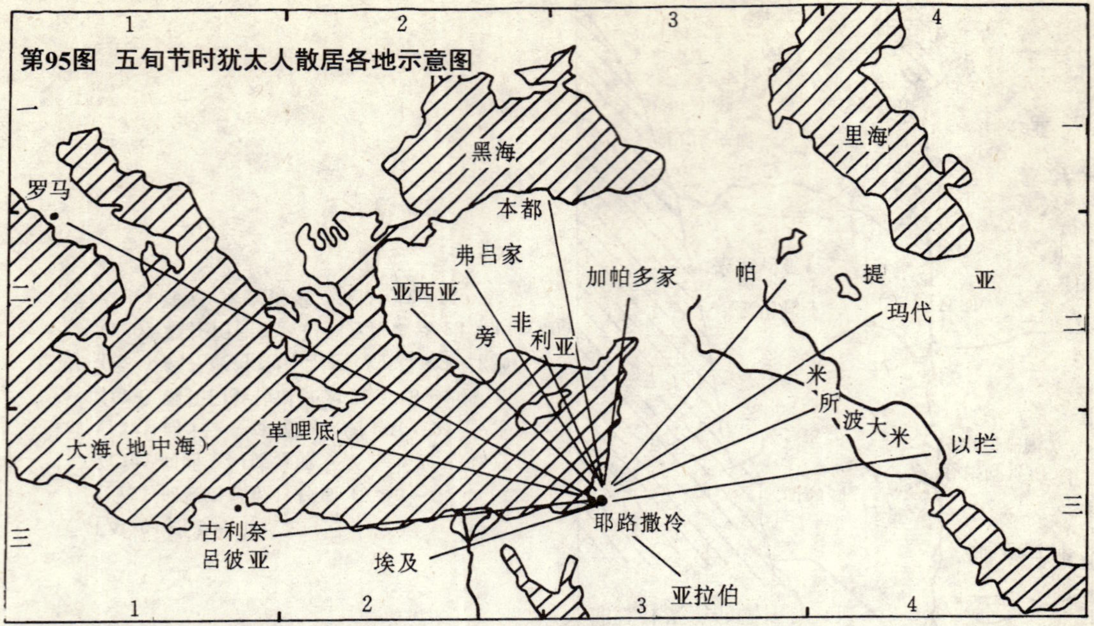

五旬时节，散居在欧、亚、非各地的犹太人到耶路撒冷来守节，他们听到福音，又把福音带回各地。（徒 2：1—41；8：4）

第96图　腓利、彼得的布道路线

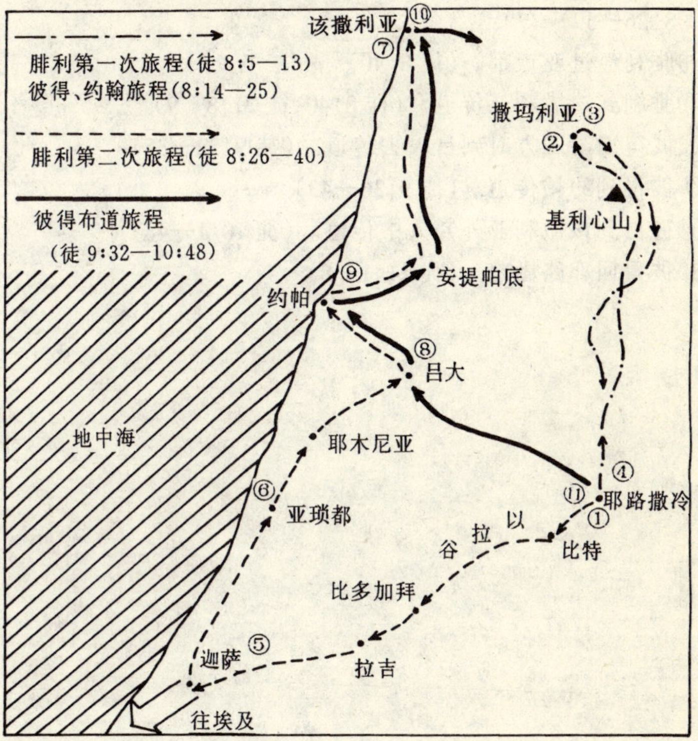

[第 96 图说明]

①—②腓利到撒玛利亚传道。(徒 8:1—13)

①—③彼得、约翰到撒玛利亚传道。(徒 8:14—24)

③—④彼得、约翰由撒玛利亚归回耶路撒冷。(徒 8:25)

⑤腓利到通向迦萨的路上向埃提阿伯的太监传道。(徒 8:26—39)

⑥腓利经过亚锁都。(徒 8:40)

⑦腓利到该撒利亚传道。(徒 8:40,徒 21:8—9)

⑧彼得周游四方时到吕大去传道。(徒 9:32—35)

⑨彼得到约帕传道。(徒 9:36—43)

⑩彼得到该撒利亚外邦人中传道。(徒 10:1—48)

⑪彼得回耶路撒冷。(徒 11:1—8)

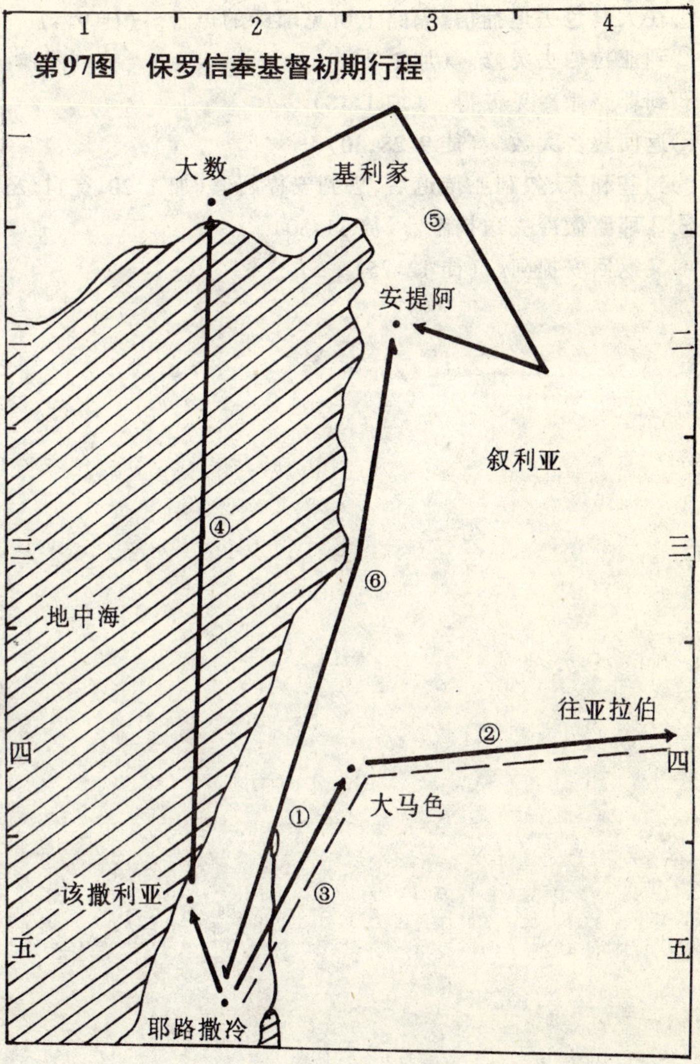

第97图　保罗信奉基督初期行程

［第 97 图说明］

①往大马色去追捕信徒，路上听见耶稣的声音。（徒 9:4）

②到亚拉伯去灵修。（加 1:7）

③到耶路撒冷见彼得。（加 1:18）

④返回故乡大数。（徒 9:28,30）

⑤到基利家、叙利亚传道后，去到安提阿。（加 1:20，徒11:25）

⑥往耶路撒冷去送捐献。（徒 11:30）

又返回安提阿。（徒 12:25）

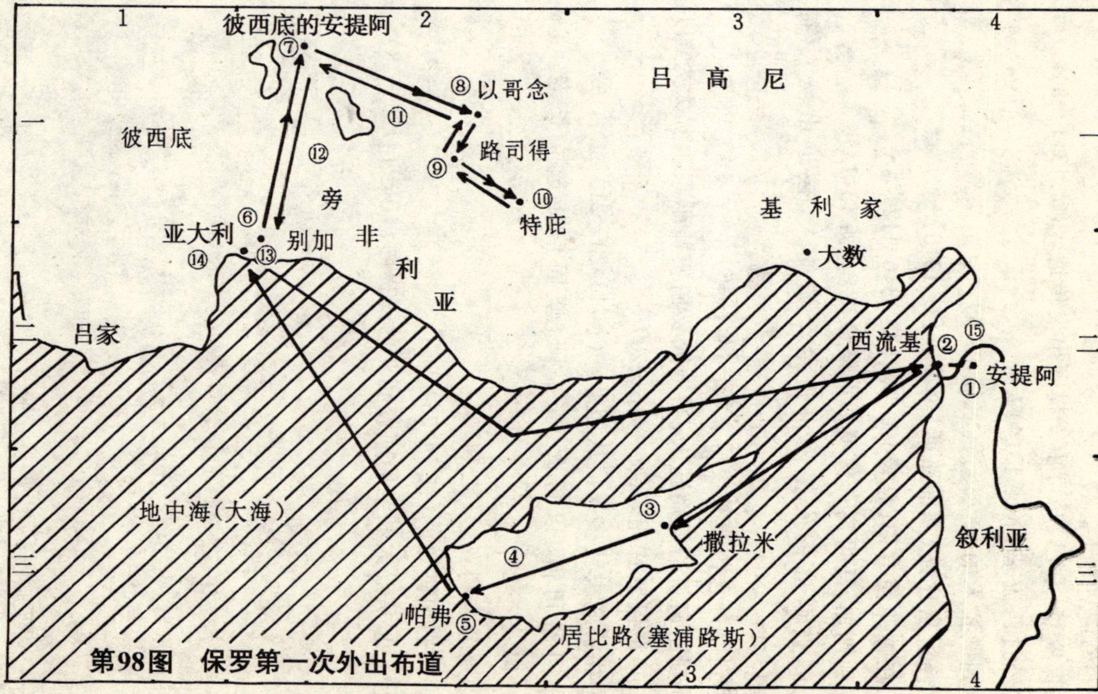

第98图　保罗第一次外出布道

[第98图说明]

①保罗、巴拿巴、马可由安提阿出发传道。(徒13:1—3)

②经过西流基。(徒13:4)

③到撒拉米的会堂传道。(徒13:5)

④经过居比路(塞浦路斯)全岛。(徒13:6)

⑤在帕弗使方伯(总督)悔改。(徒13:6—12)

⑥到别加,马可离开保罗回耶路撒冷。(徒13:13)

⑦到彼西底的安提阿讲道给全城的人,被迫出境。(徒13:14—50)

⑧到以哥念传道被凌辱。(徒14:1—5)

⑨到路司得治好瘸腿人,当地人要向使徒献祭。犹太人却几乎把保罗打死。(徒14:6—20)

⑩往特庇去使多人信从耶稣。(徒14:20—21)

⑪回路司得、以哥念、安提阿,坚固信徒选立长老。(徒14:21—23)

⑫到旁非利亚。(徒14:24)

⑬在别加讲道。(徒14:25)

⑭—⑮从亚大利坐船回叙利亚的安提阿。(徒14:25—28)

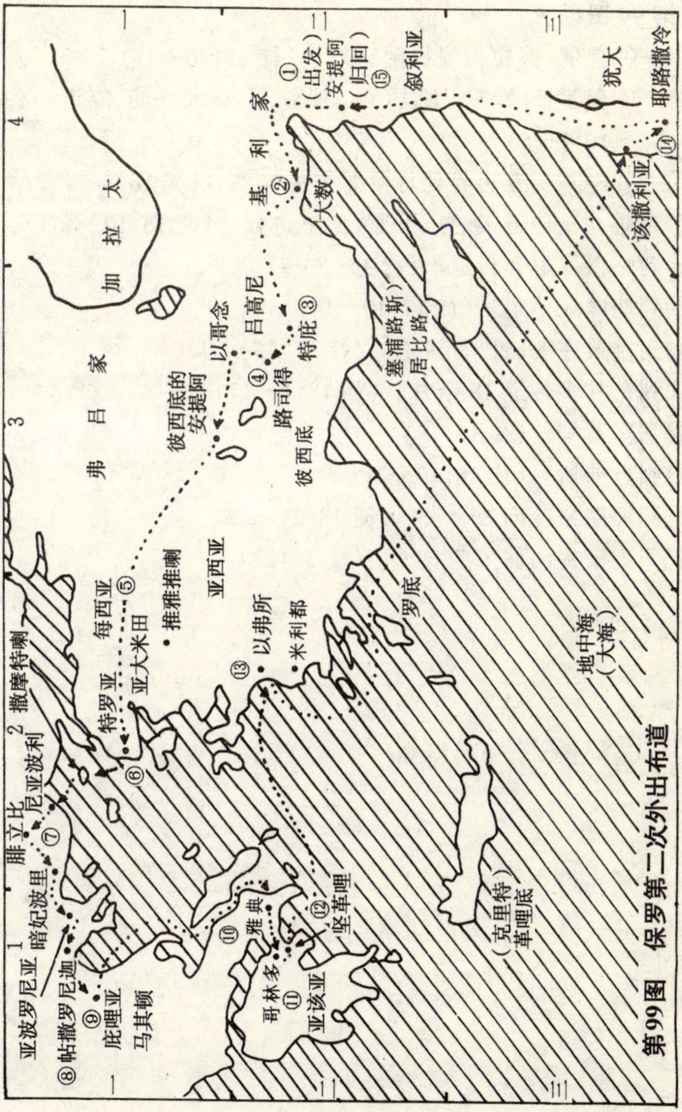

第99图　保罗第二次外出布道

[第 99 图说明]

①—②保罗、西拉由安提阿出发。(徒 15:36—41)

③—④保罗到特庇、路司得,带领提摩太一起传道。(徒 16:1—5)

⑤—⑥经每西亚边界到特罗亚得见异象。(徒 16:6—9)

⑦到腓立比传道,被打、下监,狱卒得救。(徒 16:10—40)

⑧到帖撒罗尼迦传道。(徒 17:1—9)

⑨到庇哩亚传道。(徒 17:10—14)

⑩到雅典在亚略巴古讲道。(徒 17:15—34)

⑪到哥林多传道 18 个月。(徒 18:1—17)

⑫到坚革哩。(徒 18:18)

⑬到以弗所。(徒 18:19—21)

⑭到耶路撒冷问教会安。(徒 18:21—22)

⑮回到安提阿住了些日子。(徒 18:22)

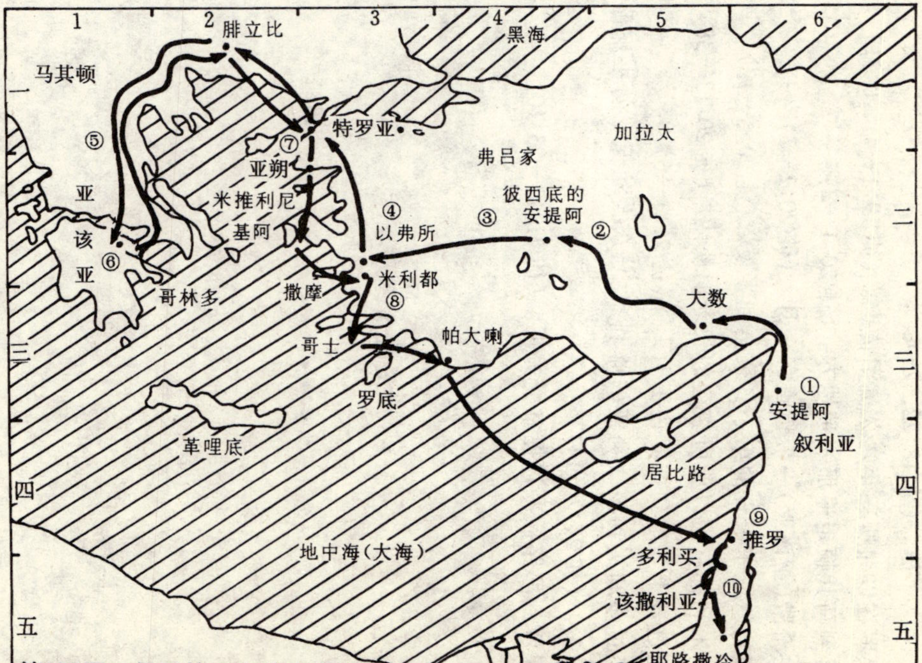

第100图　保罗第三次外出布道

［第 100 图说明］

①—②—③由安提阿出发到加拉太、弗吕家等地区坚固众门徒。(徒 18:22—23)

④保罗在以弗所三年之久流泪传道。(徒 19:1—41,20:31)

⑤再到马其顿走遍那一带地方。(徒 20:1—2)

⑥在希腊(亚该亚)一带传道三个月。(徒 20:2—3)

⑦到特罗亚于七日的第一日聚会到半夜。(徒 20:6—12)

⑧到米利都召聚以弗所教会的长老们谈话。(徒 20:13—38)

⑨经过哥士等地到推罗住了七天。(徒 21:1—6)

⑩经过多利买到该撒利亚的腓利家中,众人劝保罗勿去耶路撒冷。(徒 21:7—14)

⑪保罗到耶路撒冷被捉拿受关押。(徒 21:17—23:10)

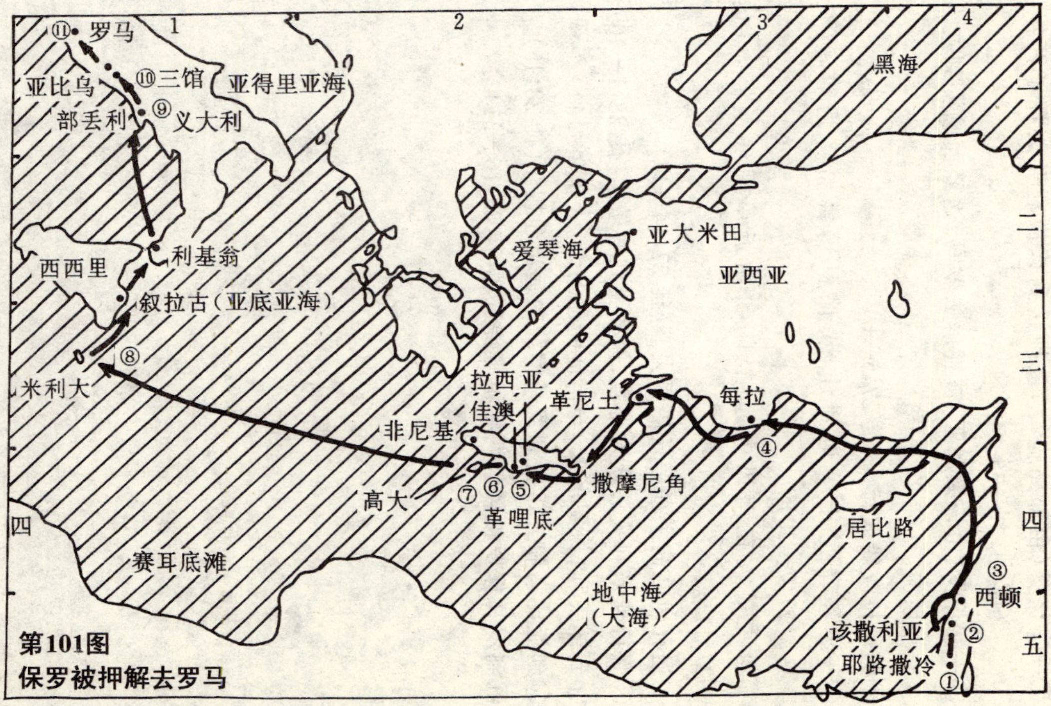

第101图
保罗被押解去罗马

[第 101 图说明]

①—②保罗(由耶路撒冷)被押送到该撒利亚关押了两年。(徒 23:31—35;24:27)

②—③保罗(由该撒利亚)被押解去罗马,途经西顿受到友人照应。(徒 27:1—3)

④到每拉改船航行。(徒 27:5—6)

④—⑤经革尼土等地到佳澳,保罗预言船将遇难。(徒 27:7—10)

⑥船主等人在南风中起锚开船,贴近革哩底航行。(徒 27:11—13)

⑦遇狂风在高大岛旁任船飘去。(徒 27:14—17)

⑧飘行到米利大岛众人得救,保罗受到尊敬。(徒 28:1—10)

⑨到部丢利(保罗等人)与信徒同住七天。(徒 28:14)

⑩到亚比乌和三馆受到罗马信徒的远出迎接。(徒 28:15)

⑪到罗马保罗被软禁两年租房传道。(徒 28:16—31)

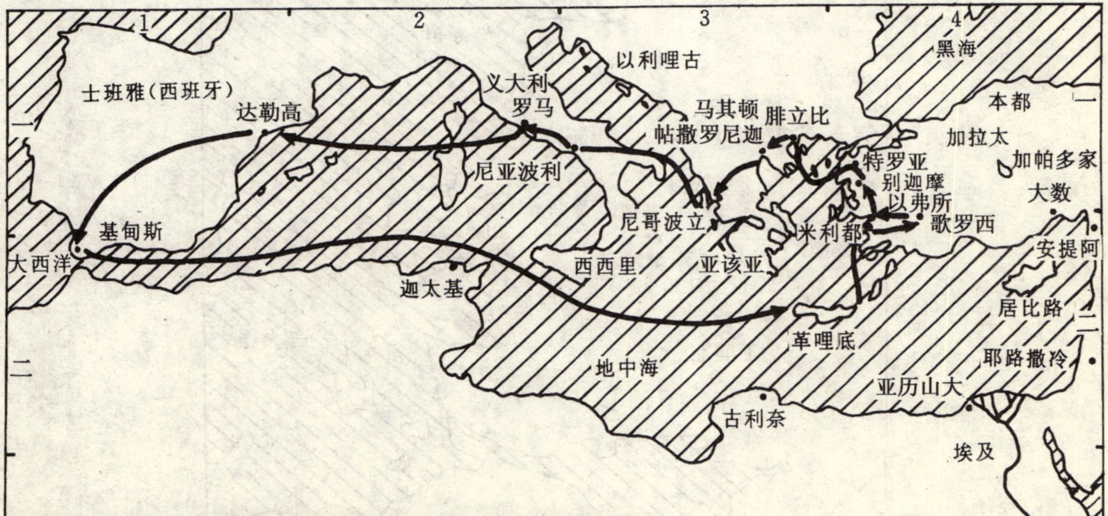

第102图　保罗被释放后最后一次布道可能经过之地

第103图

启示录中论到的七个教会

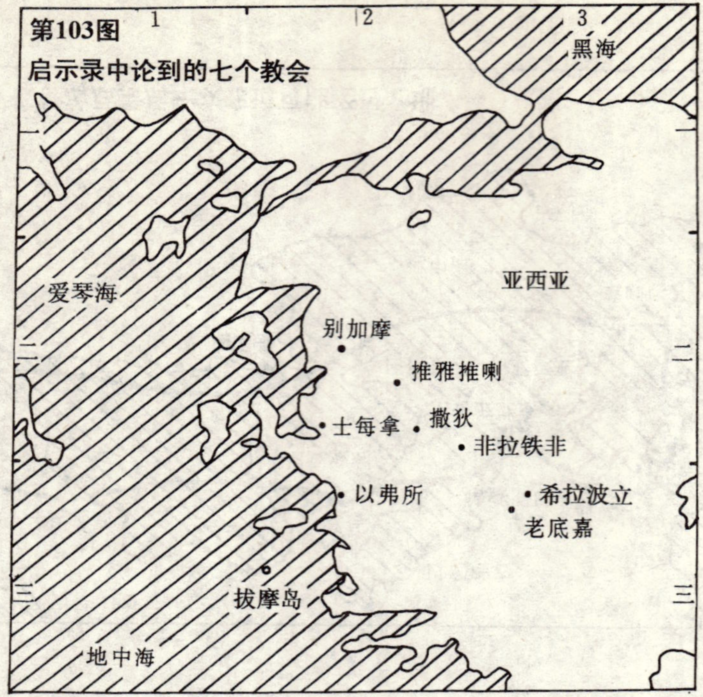

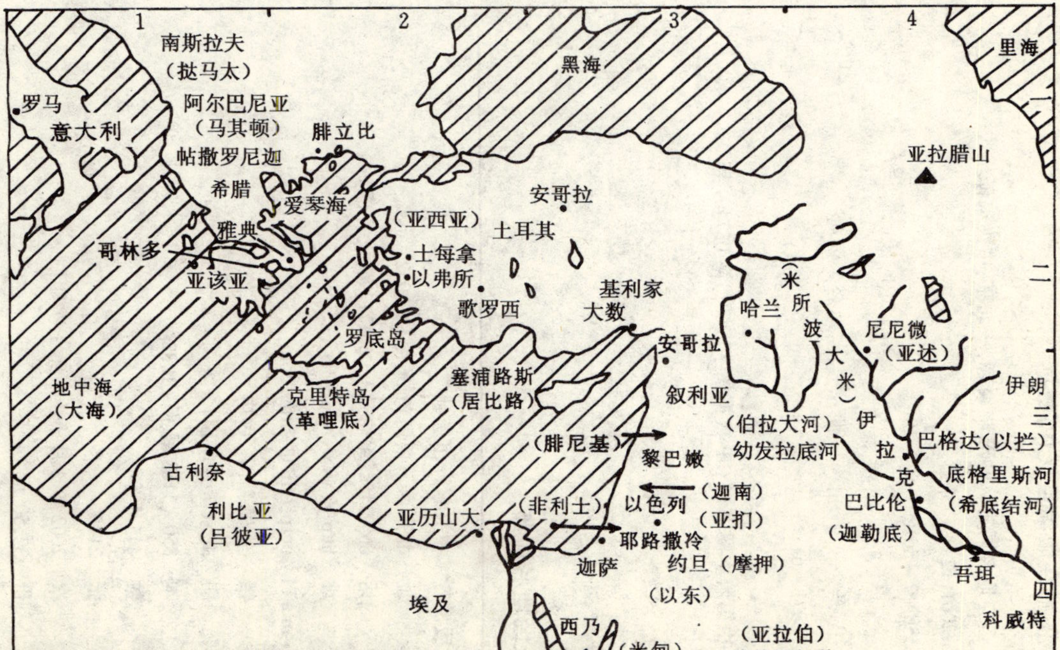

第104图　圣经地名与现今地名的示意图

图书在版编目(CIP)数据

圣经地名词典／白云晓编著.—北京:中央编译出版社,2001.12

ISBN 7-80109-520-0

Ⅰ.圣…　Ⅱ.白…　Ⅲ.圣经-地名-词典
Ⅳ.B971-61

中国版本图书馆CIP数据核字(2001)第087409号

圣经地名词典

出版发行　中央编译出版社
地　　址　北京西单西斜街36号(100032)
电　　话　66521152(编辑部)　66171396(发行部)
网　　址　http://www.cctp.com.cn
E-mail　cctp_edit@sina.com
经　　销　全国新华书店
印　　刷　北京星月印刷厂
开　　本　850×1168毫米　1/32
字　　数　445千字
印　　张　21.5
版　　次　2002年2月第1版第1次印刷
定　　价　32.50元
